Befreit und besetzt
Stadt Salzburg 1945–1955

Erich Marx (Hg.)

BEFREIT UND BESETZT
Stadt Salzburg 1945–1955

Mit Beiträgen von

Ingrid Bauer · Christoph Braumann · Christian Dirninger
Marko Feingold · Karl Handl · Hildemar Holl
Gert Kerschbaumer · Peter F. Kramml · Ilse Lackerbauer
Walter Leitner · Gunter Mackinger · Erich Marx
Gerhard Plasser · Margit Roth · Helmut Schliesselberger
Hans Spatzenegger · Harald Starke · Reinhold Wagnleitner
Harald Waitzbauer · Thomas Weidenholzer

VERLAG ANTON PUSTET
Salzburg – München

Die Deutsche Bibliothek – CIP-Einheitsaufnahme

Befreit und besetzt : Stadt Salzburg 1945 – 1955 / Erich Marx
(Hg.). Mit Beitr. von Ingrid Bauer ... - Salzburg ; München :
Pustet, 1996
    (Schriftenreihe des Archivs der Stadt Salzburg ; Nr. 7)
    ISBN 3-7025-0344-7
NE: Marx, Erich [Hrsg.]; Bauer, Ingrid; Archiv <Salzburg>;
    Schriftenreihe des Archivs ...

SCHRIFTENREIHE DES ARCHIVS DER STADT SALZBURG NR. 7

im Verlag Anton Pustet, Bergstraße 12, A-5020 Salzburg
© 1996 by Stadtgemeinde Salzburg
Sämtliche Rechte vorbehalten.
Gedruckt in Österreich.
Redaktion: Peter F. Kramml und Thomas Weidenholzer
Fotoausarbeitungen: Archiv der Stadt Salzburg, Edelbert Willinger
und Fotostelle des Magistrats, Gustav Helpferer und Johannes Killer
Druck: Salzburger Druckerei
ISBN: 3-7025-0344-7

Inhaltsverzeichnis

Vorwort 7
Der Weg der 3. US-Infanterie-Division nach Salzburg 9
Das Kriegsende in der Stadt Salzburg
    von Ilse Lackerbauer 17
    Aufruf von Oberst Hans Lepperdinger am 4. Mai 1945 20
    Der Mai 1945 im Tagebuch des Josef Hummel 23
    Militärregierung – Österreich: Verordnung Nr. 200 35
„...und des Sterbens war kein Ende" – Der Tod im Mai 1945
    von Peter F. Kramml 40
Alles drehte sich um Kalorien
    von Thomas Weidenholzer 46
    Der Menschheit ganzer Jammer 52
    Polizeibericht vom 23. 12. bis 31. 12. 1945 57
Wohnelend im Nachkriegs-Salzburg
    von Thomas Weidenholzer 60
Flüchtlinge und „Displaced persons"
    von Harald Waitzbauer 67
    Wohnungsnot und Ausländer 74
Niemand war da, uns zu begrüßen
    von Marko Feingold 75
    Der „Umbruch" bei der Stadtgemeinde 79
Vom Naziregime zur Demokratie – Entnazifizierung in Salzburg
    von Helmut Schliesselberger 80
Das Lager „Glasenbach"
    von Walter Leitner 85
    Neue Heimat in alten Baracken 89
Kriegsgefangene – Heimkehrer. Schicksale einer Generation
    von Erich Marx 91
Kriegsgefangenschaft in den USA
    von Karl Handl 96
    Zehn Jahre in sowjetischen Lagern 98
    Ein Mädchen kam aus der Gefangenschaft 100
    Gäste im „Hotel Europe" 102
Schleichhändler – Profiteure des Mangels
    von Thomas Weidenholzer 103
Wirtschaft und Fremdenverkehr
    von Christian Dirninger 108
Der Wiederaufbau des Öffentlichen Verkehrs nach 1945
    von Gunter Mackinger 114
    Der Wiederaufbau der Bahnanlagen 120

Wiederaufbau in Salzburg
  von Christoph Braumann 121
   Gefährdetes Salzburg 124
   Streubauweise gefährdet Salzburgs Stadtbild 125
Der Griesgassen-Durchbruch
  von Gerhard Plasser 127
Der kulturelle Einfluß der US-Besatzung
  von Reinhold Wagnleitner 137
   Jubiläum des Senders Rot-Weiß-Rot 144
   Was müssen wir von Nylon und Plastik wissen 145
   Salzburger Herbst-Impressionen 146
   A romance novel 146
„USA-Bräute"
  von Ingrid Bauer 147
Wohin mit den Autos?
  von Harald Waitzbauer 152
Hoch-Kultur nach 1945
  von Gert Kerschbaumer 158
Literarisches Leben in Salzburg 1945–1955
  von Hildemar Holl 163
Die Gastronomie in der Nachkriegszeit
  von Harald Waitzbauer 169
   Geselligkeit gedeiht in 463 Vereinen 174
   Salzburger Modenparade 175
Die katholische Kirche 1945–1955
  von Hans Spatzenegger 177
Die Stadt an der Grenze
  von Harald Waitzbauer 182
   „Untertassen"-Invasion auf Salzburg 184
   Das „Wuzeln" 185
   Der große USFA-Ausverkauf beginnt 186
   Stadt Salzburg rechnet mit 350 Wohnungen 186
   Die letzten Amerikaner in Salzburg: Auf Wiedersehen – als Touristen! 187
Chronik der Stadt Salzburg 1945–1955
  *bearbeitet von Margit Roth, Peter F. Kramml, Erich Marx
  und Thomas Weidenholzer* 189
Die Mitglieder des Gemeinderates von 1945–1955
  zusammengestellt von Harald Starke 489
Abbildungsverzeichnis 492
Quellen- und Literaturverzeichnis 493
Autorenverzeichnis 500
Register 501
Abkürzungsverzeichnis 540
Schriftenreihe des Archivs der Stadt Salzburg 543

Vorwort

Den Mai 1945 erlebte die Bevölkerung zwischen Bangen und Hoffen. Das Kriegsende war „Zusammenbruch" für die einen und Befreiung für die anderen. Die Stimmung schwankte zwischen Angst, Unsicherheit und vagem Optimismus. Die Freude über das Ende des Krieges dürften jedoch (fast) alle geteilt haben.

Die Befreiung von nationalsozialistischer Herrschaft erlebten die Salzburgerinnen und Salzburger zunächst als militärische Besetzung und Beschlagnahme von Häusern und Wohnungen durch die Amerikaner. Salzburg war befreit und besetzt. Die Amerikaner waren als Sieger gekommen und benahmen sich auch so. Erst langsam schufen sie ihre Strukturen für eine „reguläre" Besatzung und waren zunehmend bemüht – insbesondere in Anbetracht des wachsenden Kalten Krieges – Sympathie und Vertrauen zu gewinnen. Nicht immer gelang es ihnen.

Für die Bevölkerung zählten die Sorgen des Alltags. Der Hunger wurde alltäglich und die Stimmung fiel und stieg mit der Anzahl der zugeteilten Kalorien. Es fehlte an allem, vom Essen über Kleidung bis zum Wohnraum. Die Amerikaner wußten, nur wenn die grundlegenden Lebensbedürfnisse der Menschen erfüllt waren, konnten sie diese auch ideologisch gewinnen. Deshalb liefen gewaltige Hilfsprogramme an, von UNNRA und CARE bis zum Marshall-Plan.

Die gigantischen Kosten, die der Krieg verursacht hatte, mußten nun von allen abgetragen werden. Zahllose Wohnungen, Schulen, öffentliche Gebäude waren zerstört, Verkehrswege unpassierbar, Strom-, Gas- und Wasserleitung kaputt, Betriebsanlagen nicht einsatzfähig. Es fehlte an Baustoffen, Maschinen, an Saatgut und Dünger.

Verschärft wurde die Lage durch die zahllosen Flüchtlinge, die der Krieg und seine Folgen ins Land gespült hatten: Freigelassene Zwangsarbeiter oder Kriegsgefangene, rassisch und politisch Verfolgte, die aus den Konzentrationslagern freigekommen waren, dann die aus ihrer Heimat vertriebenen Volksdeutschen hausten in Baracken, Notquartieren, Bombenruinen und Behelfsheimen. Die Einheimischen standen mit zunehmender Verständnislosigkeit den Problemen und Sorgen dieser Opfer des Krieges gegenüber.

Als die Amerikaner im Sommer 1945 in Geschäftsauslagen Bilder von den Greueln der Konzentrationslager ausstellten, reagierten die Menschen mit staunendem Schweigen. Die Stimmung schwankte von Betroffenheit bis zum Nichtwahr-haben-Wollen. Die Sühnemaßnahmen für die ehemaligen Nationalsozialisten, von der Internierung, über Entlassung und Berufsverbot bis zum Vermögensverfall stießen alsbald auf wachsendes Unverständnis.

Mittlerweile war der Wiederaufbau voll angelaufen. Die wirtschaftliche Prosperität stabilisierte schließlich das politische System. Der zum Teil rasante Aufschwung brachte aber auch eine Reihe von Problemen mit sich, an deren Lösung sich noch heute politische Konflikte entzünden: Verkehr und Wohnbau.

Bereits 1993 begannen im Archiv der Stadt Salzburg die Vorbereitungen für das Projekt „Befreit und besetzt". Dieses hatte in der Folge eine erfreuliche Verbreiterung durch andere Institutionen erfahren.

Das nun vorliegende Buch ist Teil eines zeitgeschichtlichen Arbeitsschwerpunktes des Archivs der Stadt Salzburg, der mit der Publikation „Bomben auf Salzburg" (im Verlag Anton Pustet ist bereits die 3. Auflage erschienen) ein sehr postives Echo in der Öffentlichkeit gefunden hat.

Die Beiträge in diesem Band sind den unterschiedlichsten Problemkreisen des ersten Nachkriegsjahrzehnts gewidmet. Sie versuchen, die Hoffnungen und Sorgen der Menschen nachzuzeichnen. Zeitgenössische Berichte aus Tagebüchern, Zeitungen und amtlichen Dokumenten runden die Analysen ab. Eine umfassende Chronik mit einem detaillierten Index soll allen Interessierten als Nachschlagewerk dienen. Diese Chronik ist ein Auszug aus einer umfangreichen Dokumentation, die im Archiv der Stadt Salzburg als EDV-Datenbank erstellt worden ist, und dort benutzt werden kann.

An dieser Stelle soll auch Dank gesagt werden. Dieser gilt insbesondere der in Salzburg lebenden Politikwissenschafterin Margit Roth, die die Hauptlast der Chronikerstellung getragen und in unendlich mühevoller Arbeit unzählige Daten zusammengetragen hat. Ohne sie wäre die Chronik kaum erstellbar gewesen. Danken möchte ich auch allen anderen Autoren für ihre Beiträge, allen Mitarbeitern im Archiv und dabei insbesondere den beiden Archivaren Peter F. Kramml und Thomas Weidenholzer, die mit großem Engagement an der Herausgabe dieses Werkes mitgearbeitet haben.

Viele Salzburgerinnen und Salzburger unterstützten die Arbeit, indem sie dem Archiv zahlreiche Photos, Lebenserinnerungen und andere Dokumente überlassen haben. Werke dieser Art und der Aufbau von Sammlungen im Archiv sind nur durch die Mithilfe der Bürger möglich. Das Archiv der Stadt Salzburg versteht sich nicht nur als Dienstleistungsbetrieb des Magistrats, sondern auch als historisches Gedächtnis dieser Stadt.

Erich Marx

Der Weg der 3. US-Infanterie-Division nach Salzburg

[...] In der folgenden Nacht [vom 3. auf 4. Mai] überquerte das 2. Bataillon in Landungsbooten den Fluß und war damit der erste Truppenteil der 3. Division, der Österreich erreichte.

Brigadegeneral Robert N. Young, Kommandant der Assistant Division, begleitete vorgerückte Teile der 106. Kavallerie-Gruppe, welche die erste Einheit war, die offiziell Salzburg betrat. General Young akzeptierte die kampflose Übergabe der Stadt.

Die deutsche Niederlage war so total, daß das 1. Bataillon der 15. Infanterie, kommandiert von Major Kenneth B. Potter, beim Säubern hinter vorgerückten Formationen mehr als 3000 Gefangene machte, inklusive dreier Generäle. So wurde ein von der Truppe abgesprengter Bataillonsangehöriger aufgefordert, die Kapitulation eines komplett ausgerüsteten deutschen Bataillons anzunehmen. Während er die Vorbereitungen für den Marsch der Deutschen ins Kriegsgefangenenlager traf, kamen mehr als zwanzig feindliche Offiziere von den Bergen herunter und begaben sich zur kapitulierten Gruppe. [...]

In einem kleinen Felsenraum, einige hundert Fuß unterhalb des Straßenniveaus und am Fuße eines Stollens, der in die Tiefe des Mönchsberges hineingetrieben war, nahe beim Klausentor in Salzburg, besprachen sich einige US-Offiziere, nämlich Brigadegeneral Robert N. Young, sein Stabsoffizier Major Frederick C. Spreyer sowie Oberstleutnant Jack M. Duncan, Kommandeur des 2. Bataillons der 7. Infanterie, und versuchten die vielen anstehenden Probleme bei der Übergabe der Stadt Salzburg mit dem Stadtkommandanten Oberst Lepperdinger und dessen Stab zu lösen. Plötzlich läutete das Feldtelefon in einer Nische abseits des Hauptraumes und der deutsche Feldwebel antwortete mit „Jawohl, Herr General ... Jawohl!" Oberst Lepperdinger wird zum Telefon gerufen, kehrt nach einigen Minuten zurück, um die US-Offiziere darüber zu informieren, daß er in Verbindung mit Generalleutnant Zimmermann, dem Stabschef von Feldmarschall Kesselring, stehe. General Zimmermann wünsche zu wissen, ob Salzburg in amerikanischen Händen sei. Würde in diesem Falle der kommandierende US-General eine deutsche Waffenstillstandsdelegation aus dem Hauptquartier Feldmarschall Kesselrings empfangen? Die deutschen Offiziere beginnen mit gedämpfter Stimme in kleinen Gruppen zu sprechen; General Young bespricht sich mit seinen Stabsoffizieren; Englisch wird ins Deutsche, und Deutsch ins Englische übersetzt. Schlußendlich werden darüber Vereinbarungen geschlossen und an Generalleutnant Zimmermann weitergegeben. Die deutsche Waffenstillstandsdelegation wird sich von Feldmarschall Kesselrings Hauptquartier in mit weißen Flaggen deutlich gekennzeichneten Kraftfahrzeugen über Hallein nach Salzburg begeben, um mit General Young im Österreichischen Hof zusammenzutreffen.

Im Zimmer 49 im Österreichischen Hof erwarten General Young und Major Spreyer die Ankunft der deutschen Delegation. Oberst Bernard Wilson, der Kommandant der 106. Kavallerie-Gruppe, ist beauftragt, Trupps in Erkundungsfahrzeugen auszusenden, um der Delegation beim Passieren der Linien zu helfen. Ein britischer Hauptmann, der soeben von der 3. US-Infanterie-Division aus einem deutschen Kriegsgefangenenlager befreit worden ist, beteiligt sich an der Suche.

An diesem Nachmittag fuhr ein deutscher Major durch die Linien und ersuchte, ihn zum amerikanischen Hauptquartier zu führen. Er brachte die Information, daß ein Generalleutnant Foertsch jenen Trupp führte, der sich auf dem Weg hierher befand.

„Kurz nach 19 Uhr stürmten Major Thomas Howard und Leutnant Herbert Heldt in das Zimmer 49 des Österreichischen Hofes", berichtete Howard Cowan von der Associated Press, „... und sagte: ‚Sie sprengen die Brücke rechts von uns in die Luft!'"

Die Brücke nahe Hallein, südlich von Salzburg, war von SS-Truppen geladen worden und es wurde befürchtet, daß der Waffenstillstandstrupp in einen Hinterhalt geraten war.

„Kann sein, daß sie von unseren Leuten aufgegriffen und in ein Kriegsgefangenenlager gebracht worden sind", sagte General Young. „Wir würden sie niemals finden."

Das Unternehmen war als unlösbar aufgegeben worden, während die Sonne unterging und sich nichts von den deutschen Offizieren zeigte. Zimmer 49 leerte sich ...

Howard Cowan: weiter: „Ich ging hinaus und einen Treppenabsatz hinunter, als ich beinahe von Foertsch und seinem Trupp niedergestoßen worden wäre, der die Stiege – zwei Stufen mit jedem Schritt nehmend – hinaufeilte. Der Trupp war mit weißem Kalkstaub bedeckt, was ihren Gesichtern eine Todesblässe verlieh und ihr Haar grau machte. Sie waren beladen mit Aktentaschen und Aktenbündeln." Der britische Hauptmann hatte die Delegation entdeckt und sie in den Österreichischen Hof geführt. Ein deutscher Oberst sagte: „Wollen Sie unsere Empfehlungsschreiben sehen?" General Young nickte und der Oberst begann nach den Papieren zu suchen, als General Foertsch auf Deutsch mit Major Frederick C. Spreyer zu sprechen begann.

„Ich bin gekommen, um einen raschestmöglichen Waffenstillstand zu vereinbaren und um die bedingungslose Kapitulation des deutschen Heeres, der Marine und der Luftwaffe endgültig abzuschließen", sagte Foertsch. „Ich habe alle Vollmachten, für die deutsche Wehrmacht und für die deutsche Regierung zu handeln. Es ist unbedingt notwendig, daß ich sofort den Kommandanten Ihrer 6. Armee sehen kann. Das Treffen sollte wegen des Zustandes unserer Nachrichtenverbindungen so nahe wie möglich zu diesem Ort stattfinden." Die Nachrichtenverbindungen waren in einem schlechteren Zustand als Foertsch glaubte. Die Kapitulationsverhandlungen wurden auch in anderen Teilen des zerschlagenen Reiches geführt.

Der Trupp reiste sofort Richtung Divisionsbefehlsstand in Obersiegsdorf ab. Die Deutschen fuhren in ihren eigenen Fahrzeugen, eingeschlossen von bewaffneten Autos und von mit Maschinengewehren bestückten Jeeps. Weiße Fahnen wehten von der Antenne des vordersten Fahrzeuges, in dem Foertsch mitgenommen wurde. Hinter ihm war eine riesige amerikanische Flagge um den Körper eines deutschen Leutnants gewickelt.

„Entlang der gesamten Wegstrecke, die durch vorausfahrende Kundschafter von schweren Panzer und Lastern freigemacht wurde", sagte Cowan, „säumten Landsertrupps die Straße, und man konnte die Wortfetzen der Kommentare hören, als wir vorbeifuhren. ‚Von Kesselring!' stieß einer hervor. ‚Ist alles vorbei?' wurde unzählige Mal gerufen."

Die Gruppe kam in Obersiegsdorf kurz nach Mitternacht an, nachdem sie den Großteil des Weges Umleitungen machen mußte. Der deutsche General verbrachte die restliche Nacht im Befehlsstand.

Foertsch und seine Begleitung fuhren am Morgen ab und begaben sich zurück zum Hauptquartier des XV. Corps, um vor General Devers zu kapitulieren. Nach diesem Treffen passierten die Deutschen die 3. Division auf ihrem Weg zu Kesselrings Hauptquartier. Ein US-Trupp, geführt von Hauptmann Rhoman Clem vom Divisionshauptquartier, begleitete die deutsche Delegation auf ihrer Suche nach dem Hauptquartier. In dieser Gruppe befanden sich die Oberleutnants Joseph A. Mercer, George Allen und Harold Willingham, Sergeant George Allen sowie 21 weitere Personen. SS-Fanatiker hielten vorerst die kombinierte Gruppe auf, indem sie Straßen und einen ganzen Berghang sprengten. Die anwesende Mannschaft der 3. Division kam in den Genuß eines außergewöhnlichen Schauspiels, als ein SS-Leutnant mit einem deutschen Generalleutnant debattierte und sogar beleidigend wurde.

Hauptmann Clems Kommandotrupp kehrte zur Divisionskommandostelle zurück, welche nach Salzburg verlegt worden war, während die Verhandlungen für einen Tag aufgehalten wurden. Dann führte ein deutscher Oberst namens Zelling die Gruppe auf der Straße nach Zell am See, „ein idyllischer Platz an einem österreichischen See, wo die großen Tiere der Nazis abwechselnd ihre nächsten Eroberungen durchspielten," wie Edgar Snow von der Saturday Evening Post meinte.

In der Nacht zum 8. Mai traf Hauptmann Clem Feldmarschall Kesselring in dessen Privatzug, dem „Braunschweig", der am Südende des Sees abgestellt war. Von diesem Zeitpunkt an war eine dauerhafte Verbindung mit dem alliierten Oberkommando gegeben, einschließlich General Eisenhower, und blieb auch bis zum folgenden Tag aufrecht, als die Repräsentanten des Hauptquartiers der 6. Armee erschienen, um vom Feldmarschall die endgültige Kapitulation zu erhalten. Dieser historische Akt, inklusive der Unterwerfung von mehr als einer Million feindlicher Soldaten, fand im Zug „Braunschweig" statt, nahe Saalfelden. Die letzte deutsche Armee in Europa hatte kapituliert. […]

Übersetzung aus: Donald G. Taggart (Hg.), History of the Third Infantry Division in World War II, Nashville 1987, S. 370–372.

Abb. 1: Amerikanische Truppen auf dem Vormarsch.

Abb. 2: Die zerstörte Straßenbrücke über die Saalach Richtung Freilassing. Die Eisenbahnbrücke (das Geländer ist rechts im Bild sichtbar) ist durch eine zur Entgleisung gebrachte Lokomotive blockiert.

Abb. 3: Die ersten Fahrzeuge der US-Army an der Staatsbrücke, 4. Mai 1945.

Abb. 4: Befreite Zwangsarbeiter und Kriegsgefangene umringen einen amerikanischen Panzer auf der Staatsbrücke. In der Bildmitte sind sowjetische Kriegsgefangene mit der Aufschrift „SU" deutlich zu erkennen, 4. Mai 1945.

Abb. 5: Die Häuser sind weiß beflaggt. Mitglieder einer Widerstandsgruppe mit rot-weiß-roten Armbinden umringen ein amerikanisches Militärfahrzeug, 5. Mai 1945.

Abb. 6: Das weißbeflaggte Café Tomaselli am 5. Mai 1945. Die beiden Männer tragen rot-weiß-rote Armbinden.

Abb. 7 und 8: Die Menschen sind erleichtert über die kampflose Übergabe und trauen sich wieder auf die Straße (Bild oben Linzer Gasse, unten Staatsbrücke), 5. Mai 1945.

Das Kriegsende in der Stadt Salzburg

von Ilse Lackerbauer

Am 4. Mai wurde die Stadt Salzburg kampflos den Amerikanern übergeben. Sie war nicht verteidigt worden. Somit blieb es Salzburg erspart, selbst noch Kriegsschauplatz zu werden. Durch den Entschluß der Nichtverteidigung bewahrten die Verantwortlichen die Stadt vor weiteren Opfern und Zerstörungen. Mit dem Einmarsch der amerikanischen Truppen gingen für Salzburg die nationalsozialistische Herrschaft und der 2. Weltkrieg zu Ende.

Die Besetzung durch die Amerikaner ist im Rahmen jener Operationen der Westalliierten zu sehen, die der Einnahme von Schlüsselpositionen in Österreich bzw. der vermeintlichen „Alpenfestung" galten. Verschiedene Meldungen über die Bildung eines oder ein bereits bestehendes „Reduit" in den Alpen, wohin sich die deutsche politische Führung samt den restlichen Truppen zum letzten Widerstand zurückziehen sollte, veranlaßte besonders den amerikanischen Generalstab zur Befürchtung, daß dadurch das Kriegsende hinausgezögert werden könnte. Dem eventuellen Vorhandensein einer „Alpenfestung" maß General Eisenhower eine große militärisch-strategische Bedeutung zu und veranlaßte ihn, sogar auf einen Vormarsch nach Berlin zu verzichten. Statt dessen befahl er seinen Armeen, einen raschen Vorstoß nach Südosten zu führen. Daß Salzburg eine wichtige Rolle bei der Einnahme der „Alpenfestung" zukam – obwohl sich das „Réduit national" schließlich als ein Phantom erweisen sollte – war auch durch die geographische Lage als letzte größere Stadt in der bayerischen Ebene am Eingang zum Gebirge bedingt.

Nachdem die 7. US-Armee (General Patch) am 30. April 1945 München eingenommen hatte, erhielt sie am 2. Mai den Befehl, Richtung Salzburg vorzurücken. Den Hauptstoß gegen die Stadt Salzburg führten die 3. Infanterie-Division (O'Daniel) und die 106. Kavallerie-Gruppe (Wilson).

Am 3. Mai erreichte das 7. Infanterie-Regiment (Heintges) der 3. Infanterie-Division die Saalach, während die 106. Kavallerie-Gruppe auf dem Weg nach Freilassing die umliegenden Gebiete durchkämmte. Damit wuchs für Salzburg die Gefahr, unmittelbar in den Kampf einbezogen zu werden.

Bis Mitte April 1945 waren in Salzburg kaum Vorbereitungen bzw. Maßnahmen für die Anlage von Verteidigungsstellungen getroffen worden. Das Hauptaugenmerk galt damals der Bewältigung des enorm anwachsenden Flüchtlingsstroms. Der für die Verteidigung der Stadt eingesetzte Kampfkommandant, Oberst Hans Lepperdinger, glaubte zu diesem Zeitpunkt, daß man die Stadt

Salzburg ausschließlich gegen Osten, also gegen die Russen verteidigen müsse. Als die amerikanischen Streitkräfte Ende April jedoch Süddeutschland erreicht hatten, war klar, daß sie vor den Russen in Salzburg eintreffen würden. Angesichts der ungeheuren Kräfte- und Materialüberlegenheit schien der Ausbau einer wirkungsvollen Verteidigung und jeglicher Widerstand von vornherein sinnlos. Daher kam man im Stab des Kampfkommandanten zu dem Schluß, daß es ein Wahnsinn sei, „auch nur eine Stunde um Salzburg zu kämpfen".

Die Sinnlosigkeit eines militärischen Widerstandes brachte Lepperdinger auch bei seinen vorgesetzten Dienststellen zum Ausdruck. In Kenntnis der militärischen Lage hatten weder der Gauleiter (Dr. Gustav Adolf Scheel) noch der Wehrkreisbefehlshaber (General Julius Ringel) eine Verteidigung gegen die Amerikaner in Erwägung gezogen. Ein offizielles Eintreten für eine Nichtverteidigung durfte zu diesem Zeitpunkt aber kaum erwartet werden. Um den von oberster Führung ausgegebenen Durchhaltebefehlen nachzukommen, konnten dem Kampfkommandanten gegenüber zunächst noch keine Zusicherungen gemacht werden. Bis zum 3. Mai blieb der Kampfkommandant im ungewissen. Erst knapp vor Feindberührung bekundete die Partei- und Wehrmachtsführung mit dem Abgang ins Gebirge die Bereitschaft, die Stadt nicht zu verteidigen. Der Gauleiter beauftragte Lepperdinger, Salzburg den Amerikanern zu übergeben, wozu sich der Kampfkommandant bereit erklärte.

Ab diesem Zeitpunkt hatte Lepperdinger die alleinige Befehlsgewalt. Allerdings wurde er bei der Durchführung der schweren Aufgabe, die Stadt zu übergeben, alleine gelassen. Ohne Zweifel haben die Stunden vor der Übergabe vom Kampfkommandanten das letzte an Nervenkraft und psychischem Einsatz gefordert.

Eine Gefährdung der Stadt durch sinnlose Verteidigungsmaßnahmen schien somit gebannt. Einheiten, die noch kampffähig waren, verließen die Stadt Salzburg, obwohl zurückgebliebene SS-Bataillone weiterhin eine gewisse Gefahr darstellten. Am 3. Mai gegen 22.00 Uhr setzte Artilleriebeschuß ein. Die Amerikaner hatten die alte österreichische Grenze erreicht. Mitten in die Übergabevorbereitungen platzte dann um Mitternacht der Befehl von General Max von Bork, die Stadt unbedingt zu halten. Das „Korps Bork" war am 3. Mai in St. Gilgen aufgetaucht. Bork hatte Salzburg einfach seinem Befehl unterstellt. Lepperdinger, dem letztlich die ganze Verantwortung zufiel, stand nun zwischen der Aufforderung Borks und der Bedrohung durch die heranrückenden Amerikaner. Einerseits wußte er, daß Befehlsverweigerung tödlich sein konnte, anderseits, daß der geringste Widerstand die Stadt mit schwerem Artilleriefeuer belegen würde. Lepperdinger und seine Offiziere waren zur Übergabe bereit. Die Zeit drängte. Man mußte so schnell wie möglich Parlamentäre zu den Amerikanern schicken und ihnen die Übergabe anbieten. Am 4. Mai 1945, um 6.00 Uhr morgens, teilte der Kampfkommandant der Salzburger Bevölkerung in einem Rundfunkaufruf mit, daß er Salzburg übergeben werde: […] „Ich erkläre die letzte freie deutsche Stadt zur offenen Stadt und biete den Amerikanern die Übergabe an." […]

Um 6.30 Uhr wurden Parlamentäre – in Richtung Freilassing (Liefering-Rott) – ausgesandt, um mit den Amerikanern Kontakt aufzunehmen. Gemeinsam im PKW befanden sich Hauptmann Moser (Kampfstab Lepperdinger) und Polizei-Offizier Kirchhoff, denen ein Dolmetscher beigegeben war. Als die Parlamentäre den Brückenkopf in Freilassing erreicht hatten, tauchten amerikanische Soldaten auf, die die Delegation zum Kommandostab (im Gasthof „Zollhäusl") brachten. Sodann erging von Major McCarthy (Panzerkommandant in der 106. Kavallerie-Gruppe) der Auftrag, den Kampfkommandanten und seinen Stab zur Eisenbahnbrücke zu beordern.

Zu den Übergabeverhandlungen fuhren neben Oberst Lepperdinger noch Hauptmann Nürnberger (Kampfstab Lepperdinger), Oberstleutnant Kirchhoff und andere hohe Offiziere. Es wurde auf der Saalachbrücke (Eisenbahnbrücke) verhandelt. Gegen Mittag rollten die ersten amerikanischen Panzer der 106. Kavallerie-Gruppe des XV. US-Korps durch die mit weißen Leintüchern, rot-weiß und rot-weiß-roten Fahnen beflaggte Stadt. US-Soldaten tummelten sich in den Straßen Salzburgs und affichierten Proklamationen General Eisenhowers. Überall zogen Wachposten auf. Lautsprecher verkündeten ein Ausgehverbot.

Die offizielle Übergabe der Stadt erfolgte dann im Hotel Österreichischer Hof in Salzburg. Von amerikanischer Seite fanden sich der Stellvertretende Kommandant der 3. Infanterie-Division, Brigadegeneral Robert N. Young, Major Frederick Spreyer und Major Josef McCarthy ein.

Die durch Jahre hindurch kolportierte Story, daß 200 viermotorige Bomber zum Angriff auf Salzburg bereitstanden und die Amerikaner im letzten Augenblick (durch den Radioaufruf des Kampfkommandanten) von der Bombardierung der Stadt abgehalten werden konnten, ist nach eingehenden, gewissenhaften Recherchen in den Bereich der Legende zu verweisen.

Abb. 9: Oberst Hans Lepperdinger in einer Aufnahme aus dem Jahr 1946.

Aufruf des Kampfkommandanten von Salzburg Oberst Hans Lepperdinger am 4. Mai 1945

„Vor einigen Wochen habe ich das Amt des Kampfkommandanten in Salzburg übernommen. Ich habe schon damals gewußt, daß ich einer schicksalshaften Stunde entgegengehe und daß es in meiner Hand liegen wird, namenloses Leid für die Bevölkerung unserer Stadt verhüten zu können.

Mein ganzes Bestreben ging dahin, alle zuständigen Stellen von der Sinnlosigkeit einer Verteidigung der Stadt zu überzeugen. Noch gestern hatte ich die volle Zustimmung von General Ringel und dem Gauleiter, die Stadt unter allen Umständen vor Feindeinwirkung zu schützen. Gestern abends übernahm General Bork das Kommando über meinen Abschnitt mit und befahl mir, die Stadt zu verteidigen, obwohl er weder die militärische Lage in Salzburg und der Umgebung, noch die innere Lage der Stadt, in der sich 80.000 Menschen und etwa 7000 Verwundete befinden, beurteilen kann. Dieser Befehl stellt einen Wahnsinn dar, wie ihn nur militärische Unfähigkeit und völlige Verantwortungslosigkeit gebären können. Ich habe mich daher entschlossen, diesen Befehl, an den mich seit dem Tode des Führers kein Eid mehr bindet, nicht auszuführen.

Ich erklärte Salzburg zur ‚offenen Stadt' und biete den Amerikanern die Übergabe an. Wie schwer dieser Entschluß ist, kann nur ein Soldat begreifen. Salzburger, ich tue es für euch. Steht bedingungslos zu mir, so wie alle meine Offiziere und die gesamte Polizei. Ich bin überzeugt, daß alle anständigen deutschen Offiziere und auch der amerikanische Oberbefehlshaber meine Ehre als Offizier und auch als Mensch nicht anzweifeln werden."

Aus: Polizeichronik 1945, Polizeidirektion Salzburg.

Militärregierung Deutschlands.
Kontrollgebiet des obersten Befehlshabers.

Bekanntmachung

Nicht herumreisen. Bleibt, wo ihr seid oder bleibt in eurem Dorfe in der Nähe. Wenn ihr weiter reist, findet ihr weder Essen noch Unterkunft. Sobald die militär. Situation es ermöglicht, werdet ihr von den Alliierten versorgt und nach Hause geschickt.

5. 5. 1945   Befehl der Militärregierung

Abschrift aus dem Nachlaß Josef Hummel, AStS.

Abb. 10: US-Militärparade auf dem Mozartplatz, 1946. Im Gebäude Mozartplatz 8–10 im Bildhintergrund befand sich das Hauptquartier der USFA in Salzburg.

Abb. 11: US-Militärparade auf dem Mozartplatz, 1946.

Der Bürgermeister
der Stadt Salzburg

Salzburg, am 14. Mai 1945

Dienstanordnung Nr. 1
An alle Beamten, Angestellten und Arbeiter.

1.) Mit der Besetzung unserer Stadt durch die alliierten Truppen am 4. Mai 1945 ist die gesamte gesetzgebende, rechtssprechende und vollziehende Gewalt auf die vom Obersten Befehlshaber der alliierten Armeen eingesetzten Militärregierung-Österreich übergegangen.

2.) Die Militärregierung-Österreich hat mir am 5. Mai vorläufig und am 12. Mai endgültig die Ausübung der Zivilgewalt im gesamten Stadtgebiet Salzburg nach ihren Weisungen übertragen.

3.) Alle Beamten, Angestellten und Arbeiter – ausgenommen jene, die über Weisung der Militärregierung ihres Dienstes enthoben werden – sind verpflichtet, bis auf weitere Anordnung auf ihren Posten zu verbleiben und ihren Dienst zu versehen. Ich mache alle Abteilungs-, Betriebs- und Amtsleiter dafür verantwortlich, daß sie für pünktliche Einhaltung der Dienstpflicht Sorge tragen und dem Personalamt täglich bis 10 Uhr die Abwesenden melden.

4.) <u>Alle Gesetze und Vorschriften</u>, die Personen wegen ihrer Rasse, Religion oder politischen Überzeugung unterschiedlich behandeln oder die andere <u>auf Grundsätzen der NSDAP beruhende Vorschriften enthalten</u>, sind insoweit für kraftlos erklärt, als sie solche Personen unterschiedlich behandeln oder solche Vorschriften enthalten.

5.) Alle übrigen Vorschriften solcher Gesetze und Vorschriften, die nicht auf diese Weise außer Kraft gesetzt worden sind und alle übrigen Gesetze und Vorschriften, die bis zum Tage der Besetzung in Geltung standen, bleiben bis weiteres in Kraft.

6.) Alle städt. Bediensteten werden verhalten, die von der Militärregierung öffentlich angeschlagenen Proklamationen und Erlässe zu lesen.

7.) Die Dienststunden werden ab sofort bis auf weiteres wie folgt festgesetzt: Montag bis Freitag täglich von 8–12.30 Uhr und von 14.30 bis 17.30 Uhr, Samstag von 8–13.00 Uhr. Dienstfreie Feiertage werden durch das Personalamt jeweils rechtzeitig bekanntgegeben.

8.) An die Spitze der gesamten Stadtverwaltung habe ich Magistratsdirektor Heinrich von Clessin mit allen ihm bis zu seiner zwangsweisen Pensionierung im März 1938 in seiner Eigenschaft als Magistratsdirektor der Stadt Salzburg zugestandenen Aufgaben und Aufsichts- und Kontrollbefugnissen wiedereingesetzt. Außerdem ist dem Magistratsdirektor direkt unterstellt die Magistratsdirektion, im Organisationsplan mit Stadtdirektion (St. D. 1–9) und II. 4 bezeichnet.

9.) Sämtliche Personalangelegenheiten (Versetzungen, Beurlaubungen, Wiedereinstellungen usw.) haben ausschließlich über den Magistratsdirektor zu gehen.

Der Bürgermeister:
Hildmann e. h.

Der Mai 1945 im Tagebuch des Josef Hummel

Regierungsrat i. R. Josef Hummel wurde am 2. 12. 1876 in Ranzern bei Iglau als Sohn des Komponisten und nachmaligen Direktors des Salzburger Mozarteums Joseph Friedrich Hummel geboren. Er trat nach Absolvierung der Salzburger Realschule in den Dienst der Landesbuchhaltung ein. Nach seiner Pensionierung leistete er der Musikgeschichtsforschung durch die Bearbeitung der archivalischen Bestände der Salzburger Liedertafel und der Internationalen Stiftung Mozarteum wertvolle Dienste. In Salzburg bewohnte er – auch im Mai 1945 – das Haus Neutorstraße 14. Er starb am 13. 1. 1961 in Salzburg.
Sein Nachlaß befindet sich im Archiv der Stadt Salzburg (AStS).

Freitag, 4. 5. 1945, 14.08 h

In der Neutorstraße zeigen sich die ersten amerikanischen Panzer. Auf allgemeine Anordnung hissen wir bereits vor dieser Zeit am Balkon und auf der Straßenseite die weiße Fahne. […]

Die Stadtbevölkerung wird [um 18 Uhr] von der amerikanischen Militär-Regierung seitens eines fahrenden amerikanischen Lautsprechers aufgefordert, in die Wohnungen sofort zurückzukehren, da in kürzester Zeit jeder in der Straße Angetroffene erschossen wird.

Von Freitag 18 Uhr bis Samstag 11 Uhr ist Ausgehverbot.

In der Nacht um 22 Uhr erscheint ein Polizeibeamter mit einem amerikanischen Soldaten und fordert die Räumung aller Wohnräume des Hauses bis Samstag, 5. Mai, um 10 Uhr Vormittag.

Samstag, 5. 5. 1945

[…] M. [Gattin Josef Hummels] und T. [seine Tochter] beginnen sofort Freitag nachts mit dem Einpacken der Koffer, Reisetaschen, Karton, Kisten etz. und legen sich um ½1 Uhr ein wenig zur Ruhe.

Ich stehe um ½2 Uhr nachts auf und setze die Arbeit fort. Allen Evakuierten war es selbstredend erlaubt, bereits bei Tagesanbruch und nicht erst um 11 Uhr Vormittag auf die Straße zu gehen, um Hab und Gut verschleppen zu können.

Fast alle Bewohner der Neutorstraße, Reichenhallerstraße, Untersberg- und Fürstenbrunnstraße, Rainberg- und Johann-Wolf-Straße – mit Ausnahme der Aigl-Straße [Hübnergasse] – müssen ihre Wohnungen bis 10 Uhr Vormittag geräumt haben.

Bis 8 Uhr früh ging mein Telefon. M. wollte mit 3 Familien sich telefonisch in Verbindung setzen, um „Aufnahme". Um ½9 Uhr gelang es ihr, sich mit Bruder W. mit der Bitte um Aufnahme telefonisch zu verständigen. W. und D. [dessen

Gattin] sagten herzlich gerne zu, machten aber aufmerksam, daß sie weder einen Herd noch einen Gasofen besitzen.

Die zweite Telefonverbindung mit Familie Dr. E. J. gelang nicht zu erhalten.

Bei der dritten Telefonverbindung mit Regierungsdirektor Dr. O. H. erreichte sie die Zusage der vorübergehenden Aufnahme unserer alten Oma ins Asyl [Hübnergasse]. Da für uns Übrigen noch keine Unterkunft gefunden war, machte T. den Vorschlag, daß wir nach Liefering zur B. Z. vorläufig gehen.

Mit E.s Radl am Weg nach Liefering um Bescheid heimzubringen, ob sie uns aufnehmen kann, kam mir der Gedanke, in der Aiglhofstraße Nr. 6 noch beim Schuldirektor B. anzufragen. „Kommen Sie nur mit Ihrer Familie" sagte B. in herzlicher Weise, „Herr und Frau G. haben auch noch Platz". Überglücklich ging ich heim und überbrachte diese glückliche Lösung.

M. und T. mit den Kindern konnten nunmehr beim alten Ehepaar Amtsdirektor i. R. H. G. und ich beim Schuldirektor i. R. B. untergebracht werden.

Den Herd hatten die G. sofort zur Verfügung gestellt, er mußte daher für drei Familien gleichzeitig dienen: Ehepaar G., Ehepaar M. und meine Familie. Es zeigte sich gleich am selben Abend, daß bei gutem Willen und bei Hilfsbereitschaft alles geht.

Oma fand bei Fräulein L. im Asyl unter der Bedingung Aufnahme, ihre Bettstatt samt Matratzen und Bettzeug mitzubringen. An Stelle der Lebensmittelkarten sind die Lebensmittel in natura abzugeben und zwar wochenweise. T. fuhr zuerst mit den Kindern in die Aiglhofstraße Nr. 6, in der einen Hand den mit Reisehandtasche etc. schwer beladenen Kinderwagen mit Kl. [Sohn der T.] – selbst einen großen Rucksack am Buckel – und in der anderen Hand nachschiebend den leichteren Kinderwagen mit K. [zweiter Sohn der T.] – führend. In der Untersbergstraße beim Baumeister Wagner übernahm eine ihr unbekannte Frau in herzlicher Weise den Kinderwagen mit K. bis in die Aiglhofstraße 6.

Als M. mit mir den schweren Asylwagen mit dem Bett der Oma, dem Korb mit Lebensmitteln, Koffer, Taschen, Koch- und Waschgeschirr etc. beim Gittertor auf die Straße brachte, fiel die ganze hoch aufgestapelte „Umsiedlung" um.

Große Bestürzung, da die vorgeschriebene Zeit (10 Uhr Vormittag) weit überschritten war – es ging ja bereits auf ¾1 Uhr.

Nach Wiederauflage des ganzen Übersiedlungsgutes auf den Wagen kamen wir beide noch glücklich in den Asylgarten, wo uns Oma erwartete.

T. von der Aiglhof-Behausung zurückkommend, fuhr mit mir fast im Laufschritt mit dem leeren Asylwagen wieder heim, um in der restlichen Zeit unsere eigene Bagage noch rechtzeitig bis spätestens 1 Uhr mittags zu G.-B. zu bringen. Dabei mußten wir die in der Waschküche hinterlegten Bekleidungstücke, Schuhe, Wäsche etc. für M. und meine Person, sowie die im Waschtrog erliegende Kinderwäsche wegen Zeitmangel an Weiterbeförderung zurücklassen. [...] Die Kartoffel und die Einsiedegläser mit dem Obst aus dem Kellerraum aufzuladen und weiterzubringen war uns mangels an Zeit ebenfalls gänzlich unmöglich.

Atemlos und erschöpft kam T. mit mir mit dem Schlag 1 Uhr in unserem „Flüchtlingsheim-Aiglhofstr." an.

Unser Haus wurde von der amerikanischen MP (Militärpolizei) besetzt.

Ab 1 Uhr Mittag war strengstes Ausgehverbot bis Sonntag Früh 7 h. Wir alle hatten von Freitag auf den Samstag von 10 Uhr nachts bis 1 Uhr Mittag ganz Gewaltiges zu leisten. Es ging; ein Beweis, daß man in der Not und Gefahr immer Kräfte aufgestapelt hat, die scheinbar Unüberbrückbares bewältigen.

Vom Dachboden, aus unserer eigenen Wohnung und der Wohnung der Oma, aus dem Keller schleppten wir 50 kg und mehr schwere Koffer, Kisten in die Waschkiste und Holzlage oder brachten umgekehrt schwere Gegenstände ins Dachbodenzimmerl oder auf den Dachboden selbst.

Ich glaube behaupten zu können, daß ich mehr als 70 mal vom Hauseingang bis zum Dachboden die schwersten Gegenstände verschleppte. Dabei allgemeine Hast und Nervosität – es ging mir alles zu langsam. Die vorgeschriebene Zeit der Übersiedlung, die uns ein Amerikaner mit der Uhr in der Hand vorhielt, war bereits weit überschritten und auf der Straße hörte man um ¾1 Uhr mittags Schüsse abgeben.

Um 4 Uhr Nachmittag konnten wir uns die Teejause mit Schwarzbrot vergönnen – ein Mittagessen herzuholen war ausgeschlossen – abends legte uns M. eine Erdäpfelsuppe vor und als Nachspeise Butterbrot mit etwas Käse.

T. war in der Lage, ihren Kindern die volle Nahrung rechtzeitig zu geben.

Vor unserem neuen Heim stehen Militärtransportwagen aller Arten. Ich hatte Gelegenheit, das Abendessen der Kampfbesatzungstruppe zu beobachten: Ein 30 cm langes, schneeweißes, zweifingerdickes Butterbrot mit dickem Aufstrich; in der Menageschale Reisfleisch oder eine Menageschale voll mit Gemüse; hiezu warmen Milchkaffee. Das Aussehen der Truppe ist ausgezeichnet.

Viele Häuser haben weiß-rote Fahnen ausgesteckt; das Asyl eine lange gelb-weiße und 2 große rot-weiße Fahnen. So sehen die Straßen nach langer Zeit wieder festlich aus und doch: Welch schwere, lange Zeit steht uns allen noch bevor? […]

Sonntag, 6. 5. 1945

Ein herrliches Sonntagswetter. Ausgehzeit von 7 Uhr Früh bis 6 Uhr abends. Ich habe mich vom Erschöpfungszustand vom Vortag im allgemeinen erholt. M. und T. schalten und walten wie daheim. […]

Die Haydn-Singmesse in der Asylkirche erinnerte mich wieder an meine goldene Jugend-Schulzeit. Ich bin von dieser Messe immer ergriffen und meine Gedanken waren voll Dank zum Allmächtigen.

Oma ist im Asyl im allgemeinen zufrieden!?

Der gestattete Gehweg Riedenburg–Stadtinneres ist derzeit folgender:
Aiglhofstraße–Reichenhallerstraße–Hübnerstraße–Rainbergstraße–Johann-Wolfstraße–Schwimmschulstraße–Neutor–Sigmundsplatz.

Die Neutorstraße ist für Zivilfußgänger und für jegliches Fuhrwerk gesperrt. Obusverkehr eingestellt.

Montag, 7. 5. 1945

Gaststätten, Kaffeehäuser, Apotheken, Fleischhauer, Textilwarengeschäfte und übrige Geschäfte jeglicher Art sind bis auf die Milchgeschäfte, die nur auf kurze Zeit in der Früh offen haben und einzelne Bäckerladen, die das Brot bei vergitterten Ladentüren ausgeben, geschlossen.

Beim Kleidergeschäft Krivanec am Platzl und beim Radio Werner am Makartplatz sind sehr große Ankündigungstafeln mit Kundmachungen, Befehlsausgaben der Militärregierung in Österreich und Deutschland in deutsch – französisch – englisch – russisch angebracht.

Bruder W. und Schwägerin D. können in ihrer eigenen Behausung bleiben. Sie haben zwangsweise umgesiedelte Bewohner des Arenbergschlosses in ihrer Wohnung aufnehmen müssen und sind von einer amerikanischen Bequartierung seither verschont.

M. und T. besuchen die Lieferinger B. und bringen von der Gemüsebäuerin in Liefering Waren heim.

Das Ehepaar G. stellt in freundschaftlicher Weise ihren bescheidenen aber schönen Garten zur Mitbenützung frei, was natürlich sehr angenehm ist.

Bei den Gastwirten wurden die Lebensmittel auf unbestimmte Zeit eingezogen.

Fahrräder, Radio- und Photoapparate und jeglicher Gegenstand, der in die Optik hineinfällt wie Feldstecher, Theatergläser, Vergrößerungsgläser etc., werden grundsätzlich weggenommen. [...]

M. hatte unmittelbar vor der Übersiedlung in die Aiglhofstraße Waschtag. Es gelang ihr erst heute, die eingeweichte Wäsche aus der Waschküche nach sechs Tagen zu holen und zwar in Begleitung eines deutsch sprechenden Amerikaners. Die in der Waschküche in der Eile bei der Umsiedlung zurückgelegten Kleider und Schuhe von mir und der M., sowie die Fahrräder T.s und E.s [Bruder der T.] finden sich noch vor. Mit Hilfe des Dolmetsch – Herrn J. – erhielt M. die Erlaubnis zur Aushebung der Wäsche.

Dienstag, 8. 5. 1945

Herrliches Maiwetter.

Die Gefangenentransporte nehmen Riesen-Dimensionen an. Transporte auf Transporte – Mannschaft und Offiziere aller Grade – auch Ritterkreuzträger – miteinander auf großen Lastautos rollen durch die Straßen.

Offizielle Friedens-Verkündung über den Rundfunk am Dienstag, dem 8. Mai 1945 um 15 Uhr. Der Krieg in Europa (5 Jahre, 8 Monate und 5 Tage) hat nun sein Ende gefunden.

In der Nacht von Dienstag auf den Mittwoch hält die amerikanische Kampfbesatzungstruppe ihre Siegesfeier ab.

Sie ließen ein Riesen-Feuerwerk, Raketen los, schossen scharf in die Luft, läuteten mit Glocken, machten mit Hammer auf Eisenteile Spektakel etc. und taten dem Alkohol ihr Gutes. Am Abend wurde der Mannschaft Hühner-Ragout verabfolgt. Das Aigler Altersheim erhielt Reis und Geflügel-Innereien.

Mittwoch, 9. 5. 1945

Der Hof unseres Heimes – Neutorstr. 14

Die amerikanische Militärpolizei (MP) stellt im Hof ein Zelt für Autos auf; hiebei wurden armdicke Äste des Nußbaumes abgesägt, um das Zelt unterbringen zu können.

Alle Türen der drei Holzlagen und die Waschhäuschentür wurden gewaltsam aufgerissen.

Der Wasser-Abzugsbehälter beim eisernen Hausgittertor wird mit Schotter und großen Steinen und Ziegeln verschüttet; der lebende Gartenzaun gegenüber dem Balkon wird von den MP Autos zum größten Teil umgelegt.

Infolge der Schwere der großen MP Autos zeigt der Hof tiefe Radspuren.

Donnerstag, 10. 5. 1945

Heißer Maitag. Christi Himmelfahrtstag wird als Feiertag von der Militärregierung erklärt – seit Kriegsbeginn ist es wiederum das erstemal, daß Christi Himmelfahrt als Feiertag gehalten werden kann.

Das Mozarteum in der Schwarzstraße wird von der amerikanischen Armee besetzt. […]

Freitag, 11. 5. 1945

Seit dem amerikan. Einmarsch in unsere Stadt ist jeglicher Briefpost- und Bahnfracht-Verkehr eingestellt.

Am Communal-Friedhof wurden 150 Leichen Salzburger Selbstmörder bestattet. Die vielen Klagen über schwere Plünderungen von Lebensmittelgeschäften nehmen kein Ende.

Titowagen und Sowjetwagen in unserer Stadt.

Die Transporte österreichischer Kriegsgefangener gehen Tag und Nacht fort.

Die Apotheken, die offiziell geschlossen bleiben müssen, folgen Medikamente nur gegen Rezept bei kleinen Fenster- oder Türöffnungen aus. […]

Sonntag, 13. 5. 1945

Servaz – heißer Tag.

Die Amerikaner schenken Vormittag an die Bevölkerung im Sternbräukeller Frei-Bier aus. Ausgehzeit 6 Uhr Früh bis 8 Uhr abends.

Montag, 14. 5. 1945

Bonifaz – sehr heißer Tag.

Die Amerikaner liefern an das Aigl fallweise Natural-Verpflegsartikel.

Mein Jugendfreund Regierungsdirektor Dr. O. H. von seiner hohen Beamtenstellung enthoben, Bezüge eingestellt, Vermögen eingezogen und sein Eigenheim in der Weichselbaum-Siedlung enteignet. […]

Die Eigenschaft der Mark-Währung als gesetzliches Zahlungsmittel bleibt dzt. unberührt. Der alliierte Militär-Schilling ist gleich 1 Reichsmark.

Die Neutorstraße ist für Fußgänger und Wagenverkehr wieder frei.

Einzelne Gaststätten wie z. B. der „Wilde Mann" – „Blaue Gans" dürfen Vormittag ein einfaches Essen verabreichen. Der Zudrang zu diesen Gastwirtschaften ist derart stark, daß die Wirte Zu- und Abgang organisieren müssen.

Auch einige Kaffeehäuser – und zwar nur sehr wenige von der Militärregierung bewilligte Kaffeehäuser – können von 7 Uhr bis 9 Uhr oder 11 Uhr offen halten.

Von den Geldinstituten setzt die Salzburger Sparkasse ihren Betrieb ein.

Die amerikanische Militär-Polizei in unserem Hause gestattete M. aus der Waschküche meinen Wettermantel, Sommerrock, Weste, Hut, Straßenschuhe, Bergschuhe und Schirm zu beheben.

Alles was ins Gebiet der Optik fällt wie Fotoapparate, Feldstecher etz., dann Filme, Radioapparate, Schmuck, Fahrräder, ganze Zimmereinrichtungen samt Inhalt wird in vielen Fällen von der Besatzungstruppe weggeschleppt oder beschädigt unbrauchbar gemacht.

Übergriffe der Besatzungstruppen wie Zerschneiden oder Wegwerfen von Bett- und Tischwäsche, Beschädigungen oder Zertrümmerung von Einrichtungsstücken aller Art, von wertvollen Instrumenten, Zerstörungen von Schriften und Büchern etz. sind an der Tagesordnung.

Dienstag, 15. 5. 1945

Sophie. Sehr heißer Tag. Durch Kundmachung der Militärregierung wird die Ablieferung oder Anmeldung von Radioapparaten angeordnet. Ausgehzeit von 6 Uhr Früh bis 9 Uhr abends.

Mittwoch, 16. 5. 1945

Heißer Tag.

Jeden Dienstag, Donnerstag und Samstag Brotausgabe.

Jeden Freitag kann man um 16 Uhr auf ¼ Stunde in die eigene Wohnung gehen. Unsere mühsam für den kommenden Winter mit Brennmaterial – Holz, Torf, Kohle – belegte Holzlage wird von Tag zu Tag schütterer. [...]

Donnerstag, 17. 5. 1945

Sehr heißer Tag.

[...] Mit Ausnahme der Milch-, Bäcker- und Fleischerläden und einiger weniger größerer Lebensmittelgeschäfte sind alle übrigen Geschäfte jeglicher Art geschlossen – auch die Apotheken, die nur gegen Rezept Medikamente bei einer kleinen Tür oder Fensteröffnung verabfolgen.

Im Mozarteumssaal und im Landestheater werden den Amerikanern Konzerte – Kino – bunte Abende vorgeführt. Im Orchester spielen 17 Mitglieder des ehemaligen Mozarteum-Orchesters.

Freitag, 18. 5. 1945

Um 16 Uhr wird allen, die ihre Behausung räumen mußten, gestattet, auf ¼ Stunde in ihre Wohnungen zu gehen, um Sachen, die sie benötigen, zu beheben.

M. mit T. und Kl. besichtigten unsere Wohnung; Ich durfte die Wohnung nicht betreten. In den einzelnen Wohnräumen im I. und II. Stock war nichts umgestellt. Aus der Kredenz im Speisezimmer benützten die Amerikaner die schönsten Teller, Gläser, Silbereßbesteck etz. Aus dem Keller verschwand alles trinkbare wie Himbeersaft, Wein etz. Die Waschküche stand offen. Alle Holzschaffeln liegen in Einzelstücken herum, sind mithin dzt. unbrauchbar.

Im Hof steht Auto auf Auto. Der lebende Gartenzaun ist an den meisten Stellen von den Autos umgelegt.

Meine neuen Winter-Überzieher, Socken und Strümpfe konnte M. aus der Waschküche beheben, so daß alle meine Bekleidungsstücke und die Beschuhung bei B. in Sicherheit gebracht werden konnten. M. hat das wichtigste an Bett- und Tischwäsche rechtzeitig in einen Koffer verpackt und verschleppt. Hingegen hat sie in der Hast und Eile bei der Übersiedlung in die Aiglhofstraße ihre ganzen Kleider, wie auch ihre Beschuhung in der Wohnung zurückgelassen. T. muß daher M. mit Bluse und Rock aushelfen so gut es geht. Die Schuhe, die M. trägt, sind dzt. das einzige Paar in ihrem Besitze. [...]

Beschädigungen an den Möbeln sind keine wahrgenommen worden.

Von beispiellosen Dreck, Schmutz, der Unordnung und Möbelumstellungen abgesehen, können wir von großem Glück sprechen, was und wie wir unser Heim vorfanden.

Pfingsten – Mai 1945

Im Lande Salzburg stehen gegenwärtig kaum genügend Lebensmittel zur Verfügung, um die österreichische Zivilbevölkerung als auch die Flüchtlinge und Ausländer zu ernähren. Es müssen daher vor allem die in der Stadt Salzburg allein befindlichen 30 Ausländer- und Flüchtlingslager mit ihren über 20.000 Insassen so rasch als möglich in die Heimat rückgeführt werden, um die katastrophale Lage der Ernährungswirtschaft zu überbrücken. Die Hauptursache dieser Lage liegt größtenteils in der vollständigen Plünderung der Lager durch die SA und SS-Partei unmittelbar vor der Kapitulation der Wehrmacht Deutschlands.

Die Getreideknappheit verursachte die sofortige Einstellung aller Brauereien des Landes Salzburg bis auf weiters. In unserem Familienkreis tranken wir zuletzt am 28. 4. zusammen ein Glas Bier.

M.s Kartoffel-Knappheit ist so groß, daß sie mit mir im Hof des Mödlhammer-Gasthofes in der Getreidegasse mit Zustimmung des dortigen Pächters ein Lager abgelegter Kartoffel durchstöbert, um einige Kartoffel zu den Feiertagen heimbringen zu können. Die Kartoffel lagen im Dreck, Mist und sahen vor der Reinigung höchst unappetitlich aus. Einen bescheidenen Kartoffel-Vorrat hätte M. im Keller daheim in der Neutorstraße gehabt, mit dem sie vor und nach den Feiertagen ihr Auskommen gefunden hätte – jedoch die Militär-Polizei-Besetzung daheim ließ diesen Vorrat nicht beheben. Wir hatten in der Aiglhofstraße nur mehr für vier Tage einen Kartoffel-Vorrat. Von unserer Grünbäuerin in Liefering zu den Feiertagen welche zu erhalten, war gänzlich ausgeschlossen.

Wir waren herzlich froh, daß sie uns mit etwas Gemüse wie Salat, Spinat, Rettich aushelfen konnte.

Es ist bei diesen Umständen mithin nicht verwunderlich, daß M. mich zu den Feiertagen in die „Wegscheid" zu Mittag auf ein Beuschel (ohne Knödel) etz. schickte, um mit den vorhandenen Lebensmitteln das Auslangen zu finden.

Zu erwähnen wäre noch die Fleisch- und Milch-Knappheit zu den Feiertagen. Für uns Erwachsene gab es zu Pfingsten keine Milch und die Enkerln erhalten nur ½ Liter statt 1 Liter Vollmilch pro Tag.

M. konnte uns daher zu den Feiertagen nur vorlegen: Zum Frühstück einen Tee mit etwas Marmelade und Butter, wobei ich für meine Person die obligate Suppe vom Vortag erhielt.

Zu Mittag: Suppe, wenige Kartoffel mit Blutwurst bzw. Kartoffel mit Salat oder Spinat und am Abend ein kaltes Nachtmahl: Tee, Kartoffelsalat, eine kleine Portion Butter und Käse.

Die Zubereitung irgend einer Haus-Mehlspeise als Zubuße zum Mittagessen oder zur Jause war nicht möglich, da M. fast kein Mehl mehr hatte. Solch bescheidene vierfache Mahlzeiten zu Pfingsten bzw. vor und nach Pfingsten erlebten wir Erwachsene noch nie.

Die Enkerln Kl. und K. erhalten ihre volle Verpflegung wie Mus, gelbe Rüben, Milch, Gemüse, Weißbrot etz.

Im allgemeinen wirkt sich die knappe Kost bei uns Erwachsenen ungünstig aus. Müdigkeit, Mattigkeit übermannt im besonderen meine Person. M. und T. halten noch besser durch. T. erhält die Zubuße an Butter, Milch und Nährmittel, da sie K. noch an der Mutterbrust nährt. [...]

Unsere stete Sorge um K. und E. fühlt man in den Nerven – wir haben von beiden nicht die geringste Nachricht, wo sie sind, ob sie noch leben und in welcher Verfassung sie sich beide befinden.

Ich spüre meine Nerven in den Füßen: Kann ohne Schmerzen nicht gehen, habe stets auch bei warmen Wetter ein Kältegefühl im Körper und Mattigkeitsempfinden trotz Einnehmen ärztlich vorgeschriebener Medikamente. Hingegen bleibt mein fester Glaube auf ein Wiedersehen stark; das sagt meine innere Stimme. Der Allmächtige erfüllt uns allen den innigen Wunsch auf glückliche Heimkehr unserer beiden Söhne.

Pfingstfeiertage 19. 5. – 21. 5. 1945

War durchwegs herrliches Wetter. Ein Triospiel mit B. und seinem jungen Neffen brachte mir angenehme Abwechslung zum Alltagsleben. [...]

Die Plünderungen und Zerstörungen im besonderen der Lebensmittel- und Kolonialwaren-Geschäfte nehmen kein Ende.

Wohnhäuser, Villen in Stadt und Umgebung, so ganz besonders im Parsch- und Aigengebiet werden nachts angegriffen, die Bewohner mit vorgehaltener Waffe bedroht und ihr Hab und Gut geplündert.

Dem Rechtsanwalt Dr. S.-E. in der Reichenhallerstraße sind sämtliche Optikgegenstände wie Fotoapparate, Feldstecher etz. gestohlen worden und seiner

Schwägerin, bekannt als ausgezeichnete Fotografin, hat man ihr ganzes Labor ausgeraubt. Das Eisendle-Haus wurde auf 2½ Jahre für die Besatzungstruppe beschlagnahmt.

Unserem Nachbarn Schuster Seyrl in der Neutorstraße zerstörte man all seine Maschinen und nahm ihm auch das Leder weg. Selbst seine bescheidene Familienwohnung rückwärts im Hof blieb von der Zerstörung nicht verschont. Das sind nur zwei Fälle von den über 100 anderen in der Riedenburg allein.

Für die Ausländer – Italiener, Ustaschas, Bulgaren, Rumänen, Franzosen – sind am Platzl, Rathausplatz, Makartplatz etc. eigene „Auskunfts-Comitees" errichtet.

Für die Einheimischen sind die Kaffeehäuser geschlossen, bzw. es sind nur wenige in der Zeit von 7 Uhr–11 Uhr offen, hingegen ist für jede Nation obgenannter Ausländer ein größeres Kaffeehaus beschlagnahmt.

Die Firma Rothmaier verkauft an die amerikanische Besatzungstruppe Filme. Die Salzburger Bevölkerung geht leer aus; für diese gibt es keine Filme [...].

30 der führenden Männer der NSDAP wurden verhaftet – unter diesen der Gauleiter Dr. Scheel, der 15 Millionen Reichsmark bei sich hatte, der Regierungspräsident und Gauhauptmann, der Präsident der Gauwirtschaftskammer Dr. Gebert, der sich in kürzester Zeit ein großes Bauerngut in Neuburg erwerben konnte, der Stadt-Amtmann Sepp Quell, der Bauernführer Friesacher in Anif, alle Ortsgruppenleiter, alle Bann- und Truppenführer des Volkssturmes, Prof. Dr. Tratz, etz., etz. Landesgerichtspräsident Walter von Lürzer; zu seinem Nachfolger wird Oberlandesgerichtsrat Wilhelm Willomitzer ernannt.

Salzburg hat dem neuen Polizeidirektor Dr. Josef Daspelgruber zu danken, daß die von der NSDAP und von der SS Partei geplante Sprengung aller Brücken im letzten Augenblick durchkreuzt wurde.[...]

Einiges über Bekleidung, Verpflegung, Eigenarten etz. der amerikanischen Besatzungstruppe.

Man sieht nur kräftige, junge, lässige Mannschaft zwischen 22 und 30 Jahren. Alle sehen gesund aus. Unter 20 Jahren gibt es keinen Wehrmann.

Das ausgezeichnete Aussehen führt der Beobachter besonders auf die nachhaltige – man kann sagen „verschwenderisch, überreiche" – Verpflegung zurück. Nach Aussage des Chefarztes der Besatzungstruppe leidet aber mit Rücksicht auf die fast ausschließliche und vieljährige Konservenkost ein großer Prozentsatz der Mannschaft an Tuberkulose. Es hilft ihnen die frische Milch, die frischen Eier, die frische Butter und unser Alpenkäs, sowie das einst konservierte Fleisch und frische Gemüse. Der Chefarzt erklärt, daß das gute, volle Aussehen sehr trügerisch ist.

Ich beobachtete einmal ein Frühstück der Mannschaft: 2 tellergroße, dicke Omletten mit Pflaumenkompott und Bohnenkaffee oder 3 Spiegeleier, Weißbrot mit Butteraufstrich (der Arzt meint, daß es nicht Butter sondern ein verfeinerter Käse ist, der wie Butter das Aussehen hat) und Milchkaffee oder Weißbrot mit vermeintlichem Butteraufstrich, ein Teller Marmelade und starken Bohnenkaffee.

Ein Mittagessen, welches ich sah, war ein Hühnerragout mit Reis, Gemüsesuppe, Cakes, Kompott, schwarzer Kaffee.

Ein Abendessen – die Abendmahlzeit ist stets um 17 h – besteht aus: Große Mohnnudeln mit Fett übergossen: Schmalzkrapferln, ein sehr großes dickes Stück schneeweißes Butterbrot, eine Suppe mit Fleisch oder Reis und Kaffee.

Die Abendmahlzeit ist immer am reichhaltigsten. Viele der Mannschaft gehen mit der Waffe – Gewehr oder Revolver – zur Eßzeit.

Die meisten Köche sind mit dem verbleibenden Rest der Speisen höchst verschwenderisch, indem diese einfach in den Trog weggeschüttet werden. Eine Verteilung der Rest-Speisen an Arme der Bevölkerung sieht man jedoch auch.

Die Mannschaft scheint sehr heiklich zu sein. Der beste starke Bohnen-Milchkaffee und andere Speisen werden in den Geschirr-Abwaschkübel geschüttet – nur in wenigen Fällen wird an die arme Bevölkerung ausgegeben.

Mir gelang es einmal einen Frühstück-Kaffee als Kostprobe heimzubringen; er mundete uns allen sehr gut. Ein Mann schüttete mir seinen Restkaffee in die Kanne, ein Zweiter wollte das Gleiche tun, wurde aber von einer Charge abgewiesen.

Neben dieser Verpflegung erhält jeder Mann allwöchentlich ein Paket in Celluloid mit Schokolade, Biskuit, gefüllte Zuckerln, besonders feine Zigaretten, Zündholz, Clos.papier etc. oder in einer 25 cm langen und 5 cm hohen Karton-Schachtel, mit Wachs luftdicht. überzogen: 1 Büchse Schweinefleisch, 1 Suppenpulver, Schokolade, Cakes, 4 Zigaretten, Zünder, Kaugummi, Clos. Papier.

Kapellmeister Major Gustav Gruber überreichte mir drei Mal für das Ausleihen von Orchesternoten etc. an meine Enkelkinder ein Mannschafts-Packerl mit Schokolade, Biskuit, Zuckerln, Zigaretten, Zünder, Clos. Papier.

Das zum Tragen zusammenhängende, höchst zweckhafte Eßzeug aus Aluminium besteht aus 2 Tellern, Gabel, Messer, Löffel und einem Suppenbehälter.

Das überreiche Rauchzeug, gefaßt im Teppichgeschäft der Firma Gehmacher am Alten Markt, wo die Mannschaft in Schlangenlinie bis zum Döllerergassl steht, besteht aus täglich 25 bis 40 Zigaretten oder dem Quantum nach aus Zigarren, Pfeifentabak, Kaugummi.

Die Bekleidung und Beschuhung ist tadellos. Man sieht nicht eine abgewetzte oder alte Uniform. Der Uniformstoff ist echte, beste Baumwolle, der Wettermantelstoff – Gummi. Die braunen, leichten jedoch festen, hohen Schnürschuhe tragen Gummisohlen.

Für Unterhaltung, Zerstreuung, Erholung wird reichhaltigst gesorgt.

Den Mönchsberg besehen die Amerikaner kreuz und quer.

Im Mozarteums-Konzertsaal, im Wienersaal, Theater und Festspielhaus und auch im Marionettentheater sind alltäglich Vorstellungen, Vorführungen, Konzerte, Kinos jeglicher Art – ernst und heiter bzw. auf amerikanisch – und stehen auf hohem künstlerischen Niveau.

Das Mozarteum-Orchester unter Professor Joseph Messner und Dr. Wagner, das Theaterorchester unter Major Gustav Gruber hat schwere Arbeit, um den hohen Anforderungen der Militärregierung nachzukommen. Opern-, Operetten-, Theater-Abende, Kammermusik-Abende, Kirchliche Musik, Solistenkonzerte (Gesang, Klavier, Orgel etc.) wechseln in bunter Reihenfolge.

Jeden Sonntag ist um ½10 h im großen Mozarteums-Konzertsaal ein Gottesdienst für „seine Soldaten Christi", wie Präsident Roosevelt sagte. Einem solchen erhebenden Gottesdienst, der mit einer musikalischen Vorführung – Kammermusik, Orgel – eingeleitet wird, wohnte ich bei.

Die Konzertsäle, das Theater, das Festspielhaus und Marionettentheater ist stets voll besetzt. Amerikaner lassen sich dorthin im Auto fahren. Keiner der Mannschaft geht zu Fuß zu einer Vorstellung (wie auch zu keiner Eßmahlzeit).

Bei Tag und am Abend pflegen die Amerikaner auf der Straße ein Würfel-Ball-Spiel.

Mitten auf den lebhaften Straßen wird exerziert.

Das Marschieren in 2er oder 3er Reihen ist weder österreichisch, geschweige preußisch. Sie marschieren wie ein Zivilhaufen, der noch nie beim Militär gedient hat – von einer Militärstrammheit keine Spur.

Ordnungssinn fehlt den amerikanischen Soldaten gänzlich. Harte wie auch gepolsterte oder Plüsch-Sessel bleiben Tag und Nacht bei jedem Wetter, ja auch bei Regenwetter heraußen vor dem Hause stehen. Er setzt mindestens einen Fuß auf einen zweiten Sessel ausgestreckt.

Ein Salzburger Fremdenführer wurde zum Militär-Gouverneur gerufen. Dieser höchstkommandierende Salzburger empfing den Fremdenführer wie folgt: Beim Schreibtisch sitzend, eine Zigarre rauchend, einen Fuß am Schreibtisch und den anderen Fuß am Sessel ausgestreckt – in dieser Haltung unterhielt er sich mit dem Fremdenführer.

Besichtigung geräumter Wohnungen

Die für Freitag den 25. 5. den Bewohnern der Riedenburg zugesagte Besichtigung ihrer Wohnungen auf ¼ Stunde um 16 h, um gleichzeitig auch Ware und andere Gegenstände beheben zu können, wurde auf den nächsten Tag – Samstag um 16 h bzw. auf Sonntag um 12 h Mittags hinausgeschoben.

Die Riedenburger – in großer Anzahl vertreten – mußten sich behelfsmäßig in der Ecke des Kaufgeschäftes Pichler sammeln. Unverrichteter Sache kehrten alle mit ihren kleinen und größeren Wägen, mit ihren Rucksäcken, Koffern, Körben etc. wieder heim.

In gleicher Weise wurden die Riedenburger von der Militär-Polizei (MP) am 26., 27., und 29. Mai zum Narren gehalten.

Ein Zufall aber wollte es, daß es der M. mit der T. – T. mit einem Englisch-Deutsch-Lexikon versehen – trotz der Absage des Betretens der Wohnung am 26. 5. – gelang, mit Zustimmung eines freundlichen MP-Mannes wenigstens aus der Waschküche den bisher sehr entbehrten hölzernen Waschtrog und einen großen, schweren Korb mit Kleider und Wäsche zu übernehmen. Nunmehr haben wir – bis auf einen schweren Holzkoffer – und die 2 Fahrräder – alles in Sicherheit in der Aiglhof-Wohnung bringen können. Wir waren hierüber herzlich froh. Weitere Kleider, Schuhe, einige Bettwäsche, dann aus dem Keller die Kartoffeln und die Koffer mit dem Silberzeug zu beheben, blieb noch offen.

Das bei der Frau G. für das Herdfeuer bisher verbrauchte Brennmaterial rückzuersetzen, konnten wir noch nicht ausführen, da wir keinen Zutritt in die Holzkammer seitens der MP bewilligt erhielten.

In der Nähe unserer dzt. Aiglhof-Behausung ist ein Häuserblock – 5 Häuser – auf 6 Monate beschlagnahmt worden.

Uns gegenüber mußte ein Haus mit vielen Parteien nur für 5 Mann der USA Streitkräfte vollständig geräumt werden.

Im Hause der 84jährigen Hauptmannswitwe Josefine K. in der Augustinergasse wurde in der Nacht am 27. 5. eingebrochen. Amerikaner brachen die Haustüre ein und trieben in der Wohnung der Witwe K. mit Frauen bis zum Morgengrauen ihre Orgien.

Mittwoch, 30. 5. 1945

Am Mittwoch, 30. 5. 1945 erschien für die Salzburger Bevölkerung bzw. für die österreichische Bevölkerung seit 3. Mai 1945 die erste Zeitung: „Der Österreichische Kurier" – herausgegeben von der 12ten Heeresgruppe.

Kundmachung

Dieses Gebäude ist von den amerikanischen Streitkräften beschlagnahmt.

Bis auf weitere Kundmachung ist allen Personen untersagt, dieses Gebäude zu betreten, außer wenn ihnen von der örtlichen Amtsstelle der Militärregierung ein Ausweis oder eine schriftliche Erlaubnis dazu erteilt wurde.

Niemand darf Schriftstücke, Betriebs- oder Einrichtungsgegenstände, Waren oder andere Gegenstände irgendwelcher Art aus diesem Gebäude entfernen, außer wenn ihm dazu eine schriftliche Erlaubnis von der örtlichen Amtsstelle der Militärregierung erteilt wurde.

15. 5. 1945   Im Auftrag der Militärregierung.

Text einer in Englisch und Deutsch verfaßten Kundmachung, die an einem beschlagnahmten Haus in der Reichenhaller Straße angebracht war.
Abschrift aus dem Nachlaß Josef Hummel, AStS.

MILITÄRREGIERUNG – ÖSTERREICH
Kontroll-Gebiet des obersten Befehlshaber AEF
VERORDNUNG Nr. 200

Verbrechen und andere strafbare Handlungen.

Zwecks Aufrechterhaltung von Recht und Ordnung und im Interesse der Sicherheit der Alliierten Streitkräfte wird folgendes verordnet:

ARTIKEL I
Verbrechen die mit dem Tode bestraft werden.

Die folgenden strafbaren Handlungen werden mit dem Tode oder mit einer anderen Strafe nach Ermessen eines Gerichtes der Militärregierung bestraft:

1. Spione;
2. Verbindung mit den feindlichen Streitkräften oder mit irgendeiner Person im feindlichen Gebiet, das von den Alliierten Streitkräften nicht besetzt ist, es sei denn, daß die Verbindung mit einer solchen Person auf behördlich genehmigtem Wege erfolgt;
3. Übermittlung von Nachrichten, welche die Sicherheit oder das Eigentum der Alliierten Streitkräfte gefährden; oder die Unterlassung der sofortigen Anzeige solcher Nachrichten, falls deren Besitz nicht erlaubt ist; Mitteilungen in Geheimschrift oder Chiffre ohne Genehmigung; Unterlassung der sofortigen Anzeige des unerlaubten Empfanges einer Mitteilung in Geheimschrift oder Chiffre;
4. bewaffneter Angriff auf die Alliierten Streitkräfte oder bewaffneter Widerstand gegen diese;
5. Tötung eines Angehörigen der Alliierten Streitkräfte oder Angriff auf einen solchen;
6. sich fälschlich als Angehöriger der Alliierten Streitkräfte auszugeben; unbefugter Weise irgendeine Uniform der Alliierten Streitkräfte zu tragen;
7. ungesetzlicher Besitz oder ungesetzliche Kontrolle von Feuerwaffen, Munition, Sprengstoff oder sonstigem Kriegsmaterial sowie von Geräten oder sonstigen Gegenständen, die der Nachrichtenübermittlung dienen;
8. unbefugter Gebrauch von Feuer- oder anderen gefährlichen Waffen, Munition, Sprengstoff oder ähnlichem Kriegsmaterial;
9. einer von einer Alliierten Behörde in Haft gehaltenen Person beim Entweichen zu helfen oder diese nach ihrem Entweichen zu unterstützen oder zu verbergen;
10. Unterstützung eines Angehörigen der feindlichen Streitkräfte zwecks Vermeidung seiner Gefangenschaft;
11. unbefugte Störung des Beförderungs- oder Nachrichtenwesens oder des Betriebes von öffentlichen Einrichtungen oder Versorgungsunternehmen;

12. vorsätzliche Beschädigung von Kriegsmaterial der Alliierten Streitkräfte oder von Anlagen oder Gegenständen, welche für die militärischen Operationen oder für die Militärregierung notwendig oder nützlich sind;
13. vorsätzliche Zerstörung, Entfernung, vorsätzliches Inunordnungbringen, Beschädigen oder Verheimlichen von öffentlichen oder privaten Akten oder Archiven irgendwelcher Art;
14. Plündern, Verwüsten oder Beute machen, Beraubung, Schändung oder Mißhandlung von Toten oder Verwundeten;
15. vorsätzliche Belästigung oder Irreführung eines Angehörigen der Alliierten Streitkräfte oder einer anderen in deren Auftrage handelnden Person, soweit dies deren dienstliche Tätigkeit betrifft;
16. Aufhetzung zum Aufruhr oder zu öffentlichen Unruhen oder Beteiligung daran;
17. Diebstahl oder betrügerischer Erwerb von Gegenständen der Alliierten Streitkräfte oder eines Angehörigen derselben;
18. jeder Verstoß gegen die Gesetze und Gebräuche des Krieges oder jegliche Unterstützung der Feinde der Vereinten Nationen; Gefährdung der Sicherheit der Alliierten Streitkräfte.

ARTIKEL II

Andere strafbare Handlungen.

Die folgenden strafbaren Handlungen werden nach Ermessen eines Gerichtes der Militärregierung mit jeder Strafe, mit Ausnahme der Todesstrafe, bestraft;

19. Verstoß gegen jede ausdrückliche Strafandrohung nicht enthaltende Proklamation, Verordnung, Bekanntmachung oder Anordnung, die von den Alliierten Streitkräften oder der Militärregierung oder in deren Auftrage erlassen werden; Verstoß gegen Anordnungen, die von österreichischen Behörden aufgrund von Anweisungen der Militärregierung erlassen werden;
20. unerlaubter Aufenthalt im Freien während der Ausgangsbeschränkung;
21. österreichisches Gebiet zu verlassen oder in dieses Gebiet einzureisen, es sei denn auf eine von einer Alliierten Behörde genehmigte Weise;
22. unbefugt nicht einen gültigen Personalausweis vorzeigen zu können;
23. Herstellung, Erteilung oder wissentlicher Besitz eines falschen Erlaubnisscheines, Personalausweises oder eines anderen die Belange der Alliierten Streitkräfte berührenden Schriftstücke; Aushändigung solcher Schriftstücke, gleichgültig, ob falsch oder echt, an eine unbefugte Person oder zu einem unerlaubten Zweck;
24. Fälschung oder Verfälschung von Zahlungsmitteln, Geldstücken oder Wertzeichen, deren Besitz oder Inumlaufsetzung, falls Grund zur Annahme besteht, daß dieselben falsch oder verfälscht sind; Besitz, Kontrolle oder Verfügung über Gegenstände, die für solche Zwecke geeignet sind;

25. einen Angehörigen der Alliierten Streitkräfte zum Besuch eines Ortes, der mit „Off Limits" oder „Out of Bounds" oder „Consigne" bezeichnet ist, aufzufordern oder ihn dorthin zu führen, oder solchen Angehörigen mit Waren oder Dienstleistungen an einem solchen Ort zu versehen;
26. Bestechung oder Einschüchterung eines Angehörigen der Alliierten Streitkräfte oder einer in deren Auftrag oder im Auftrage der Militärregierung handelnden Person oder eines Staats- oder Gemeindebeamten; Empfang oder Bestechung in einer Angelegenheit, welche die Belange der Militärregierung berührt;
27. unbefugter Besitz, unbefugte Kontrolle oder Verführung von Eigentum der Alliierten Streitkräfte oder eines Angehörigen derselben;
28. Zerstörung, Verheimlichung, unbefugter Besitz oder Störung von Schiffen, Einrichtungen, Betriebsanlagen, Ausrüstungsgegenständen oder anderen Wirtschaftswerten, darauf bezüglich Plänen oder Unterlagen, die von der Militärregierung gebraucht werden;
29. wissentlich falsche mündliche oder schriftliche Angaben gegenüber einem Angehörigen der Streitkräfte oder einer in deren Auftrage der Militärregierung handelnden Person in Angelegenheit von amtlicher Bedeutung; oder sonstige Täuschung oder Weisung, einer Alliierten Behörde eine von dieser verlangte Auskunft zu geben;
30. fälschliche Anmaßung von Amtsbefugnissen der Alliierten Streitkräfte oder der Militärregierung; unbefugter Besitz oder Kontrolle von Teilen der Alliierten Uniform, einerlei ob echt oder falsch;
31. Verunstaltung oder unbefugte Entfernung geschriebener oder gedruckter Ankündigungen, die im Auftrag der Alliierten Streitkräfte oder der Militärregierung angeschlagen wurden;
32. vorsätzliche Zerstörung, Änderung oder Verheimlichung irgend eines Kunstwerkes, Denkmales oder anderen Kulturgutes, das von einer anderen Person geschaffen wurde;
33. Veranstaltung, Unterstützung oder Besuch einer öffentlichen Versammlung, es sei denn, daß die Versammlung zu religiösen Zwecken stattfindet oder von den Alliierten Streitkräften genehmigt worden ist;
34. Widerstand gegen eine Verhaftung durch eine im Auftrag der Alliierten Streitkräfte oder der Militärregierung handelnden Person, oder Entweichung aus einer von einer solchen Behörde angeordneten Haft oder Internierung;
35. Begünstigung einer Person oder Unterlassung der Meldung einer Person, von der es bekannt ist, daß sie von den Alliierten Streitkräften gesucht wird;
36. Verbreitung eines Gerüchtes in der Absicht, Unruhe oder Aufregung in der Bevölkerung hervorzurufen oder die Moral der Alliierten Streitkräfte zu zersetzen.
37. Handlungen oder Verhalten in der Absicht, eine von den Alliierten Streitkräften oder der Militärregierung aufgelöste oder ungesetzlich erklärte Or-

ganisation zu fördern oder zu unterstützen; herausforderndes Zeigen von Fahnen oder Abzeichen einer derartigen Organisation;
38. feindseliges oder achtungswidriges Betragen gegenüber den Alliierten Streitkräften oder einer der Vereinten Nationen;
39. Einleitung oder Durchführung von Strafverfahren, Disziplinarverfahren oder sonstigen Strafmaßnahmen oder Verfolgung gegen eine Person wegen ihrer Zusammenarbeit mit den Alliierten Streitkräften oder mit der Militärregierung;
40. ohne schriftliche Genehmigung der Militärregierung ein militärisches Fahrzeug zu einer Reise oder zum Befördern von Waren jeder Art zu benützen;
41. Handlung oder Unterlassung gegen die öffentliche Ordnung des besetzten Gebietes oder gegen die Belange der Militärregierung, der Alliierten Streitkräfte oder eines Angehörigen derselben.

ARTIKEL III

Versuch und Verabredung.

Wie der Täter bestraft wird, wer eine strafbare Handlung aufgrund dieser Verordnung oder anderen Veröffentlichungen der Militärregierung zu begehren versucht, oder sich zur Begehung verabredet oder sich damit einverstanden erklärt, oder den Täter mit Rat und Tat unterstützt oder die Begehung einer strafbaren Handlung durch andere herbeiführt, oder wer eine zu seiner Kenntnis gelangte strafbare Handlungsweise anzuzeigen unterläßt.

ARTIKEL IV

Gesamtgeldstrafen.

Der Bürgermeister oder ein anderer verantwortlicher Vertreter einer Gemeinde kann als Vertreter der Einwohner der Gemeinde wegen einer jeden strafbaren Handlung angeklagt und verurteilt werden, von der behauptet wird, daß solche Einwohner hierfür gesamtverantwortlich sind. Die Gemeinde kann mit einer Gesamtstrafe belegt werden, falls die genannten Personen in ihrer Vertretereigenschaft verurteilt und Gesamtverantwortlichkeit festgestellt worden ist.

ARTIKEL V

Verantwortlichkeit für Gesellschaftshandlungen.

Jedes Vorstands- und Aufsichtsratsmitglied, jeder Vertreter oder Angestellte einer eingetragenen oder nicht eingetragenen Gesellschaft, Vereinigung oder eines Vereines, sowie jeder Gesellschafter oder Angestellte einer offenen Handels- oder Kommanditgesellschaft, welcher in dieser Eigenschaft entweder allein oder zusammen mit anderen eine strafbare Handlung oder Unterlassung verursacht, leitet, anregt oder dafür stimmt, ist, falls für eine derartige Handlung oder Unterlassung die Gesellschaft, die Vereinigung, der Verein, die offene Handels- oder Kommanditgesellschaft vor einem Gericht der Militärregierung verantwortlich gemacht werden kann, ebenso verantwortlich, als wenn die Handlung oder Unterlassung von ihm persönlich begangen worden wäre.

ARTIKEL VI
Einwendung der Verteidigung.

1. Es gilt als wirksame Verteidigung gegen eine gemäß dieser Verordnung erhobene Anklage, daß die Tat in rechtmäßiger Kriegsführung durch eine Person, die als Kriegsführende gilt, begangen wurde.
2. Es gilt nicht als wirksame Verteidigung gegen eine Anklage, daß die angeklagte Person auf Befehl eines zivilen oder militärischen Vorgesetzten oder einer Person handelte, die vorgab, als Beamter oder als Mitglied der NSDAP zu handeln, noch dadurch, daß die behauptete Straftat unter Zwang verübt wurde.
3. Es gilt nicht als wirksame Verteidigung gegen eine Anklage, daß gegen den Angeklagten eine Verhandlung durch ein österr. Gericht stattgefunden hatte und dieser daraufhin verurteilt oder freigesprochen wurde, jedoch soll das Urteil des österr. Gerichtes bei der Strafbemessung berücksichtigt werden.

ARTIKEL VII
Begriffsbestimmungen.

1. Der Ausdruck „Alliierte Streitkräfte", wie er in dieser Verordnung oder, Ermangelung anderweitiger Bestimmungen, in Proklamationen, Verordnungen, Bekanntmachungen oder Anordnungen der Militärregierung gebraucht wird, bedeutet Personen, die dem Rechte der Land-, See- oder Luftfahrtstreitkräfte oder der Gerichtsbarkeit der britischen Kriegsmarine unterliegen und die unter dem Befehlshaber von Streitkräften der Vereinten Nationen stehen, sowie jede militärische Formation oder Zivilbehörde, die ganz oder teilweise aus solchen Personen zusammengesetzt ist.
2. Der Ausdruck „feindliche Streitkräfte" bedeutet alle Personen, die Alliierten Streitkräften bewaffneten Widerstand leisten oder geleistet haben, ohne Rücksicht darauf, ob sie berechtigt sind, als Kriegsführende zu gelten.

ARTIKEL VIII
Inkrafttreten.

Diese Verordnung tritt am Tage ihrer Verkündigung in Kraft.

Im Auftrage der Militärregierung-Österreich.

Diese Verordnung wurde von der US-Militärregierung im Mai 1945 erlassen. Abschrift aus der Polizeichronik 1945, Bundespolizeidirektion Salzburg.

„…und des Sterbens war kein Ende"
Der Tod im Mai 1945

von Peter F. Kramml

Als gegen Mittag des 4. Mai 1945 nach der kampflosen Übergabe die ersten amerikanischen Panzer in die Stadt rollten, fanden der Zweite Weltkrieg und die nationalsozialistische Herrschaft in der Mozartstadt ihr offizielles Ende. Trotzdem ging das kriegsbedingte Sterben weiter, sei es an den Folgen von Verletzungen durch Kampfhandlungen bzw. den Bombenkrieg oder durch Selbstmord im Zuge des Zusammenbruchs des NS-Regimes.

Auch wenn die Quellenlage zu diesem Thema infolge der Wirren zu Kriegsende nicht vollständig ist – erhalten geblieben sind die städtischen Sterbebücher und Friedhofsbücher sowie die Polizeichronik und Zeitungsmeldungen – so erscheint deren Auswertung doch sinnvoll, um – zumindest fragmentarische – neue Aufschlüsse bieten zu können.

Bombentote – Opfer der Maitage

Salzburg hatte kurz vor seiner Übergabe am 1. Mai 1945 den 15. und letzten Bombenangriff erleben müssen. Damals wurden mindestens 19 Todesopfer gezählt, mit dem Angriff am 25. April erhöhte sich die Zahl der in den letzten Kriegstagen den Luftangriffen zum Opfer gefallenen Personen auf knapp 100. Viele dieser Toten wurden erst nach Kriegsende gefunden. Manche konnten überhaupt erst nach Monaten aus den Trümmern geborgen zur letzten Ruhe gebettet werden. Bombenopfer wurden zum Teil auch noch Tage nach Kriegsende als „beim Terrorangriff auf Salzburg Gefallene" in den Sterbebüchern verzeichnet. Diese Terminologie überlebte somit das Regime.

In den letzten Kriegstagen ist eine zunehmende Zahl von Todesfällen mit Granatsplitterverletzungen, mit Schädelfrakturen und auch Schußverletzungen verzeichnet. Unter diesen finden sich Opfer der militärischen Auseinandersetzungen aber auch von Gewaltanwendung in Tagen ungeordneter Herrschaft.

So erlitt noch am 4. Mai 1945 der 44jährige Reichsbahnangestellte Johann W. als völlig unbeteiligter Augenzeuge bei der Bekämpfung einer Plünderung in einem Wehrmachtsmagazin nahe des Mönchsbergstollens einen Bauchschuß, dem er kurz darauf erlag. Noch wenige Stunden vor dem Einmarsch der Amerikaner wurde am 4. Mai ein 31jähriger russischer KZ-Häftling aus Dachau von zwei SS-Männern im Garten des Gasthauses Steinlechner in Aigen liquidiert und dort verscharrt – die Leiche konnte erst im Juli 1945 exhumiert und die Identität des Opfers geklärt werden.

Dem politischen Umbruch folgten auch Racheakte vor allem gegen ehemalige SS-Angehörige. Als Beispiele können der am 4. Mai ermordete Kraftfahrunteroffizier Josef L. aus Köln, der 46jährige aus Rußland gebürtige SS-Rottenführer Alexander Sch., der mit einem Genickschuß getötet aufgefunden wurde oder der ukrainische SS-Oberleutnant Denis N., der am 7. Mai seinen Stichwunden erlegen ist, genannt werden. Schwer läßt sich die Grenze zwischen Rache und kriminellem Motiv ziehen, wie beim Raubmord am 6. Mai 1945 an einem nie identifizierten ca. 30jährigen Flaksoldaten. In der Nacht von 8. auf 9. Mai wurden der Werkmeister Friedrich L. und seine Gattin in einer Großwäscherei an der Augustinergasse ermordet, die Leichen erst Anfang Juli im Rauchabzug eines Dampfkessels aufgefunden.

Nicht nur im Mai 1945, sondern auch während der folgenden Monate wurde eine Reihe von Gewalttaten begangen, von denen viele nie aufgeklärt werden konnten. Insbesondere in den Umsiedler- und Flüchtlingslagern und deren Umfeld spielten sich zahlreiche Gewalttaten ab. Beispielsweise wurde ein Kosakenoberleutnant in der Nacht zum 23. Juni von seinem Diener nach einem persönlichen Streit erschossen. Am 10. Juli wurde die Polizei ins Lager Riedenburg gerufen, wo ein angeblicher SS-Angehöriger „von Lagerinsassen, hauptsächlich jüdischen Glaubensbekenntnisses, mit Sesselfüßen und Bierflaschen derart geschlagen [wurde], daß er tot im Hofe […] liegen blieb" (Polizei-Chronik).

„Aus der Verantwortung gestohlen" – Selbstmord

Aufgrund der beschränkten Informationsquellen blieb den Salzburgern zunächst unbekannt, welche Mitglieder der lokalen NS-Prominenz in Haft bzw. geflüchtet waren oder den Freitod gewählt hatten. Erst am 30. Mai berichtete die erste in Salzburg erschienene Zeitung, der „Österreichische Kurier", unter der Überschrift „Angst vor Strafe", daß sich mehrere NS-belastete Personen „durch Selbstmord der Verantwortung entzogen haben" und listete deren Namen auf.

Vor dieser offiziellen Mitteilung waren nur Gerüchte über das Ausmaß der Selbstmorde im Umlauf. Zweifelsohne wurde die Zahl der Selbstmörder überschätzt bzw. zu hoch kolportiert. So schrieb Regierungsrat Josef Hummel in sein Tagebuch, daß allein am 11. Mai 1945 rund 150 Salzburger Selbstmörder am Kommunalfriedhof bestattet worden seien. Tatsächlich wurde an diesem Tag am Kommunalfriedhof ein einziger Offizier beigesetzt, der Suizid begangen hatte. Andere Zeitzeugen sprechen von rund 50 Personen, die unmittelbar nach Kriegsende den Freitod gewählt hätten, eine Zahl, die viel eher der Realität entsprechen wird.

Die speziellen Gründe für die einzelnen Suizidfälle lassen sich heute nicht immer genau nachvollziehen. Der „verlorene Krieg" hatte bei manchen sicher hohe Emotionen freigesetzt, eine Welt war zusammengebrochen. Wollten manche gemeinsam mit dem „Reich" untergehen, so hatten andere sicher Angst vor den Folgen des „Zusammenbruchs" und der Justiz der Sieger. Während die ehemalige Sekretärin des Salzburger Oberbürgermeisters Anton Giger keinen Grund dafür erkennen kann, daß dieser aus Angst Selbstmord begangen habe und sich erinnert, daß bei einigen anderen Selbstmördern das Gerücht kursierte, sie seien erschossen worden, um nicht aussagen zu können, sieht die Witwe eines in der NS-Zeit aktiven Juristen sehr wohl diesen Motivationsgrund. Die Selbstmorde seien aus der „Furcht vor den eigenen Leuten" erfolgt, eine Furcht, die angesichts des Wissens über den seinerzeitigen Umgang mit den Gegnern des NS-Regimes und deren Familien verständlich erscheint.

Politisch motivierte Selbstmorde

Ein besonderes Drama spielte sich im Schloß Leopoldskron ab, wo die Familie der bekannten Fliegerin Hanna Reitsch einquartiert war. Ihr Vater, der aus Posen gebürtige Augenarzt Dr. Willy Reitsch, tötete in den Abendstunden des 3. Mai seine sechsköpfige Familie und auch die Hausgehilfin. Er erschoß seine Gattin und seine Tochter, eine Majorswitwe, „damit sie", wie im Sterbebuch festgehalten wurde, „nicht den Amerikanern in die Hände fällt und von diesen vergewaltigt würde", sowie deren acht Jahre alten Sohn und die fünfjährigen Zwillinge. Reitsch selbst folgte am 4. Mai, gegen 16 Uhr, seiner Familie in den Tod.

Ebenfalls am 4. Mai beendete der 42jährige Leutnant Wilhelm Reuter mit einem Kopfschuß sein Leben.

Am 5. Mai gegen 4 Uhr früh erschoß der Kreisorganisationsleiter und hauptamtliche Stellvertreter des Kreisleiters der NSDAP, Ludwig Watzinger, „aus Angst vor den kommenden Ereignissen dieses Kriegsgeschehens" (Sterbebuch) seine Gattin, seine beiden Kinder und dann sich selbst.

In der selben Nacht schieden auch Oberbürgermeister Anton Giger und seine Gattin Marianne aus dem Leben. Sie wurden am 5. Mai gegen 8 Uhr in ihrer Wohnung in der Stegerstraße in der Weichselbaumsiedlung tot aufgefunden. Der für Giger attestierte „Selbstmord durch Erschießen" sowie der Zusatz bei seiner Gattin „Suicid oder im Einverständnis" wird auch durch die Aussagen einer Nachbarin bestätigt, derzufolge das Ehepaar erschossen im Keller des Hauses aufgefunden worden war. Frau Giger habe – als letzten Gruß des Gatten – Blumen in den Händen gehalten.

Die Überprüfung der Todesumstände von Oberbürgermeister Giger erschien auch deshalb wichtig, da sich im Sommer des Jahres 1994 ein Zeitzeuge im Archiv der Stadt Salzburg gemeldet hatte, dessen Aussagen – wenn sie nur isoliert vorlägen – einer Sensation gleichkämen. Es handelte sich dabei um einen amerikanischen Staatsbürger, der mit den ersten amerikanischen Truppen in die Stadt einmarschiert war und versicherte, am Morgen des 5. Mai zufällig Augenzeuge des gewaltsamen Todes des Oberbürgermeisters im Rathaus geworden zu sein. Beim Einsammeln der Waffen in der Stadt seien zwei junge amerikanische Soldaten durch die Explosion einer Handgranate ums Leben gekommen. Der Oberbürgermeister sei deshalb in seinem Büro zur Rede gestellt und von einem in Rage geratenen US-Offizier mit einem Schürhaken erschlagen

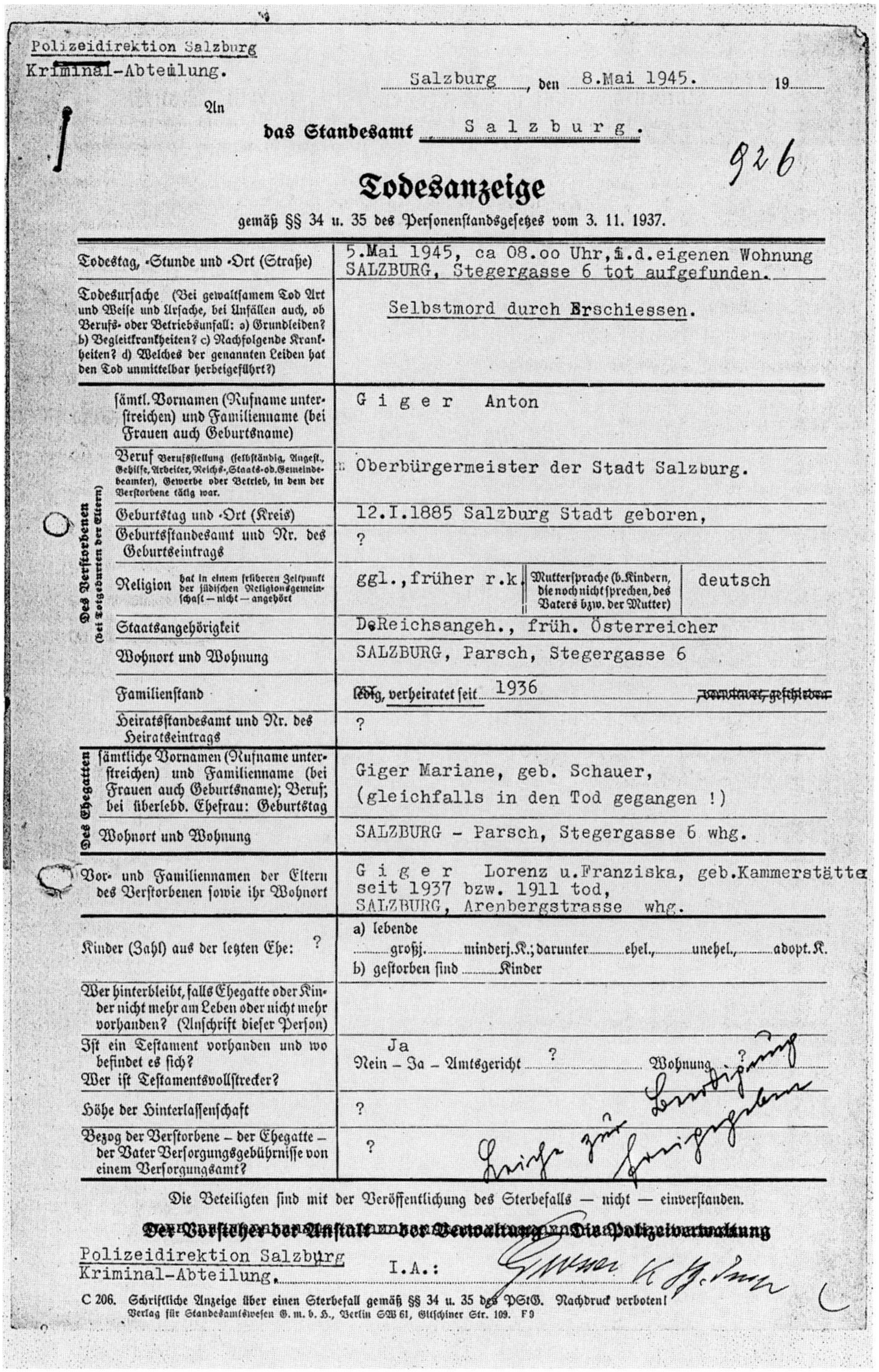

Polizeidirektion Salzburg
Kriminal-Abteilung.

Salzburg, den 8.Mai 1945.   19

An das Standesamt Salzburg.

926

Todesanzeige

gemäß §§ 34 u. 35 des Personenstandsgesetzes vom 3. 11. 1937.

Todestag, -Stunde und -Ort (Straße)	5.Mai 1945, ca 08.oo Uhr, i.d.eigenen Wohnung SALZBURG, Stegergasse 6 tot aufgefunden.
Todesursache (Bei gewaltsamem Tod Art und Weise und Ursache, bei Unfällen auch, ob Berufs- oder Betriebsunfall: a) Grundleiden? b) Begleitkrankheiten? c) Nachfolgende Krankheiten? d) Welches der genannten Leiden hat den Tod unmittelbar herbeigeführt?)	Selbstmord durch Erschiessen.
sämtl. Vornamen (Rufname unterstreichen) und Familienname (bei Frauen auch Geburtsname)	Giger Anton
Beruf Berufsstellung (selbständ., Angest., Gehilfe, Arbeiter, Reichs-, Staats-od.Gemeindebeamten), Gewerbe oder Betrieb, in dem der Verstorbene tätig war.	Oberbürgermeister der Stadt Salzburg.
Geburtstag und -Ort (Kreis)	12.I.1885 Salzburg Stadt geboren,
Geburtsstandesamt und Nr. des Geburtseintrags	?
Religion ...	ggl., früher r.k	Muttersprache (b.Kindern, die noch nicht sprechen, des Vaters bzw. der Mutter)	deutsch
Staatsangehörigkeit	D.Reichsangeh., früh. Österreicher
Wohnort und Wohnung	SALZBURG, Parsch, Stegergasse 6
Familienstand	ledig, verheiratet seit 1936 verwitwet, geschieden
Heiratsstandesamt und Nr. des Heiratseintrags	?
sämtliche Vornamen (Rufname unterstreichen) und Familienname (bei Frauen auch Geburtsname); Beruf; bei überlebd. Ehefrau: Geburtstag	Giger Mariane, geb. Schauer, (gleichfalls in den Tod gegangen !)
Wohnort und Wohnung	SALZBURG - Parsch, Stegergasse 6 whg.
Vor- und Familiennamen der Eltern des Verstorbenen sowie ihr Wohnort	Giger Lorenz u.Franziska, geb.Kammerstätter seit 1937 bzw. 1911 tod, SALZBURG, Arenbergstrasse whg.
Kinder (Zahl) aus der letzten Ehe: ?	a) lebende .... großj. ....minderj.K.; darunter........ehel., ...unehel., ...adopt.K. b) gestorben sind ....Kinder
Wer hinterbleibt, falls Ehegatte oder Kinder nicht mehr am Leben oder nicht mehr vorhanden? (Anschrift dieser Person)	
Ist ein Testament vorhanden und wo befindet es sich? Wer ist Testamentsvollstrecker?	Ja Nein – Ja – Amtsgericht ? Wohnung
Höhe der Hinterlassenschaft	?
Bezog der Verstorbene – der Ehegatte – der Vater Versorgungsgebührnisse von einem Versorgungsamt?	?

Die Beteiligten sind mit der Veröffentlichung des Sterbefalls – nicht – einverstanden.

Der Vorsteher der Anstalt und der Verwaltung   Die Polizeiverwaltung

Polizeidirektion Salzburg
Kriminal-Abteilung.   I.A.:

C 206. Schriftliche Anzeige über einen Sterbefall gemäß §§ 34 u. 35 des PStG. Nachdruck verboten!
Verlag für Standesamtswesen G.m.b.H., Berlin SW 61, Gitschiner Str. 109.   F 9

Abb. 12: Sterbebucheintragung für Anton Giger, 1945.

worden. Der Zeitzeuge, der auch nach einem Lokalaugenschein im – heute allerdings umgebauten – Rathaus an seiner Darstellung festhielt, muß sich angesichts anderer Aussagen und der Existenz des am 5. Mai 1945 ausgefertigten ärztlichen Totenbeschauzettels offensichtlich geirrt haben.

Die Sterbebucheintragungen des Magistrats vermelden nach Giger und Watzinger weitere Familienselbstmorde: Der 43jährige aus Halle an der Saale gebürtige Salzburger Verwaltungssekretär Hans K. erschoß am Abend des 5. Mai seine Gattin, seine 18jährige Tochter und seinen fünfjährigen Sohn und danach sich selbst.

In der Schrannengasse wurden die Gattin des verhafteten Oberstaatsanwaltes Dr. Stephan Balthasar, deren zehnjähriger Sohn Dietrich und ihre Schwester nach dem Selbstmord in den Morgenstunden des 6. Mai erschossen aufgefunden.

Ebenfalls in den Morgenstunden des 6. Mai bereitete SS-Hauptsturmführer und Kriminalkommissar Max H. dem Leben seiner Gattin und der gemeinsamen Tochter, einer 13jährigen Schülerin, sowie seinem eigenen „wegen der zeitbedingten Verhältnisse" durch Erschießen ein Ende.

Am 7. Mai schließlich erhängten sich der Zolloberinspektor Johann M. sowie dessen Gattin und deren Tochter, eine Bankbeamtin. M. war politischer Leiter der NSDAP gewesen. Am Morgen des 9. Mai erlag den Sterbebüchern zufolge der 43jährige Bankbeamte und Gauhauptstellenleiter Anton Sebastian Sch. einer Morphiumvergiftung.

Rund 30 Fälle von politisch motivierten Selbstmorden stehen somit unmittelbar mit dem Ende der nationalsozialistischen Herrschaft in Salzburg in Verbindung. Die Friedhofsbücher verzeichnen daneben noch einige weitere Namen, die durch ihre Berufsbezeichnung, mittleres Alter und ein Ableben in der Privatwohnung auffallen, ohne daß ein Selbstmord mit Bestimmtheit nachgewiesen werden kann.

Aber nicht für alle Selbstmörder liegen Totenbeschauzettel vor, diese fehlen z. B. für alle in den Lazaretten Verstorbenen, wobei nicht auszuschließen ist, daß sich auch darunter Selbstmörder befunden haben.

Die Absetzung und Verhaftung der nur 23 Tage im Amt befindlichen Reichsregierung unter Großadmiral Karl Dönitz am 23. Mai 1945 hatte offensichtlich weitere Suizidfälle zur Folge. Am 24. Mai 1945 beging der Salzburger Gestapobeamte und SS-Untersturmführer Rudolf Anton H. Selbstmord, nachdem er zuvor seine Gattin und seine vier Kinder im Alter von drei bis 14 Jahren erschossen hatte. Gemeinsam aus dem Leben schieden auch der bisher beim Landwirtschaftsamt angestellte Johann U. und dessen Gattin Louise, die vormalige Abteilungsleiterin beim Arbeitsamt Salzburg für den Arbeitseinsatz von Frauen. Im Reservelazarett im Priesterhaus nahm sich Generalfeldmarschall Robert Ritter von Greim am 24. Mai 1945 das Leben. Er war Ende April mit Hanna Reitsch noch nach Berlin geflogen und dabei verwundet worden. Der Nachfolger Hermann Görings und letzte Oberbefehlshaber der deutschen Luftwaffe wurde im „Heldenteil" des Kommunalfriedhofes beigesetzt.

Die Gesamtzahl an Selbstmorden im Mai 1945 beläuft sich somit auf knapp 40 Personen. Die Mehrzahl davon setzte die Tat nicht selbst, sondern sie wurde vom Ehepartner bzw. Vater – mehr als ein Drittel der so Getöteten waren Kinder – teils im Einverständnis, teils gewaltsam mit in den Tod genommen.

Der Tod hat viele Gesichter

Die Sterbebücher der Stadt vermitteln auch einen Eindruck vom alltäglichen Sterben, dem Tod älterer Bewohner und einer sehr großen Zahl von Kleinkindern und Babys. Immer wieder werden Schwäche- und schwerste Erschöpfungszustände als Todesursache angeführt. Auch mehrere Lager- und insbesondere KZ-Opfer überlebten ihre Befreiung nur kurz: am 23. Mai bzw. 2. Juni starben in Salzburg die KZ-Häftlinge Wilhelm W. und Wasil Sch. aus Buchenwald. Am 1. Juni starb ein 41jähriger aus Wien stammender jüdischer Opernsänger aus dem KZ Mauthausen. Er wurde auf dem „Armenfeld" des Kommunalfriedhofes beigesetzt.

Am „Heldenfriedhof" hingegen fanden die in den Lazaretten der Stadt verstorbenen Soldaten ihre letzte Ruhestätte. Das Begräbnisbuch weist für den Monat Mai 1945 knapp 40 in den Lazaretten Verstorbene aus. Auch andere Personen wurden noch im Mai 1945 indirekte Opfer des Krieges, darunter mehrere Kinder, die das Spielen mit Handgranaten mit ihrem Leben bezahlten.

Allgegenwärtig war der Tod auch in den Flüchtlings- und DP-Lagern, wo es – wie bereits erwähnt – auch zu zahlreichen Gewalttaten kam. Ende Mai 1945 starben im Lager Plainschule zudem zehn russische und ukrainische Insassen an einer Methylalkoholvergiftung. Das selbe Schicksal erlitten im August 1945 zwei russische Arbeiter im Umsiedlerlager Parsch.

Im ersten halben Jahr nach Kriegsende sind abgesehen vom politisch motivierten Suizid rund 30 weitere Selbstmorde durch die Einnahme von Gift, Erhängen und Erschießen oder den Sprung in den Tod belegt. Es waren vor allem Heimatvertriebene, Sudetendeutsche und Schlesier, aber auch Bewohner der sowjetisch besetzten Gebiete, denen ihre persönliche Situation so aussichtslos erschien, daß sie sich zu diesem letzten Schritt entschlossen. Nur selten werden diese Schicksale bekannt, so wie beim Selbstmord eines 74jährigen Salzburger Bahnpensionisten, der den Tod seiner Gattin bei einem der Bombenangriffe nicht zu verkraften vermochte.

Die Bedrohung aus der Luft wurde nach Kriegsende durch eine – wenn auch deutlich geringere – Gefahr auf der Straße abgelöst. Bereits am 8. Mai 1945 wurde im Nonntal der französische Schankbursche Maurice B. von einem amerikanischen Fahrzeug überfahren. In den nächsten Monaten wurden zahlreiche weitere Passanten aller Altersgruppen Opfer von Fahrzeugen der amerikanischen Besatzungstruppen.

Insgesamt weisen die Statistiken der Stadt Salzburg für das Jahr 1945 die Zahl von 2444 Todesfällen aus. Es war dies – nach den zahlreichen Opfern der Bombenangriffe des Jahres 1944 – die zweithöchste Zahl an Toten in den Kriegsjahren 1939 bis 1945.

Alles drehte sich um Kalorien

von Thomas Weidenholzer

Salzburg 1945. Zerstörungen, Flüchtlinge, die Barackenlager prägten das Stadtbild. Wohnen und Essen waren die Hauptprobleme der Nachkriegszeit.

Schon während des Krieges verschlechterte sich allmählich die Versorgung mit dem Alltäglichen. Lebensmittel, Bekleidung und andere Bedarfsartikel waren rationiert. Die Lebensmittelzuteilungen schwankten zwischen 1400 und 1600 Kalorien für Normalverbraucher. Nach Kriegsende sollte sich die Versorgungslage drastisch verschlechtern. Die Kosten für den Krieg, mit dem das nationalsozialistische Regime die halbe Welt überzogen hatte, mußten bezahlt werden. Das Alltagsleben war bis in die fünfziger Jahre vom Mangel geprägt.

Kalorienwerte für Normalverbraucher in der Stadt Salzburg

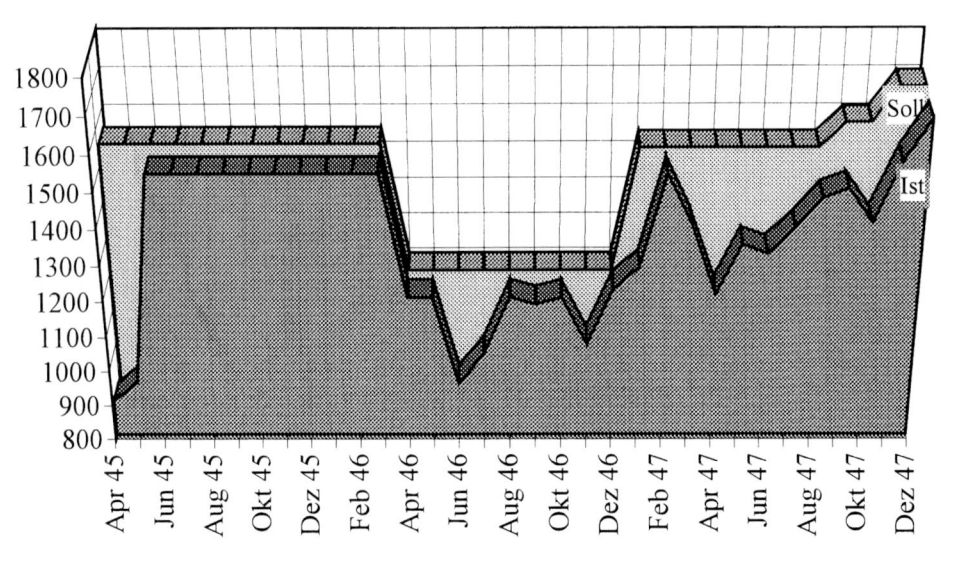

Die Ernährungswirtschaft bot im Mai 1945 zunächst das Bild völliger Desorganisation. Vorratslager waren geplündert. Wer bei den ausgiebigen Plünderungen nichts ergattert hatte, mußte mit den 900 Kalorien, die man auf die alten Lebensmittelkarten erhielt, das Auslangen finden. Ende Mai gelang es dem städtischen Ernährungsamt allerdings bereits, neue Lebensmittelkarten auszugeben. Dank amerikanischer Hilfe erhielt der Normalverbraucher im Juni 1540 Kalorien zugeteilt. Ende Juni kam die Bevölkerung sogar in den Genuß von Weißbrot. „Da es auch weiße Strutzen zu kaufen gibt, wird es auch bald das Salzburger Leibgericht: gute Knödel aus Weißbrot geben", vermeldeten froh die Salzburger Nachrichten. Im Vergleich zu den hungernden Bundesländern Wien und Niederösterreich war Salzburg relativ gut versorgt. Das Wort vom „goldenen Westen" entstand. Im Lauf des Jahres 1946 begann sich jedoch die Lage umzudrehen. Im Sommer 1946 nahm die Unterversorgung Salzburgs katastrophale Ausmaße an. Auch 1947 wurde ein Hungerjahr.

Ohne internationale Hilfe wäre ein Überleben kaum möglich gewesen. 1947 stammten 56 Prozent der Salzburg zugewiesenen Lebensmittel von der Amerika-Hilfe, 19 Prozent von der UNRRA (United Nations Relief and Rehabilitation Administration). Nur 18 Prozent konnte Salzburg selbst aufbringen. Fünf Prozent bezog man aus Oberösterreich, der Rest stammte aus den übrigen Bundesländern und aus dem Import.

Auch private Organisationen sorgten für Hilfe. Das Schweizer Rote Kreuz etwa organisierte Kindererholungswochen. 176 Kinder aus der Stadt urlaubten im Sommer 1945 in der Schweiz. Das Internationale Rote Kreuz beteilte 4500 Kinder mit Lebensmittelpaketen. Vom Irischen Roten Kreuz erhielten Salzburger Schüler wiederholt ausgiebige Butter- und Zuckerspenden. Dänischen, Schwedischen, Irischen, Schweizer und Amerikanischen Hilfsorganisationen verdanken wir großzügige Spenden, die die Nachkriegsnot lindern halfen.

Ab 1. Mai 1946 war die UNRRA für die Versorgung Österreichs verantwortlich. Die großen Hoffnungen, die man in ihre Tätigkeit setzte, wurden jedoch bald enttäuscht. Normalverbraucher erhielten ab April nur mehr 1200 Kalorien zugeteilt. 1200 Gramm Fleisch, eineinhalb Kilogramm Mehl, 480 Gramm Fett, 4 Kilogramm Roggenbrot, 1600 Gramm Weißbrot, 187,5 Gramm Käse, vierzig Dekagramm Hülsenfrüchte, etwas Teigwaren, Zucker, Marmelade, Grieß, Topfen, Kaffee und Kaffee-Ersatz war die spärlichen Lebensmittelration für vier Wochen. Vier Eier pro Person wurden Mitte und zwei Kilogramm Kartoffel Ende April zusätzlich ausgegeben. Lediglich Jugendliche unter achtzehn, Angestellte, werdende und stillende Mütter sowie Schwer- und Schwerstarbeiter erhielten bescheidene Zulagen.

Die Versorgungslage verschlechterte sich im Laufe des Jahres 1946 weiter. Österreich wurde neben der Tschechoslowakei, Polen, Griechenland, Italien, Albanien und China zu den am meisten vom Hunger bedrohten Ländern der Erde gezählt. Mitte Mai mußte Ernährungsminister Hans Frenzel die Kürzung der Lebensmittelrationen auf 950 Kalorien bekanntgeben. Verbesserungen bei Teigwaren, Grieß und Corned Beef wogen die empfindlichen Kürzungen bei Fleisch, Zucker und Brot bei weitem nicht auf. Der Brotkorb hing hoch. Der bescheidene tägliche Achtelliter Magermilch, den Kinder über sechs Jahre erhielten, wurde im Laufe des Sommers auf fünf Achtelliter in der Woche gekürzt. Als Ersatz gab es 65 Gramm Trockenmilch. Im Sommer 1946 blieben die tatsächlichen Kalorienwerte weit hinter den zugesagten 1200 Kalorien zurück. Aktionen wie die zusätzliche Verteilung von einem Kilogramm Tomaten pro Person oder zehn Dekagramm Rosinen für Kinder blieben seltene Zubußen. Dann hieß es, sich möglichst schnell bei Gemüsegeschäften anzustellen, um noch frische und nicht verdorbene Waren zu erhalten.

Abb. 13: Kartoffelkarte, ausgestellt für Willy Guttenberg, 1945/46.

Abb. 14: Die von der amerikanischen Armee und privaten Hilfsorganisationen organisierte Schulausspeisung half oft über den ärgsten Hunger hinweg.

Abb. 15: Nachkriegswohnung in der Haydnstraße.

Die Beschaffung der nötigen Lebensmittel war mühsam, erforderte Zeit und Geduld. Vorerst mußte man sich die Lebensmittelkarten beim Ernährungsamt gegen Vorlage der üblichen Personaldokumente (Meldeschein, Arbeitsbestätigung, Aufenthaltsbewilligung) besorgen. Stundenlanges Anstellen war Teil des alltäglichen Kampfes um Eßbares. Im Sommer 1947 wußte eine Tageszeitung über das Ernährungsamt zu berichten: „Hunderte von Menschen drängen und schieben vor den Türen und Schaltern, Akrobaten sind darunter, die es verstehen, sich im Nu vom hintersten Ende der Schlange nach vorne zu schlängeln. [...] Die Ausdrücke, die zu hören sind, passen in kein Wörterbuch."

Gegen Einlösung der entsprechenden Abschnitte der Lebensmittelkarten erhielt man die begehrten Kalorien, wenn man sie erhielt. Denn nicht immer war vorrätig, was auf den Lebensmittelkarten aufgedruckt war. Mehl, Fett, Zucker usw. wurden oft erst Wochen später als vorgesehen zur Einlösung aufgerufen. Viele Produkte mußten vorbestellt werden.

Frisches Gemüse und Fleisch war kaum zu erhalten. Stattdessen gab es amerikanische Konserven wie corned Beef, canned pork, luncheon meat (Frühstücksfleisch) oder hash meat and vegetables und ähnliches, welche zudem in Qualität und Quantität stark variieren konnten. Die Dosen enthielten zwischen 375 und 440 Gramm Nettoinhalt. Der Fleischanteil schwankte zum Teil beträchtlich.

Die unzureichende Ernährung wirkte sich auf den Gesundheitszustand aus. Im November 1945 betrug das durchschnittliche Untergewicht bei Arbeitnehmern in der Stadt Salzburg 6,94 Kilogramm, im Februar waren es bereits 8,81 Kilogramm. Im Sommer 1946 wurde der Gesundheitszustand von mehr als einem Drittel der Kinder und Jugendlichen als schlecht und bei beinahe der Hälfte als mittelschlecht qualifiziert. Zwei Drittel der Kinder litten an Zahnfäule. Neunzig Prozent der Salzburger Lehrlinge waren Ende 1946 tuberkulosegefährdet. Ein Viertel aller Kinder war von Kopfläusen befallen.

Besonders Kinder litten unter der andauernden Unterversorgung. Unter dem Titel „Kinder klagen an!" berichtete eine Tageszeitung über die katastrophale Lage. Eine verzweifelte Mutter erzählte, ihre zehnjährige Tochter wiege lediglich 24 Kilogramm. Ein Arzt habe viel Fleisch, Butter und Vollmilch zu ihrer Aufpäppelung verordnet. Allein, sie habe nur einen Viertelliter Vollmilch zusätzlich bekommen, mehr nicht. Eine andere Frau berichtete, sie habe in der letzten Zeit achtzehn Kilogramm abgenommen, um ihrer siebenjährigen Tochter etwas Brot von ihrer kargen Ration abgeben zu können. Würde es wenigstens etwas mehr Fett geben, so wüßte sie schon ihrem Kind eine stärkende Nahrung zuzubereiten. Um die ärgste Not zu lindern, erhielten unterernährte Kinder nach amtsärztlicher Untersuchung im Sommer 1946 Lebensmittel-Zubußen: eine Dose Trockenmilch unentgeltlich und ein Kilogramm Reis gegen Bezahlung.

Aus den Beständen der amerikanischen Armee und aus Spenden der amerikanischen Caritas wurden schließlich ab Herbst 1946 für 15.000 Schüler Schulausspeisungen organisiert. Jede Mahlzeit enthielt 300 Kalorien. In der Zehn-Uhr-Pause gab es meist Bohnen- oder Erbsensuppe, dick gekocht und mit

Fleisch. Milchnudeln mit einer Mehlspeise oder Grießkoch mit Marmelade wurden von den Kindern als Festessen empfunden.

Die katastrophale Ernährungslage im Sommer 1946 ließ den Unmut in der Bevölkerung steigen, denn die Kalorien waren unterschiedlich verteilt. Auf den Schwarzmarkt oder den wochenendlichen Hamsterfahrten hatten nicht alle in gleichem Maße Zugriff. Wer konnte sich schon die enormen Schwarzmarktpreise leisten? Besonders bei den Arbeitern wuchs die Mißstimmung. Gewerkschaftsfunktionäre hatten es immer schwieriger, Protestversammlungen und Arbeitsniederlegungen zu verhindern. Man sprach beim Landeshauptmann vor, intervenierte beim Ernährungsminister, reklamierte die Zuteilung von Obst und Gemüse. Frauendelegationen sprachen bei der Militärregierung vor, um weitere Hilfe vor allem für ihre unterernährten Kinder zu erbitten. Der ÖGB berief einen Aktionsausschuß gegen die „Ernährungssabotage" ein. Die Bauern würden zu wenig abliefern, die in den Lagern eingesperrten Nazis würden 1700 Kalorien fürs Nichtstun bekommen. Empörung rief die Information hervor, daß die Kracherl-Erzeugung 57.000 Kilogramm Zucker erhalten habe. Diese riesige Menge sollte lieber den Hausfrauen zugute kommen.

Als im Sommer 1947 die Lebensmittelzuweisungen abermals einen Tiefstand erreichten, kam es zu heftigen Protesten, Streikgerüchte wurden kolportiert, im Pinzgau gar eine Art Generalstreik ausgerufen. Der Betriebsrat der Städtischen Elektrizitätswerke wies in einer Resolution daraufhin, daß unter den derzeitigen Lebensbedingungen eine klaglose Durchführung der wichtigsten Arbeiten nicht mehr garantiert werden könne. Die Belegschaft sei am Ende ihrer Kräfte.

Als in dieser angespannten Lage ein seit langem erwarteter Erdäpfeltransport in verfaultem Zustand in Salzburg eintraf, brachen die Dämme der Zurückhaltung. Eine Zeitung kommentierte: Verbrechen. Die Gewerkschaften forderten strenge Bestrafung der ablieferungssäumigen Bauern und entschiedene Maßnahmen gegen den Schwarzhandel und gar die Todesstrafe für Schleichhändler.

Sie machten weitere Konkurrenten um den kargen Nachkriegstisch aus: Ausländer und nichtarbeitende Flüchtlinge. Für bevorzugte Lebensmittelzuteilungen für die dem Holocaust entronnen Juden oder die vom Krieg ihrer Heimat entwurzelten Flüchtlinge und Vertriebenen fehlte jegliches Verständnis. Unter dem Titel „Was uns die Ausländer wegessen" vermeldete etwa eine Tageszeitung: Von den Versetzten, Verschleppten und sonstigen „Gästen" würde in einem Monat der Gesamtbedarf einer Zuteilungsperiode für die Stadt Salzburg weggegessen. Die gewohnten Feindbilder wirkten fort und man wünschte diese Opfer des Krieges möglichst schnell aus dem Land.

Im Laufe des Jahres 1948 begann sich allmählich die Versorgung mit Grundnahrungsmitteln zu verbessern. Im Herbst waren erstmals Äpfel, Schokolade und Kakao, Bohnenkaffee und Saccharin, Wild und anderes ohne Marken erhältlich. 1949 wurden auf Grund hinreichender Eigenversorgung und zusätzlicher Importe die meisten Bewirtschaftungsmaßnahmen aufgehoben. Zu Beginn des Jahres 1950 waren nur mehr Zucker und Kunstspeisefette bewirtschaftet. 1953 schließlich wurden die letzten Kontingentierungen für Nahrungsmittel aufgehoben.

Der Menschheit ganzer Jammer
Im Spiegel des Städtischen Wirtschaftsamtes

Der Staatsbürger pflegt Ämtern nach Möglichkeit auszuweichen. Oder hat sich schon einmal jemand Steueramt angestellt, um ja rechtzeitig dranzukommen?

Wenn sich die Leute um 5 Uhr früh, im winterlichen Morgengrauen vor einem Amt anstellen, muß es dringenden Bedürfnissen der Bevölkerung dienen. Beim Städtischen Wirtschaftsamt sieht man an jedem Amtstag lange Reihen Wartender, vor den Schaltern drängt sich die Menge. Es ist – neben dem Wohnungsamt – jene Behörde, zu der tausende Menschen ihre tägliche Sorge tragen in der Hoffnung, daß ihnen geholfen werden kann. Die Zahl der Wartenden vor dem Wirtschaftsamt ist ein Barometer für die Sorgen der breiten Massen. Dieses Barometer steigt, wie die Not in diesen Wintermonaten ansteigt.

Das Amt, das helfen soll

Jeder – oder sagen wir, fast jeder – der dort steht, trägt ein großes oder kleines Schicksal mit sich. Da warten vor allem die Soldaten. Nach Frontjahren, nach Gefangenschaft und Lager, blaß und mager, warten in den dünnen, abgeschabten Uniformen, die sie ablegen möchten, ja ablegen müssen. Sie füllen mit der Ruhe gelernter Geduldiger die Formulare aus. Da kommt gerade einer der vielen Heimkehrer zum Schalter: Seine Schuhe sind durchlöchert, die Socken zerrissen. Er trägt, ein echter Philosoph, all das Seine mit sich. Er braucht einen Anzug, er braucht einen Mantel, er hat kein Hemd, nicht einmal ein Taschentuch, kein Handtuch. Alles, was er hatte, ist verbrannt. Er fordert nichts. Es sagt nur, was er nicht hat. Und der Beamte muß ihm leider sagen, was alles er nicht geben kann. Mit Schuhen und einem Anzug wird er vielleicht noch helfen können. Wintermäntel gibt es keine. Auch Pullover nicht. Aber der Heimkehrer bleibt ruhig. Er lächelt sogar ein wenig, als ihm ein Handtuch verheißen wird. Er arbeitet bereits wieder. So arg kann es nicht wieder kommen, als es schon war.

Nicht alle sind so geduldig, so resigniert. Eine Frau kommt und verlangt Strümpfe für zwei ihrer Kinder. Sie hatte sieben Kinder, ist ausgebombt, wohnt in einem Notquartier. Ein Kind ist kürzlich gestorben. Zwei sind tuberkulos und kommen in die Heilanstalt. Sie müssen ausgestattet werden. Sie kann sie doch nicht im Winter ungenügend bekleidet in die Heilstätte schicken. Sie verlangt sechs paar Strümpfe. Als ihr der Beamte weniger geben will, bricht sie in Schreien, in Tränen aus. Wer könnte die Schwere des Mutterherzens nicht verstehen, das um zwei weitere ihrer Kinder zittert? Aber sechs Paar Kinderstrümpfe! Unmöglich. Es gibt keine hundert Paare in ganz Salzburg.

600 und mehr Anträge um Spinnstoffwaren an einem Amtstag. 1500 Anträge um Schuhe in einer Woche! Jeder Antrag muß bearbeitet werden.

Es wird festgestellt, was der Antragsteller vorher bezogen hat. In gewissen Fällen müssen die Angaben durch eine Hauserhebung nachgeprüft werden. Man muß leider feststellen: Es wird gelogen, es wird furchtbar gelogen auf den Anträgen an das Wirtschaftsamt. Das Formular freilich, das übrigens noch aus der Nazizeit stammt, fordert dazu heraus und die bestehenden Anordnungen auch. Es hat sich nämlich herumgesprochen, daß eigentlich nur Adam und Eva, wie sie Gott im Paradies geschaffen hat, mit Erfolg beim Wirtschaftsamt vorsprechen würden. Wer einen Anzug hat, hat keine Hoffnung auf einen zweiten. Das ist einleuchtend, solange es Menschen ohne Anzug gibt. Man darf nicht mehr als ein Paar Schuhe haben, um eine Schuhmarke erwarten zu dürfen. Nun kommen die meisten aber bekleidet und beschuht zum Amt. Jeder in geborgten Kleidern! Und wenn nun einer kommt, der wirklich geborgte Kleider trägt? Wenn andere lügen, glaubt man auch dem Wahrhaften nicht.

Es ist außerordentlich schwer. Fast unmöglich, aus den Angaben der Formblätter die Lage des Antragstellers sicher zu beurteilen. Nun kennen ja die gewiegten Beamten schon ihre „Stammkunden". Sie haben auch einen guten Blick für die Stichhaltigkeit der Angaben. Sie sehen die Rosa-Formulare förmlich erröten, ob der unwahren Angaben, wenn da eine junge Dame, auf hohen Korksohlenschuhen schreitend, versichert, sie müßte demnächst barfuß im Jeep fahren. Aber auch für die erfahrenen Beamten bleibt bei der Fülle der Anträge und bei dem Mangel an Waren ein Gefühl, daß die Verteilung irgendwo eine Ähnlichkeit mit der Lotterie hat, bei der die meisten Lose Nieten sind. Es gibt zu vieles nicht, was täglich und dringend benötigt wird. Wenig Schuhe, keine Kinderschuhe in den Größen 22 bis 28, keine Matratzen, und auch von dem, was es gibt, viel zu wenig, um auch nur die dringendste Not zu lindern.

Die Grenze nämlich, an der jede Bemühung des Amtes, zu helfen, endet, ist das Kontingent. Das Landeswirtschaftsamt stellt fest, was es an Waren im Lande gibt, was herbeigeschafft, was erzeugt werden kann. Und von den vorhandenen Waren wird dem Städtischen Wirtschaftsamt eine bestimmte Menge zur Verteilung zugewiesen. Wenn nun ein Pechvogel zu einer Zeit kommt, zu der alles erschöpft ist, kann es vorkommen – und es ist vorgekommen –, daß ein Heimkehrer aus der langen Liste dessen, was er haben müßte, nur Hosenträger bekommt. Ohne Zweifel, eine unvollkommene Bekleidung für einen, der nichts anderes hat.

Das Amt, dem geholfen werden muß

Das Wirtschaftsamt ist im Ursulinenkloster untergebracht. Klöster sind für Stille und Frömmigkeit bestimmt. Sie eignen sich nicht sehr für großen Parteienverkehr. Daraus entsteht dem Amt eine erste Schwierigkeit. Alles ist zu eng, bei der gleichen Türe müssen die Parteien herein und heraus. Das beste Beispiel ist die Kohlenabteilung. Sie hat jetzt Hochkonjunktur. Da gibt es Umschreibungen, Zuschreibungen, es erscheinen Zugezogene, Schlampige, die schon im Sommer ihre Kohlenangelegenheiten hätten ordnen können. Die Erledigung eine Partei erfordert rund zehn Minuten. Es geht beim besten Willen nicht schneller. Der Tatbestand muß geklärt und durch Unterlagen festgestellt werden. Es gibt so wenig Kohle, daß das Amt nicht großzügig sein darf. In dem Raum, den die Kohlenstelle einnimmt, haben nicht mehr Beamte Platz als schon drin sitzen. Teilen kann man das Amt nicht, weil die ständig von jedem Beamten benützte Kartei nicht geteilt werden kann. Gibt es nirgends einen größeren Raum, in dem zehn statt vier Schalterbeamten arbeiten könnten? Wer aufs Arbeitsamt geht, sieht dort die geistigen Arbeiter, die Beamten in langen Reihen angestellt, sie suchen Arbeit. Im Wirtschaftsamt versäumen arbeitende Menschen ihre Zeit bei der Kohlenstelle, weil zu wenig Beamte da sind. Da müßte es einen Ausweg geben!

Der Textilabteilung, der Schuhabteilung kann vorerst nicht geholfen werden. Wo nichts ist, da ist nichts. Man hat schon die Gruppen der Bedürftigen gestuft: Kzler, Fliegergeschädigte aus den letzten Salzburger Angriffen, Schwerkriegsversehrte, heimkehrende Soldaten, Flüchtlinge im Arbeitseinsatz werden bei der Abteilung bevorzugt. Aber die Not läßt sich schwer klassifizieren. Es ist wahrscheinlich bald so weit, daß das Amt nicht mehr wird helfen können. Wird man nicht dazu übergehen müssen, ausschließlich Salzburger zu beteilen? Es nützt ja nichts, Tausende von Anträgen zu bearbeiten, Hoffnungen zu wecken, die doch nicht erfüllt werden können, die Leute noch anstehen zu lassen, wenn es doch fast nichts mehr zu verteilen gibt.

Ein Engpaß: Die Ofenröhre

Ein ganz schwieriges Kapitel sind die Öfen. Familien wohnen in Notquartieren, andere mußten irgendwo ausquartiert werden, um der Besatzungstruppe Platz zu machen. In den neuen Quartieren gibt es keine Kochherde, oft überhaupt keine Heizgelegenheit. Herde sind rar geworden. Aber den Familien mit Kindern muß geholfen werden. Die Not hat die Beamten erfinderisch gemacht. Es wird immer wieder eine Aushilfe gefunden. Küchenherde nur in den allernötigsten Fällen, in anderen kleine Eisenöfen und eine Kochplatte oder einen Petroleumofen. Es sind nur drei Prozent der nötigen Herde vorhanden. Und es gibt so viele komplizierte Verhältnisse im Leben. Da sind Operierte, die oftmals im Tag eine Kleinigkeit warm essen müssen, da sind Berufe, die zu allen Tag- und Nachtzeiten zum Essen kommen, in der anderen Familie wird ein Kindchen geboren. Ein anderer Engpaß sind die Ofenröhren. Es gibt viel zu wenig Ofenröhren. Aber, im ganzen, niemand muß frieren, weil er keinen Ofen hätte. Jeder Fall wird erhoben, damit eine gerechte Verteilung der wenigen Öfen gesichert ist. Vielfach wurden Öfen ausgeliehen und die Besitzer wollen sie jetzt zurückhaben. Öfen sind kostbar geworden und lassen sich in allerhand andere nützliche Dinge verwandeln. Auch da hat der Sachbearbeiter einen Ausweg gefunden und einer Verschiebung solcher Öfen einen Riegel vorgeschoben.

Tabelle 1: Schwarzmarktpreise in Salzburg Mitte Juni 1947

Ware/Währung	Schilling
1 kg Schwarzbrot (Marken)	10
1 kg Weißbrot (Marken)	30
1 kg Kartoffel	2
1 kg Weizenmehl	28
1 kg Schweinefett	150
1 kg Butter	135
1 kg Zucker	140
1 kg Rindfleisch (natura)	25
1 kg Rindfleisch (Marken)	25/30
1 Ei	3
1 kg Bohnenkaffee	200
100 Tabletten Saccharin	10/12
1 kleine Tafel Schokolade	15
1 Schachtel portug. Ölsardinen	30
1 Stück Toiletteseife	20
40 dkg Waschseife	25
1 Meter englischer Stoff	1000
1 m Stoff heimischer Erzeug.	300
1 Paar Schuhe handgearb.	500/600
1 Reichsmark	-.55/-.60
1 Schweizer Franken	40
1 Dollar	132
1 Gramm Gold 14 Karat	90

Quelle: Berichte und Informationen vom 26. September 1947.

Man darf hier überhaupt mit Genugtuung feststellen, daß die Beamten Initiative entwickeln, daß sie keine Bürokraten sind, sondern Wege suchen, um zu helfen, und daß sie ihre schweres Amt mit möglichster Geduld erfüllen. Daß sie nicht jede lange Leidensgeschichte anhören können, darf ihnen niemand verargen. Sie stehen einer Springflut von Not gegenüber, sie sollen ein Meer von Kummer und Sorgen mit einem Sieb ausschöpfen. Daß sie ihre Berge von Akten in ihren freien Stunden und auch sonntags bearbeiten, gereicht ihnen zur Ehre.

Mehr Disziplin!

Sehr viel könnte getan werden, wenn die Parteien des Wirtschaftsamtes sich mehr Disziplin auferlegten. Da sind vorerst die vielen unnützen Anträge. Jeder, der zum Wirtschaftsamt geht, müßte vorher ernstlich sein Gewissen erforschen, ob es keinen anderen Ausweg gibt. Es naht doch schließlich die Zeit, da es wieder Waren geben wird. Bis zu diesem Zustand wird sich mancher behelfen können. Die vielen recht gut gekleideten Damen, die im Amt erscheinen, um noch irgendetwas zu ergattern, sollen an jene denken, die nichts, gar nichts haben, sollen an die frierenden Kinder und an die Heimkehrer denken, ehe sie zum Wirtschaftsamt gehen. Und außerdem ist die Mühe des Anstehens ohnedies in den meisten Fällen vergeblich. Es können nur die ganz Bedürftigen beteilt werden, nur jene, die so bedürftig sind, wie es sich manche dieser textiliensüchtigen Antragstellerinnen gar nicht vorstellen können. Es gibt nämlich wirklich viele, leider sehr viele Menschen, die nicht wissen, wie sei der Kälte des Winters standhalten sollen.

Es wurden besonders bei der überbelasteten Kohlenstelle in der letzten Zeit Nummern ausgegeben. Jeder, der eine Nummer hat, kann sich ruhig entfernen und wiederkommen, bis er ungefähr an der Reihe ist. Alle Aufforderungen waren bisher vergebens. Da steht ein wilder Knäuel und obgleich es genau nach Nummern geht, glaubt jeder, er versäume etwas. Er versäumt wirklich etwas, nämlich seine Zeit, die er besser ausnützen könnte. Es werden auch Nummern für den kommenden Tag ausgegeben, wenn der Andrang zu groß ist. Aber gerade diejenigen, deren Angelegenheit so eilig ist, daß sie gleich erledigt werden muß, erscheinen am nächsten Tag nicht. Sie kommen dann, wenn längst andere Nummern gelten.

Und noch ein Kapitel: Jeden Tag müssen dutzende Leute abgewiesen werden, weil sie die nötigen Unterlagen nicht mit haben. Sie sind sehr böse, wenn sie nicht abgefertigt werden können, weil sie keinen Meldezettel haben. Sie sind drei, vier Stunden gestanden und nun soll der Beamte alles auf ihr nettes Gesicherl hin erledigen. Sie haben noch nicht gelernt – trotz der langjährigen Schulung – daß nur existiert, was schwarz auf weiß geschrieben steht. Es geht wirklich nicht ohne Aufenthaltsbewilligung, Meldezettel, Ausweis, Haushaltsausweis.

Und nun einen Vorschlag: Wie wäre es, unten beim Tor anzuschlagen, was es nicht gibt. Die Unentwegten werden es trotzdem versuchen, aber Vernünftige werden das Amt nicht bemühen, wenn sie von vornherein wissen: Anträge auf Wintermäntel, Straßenschuhe usw. sind zwecklos.

Das Wirtschaftsamt ist ein lehrreiches Amt. Es ist ein Spiegel unserer Armut. Es ist zugleich eine Schule für Sozialisten und die, die es werden sollen. Es ist die Demonstration einer wahnwitzigen Wirtschaftsordnung, Im Zeitalter der Atombombe, der Raketengeschosse, des laufenden Bandes der Massenproduktion muß der komplizierte Apparat einer Behörde geschaffen werden, die die letzten Zahnbürsten und Rasierpinsel, Ofenröhren und Säuglingswindel mühselig verwaltet und das Anrecht, sie zu erwerben, an die Bedürftigsten verteilt. Das sagt nichts gegen die Notwendigkeit des Amtes – aber es sagt alles für die Notwendigkeit, diese Wirtschaft auf neuen Grundlagen aufzubauen.

J. K.

Aus: Demokratisches Volksblatt vom 1. Dezember 1945.

Polizeibericht vom 23. 12. bis 31. 12. 1945

Die Feiertage brachten wohl gegenüber der Vorwochen eine merkliche Abflauung größerer Kriminalfälle mit sich, dessen ungeachtet wurde aber trotzdem von einigen Subjekten gerade diese Zeit für ihre Unternehmungen ausgenützt.

[…] Keimzellen für Kriminalfälle und Plünderungen sind immer noch die Ausländerlager. Der Schutz und die Rechte die deren Insassen gegenüber der einheimischen Bevölkerung besitzen, tragen wesentlich zu ihrem Verhalten und zu ihren Handlungen bei. Besonders gefährdet ist naturgemäß die ländliche Bevölkerung. Die Verfügung der Militärregierung, daß nunmehr die beschlagnahmten Schrotflinten an die rechtmäßigen Besitzer bzw. an zuverlässige Personen ausgegeben werden, wurde mit großer Genugtuung aufgenommen, da somit ein Selbstschutz gegenüber bedrohlichen Überfällen wenigstens zum geringen Teil abgeholfen werden kann.

Politische Parteien:

Die Zusammenarbeit der drei Parteien ist, soweit die politischen Bestrebungen dies zulassen, zweifellos einwandfrei. Sie alle haben sich den Wiederaufbau und das Wohl Österreichs zum Grundsatz gemacht und dieser Entschluß überbrückt die wesentlichen Differenzen.

Die Presse der drei Parteien ist sich hinsichtlich des ernsten und gefährlichen Problems, das die zahlreichen Ausländer darstellen einig in der Forderung bzw. dem Wunsche nach baldigen Abtransport, zumal sich ein beachtlich großer Teil aus kriminellen Subjektiven und faschistischen Emigranten rekrutiert.

Stimmung der Bevölkerung:

Die Stimmung der Bevölkerung ist im wesentlichen gut. Abweisend steht sie demjenigen Teil der Ausländer gegenüber, die auf Grund ihres schädlichen Verhaltens gegenüber der österreichischen Wirtschaft dem Lande Schaden zufügen bzw. durch Raub, Plünderung Leben und Besitz österreichischer Staatsangehöriger gefährden.

Der Wunsch nach Abtransport dieser Personen ist einhellig.

Kriegsgefangenenprobleme:

Der sehnlichste Wunsch aller ist die möglichst baldige Entlassung und Heimkehr sämtlicher Kriegsgefangenen, zumal nun seit Kriegsende bereits sieben Monate vergangen sind und keinerlei Merkmale einer Reaktion seitens des österr. Volkes festzustellen ist, vielmehr überall der Wille zum Frieden und Aufbau sich bemerkbar macht.

Allein in Oldenburg befinden sich zur Zeit noch rund 58.000 Österreicher, darunter sicherlich auch viele Salzburger, deren baldige Rückkehr auch im Interesse des Wiederaufbaues durch Einschaltung in den Arbeitsprozeß liegt.

Besorgniserregend ist überdies die Ernährungslage in den verschiedenen Kriegsgefangenenlagern, wie dies durch das körperliche Aussehen der Heimkehrer bestätigt wird.

Die Berichtswoche hat die starke, in der Vorwoche besonders erwähnte hohe Kriminalität der männlichen u. weiblichen Jugend neuerlich unter Beweis gestellt. Buben stehlen laufend aus amerikanischen Autos, aber auch aus Unterkünften der Besatzungstruppe, vor allem Schokolade und Zigaretten sowie Konserven. Mädeln ziehen es vor, sich durch amerikanische Soldaten für Gestattung des Geschlechtsverkehrs erhalten zu lassen. Immer wieder zeigt es sich, daß Jugendliche, die dem Jugendamt zugeführt werden, zwar in Heime eingewiesen werden, daß aber dort die für sie getroffenen Maßnahmen so unzureichend sind, daß sie meist nach kürzester Zeit ausreißen und immer wieder durch strafbare Handlungen ihren Unterhalt verdienen. Nur energische Maßnahmen auf dem Gebiet der Jugendfürsorge können hier helfen. Unter dem Verdacht der Geschlechtskrankheit wurden in der letzten Woche 7 weibliche Personen, größtenteils Jugendliche festgenommen; die polizeiliche Untersuchung ergab zwar ihr Freisein von jeder Geschlechtskrankheit, doch ist in allen Fällen Ausübung der geheimen Prostitution als sicher anzunehmen.

Eine Untersuchung gegen drei Personen wegen erfolgter Leibesfruchtabtreibung ist zur Zeit noch im Gange.

Einbruchsdiebstähle:

Besonders erwähnt zu werden verdient ein Einbruch, den amerikanische Soldaten verübten, die in der Nacht zum 25. 12. 1945 mit dem Auto beim Radiogeschäft Pixner in der Getreidegasse vorfuhren und dort radiotechnische Artikel im Wert von 2000 S entwendeten.

Ansonsten kamen weitere 35 Diebstähle zur Anzeige. In der Schallmooserhauptstraße 48 waren zwei Feuerwehrschläuche der Feuerwache Bruderhof zum Trocknen aufgehängt worden, um sie nach Einbruch der kalten Jahreszeit zum Bespritzen eines Eislaufplatzes zu verwenden. Erst am 27. Dez. 1945 bemerkte man, daß die Schläuche durch Diebstahl abhanden gekommen waren.

Drei Jugendliche, die wiederholt schon amerikanische Jeeps bestohlen hatten, begnügten sich am 27. Dezember 1945 damit nicht, sondern entwendeten außerdem einem amerikanischen Gefreiten aus seiner Wohnung im Noppingerbräu 600 Zigaretten und 10 Tafeln Schokolade. Weiters wurden vier Fahrräder und ein Motorrad gestohlen.

Raub:

Zwei unbekannte amerikanische Soldaten hielten in der Nonntalerstraße am 25. Dez. 1945 einen Salzburger Fleischhauergehilfen unter Anwendung von Gewalt an und raubten ihm seine Barhabe von S 250.

Ebenfalls durch unbekannte amerikanische Soldaten wurde am 27. Dezember 1945 erst kürzlich ein außer Dienst gestellter Kriminalbeamter in der Nähe des Kaffeehauses Elisabeth niedergeschlagen. Die Täter flüchteten, nachdem sie dem Überfallenen seine Taschenuhr im Werte von S 200,- geraubt hatten. Auch die Frau, welche in Begleitung ihres Mannes war, trug Verletzungen durch die Soldaten davon.

Dieselben Angehörigen der amerikanischen Besatzungsmacht mißhandelten kurz darauf einen bei der mil. Regierung bediensteten Akademiker und raubten ihm Regenschirm, Schal und Hut.

Körperverletzung:

Ebenfalls ein amerikanischer Soldat schlug am 23. 12. 1945 einen Salzburger Elektriker am Hauptbahnhof grundlos durch mehrere Fausthiebe zu Boden, so daß dieser in das Krankenhaus überstellt werden mußte.

Gewalttätigkeit polnischer Staatsangehöriger:

Anläßlich einer Dokumentenkontrolle in der Hellbrunnerstraße leisteten zwei Polen den Sicherheitswacheorganen Widerstand und gingen tätlich gegen die Polizisten vor; mit Hilfe amerikanischer Offiziere gelang weiterhin ihre Festnahme.

Waggonplünderung:

Durch Leute, die aus dem Ausländerlager in Parsch kamen, wurde am Parscher Bahnhof am 25. 12. 1945 ein Waggon mit Rückwanderergut aufgebrochen und zum Teil ausgeplündert und das Diebsgut in das Lager verbracht. Bis die sofort verständigte Militärpolizei erschien, waren die Täter mit sämtlichen gestohlenen Sachen geflüchtet.

Tod durch Leuchtgas:

Eine in der Rupertgasse 33 wohnende Witwe vergaß am 26. 12. 1945 den Gashahn abzudrehen. Sie wurde in den Morgenstunden des folgenden Tages tot aufgefunden.

Aus: Polizeichronik 1945, Bundespolizeidirektion Salzburg.

Wohnelend im Nachkriegs-Salzburg

von Thomas Weidenholzer

Die Wohnungsnot war neben dem Hunger das größte Problem, das der Krieg als Erbe hinterlassen hat. 423 Häuser wurden im Bombenkrieg vollkommen zerstört, 608 schwer beschädigt. 7600 Wohnungen gingen verloren. Mehr als 14.000 Menschen wurden obdachlos. Noch während des Krieges erlebte Salzburg einen ständig wachsenden Zuzug von Flüchtenden. Zahlreiche Opfer des Bombenkrieges anderer Städte suchten hier eine Unterkunft. Ein groß angelegtes Behelfsheimprogramm des Deutschen Wohnungshilfswerkes knapp vor Kriegsende war jedoch nur mehr Stückwerk geblieben. Zu den Ausgebombten kamen jene, die aus Angst vor der Roten Armee in die westlichen Bundesländer flohen. Die Bevölkerung Salzburgs wuchs ständig. 1940 hatte die Stadt 77.472 und zu Kriegsende 98.530 Einwohner. Zusätzlich waren im Juli 1945 in mehreren Flüchtlingslagern über 66.000 Personen untergebracht. Die Stadtverwaltung war vor beinahe unlösbare Probleme gestellt.

Beschlagnahme von Wohnungen durch die Amerikaner

Die Amerikaner beschlagnahmten zunächst für ihre Zwecke wahllos Häuser und Wohnungen. Was gefiel, wurde requiriert. Den Betroffenen wurde nur wenig Zeit gelassen, ihre Wohnungen zu räumen und bei Bekannten oder Verwandten unterzukommen. In den ersten Maitagen sah die Stadt – wenn nicht gerade Ausgangssperre herrschte – viele Menschen bepackt mit ihren Habseligkeiten auf Obdachsuche. Erst die Gründung des „Billeting Office" im Sommer 1945 verhinderte unkontrollierte Beschlagnahmungen. Trotzdem fanden Beschwerden über die Amerikaner kein Ende. Absichtliche Zerstörung von Wohnung und Einrichtungen würden zunehmen und beschlagnahmte Wohnungen als Bordelle verwendet, hieß es etwa in einer Beschwerdeschrift an den Billeting Officer.

Bis März 1946 requirierten die Amerikaner ca. 700 Wohnungen. Das waren etwa vier Prozent des damals verfügbaren Wohnraumes. 7500 amerikanische Soldaten befanden sich zu diesem Zeitpunkt in der Stadt.

Wohnraumbeschaffung

Zur Steuerung der Wohnungsnot wurde im Juli 1945 ein fünfköpfiger Wohnungsbeirat eingerichtet, dem Markus Scheiblehner (SPÖ), Sigmund Beinsteiner (ÖVP), Franz Strasser (KPÖ), Hans Kronister (Hausbesitzerverband) und Franz Schneeweis (KZ-Verband) angehörten. Zunächst konnte nur der vorhandene Wohnraum neu verteilt werden. An den Bau neuer Wohnungen war wegen Mangel an Baumaterialien und Arbeitern nicht zu denken. Zuzugsperren sollten den Flüchtlingsstrom und die Zahl der Wohnungssuchenden eindämmen.

Um die tausenden Obdachlosen unterzubringen, beschlagnahmte der Wohnungsbeirat bzw. das Wohnungsamt im Auftrag der Militärregierung nach den Bestimmungen des aus der NS-Zeit stammenden Reichsleistungsgesetzes (RLG) Wohnungen und Einzelzimmer. Dabei sollte die Stadt vornehmlich Wohnungen von Nationalsozialisten beschlagnahmen, denn diese seien „mehr oder weniger an der Entstehung des Wohnungselends mitschuldig."

Viele Wohnungsinhaber suchten sich der Beschlagnahme von Wohnungen durch das Wohnungsamt und der Einweisung von Obdachlosen zu entziehen, indem sie vorhandene Zimmer und Räume frei vermieteten. Die Militärregierung reagierte mit dem Verbot des freien Vermietens. Künftig mußten jeder freiwerdende Wohnraum und jede Schlafstelle innerhalb von 48 Stunden nach Freiwerden dem Wohnungsamt gemeldet werden.

Das RLG wurde im Dezember 1945 durch das Wohnungsanforderungsgesetz (WAG) abgelöst. Auf Grundlage des Reichsleistungsgesetzes bzw. des Wohnungsanforderungsgesetzes wurden im Jahr 1945 insgesamt 6846 Einweisungen vorgenommen, womit etwa 12.000 Personen ein Dach über den Kopf erhielten. 1946 gab es 5136, 1947 noch 2544 Einweisungen. Diese Zwangsmaßnahmen konnten das Problem der Obdachlosigkeit zwar einigermaßen mildern, die Folge waren allerdings überbelegte Wohnungen. Sämtliche nur irgendwie auftreibbare Einzelräume wurden der Bewirtschaftung unterworfen.

Das Wohnungsanforderungsgesetz war politisch heftig umkämpft, Zwangswirtschaft für die einen, soziale Notwendigkeit für die anderen. Da das WAG jeweils zeitlich befristet war, boten die Debatten um seine Verlängerung den Parteien Gelegenheit, ihre Positionen darzulegen. SPÖ und KPÖ traten für Verlängerung des WAG ein, ÖVP und VdU für ein Auslaufen.

Für das städtische Wohnungsamt waren die Bestimmungen des WAG zu wenig weitreichend. Der Leiter des Wohnungsamtes, Viktor Straub, schrieb an den Bürgermeister, er könne es nicht mehr verantworten, „über das grenzenlose Wohnungselend zu schweigen, das sich mir in Hunderten und Aberhunderten Fällen darbietet, und dem wir vollkommen hilflos gegenüberstehen." Straub kritisierte vor allem das Vorschlagsrecht der Wohnungsbesitzer, mit dessen Hilfe das Wohnungsamt vor vollendete Tatsachen gestellt würde. Eine unsozial eingestellte Hausbesitzerschaft ließe sich jede einzelne Wohnung abringen. Die an sich bestehende Bestimmung, wonach der Wohnungsbedarf des Vorgeschlagenen vom Wohnungsamt überprüft werden muß, würde ständig umgangen.

Als das WAG mit Jahresende 1950 auslaufen sollte, verlangte der Gemeinderat überraschenderweise einstimmig, also auch mit den Stimmen von VdU und ÖVP, von der Bundesregierung die Verlängerung und Verschärfung des Gesetzes. Ähnliche Interpellationen beschloß der Salzburger Gemeinderat bei weiteren Gelegenheiten. Nach einer Reihe von Novellen, die das WAG entschärften, lief es unter Druck der Bundes-ÖVP 1955 endgültig aus.

Abb. 16: Barackensiedlung Paumannplatz in Lehen, Anfang der fünfziger Jahre.

Abb. 17: Kinder vor einer Baracke im Lager Laschensky, 1954.

Abb. 18: Waschtag in einem der zahlreichen Flüchtlingslager, um 1955.

Abb. 19: Kücheneinrichtung, fünfziger Jahre.

Wohnelend

Salzburg erlebte in den Nachkriegsjahren ein heute kaum mehr vorstellbares Maß an Wohnelend. Die Wohnungen waren oft katastrophal überbelegt. Einige Beispiele aus dem Jahr 1948: Die Wohnung der Familie B. bestand aus einer einzigen Küche, in der der Steuerbeamte B., seine Frau, die vier Kinder und die Schwiegermutter hausen mußten. 1,75 Meter im Quadrat pro Person. Josef R., im Krieg gasvergiftet und arbeitsunfähig mußte mit seiner Frau und zwei Kindern in einem Raum von zwölf Quadratmetern auskommen. Die Familie W. „bewohnte" mit ihrem neun Monate alten Säugling einen acht Quadratmeter großen, nicht heizbaren Raum. Diese und viele andere Betroffene hatten nicht nur das Elend gemeinsam, sie warteten alle vergeblich auf die Zuteilung größerer und gesünderer Wohnungen.

Die Reparatur beschädigter Häuser scheiterte oft an banalen Problemen. Ein bombenbeschädigtes Haus in Itzling etwa, in dem 14 Familien untergebracht waren, glich bei Regen einem Brausebad. Die 3000 Dachziegeln, die zu seiner Abdeckung notwendig gewesen wären, konnten monatelang nicht geliefert werden.

Stadt der Untermieter

Die zwangsweise Einweisung von Obdachlosen in Wohnungen war unter den gegebenen Bedingungen die einzige Möglichkeit, dem herrschenden Wohnungselend entgegenzusteuern. Bis 1948 wurden über 15.000 Einweisungen für rund 30.000 Personen vorgenommen. Rund ein Viertel aller Einwohner Salzburgs lebte in Untermiete. Jeder zweite Salzburger Haushalt mußte seine Wohnung mit Familienfremden teilen. Toilette und Küche mußten gemeinsam benutzt werden, der Tagesablauf aufeinander abgestimmt werden. Die Konflikte waren vorprogrammiert. Der Gegensatz zwischen dem Wunsch nach Sicherung der Privatsphäre und dem sozialen Gewissen gegenüber Ausgebombten, Spätheimkehrern und aus ihren Wohnungen Vertriebenen war schließlich nur durch die Schaffung neuen Wohnraums lösbar.

Wohnbautätigkeit

Die Bauwirtschaft litt nach dem Krieg unter Mangel an Arbeitskräften und Baumaterialien. Die Bautätigkeit wurde daher zunächst auf die Wiederinstandsetzung leicht beschädigter Wohnungen und die Fertigstellung beinahe fertiger Häuser konzentriert. Neubauten und äußerer Verputz der Häuser waren verboten. Schwarzbauen stand unter schwerer Strafandrohung. Erst der Einsatz von Kriegsgefangenen und Arbeitern aus dem gesamten Bundesland konnte den Mangel an Arbeitskräften einigermaßen beheben. Bewirtschaftungsmaßnahmen sollten die Zuteilung von Baumaterialien einheitlich regeln. Die Genehmigung von Bauansuchen war an strenge Richtlinien gebunden. Überschritt das Bauvorhaben die Kostensumme von 2000 Schilling, so war das Bauansuchen dem

Bundesministerium für Handel und Wiederaufbau vorzulegen. Trotzdem konnten bis Ende 1946 insgesamt 408 Wohnungen fertiggestellt werden. Diese wiesen allerdings verschiedenste Mängel auf. Insbesonders fehlte Installationsmaterial für den Wasserleitungsbau. Noch 1951 verfügten 18 Prozent der Salzburger Haushalte über keine Wasserleitung. 1947 drohte infolge der Kohlenkrise der gänzliche Stillstand der Bautätigkeit. Der gemeinderätliche Baustoffverteilungsbeirat sollte die spärlich lieferbaren Baustoffe, insbesondere Zement, effizient verteilen, um möglichst vielen Personen Wohnraum zu verschaffen. Die Vergrößerung schon bestehender Wohnungen und der Wiederaufbau teilbombengeschädigter Häuser stand im Vordergrund. 1949 war schließlich das Jahr mit der geringsten Bautätigkeit seit Kriegsende. Die Geldabschöpfung durch die Währungsreform hatte den Bauwilligen die nötigen Geldmittel genommen. Dem Wohnbau fehlte Kapital. Rationalisierungen sollten die Wohnbaukosten verringern helfen. Eine Tageszeitung forderte 1946, von der üblichen, manuellen Bauweise mit Ziegel und Mörtel abzugehen und den Erzeugungsprozeß [...] in die Fabrik oder Werkstätte zu verlegen, sodaß auf der Baustelle selbst fast nur Montagearbeit zu leisten ist. Architekt Helmut Gasteiner etwa präsentierte einen neuartigen Blockhaustyp, der dem Ziegelbau in Dauerhaftigkeit ebenbürtig, durch serielle Herstellung billiger sei und sich in seiner Bauweise an Bodenständiges anlehne. Amerikanischen Vorbildern verpflichtet waren Modelle, die der spätere VdU-Vizebürgermeister Otto Ponholzer unter dem Titel „Austria Posi House" für die „Salzburger Patenthaus Gesellschaft" entwickelte.

Erst das Wirken der verschiedenen öffentlichen Wohnbaufonds ab 1950 und großangelegte Wohnbauprojekte wie jene in Taxham und Lehen entschärften das Wohnungsproblem allmählich.

Barackenelend

Die Wohnbautätigkeit in der Stadt reichte bei weitem nicht aus, den Bedarf an Wohnungen zu decken. Bis Mitte der fünfziger Jahre stieg die Zahl der Wohnungssuchenden auf über 15.000 an. Die Baracken blieben bis in die sechziger Jahre eine typische Wohnform für viele. Im Jahr 1953 wohnten 10.668 Menschen in 1308 Baracken, 1957 noch immer 6794 Personen in 666 Baracken. Die Wohnverhältnisse in den Barackensiedlungen waren triste.

Die Baracken störten das Selbstbild vom schönen Salzburg. Eine Denkschrift des Planungsamtes erinnert die maßgebenden Stellen daran, „daß dieses Problem eines der wichtigsten darstellt, wenn vermieden werden soll, daß Salzburg, die Kultur- und Fremdenstadt, die Stadt der Festspiele und eine der schönsten überhaupt, nicht einer dauernden Verschandelung verfallen soll." Zynisch endet die Denkschrift, „daß es immer Behelfsheime geben wird, da es immer Menschen gibt, die lieber eine ganz bescheidene Bretterhütte mit Hühnerstall ihr Eigen nennen, als eine gute Wohnung mieten oder zu besitzen." Die Barackenbewohner waren angeblich an ihrem Elend mitschuldig. Von den Baracken übersiedelten sie schließlich in die neuerbauten Siedlungen vor allem im Norden der Stadt. Diese stellen bis heute benachteiligte Wohngebiete dar.

Abb. 20 und 21: Neue Wohnsiedlungen entstehen vor allem im Norden und Westen der Stadt. Im Bild oben Wohnbauten an der Rudolf-Biebl-Straße, 1952, im Bild unten in Liefering, Anfang der fünfziger Jahre.

Flüchtlinge und „Displaced persons"

von Harald Waitzbauer

Das NS-Regime und der Krieg hatten in Europa eine Völkerwanderung unvorstellbaren Ausmaßes ausgelöst. Millionen Menschen standen zu Kriegsende entwurzelt in der Fremde oder wurden bald darauf als direkte Folge des Krieges der Heimat verwiesen. In der Stadt Salzburg tummelten sich im Mai 1945 über 66.000 Flüchtlinge, von denen etwa die Hälfte in Flüchtlingslagern untergebracht war: kriegsgefangene Polen, Serben, Ukrainer, Franzosen etc. ebenso wie die Bombenevakuierten aus Westfalen und Wien, die vor der anrückenden Front und der Roten Armee geflüchteten Wiener, Niederösterreicher und Volksdeutsche aus Ungarn und Rumänien, Ostarbeiter, Militärinternierte, Südtiroler, mit dem Deutschen Reich verbündete Kosaken, Ungarn, weiters Kollaborateure aller Nationalitäten und deutsche Truppenreste. Fast niemand befand sich freiwillig hier, jene Reichsdeutschen vielleicht ausgenommen, die während der NS-Zeit in Salzburg einen Dienstposten ergattern konnten.

Gleich nach Kriegsende wurde versucht, Ordnung ins hinterlassene Chaos zu bringen. Anfangs war es mehr ein ständiges Umherdirigieren der einzelnen Gruppen. Im Barackenlager an der Hellbrunner Straße wurden nach dem Einmarsch der Amerikaner rund 1000 Angehörige der ehemaligen ungarischen Armee untergebracht. Kurze Zeit später mußten die Ungarn das Lager wieder verlassen, das anschließend von polnischen und russischen Zivilisten belegt wurde. Das Hotel Europe war überfüllt mit staatenlosen Flüchtlingen, die ins Lager Parsch gebracht wurden. Ungarn, die in Baracken neben dem Hotel Europe hausten, mußten ins Lager Glasenbach ausweichen. In der Kaserne Riedenburg drängten sich Mitte Mai 1945 rund 18.000 Soldaten der deutschen Wehrmacht auf engstem Raum. Die Papiere zur Entlassung aus dem Soldatenstand wurden im Lager „Laschensky" oder „Glasenbach" ausgefertigt.

Die Rückführung eines großen Teiles der in der Stadt Salzburg gestrandeten Menschen wurde schon bald nach Kriegsende eingeleitet. Bis Mitte 1946 war die Hälfte freiwillig oder zwangsweise aus Salzburg abtransportiert worden. Auf diese Weise verringerte sich die Zahl der Flüchtlinge auf etwa 36.000 im Jahr 1946. Bei anderen Gruppen verlief der Rücktransport weniger zügig bzw. fand überhaupt keiner statt. Ukrainer, Russen, Volksdeutsche, Südtiroler und Ungarn sahen, jeweils aus unterschiedlichen Gründen, wenig oder keine Möglichkeiten auf Heimkehr. Bis 1948 verringerte sich die Zahl nur unwesentlich auf knapp 29.000 Personen, erst dann erfolgte ein entscheidender Knick nach unten: 1949 waren noch 21.000 Personen als Ausländer und Flüchtlinge eingestuft, 1951 nur mehr 18.000, wobei die größte Gruppe jene der Volksdeutschen bildete.

Tabelle 2: Ausländer, Flüchtlinge und DP in der Stadt Salzburg 1946

Deutschland	2710
Jugoslawien	842
Polen	1360
Polnische Ukraine	3692
Rußland	3461
Russische Ukraine	590
Südtirol	1325
Ungarn	604
Juden	6231
Staatenlose	959
Volksdeutsche	7983
andere	6326
Summe	36.083

Flüchtling war aber nicht gleich Flüchtling. Die Einteilung erfolgte, grob gesprochen, in Sieger und Besiegte. Da gab es die sogenannten DPs, „Displaced persons". Diese in der Übersetzung als „versetzte Personen" bezeichnete Gruppe setzte sich anfangs aus allen geflüchteten oder deportierten Angehörigen der alliierten Nationen sowie aus NS-Opfer nicht-alliierter Nationen zusammen. Aufgrund dieser Definition erhielten etwa Volksdeutsche oder Ungarn und Rumänen keinen DP-Status zuerkannt, ausgenommen sie konnten sich als Opfer des Nationalsozialismus ausweisen. Einen Sonderfall bildeten jene osteuropäischen Juden, die den Todesfabriken entgangen waren und über Österreich nach Palästina zu gelangen suchten.

Für die DP-Lager in Salzburg war zunächst neben der US-Besatzungsmacht ab Mai 1946 die UNRRA (United Nations Relief and Rehabilitation Administration) und ab Juli 1947 die IRO (International Refugee Organization) zuständig, wobei die Amerikaner bis 1948/49 weiterhin die rechtliche Gewalt ausübten. Die DP-Lager waren für die österreichische Exekutive so etwas wie exterritoriale Zonen. Ganz anders die Flüchtlingslager der Volksdeutschen, die von Anbeginn unter österreichischer Verwaltung standen. Viele der Flüchtlinge wohnten, nein, hausten in heute längst beseitigten Barackenlagern und ehemaligen Kasernengebäuden. Im Oktober 1946 vermeldete die Statistik zwei Kasernen und 14 Barackenlager, in denen 11.098 Personen untergebracht waren.

Es entwickelte sich ein eigenständiges Lagerleben mit Bildungs- und Kultureinrichtungen. 1945/46 gab es für die polnischen Kinder des Lagers Hellbrunnerkaserne eine Volks- und Mittelschule, weiters Handwerksbetriebe, eine Bücherei, eine Zeitung, sogar eine Radiostation. In einem ukrainischen DP-Lager wurde im Oktober 1945 ein ukrainisches Privat-Realgymnasium eröffnet, das vom Unterrichtsministerium anerkannt wurde.

Tabelle 3: Kasernen und Lager im Oktober 1946

Ort	Personen
Itzling	677
Neu Palästina	450
Lexenfeld	1161
Lexenfeld-Annex	288
Parsch	2083
Volksgarten	265
Glasenbach	980
Receptionscenter	280
Bergheim	391
Laboursupervision	250
Rosittenkaserne	420
Laschenskyhof	193
Schwaben	145
Maria Sorg	125
Hotel Europe	266
Hospital	?
Kajetanerplatz	183
Hellbrunnerkaserne	1740
Lehenerkaserne	1201
Summe	11.098

Quelle für Tabelle 2 und 3: AStS, Amt für Statistik.

Diese Berichte sollten nicht darüber hinwegtäuschen, daß die Lebensumstände der fremdsprachigen DPs im allgemeinen mehr als trist waren. Viele der Gestrandeten konnten gar nicht mehr in die Heimat zurück, sei es aus politischen oder ethnischen oder beiden Gründen. Die einzige Hoffnung, die dann blieb, war jene auf Auswanderung nach Übersee. Bis dahin hieß es warten, in einer Umgebung, die den DPs unfreundlich bis feindselig gegenüberstand. Die DPs trafen alle Vorurteile, mit denen man außenstehende Fremde belegen kann: privilegiert, arbeitsscheu, einen Hang zur Flasche, kriminell. Die Anwesenheit von mehreren tausend Personen vornehmlich aus Osteuropa, von denen ein Teil keiner oder einer zweifelhaften Tätigkeit nachging, Personen, die bis 1948/49 für die österreichische Exekutive, Justiz und Verwaltung nicht greifbar waren und eine gesicherte Versorgung in den Lagern hatten, schufen im dahindarbenden Salzburg der Nachkriegszeit einen ausgezeichneten Boden für Neid, Mißgunst und – aktuell ausgedrückt – für Fremdenfeindlichkeit.

Abb. 22: Bis 1948 unterhielt das Rote Kreuz in der Franz-Josef-Kaserne an der Paris-Lodron-Straße eine Großküche zur Verpflegung von Flüchtlingen.

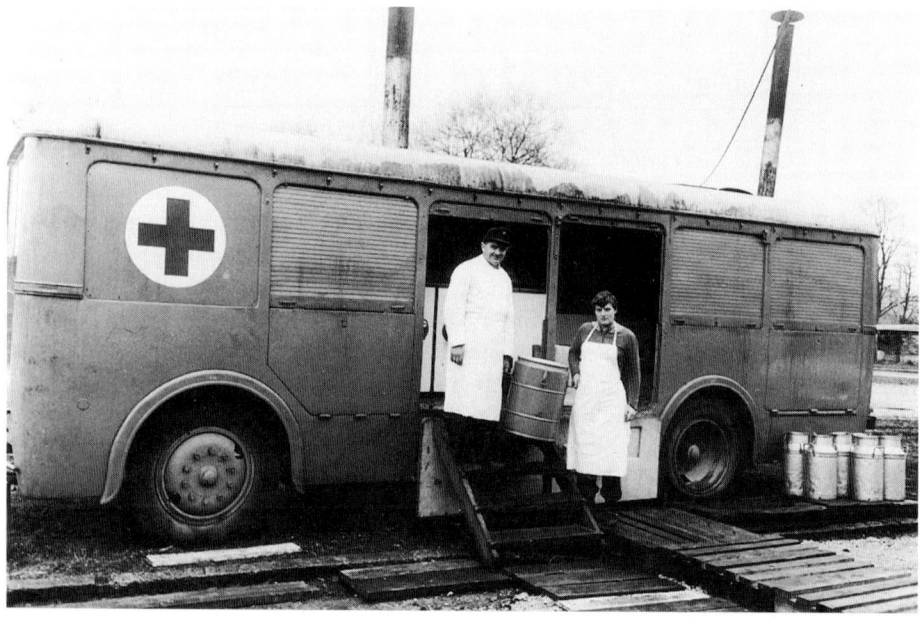

Abb. 23: Anhänger für die mobile Verpflegung durch das Rote Kreuz, vierziger Jahre.

Auf Russen, Ukrainer und Serben, also die Feinde des Krieges, hatte man ein besonderes Auge. Ihnen wurde der Hauptanteil der Kriminalität in der Stadt im Bereich Schwarzhandel, Diebstahl, Raub und Körperverletzung in die Schuhe geschoben. Als „Outlaws" der Gesellschaft war zumindest bei einem Teil der DPs die Anfälligkeit vorhanden, ins Kriminal abzugleiten. Gewaltakte im alkoholisierten Zustand untereinander und gegenüber Salzburgern wurden als „typisch" angesehen.

Mit Beginn des Jahres 1948 befanden sich in der Stadt Salzburg zirka 10.000 fremdsprachige DPs, 4500 Juden auf dem Weg nach Palästina, 9000 geflüchtete bzw. vertriebene Volksdeutsche und 1300 Südtiroler, insgesamt über 32.000 „Fremde" aus 43 Nationen. Während Volksdeutsche und Südtiroler schon allein aufgrund der Sprache, des weiteren aber auch durch ihre Organisationen günstige Chancen für eine Integration besaßen, war das Hauptziel der DPs die Auswanderung nach Übersee. In den Jahren 1948 bis 1950 konnte nach teilweise erheblichen Schwierigkeiten ein Großteil der DPs auswandern. 1951 war die Hälfte der 10.000 fremdsprachigen DPs von 1948 außer Landes. Die Einwanderungsländer mit den größten Quoten für DPs aus Österreich waren die USA, Kanada und Australien.

Die Hürden waren hoch, die bis zur Aufnahme in ein Drittland überwunden werden mußten. England nahm keine Russen, Kanada nur Männer, Australien lehnte Rumänen, Griechen, Bulgaren und Russen ab, nahm dafür aber Weißrussen. Männer über fünfzig wurden nirgends mehr genommen, Akademiker mußten ihren Beruf verheimlichen und schwielige Hände vorzeigen, Facharbeiter standen am höchsten im Kurs. Hatte eine DP-Familie alle Hürden einschließlich der medizinischen Untersuchung überwunden, mußte sie noch vor der sogenannten konsularischen Auswahlkommission bestehen. Diese Kommissionsbegutachtungen fanden in Salzburg in der Lehenerkaserne statt, dort wo heute das 2. Bundesgymnasium untergebracht ist.

Zwischen 1. Juli 1947 und 31. Jänner 1952 gelang es der IRO, österreichweit 147.000 DPs und Flüchtlingen zur Auswanderung zu verhelfen. Weniger erfolgreich waren die sogenannten Repatriierungen von DPs in ihre Heimatländer. Die sowjetische Repatriierungskommission für Salzburg residierte im Kasererhof am Beginn der Alpenstraße. Nicht ohne Häme berichteten die Salzburger Nachrichten im Juni 1951 beim Abzug der Kommission, daß diese „in den Jahren ihrer Tätigkeit in Salzburg insgesamt nur 106 russische DP's zur Rückkehr in das Paradies der Arbeiter bewegen" konnte. Der dritte Weg, das Bleiben und die Integration in Salzburg, gelang als kompakter Gruppe nur den Volksdeutschen, die mit ihren Siedlungsprogrammen zur Selbsthilfe schritten. 1955 wurden in Salzburg noch 4677 fremdsprachige DPs, Flüchtlinge und Ausländer gezählt, die größten Gruppen machten nun die Jugoslawen und Ungarn aus.

Die etwa zehn Jahre andauernde Periode der in Salzburg gestrandeten Displaced persons ist heute größtenteils vergessen. Der zweiten und dritten Generation der wenigen Hiergebliebenen merkt man ihre Herkunft höchstens aufgrund des Namens an. Die Barackenlager, die die Stadt dereinst umgürteten, sind verschwunden. Über die oft tragischen Schicksale dieser zigtausenden Menschen redet heute in Salzburg fast niemand mehr.

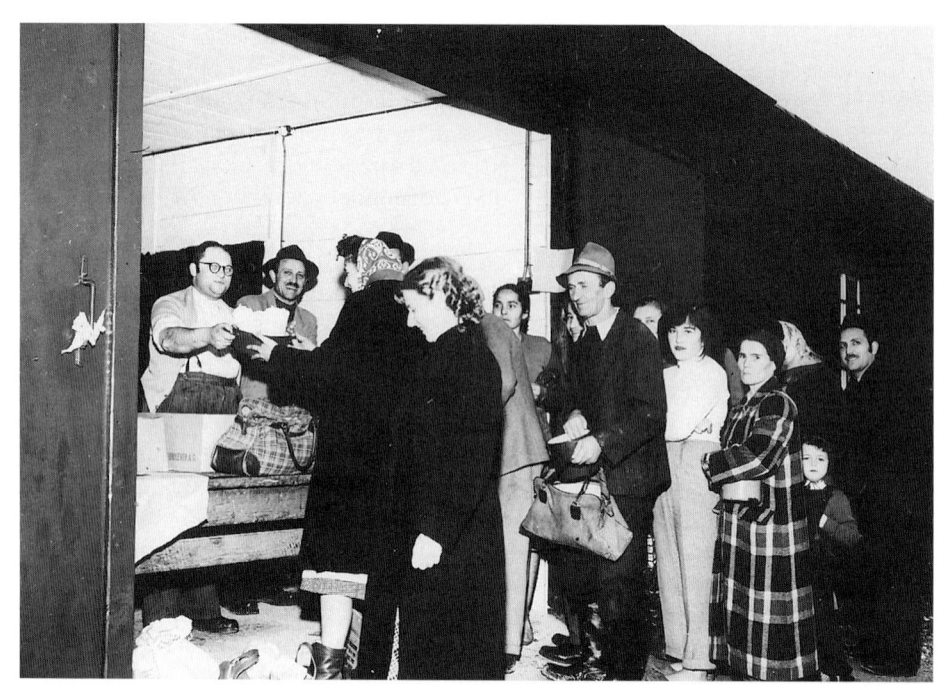

Abb. 24: Essensausgabe in einem Salzburger Flüchtlingslager, 1954.

Abb. 25: Die International Refugee Organization (IRO) war ab 1947 für die Betreuung der Flüchtlingslager und die Organisierung von Flüchtlingstransporten in neue Aufnahmeländer zuständig.

Abb. 26: Das Rosittenlager an der Moosstraße, 1953.

Abb. 27: Baracke 37 des Lagers Alpenstraße, Mitte fünfziger Jahre. Auf dem Gelände des ehemaligen Lagers „Glasenbach" wurde Wohnraum vor allem für volksdeutsche Flüchtlinge geschaffen.

Wohnungsnot und Ausländer

Geld regiert den Wohnungsmarkt.

[…] Unsere Stadt ist, wie jeder Salzburger hört und sieht, mit ausländischen Flüchtlingen überschwemmt. Die meisten von ihnen halten sich, wie von der zuständigen Behörde bestätigt wird, schon seit Monaten in Salzburg auf. In der Öffentlichkeit weniger bekannt ist allerdings, daß sämtliche Lager der IRO in Salzburg, deren Statuten diese Ausländer schon aus Gründen der Auswanderung unterliegen, niemanden mehr aufnehmen dürfen. Und drittens braucht man nur im Inseratenabteil einer Salzburger Tageszeitung lesen, wo unter dem Kopf „Wohnungsmarkt" ein ungarisches Ehepaar tausend Schilling monatlich als Miete für ein oder zwei Zimmer bietet […] oder ein Flüchtling aus Debrezin für Familienanschluß mit Wohngelegenheit bei einer Salzburger Familie monatlich fünfhundert Schilling in Aussicht stellt.

Eines ist verbürgt: die lockenden Inserate stammen nur von jenen Ausländern, die noch mit dem Reisestaub auf den nach der letzten volksdemokratischen Mode gebauten Schuhen in den Räumen der Umsiedlerstelle der Landesregierung Unterkunft und Aufenthalt in Salzburg bekanntgeben. Wenn sie jedoch nach Ablauf ihrer ersten Aufenthaltsbewilligung vierzehn Tage später, dann noch eleganter und teurer angezogen, bei dieser Behörde um Verländerung ihres bequemen Daseins in Salzburg einkommen, haben sie bereits ein standesmäßiges Unterkommen gefunden, in dem es sich sehr gut leben läßt, weil der oder die Wohnungsinhaber mit der Küche vorliebnehmen. Jedenfalls wäre es unvorstellbar für Graf und Gräfin X. D. aus Budapest, die erst vor kurzem wegen der dortigen volksdemokratischen Zustände unter Mitnahme sämtlicher Wertgegenstände und Kontenauszüge Schweizer oder amerikanischer Bankhäuser und nach Bezahlung eines nicht geringen Obolus (damit hat man ja gerechnet) ungehindert über die österreichische Grenze gefahren sind, in einem Salzburger Lager der IRO zu wohnen. Das ist auch gar nicht möglich, denn sowohl die Lehenerkaserne als auch die Kaserne in der Hellbrunnerstraße sind für den Zuzug weiterer Flüchtlinge gesperrt, trotzdem sie beide, fast bis zur Hälfte ihres Wohnraumes unterbelegt sind.

Damit wird das Problem der Unterbringung unserer Flüchtlingsgäste, das für die reichen Ausländer nur auf dem Papier in den Kanzleien der IRO existiert, für die Armen aber durch die fenster- und türlosen Elendsquartiere nicht behoben wird, auch zu einer eminent wichtigen Salzburger Angelegenheit. Es trägt bereits so viel zu der unhaltbaren Wohnungsnot in Salzburg bei, daß es unverständlich ist, wenn von keiner Salzburger Behörde etwas gegen die übelste Auswirkung der Überschwemmung unserer Stadt mit landfremden Elementen unternommen wird. […]

Aus: Demokratisches Volksblatt vom 31. Dezember 1949.

Niemand war da, uns zu begrüßen
Die Rückkehr des jüdischen KZ-Häftlings Nr. 11.966

von Marko Feingold

Geboren wurde ich am 28. Mai 1913 in Neusohl (Slowakei), wie alle „Sommerkinder" meines Vaters, der beim Eisenbahnbau beschäftigt war. In Wien besuchte ich die Volksschule und dann die Realschule in der Radetzkystraße. Meine Schulerfolge waren nicht gerade großartig, nicht zuletzt dank meines Deutsch- und Französischprofessors Kreisky, eines Onkels des späteren Bundeskanzlers. Ich begann eine kaufmännische Lehre, war dann Handlungsgehilfe und schließlich Manipulant in der Pelzbranche von 1927 bis 1932. Die große Wirtschaftskrise machte auch mich arbeitslos. Mit einem Bruder gemeinsam arbeitete ich dann in Italien als Reisender für chemisch-technische Produkte.

Im Februar 1938 kam ich wieder einmal nach Wien, um den Reisepaß verlängern zu lassen. Wenige Tage nach dem Einmarsch der deutschen Truppen wurden mein Bruder und ich verhaftet. Gesucht wurde offensichtlich unser Vater, der sich damals aber im Ausland aufgehalten hatte. Die Nazis rechneten damit, daß er uns „auslösen" würde, doch versuchte er das glücklicherweise nicht. Nach einigen Wochen Haft ließen sie uns frei, unter der Bedingung, Österreich sofort zu verlassen. Wir fuhren am 1. Mai 1938 in die Tschechoslowakei, wurden dort von der tschechischen Polizei verhaftet und einfach über die polnische Grenze abgeschoben. Von dort schlugen wir uns bis Warschau durch, wo wir uns falsche Papiere besorgen konnten. Diese waren aber so gut gelungen, daß uns das polnische Militär einziehen wollte. Wir mußten daher wieder zurück in die Tschechoslowakei, konnten uns dort mühsam durchfretten, bis wir nach der Schaffung des Protektorats wieder verhaftet wurden. Ein Verfahren gegen uns wurde zwar eingeleitet, konnte aber kein Ergebnis bringen. Bald nach Kriegsbeginn wurden wir nach Krakau ins Gefängnis gebracht und nach mehr als einem Jahr schließlich einfach nach Auschwitz verfrachtet. Man rechnete damit, daß wir dort bald liquidiert würden. So war ich im Februar 1941 der erste Österreicher in Auschwitz, mit der Häftlingsnummer 11.966. Von Auschwitz wurde ich nach Neuengamme, einem KZ in der Nähe von Hamburg gebracht, von dort ins KZ Dachau mit einem sogenannten „Leichenverbrennungstransport", denn Neuengamme besaß kein Krematorium. Ich hatte aber im Gegensatz zu vielen anderen den Transport durchgestanden und wurde nach einiger Zeit im KZ Dachau ins KZ Buchenwald überstellt, wo ich fast vier Jahre bis zur Befreiung durch die Amerikaner am 11. April 1945 bleiben mußte.

Österreich hat als einziges Land von den 26 Nationen, deren Angehörige im KZ Buchenwald waren, seine Bürger nach der Befreiung nicht zurückgeholt.

Alle anderen wurden mit Sanitätsautos oder Bussen abgeholt, nur die Österreicher nicht. Wir wollten aber raus aus Buchenwald und wurden deshalb bei den Amerikanern vorstellig. Sie konfiszierten drei kleine Busse der Stadtverkehrsbetriebe von Weimar und fuhren uns 128 österreichische Häftlinge, Juden und politische Häftlinge aller Richtungen und Religionen, Richtung Wien.

Erste Station in Österreich war Salzburg. Die Bevölkerung hier wagte es nicht, uns ins Gesicht zu schauen. Man ging uns aus dem Weg, auch von offizieller Stelle war niemand da, uns zu begrüßen, uns weiterzuhelfen, obwohl jeder sehen mußte, daß wir aus dem KZ Buchenwald gekommen waren. Auf den Bussen waren nämlich entsprechende Transparente angebracht. Es konnte also niemand sagen, er hätte nicht gewußt, woher wir kommen. Man wies uns lediglich an, am Mayburger-Kai in der Salzach die Morgentoilette zu machen. Die Salzach war damals sauberer als heute, man konnte sich darin noch waschen.

Nachdem sich niemand um uns gekümmert hatte, fuhren wir in den amerikanischen Bussen weiter Richtung Wien. An der Enns hielten uns die Russen auf. Obwohl einige Kommunisten unter uns waren, ließen uns die Russen nicht durch. Sie waren unerbittlich. Die Amerikaner bekamen von ihrem General in Linz den Auftrag, uns nach Buchenwald zurückzubringen. Es war gut, daß sie uns das gesagt hatten. So konnten wir uns besprechen, daß in jeder Stadt, die wir durchfahren würden, immer einige aussteigen sollten. Das war in Linz so, auch in Wels. Ich stieg mit sieben anderen in Salzburg aus, wo wir kurz vorher schon gewesen waren.

Hier kannte ich im Gegensatz zu Wien keine Nazis, keine böswilligen Menschen. In Wien hätte ich denen ins Gesicht schauen müssen, hier in Salzburg waren sie für mich unbekannt. Wir stiegen beim Landesgericht aus, erhielten ein Nachtquartier im Notlazarett in der Nonntaler Schule zugewiesen und gingen am nächsten Tag zur Polizei. Dort bekamen wir zuerst einmal Meldenachweise, die notwendig waren, um Lebensmittelkarten beziehen zu können. Von der Polizei erhielten wir auch den Tip, in der Haydnstraße 2 wäre ein ehemaliges Büro der NSV frei. Aus den Notunterkünften der Andräschule holten wir Betten und Bettzeug. Damit konnten wir die vier Zimmer notdürftig einrichten.

Dann empfahl man uns nach St. Peter zu gehen, wo es eine Küche für politisch Verfolgte gäbe. Das war früher die Küche des NS-Statthalters. Im großen Saal waren täglich mehr als 500 Leute beim Essen. Nach einigen Tagen bin ich dort – wie das genau war, weiß ich nicht mehr – zusammen mit Herrn Goldmann zum Leiter der Küche bestellt worden. Ich wurde dann zu einem der Hauptverantwortlichen für die Versorgung der jüdischen Flüchtlinge. Die Schwierigkeit bestand darin, daß wir vom Ernährungsamt wohl Bezugsscheine für Nahrungsmittel bekamen, doch der Großhandel konnte nicht liefern. Von der guten Salzburger Bevölkerung haben wir dann erfahren, wo man etwas bekommen könnte. In der Glockengasse gab es beispielsweise den Kartoffel-Binder, dann den Schwaighofer usw. Wir bekamen auch die Adressen von anderen ehemaligen Nazis. Alle lieferten, wohl aus schlechtem Gewissen. Wir erhielten etwas erhöhte Marken, sodaß wir die Küche ganz gut führen konnten.

Ohne Unterstützung durch die amerikanischen Hilfsorganisationen hätten wir die vielen Menschen nicht ernähren können. Die Hilfe war großartig, wir bekamen genug Konserven, Milchpulver usw. Trotzdem waren wir immer bemüht, die Verpflegung zu verbessern. Dabei stellte Tabak eine ganz wichtige Währung dar und davon hatten wir genug. So steckten wir manchmal beim Abholen von Brot in den Union-Werken den dort beschäftigten geflüchteten Wienerinnen Tabakpackerln zu. Und diese zählten dann beim Einladen der Brotwecken: 96, 96, 96, 96 ... bis wir gleich zehn Brote mehr hatten. Das machte ich nicht, um mich zu bereichern, sondern um die Verpflegung für unsere Leute zu verbessern.

Immer wieder hört man den Vorwurf, die Juden hätten nach dem Krieg in Salzburg den Schwarzhandel dominiert. Wie war das wirklich? Erstens einmal waren die Juden, die Ausländer, die Fremden, die nach Salzburg kamen, ein bißchen unverschämter. Aufgrund der Verfolgung, die sie erlitten hatten, nahmen sie sich vielleicht ein klein bißchen mehr heraus. Der Schwarzhandel lag tatsächlich in ihren Händen. Sie bekamen ja Care-Pakete, Joint-Pakete, Rot-Kreuz-Pakete, überall waren Konserven und zwei Stangen Zigaretten drinnen, auch für Kinder. Diese Zigaretten sind auf der Straße angeboten worden. Ein Schwarzhändler kann nur dann existieren, wenn die Bevölkerung etwas kauft. Und die Bevölkerung war gierig nach Zigaretten oder Konserven.

Zweitens kann ich nichts dafür, wenn der österreichische Bauer zu den Juden mehr Vertrauen hatte, ihnen etwas „schwarz" zu verkaufen, als zur einheimischen Bevölkerung. Vor dieser hatte er Angst gehabt, sie würden ihn anzeigen, sie würden ihn erpressen. Das alles war aber nicht der große „Schwarzhandel", das waren nur die kleinen alltäglichen Geschäfte.

In den ersten Monaten trugen wir noch immer unsere Lagerkleidung, weil es keine andere Bekleidung gegeben hatte. In der Jacke am Rücken und in der Hose an der Seite waren gestreifte Stoffflecken eingenäht. Es hatte uns damals nichts ausgemacht, die alte KZ-Kleidung zu tragen. Man fühlte sich dadurch eher geehrt als gedemütigt. Erst später entdeckten wir in Zell am See ein Kleiderlager, aus dem wir mit Zustimmung der Landesregierung viele der Flüchtlinge einkleiden konnten. Die Schneider wurden angewiesen, zum normalen Lohn die Anzüge zu ändern.

Bei den Engländern diente im Krieg eine Kompanie junger Juden aus Palästina, die in englischen Uniformen in Italien gekämpft hatten. Diese wurden nach Kriegsende nach Belgien geschickt und dort entlassen. Sie blieben in Europa und holten in englischen, teilweise amerikanischen Uniformen Juden aus dem Osten heraus, wo es hinter den sowjetischen Linien schon wieder die ersten Pogrome gegeben hatte.

Diese Leute kamen zum Teil auch nach Salzburg. Hier wurden sie in Baracken, Kasernen und im Bräustübl untergebracht. Diese Lager sollte ich mitversorgen. Die Amerikaner konnten uns aber kein Gemüse und keine Kartoffel geben, nur Konserven. Und so ist unser Tauschhandel entstanden. Ich gab wertvolle Konserven und bekam dafür Kartoffel, Gemüse usw. Als die Lager mit jüdischen Flüchtlingen überfüllt waren, ging ich zur Landesregierung, um Lastkraftwagen für den Weitertransport zu organisieren. Dort sagte man mir, „Herr Feingold, Sie haben ja schon einen LKW". Ich sagte „Ja, aber den brauche ich für die Lebensmitteltransporte." „Nein wir können Ihnen keine Autos geben." „Gut, entweder ich bekomme die LKWs oder die Juden bleiben da." Die nächste Antwort war typisch österreichisch: „Wieviel LKW brauchen Sie?" So konnte ich einige Transporte zusammenstellen. Wir fuhren über die kleinen Paßstraßen nach Italien. Manchmal gab ich den italienischen Zöllnern etwas zu essen und gleich war der Transport über der Grenze. Die Engländer wollten die Leute aber nicht in Palästina und sabotierten unsere Transporte, sodaß wir über den Krimmler Tauern nach Italien gehen mußten. Es war oft schwirig, vor allem, wenn Schnee lag. Dennoch brachten wir einige Transporte auf diesem Weg hinüber. Die dortige Gendarmerie war von Wien angewiesen, wegzuschauen. Wieder eine typisch österreichische Lösung.

Die meisten jüdischen Flüchtlinge wollten nicht in Salzburg bleiben, sondern nach Palästina oder nach Amerika auswandern. Auch ich ließ mich auf die Auswanderungsliste setzen, doch als ich 1946 drankommen sollte, habe ich es verschoben, später wieder und wieder, weil ich meine Aufgabe mit der Versorgung der Leute weiterführen wollte.

Ab Ende 1946, als die meisten jüdischen Flüchtlinge wieder gesund waren und zu Kräften gekommen waren, erhielten sie kaum die Möglichkeit, in den Salzburger Geschäften oder Büros eine Arbeit zu finden. Wir haben immer wieder – vergeblich – protestiert, daß man den eigenen Leuten, die den Kopf hingehalten haben, nicht einmal eine Anstellung gibt.

Meine Arbeit bei der Flüchtlingsversorgung beendete ich 1948 und erhielt von der Stadt dafür erstmals eine finanzielle Entschädigung. Ich wollte mich selbständig machen, zuerst ein Lokal in der Schwarzstraße aufmachen, dann ein Bekleidungsgeschäft in der Wolf-Dietrich-Straße. Die Behörden machten mir alle erdenklichen Schwierigkeiten, bis ich es schließlich doch schaffte.

Warum bin ich endgültig in Salzburg geblieben? Im Mai 1945 waren wir hocherfreut, in Salzburg als erster Stadt in Österreich anzukommen. Niedergeschlagen waren wir nach der Ankunft schon. Kein Mensch war da, niemand kümmerte sich um uns. Da ist schon ein Groll hochgekommen. Wir dachten zuerst, die haben eine Scheu, haben vielleicht Angst, wir könnten rabiat werden, nach all dem, was wir durchgemacht hatten. Aber das traf nicht zu. Die Ablehnung spürten nicht nur wir Juden, sondern alle, die im Widerstand waren. Den Widerstand hatte man nur gebraucht, um bei den Alliierten nachzuweisen, wir Österreicher wurden überfallen, wir waren das erste Opfer der Nazis. Wir waren schon sehr betroffen darüber, daß offenbar niemand etwas gesehen haben wollte, keine Abtransporte aus der Heilanstalt, kein Verschwinden von Menschen, die nie mehr zurückgekommen sind, kein Soldat hatte jemals einen Transport in die KZs gesehen. Niemand wollte etwas gewußt haben. Und damals hatte ich mir vorgenommen: Du mußt die Menschen aufklären, Du mußt ihnen berichten, wie es wirklich war. Und das mache ich seit 1945. Bis heute.

Der „Umbruch" bei der Stadtgemeinde

Trotz der mannigfachen, oft nahezu unüberwindbaren Hindernisse, bedingt durch den kläglichen Zusammenbruch des Naziregimes, erlitt die Versorgung der Stadt Salzburg mit elektrischem Strom, mit Gas und Wasser fast keine Unterbrechung, Obus und Autobus konnten ihren Betrieb bald wieder aufnehmen. Auch die übrigen wichtigen Einrichtungen der Stadt, wie z. B. die Feuerwehr, die Friedhöfe, das Altersheim, die Volksküche u. a. m. standen der Bevölkerung stets zur Verfügung. Auch alle übrigen städtischen Ämter taten ihr möglichstes, um die Bedürfnisse der Bevölkerung zufrieden zu stellen.

Nach außen ziemlich unbemerkt, vollzogen sich in den vergangenen sechs Monaten tiefgreifende Personalveränderungen bei allen städtischen Ämtern und Betrieben. Zu Anfang Mai betrug die Zahl der aktiven Bediensteten der Stadtverwaltung Salzburg (ohne Betriebe) 1626, und zwar 267 Beamte, 672 Angestellte und 687 Arbeiter. Die städtischen Betriebe hatten einen Stand von 667 Bediensteten. In den ersten Tagen der amerikanischen Besetzung schieden 216 ausländische Arbeitskräfte und Kriegsdienstverpflichtete freiwillig aus dem Dienst. Weiters wurden bis jetzt im Zuge der von der Militärregierung durchgeführten Reinigung der öffentlichen Verwaltung von ehemaligen Nationalsozialisten 134 Beamte, 234 Angestellte und 58 Arbeiter ausgeschieden. Dazu kommen 1097 Kündigungen überzähliger, sowie reichsdeutscher und sonstiger ausländischer Arbeitskräfte.

Da aber die öffentlichen Aufgaben der Stadt seit Mai sich nicht verringert, sondern zugenommen haben, mußte der Personalstand im Rahmen gebotener Sparsamkeit wiederum zum Teil aufgefüllt werden. Daß bei den Neuaufnahmen ausschließlich nur gute Österreicher herangezogen wurden, ist selbstverständlich. Bürgermeister Dipl.-Ing. Hildmann ordnete auch die besondere Berücksichtigung der Kriegsversehrten und Heimkehrer an. Derzeit stehen bereits 160 Kriegsversehrte im städtischen Dienst. 17 von den Nazis im Jahre 1938 gemaßregelten städtischen Bediensteten wurden wieder eingesetzt und fast durchwegs mit gehobenen Posten in der neuen Stadtverwaltung betraut. 1739 Ausscheidungen und 1344 Neueinstellungen bedeuten eine Personalbewegung von noch nie dagewesenem Ausmaße und zeigen auf, daß nur mehr ungefähr ein Viertel des im Mai 1945 vorhanden gewesenen Personals heute noch im städtischen Dienst steht. Auch der Außenstehende kann ermessen, welcher Anstrengungen es bedurfte, um für alle freigewordenen Arbeitsstellen in der kurzen Zeit von sechs Monaten fachlich möglichst geeignete und zugleich politisch einwandfreie Kräfte ausfindig zu machen, sie auf den richtigen Platz zu setzen und einzuarbeiten.

Die Stadtverwaltung Salzburg (ohne Betriebe) beschäftigt derzeit 1422 Bedienstete und zwar 151 Beamte, 678 Angestellte und 593 Arbeiter; das sind um 204 weniger als im Mai 1945.

Aus: SN vom 20. November 1945.

Vom Naziregime zur Demokratie – Entnazifizierung in Salzburg

von Helmut Schliesselberger

Entnazifizierung in Salzburg: Der Arzt Rudolf H. wird von einem Gericht der US-Besatzungsmacht in Salzburg zu zwölf Jahren Gefängnis verurteilt, weil er sich bei der Registrierung als einfaches NSDAP-Mitglied eintragen ließ, in Wahrheit aber Majorarzt in der SS gewesen war.

Der im Mai 1945 von der US-Militärregierung zum Salzburger Polizeidirektor ernannte Josef Daspelgruber wird ein Jahr später als angeblicher Nationalsozialist enttarnt, zu fünf Jahren Kerker verurteilt, später jedoch rehabilitiert.

In Anif wird beklagt, daß der einzige Schuhmachermeister als ehemaliger Nazi sein Gewerbe nicht mehr ausüben dürfe.

Prominentester Nationalsozialist, der in Salzburg verurteilt wird, ist Anton Wintersteiger, der von 1936 bis 1938 als illegaler Gauleiter fungierte, im März 1938 die selbständige NS-Machtergreifung in Salzburg leitet und später stellvertretender Gauleiter wird. Er kommt mit zweieinhalb Jahren davon, die zum Urteilszeitpunkt 1948 praktisch verbüßt sind. ÖVP-Landeshauptmann Josef Rehrl hatte sich nachdrücklich für Wintersteiger eingesetzt und war als Entlastungszeuge aufgetreten. Im Sommer 1948 war aus der Entnazifizierung längst der Wettlauf um die Stimmen der Ehemaligen geworden.

Die politische Säuberung brachte Entlassungen, Berufsverbote, Sühneabgaben, aber auch Internierung, Arbeitspflicht, Volksgerichtsprozesse und Todesurteile. Im besten Fall auch Gewissenserforschung und geistige Aufarbeitung für Hunderttausende frühere Räder und Rädchen im Getriebe einer verbrecherischen Diktatur. Doch generell endeten die Entnazifizierungsmaßnahmen als österreichische Lösung: Nach einigen Jahren buhlten alle politischen Parteien um das Wählerpotential, das die „Ehemaligen" darstellten. Zuvor hatte man sich weitgehend auf die strafrechtliche Verfolgung konzentriert. Die Aufarbeitung der weiterwirkenden Reste der NS-Ideologie wurde vernachlässigt.

Die Amerikaner waren für die Entnazifizierung am detailliertesten von allen Besatzungsmächten vorbereitet. Bereits 1944 waren in den USA umfangreiche Pläne ausgearbeitet worden. Kernstück war der berühmte siebenseitige Fragebogen, der jede mögliche Beziehung zum Nationalsozialismus aufdecken sollte. Das völlige Unverständnis der Amerikaner für die Funktionsweise totalitärer Herrschaft stand allerdings der Erkenntnis, daß Nationalsozialist nicht gleich Nationalsozialist war, nachhaltig im Wege. Das Spektrum der „Ehemaligen" reichte von „korrekten" Funktionären über berechnende Konjunkturritter und

Mitläufer, die unter politischem oder sozialem Druck in die Partei geraten waren, bis zu jenen, die Verbrechen gegen die Menschlichkeit begangen hatten.

Das Problem konnte durch Gesetze und Gerichtsurteile nur an der Oberfläche gelöst werden. Inhaltliche Auseinandersetzung und geistige Aufarbeitung blieben aus, auch deshalb, weil sich unter den ehemaligen Nationalsozialisten kaum jemand mitverantwortlich fühlte. Viele hatten eben nur ihre „Pflicht" getan. Nun fühlte man sich nicht schuldig, sondern als Opfer einer als ungerecht empfundenen „Rachejustiz". Dazu kam, daß die „Kleinen" oft stärker bestraft wurden als die „großen" Täter, die es verstanden, sich der Verantwortung zu entziehen.

In der Stadt Salzburg erfolgte die Entnazifizierung anfangs sehr radikal. Von den 2077 städtischen Bediensteten im Mai 1945 wurden in den ersten zehn Monaten nach Kriegsende 1909 Bedienstete entlassen. Etwa die Hälfte von ihnen waren frühere Parteimitglieder.

In der Landesverwaltung verlief die Säuberung nicht ganz so drastisch. Trotz des Drucks der Amerikaner erklärte die mit der Säuberung befaßte Sonderkommission 142 minderbelastete Beamte für tragbar und behielt sie im Dienst der Landesverwaltung – mit der Argumentation, es gebe keinen qualifizierten Ersatz zur Aufrechterhaltung der Verwaltungsaufgaben.

Ähnlich verhielt es sich bei den Lehrern und in der Justiz, wo der Anteil der Parteigenossen besonders hoch war. In der Stadt Salzburg und den umliegenden Gemeinden sollen rund 70 Prozent der Lehrer in der Partei gewesen sein. Obwohl die Militärregierung darauf bestand, daß alle Nazi-Lehrer zu entlassen seien, wurden zunächst nur 43 Lehrer entfernt. 40 Minderbelastete wurden lediglich an andere Schulen versetzt. Ab Herbst 1946 stellten auch die Amerikaner angesichts des drückenden Lehrermangels suspendierte Pädagogen wieder ein.

Der Nachkriegs-Landesgerichtspräsident mußte feststellen, daß von 44 seiner Richter 30 NSDAP-Mitglieder gewesen waren. Bis zum Juni 1948 wurden in Salzburg insgesamt 4553 Personen aus dem öffentlichen Dienst entfernt. Damit lag Salzburg ziemlich genau im österreichischen Durchschnitt.

Auf dem Höhepunkt der NS-Macht gab es in der „Ostmark" 688.000 Parteigenossen. In Salzburg waren es 1942 27.068 Parteimitglieder. Vier Jahre später ließen sich 33.090 in Salzburg lebende Personen als Nationalsozialisten registrieren. Dies war nicht auf eine wunderbare Nachkriegs-Nazi-Vermehrung, sondern auf die Flucht zahlreicher Parteigenossen vor den Russen in den Westen zurückzuführen.

Erst 1946 bekam die österreichische Regierung die Entnazifizierungskompetenz für das ganze Land in die Hand. Das im Mai 1945 beschlossene Verbotsgesetz, das den „Ehemaligen" die politischen Rechte entzog sowie eine Sühnepflicht auferlegte, und das Kriegsverbrechergesetz vom Juni 1945 konnten nun auf ganz Österreich angewendet werden.

Bereits 1946 gab es in Salzburg heftigen Widerstand gegen das geplante neue Verbotsgesetz. Landeshauptmann Albert Hochleitner und der damalige Bundesrat Josef Rehrl meldeten ihren Widerstand an, weil aufgrund des Gesetzes die von den Sonderkommisionen pardonierten Lehrer wieder entlassen hätten werden müssen. Nach vielen Verschärfungen durch den Alliierten Rat kam es im Februar 1947 zum neuen „Nationalsozialisten-Gesetz". Es unterschied zwischen „Belasteten" und „Minderbelasteten". Für die „Ehemaligen" gab es nun gestaffelte Sühnemaßnahmen, die vom Ausschluß politischer Rechte, bis zum Verlust des Arbeitsplatzes, Berufsverbot, Vermögensstrafen und Sondersteuern reichten.

Der Salzburger Erzbischof Andreas Rohracher erklärte im März 1947 in einer Rede an der Universität Innsbruck, das NS-Gesetz sei unmenschlich. Man müsse den ehemaligen Nationalsozialisten Gerechtigkeit widerfahren lassen. Rohracher drückte damit die Stimmung weiter Kreise der Bevölkerung aus, nicht nur der „Ehemaligen", die seit Beginn der Entnazifizierungsmaßnahmen über eine unstatthafte Kollektivhaftung lamentiert hatten.

Ab 1947 drängte auch die Regierung in Wien immer wieder auf Teilamnestien, scheiterte aber zunächst am Veto der sowjetischen Besatzer. Im April 1948 kam das Amnestiegesetz zustande. Es strich die Sühnesteuer und erhob 487.000 Minderbelastete wieder zu vollberechtigten Staatsbürgern. Spätestens im darauffolgenden Wahljahr 1949 zogen die Parteien durch ihr uneingeschränktes Werben um die Stimmen der wieder wahlberechtigten „Ehemaligen" den Schlußstrich unter die Entnazifizierungsdiskussion.

Alle Parteien richteten sich im Wahlkampf direkt an die „Ehemaligen". Der SPÖ gelang es, die Zulassung des „Verbands der Unabhängigen" (VdU) zu erreichen, womit sie hoffte, die ÖVP zu schwächen. Die neue Partei wurde in Salzburg gegründet und erreichte hier auch ihren größten Erfolg. Bei den Salzburger Landtagswahlen 1949 brach der VdU die absolute Mehrheit der ÖVP und brachte auf Anhieb fünf Abgeordnete in den Landtag. In der Stadt setzte sich der VdU bei der Gemeinderatswahl 1949 an die zweite Stelle vor der ÖVP und stellte den ersten Vizebürgermeister und einen Stadtrat.

Eine US-Umfrage in Salzburg zeigte im Jahr 1948 erschreckende Ergebnisse: 57 Prozent der Salzburger meinten, der Nationalsozialismus sei eine gute Idee gewesen, die schlecht ausgeführt worden sei. Offenbar wurden Arbeitsbeschaffung und soziale Einrichtungen des Regimes als positiv angesehen. Ideologische Ziele zählten nicht mehr: Nur vier Prozent strebten den Zusammenschluß der Österreicher und Deutschen an. Zwei Prozent akzeptierten die NS-Rassentheorie.

Das politische Bewußtsein war in den Nachkriegsjahren stark an die wirtschaftliche Konjunktur gebunden. So hat die steil ansteigende Konjunktur am meisten zur Überwindung des Nationalsozialismus beigetragen, bzw. Reste der NS-Ideologie zugedeckt. Der wirtschaftliche Aufschwung band die Menschen damit auch an die Demokratie. Auf der anderen Seite trug auch diese Aufbruchstimmung des Wiederaufbaus dazu bei, daß eine tiefgreifende Gewissenserforschung und ernsthafte Auseinandersetzung mit den österreichischen Wurzeln des Nationalsozialismus ausblieb.

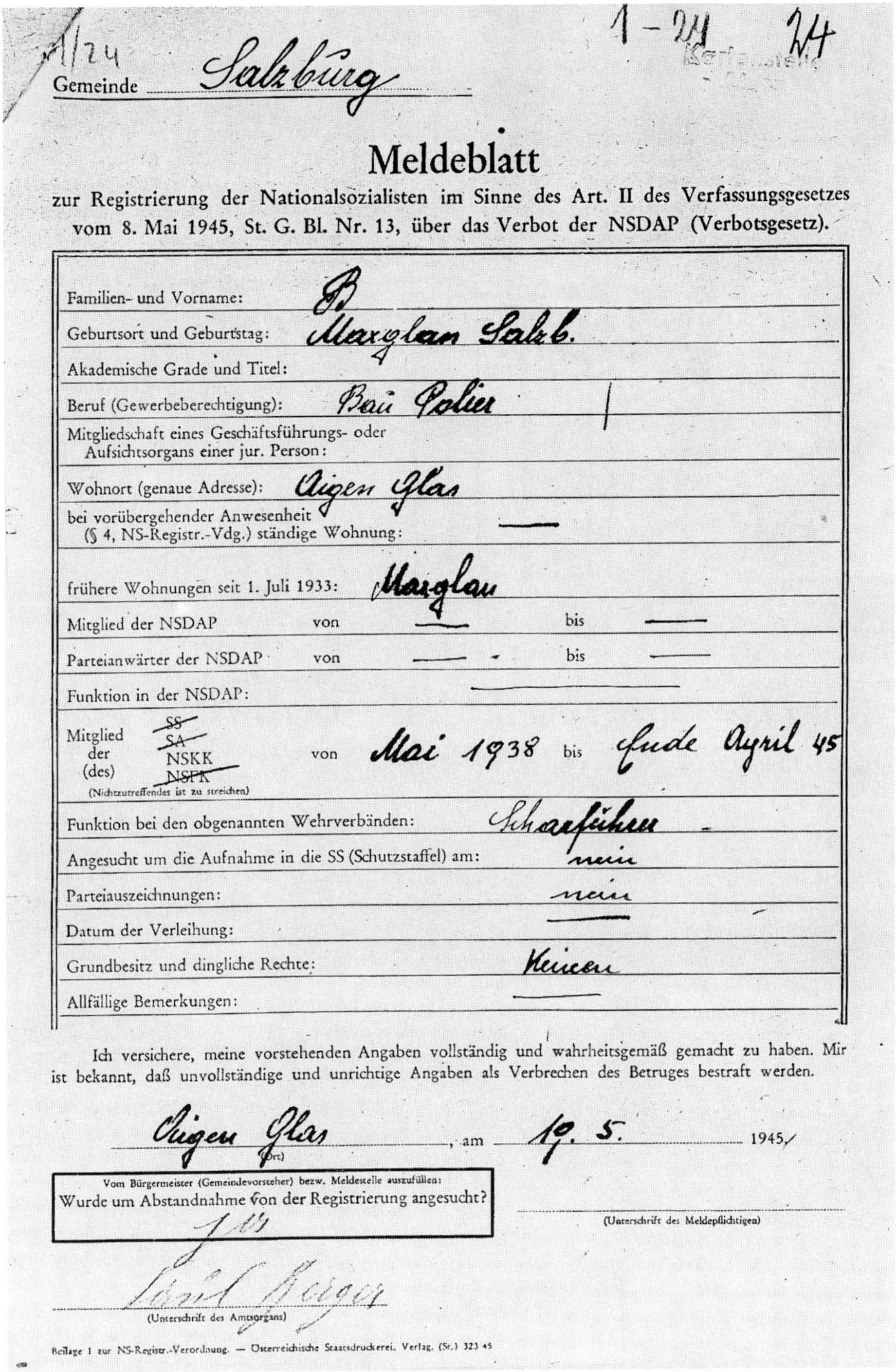

A/24 1-24 24

Gemeinde Salzburg

Meldeblatt

zur Registrierung der Nationalsozialisten im Sinne des Art. II des Verfassungsgesetzes vom 8. Mai 1945, St. G. Bl. Nr. 13, über das Verbot der NSDAP (Verbotsgesetz).

Familien- und Vorname:	B		
Geburtsort und Geburtstag:	Maxglan Salzb.		
Akademische Grade und Titel:			
Beruf (Gewerbeberechtigung):	Bau Polier		
Mitgliedschaft eines Geschäftsführungs- oder Aufsichtsorgans einer jur. Person:			
Wohnort (genaue Adresse):	Aigen Glas		
bei vorübergehender Anwesenheit (§ 4, NS-Registr.-Vdg.) ständige Wohnung:	—		
frühere Wohnungen seit 1. Juli 1933:	Maxglan		
Mitglied der NSDAP	von —	bis —	
Parteianwärter der NSDAP	von —	bis —	
Funktion in der NSDAP:	—		
Mitglied der (des) ~~SS~~ ~~SA~~ NSKK ~~NSFK~~ (Nichtzutreffendes ist zu streichen)	von Mai 1938	bis Ende April 45	
Funktion bei den obgenannten Wehrverbänden:	Scharführer		
Angesucht um die Aufnahme in die SS (Schutzstaffel) am:	nein		
Parteiauszeichnungen:	nein		
Datum der Verleihung:	—		
Grundbesitz und dingliche Rechte:	Keinen		
Allfällige Bemerkungen:	—		

Ich versichere, meine vorstehenden Angaben vollständig und wahrheitsgemäß gemacht zu haben. Mir ist bekannt, daß unvollständige und unrichtige Angaben als Verbrechen des Betruges bestraft werden.

Aigen Glas (Ort), am 19. 5. 1945

Vom Bürgermeister (Gemeindevorsteher) bezw. Meldestelle auszufüllen:
Wurde um Abstandnahme von der Registrierung angesucht? Nein

(Unterschrift des Meldepflichtigen)

(Unterschrift des Amtsorgans)

Beilage 1 zur NS-Registr.-Verordnung. — Österreichische Staatsdruckerei. Verlag. (St.) 323 45

Abb. 28: Meldeblatt zur Registrierung der Nationalsozialisten im Sinne des Verbotsgesetzes vom 8. Mai 1945.

Der letzte Nazi:
I war koa Nazi, i bin der Nazi. Ignaz Huber hoaß i.

Abb. 29: Humorpostkarte von Otto Hutmann, vierziger Jahre.

Abb. 30: Das Internierungslager Marcus W. Orr („Glasenbach") an der Alpenstraße, 1946. Die Compounds (Abteilungen) waren durch Zäune getrennt.

Das Lager „Glasenbach"
Im Rückblick eines Internierten

von Walter Leitner

Das Internierungslager „Camp Marcus W. Orr" wurde von den Amerikanern in einer von der deutschen Wehrmacht in der Josefiau geplanten, aber noch unfertigen Pionierkaserne errichtet. Der im Volksmund allgemein gebräuchliche Name „Lager Glasenbach" stammt offensichtlich daher, daß es ursprünglich zum eigentlichen, ab dem Kriegsende von den Amerikanern benutzen „Lager Glasenbach" (heute Rainer-Kaserne in Elsbethen-Glasenbach) gehörte, das ab 1947 den Namen „Camp Truscott" führte.

Welchem Zweck diente dieses „Camp Marcus W. Orr"? Die Amerikaner sahen in allen ehemaligen NSDAP-Mitgliedern ab einer gewissen Führungsebene – etwa ab Ortsgruppenleiter – potentielle Verbrecher, die isoliert werden müßten. Diese Personen verfielen ebenso dem „automatic arrest" wie ehemalige Angehörige der Waffen-SS, des SD, der Gestapo oder höchste Offiziere der Wehrmacht, wie die Generäle Kesselring und Rendulic. Das gleiche Schicksal erfuhren Leute, denen man wegen ihrer Verdienste in Sport, Kultur, Wissenschaft oder Wirtschaft Ehrendiensträge verliehen hatte. Der weltbekannte Schispringer Bubi Bradl, den man zum Ehren-SA-Sturmführer ernannt hatte, möge als Beispiel angeführt sein. In Summe ergab dies für die US-Besatzungszone etwa 15.000 Personen. Der wechselnde Lagerbestand lag um 10.000 Häftlinge, darunter waren auch einige hundert Frauen. Ich selbst wurde unmittelbar nach meiner Rückkehr aus der Kriegsgefangenschaft Ende Mai 1946 als früherer hochrangiger HJ-Führer ins Lager „Glasenbach" eingeliefert und habe daher zu meinem Glück die erste, noch viel schlechtere Zeit nicht miterleben müssen.

Historische Darstellungen aus jüngster Zeit (von Wilhelm Svoboda), im „Lager Glasenbach" hätten im Gegensatz zur Außenwelt beinahe paradiesische Zustände geherrscht, stimmen mit der Realität keinesfalls überein. Vor allem in den ersten Monaten mußten die Häftlinge, darunter Frauen und Schwerversehrte, bei elender Verpflegung und trostlosen hygienischen Verhältnissen auf den nackten, kalten Betonböden vegetierten. Erst 1946, als manche Lagerinsassen Pakete bekommen durften und deshalb ihre dünne Erbsensuppe einem Kameraden überlassen konnten oder den Paketinhalt teilten, wurde es etwas besser.

Die innere Lage war in „Glasenbach" nicht anders als in jedem großen Lager irgendwo und irgendwann. Das Verhalten der „Masse Mensch" auf engstem Raum und unter erschwerten Bedingungen ließ sich gut studieren und man lernte jede Art von Kameraden und Nicht-Kameraden kennen.

Für die Jüngeren und vor allem für die vom Kriegseinsatz kommenden war das Lagerleben natürlich viel leichter zu ertragen, als für die Älteren und Ungedienten, die an Strapazen nicht gewöhnt waren. Alle aber waren betroffen von der Ungewißheit über die Dauer der Haft. Die Erschütterung über den Zusammenbruch der Ideale, für die man sich so sehr eingesetzt hatte, die Meinung der meisten, völlig unschuldig und daher ungerechtfertigt inhaftiert zu sein, ergab eine Situation, die bei manchen in Verzweiflung umschlug. Sie glaubten, im Freitod den einzig möglichen Ausweg finden zu können.

Die Verhöre durch den CIC erfolgten durch Emigranten, die der deutschen Sprache mächtig waren. Die Methoden waren unterschiedlich, ich selber kann mich nicht beklagen. Besonderes Augenmerk wurde dem Kreis der von den Amerikanern als Kriegsverbrecher verdächtigten Personen, aber auch Geheimnisträgern, Diplomaten und ausländischen Internierten zugewendet. Die Bemühungen unserer amerikanischen Bewacher für eine „Umerziehung" beschränkten sich auf die verpflichtende Teilnahme an Vorführungen von KZ-Filmen.

Die Unterbringung in den unfertigen Gebäuden und vor allem in den großen Garagen – durch Stacheldraht getrennt in mehrere Compounds (Abteilungen) – war abenteuerlich. Es war dem Erfindungsgeist der Insassen überlassen, aus allen irgendwie erreichbaren Materialien bis zu dreigeschoßige, manchmal einsturzbedrohte Lagerstätten zu errichten, die auch noch die wenigen Habseligkeiten aufnehmen mußten. Wanzen waren unsere Dauergäste. Heiße Flüche entlockte es uns, wenn sich dann die Amis auch noch einbildeten, Stubenappelle nach preußischem Vorbild abhalten zu müssen.

Das – neben der schlechten Nahrungsversorgung – vielleicht größte Lagerproblem war: Wie kann man sich beschäftigen? Eine Möglichkeit bestand darin, an den zahlreichen Kursen und Vorträgen teilzunehmen, welche von den im Lager befindlichen hochrangigen Fachleuten und Experten aus allen Gebieten abgehalten wurden. Ich selbst legte z. B. vor Assistenten von Architekt Clemens Holzmeister eine Hilfspolierprüfung ab. Es war aber nicht jedermanns Sache, von früh bis abends zu lernen, noch dazu, wenn an den Abenden ein reiches Unterhaltungsprogramm von inhaftierten Laien und Künstlern angeboten wurde.

Nur ein kleiner Teil der Häftlinge konnte in der Lagerverwaltung Beschäftigung finden – hier sei vor allem die aufopferungsvolle Tätigkeit der Frauen im Lagerlazarett erwähnt. Leider war es kaum möglich, Außendienste – etwa bei den Aufräumungsarbeiten der Bombenschäden oder nach der großen Hochwasserkatastrophe in Werfen – zu erreichen.

So suchte dann jeder nach einer halbwegs sinnvollen Beschäftigung künstlerischer oder praktischer Art. Geradezu Berühmtheit erlangten im Lager die Steinschleifer und Strohpatschenerzeuger. Ich selbst habe Lebkuchenformen, für meine zwei Söhne einen Holzbaukasten und für die Tochter eine beim Ziehen schnatternde und watschelnde Ente gebastelt. Die Materialbeschaffung war für die Bastler immer ein großes Problem, nur Kieselsteine für die Steinschleifer gab es genug.

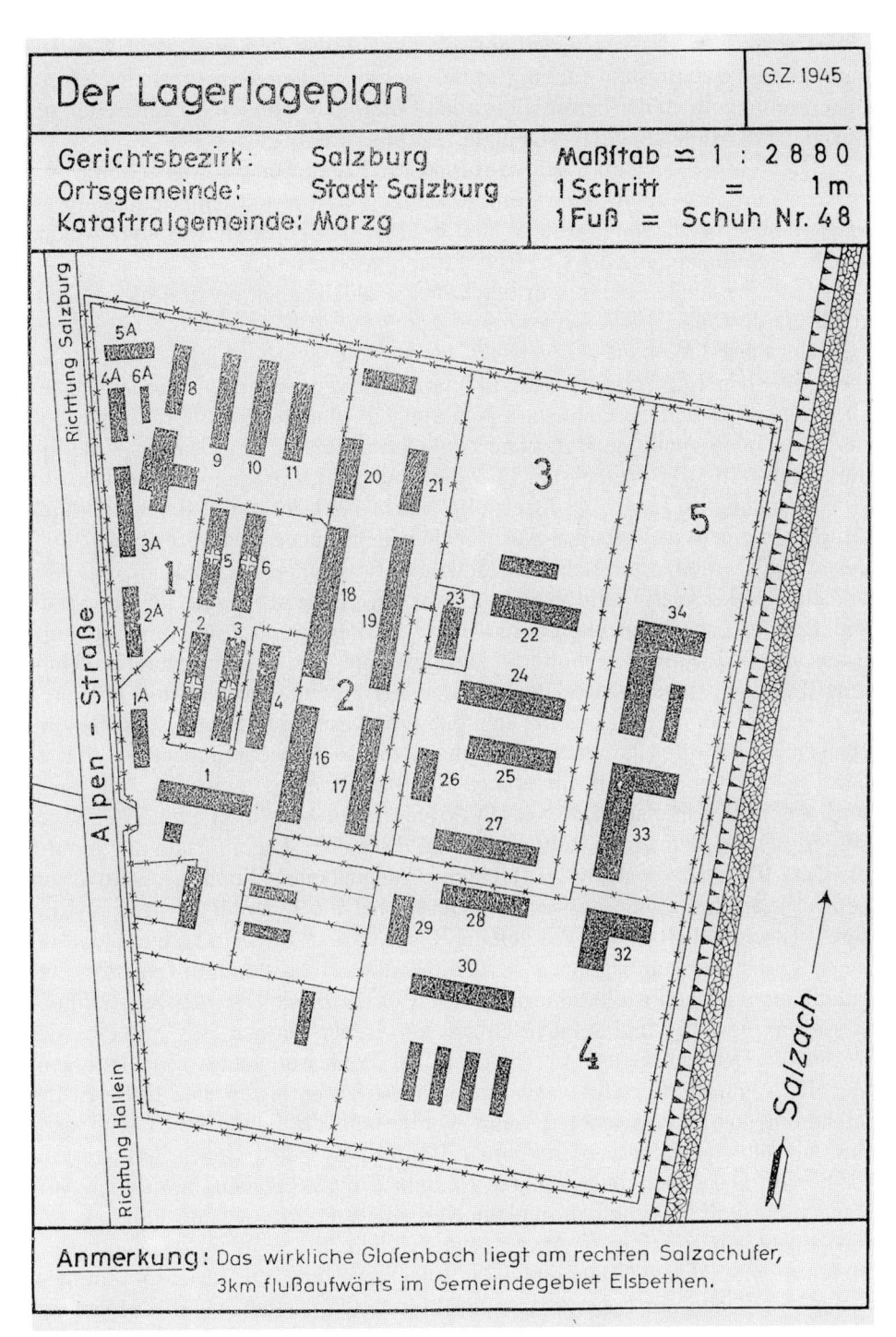

Abb. 31: Plan des Lagers Marcus W. Orr ("Glasenbach"). Einige Baracken bestehen noch heute (z. B. Schranne und Möbellager der Firma Leiner).

Die Zigarette wurde von vielen am schmerzlichsten entbehrt – kein Wunder, daß sie zum wichtigsten Zahlungsmittel wurde. Für eine vorsorgliche Kropfoperation bei einem der besten Chirurgen Österreichs gab ich 30 Zigaretten als Spende, 15 kostete ein holzgeschnitzter Kasperlkopf.

Zu Dreikönig 1947 kam Erzbischof Andreas Rohracher ins Lager. Seine Ansprache wurde mit gemischten Gefühlen aufgenommen. Ich selber erkannte erst nach meiner Freilassung, welche mutige Tat dies gewesen war und welche großherzige Einstellung der Erzbischof damit gezeigt hatte.

Das entscheidende Ereignis in der Lagergeschichte war zweifellos der Aufstand am Josefitag 1947. Wie kam es dazu? Der frühere beliebte Lagerkommandant Oberst Wooten war versetzt worden und sein Nachfolger verstand es nicht, mit den Lagerinsassen auszukommen. Vergünstigungen wurden gestrichen, unnötige und beschämende Neuerungen wurden eingeführt. Die schon fast zwei Jahre dauernde Haft ohne Aussicht auf baldige Freilassung – besonders schwer für die Versehrten und die Frauen zu ertragen – vermehrte die Hochspannung im Lager. Zu Josefi (19. März) 1947 entschloß sich eine kleine Gruppe zu einem waghalsigen Ausbruch aus dem Lager. Zur Außenbewachung war damals schon österreichische Gendarmerie eingesetzt. Diese machte Gebrauch von der Waffe, und genau das war der zündende Funke im Pulverfaß. Ein Teil der Lagerbesatzung demonstrierte wild erregt im Raum des Lagereingangs. Rasch zusammengeholte Sicherungskräfte, zumeist junge und unerfahrene Rekruten, standen Mann an Mann, unterstützt von Panzern und schweren Waffen rund um das Lager. Man sah, daß ihnen trotzdem die Angst vor uns im Nacken saß – wären nur einem von ihnen die Nerven durchgegangen und er hätte geschossen, wäre ein furchtbares Blutbad die Folge gewesen. Aber auch im Lager verlor niemand die Nerven. Während im Nu alle inneren Zäune niedergerissen worden waren, rührte niemand die äußere Lagerumzäunung an und niemand weiterer versuchte zu flüchten. Ein doppeltes Wunder also, daß auf keiner Seite eine Panne passiert ist! Beides hat die bedrohliche Lage stabilisiert, bis schließlich Oberst Wooten als Retter eintraf. Mit ihm konnten zielführende Verhandlungen begonnen werden. Gelassen schritt er zum Lagertor, entledigte sich seiner Pistole und ging mitten in die brodelnde Menge. Er imponierte uns gewaltig und zeigte sich als souveräner Partner. Als Ergebnis der Verhandlungen gab es das Versprechen, die Freilassungen zu beschleunigen; vor allem Frauen, Versehrte und Kranke rasch zu entlassen. Die früheren Erleichterungen sollten wieder gewährt werden und die Lager- und Compoundführung selbst gewählt werden können. Daraus ging Felix Rinner als Lagerführer hervor. Die Amerikaner konnten es einfach nicht glauben, daß dieser Aufstand nicht vorher gründlich geplant worden wäre, so gut hatte alles zusammengepaßt und funktioniert. Aber es war wirklich eine Spontanaktion gewesen.

Als wir vier Monate später bei der Lagerauflösung mit unserem Zimmermannskommando die Lagerumzäunung beseitigten, sägten wir die 16 großen Wachtürme einfach an und kippten sie unter begeisterten Zurufen unserer Ami-Bewacher mit einem LKW um.

Wenn ich nach 50 Jahren den Wert dieser Automatik-Haft beurteilen soll, drängen sich folgende Antworten auf: Nur ein geringer Teil der Internierten war persönlich schuldig gewesen. Der gute Wille der meisten Lagerinsassen, tatkräftig am Wiederaufbau Österreichs mitzuwirken, wurde nicht nur um Jahre zurückgeworfen, sondern auch mit Frustrationen belastet, die nicht notwendig gewesen wären. Trotzdem haben die „Glasenbacher" fleißig und tatkräftig nach ihrer Entlassung für den Wiederaufstieg gearbeitet und sich fast durchwegs einen angesehenen Platz im neuen, demokratischen Österreich erworben.

Neue Heimat in alten Baracken
Ein Rundgang durch die Alpen-Siedlung in der Josefiau

Der Schnee blinkt von den Hängen herab. Winterliche Mittagssonne liegt über der zwischen Bergen eingebetteten Ebene. Auf der schnurgeraden Straße rollt der Autobus, bis dunkle Holzwände unter breiten, weißverwehten Dächern auftauchen. Der Autobus hält vor der Alpen-Siedlung.

Noch vor einem halben Jahr war es hier heraußen, eine halbe Stunde vom Stadtzentrum Salzburgs entfernt, sehr still. Stacheldraht lag umher, Gestalten bewegten sich zwischen den leeren Baracken und luden verstohlen Säcke auf Handkarren… Heute regt sich blühendes Leben in der Alpen-Siedlung. Denkt noch jemand daran, daß zwölf Monate vorher ein Anhaltelager an diesem Platz eingerichtet war und drei Jahre früher preußische Kasernentöne durch die Luft schallten? Kinderlachen, geschäftiges Hämmern, Frauen mit Einkaufstaschen, ein Krämerschild, die Tafel „Schuhmacher", der Firmenaushang einer Kristallglasfabrik.

Das Barackenlager heißt jetzt „Alpen-Siedlung". Wie erinnerlich, hat es die Landesregierung im vergangenen Sommer nach Freigabe durch die Amerikaner der Stadtgemeinde zur Verfügung gestellt, die sich bereit erklärt hatte, dort Notwohnungen einzurichten. Es war damals ein zerwohntes Barackenlager und ist bis heute im Grunde nicht mehr geworden. Aber wie sehr hat sich doch sein inneres Antlitz geändert! Die von Regen, Schnee und Wind durchfeuchteten Holzwände, die schadhafte Überdachung bergen willige Menschen, sind die Hüllen einer neuen Heimat für viele geworden, die, ehe sie hier heraus fanden, vor dem großen Elend der Obdachlosigkeit standen.

Die Menschen, die seit vergangenem Herbst in den Baracken der Alpen-Siedlung wohnen, haben sich bemüht, der neuen Heimat ihr eigenes Gesicht zu geben und ihnen das trübselige Gefühl aller Baracken, nur Station auf einem weiten Wege zu sein, zu nehmen. Die Mittel dazu waren Findigkeit, Verschönerungswille und das kleine bißchen Dachpappe, Nägel, Holz, Ofenrohr, Blech, das es auf Bezugsmarken gab. Es könnte hier die alte warmherzige Geschichte von der großen Familie berichtet werden, zu der sich Menschen in gemeinsamer Not fanden – doch sie würde nicht genug von dem zeigen, was wir auf dem Rundgang durch die Wohnungen sehen.

Die Wohnungen sind durch Teilung großer Mannschaftsräume entstanden. Die aufgestellten Bretterwände sind geweißt und mit Mustern bemalt. Vor den Fenstern hängen saubere Vorhänge. Möbel machen die Räume wohnlich. Es ist schwierig genug Brennmaterial für den Ofen zu bekommen, doch immer wieder treibt man etwas auf und so ist es in den Stuben erträglich. Die Toiletteanlagen wurden mit vereinten Kräften gesäubert, aus den Militärwaschräumen Waschküchen gemacht.

Erst allmählich findet man Flecken auf der Hartplatten-Zimmerdecke; wenn es regnet oder taut, dann tropft durch eine feine Lücke Wasser ins Zimmer. Die Barackendächer sind sehr lückenhaft, aber es kann erst allmählich jeder Schaden behoben werden, denn Dachpappe ist rar. An den Türen ersetzen Holzgriffe die Schnallen. Die Fußböden sind schadhaft und rauh. Ein altes Ehepaar hat seinen Wohnraum am einen Ende, seinen Schlafraum am anderen Ende der Baracke. Wenn ein spät Heimkehrender durch den langen dunklen Barackengang geht, hallen seine Schritte und stören die anderen Mieter oft im Schlaf...

Was wir bei einer Familie sahen, war erschütternd. Eine Mutter mit sechs Kindern wohnt in einer der schlechtesten Baracken. Sie hat nur 225 Schilling monatlich Fürsorgeunterstützung. Der Mann starb vor einem halben Jahr. Die abgehärmte Arbeiterfrau kann mit dem Geld die Rationen für sich und ihre Kinder oft nicht einmal ganz einkaufen. Die Räume sind von wichtigsten Möbelstücken entblößt, die Frau mußte sie in den letzten Monaten nach und nach zu Geld machen... Das Leben dieser Familie ist ein sozialer Notschrei aus der Nachkriegszeit! Ihr muß geholfen werden!

[...]

Baracken bleiben Baracken, auch wenn sie mit aller Liebe ausgestattet wurden. Aber wer vor der Delogierung gestanden hat, wer in den Häuserschluchten der Innenstadt eine fensterlose Kammer bewohnte, der ist für die neue Heimstatt dankbar. Jeder in der Alpen-Siedlung trägt das gleiche Los, keiner hat mehr als die Hoffnung, einmal wieder in einem schönen, hellen, reinen Haus zu wohnen. Es wird auch so werden. Die Baracken der Alpen-Siedlung sind nur als Notbehelf gedacht. Die Stadtgemeinde wird bauen, denn sie will bauen – aber sie kann es erst dann, wenn Ziegel, Zement, Glas und Eisen dazu vorhanden sein werden. Bis dahin werden die Bewohner der Baracken an der Alpenstraße ihre Siedlung Heimat nennen, sie mehr und mehr ausschmücken und ausgestalten, wie sie es während des letzten halben Jahres gemeinsam getan haben.

Die Stadtgemeinde könnte es den braven Menschen lohnen. Sie will ab 1. Jänner Zins einheben. Die Bewohner der Alpensiedlung, die ihre Behausungen erst aus eigener Kraft zu dem machten, was sie jetzt sind, würden jedoch den Lohn verdienen, wenigstens bis 1. März zinsfrei zu wohnen. Der Salzburger Gemeinderat möge das erwägen und zustimmen, es wäre ein gerechter Beschluß.

Aus: Demokratisches Volksblatt vom 3. März 1948.

Kriegsgefangene – Heimkehrer Schicksale einer Generation

von Erich Marx

„Kennen Sie meinen Sohn, wissen Sie etwas von ihm?" Flehentlich hält eine Mutter den schmalen Gestalten, die dem Heimkehrerzug entsteigen, ein abgegriffenes Foto entgegen. Sie hofft immer noch auf eine Nachricht, nur nicht jene, daß er gefallen sei.

Unzählige Mütter und Väter, Ehefrauen und Kinder hatten nach Kriegsende monatelang, zum Teil mehr als ein Jahr keinerlei Informationen über den Verbleib des Gesuchten. Trotz der Bemühungen des Internationalen Roten Kreuzes funktionierte die Nachrichtenübermittlung in der ersten Zeit nach dem schrecklichen Krieg überhaupt nicht. Oft dauerte es Monate, bis die Siegermächte daran gingen, ihre Kriegsgefangenen mit Namen und Heimatadresse zu erfassen.

In Salzburg hatte das Rote Kreuz einen eigenen Kriegsgefangenen-Suchdienst eingerichtet. Wenn die Aufzeichnungen des Internationalen Roten Kreuzes nicht weiterhalfen, wurde versucht über die täglichen Suchmeldungen im Sender Rot-Weiß-Rot etwas über das Schicksal des Gesuchten in Erfahrung zu bringen.

Kriegsgefangene gab es aus Salzburger Sicht aber nicht nur irgendwo fern der Heimat, sondern ab Kriegsende auch hier, sozusagen vor der Haustüre. Zum Teil wurden deutsche Soldaten in jenen Lagern interniert, die bis 3. Mai für kriegsgefangene Russen, Ukrainer, Franzosen usw. bestimmt waren. Am längsten blieb das Lager „Laschensky" in Betrieb, wo so mancher Soldat Monate verbringen mußte, der eigentlich nur seine Entlassungspapiere aus der Wehrmacht abholen wollte.

In den ersten Nachkriegsjahren wurden Millionen von gefangenen Soldaten, Flüchtlingen und Rückwanderern quer durch Europa bis Sibirien und über den Ozean „verschoben", von Lager zu Lager oder nach Hause. In diesem überdimensionierten Transportgeflecht war auch der Salzburger Hauptbahnhof eingebunden. Ständig kamen Züge an, wurden umgruppiert und weitergeleitet. Die Bundespolizeidirektion führte über diese Transporte genau Buch. Als Beispiel seien hier die Züge mit Flüchtlingen, Kriegsgefangenen und KZ-Opfern angeführt, die am Hauptbahnhof in der zweiten Jännerwoche 1946 einfuhren:

- 7. 1.: 950 Niederösterreicher über Linz in die Heimatorte.
- 7. 1.: 45 österreichische Kriegsgefangene aus Bayern, Richtung Heimatorte.
- 7. 1.: 200 Juden aus Linz. Sie wurden in das Judenlager Mülln gebracht.
- 8. 1.: 800 verwundete österreichische Kriegsgefangene aus Ostfriesland Richtung Bischofshofen nach Spittal/Drau.

- 9. 1.: 215 Juden aus Linz und Auschwitz, Lager Mülln einquartiert.
- 10. 1.: 1200 reichsdeutsche Rückwanderer aus Klagenfurt in Richtung München.
- 10. 1.: 1000 ungarische Rückwanderer in Richtung Linz.
- 10. 1.: 845 reichsdeutsche Verwundete aus Semlin-Rosenbach in Richtung München.
- 10. 1.: 1000 österreichische Verwundete aus Münster in Richtung Leoben.
- 11. 1.: 1000 ungarische Kriegsgefangene aus Heilbronn in Richtung Linz.
- 11. 1.: 1000 ungarische Kriegsgefangene aus Deutschland in Richtung Linz.
- 12. 1.: 500 reichsdeutsche Kriegsgefangene aus Jugoslawien in Richtung München.
- 12. 1.: 1500 ungarische Kriegsgefangene aus München Richtung Gleisdorf, Steiermark.
- 12. 1.: 1200 ungarische Kriegsgefangene aus Heilbronn in Richtung Hegeyshalom Ungarn.
- 13. 1.: 1200 ungarische Kriegsgefangene aus Heilbronn in Richtung Hegeyshalom Ungarn.
- 13. 1.: 250 Juden verschiedener Nationen, vorübergehend im Lager Mülln untergebracht, nach München weitergeleitet.
- 13. 1.: 150 Ungarn mit 102 Pferden und 50 Wagen aus Freilassing in Richtung Ungarn weitergeleitet.

Am Hauptbahnhof ankommende Heimkehrer wurden dort durch eine vom Salzburger Roten Kreuz eingerichtete Hilfsstelle „erstversorgt", erhielten Kleidung aus Beständen der Sammelaktionen und wurden im Bedarfsfalle auch medizinisch betreut. Im noch nutzbaren Teil der Bombenruine des Hotels „Europe" befand sich eine Heimkehrer-Hilfs- und -Betreuungsstelle. Dort wurde den aus den Lagern Entlassenen weitere Hilfe gewährt und ihnen erklärt, welche bürokratische Hürden sie in der Heimat zu überwinden hatten, um beispielsweise eine Lebensmittelkarte zu erhalten.

Das Rote Kreuz organisierte auch Paketaktionen, vor allem für in jugoslawischer Kriegsgefangenschaft befindliche Salzburger. Es bemühte sich außerdem, Geld und Wertgegenstände, die den Soldaten bei ihrer Gefangennahme von amerikanischen Truppen abgenommen worden waren, den rechtmäßigen Eigentümern wieder zurückzustellen. Eine oft schwierige Aufgabe, die durch bürokratische Hemmnisse der zuständigen in- und ausländischen Behörden noch erschwert wurde und in einzelnen Fällen Jahre dauern konnte. Im Juli 1949 übernahm schließlich die Landesregierung die Heimkehrerbetreuung vom Roten Kreuz, das bis dahin mit seinen vielen freiwilligen Helfern Großartiges geleistet hatte.

Die Westalliierten hatten den Großteil der Kriegsgefangenen bis 1946 freigelassen. Manche, vor allem Angehörige der SS oder SA, blieben allerdings länger in deren Gewahrsam. Ende 1946 befanden sich immer noch 855 Salzburger in amerikanischer, 1377 in britischer und 1063 in französischer Gefangenschaft. Insgesamt 65 Salzburger waren in Belgien, Dänemark, Holland, Norwegen, Schweden oder der Schweiz interniert. Lageranschriften lagen dem Roten

Kreuz Ende 1946 von 557 in Jugoslawien und von 1020 in der Sowjetunion gefangenen Salzburgern vor. 9859 galten als vermißt.

Bis Mai 1947 hatten die Sowjets nur wenige Kriegsgefangene entlassen, fast ausnahmslos Kranke und Schwache, die ihnen zur Last fielen bzw. für eine Arbeitsleistung nicht eingesetzt werden konnten. Erst im Juli 1947 erhielt die österreichische Regierung die Zusicherung Stalins, die Rückführung der Österreicher bis Jahresende 1947 abzuschließen. Die „offiziellen" Heimkehrertransporte aus der Sowjetunion wurden in der Ankunftsstation Wiener Neustadt begrüßt. Den Salzburger Heimkehrern bereitete die Bevölkerung am hiesigen Hauptbahnhof herzliche Empfänge mit Musik und Ansprachen der Politiker. 35 solcher Transporte brachten 47.740 Österreicher nach Hause, darunter 1738 Salzburger. Nach Angaben des Roten Kreuzes befanden sich Ende 1948 noch immer 354 Salzburger in sowjetischer Gefangenschaft. Eine weitaus größere Anzahl von Salzburgern galt als vermißt. Die letzten Kriegsgefangenen sollten erst nach Abschluß des Staatsvertrages heimkehren.

Und wie schafften die Heimkehrer den Wiedereinstieg in das „normale" Leben in der Heimat? Gesundheitliche Probleme nach langer Zeit der Entbehrungen oder schwere Kriegsverletzungen verhinderten oft die Rückkehr in den angestammten Beruf. Manchmal war die Wohnung zerbombt oder von anderen „besetzt". Litten auch die „Einheimischen" unter Wohnungsnot und mangelnder Nahrungsversorgung, mußte sich ein Heimkehrer fast als Eindringling vorkommen. Ein zusätzliches Problem entstand, wenn die menschliche Entfremdung nach jahrelanger Trennung stark zu spüren war oder wenn die Gattin bzw. Verlobte mittlerweile „einen anderen" gefunden hatte.

Heftig umworben von ÖVP, SPÖ und VdU – die KPÖ hatte von den „Rußlandheimkehrern" kaum Zustimmung zu erwarten – wurden die Heimkehrer vor den Nationalratswahlen 1949. Doch viele von ihnen hatten die Nase voll von Politik nach den Erfahrungen bzw. Enttäuschungen mit dem NS-Regime.

In einer ganz eigenen Situation befanden sich die von den Amerikanern im Lager „Glasenbach" an der Alpenstraße internierten ehemaligen NS-Funktionäre. Sie waren in der Heimat und doch nicht „zu Hause". Und so mancher früh aus der Kriegsgefangenschaft heimgekehrte „Ehemalige" wurde sofort bei seiner Ankunft in Salzburg nach „Glasenbach" überstellt. Wir wissen nicht, ob die Amerikaner – nach ihren schrecklichen Erfahrungen bei der Befreiung von KZ-Häftlingen – die internierten kleineren und größeren Funktionäre des NS-Regimes im Camp Marcus W. Orr bewußt Härte spüren lassen wollten, oder ob ihnen anfangs in Anbetracht der allgemeinen schwierigen Versorgungslage die notwendigen Mittel gefehlt hatten. Tatsache ist, daß sie die Lagerhäftlinge ohne Prozeß internierten und diesen dadurch das Gefühl von Unrecht und Willkür vermittelten. Trotzdem ist „Glasenbach" mit den meisten „echten" Kriegsgefangenenschicksalen kaum zu vergleichen.

Wie unterschiedlich die Schicksale von Kriegsgefangenen verlaufen konnten, sollen die Beispiele (siehe S. 96–101) von drei Menschen zeigen, die aus Salzburg stammten oder sich nach ihrer Heimkehr hier niederließen.

Abb. 32: Paketaktion für Salzburger Kriegsgefangene in Jugoslawien, 1946.

Abb. 33 und 34: Großer Empfang für Heimkehrer am Hauptbahnhof, 1947.

Kriegsgefangenschaft in den USA

von Karl Handl

Als Angehöriger des 2. Fallschirmjäger-Regiments geriet ich am 5. März 1945 bei Rheinfelden gemeinsam mit mehr als 100 Kameraden in amerikanische Kriegsgefangenschaft. Wir wurden in die Nähe von Aachen gebracht und dort nach nicht nachvollziehbaren Kriterien selektiert. Kurz danach kamen wir nach Namur in Belgien, wo jeder einzelne genau verhört wurde. Anschließend ging die Fahrt im Lastwaggon quer durch Frankreich bis Cherbourg, wo ich mit zahllosen Mitgefangenen in einen Frachter gepfercht und nach Southhampton gebracht wurde. Von dort ging es im Frachter und mit Geleitzug über den Ozean Richtung Amerika. Die nicht genieteten, sondern nur geschweißten Frachter vom Typ „Liberty" ächzten und krachten während der Seefahrt, die immer wieder geworfenen Wasserbomben – die Angst vor den deutschen U-Booten war auch knapp vor Kriegsende noch groß – schüttelten die Kähne noch zusätzlich kräftig. Wir Kriegsgefangenen kauerten oder lagen auf engstem Raum im Laderaum. Waschgelegenheiten gab es auf der drei Wochen dauernden Überfahrt keine. Das Essen bestand in erster Linie aus Trocken- oder Konservennahrung. Knapp vor dem Anlegen in New York mußten alle übriggebliebenen Nahrungsmittel ins Meer geworfen werden. Die Ankunft in Amerika erlebte ich an Deck, weil ich mich ohne jegliche Fachkenntnisse für die Maler- und Anstreicherpartie gemeldet hatte.

Im Hafen von New York hieß es zunächst einmal, streng bewacht von eher ängstlich wirkenden US-Soldaten, warten. Alle bei den bisherigen Filzereien noch nicht abgenommenen privaten Gegenstände mußte jeder Mann vor sich auf den Boden hinlegen. Einer hatte dabei eine Eierhandgranate vor sich deponiert, was bei den Amis zu größter Aufregung führte.

Von New York ging es mit der Eisenbahn nach Tennessee, wo ich mit meinen Leidensgenossen im Camp Forest landete. Wir – ca. 20.000 Prisoners of War – waren in einem sehr gut ausgestatteten Camp der US-Army untergebracht. Die Mehrzahl der Kriegsgefangenen arbeitete in der Landwirtschaft, nur die Offiziere durften entsprechend der Genfer Konvention keiner Arbeit nachgehen. Dem Camp angeschlossen war ein Hospital Center mit rund 1200 Betten, medizinischen Fachabteilungen, Labors und orthopädischen Werkstätten. In jeder Abteilung gab es ein amerikanisches Aufsichtsorgan, sonst waren die Kriegsgefangenen, unter denen sich zahlreiche Ärzte, Techniker und sonstige Fachleute befanden, auf sich allein gestellt. Die Fachkenntnisse der Deutschen wurden auch vom amerikanischen Bewachungspersonal geschätzt, das sich vereinzelt im Lazarett sogar operieren ließ. Als Medizinstudent fand ich eine passende Beschäftigung im Labor des Lazaretts. Als zum medizinischen Personal gehörend trug ich auf der Kleidung die Buchstaben „PP" (Protected Personnel) und nicht das sonst übliche „POW" (Prisoner of War).

Die Verköstigung war ausreichend, niemand mußte hungern. Selbst das Schreiben von Briefen war erlaubt, allein die Post kam niemals in der Heimat an. Meine Eltern in Melk hatten im Herbst 1945 von einem aus Frankreich früher heimgekehrten Kameraden erfahren, daß ich noch lebte, mich aber in Kriegsgefangenschaft befand. Die Eltern wußten jedoch nicht wo.

Ab Jänner 1946 setzten die ersten Rücktransporte ein. Ich kam auf einem Lazarettschiff am 4. April in Wesermünde an, wo ich meinem Schicksal überlassen wurde. Zuvor hatte ich noch meine Entlassungspapiere samt 30 Mark und einer bestätigten Aufstellung über meine in einen Seesack verpackten Habseligkeiten (eine Decke, Wäsche, Waschzeug, zehn Stück Seife und 200 Zigaretten) erhalten. Diese „Wertgegenstände" durfte ich als bescheidenen Sold für meine Laborantenarbeit aus Amerika mitnehmen. Die Entlassungspapiere waren auf die Adresse meiner Tante in Salzburg ausgestellt, denn in die sowjetische Besatzungszone in Österreich entließen die Amis niemanden. Diese Hürde war genommen.

Der Hinweis, aus dem nahen Bremerhaven würde bald ein Rücktransport nach Österreich abgehen, erwies sich als Ente. Ein eher unwirscher Wiener erklärte mir lakonisch, das stimme wohl, allerdings käme der Transport erst im August zustande. Solange wollte ich nicht warten, weshalb ich eine andere Möglichkeit zur Fahrt in die Heimat suchte. Zuerst gelang es mir, eine schriftliche Genehmigung für die Fahrt durch die britische Besatzungszone in Deutschland zu erhalten, und dann schenkte mir eine junge Frau, die selbst aus Ostpreußen geflüchtet war, 100 Mark. Sie erschien mir wie ein Weihnachtsengel.

Schließlich schlug ich mich mit dem Zug über Frankfurt bis München durch, wo mir die warme Suppe, die mir eine Rot-Kreuz-Schwester anbot, besonders mundete. Ich mußte sie aus der Schale trinken, den Geld-Einsatz für den Löffel konnte ich bei bestem Willen nicht mehr aufbringen.

In einer für Österreicher eingerichteten Heimkehrerdienststelle erhielt ich die nötigen Informationen für die Heimreise. In Freilassing endete der deutsche Zug, für den ich in Bayern nichts zahlen mußte. Schließlich kam ich am Hauptbahnhof in Salzburg an und fiel – der erste Gruß der Heimat – einem Zöllner in die Hände. Mehr als eine Stunde mußte ich verbal darum kämpfen, die wenigen Habseligkeiten im Seesack „einführen" zu dürfen. Vor allem die zehn Stück Seife hatten es dem Zollbeamten „angetan". Endlich war auch diese Hürde überwunden und ich konnte meine Tante aufsuchen.

In der Stadt herrschte allerdings Zuzugssperre. Jede zusätzliche Person, auch ein aus der Kriegsgefangenschaft Heimgekehrter, reduzierte die Nahrungsmenge, die auf den einzelnen entfiel und schmälerte den Wohnraum. Dank der Unterkunft bei meiner Tante in der Augustinergasse 5 erhielt ich am 16. April 1946 im Rathaus eine schriftliche Aufenthaltsbewilligung, befristet bis 26. Mai 1946. Die endlich wiedergewonnene Heimat hatte mir 40 Tage „Galgenfrist" eingeräumt. Für Überlegungen, ob dies der „Dank des Vaterlandes" sei, blieb nicht viel Zeit. Zuerst wollte ich so rasch wie möglich meine Eltern in Melk aufsuchen. Da es legal verboten war, mußte es illegal sein: teils mit der Bahn, teils zu Fuß über die Demarkationslinie, durch die Enns watend. Bald wieder zurück in Salzburg, gelang es mir über Vermittlung eines Freundes, einen kurzfristigen Job bei der amerikanischen Militärregierung zu erhalten, wodurch meine Aufenthaltsbewilligung in Salzburg zuerst bis 15. September und dann noch „einmalig" bis 30. September 1946 verlängert wurde. Das reichte mir, denn am 1. Oktober begann das Wintersemester an der Universität Innsbruck, wo ich endlich, nach mehrjähriger Unterbrechung durch Kriegsdienst und Gefangenschaft, mein Medizinstudium fortsetzen und abschließen wollte. Später, schon als junger Arzt, empfand ich Rührung und Freude, als die letzten Kriegskameraden nach mehr als zehnjähriger Gefangenschaft aus der Sowjetunion zurückkehrten. Sie hatten sich den stürmisch bejubelten Empfang in Salzburg wirklich verdient.

Zehn Jahre in sowjetischen Lagern

Zusammengestellt aus den in Privatbesitz befindlichen Aufzeichnungen des ehemaligen Gemeinderates Alfred Plaichinger (gestorben 1987 in Salzburg).

30. 4. 1945: Gefangennahme durch sowjetische Truppen südlich von Berlin, Abtransport in ein Lager in der Udmurskaja östlich der Wolga.

5. 9. 1947: Nach mehr als zweijähriger Gefangenschaft beginnt endlich der Heimtransport mit vielen anderen Österreichern.

19. 9. 1947: Ausladung in Rumänien wegen verbotener Mitnahme beschriebenen Papiers (Tagebuchaufzeichnungen), infolge einer Anzeige durch Mitgefangene.

25. 9. 1947: Aus der Traum von der Heimat. Transport ins Lager Stanislau in Galizien, später ins Lager Strij und dann Skole. Immer wieder Vernehmungen über meine Tagebuchaufzeichnungen. Leugnen hilft nichts. Sie haben alles schwarz auf weiß.

5. 7. 1948: Überführung nach Lemberg in die Untersuchungshaft. Mehrfache Vernehmungen und Anklage wegen beabsichtigter Verbreitung von Lügen über die UdSSR.

31. 8. 1948: Fünfminütige Gerichtsverhandlung vor dem Militärtribunal Lemberg ohne Verteidigung. Urteil: fünfundzwanzig Jahre Arbeitslager wegen angeblicher antisowjetischer Propaganda und Mitführung von Konterbande.

6. 10. 1948: Abtransport ins Gefängnis nach Wilna und kurz darauf mit einigen deutschen Kriegsgefangenen und 1000 verurteilten Sowjets Richtung Norden mit vorerst unbekanntem Ziel. In den Probjet-Sümpfen gelingt es trotz schärfster Bewachung zwei Litauern zu fliehen. Einer wird wieder aufgegriffen. Zur Abschreckung läßt man ihn vor den Waggons von den Wachhunden zerreißen.

6. 11. 1948: Ankunft in Workuta. Schwerstarbeit im Kohlebergbau unter Tag bei schlechtester Nahrung und katastrophalen Unterkünften. Wochenlang nur noch Dämmerlicht zwischen 11 und 14 Uhr. Polarstürme. Kälte bis zu 55° C. Unsere Brigade besteht vorwiegend aus jugendlichen sowjetischen Verbrechern. Wer kein russisch kann, wird ausgenutzt, betrogen, bestohlen und verprügelt.

7. 1. 1949: Große Verbrecherschlacht im Nebenlager. Sieben Tote.

12. 2. 1949: Unfall. Ich gerate mit dem linken Fuß zwischen die Puffer zweier Kohlewaggonetts, schwerer Bluterguß. Dieser heilt nur langsam.

18. 3. 1949: Eine junge Wolgadeutsche wird bei der Arbeit im Schacht von sieben Russen vergewaltigt.

20. 5. 1949: Wieder schwerer Unfall. Mein Körper gerät in den Stromkreis. Als „Toter" werde ich nach oben transportiert. Die Wiederbelebungsversuche eines mitgefangenen westfälischen Arztes haben Erfolg. Neun Monate verbringe ich im Lagerlazarett. Die schweren Brandwunden eitern bis zum Knochen, ich wehre mich gegen eine Amputation. Ich gehe neun Monate lang auf Krücken.

28. 10. 1949: Nach einem Massaker an Juden im Schacht 29 und der Ermordung eines Lagerführers wird schlagartig durchgegriffen. Die organisierten Verbrecher kommen in Lager Olp 15 – ein Vernichtungslager. Unser Lager atmet auf.

16. 2. 1950: Ankündigung des Heimtransports, nach fast fünf Jahren Gefangenschaft. Gemeinsam mit 450 Mithäftlingen wegen Platzmangel Überstellung ins Frauenlager in Workuta. Die sich abspielenden Szenen sind unterschiedlich: sie reichen vom tierischen Kontakt bis zur echten seelischen Begegnung.

28. 2. 1950: Abtransport in Lastenwaggons mit offenen Türen bei 51° Kälte.

10. 3. 1950: Ankunft im Lager Borowitschi (zwischen Leningrad und Moskau). Schulungen „Wie benehme ich mich im Entlassungslager Frankfurt an der Oder" u. ä.

12. 5. 1950: Nach der Tass-Meldung vom Vortag, daß schon alle Kriegsgefangenen repatriiert seien und sich in der Sowjetunion nur mehr verurteilte Schwerverbrecher befänden, wieder Einteilung zu schwerer Arbeit außerhalb des Lagers. Wir sollen schriftlich unsere Amnestie beweisen, dürfen aber kein einziges Blatt Papier mit uns führen!

15. 10. 1950: Nach zweieinhalb Jahren gibt es wieder Postkarten, um nach Hause zu schreiben.

22. 12. 1950: Abtransport mit vorerst unbekanntem Ziel.

3. 1. 1951: Ankunft in Rewda im Mittelural. Ein neuer Gefangenenalltag beginnt, neuer Hunger, neue Sehnsucht und Hoffnung. Die Arbeit besteht in der Errichtung von Fabriken und Wohnhäusern. Die Lebensbedingungen sind katastrophal aber fast paradiesisch gegenüber Workuta. Aus der Heimat dürfen endlich Pakete und

Briefe empfangen werden. Die Hoffnung auf Heimkehr wird immer geringer, ist aber das einzige was uns aufrecht erhält.

Herbst 1954: Erhalte Nachricht von zu Hause, die Gattin ist für mich verloren, offensichtlich länger schon verloren, als ich jemals geahnt habe.

15. 5. 1955: Unterzeichnung des Staatsvertrages in der Heimat und Unterschrift unter den Amnestierungsbescheid für die letzten kriegsgefangenen Österreicher. Nach zehn Jahren in die Heimat!

25. 5. 1955: Als ich zum letzten Mal das Lagertor durchschreite, stockt mein Fuß. Ich sehe die Gesichter meiner Gefährten, die zurückbleiben müssen, weil sie Deutsche sind. Ich weiß nicht, ob und wann sie nachkommen werden. Aber ich weiß, was ich ihnen gegeben und was ich aus ihren Händen empfangen habe: ein sinnvolles Ringen, eine Welt der Freiheit. Ich spüre – was ich mir hier errang, werde ich dort drüben in der Heimat noch einmal und viel mühevoller erkämpfen und erleiden müssen. Für die rechte Freiheit ist dort mehr zu bezahlen als hier. Und ich meine, ich werde sie brauchen, sie alle: die Gefährten. Aber – ich werde sie nicht haben. Deshalb stockt mein Fuß beim Schritt durchs Tor.

4. 6. 1955: Nach langer Bahnfahrt Ankunft in der Heimat, am Bahnhof in Wiener Neustadt.

Ein Mädchen kam aus der Gefangenschaft

Jahrelang im Bergwerk gearbeitet –
Als Einundzwanzigjährige in Russenhände gefallen.

Gestern früh um 3.40 Uhr, mit einer Stunde Verspätung, traf der Wiener Schnellzug auf dem Salzburger Hauptbahnhof ein. In einem seiner Waggons fuhren Männer und ein sechsundzwanzigjähriges Mädchen, die fünf, sechs und acht Jahre ihrer Heimat und ihren Lieben fern gewesen sind. Sie kamen aus der Kriegsgefangenschaft in einem Land, wo das herrschende System ihnen und den vielen, die dort noch in Lagern und Bergwerken zur Sklavenarbeit getrieben werden, den letzten Rest von Glauben an die Menschlichkeit genommen haben.

Vierzehn Männer und eine Frau entstiegen unter den Begrüßungsrufen der vielen Wartenden und den Klängen der Polizeimusik auf dem Salzburger Hauptbahnhof dem Zug. Für Sie, deren Heimat Salzburg ist, war eine lange Reise mit nervenaufreibenden Aufenthalten und irritierenden Verzögerungen zu Ende. Sie danken es einer jeden Zivilisation hohnsprechenden Gewalt, daß für sie der Krieg erst viereinhalb Jahre nach seinem Ende wirklich vorbei ist. Die Worte eines der ehemaligen Gefangenen – begleitet von einem etwas verlorenen Blick auf seine ihn umringende Familie – „Das was wir in Rußland mitgemacht haben, werden wir unser Lebtag net vergessen!" – sind ein erschütternder Beweis für die Wirklichkeit, die mit einem gleißnerischen Mantel zu umgeben, die österreichischen Kommunisten vor keiner Lüge zurückschrecken.

Geführt von Rote-Kreuz-Schwestern betritt als erste die ehemalige Kriegsgefangene Anna H. den kleinen Wartesaal, in dem die Tische mit Blumen geschmückt und für das erste Essen in der Heimat gedeckt sind. Ältere und junge Männer, auf deren Gesichtern die Wiedersehensfreude und so manche Träne die Furchen des Leides und der Menschenschinderei in den vergangenen fünf Jahren gnädig verdecken, nehmen an den Tischen Platz. Sie essen und dann begrüßt sie Landeshauptmann Rehrl mit herzlichen Worten. Seine Rede wie die ebenso warmfühlende kurze Ansprache des Stadtrates Riedl in Vertretung des Bürgermeisters der Landeshauptstadt geben den Heimkehrern den ersten Ausblick auf ihr Zivilleben. Die Angehörigen und die Vielen, die den Transport erwartet hatten, […] kommen alsbald in den Wartesaal und nun beginnen Fragen und Antworten den Raum zu füllen.

„Die ersten zwei Jahre waren schrecklich", so erzählt Anna H., die im Alter von einundzwanzig Jahren als Nachrichtenhelferin in Rumänien in die Hände der sowjetischen Soldaten fiel und mit vielen Schicksalsgenossinnen unter den entsetzlichsten Umständen von Lager zu Lager geschleppt wurden. Sie und die anderen Mädchen und Frauen mußten mindestens ebenso schwer in Bergwerksschächten arbeiten wie die männlichen Kriegsgefangenen. […]

„Wir Frauen waren in dieser Zeit auch nicht vor den Bewachungsmannschaften sicher. Das besserte sich jedoch in den letzten anderthalb Jahren. Wenn wir auch bis zum Zusammenbrechen arbeiten mußten, so ließ man uns wenigstens in Ruhe und wir konnten uns auch zu unserer Verpflegung etwas kaufen." […]

„Man hat uns im Lager viel über Österreich erzählt! Man sagte uns, daß dort in Österreich, wo die Engländer, Amerikaner und Franzosen im Land sitzen, Hungersnot herrscht und nur in der russischen Zone ginge es unseren Leuten sehr gut. Wir haben das Gerede zwar nicht prüfen können, aber geglaubt hat's ihnen doch niemand. In Marmaros Szigeth wollten sie, […] daß wir für den Kommunismus stimmen. Aber – und darauf waren wir so stolz – getan hat's keiner. Nicht eine einzige Stimme haben sie bekommen, trotzdem sie uns dort im Lager acht Tage liegen gelassen haben, um uns einzuschüchtern."

So erzählt einer, das Gesicht noch ganz grau vom Schmutz der wochenlangen Fahrt in die Heimat. Mit ernsten Augen blicken die anderen Heimkehrer auf ihre Teller nieder. Alles fühlt, daß diese Männer und das Mädchen, die mit Millionen anderer Opfer eines ungeheuren Verbrechens wurden, in ihren Herzen unter den verschlissenen grünen Russenjacken das ganze schwere Leid und die Not der letzten fünf Jahre noch einmal vorbeiziehen lassen.

Aus: Demokratisches Volksblatt vom 27. Oktober 1949.

Gäste im „Hotel Europe"

[…] Gestern nun habe ich dem „Hotel Europe" im neuesten Abschnitt seiner Geschichte einen Besuch abgestattet. Die Halle steht noch, aber wo einst der goldbetreßte Portier herrschte und die flinken Pagen des Winkes der Gäste harrten, sind heute armselige Kinderwagen an die Wand geschoben und künden schwarze Tafeln von den Sorgen der neuen Gäste: „Schuhbezugscheine für Kinder sind abzuholen." […] Dumpf und finster sind die Korridore, notdürftig geflickt und gestützt die Decken. Und die Zimmer? Vier, fünf und sechs Personen hausen in jedem Raum, die Fenster sind blind und durch ihre Oberlichte ist das Rohr des kleinen Bunkerofens geleitet. Draußen sucht sich der Rauch dann seinen Weg die schmutzige, grauschwarze Fassade entlang. Kaum zwanzig Schritte lang ist jeder dieser Korridore des „Hotels Europe", dann ist er mit einer rohen Bretterwand abgeschlossen. Durch deren Ritzen und Fugen sieht man auf das Gewirr verbogener Eisenträger, Rohre und Mauertrümmer des zerstörten Teiles, der der weitaus größere ist.

Stockhoch liegt der Schutt. Im Park flattert die Wäsche der Armut auf Stricken, die zwischen den traurigen Resten der alten Bäume gespannt sind. Einige Männer und Frauen durchsuchen den Trümmerhaufen nach heilen Ziegeln und sonstigem brauchbaren Material. Die eingebauten Schränke, einst der Stolz des Hotels, liegen zerbeult und verrostet im Gras – Altmetall. Und wo ehedem die strahlenden Säle und Festräume waren, nisten nun Vögel in leeren Mauerlöchern. Unversehrt geblieben sind lediglich die Baracken. Oder hat man sie inzwischen neu aufgestellt?

Sie scheinen das Vorfeld des „Hotels Europe" zu sein. Alle Sprachen schwirren durch die Luft, alle Typen sieht man hier vertreten.

„Dreißig bis fünfzig Menschen kommen täglich neu zu uns", sagt mir der Lagerleiter. „Diplomaten, Gutsbesitzer, Fabriksherren, Gelehrte, Beamte, kleine Kaufleute, Handwerker, Arbeiter und Bauern. Grafen und Prinzessinnen haben wir ebenso hier gehabt wie einen fünfzehnjährigen Burschen, der jahrelang in einem jugoslawischen Lager interniert gewesen war. Gestern hat er hier seine Mutter wieder gefunden. Drei bis fünf Wochen sind sie meist unterwegs gewesen. Manchen war das Pferdelazarett erste Station, in dessen Hof noch die kranken Tiere standen und aus dem sie erst den Pferdemist entfernen mußten, bevor sie hinein konnten."

Ich stehe wieder vor der Auffahrtsrampe zum „Hotel Europe". Sinnend steht ein alter Mann neben mir. „Früher bin ich auch hier vorgefahren, als Gast", sagt er. – „Nur eine hohe Säule zeugt von entschwundener Pracht, auch diese, schon geborsten, kann stürzen über Nacht", kommt es mir in den Sinn. Aber er schüttelt den Kopf: „Wir haben es überlebt, und heute arbeite ich bei einer Baufirma. Wir räumen Schutt, um wieder festen Grund zu bekommen."

Aus: Salzburger Nachrichten vom 11. Dezember 1948.

Schleichhändler – Profiteure des Mangels

von Thomas Weidenholzer

Es gab in den ersten Nachkriegsjahren beinahe nichts, was es nicht auf dem „Schwarzmarkt" zu erstehen gab. „Schleichhandel" und „Schwarzmarkt" waren zwar verboten und mit moralischen Verdikten versehen, doch funktionierte er im Grunde nicht schlechter als der geregelte Markt. Strenge Strafen, Polizeikontrollen und gelegentliche Großrazzien konnten den „schwarzen" Markt nicht unterbinden. Und es gab kaum jemanden, der sich nicht der Segnungen des „schwarzen" Marktes bediente. Es war jedoch eine Frage des Preises, um all die seltenen Güter wie Zucker, Eier, Alkohol oder auch Ersatzteile kaufen zu können. Tatsächlich spaltete der „Schwarzmarkt" die Konsumenten in zwei Gruppen: die, die sich's leisten konnten, und jene, die gar nicht oder nur ausnahmsweise „schwarz" einkauften.

Nach Kriegsende ging die staatlich gelenkte Kriegswirtschaft nahtlos in eine staatlich gelenkte Friedenswirtschaft über. Die Aufbringung landwirtschaftlicher und gewerblicher Produkte und ihre Zuweisung an die Verbraucher wurde von den Ernährungs- und Wirtschaftsämtern gelenkt. Die zugeteilten Rationen waren minimal und das Verteilungssystem funktionierte alles andere als optimal.

Der „Schwarzmarkt" bot die Möglichkeit, den kargen Nachkriegstisch aufzubessern. Auf der anderen Seite entzog gerade dieser illegale Markt mit seinen großen Gewinnaussichten dem geregelten Markt die dringend benötigten Waren.

Den entscheidend großen Betriebsvorrat erhielt der „Schwarze Markt" in den letzten Kriegs- und den ersten Friedenstagen. Österreich und Bayern waren gegen Kriegsende Verlagerungsort von Wehrmachtsgut und Wirtschaftsvorräten geworden. In den „herrschaftsfreien" Tagen Anfang Mai 1945 wurde vieles „in Besitz genommen", was später auf den „schwarzen Märkten" versilbert wurde: von Kraftfahrzeugen über Kugellager und Rohstoffe jeder Art bis zu Eßwaren, Alkohol und Arzneien.

Es existierte kein staatliches Machtmonopol, um die Plünderungen zu Kriegsende zu unterbinden. Nach der Wiedererrichtung der Polizei gelang es dieser nur selten, Plünderungsgut in größerem Umfang sicherzustellen, wie etwa die Beschlagnahme eines für die SS bestimmten und mit sechs Tonnen Lebensmittel beladenen Eisenbahnwaggons, dessen Inhalt Eisenbahner zwei Tage vor Kriegsende unterschlagen hatten. Die Hälfte der Ladung war allerdings bereits verschachert. Regelmäßige Hausdurchsuchungen förderten zwar immer wieder

Plünderungsgut zutage, meist mußten sich die Sicherheitsbehörden jedoch mit kleineren Fängen zufriedengeben.

Gespeist wurde der lukrative „schwarze" Markt aber auch durch zahllose Diebstähle und Raubüberfälle. Öffentliche Erregung verursachten die Aktivitäten von Banden bewaffneter Ausländer. Von Überfällen auf Bauernhäuser, manchmal aus Rache wegen unmenschlicher Behandlung in der NS-Zeit, meist aber aus räuberischer Absicht, ist in der Nachkriegspresse immer wieder zu lesen. Ergiebig waren offensichtlich die Einbrüche in abgestellte Eisenbahnwaggons. Im Herbst 1945 gelang es einer Gruppe von Bewohnern des DP-Lagers Parsch mehrmals, eine Reihe von Waggons aufzubrechen und Lebensmittel zu stehlen. Im Oktober konnte die Bahnschutzpolizei eine dutzendköpfige ungarische Bande ausheben, in deren Besitz amerikanische Konserven und Uniformstücke vorgefunden wurden.

Auch vom Waffengebrauch ist die Rede, so im August 1945 als bei einem Schußwechsel zwischen plündernden Ukrainern und der Militärpolizei einer der Täter schwer verwundet wurde. Aufsehen erregte die Ermordung des Fahrdienstleiters und ehemaligen KZ-Häftlings Johann Dornstauder, der auf dem Itzlinger Bahnhof zufällig Benzindiebe überrascht hatte. Der Gewerkschaftsbund forderte daraufhin die „vollständige Entwaffnung" und die „ausnahmslose Kasernierung aller Ausländer", sowie ihre Anhaltung zur Arbeit und „Abschiebung" in ihre Heimat. „Es ist schon aufreizend, daß diese Ausländer nicht arbeiten, während das eigene Volk um seine Existenz ringt", meinte das sozialistische Parteiorgan. „Sie finden alle eine Möglichkeit, sich zu beschäftigen, vor allem mit Handelsgeschäften, die im Dunkeln blühen. Manche haben auf den Feldern geerntet, was unsere Bauern gesät haben", hieß es verbittert weiter.

Die bevorzugte Lebensmittelzuteilung der UNRRA an DPs, die Tätigkeit bewaffneter Banden und die propagierten Feindbilder der NS-Zeit von den „arbeitsscheuen" Ostvölkern und den (schleich)handelnden Juden ließen eine aggressive Stimmung gegen die Displaced Persons entstehen. Bei Vergehen suchte man die Schuldigen prinzipiell zuerst bei den Ausländern. Manchmal mit mäßigem Erfolg.

Einen weiteren Zustrom erhielt der Schwarzhandel durch die Landwirtschaft. Die von den Behörden den Bauern vorgeschriebenen Ablieferungskontingente wurden oft nicht erfüllt. Wieviel Kalorien rucksackweise den Weg vom Land in die Stadt fanden, läßt sich (begreiflicherweise) nicht bestimmen. 1945 erhielten die Haushalte monatelang keine Eier zugewiesen, maximal ein Trockenei aus amerikanischen Hilfslieferungen. Eine Zeitung orakelte: „Legen die Hühner keine Eier mehr?" Noch 1947 gab es höchstens ein Ei pro Kopf und Nase und Zuteilungsperiode. Auf dem Schwarzmarkt war ein Ei um drei Schilling zu haben.

Jedes Wochenende brachten die Züge „Hamsterer" auf das Land und den Rucksack gefüllt wieder in die Stadt. Freilich, die meisten waren keine professionellen „Schleichhändler", sondern besserten damit nur den armseligen Speiseplan ihrer Familie auf. 1947 schätzten die Salzburger Nachrichten, daß in der

Stadt Salzburg täglich 4000 Kilo Kartoffel „schwarz" eingetauscht würden, und daß in der Stadt und im angrenzenden Flachgau täglich 10.000 Liter Milch der nichthamsternden Bevölkerung entzogen würden. Tatsächlich würden nur zehn Prozent der städtischen Bevölkerung im Schleichhandel kaufen. Der Rest mußte mit den zugeteilten Lebensmittel das Auskommen finden.

Diese Diskrepanz belebte wieder die Konflikte zwischen Stadt und Land. Arbeitnehmerorganisationen polterten gegen Bauern und Bauernvertreter, sie würden bewußt den Hunger der städtischen Bevölkerung in Kauf nehmen, um daraus Profit zu ziehen. Die „ländlichen Kumpane der städtischen Schleichhändler, die Ablieferungssünder [können] ihr Treiben ungestraft und fast unbehelligt, in manchen Fällen gedeckt durch eine egoistische Dorfgemeinschaft von Egoisten, auch in dieser Zeit des Mangels fortsetzen." Die Bauernvertreter wehrten sich gegen diese Angriffe. Plünderungen, Diebstähle, fehlende Arbeitskräfte und Düngemittel hätten die Produktivität zurückgehen lassen. Aber vor allem die niedrigen (geregelten) Preise würden kaum Anreiz zur Steigerung der Produktion bieten. Nicht zuletzt seien es die städtischen „Hamsterer", die mit ihren phantastischen Angeboten, die Bauern zur „schwarzen" Abgabe ihrer Produkte und zu „Schwarzschlachtungen" verleiten würden.

Gewinne, welche auf dem schwarzen Markt erzielt werden konnten, waren beträchtlich. Auf dem Weg vom Bauern zum „schwarzen" Konsumenten verteuerte sich etwa ein Kilo Butter von vierzig bis sechzig Schilling auf dem Dorf bis auf 120 oder mehr Schilling beim Schleichhändler. Relativ billig waren dagegen Kartoffel. 1947 schwankte der Schwarzhandelspreis für Kartoffel zwischen zwei und drei Schilling im Jänner und 1,50 und zwei Schilling im Sommer. Ausgesprochen teuer waren Butter, 120 bis 140 Schilling, dann Schweinefett 150 bis 180 Schilling, Bohnenkaffee 200 bis 250 und Zucker 110 bis 140 Schilling.

Welche Gruppen beteiligten sich am „schwarzen" Markt? Da gab es einmal die große Gruppe der Kleinabnehmer, die sich den Speiseplan aufbesserten und sich bisweilen den Luxus einer Chesterfield, manchmal Zucker oder Schnaps leisteten. Sie waren es zumeist, die die Polizei mit kriminalistischem Spürsinn überführen und der Justiz übergeben konnte. Ein paar Stangen Wurst, ein Rucksack voll Brot, „schwarz" geschlachtetes Fleisch waren dann die Ausbeute im Kampf gegen den „Schleich". Dann gab eine Ebene höher die Gruppe der Zwischenhändler. Sie vermittelten Geschäfte, suchten Kunden, verschoben und organisierten. Sie waren zumindest über lokales Angebot und Nachfrage bestens informiert.

Die kassierten Provisionen konnten beträchtlich sein und lagen weit über den durchschnittlichen Verdiensten. Ihrer wurde die Polizei nur selten habhaft. So etwa 1946, als ein illegales Zuckergeschäft aufflog. Bei zweieinhalbtausend Kilo verschobenen Zucker und fünf Schilling Provision pro Kilo Zucker „erwirtschaftete" eine Salzburgerin binnen kurzem einen Gewinn von 10.000 Schilling, das Jahreseinkommen eines einfachen Arbeitnehmers. Der Zwischenhandel pflegte aber auch beste Beziehungen zu den etablierten Salzburger

Firmen. Die 23.000 Schilling Anzahlung, die der Salzburger Kaufmann K. Th. für die Verschiebung von 7000 Paar Strümpfen von Wien nach Salzburg leistete, verfielen der Justiz, als der Handel aufflog.

Zu Jahresbeginn 1948 gelang der Wirtschaftspolizei die Aufdeckung von nichtgemeldeten Vorratslagern. Dem Salzburger Kaufmann F. M. konnte nachgewiesen werden, 9,5 Tonnen Lebensmittel mit einem Wert von 27 Millionen Kalorien der Bewirtschaftung entzogen zu haben. M. wurde vor ein Schnellgericht gestellt. Seine Verantwortung, er habe die Waren gehortet, um der notleidenden Bevölkerung an Feiertagen Sonderzuteilungen gewähren zu können, wurde vom zahlreich anwesenden Publikum mit schallendem und höhnischem Gelächter kommentiert. Die Salzburger Nachrichten schrieben: „Endlich einmal wird nun der Bevölkerung Gelegenheit geboten, ihrer Verbitterung Luft zu machen." Das Urteil, drei Jahre Kerker und Gewerbeverlust, wurde allgemein als zu mild empfunden. Auch die Geschäftsleute M. und K. G. wurden der „schweren Störung der Versorgung" schuldig befunden und zu mehrmonatigen Kerker- bzw. Arreststrafen verurteilt.

Gänzlich unerreichbar für Polizeibehörden und Justiz waren die großen Schwarzhandel- und Schmuggelsyndikate. Amerikanische Zigaretten wurden im großen Stil über Triest geschmuggelt. In der Schweiz hatten Zuckerfabriken Hochkonjunktur. Ihre Produkte wurden über Vorarlberg nach Österreich geschmuggelt, um tonnenweise auf dem „Schwarzmarkt" zu verschwinden. Der Handel mit Medikamenten wie Insulin und Penicillin war lukrativ und wurde vom organisierten Verbrechen beherrscht.

Naturgemäß waren die Behörden gegen schwarzhandelnde USFA-Soldaten machtlos. Diese tauschten aus ihrem übergroßen Vorrat an Zigaretten, Schokolade und Lebensmitteln alles, um an Alkohol und Mädchen heranzukommen. Die Geheimprostitution war nur eine besondere Variante des „Schwarzmarktes".

Über die Notwendigkeit der staatlichen Lenkung der Wirtschaft herrschte in der Zeit des extremen Mangels weitgehend politischer Konsens. Mit der allmählichen Besserung der Wirtschaftslage brachen jedoch die gegensätzlichen Standpunkte in Fragen der Wirtschaftspolitik auf. Während die Sozialisten Schleich- und Schwarzhandel durch rigorose Handhabung der Bewirtschaftungsvorschriften bekämpft wissen wollten, strebten Wirtschaftskreise eine weitgehende Lockerung dieser Bestimmungen an. Die Diskussionen über den von der ÖVP vehement geforderten „Grauen Markt" zeigen die unterschiedlichen Konzepte exemplarisch auf. Die wichtigsten Lebensmittel sollten weiter zu regulierten Preisen auf Lebensmittelkarten und Bezugsscheinen bezogen werden können. Produkte aber, die über das vorgeschriebene Ablieferungskontingent hinaus produziert werden, sollten am „Grauen Markt" zu höheren Preisen frei verkauft werden dürfen. Die Produktion würde dadurch gesteigert und schließlich die Preise gesenkt werden. Die ÖVP erhoffte sich mit der Einführung eines „Zweiten Marktes" das Ende der „zahlreichen Bastionen der Planwirtschaft". SPÖ und Gewerkschaften konnten sich dagegen eine Liberalisierung des Marktes erst nach der Sicherung eines gewissen Standards der Lebenshaltung der breiten Konsumentenschicht vorstellen. Der „Zweite Markt" würde dem preisregulierten „Ersten Markt" Waren entziehen und dadurch Versorgungsengpässe für die breite Masse erzeugen. Die Preise des „Zweiten Marktes" würden dann zwar wirtschaftliche, aber keine sozialen mehr sein. Der „Zweite Markt" würde nur zweierlei Klassen von Konsumenten erzeugen.

Als die Diskussionen ihren Höhepunkt erreichten, war Salzburg längst zum Zentrum des „Grauen Marktes" in Österreich geworden. Die Behörden waren dazu übergegangen, den „Grauen Markt" zu tolerieren. Das Ende des Bewirtschaftungssystems war nur mehr eine Frage der Zeit. Ab 1949 wurden die Bewirtschaftungsvorschriften schrittweise abgebaut. Die Mangelwirtschaft der unmittelbaren Nachkriegszeit ging in die Prosperität des Wirtschaftswunders über.

Überall, wo Mangel herrscht, gibt es seine Profiteure. Geschoben wurde zu allen Krisenzeiten. Vor der Allmacht „Schleich" mußten schließlich alle behördlichen Anstrengungen kapitulieren.

Erst gesteigerte und hinreichende Produktion lebensnotwendiger und gewerblicher Güter brachte das Ende des „Schwarzmarktes" mit all seinen kriminellen Begleiterscheinungen.

Abb. 35: Vor einem US-Militärgericht wird der erste große Schleichhandelsprozeß abgeführt. Der Prozeß ruft in den Medien großes Interesse hervor, 1. November 1946.

Wirtschaft und Fremdenverkehr

von Christian Dirninger

Mitte der fünfziger Jahre hatte die wirtschaftliche Entwicklung der Stadt Salzburg einen ersten Höhepunkt erreicht. Insbesondere der Fremdenverkehr entfaltete seine wirtschaftliche Führungsrolle, die er nunmehr neben der Bauwirtschaft einzunehmen begann. Diese hatte zunächst, angesichts des dringenden Wiederaufbaubedarfes, die wirtschaftliche Entwicklung der Stadt wesentlich bestimmt.

Der Zentralraum mit der Landeshauptstadt wurde zu einem Wachstumspol innerhalb des Bundeslandes und in der österreichischen Wirtschaft insgesamt. Dies fand in einer, vor allem durch Zuwanderung getragenen, deutlich überdurchschnittlichen Bevölkerungsentwicklung Ausdruck.

Die günstige wirtschaftsräumliche Lage und die damit verbundenen Standortvorteile bedingten diese Entwicklung wesentlich. Generell gesehen hatte Salzburg den Bonus der relativen Begünstigung Westösterreichs, der sich unter anderem durch die Besatzungsverhältnisse und durch die Konzentration der Marshall-Plan-Hilfe auf Westösterreich (die Sowjets lehnten den Marshall-Plan für ihren Besatzungssektor ab) ergeben hatte. Speziell kamen für den Salzburger Zentralraum und damit für die Stadt Salzburg wesentlich stärker als in der Zwischenkriegszeit die Vorteile der Grenzlage und die traditionelle Position als Knotenpunkt überregionaler Verkehrswege zum Tragen. Sehr bald wurde Salzburg als wichtige Verbindung zwischen den nord- und westeuropäischen sowie den süd- und südosteuropäischen Wirtschaftsräumen zu einem bevorzugten Wirtschaftsstandort.

Diese Effekte kamen natürlich erst schrittweise im Zuge der Normalisierung der wirtschaftlichen Entwicklungsbedingungen zur Wirkung. Die wirtschaftliche Entwicklung bis 1955 läßt sich in drei Abschnitte gliedern.

Die erste Nachkriegszeit

Der erste, die unmittelbare Nachkriegszeit (1945/47), ist von Not und Mangel geprägt. Im Vergleich zu ostösterreichischen Stadtregionen war das Ausmaß der kriegsbedingten Zerstörungen in der Stadt Salzburg weniger stark. Dennoch gab es, infolge der Bombenangriffe 1944 und 1945, neben der gänzlichen oder teilweisen Beschädigung zahlreicher Gebäude eine weitreichende Beeinträchtigung der wirtschaftlich relevanten Infrastruktur. So waren die Versorgungsnetze von Strom, Wasser und Gas vielfach unterbrochen und die Bahnhofsanlagen schwer beschädigt. Es herrschte akuter Mangel an Betriebsmitteln und Rohstoffen sowie an Benzin, Autoreifen und dergleichen. Eine wichtige erste Nothilfe stellten Zuteilungen aus konfiszierten Wehrmachtsbeständen und bald auch direkte Hilfe durch die US-Besatzungsmacht dar.

Das nach Kriegsende weiter bestehende Bewirtschaftungs- und Zuteilungssystem prägte das Wirtschaftsgeschehen ebenso wie der rasch aufblühende Schwarzmarkt. Wirtschaft war zunächst einmal primär ein Versorgungsproblem. Der kurzfristige wirtschaftliche Erfolg hing nicht selten von der Möglichkeit und Fähigkeit zur Nutzung der Mängel dieses Systems ab.

Eine Verschärfung der Versorgungslage ergab sich durch den großen Flüchtlingszustrom in die Stadt. Dies war aber nicht nur eine wirtschaftliche Belastung. Durchaus vorteilhaft erwies sich die Zuwanderung von innovativem Unternehmerpotential. Stellvertretend sei hier nur auf die aus Böhmen kommenden Glasfachleute verwiesen, die im ehemaligen Lager an der Alpenstraße eine Glasproduktion (Salzburger Cristallglas) aufbauten.

Einen wichtigen Schritt zur Normalisierung der wirtschaftlichen Verhältnisse bildete die Wiederherstellung eines funktionsfähigen Geld- und Kreditwesens. Das geschah im Rahmen der gesamtstaatlichen Maßnahmen zur Rekonstruktion eines österreichischen Bankwesens und der Wiedereinführung der österreichischen Schillingwährung. Allerdings verlor dabei ein großer Teil der Bevölkerung seine in der Kriegs- und Vorkriegszeit gebildeten Sparguthaben. Die desaströse Finanz- und Währungspolitik des NS-Systems hatte diese als Teil einer riesigen, ökonomisch völlig ungedeckten Geldmenge nunmehr völlig entwertet.

Die Jahre 1948–1952

Im zweiten – die Jahre 1948 bis 1952 umfassenden – Abschnitt stabilisierte sich die Wirtschaftslage schrittweise. Die Bewirtschaftungsmaßnahmen wurden sukzessive abgebaut, marktwirtschaftliche Kriterien begannen zu wirken. Der Schwarzmarkt verschwand. Bald gab es wieder eine funktionsfähige wirtschaftliche Infrastruktur. Die öffentlichen Versorgungsleistungen bei Elektrizität, Gas, Wasser und Verkehr konnten schließlich durch die im Jänner 1950 aus ehemals getrennten Betrieben zusammengeschlossenen Salzburger Stadtwerke in ausreichendem Maße bereitgestellt werden. Spürbar setzten Investitionstätigkeit und damit wirtschaftliche Wachstumskräfte ein. Der Marshall-Plan führte zu einer wesentlichen Zuführung von Investitionskapital, allerdings konnten in der Stadt nicht alle Wirtschaftsbereiche gleichermaßen profitieren. Wichtige wirtschaftliche Impulse gingen vom angesichts der prekären Wohnsituation vorrangigen Wohnbau aus. Zusätzliche Nachfrage nach regionaler Wirtschaftsleistung bewirkte die sehr bald einsetzende Bautätigkeit der USFA, die zugleich zur relativen Entlastung des Wohnungsmarktes beitrug. Als markantes Beispiel sei nur auf den großen Kasernen- und Wohnkomplex „Camp Roeder" in Wals-Siezenheim hingewiesen, mit dessen Errichtung 1951 begonnen worden war.

Ein wichtiges Element der offensichtlichen Belebung der Wirtschaftstätigkeit stellte das deutliche Ansteigen des Fremdenverkehrs dar. Die Gäste- und Übernachtungszahlen wuchsen nach Überwindung der Hemmnisse der ersten Nachkriegsjahre rasch. Viele der zunächst durch Flüchtlingseinquartierung und durch die Amerikaner beschlagnahmten Beherbergungsbetriebe wurden wieder verfügbar. Die internationalen Verkehrsverbindungen begannen wieder zu funktionieren. 1947 landete das erste Flugzeug mit Festspielgästen aus den USA am Salzburger Flughafen. Die bereits in der unmittelbaren Nachkriegszeit behelfsmäßig begonnene Fremdenverkehrswerbung wurde rasch ausgebaut.

Im Zuge dieser Entwicklungen ging die im österreichweiten Vergleich nicht sehr hohe Nachkriegsarbeitslosigkeit rasch zurück. Ein Instrument, das u. a. dazu beitrug, bildete die vor allem im bauwirtschaftlichen Bereich wirksame „Produktive Arbeitslosenfürsorge". In spezifischer Weise vom Arbeitslosigkeitsproblem betroffen waren aber die Frauen. Zum einen mußten sie in etlichen Bereichen den rückkehrenden Männern weichen und zum anderen gab es für sie in den starken Wachstumsbereichen, insbesondere der Bauwirtschaft, nur geringe Beschäftigungsmöglichkeiten. Dies änderte sich tendenziell erst infolge der Ausdehnung des Dienstleistungssektors im Zuge der weiteren Entwicklung des Wiederaufbauaufschwunges.

Ein die gesamte Periode beherrschendes Problem war ein starker Preis-Lohnauftrieb, der erst 1952 mit einer gesamtösterreichischen sozialpartnerschaftlichen Stabilisierungsaktion beendet werden konnte.

Wirtschaftswachstum ab 1953

Danach setzte der dritte Abschnitt in der wirtschaftlichen Entwicklung des ersten Nachkriegsjahrzehnts ein. Die Jahre 1953 bis 1955 waren der Beginn eines starken, langfristigen Wachstumsprozesses, der im Trend bis in die Mitte der siebziger Jahre anhielt, und gerade in den fünfziger Jahren besonders dynamisch verlief. Vorrangige Bedeutung für die regionale Konjunktur hatte weiterhin die Bauwirtschaft. So entstanden neben Schulbauten, Krankenanstalten vor allem große Wohnsiedlungen bzw. wurden solche erweitert. Mit der Expansion des Baugewerbes waren starke Entwicklungsimpulse für viele andere gewerbliche Bereiche, wie z. B. das Transportgewerbe, verknüpft.

Weiter zunehmendes wirtschaftliches Gewicht hatte der Fremdenverkehr. Dabei zeichnete sich ein Problem schon deutlich ab, das in der Folge weit über 1955 hinaus die fremdenverkehrspolitische Diskussion prägte: relativ kurze Saisonspitzen im Sommer mit häufiger Überschreitung der Kapazitätsgrenzen der Beherbergungsbetriebe und weitgehende Unterauslastung im übrigen Jahr.

Im Gefolge der monetären Stabilisierung, der daraus resultierenden raschen Zunahme der Spartätigkeit sowie der Investitionsdynamik ergaben sich günstige Entwicklungsbedingungen für die Geld- und Kreditwirtschaft. Damit wurde die heute charakteristische führende Position Salzburgs als Bankplatz angebahnt.

Aber auch noch andere, für die Struktur der Salzburger Wirtschaft in ihrer weiteren Entwicklung bestimmende Branchenschwerpunkte begannen sich im Nachkriegsjahrzehnt herauszubilden. So beispielsweise die Expansion des Speditionsgewerbes und der Kfz-Branche.

In der langfristigen Betrachtung der wirtschaftlichen Entwicklung der Stadt stellt das Jahr 1955 keinen wesentlichen Einschnitt dar. Die zu Beginn der fünfziger Jahre einsetzende stabile Wachstumsdynamik setzte sich fort. Andererseits aber markiert 1955 dennoch eine wichtige Veränderung in den wirtschaftlichen Entwicklungsbedingungen, die damals durchaus zu Befürchtungen einer Verschlechterung provozierte. Es war dies der Abzug der US-Besatzung, die im Verlauf der zehn Jahre gerade für den Zentralraum und die Stadt Salzburg zu einem sehr wesentlichen regionalen Wirtschaftsfaktor geworden war. Der vielfach aus dem Ausfall der USFA als Nachfrager nach regionaler Wirtschaftsleistung und als Arbeitgeber befürchtete wirtschaftliche Rückschlag trat aber nicht ein. Die Wachstumskräfte waren bereits derart stark, daß dies rasch – vor allem im Dienstleistungssektor – kompensiert werden konnte.

Abb. 36: Ein beliebtes Fotomotiv, das in der Fremdenverkehrswerbung Verbreitung findet: Liebespaar im Turm des Glockenspiels, 1954.

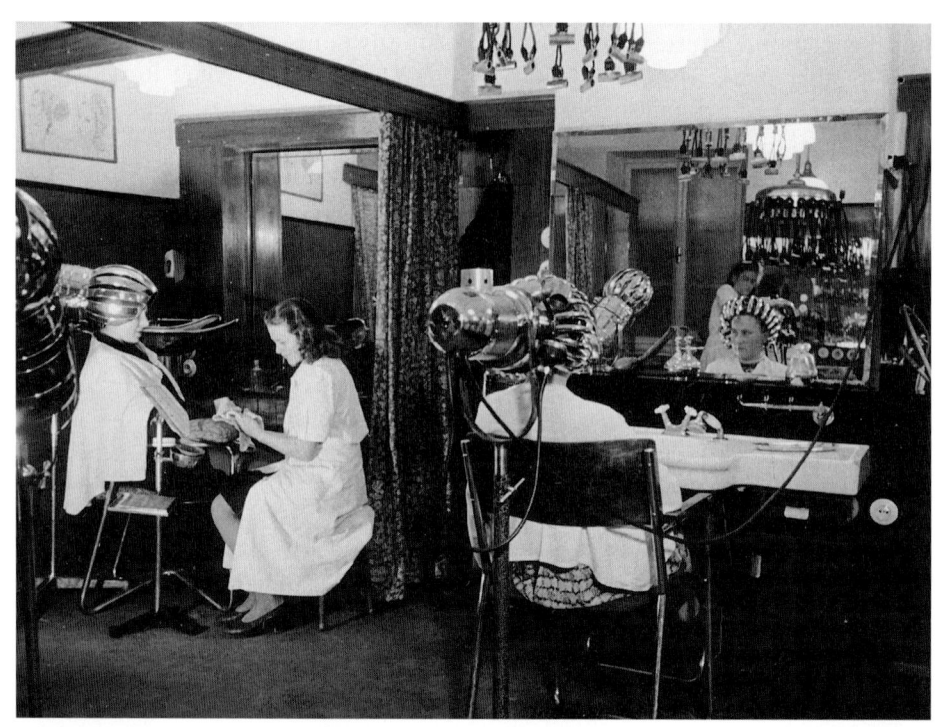

Abb. 37: Friseur Mayr in der Judengasse, 1948.

Abb. 38: Panoramabus der Post auf dem Salzburger Autobusbahnhof, Anfang der fünfziger Jahre.

Abb. 39: Die Bauwirtschaft wird ab 1953 zum Motor des konjunkturellen Aufschwungs. Die Sozialisten bevorzugten den Mietwohnungsbau, hier ein Wohnbauprojekt in Lehen.

Abb. 40: Die ÖVP favorisierte den Bau von Eigentumswohnungen. Hier ein Wohnbauprojekt des ÖVP-nahen „Vereines der Freunde des Wohnungseigentums", 1953.

Der Wiederaufbau des Öffentlichen Verkehrs nach 1945

von Gunter Mackinger

Der Zusammenbruch der öffentlichen Verwaltung Anfang Mai 1945 bedeutete auch das vorläufige Ende eines öffentlichen Verkehrsnetzes in und um die Landeshauptstadt Salzburg, welches insbesondere in den dreißiger Jahren über städtische wie auch private Initiative geschaffen worden war. Während der Jahre des „Tausendjährigen Reiches" war die „Gauhauptstadt" bestrebt, die öffentlichen Verkehrseinrichtungen unter ihre Kontrolle zu bekommen. So entstanden 1940 die „Städtischen Verkehrsbetriebe", die mit ihrer ersten Obuslinie die von der „Salzburger Eisenbahn- und Tramwaygesellschaft (SETG)" im Auftrag der Stadt geführte „Gelbe Elektrische" ablösten und wenig später die „Autobuslinienbetriebsunternehmung Salzburg (Albus)" aus dem innerstädtischen Linienverkehr verdrängten. Mit dem Fortschreiten des Krieges wuchs im öffentlichen Verkehr der Personal- und Materialmangel bei gleichzeitig stark steigenden Beförderungsleistungen. Hauptträger im öffentlichen Verkehr zu Kriegsende 1945 waren die SETG mit ihren Lokalbahnlinien nach Grödig/St. Leonhard, Parsch und Lamprechtshausen, die städtischen Obuslinien von Maxglan über das Stadtzentrum zum Bahnhof und über Lehen zurück nach Maxglan sowie die Obuslinie vom Makartplatz nach Obergnigl. Der Autobusverkehr war auf Grund von Fahrzeug- und Treibstoffmangel nahezu zusammengebrochen.

Erste Schadenserhebungen nach Kriegsende zeigten ein bestürzendes Bild: 45 Fahrzeuge der SETG waren zerstört oder beschädigt, zwei Kilometer Gleis, 15 Weichen und sieben Kilometer Oberleitung neu zu errichten. Den Städtischen Verkehrsbetrieben standen nur 20 Obusse, 13 Anhänger und sechs Autobusse zur Verfügung. Der unverzüglich einsetzende Wiederaufbau war begleitet von einer politischen Säuberung in den Führungsetagen.

Als Zeichen der Hoffnung für viele Salzburger konnte Ende Mai 1945 der Lokalbahnverkehr zwischen Salzburg und Lamprechtshausen sowie Mitte Juni zwischen Salzburg und St. Leonhard bzw. Parsch – wenn auch unter erheblichen Einschränkungen – wieder aufgenommen werden. Ende Juni 1945 verkehrten die ersten völlig überfüllten Obusse wieder auf der Ringlinie, wegen Bombenschäden allerdings ohne Anbindung des Hauptbahnhofes. Anfang September 1945 gelang es, einen bescheidenen Autobuslinienverkehr wieder aufzunehmen. Welche Probleme dabei zu überwinden waren, ist heute kaum noch vorstellbar. So wurden z. B. Ersatzteile der Städtischen Verkehrsbetriebe während des Krieges in das angrenzende Bayern ausgelagert, auf die nunmehr kein

Abb. 41 und 42: Bis 1953 fuhr die Lokalbahn durch Stadt bis St. Leonhard bzw. nach Parsch. Im Bild oben die „Rote Elektrische" in der Weichselbaumsiedlung. Im Bild unten ein Güterzug der Lokalbahn in der Bürglsteinstraße.

Zugriff mehr bestand. Die Fenster der Lokalbahnfahrzeuge konnten nicht verglast, sondern nur mit Karton notdürftig abgedeckt werden. Die US-Army verlegte Fernsprechleitungen quer über Schienenstränge, die von den Lokalbahnen möglichst unauffällig umgelegt werden mußten.

Trotz aller Schwierigkeiten begann 1946 eine Normalisierung im öffentlichen Verkehrsangebot, wobei unglaubliche Beförderungsleistungen, bedingt durch das völlige Fehlen des Individualverkehrs und die provisorische Unterbringung vieler Salzburger in den Stadtrandgemeinden, erzielt wurden. Infolge Strommangels mußten die Betriebszeiten der Obuslinien bisweilen eingeschränkt werden.

Die folgenden Planungen der Stadt Salzburg für den Ausbau des Verkehrs- und Straßennetzes knüpften an die bereits während der Kriegsjahre entwickelten Überlegungen an, wonach die Hauptverkehrsachse im öffentlichen Verkehr der Lokalbahn vorbehalten sein und die Flächenbedienung durch ein Obusnetz erfolgen sollte. So sieht der „Generalregulierungsplan 1947" eine unterirdische Lokalbahnführung im Mönchsberg von Mülln bis Nonntal vor, mit Ausgängen von den Tunnel-Haltestellen ins Stadtzentrum. Im Nonntal sollte die Bahn auf eine neu trassierte schnellbahnmäßig ausgebaute Strecke nach Hellbrunn stoßen.

Die SETG begann unverzüglich mit den Vorbereitungen für die Ausbaumaßnahmen. Neue Fahrzeuge wurden bestellt und Kontakte mit Bayern über den Wiederaufbau der Strecke von St. Leonhard nach Berchtesgaden geknüpft. Mit auf dem Schwarzmarkt erworbenen Materialien gelang es der Salzburger Lokalbahn am 4. Mai 1947, die Strecke von Bergheim bis Anthering auf elektrischen Betrieb umzustellen. Im selben Jahr erhielten die Städtischen Verkehrsbetriebe erstmals seit langem wieder fabriksneue Autobusse.

Um den öffentlichen Verkehr völlig in den kommunalen Besitz überführen zu können, strebte die Stadt Salzburg die gänzliche Übernahme der zwar mehrheitlich in ihren Besitz befindlichen, aber dennoch als Privatunternehmen agierenden „Salzburger Eisenbahn- und Tramwaygesellschaft (SETG)" an. Ein entsprechender Übergabevertrag wurde am 21. Juni 1947 rückwirkend zum 1. Jänner 1947 abgeschlossen und die Aktionäre entschädigt. Mit 24. September 1948 wurden die Konzessionen der Lokalbahnlinien an die Stadt Salzburg übertragen und mit 1. Oktober 1948 die Salzburger Lokalbahn in die Städtischen Verkehrsbetriebe eingegliedert.

Das Jahr 1950 stellt sich rückblickend als Zäsur in der Entwicklung des öffentlichen Nahverkehrs im Großraum Salzburg dar. Beurteilten Anfang dieses Jahres die Stadtpolitiker den Ausbau der Salzburger Lokalbahn als Hauptverkehrsmittel als unverzichtbar und wurde am 17. Juni 1950 im Salzburger Landtag sogar ein Beschluß über ein zwölf Millionen Schilling umfassendes Investitionsprogramm für die Salzburger Lokalbahn gefaßt, so änderte sich dies kurz darauf völlig.

Der steigende Individualverkehr führte zur Idee der autogerechten Stadt, die sich bei Politikern und Beamten festzusetzen begann. Nach längeren Diskussionen faßte der Gemeinderat schließlich Ende November 1951 den Beschluß, die Südstrecken der Lokalbahn einzustellen. Dafür waren weniger zu geringe Beförderungsleistungen oder drückende wirtschaftliche Probleme als vielmehr der Gedanke ausschlaggebend, ein „Verkehrshindernis" für den Straßenverkehr aus dem Weg schaffen zu müssen. Alle Proteste aus Wirtschaft und Bevölkerung blieben erfolglos: Am 1. November 1953 fuhren zum letzten Mal die Züge der „Roten Elektrischen" durch die Stadt in den Süden.

Mit der Einstellung der Lokalbahn-Südlinien verbunden war eine völlige Neuordnung und Ausweitung des Autobus- und Obuslinienetzes. Dafür reichte die aus den Kriegsjahren stammende Wagenhalle Zaunergasse nicht mehr aus, weshalb im Sommer 1953 mit dem Bau einer neuen Zentralgarage an der Alpenstraße begonnen wurde.

Daß die Stadt damals die Lamprechtshausener Strecke der Lokalbahn nicht auch noch eingestellt hatte, war dem Braunkohlenbergbau in Trimmelkam zu verdanken, der ab 1. April 1951 mit einer neun Kilometer langen Bahnstrecke – betrieben von der Firma Stern & Hafferl – an das Gleisnetz der Salzburger Lokalbahn angeschlossen wurde.

Bis Mitte der fünfziger Jahre wurde im innerstädtischen Obus- und Autobusverkehr eine Netzstruktur aufgebaut, die bis Ende der siebziger Jahre weitgehend gleich bleiben sollte. Neben den Stadtwerken spielten im Umkreis der Landeshauptstadt natürlich auch die Eisenbahnlinien sowie die Kraftwagendienste der ÖBB und der Post eine nicht zu unterschätzende Rolle im Nahverkehr. Beinahe schon in Vergessenheit geraten ist die Tatsache, daß damals die Postautobusse im Stadtzentrum vom Residenzplatz als ihrem „Autobusbahnhof" abfuhren.

Im Jahrzehnt nach 1945 wurden einerseits die Grundlagen für die Individualverkehrsflut der Gegenwart gelegt und andererseits die infrastrukturellen Voraussetzungen für den öffentlichen Verkehr geschaffen, ohne die über Jahrzehnte eine zufriedenstellende Versorgungssicherheit für die Bevölkerung nicht gewährleistet gewesen wäre.

Tabelle 4: Fahrzeuge und beförderte Personen der Verkehrsbetriebe

	1945	1946	1947	1948	1949
Obusse	9	10	9,6	10,2	13
Anhänger	9	4	6,8	9,6	9
Autobusse	4	7	9,4	11,3	13
Personenbeförderung	8,076.988	17,101.503	18,101.029	21,603.296	18,974.435

Quelle: AStS, Amt für Statistik.

Abb. 43: Hauptumsteigestelle Realschulplatz, 1948.

Abb. 44: Bis 15. Juli 1953 fuhren die Obusse von der Staatsbrücke kommend über das Platzl und durch den Sauterbogen Richtung Bahnhof.

Abb. 45: Bis zum Bau des Griesgassen-Durchbruchs 1953 mußte der Obus über die Strecke Universitätsplatz–Ritzerbogen–Alter Markt–Getreidegasse–Kranzlmarkt–Rathausbogen–Staatsbrücke durch die Altstadt fahren.

Der Wiederaufbau der Bahnanlagen

Das Demokratische Volksblatt brachte in seiner Ausgabe vom 27. November 1945 eine Darstellung des Zustandes, in dem sich der Salzburger Bahnhof im Mai 1945 befunden hatte.

Ein Trümmerhaufen, wohin man blickte, zerstörte Baulichkeiten, und es bestand keine Möglichkeit, nach irgendeiner Richtung auszufahren. Das Gelände war ein Trichterfeld. 83 größere und kleinere Trichter mußten eingeebnet und gefüllt werden, wozu 4250 Kubikmeter Material nötig waren. Diese Arbeiten wurden wieder behindert durch die unzähligen Waggons, die teilweise oder vollkommen zerstört waren, durch Teile von Waggons und Ladungen, durch ein Kunterbunt von Mauertrümmern, Schienenstücken, Fahrleitungsmasten, Weichenteilen, Gleisschwellen, die erst beseitigt werden mußten.

Bei all diesen Arbeiten war es oberster Grundsatz, noch brauchbares Material jeder Art sicherzustellen, da die Beschaffung vieler Bestandteile heute schwer, ja oft überhaupt nicht möglich ist. Mit der dem österreichischen Eisenbahner eigenen Findigkeit wurde in diesen Tagen manche harte Nuß geknackt und viel Material vor der Zuschüttung geborgen. An Gleisanlagen waren 10.500 Meter Gleis, 35 Weichen und zwei Gleiskreuzungen völlig zerstört. Davon sind bereits 9645 Meter, 31 Weichen und zwei Gleiskreuzungen erneuert. Diese sehr nüchternen Ziffern beinhalten eine wahre Herkules-Arbeit. Man muß bedenken, daß vor der Inbetriebnahme der diversen Weichen auch die ebenfalls unbrauchbar gewordene Sicherungsanlage hergestellt werden mußte.

Die jedem Salzburger bekannten Eisenbahnbrücken, die Wiener Brücke (Personenzugausfahrt) und die Leublbrücke (Güterzugausfahrt) hatten leider auch argen Schaden gelitten; auch die Salzachbrücke, über deren Schäden und Wiederherstellung gesondert berichtet werden soll. Am Wiener Damm, dessen Stützmauer zehn große Schadensstellen aufwies, an denen 1200 Kubikmeter Mauerwerk zerstört waren, wurden bisher bereits 800 Kubikmeter erneuert. Um den Betrieb aufnehmen zu können, mußte ein Gleis auf dem Scheitelpunkt des Dammes gelegt und einem Abrutsch rechts und links vorgebeugt werden. Die noch vorhandenen drei Schadensstellen von rund 400 Kubikmeter werden bei guter Witterung ebenfalls bald behoben sein, sodaß mit Jahresende das zweite Gleis auf der Strecke Salzburg-Hauptbahnhof–Wien in Betrieb genommen werden kann und dann eine raschere Abwicklung des Verkehrs möglich wird. Unter Einsatz eines Baggers wurden die zu Bergen vorhandenen Schuttmassen (10.000 Kubikmeter) mit Autos, die von der Militärregierung bereitwilligst zur Verfügung gestellt worden waren, abtransportiert. Man kann bisher von einer 70 bis 80prozentigen Säuberung sprechen.

Aus: Demokratisches Volksblatt vom 27. November 1945.

Wiederaufbau in Salzburg

Stadtentwicklung und Stadtplanung von 1945–1955

von Christoph Braumann

Als der Zweite Weltkrieg für die Stadt Salzburg mit dem Einmarsch der Amerikaner am 4. Mai 1945 ein Ende nahm, bot die Stadt trotz der kampflosen Übergabe in vielen Teilen ein Bild der Zerstörung. Durch insgesamt fünfzehn Bombenangriffe seit Oktober 1944 waren besonders der Bahnhof und seine Umgebung sowie Bereiche der Altstadt schwer in Mitleidenschaft gezogen worden, aber auch in anderen Stadtteilen hatten Bombentreffer Zerstörungen großen Ausmaßes angerichtet. Beinahe die Hälfte der Gebäude in der Stadt wies Schäden auf, rund 7600 Wohnungen waren davon betroffen. Fast 15.000 Einwohner waren obdachlos geworden. Die Bombenangriffe zerstörten zum Teil die Infrastruktur; das Wasserleitungsnetz war an rund 700 Stellen beschädigt, die Gasversorgung durch die Bombardierung des Gaswerkes ausgefallen. Etwa ein Drittel der Stadt konnte nicht mehr mit Strom versorgt werden.

Angesichts des heute kaum mehr vorstellbaren Mangels an allen Dingen des täglichen Lebens stand die Stadtverwaltung – unter dem von den Amerikanern eingesetzten Bürgermeister Richard Hildmann – vor der Aufgabe, vorerst die Grundbedürfnisse der Bevölkerung zu erfüllen. Zusätzlich strömten bis 1948 noch 25.000 Flüchtlinge in die verarmte und mit rund 100.000 Einwohnern bereits übervölkerte Stadt. Deshalb stand auch die Behebung der Wohnungsnot an vorderster Stelle. Als Voraussetzung dafür mußte einerseits die zerstörte Gebäudesubstanz, andererseits aber auch die Infrastruktur wieder in Stand gesetzt werden – eine Fülle von Aufgaben in einer Zeit der äußersten Not.

In diesem Zusammenhang ist bemerkenswert, daß der erste gewählte Bürgermeister, Anton Neumayr (SPÖ), bald nach seinem Amtsantritt am 15. April 1946 einen Kreis von Planungsfachleuten damit beauftragte, einen „Aufbauplan" zur langfristigen Steuerung des Wiederaufbaues und der künftigen Entwicklung der Stadt Salzburg zu erstellen.

Im Hintergrund stand dabei auch die Erkenntnis, daß zur Deckung des Wohnungsbedarfes die bloße Wiederherstellung von zerstörten Wohnhäusern, Baulückenbebauungen und Aufstockungen nicht ausreichen würde, sondern eine Neubebauung größerer Flächen erforderlich wäre. In sehr kurzer Zeit erstellte die „Arbeitsgemeinschaft für die Stadtplanung Salzburg" (Fleischmann, Steiner, Kristl, Zillich, Putzinger) auf der Grundlage eines von Franz Fleischmann bearbeiteten neuen Stadtplanes im Maßstab 1:10.000 den Entwurf für einen „Generalregulierungsplan der Landeshauptstadt Salzburg". Der Plan wurde am 19. Mai 1947 vom Salzburger Gemeinderat einstimmig beschlossen und sollte den damaligen Vorstellungen nach die städtebauliche Entwicklung Salzburgs für die nächsten drei bis vier Jahrzehnte festlegen.

Neben der Unterscheidung von Baugebieten, Verkehrsflächen und Freiflächen im Sinn eines heutigen Flächenwidmungsplanes verfolgte der „Generalregulierungsplan" auch einzelne durchaus ambitionierte Ziele bei der Verkehrsplanung: Das dicht bebaute Stadtgebiet sollte durch einen äußeren Straßenring vom Durchzugsverkehr entlastet werden; vor dem Hauptbahnhof war die Anlage eines zentralen Autobusbahnhofes vorgesehen, wie er dann bis Ende der fünfziger Jahre auch verwirklicht wurde. Im ersten Planentwurf war überdies eine Schnellbahnlinie vom Bahnhof durch das Stadtgebiet nach Hallein vorgeschlagen worden, die mit einem durch den Mönchsberg von Mülln bis Nonntal führenden Tunnel die Altstadt tangential erschließen sollte.

Ab 1949 wurden im Auftrag der Stadt von Erwin Ilz, 1945 nach Salzburg geflüchteter Vorstand des Institutes für Städtebau und Siedlungswesen an der Technischen Hochschule in Wien, Bebauungspläne für größere Teile des Stadtgebietes erstellt. Dabei erwies sich allerdings bald, daß der „Generalregulierungsplan" von 1947 in vielen Bereichen unpraktikable Festlegungen aufwies – dies war auch aufgrund seiner raschen Ausarbeitung kaum verwunderlich. Dennoch sollte er erst 1960 durch einen neuen Flächenwidmungsplan abgelöst werden.

Die tatsächliche bauliche Entwicklung in den Nachkriegsjahren war davon gekennzeichnet, daß dort, wo billiger Baugrund verfügbar war, vielfach Einzelhäuser und Streusiedlungen in privater Bautätigkeit entstanden; aber auch Schwarzbauten und wilde Siedlungen wuchsen aus dem Boden.

Die Stadt begann sich in manchen Bereichen bereits ungeordnet auszudehnen. Im sozialen Wohnbau entstand dagegen eine Reihe von größeren Siedlungsanlagen. Bereits 1949 erfolgte der Spatenstich für die „Großsiedlung Herrnau" an der Alpenstraße. Umfangreiche Bauvorhaben wurden in der Folge insbesondere in Lehen und in Liefering realisiert – der Grundstein für die spätere außerordentliche Verdichtung in diesen Stadtteilen, zu der auch die Errichtung von 20 Objekten mit fast 300 Wohnungen in Lehen für Angehörige der amerikanischen Besatzungsmacht beigetragen hatte. Das vom Ausmaß her ambitionierteste Vorhaben war die „Großsiedlung Taxham" auf einem rund 32 ha umfassenden Areal westlich der Stadt an der Autobahn, das vom Land für den Wohnungsbau zur Verfügung gestellt wurde. Aufbauend auf den Vorgaben eines 1954 abgehaltenen städtebaulichen Wettbewerbes (1. Preis: Architektengemeinschaft Ponholzer-Horvath-Ulrich) sollten dort Wohnungen für 10.000 bis 15.000 Bewohner entstehen; dies kam einem neuen Stadtteil für Salzburg gleich.

In den räumlichen Dimensionen noch weit größer war die Anlage des amerikanischen „Camp Roeder" unmittelbar außerhalb der Stadtgrenze an der Autobahn, das von der Besatzungsmacht gleichsam als ein weiterer neuer „Stadtteil" aus den Boden gestampft wurde (die spätere Schwarzenberg-Kaserne in Siezenheim). Daß diese baulichen Investitionen der Amerikaner auch einen beträchtlichen Beitrag zum wirtschaftlichen Wiederaufschwung der Stadt leisteten, liegt auf der Hand.

Die Besserung der wirtschaftlichen Verhältnisse zu Beginn der fünfziger Jahre äußerte sich in einer Reihe von weiteren strukturbestimmenden Baumaßnahmen in der Stadt. So wurde 1952 bis 1953 der „Griesgassen-Durchbruch" angelegt. Dazu kam die Erweiterung der Landeskrankenanstalten (1947–1954), der Neubau des Kur- und Kongreßhauses (1954–1957) sowie die Errichtung des Fernheizwerkes nahe der Lehener Brücke ab 1954. Daß schließlich im Jahr 1953 die Stadtbahnstrecken vom Hauptbahnhof nach Parsch sowie über Hellbrunn nach Grödig aufgelassen worden sind, kann ebenfalls in gewisser Weise als eine „langfristige Weichenstellung" angesehen werden.

Innerhalb der zehn Jahre von 1945 bis 1955 hatte sich die Stadt Salzburg von den Zerstörungen des Krieges weitgehend erholt und konnte – dank ihrer Nähe zum wiedererstarkenden deutschen Wirtschaftsraum und ihres Standortvorteiles als Hauptquartier der amerikanischen Besatzungsmacht – wichtige Grundlagen für den Aufschwung der folgenden Jahrzehnte legen.

Abb. 46: Stadtrat Otto Ponholzer erläutert den Generalregulierungsplan, 1953.

Gefährdetes Salzburg

Der Salzburger Maler Wilhelm Kaufmann nahm im November 1945 in den Salzburger Nachrichten zu Fragen des Wiederaufbaus Stellung. Nachfolgend wird der Artikel auszugsweise wiedergegeben.

Die dringenden Aufgaben des Wiederaufbaues im Lande und der Erweiterung unserer Stadt machen es notwendig, sich einmal der grundlegenden Gegebenheiten zu erinnern, die für alle einschlägigen Vorhaben die gemeinsamen unverrückbaren Richtlinien bedingen und auf die Gefahren hinweisen, die uns aus spießbürgerlicher Planlosigkeit drohen. Wir sind in der Lage des Geschäftsmannes, der mit seinem Unternehmen in bedrohliche Schwierigkeiten geraten ist. Es ist die Frage: Was ist mir geblieben und was ist zu tun.

Wir müssen arbeiten – und ohne Zögern. Aber wir dürfen nicht vergessen, daß uns auch ein ansehnliches Kapital aus dem großen Zusammenbruch geblieben ist – ein Erbe, das zu erhalten und weiterzugeben unsere Pflicht und Schuldigkeit ist und das uns zu dem Gewinn bringt, den wir notwendig brauchen. Dieses Erbes besten Teil verdanken wir der Schöpfung selbst: Es ist die landschaftliche Schönheit unserer Heimat. Den andern verdanken wir denen, die vor uns dies Land ihre Heimat nannten oder seine Schutzherren waren: Sie haben es gestaltet, ihre Höfe, Burgen, Städte hineingestellt; bis Natur und Menschenwerk zu der wundervollen Einheit wurden angesichts derer Humboldt, der Vielgereiste, die seither so gern zitierten Worte entzückter Bewunderung ausrief. […]

Der Weltkrieg kam. In seinem Gefolge Krisen und Wohnungselend. Wie wenig die Bauinitiative des Einzelnen von einer übergeordneten Stelle planvoll gelenkt wurde, beweisen unsere Stadtrandsiedlungen aus dieser Zeit. Das Dritte Reich kam; die Parole hieß Krieg! Fluren und Auen, der leibliche Kranz um das Bild der Stadt, ein Dutzend der malerischsten Bergbauernhöfe in der nahen Umgebung wurden ohne Skrupel den maß- und rücksichtslosen Ansprüchen der Wehrmacht geopfert. „Deutsches Bärak" breitete sich aus, entweihte fruchtbaren Boden auf unabsehbare Zeiten. Hitlers Größenwahn äußerte sich in Mammut-Planungen auf Mönchs- und Kapuzinerberg, die dem Geiste Salzburgs endgültig den Rest gegeben hätten, wenn uns das Ausbleiben des „Endsieges" nicht davor bewahrt hätte – allerdings um den Preis der schweren Wunden, die die Bombenangriffe der Stadt beibrachten. Glücklicherweise ist auch aus dieser Zeit der großen Zerstörungen vieles, ja das Wesentlichste der alten Schönheit Salzburgs erhalten geblieben.

Aber die Not drängt. Hunderte sind wohnungslos, hunderte werden Arbeit brauchen. Eile ist Gebot. Es ist jedes Betroffenen Recht, das Nötigste zu fordern – und er muß befriedigt werden. Aber es muß die Pflicht der Weiterblickenden und Verantwortungsbewußten im Volke sein, auch schon die ersten unumgänglichsten Maßnahmen einer planvollen Aufbauordnung anzupassen und so in wahrhaft uneigennützigem Dienst an Volk und Heimat die Wahrer und Mehrer des Erbes zu sein, von dem wir in Zukunft leben müssen und für das wir vor der Nachwelt die Verantwortung tragen.

Die Schönheit Salzburgs ist Kapital und Verpflichtung für uns. Ihrer Erhaltung und Pflege müssen sich auch die vielversprechendsten Projekte in diesem, man darf sagen, geheiligten Erdenraum einfügen und anpassen lassen. Es darf nicht angehen, daß die Interessen einzelner Berufs- und Unternehmergruppen, nur weil sie augenblicklich vordringlich erscheinen und mit gewichtigen Argumenten vorgebracht werden, eine weitblickende Stadt- und Landschaftsplanung umgehen. Mehr als andere Städte, wo dies schon Gepflogenheit war, wäre Salzburg verpflichtet, Männer der Wirtschaft und vor allem auch Künstler mit Weltkenntnis und Weitblick zur Mitentscheidung über städtebauliche und das Landschaftsbild tangierende Fragen heranzuziehen.

Wilhelm Kaufmann

Streubauweise gefährdet Salzburgs Stadtbild

Im Jahre 1951, noch vor Beginn des großen Baubooms der späten fünfziger und der sechziger Jahre, äußerte sich der Salzburger Architekt Paul Geppert d. Ä. in den Salzburger Nachrichten zu städtebaulichen Fragen. Sein Beitrag wird nachfolgend auszugsweise wiedergegeben.

In zahlreichen Vorträgen und Abhandlungen wurde und wird immer wieder darauf hingewiesen, daß die sogenannte Streubauweise, d. i. die wilde, ungeordnete Errichtung von Baracken als Notbehelf, aber auch von Wohnhäusern und ganzen Siedlungen im äußeren Umkreis der Städte, nicht nur ganze Orts- und Landschaftsbilder verunstaltet oder zerstreut, sondern auch den Gemeinden untragbare Lasten aufbürdet. […] Auch in unserer Stadt sehen wir eine solche ungeordnete Ausbreitung des Wohngebietes, der durch den Regulierungsplan abgeholfen werden sollte. In diesen wurden nicht nur die zukünftigen Verkehrsflächen, sondern auch die weiteren Wohn-, Gewerbe- und Industriegebiete, ebenso die Sport- und Grünflächen bestimmt; zugleich wird damit für die einzelnen Gebiete die offene oder geschlossene Bauweise und die zulässige Anzahl der Geschosse festgelegt.

Wie schaut dies nun jedoch in Wirklichkeit aus? Nicht nur, daß sich die Wohnbautätigkeit nach allen Richtungen der Stadt bis an ihre äußersten Grenzen ausdehnt, ohne daß dem eine entsprechende Aufschließung an Straßen, Wasser- und Stromzufuhr u. ä. m. vorausginge oder auch nur in denkbar absehbarer Zeit nachzufolgen vermöchte, sondern wir sehen auch ein wirres Durcheinander in der baulichen Anlage und Formgebung der einzelnen Bauten. […]

Wenn jedoch solche Entgleisungen, die dem Stadt- und Landschaftsbild schweren, kaum mehr gutzumachenden Schaden zufügen, ohne weiteres genehmigt oder gar von amtlichen Stellen selbst geplant werden, dann muß dagegen lebhafter Einspruch, ja der Vorwurf der Vernachlässigung einer pflichtgemäßen Obsorge erhoben werden. Zur Rechtfertigung dieser Anklage seien nur drei Beispiele aus jüngster Zeit vorgestellt.

Anschließend an die Rudolf-Biebl-Straße in Lehen wurden von der Stadtgemeinde drei gleiche viergeschossige Wohnblöcke errichtet, ein weiterer ist in Bau, ein fünfter geplant – alle schön gleich in offener Bauweise in Reih und Glied aufgestellt. Diese Anordnung erfolgte auf Grund des Aufschließungsplanes für Lehen, der ganz auf die Errichtung von mehrgeschossigen Zinskasernen zugeschnitten ist, ohne jede Einfügung und Einordnung dieses Gebietes in das Stadtbild […] ohne Bezugnahme auf landschaftliche Gegebenheiten und Ausblicke, wie auf alte Bestandsobjekte oder Baumbestände, langweilig und banal. […]

Etwas schlimmer ist schon das zweite Beispiel: der sechsgeschossige Wohnturm bei der neuen Bausparersiedlung in der Herrnau an der Alpenstraße. Was dieser Turm innerhalb der Kleinhäuser für einen Sinn haben soll, ist unerfindlich. Man sagt, es sei geplant, auch auf der gegenüberliegenden Seite der Alpenstraße einen solchen Wohnturm zu errichten, dies sollte dann sozusagen ein Eingangstor zum Stadtgebiet darstellen. Das ist ebenso geistreich, als man in einem freien Raum einen Türstock aufstellen wollte, an dem man beiderseits ebenso bequem vorbeigehen kann. […]

Noch übler ist der dritte Fall. Da wurde von der Wohnsiedlungsgenossenschaft im Anschluß an die Weichselbaumsiedlung an der Stöcklstraße ein sechsgeschossiges Miethaus errichtet, eine Wohnkiste im schönen, vielgepriesenen Aigner Tal neben nur ein- und zweigeschossigen Siedlungshäusern! Kann man das auch noch „Siedlung" nennen? An der Aigner Straße stehen wohl auch einige größere Häuser, zwar in der Gestaltung Kinder ihrer Zeit, aber doch von einer gewissen maßvollen Vornehmheit. Doch diese nüchterne Baumasse, die jedes Gefühl für die landschaftliche Lage ebenso wie für gute Verhältnisse zwischen Länge, Breite, Höhe und Dachung vermissen läßt, ist der Ausdruck einer kalten „Rentabilität" und einfach unerträglich. […]

Es ist übrigens auffallend, wie sich nun auch im geschlossenen Baugebiet der Stadt die Stockwerkshäufung ausbreitet, eine Folge der falschen Bau- und Bodenpolitik, über die eine eigene Abhandlung nötig wäre. Denn es ist unschwer nachzuweisen, daß die Flachbauweise mit Eigenheimen im Reihenbau nicht mehr, sondern weniger Land und weniger öffentliche Einrichtungen erfordert als die mehrgeschossigen Miethäuser, ganz abgesehen von ihrer sozial- und kommunalpolitischen Bedeutung. Wenn sich jedoch der vielgeschossige Wohnungsbau derart auch auf die Umgebungsgebiete des geschlossenen Stadtbildes weiter ausdehnt, dann ade, du schöne Stadt Salzburg.

Paul Geppert d. Ä.

Aus: Salzburger Nachrichten vom 18. Dezember 1951.

Der Griesgassen-Durchbruch
Eine städtebauliche Problemlösung in der Nachkriegszeit

von Gerhard Plasser

Mancher italienische Gast mag sich schon gefragt haben, wie der Markuslöwe über die Durchfahrt am Bürgerspitalplatz gekommen ist. Nicht das staatliche Emblem der alten Seerepublik Venedig symbolisiert dieses moderne Relief, es ist stolzes Firmenlogo der Generali-Versicherung, einer der drei Bauherrn des gesamten Baukomplexes.

Am 13. Dezember 1948 beschloß der Gemeinderat einen Durchbruch von der Getreidegasse zur Griesgasse nach dem Entwurf des Professors an der Technischen Hochschule Wien, Erwin Ilz. Damit wurde unter die fünfzigjährige Suche nach einer Verkehrsverbindung zwischen Neutor und Griesgasse ein Schlußstrich gezogen. Man erhoffte sich eine wesentliche Entlastung des innerstädtischen Verkehrs. Nach den Grundlagen dieses Projekts wurde bereits das damalige AVA-Haus, heute Mercedes, Getreidegasse 50, auf dem Areal eines bombenzerstörten Hauses am Ende der Getreidegasse errichtet.

Die Ausführung des Durchbruchs mußte wegen anderer wichtiger Aufgaben der Stadt und finanzieller Engpässe zunächst zurückgestellt werden. Ein Fachkonsortium unter Vorsitz von Bürgermeister Stanislaus Pacher beschloß 1952 eine einheitliche Bauhöhe des Griesgassen-Durchbruchs, die sich an der Vorgabe des AVA-Hauses orientierte. Im selben Jahr begannen unter Federführung des Finanzreferenten der Stadt, Stadtrat und Sparkassendirektor Alfred Bäck, Gespräche mit drei finanzstarken Versicherungen. Architekt Josef Becvar erhielt den Planungsauftrag. Sein dritter Entwurf wurde am 15. August 1952 vom Gemeinderat nach einigen Kontroversen wegen der Bauhöhe und der Altstadtgerechtheit des Entwurfes genehmigt. Die Assicurazioni Generali, die Erste Allgemeine Unfall- und Schadens-Versicherung und die Wiener Allianz Versicherung erwarben den städtischen Baugrund, um die Becvar-Pläne für einen Geschäfts-, Wohn- und Bürokomplex zu verwirklichen.

Bereits am 6. August 1953 – nach wenigen Monaten Bauzeit – konnte rechtzeitig zur Festspielzeit der Straßendurchbruch dem öffentlichen Verkehr übergeben werden. Die Gebäude selbst waren noch in Bau begriffen. 1954 wurde der Gebäudekomplex der drei Versicherungen fertiggestellt. Das Haus Griesgasse 33/Münzgasse 4 – auch „Münzturm" genannt – wurde erst 1955/56 von der Salzburger Wohnsiedlungsgesellschaft nach Plänen der Architekten Erich Horvath und Sepp Ullrich neugebaut.

Abb. 47: Der Griesgassen-Durchbruch hat das Stadtbild deutlich verändert.

Der als „bester Bau" des Jahres 1954 ausgezeichnete Gebäudekomplex in der Altstadt ist heute so in das Vorstellungsbild der Allgemeinheit übergegangen, daß man die vorhergehende Situation genauer beschreiben muß, um den grundlegenden Wandel und die Bedeutung des Durchbruchs nachvollziehen zu können. Der damalige Stadtbaudirektor Franz Jaich 1954 dazu: „Der öffentliche Verkehr braucht sich nicht mehr über den Grünmarkt, Alten Markt und Rathaus durchzuquälen. Auch der größte Teil des innerstädtischen Privatverkehrs geht nun durch den Durchbruch. Der ‚Tempelbezirk' Salzburgs hat bereits weniger Verkehr, der fremde Besucher und auch die Salzburger Bevölkerung kann die Stadt durchstreifen, ohne ständig befürchten zu müssen, überfahren zu werden."

Der „Tempelbezirk" Salzburgs wurde damals noch nicht mit der gesamten Altstadt gleichgesetzt. Die Ränder gehörten noch den Salzburgern. Sie wohnten dort. Für die mit dem Abbruch der Altstadthäuser notwendige Absiedlung von 19 Wohnparteien wurde ein neues Wohnhaus in Lehen gebaut. Ersatzräume für die früher in der alten „Münze" untergebrachten Werkstätten des Wasserwerks schuf man am aufgekauften Firmengelände der „Heliolux" an der Strubergasse.

Die Zerstörung der kleinteiligen Stadtstruktur zwischen der alten Münze an der Griesgasse und dem Pfarrhof der Bürgerspitalkirche an der Getreidegasse soll anhand einiger Fotos und eines Planes dargestellt werden.

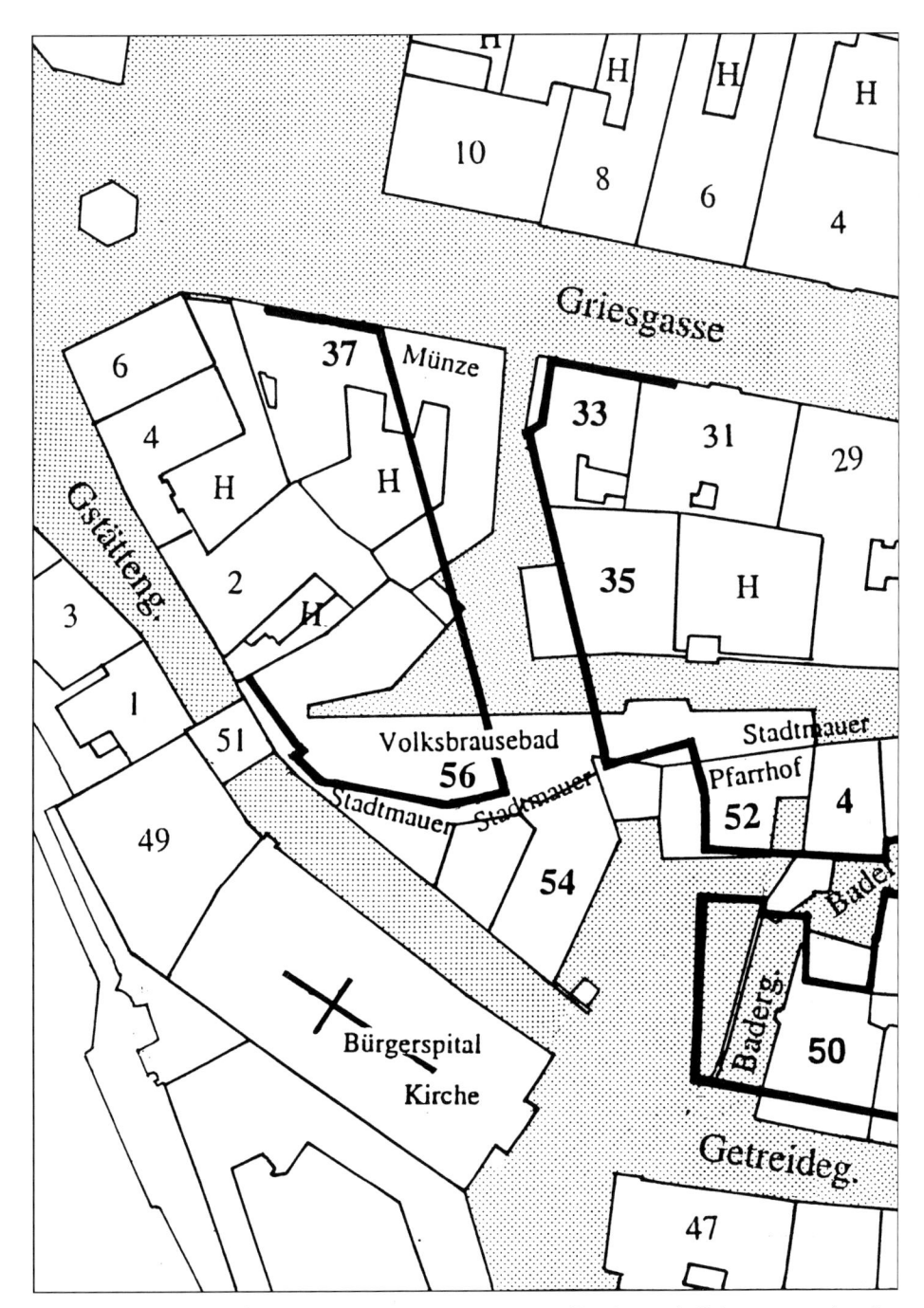

Abb. 48: Der Plan des Areals zwischen Bürgerspitalkirche und Griesgasse zeigt das Ausmaß der Veränderungen im Stadtbild durch den Griesgassen-Durchbruch. Die starke Linie kennzeichnet die neue Verbauung. Planzeichnung: Robert Ebner, Altstadtamt.

Abb. 49 und 50: Vor Beginn der Bauarbeiten. Bild oben: Blick von der Getreidegasse über den ehemaligen Pfarrgarten Richtung Ursulinenkirche (im Hintergrund). Zwischen Plakatwand und Rundmauer mündet das Badergäßchen in die Getreidegasse.
Bild unten: Blick vom ehemaligen Pfarrgarten über die Bombenruine (damals Getreidegasse 50) Richtung Getreidegasse. Anstelle des Vorbaus des Hauses Badergäßchen 4 (links im Bild) befindet sich heute die Stiege zum Badergäßchen.

Abb. 51 und 52: Vor Beginn der Bauarbeiten. Bild oben: Blick von der Blasiuskirche zum ehemaligen Pfarrgarten und zu den Häusern Badergäßchen 4 und 2. Teile der 1936 neu gebauten Pfarrgartenmauer stehen noch. Rechts die Ruine des Hauses Getreidegasse 50. Am linken Bildrand befindet sich heute der Griesgassen-Durchbruch. Bild unten: Blick vom ehemaligen Pfarrgarten Richtung Bürgerspital und Mönchsbergfelsen.

Die ältesten Bauten am Ende der Getreidegasse sind die Bürgerspitalkirche und das Gstättentor, zu dem die spätmittelalterliche Stadtmauer führte.

Diese trennte den Bürgerspitalfriedhof vom Bürgerspitalfeld, das bis zur Salzach reichte. Mit der zunehmenden Verdichtung der Bebauung während des 16., 17. und 18. Jahrhunderts entstanden entlang des städtischen Zweiges des Almkanals Mühlen, das Brunnhaus mit einem Grundwasserhebewerk 1548, die Münze 1662. Nach der Auflassung und Einebnung des Friedhofes 1786, entstanden neben dem Bürgerspitalpfarrhof bzw. Kaplaneistöckl des 1782 errichteten Vikariats St. Blasius ein Garten mit verschiedenen Nutzhütten. Außerhalb der alten Stadtmauer, direkt an diese angelehnt, baute die Stadt 1889 das sogenannte Volksbrausebad, das bis 1944 bestand. Der Innenhof war über eine kleine Stiege von der Getreidegasse, sowie von der Griesgasse und dem Sterngäßchen zugänglich. Diese Wege dienten den Fußgehern als Abkürzung. In den letzten Monaten des Zweiten Weltkrieges waren die Häuser Griesgasse 33, 35, 37 und Getreidegasse 52, 54, 56 von Fliegerbomben beschädigt oder zerstört worden. Einige wie die ehemalige Münze oder das Polierstöckl mußten trotz ihrer Wiederinstandsetzung dem neuen „Griesgassen-Durchbruch" ebenso weichen, wie die spätmittelalterliche Stadtmauer in diesem Bereich.

Das Zusammenwirken von privater Wirtschaft, Versicherungskonzernen, von Stadt und Land ließ nach den Worten von Stadtrat Bäck „ein Stück Kärntnerstraße Salzburgs" entstehen. Dieser Wunsch ist nicht Realität geworden. Ein Stück interessante, funktionstüchtige, moderne Architektur der fünfziger Jahre – nun im Herzen der Altstadt – ist es allemal.

Abb. 53: Blick zum Gstättentor, rechts davor die Häuser Getreidegasse 54 (ehem. Feuerwehrdepot) und 56 (Teil des Einsetzstöckls) vor der Demolierung. Zwischen Nr. 56 und dem Gstättentor führte eine Stiege in den Brunnhaushof.

Abb. 54: Brunnhaushof mit Ausfahrt Richtung Griesgasse. Im Hoftrakt der ehemaligen Münze (Griesgasse 37) befinden sich noch die Werkstätten des Wasserwerks.

Abb. 55: Blick zum Gstättentor. Die Straßenfront des Hauses Getreidegasse 56 (heute Bürgerspitalplatz 5) ist schon zurückverlegt. Das Haus Getreidegasse 56 ist für den Straßenneubau (heute Münzgasse) bereits abgebrochen.

Abb. 56: Bau des Griesgassen-Durchbruchs, Baugrube an Stelle der ehemaligen Münze (Griesgasse 37) mit Blick zur Realschule.

Abb. 57: Brunnhaushof, links ein Teil der dann abgebrochenen spätmittelalterlichen Stadtmauer, das Einsetzstöckl, dahinter das Gstättentor, Mitte rechts: Reste des Brunnhauses, anschließend das Polierstöckl.

Abb. 58: Demolierung der ehemaligen Münze (Griesgasse 37). Rechts die Hoffassade des bombenbeschädigten Hauses Gstättengasse 2, dahinter die Bürgerspitalkirche.

Abb. 59: Der Griesgassen-Durchbruch (Münzgasse) nach der Fertigstellung. Links im Bild ist noch das frühere Haus Griesgasse 33 zu sehen, das 1955/56 durch den umstrittenen „Münzturm" ersetzt wird.

Abb. 60: Der Neubau über dem Griesgassen-Durchbruch nach Plänen von Architekt Josef Becvar mit dem damals „größten Glasbaufenster Europas" wurde als „bester Bau des Jahres 1954" ausgezeichnet.

Der kulturelle Einfluß der US-Besatzung

von Reinhold Wagnleitner

Schon wenige Tage nach der kampflosen Besetzung der Stadt Salzburg durch amerikanische Truppen nahm der Information Services Branch (ISB), der eine Art kulturelle Public-Relations-Agentur zur Förderung der politischen Ziele der USA darstellte, seine Tätigkeit auf.

Trotz der Lasten der Besatzung – hunderte Häuser und Wohnungen waren für die US-Truppen beschlagnahmt – gelang es den Amerikanern relativ rasch, ihr Image bei der Bevölkerung zu verbessern. Dies gelang nicht nur dank der großzügigen Hilfsaktionen (Nahrungsmittel, Bekleidung, Brennstoffe, finanzielle Spenden, Suppenküchen, Schulausspeisungen), sondern auch durch vielfältige publizistische und kulturelle Initiativen.

Ende Mai erschien erstmals seit einem Monat wieder eine Zeitung, der Österreichische Kurier. Diesem folgte am 7. Juni 1945 die erste Ausgabe der Salzburger Nachrichten, die im Oktober 1945 an Max Dasch und Gustav A. Canaval, und damit in österreichische Hände, übergeben wurden.

Abb. 61: Amerikanischer Offizier im Head-Quarter, 1946.

Schon am 6. Juni hatte der Sender Rot-Weiß-Rot, der bis in die letzte Besatzungsphase unter direkter amerikanischer Kontrolle stand, sein Programm aufgenommen. Dieser Sender blieb wohl das wichtigste Informationsmedium der USA in Österreich. Obwohl das Hauptstudio im Oktober 1946 nach Wien verlegt worden war, konnte das Salzburger Rot-Weiß-Rot-Studio seine starke Position behaupten. Die US-Radiopolitik förderte nicht nur langfristig eine föderalistische Entwicklung des Rundfunks, die amerikanischen Radiooffiziere (und ihre österreichischen Mitarbeiter) machten Rot-Weiß-Rot mit in den USA entwickelten Methoden auch zum beliebtesten Sender in Österreich. Ganz im Gegensatz zur sowjetisch kontrollierten Ravag in Wien, die an dem schulmeisterlichen Radiokonzept der Ersten Republik festhielt, wurden von Radio Rot-Weiß-Rot populäre US-Sendereihen austrifiziert, das Unterhaltungsprogramm ausgebaut, Sendungen mit Hörerbeteiligung und Werbung eingeführt – kurzum, der Stil des US-Senders wurde Vorbild für die spätere Entwicklung des Rundfunks. Das Studio Salzburg nahm weitgehend auf den eher konservativen Geschmack der Salzburger Bevölkerung Rücksicht und überließ Musiksendungen mit Jazz und der vielgeschmähten „negroiden Tanzmusik" vorrangig dem Soldatensender Blue Danube Network, der umso lieber von der jungen Generation gehört wurde.

Schwieriger hatten es die US-Offiziere des ISB mit der traditionellen Hochkultur. Man traute ihnen kaum zu, ein gehobenes Theater- und Musikleben inszenieren zu können. Diesem Vorurteil trugen die Umwandlung des Festspielhauses in das GI-Revuetheater „Roxy" und des Landestheaters in eine Revuebühne durchaus Rechnung. Da half es auch nicht, daß schon im Sommer 1945

Abb. 62: Bookmobile des U. S. Information Centers, 1946.

die Salzburger Festspiele mit einem kleineren Programm wieder starten konnten, zumal die Amerikaner bei der Planung für die Festspiele von 1946 glaubten, dem Salzburger Mozartkult mit modernen amerikanischen Komponisten gegensteuern zu können. Das Interesse für derartige Aufführungen blieb sehr bescheiden.

Im Landestheater wurden – nach dem Zwischenspiel als Revuebühne in den ersten Besatzungsmonaten – bis 1955 immerhin 21 Stücke amerikanischer Autoren aufgeführt, das waren über zwölf Prozent aller Dramen. Die Rezeption durch das Publikum blieb selbst bei Tennessee Williams eher mager. Nach den ersten Entnazifizierungsmaßnahmen konzentrierten sich die ISB-Offiziere vor allem darauf, ja keinen russischen oder gar „linken" Autor, wie Bert Brecht, auf der Theaterbühne zu Wort kommen zu lassen. Der „Kalte Krieg" ließ grüßen.

Einen durchschlagenden Erfolg konnten hingegen die ISB-Film Section im Bereich des Kinos verbuchen, die am 19. Juli 1945 ihren Betrieb aufnahmen. Obwohl in der ersten Besatzungsphase nur wenige Kopien amerikanischer Filme zur Verfügung standen, konnten die Hollywood-Produkte sehr rasch ihre führende Stellung sichern. Beim Publikum kamen Musicals, Komödien und Actionfilme besonders gut an, während Kriegsfilme mit antideutschem Charakter durchfielen. Einige Kinos hatten das Nonstop-Prinzip übernommen, zuerst das Lifka-Kino, dann auch das Gnigler Schubert-Kino für die beliebten Sonntagsvorführungen. Fast alle Kinos der US-Zone hatten die ISB-Wochenschau „Welt im Film" mit großem Publikumsinteresse im Vorprogramm. Sehr stark war die Nachfrage nach den Zeichentrickfilmen von Walt Disney. Es bedurfte sogar einer Intervention des kommandierenden Generals der US-Armee in Österreich bei Walt Disney, daß dessen Film „Schneewittchen" beim Salzburger Filmfestival im Frühjahr 1947 aufgeführt werden konnte. Er wurde dann zum großen Publikumserfolg.

Schon Anfang Juli 1945 wurde im Haus Alter Markt 12 ein U. S. Information Center eröffnet. Ihm waren verschiedene Funktionen zugedacht: politische Propaganda und allgemeine Informationen über die USA sowie Reklame für Kultur und Wissenschaft. Das Amerika-Haus bot überdies nicht nur einen Lesesaal und Bücherausleihe, sondern auch Ausstellungen von Plakaten und Fotoserien über die USA, z. B. Walt Disney Cartoons and American Humor, Opera in America – The Metropolitan Opera House, Current News Pictures – U. S. and Austria, Automobile Superhighways in America oder How America Lives. Auf dem Programm standen weiters Filmvorführungen, Konzerte (auch Gospel und Blues) und Vorträge zu politischen und wissenschaftlichen Themen.

Im Erziehungswesen versuchten die Amerikaner insbesondere durch organisierte Aufenthalte von Opinion-Leaders in den USA langfristigen Einfluß zu gewinnen. Dazu förderten sie Schülerzeitungen und Elternvereine und festigten die Position von Englisch als führende Fremdsprache im Schulwesen. Im Juli 1947 wurde im Schloß Leopoldskron auf private Initiative das Salzburg-Seminar gegründet, das jungen europäischen Akademikern die Möglichkeit bot, neue Ideen und Entwicklungen der USA zu studieren.

Neben den direkten kulturpolitischen Maßnahmen sollten die weiteren Auswirkungen der Anwesenheit der US-Armee in Salzburg auf die Lebensverhältnisse der Bevölkerung nicht übersehen werden. Die großen Investitionen für die dringend benötigten Wohnungen für USFA-Angehörige betrugen zwischen 1951 und 1955 allein für den Bau des Camp Roeder (heute Schwarzenberg-Kaserne Siezenheim) mehr als 500 Millionen Schilling. Die Ausgaben der US-Armee in Salzburg machten 1952 mit 28,7 Millionen Dollar mehr aus als die gesamten Einnahmen aus dem Fremdenverkehr desselben Jahres. Außerdem wurde die Salzburger Wirtschaft überproportional durch Mittel aus dem Marshall-Plan gefördert.

Abb. 63: U.S. Information Center am Alten Markt, Ende der vierziger Jahre.

Abb. 64: Lesesaal des U.S. Information Centers, 1953.

Lehnten viele erwachsene Salzburger den amerikanischen Lebensstil auch entschieden ab, die Jugend hatte sehr rasch Gefallen an Kaugummi, Blue Jeans und T-Shirts gefunden. Auch für Jazz und Tanzmusik bedurfte die Salzburger Jugend keiner besonderen Propaganda, im Gegenteil, die Wünsche an die Amerikaner hinsichtlich der Konzertauftritte amerikanischer Jazzer in Salzburg, überraschten sogar die US-Profis.

Die GIs übten auf die „camp followers", „Fräuleins" oder „Chocoladies" eine unwiderstehliche Anziehungskraft aus – wie hätte es unter den herrschenden Lebensumständen auch anders sein können. Die Zahlungskraft der US-Soldaten ermöglichte es vielen Mädchen in den Genuß der begehrten Nylons oder modischer Kleidung zu kommen. Der amerikanische PX-Laden am Alten Markt (heute wieder Fa. Gehmacher) bot fast alles, was das Herz begehrte. Beliebt waren auch Besuche in den amerikanischen Bars, wie dem Sky Haven Garden (Hotel Pitter, jetzt Holiday Inn Crowne Plaza), dem American Red Cross E. M. Club Salzburg (Mirabell-Casino, heute Marionettentheater) oder dem Cocktail-Club (an der Imbergstraße). Alle Versuche der Armee-Führung, die Geldausgaben für die Mädchen durch gezielte Maßnahmen einzuschränken, fruchteten nichts. Immer wieder wurden „Fräuleins" festgenommen bzw. bestraft und in ihre Heimat-Bundesländer abgeschoben. Der Zustrom nach Salzburg hielt aber an. Die Ausbreitung venerischer Krankheiten wurde durch die Einrichtung von Ambulatorien und die Freigabe von Unmengen an Penicillin eingedämmt.

Die US-Boys hinterließen nach ihrem Abzug im Sommer 1955 viele trauernde Mädchen und eine unbekannte Zahl an ledigen Kindern. Sie nahmen aber auch junge Frauen mit, die sie hier geheiratet hatten. Der „American way of life" hatte die Salzburger angesteckt und ließ sie auch nach 1955 nicht mehr los.

Abb. 65: Amerikanische Soldaten auf dem Mozartsteg, um 1950.

Abb. 66: Generalmajor Walter Melville Robertson hält die Eröffnungsrede für den Sender Rot-Weiß-Rot, 5. Juni 1945. Interessantes Detail: Der amerikanische Offizier ist mit einem sowjetischen Orden dekoriert.

Abb. 67: Vorbereitung für eine Max-Reinhardt-Gedenksendung im Sender Rot-Weiß-Rot. Besprechung von Programmdirektoren und Schauspielern über die Hörspielaufführung von Goethes „Faust" im Studio Salzburg, 15. August 1947. Im Bild v .l. n. r.: Maria Mayer, Felix Steinböck, Inge Konradi, Geza Rech (RWR), Alma Seidler, Ernst Häusserman (RWR), Raoul Aslan, Ewald Balser, Helene Thimig und Adrienne Gessner.

Jubiläum des Senders Rot-Weiß-Rot

[…] Vor sechs Monaten, am 6. Juni, fand die feierliche Eröffnung des Senders Rot-Weiß-Rot statt. Damit war der langgehegte Wunsch der Salzburger Bevölkerung erfüllt worden, einen eigenen Sender zu besitzen. In diesem halben Jahr seines Bestandes hat der Sender sich einen Namen erworben, der weit über die Grenzen Österreichs hinaus besten Klang hat und der die Sendergruppe Rot-Weiß-Rot, die die Städte Wien, Salzburg und Linz umfaßt, zu einem neuen Glied in der Kette wertvollster österreichischer Kulturarbeit gemacht hat.

Daß unser Sender in so kurzer Zeit den Rang eines wirklichen Großsenders sich erobern und einen europäischen Ruf erwerben und sichern konnte, ist in erster Linie den amerikanischen Herren der Senderleitung zu danken, vor allem dem Chef der Station, Radiooffizier Hans R. L. Cohrssen, in dem die rund hundert Angestellten des Rundfunks als Chef ein Vorbild an Arbeitsfreude und Unermüdlichkeit, als Mensch einen wahren Demokraten voll Aufgeschlossenheit für Österreich und seine Eigenart verehren lernten. Mr. Cohrssen, zusammen mit seinen beiden engsten Mitarbeitern, dem verdienstvollen Mr. Gerard Wilk, dem alle dem gesprochenen Wort gewidmeten Ressorts wie Literatur, Vortragswesen, Erziehung, Jugendstunde usw. unterstellt sind, und Mr. Erich Mamerow, dem Leiter des ausgezeichnet fundierten Nachrichtendienstes der Sendestation – diesen drei Herrn ist es vor allem zu danken, daß es gelang, den Salzburger Sender in so raschem Tempo aufzubauen und sein Programm auf eine erstaunliche, mit Recht viel beachtete Höhe zu bringen. Mit ungewöhnlichem Geschick verstanden es diese drei amerikanischen Herren, die geeigneten österreichischen Mitarbeiter heranzuziehen und sie an die Plätze zu stellen, die sie auf Grund ihrer Begabung am besten ausfüllen. So sind es schon heute praktisch Österreicher, die diesem Sender seine echt österreichische Note geben.

Es ist natürlich unmöglich, alle diejenigen zu würdigen oder auch nur zu erwähnen, die am Aufbau dieser für Österreich so wichtigen Radiostation mitgearbeitet haben. Sendungen wie „Pulsschlag der Zeit", „Wir lernen denken", die dichterisch-musikalischen Sonntagsandachten „O, holde Kunst", die Sendungen, die in reizvoller Weise mit Wesen und Kultur Amerikas vertraut machen, die „Bunten Viertelstunden", die literarischen Sendungen wie „Berühmte Briefe", „Der klassische Roman der Weltliteratur" usw. erfreuen sich allgemein des besten Interesses und sind bereits zum Begriff geworden. Für die Ordnung und Abfolge des Programms hat sich die amerikanische Senderleitung in Erich von Kunsti einen der erfahrensten österreichischen Fachleute gesichert. In Kapellmeister Emmerich Zillner und dem bekannten Komponisten Alexander Steinbrecher, die für das musikalische Programm verantwortlich zeichnen, besitzt der Sender wertvolle Kenner ihres Faches, die der ernsten wie der leichten Musik, der Oper wie der Kammeroperette gleichermaßen ihre Aufmerksamkeit und Arbeitskraft widmen. Dem Leiter der Literaturabteilung, Dr. Ernst Schönwiese, sind nicht nur die mannigfaltigen Literatursendungen, sondern auch die zahlreichen wertvollen Hörspielaufführungen zu danken. Seiner Arbeit ist es z. B. zuzuschreiben, daß das Programm der Sendergruppe Rot-Weiß-Rot als einzigen deutschsprachigen Sender regelmäßig vom Schweizer Telefonrundfunk übernommen wird, was wohl als die weithin sichtbarste Anerkennung und Würdigung der Qualitäten unseres Senders angesehen werden muß. Und Andreas Reischeks Volkstumssendungen oder die Jugendstunde der Märchentante Faber erfreuen sich einer Beliebtheit, die nicht größer gedacht werden kann. Erwähnt zu werden verdient auch die ideale Zusammenarbeit, die der Sender mit dem Landestheater in vielfacher Hinsicht unterhält, sowie die mannigfache Befruchtung des gesamten künstlerischen Lebens, die von ihm ausgeht.

Aus: Demokratisches Volksblatt vom 7. Dezember 1945.

Was müssen wir von Nylon und Plastik wissen

Vor allen Dingen muß einmal ein weitverbreiteter Irrtum richtiggestellt werden. Viele Hausfrauen verlangen immer wieder in den Geschäften z. B. Nylonschürzen, Nylontischtücher etc. Es ist aber gar nicht Nylon sondern Plastik! Nylon ist eine Textilfaser, aus der Wäsche, Kleider usw. hergestellt werden. Plastik dagegen ist ein gewalztes Kunstharzprodukt, aus dem Vorhänge, Tischtücher, Bettüberwürfe etc. gemacht werden. Es ist also sehr gut, wenn die Hausfrau die Unterschiede kennt und genau weiß, wie sie all die Sachen aus Plastik behandeln soll, damit sie daran Freude hat und ihre Lebensdauer durch sachgemäße Behandlung recht lange erhält.

Beim Einkauf von Dingen aus Plastik kann es passieren, daß diese einen strengen Geruch haben. Das verliert sich aber, wenn man sie feucht abreibt und einen Tag gut auslüften läßt. Wie praktisch und hygienisch sind Vorhänge aus Plastik! Sie geben dem Zimmer nicht nur ein warmes Aussehen, sondern sind auch leicht zu behandeln, da sie nur von Zeit zu Zeit abgestaubt werden müssen.

Transparente Plastiktischtücher sollte man nicht direkt auf den Tisch sondern über ein Tischtuch geben, denn nur so wirken sie gefällig. [...] Flekken von Getränken, Fett oder Essig sind für die Decken absolut unschädlich. Man entfernt sie einfach mit oder ohne Seife mit in heißes Wasser getauchten Lappen.

Alles in allem ist Plastik eine große Hilfe für die sparsame Hausfrau, die sich dadurch nicht nur viel Arbeit und unnötige Ausgaben erspart, sondern ihr Heim damit gemütlich und hübsch ausgestaltet.

Aus: Salzburger Nachrichten vom 23. Februar 1952.

Salzburger Herbst-Impressionen

[...] Salzburg ist im diesjährigen November mehr als interessant. Vom berüchtigt-berühmten Winterschlaf ist keine Rede. Besonders nicht um die Zeit zwischen 11 und 12 Uhr nachts, und dann insbesondere im Bereiche der Riedenburger Kaserne und an der Abzweigung der Siezenheimer Straße in Maxglan. Hier spielt sich nämlich – wer es noch nicht wissen sollte – das Salzburger Nachtleben ab. Der Broadway ist nichts dagegen. Auch nicht, was die schönen Frauen anbelangt. Die Schönheit der Frauen ist ja immer umstritten. Sie unterliegt der Mode. Das „Haarlem" von Salzburg, könnte man sagen. Vor dem Zuckerlgeschäft gegenüber der Feuerwehrzeugstätte feiert die „Liebe" Orgien, die sogenannte Nylon- oder Perlonliebe. Es sollen auch schon richtige Kaufhäuser in dem nächtlichen Bezirk errichtet worden sein, die „Liebe" in großen Mengen abstoßen, in unglaublichen Quanten zu gangbaren Preisen. [...]

Th. B.

Zitat aus einem Beitrag von Thomas Bernhard in: Demokratisches Volksblatt vom 17. November 1953

A romance novel

Der nachfolgende Text ist dem Brief eines 1945/46 in Salzburg stationierten, damaligen Angehörigen der USFA entnommen, den er am 13. Mai 1994 an den heute in Salzburg lebenden ehemaligen Master Sergeant William L. Orten geschrieben hat.

[...] Our next assignment was to the 250th FA Btn. in Salzburg as provisional MPs. This was interesting work which included patrols, theaters(movie), Red Cross Clubs, opera and traffic duties. One job included work at a brothel – our duty was to sit in the parlor and tell any GIs that came calling to take a walk as the brothel was „off-Limits" to Americans. Out of this experience was a story that would make a plot for a „romace novel". One of the girls that worked in the brothel told me this tale:

She was a small town girl that came into Salzburg week days to work in the brothel and would return to the small town on week ends. During the week end she began dating an American GI who did not know of her week day occupation. After had been dating for some time she sensed he was beginning to get serious and she decided to break off the affair. Upon this development, the GI was distraught and went to Salzburg to „tie one on" and try to drown his sorrows. During his visit, he went to the brothel and „bingo" there was his girl friend.

I don't remember the climax but hope everything worked out. [...]

„USA-Bräute"
Österreichisch-Amerikanische Eheschließungen auf dem Salzburger Standesamt

von Ingrid Bauer

Salzburg, 1. Juli 1948, Schloß Mirabell: Einer der Hochzeiten, die an diesem Tag hier stattfanden, war ein regelrechter Formularkrieg vorausgegangen. Politische und moralische Führungszeugnisse waren beizubringen gewesen, desgleichen Atteste, welche eine gute Gesundheit bescheinigten. Fragebogen hatten ausgefüllt und eidesstattliche Versicherungen herbeigeschafft werden müssen, alles in sechsfacher Ausführung und in zwei Sprachen, jedes einzelne Stück Papier notariell beglaubigt. Die damit zugebrachten Stunden hätten „beim Mindestlohn eines ungelernten Arbeiters eine Wochenendlaube abgegeben", erinnert sich die Braut, Anneliese Uhlig. Die bekannte deutsche Schauspielerin und Sängerin war gleich nach dem Ende des Zweiten Weltkrieges nach Salzburg engagiert worden, in die „Abteilung europäische Künstler für amerikanische Truppenbetreuung." Der Bräutigam, Douglas Byron Tucker, war Oberstleutnant der US-Armee.

Abb. 68: Dirndl-Anprobe bei der Firma Lanz, 1946.

Im Dezember 1945 hatte der US-Kongreß den sogenannten „War Bride's Act" verabschiedet. Dieses Gesetz erlaubte den Besatzungssoldaten, Angehörige besetzter und befreiter Staaten zu heiraten und unter Umgehung der Einwanderungsquoten in die USA zu bringen. Ab 4. Jänner 1946 galt es auch für Österreich und wurde – unter der Schlagzeile „Wenn Amerikaner Österreicherinnen heiraten wollen…" – in den Salzburger Zeitungen verlautbart. „Alle Ansuchen zur Ehe mit österreichischen Staatsbürgerinnen werden in das Hauptquartier der USFA gesandt", hieß es. Nach Abschluß „einer strengen Kontrolle" sei zudem noch „eine Wartefrist von 90 Tagen erforderlich". Mit diesen und den eingangs schon beschriebenen bürokratischen Hürden versuchten die amerikanischen Behörden den Heiratsstrom zu kanalisieren. Wurde die Braut – bzw. deren Eltern und Geschwister – als NS-belastet und damit als „politisch bedenklich" eingestuft, bestand überhaupt keine Chance auf Eheschließung.

Auch unter den amerikanischen Soldaten selbst liefen offenbar zunächst heftige Diskussionen. „Sollen Amerikaner und Österreicherinnen heiraten?", lautete die Frage der Woche, welche die „Rainbow Reveille", die Truppenzeitung der in Salzburg stationierten Regenbogendivision, im Februar 1946 an ihre Leser stellte. „We came over here to fight a war, not to marry", gibt der Gefreite „first class" Waldo B. Thomas in seinem Leserbrief zu bedenken. Skepsis und Vorurteile gab es auch in der Salzburger Bevölkerung. „‚Wie kannst Du nur einen Amerikaner heiraten, wo doch Dein Vater im Krieg gefallen ist' – das habe ich schon manchmal gehört. Aber in Wirklichkeit haben sie uns ja befreit vom Hitler. Ich glaube, das wäre den Österreichern nicht zu wünschen gewesen, wenn der Hitler geblieben wäre. Das war doch ein Massenmörder." So hat manche Salzburgerin, die bereits in den ersten Jahren nach dem Krieg in die USA heiratete, schwierige Auseinandersetzungen mit ihrer Familie, mit Nachbarn, Bekannten oder Freunden in Erinnerung.

Daß die Praxis zwischen Siegern und Besiegten dann doch ganz anders verlief, läßt sich auch in Zahlen fassen. Zwischen dem Kriegsende im Mai 1945 und dem Abzug der „GIs" im Jahr 1955 wurden in der Stadt Salzburg insgesamt 1812 „Besatzungsehen" geschlossen. Eine für die Zeitgenossen offensichtlich so markante Zahl, daß in den standesamtlichen Aufzeichnungen eine Sonderrubrik „USA-Bräute" angelegt wurde. Gerade in den ersten Monaten nach dem Krieg waren viele von ihnen ehemalige „Fremdarbeiterinnen", die im Nationalsozialismus zwangsweise nach Salzburg verschleppt worden waren. Für sie bedeutete die Heirat mit einem Angehörigen der US-Armee wohl zum ersten Mal wieder so etwas wie Zukunft und einen sicheren Boden unter den Füßen.

Das Gros der sogenannten „USA-Bräute" am Salzburger Standesamt – nämlich zwei Drittel, das waren an die 1200 Frauen – stellten aber die Österreicherinnen. Oder anders herum: Zehn Prozent aller Frauen mit österreichischer Staatsbürgerschaft, die im Besatzungsjahrzehnt in der Stadt Salzburg heirateten, taten das mit einem hier stationierten Bräutigam „von drüben". Der Höhepunkt dieses „interkulturellen" Ehebooms fiel ins letzte Besatzungsjahr. 280 österreichisch-amerikanische Ehen wurde 1955 geschlossen, davon 74 allein im Monat August. Die Bräute waren auch aus anderen Teilen der US-Zone angereist. Doch auch auf dem „Salzburger Heiratsmarkt" waren die Be-Freier eine gewichtige Größe. Klagend hält ein Standesbeamter 1949 fest: „Die österreichischen Männer kamen in dieser Zeit ins Hintertreffen, denn sie hatten nichts mehr als ihrer Hände Arbeit, während die anderen das Geld hatten."

Abb. 69: *Party amerikanischer Soldaten beim Hofwirt, 1946.*

Was hier angeschlagener männlicher Stolz ausschließlich auf das Materielle zu reduzieren versucht, war für die Frauen selbst zunächst einmal eine sehr persönliche und private Entscheidung der Gefühle: „Ich war in diesen Mann verliebt". Aber natürlich war sie eingebettet in die Realitäten der Nachkriegszeit. Der so augenscheinliche Kontrast zwischen einem hungernden und frierenden Salzburg und einer Besatzungsarmee, „die alles hatte", beflügelte natürlich Hoffnungen und Phantasien. Vielen wurde „Drüben" zum magischen Wort und Amerika zum „Honigland", zum Symbol für ein „Endlich-wieder-aus-der-Fülle-Leben".

Auch diese Dynamik des Mythos „Amerika" versuchten die zuständigen US-Stellen einzubremsen. „Ich wurde beim obligatorischen Beratungsgespräch mit einem amerikanischen Geistlichen gefragt, ob ich auch etwas anderes als Steaks kochen könne. Das stünde nämlich in den USA keineswegs täglich auf dem Speiseplan", erinnert sich eine Salzburgerin, die 1954 in die USA heiratete.

Aber für diese Generation der „USA-Bräute" war der „Amerikanische Traum" ohnehin nicht mehr nur materiell besetzt. Er wurde auch als Alternative zu provinzieller Enge erlebt.

Groß und in seinen Konsequenzen schwer abschätzbar war der Schritt über den Ozean allemal. „Auf meiner Hochzeit haben alle geweint – es war wie ein Begräbnis", schildert eine weitere Salzburger „USA-Braut" die Reaktionen ihrer Familie. Man habe ja nicht einmal gewußt, wann und ob man jemals wieder zurück in die Heimat komme: „Damals vor 50 Jahren waren so weite Reisen ja unerschwinglich." In ihre zukünftige Heimat reisten die frischgebackenen Ehefrauen der amerikanischen Soldaten damals auf Kosten der Vereinigten Staaten, nicht selten getrennt von ihren neuen Ehemännern. Im Juni 1946 berichtete das Salzburger Demokratische Volksblatt von einem ersten österreichischen „USA-Bräute-Transport":

„Die erste Gruppe amerikanischer Soldatenbräute verläßt Wien heute Nacht, um mit einem Sonderzug nach Hanau in Deutschland zu fahren, von wo sie [...] die Reise nach Le Havre antreten werden. [...] In Linz und Salzburg werden noch weitere 36 Soldaten-Bräute dem Transport angegliedert werden. Von Le Havre aus werden sie in einem eigens dafür bereitgestellten Dampfer die Reise nach Amerika antreten."

Abb. 70: Amerikanischer Soldat beim Lesen eines Briefes seiner Braut, 1946.

Auch von Bremerhaven liefen solche „War Bride Ships" aus. Das machte – wie Anneliese Uhlig in ihren Lebenserinnerungen schreibt – das Hafenareal zu einem Ort, wo sich damals, gleich nach dem Krieg, die Menschenströme zweier Kontinente trafen: die gerade aus den USA eingereisten Frauen und Kinder amerikanischer Armeeangehöriger und die sogenannten „USA-Bräute" aus Europa.

„Ein Atemholen lang finden sie sich auf einem kleinen Fleck zusammengedrängt – morgen gehen sie nach verschiedenen Kontinenten auseinander. Die einen verlassen einen geschlagenen Kontinent, dessen Wunden sie sehen mußten, die anderen sehen mit erschreckten Augen zum ersten Mal die Wirklichkeit der bisher nur aus Magazinen bekannten Trümmerwelt."

Abb. 71: Hochzeit eines USFA-Soldaten mit einer Österreicherin in der evangelischen Christuskirche (Gertrud Jirak-Mitter und William L. Orten), 25. November 1953.

Wohin mit den Autos?

von Harald Waitzbauer

„Ein ewiges Dilemma", schrieb Josef Kaut in seinem 1954 erschienenen Buch „Salzburg von A–Z", „Soll man die alten Häuser niederreißen, damit die Fremden parken können? Aber gäbe es keine alten Häuser mehr in Salzburg, kämen keine Fremden, die parken wollen."

Das Dilemma mit dem Straßenverkehr in Salzburg zieht sich wie ein roter Faden durch die jüngere Stadtgeschichte. Überlegungen, die (Alt)stadt auf Kosten ihrer gewachsenen Struktur fahrgerecht zu gestalten, reichen weiter zurück als 1895, jenem Jahr, da das erste Automobil durch die Straßen Salzburgs holperte. Als Salzburg nach dem Ende des Zweiten Weltkrieges langsam aus dem Schutt und Staub wieder emporwuchs, stellten sich auch bald die wohlbekannten Verkehrsprobleme ein: kaum Umfahrungsstraßen, zu enge Gassen, zu wenig Parkplätze, mangelnde Verkehrsdisziplin und, ganz generell, die Amerikaner. Letztere brachten als Besatzungsmacht neues Lebensgefühl und neues Tempo in die alte Bischofsstadt: durch die Gassen rasende Jeeps und quietschende Reifen brachten die an gute alte Zeiten gewohnten Bewohner der Mozartstadt zeitweise gehörig ins Schwitzen.

Abb. 72: Der Residenzplatz diente bis Anfang der fünfziger Jahre nicht nur als PKW-Parkplatz, sondern auch als Autobusbahnhof.

Fußgänger und besonders Radfahrer machten in den Nachkriegsjahren den weitaus größten Teil des Straßenverkehrs aus, beide Gruppen bewegten sich völlig unbeeindruckt von irgendwelchen Vorschriften auf den Straßen, Verkehrsdisziplin à la 1996 war eine unbekannte Größe. Hauptsache man konnte dem motorisierten Verkehr rechtzeitig ausweichen. Und der war im Vergleich zu später lächerlich gering.

Gerade 1000 LKW und 1600 PKW waren 1950 in der Stadt Salzburg zugelassen, bei den Personenkraftwagen dominierten zu jener Zeit die Typen Steyr, Opel und DKW, erst an sechster Stelle rangierte der spätere Marktführer VW. Dazu kamen noch 2500 Motorräder. Im selben Jahr gab es noch 41 Unternehmen, die als Lohnfuhrwerker mit Pferdegespannen ihr Geld verdienten. 1950 wurden auf der Staatsbrücke auch noch mehr Fahrräder als PKW gezählt. Bis Ende 1955 stieg die Zahl der LKW auf 1500, jene der PKW auf 5000. Trotz dieser insgesamt geringen Motorisierung (1,6 PKW auf 100 Einwohner; im Vergleich 1995: 44 PKW auf 100 Einwohner) beherrschte das Verkehrsproblem bald die Schlagzeilen der Medien. Mangelnde Disziplin aller Verkehrsteilnehmer und mangelnde Verkehrssicherheit auf den Straßen provozierten zahlreiche Unfälle. Da nutzte auch eine im März 1946 gestartete Inseratenaktion in den Zeitungen unter dem Titel „Der Tod währt ewig" nicht besonders viel. Merksätze wie „Fahre rücksichtsvoll und geschickt! Vor Kurven rechtzeitig abstoppen!" oder „Fahre stets in der richtigen Fahrbahn. Gib vorm Überholen oder Halten rechtzeitig Warnsignal." fanden wenig Widerhall: 1946 gab es bei 481 Verkehrsunfällen 34 Todesopfer und 93 Schwerverletzte. Als Unfallur-

Abb. 73: Verkehrsaufkommen am Alten Markt während der Festspiele im Sommer 1954.

sachen wurden u. a. erkannt: Autofahrer gaben bei Richtungsänderung oder Anhalten nicht die entsprechenden Hand- oder Lichtzeichen und Fußgänger fühlten sich an keinerlei Verkehrsregeln gebunden.

An besonders frequentierten Kreuzungen wie beim Landestheater oder an der Staatsbrücke standen Polizisten, die den Verkehr händisch regelten. Für ihre Tätigkeit erhielten sie zu Weihnachten von vielen Autofahrern Geschenkpakkerl zu Füßen gelegt, ein Brauch, der mit der Einführung von Verkehrsampeln zwangsläufig verloren ging. Die Polizisten bedienten die seit 1950 installierten Lichtsignale von kleinen Kommandohäuschen aus. Gerade rechtzeitig seien die Verkehrsampeln angeschafft worden, freute sich die Presse, denn 1950 erlebte die Stadt die erste richtige Invasion einer Blechlawine, „der lackglänzenden Streamliner, der spiegelnden Pullman-Omnibusse, der Radler und Tandemfahrer, der Motorräder und nicht zuletzt […] der misera plebs (sprich Fußgänger)." Festspielzeit war, und auf den altstädtischen Straßen und Plätzen spielten sich chaotische Szenen ab. Auf der Staatsbrücke wurde im August 1950 im Vergleich zum Jahr davor eine 260prozentige Steigerung des PKW-Verkehrs festgestellt. Die weitere Zunahme des Verkehrsaufkommens ließ sogar den Plan reifen, an der Staatsbrücke zur Lenkung des Verkehrs eine Lautsprecheranlage anzubringen.

Um diese Zeit begann auch die Diskussion um eine autofreie Altstadt. 1950 wurde die Klampferergasse für den Verkehr gesperrt, 1952 erlebte der Residenzplatz erstmals ein Parkverbot, allerdings nur für Zivilautos, US-Armeefahrzeuge konnten weiterhin dort abgestellt werden. Das Für und Wider einer

Abb. 74: Der Verkehr am linken Staatsbrückenkopf wird 1949 noch von einem Verkehrspolizisten geregelt.

Abb. 75: Der alltägliche Verkehr am linken Staatsbrückenkopf im Jahr 1949.

Abb. 76: Die „Rote Elektrische" am rechten Staatsbrückenkopf, 21. September 1953, sechs Wochen vor der Auflassung der Südstrecke der Lokalbahn.

Altstadtsperre spielte sich innerhalb der Extreme (toter) „Tempelbezirk" und „pulsierendes Leben" (dank der Geschäftswelt) ab. Die Problematik „verstopfte Altstadt – zentrale Parkplätze" konnte auch damals nicht gelöst werden. Apropos Parkplätze: Im Sommer 1954 lehnte die Stadt die Aufstellung von Parkuhren zur Verdrängung von Dauerparkern mit dem Argument ab, die Parkometer würden das Stadtbild verschandeln.

Trotz des vergleichsweise geringen Verkehrsaufkommens Anfang der fünfziger Jahre gab es bereits damals Proteste gegen die zunehmende Abgas- und Lärmentwicklung. Eine gefährliche Abgasquelle wurde bereits 1950 geortet: Die Rauchentwicklung durch Dieselfahrzeuge mache ein Überholen solcher Fahrzeuge unmöglich, da entgegenkommende Fahrzeuge durch die Rauchwand nicht sichtbar seien. Was den Straßenlärm betrifft, so soll nach einem Bericht des SAMTC von 1952 die Lärmentwicklung insbesondere des Nachts bereits unerträgliche Formen angenommen haben (1952!!, Anm. d. A.). Der Autofahrerclub richtete daher an seine Mitglieder den Appell, „mit besonders gutem Beispiel durch rücksichtsvolles und möglichst geräuschloses Fahren in unserer schönen Stadt voranzugehen". 1954 forderte der Gemeinderat „in seinem begrüßenswerten Kampf gegen den Straßenlärm" die Erlassung eines Hupverbots für die innere Stadt.

Abb. 77: Tankstelle an der Schallmooser Hauptstraße, um 1950.

Frage: Wer war damals stolzer Automobilist, konnte sich einen fahrbaren Untersatz leisten? Antwort: Wenige. Der Preis für einen Neuwagen bewegte sich 1954 zwischen 45.000 und 90.000 Schilling. Eine Ausnahme bildete der 2-CV mit einem Neupreis von 35.000 Schilling. Dem gegenüber standen die vergleichsweise kargen Einkommen: Ein Facharbeiter verdiente durchschnittlich 1700 Schilling netto im Monat, ein Akademiker im Landesdienst 2500 Schilling. Ein PKW kostete daher das 20- bis 30fache des Monatslohns.

Die Freude am Automobilzeitalter ist in jener Zeit dennoch ungebrochen. Anläßlich der Eröffnung der Esso-Tankstelle am Dr.-Franz-Rehrl-Platz im August 1949 fanden sich als Ehrengäste ein: der Finanzminister, der Landeshauptmann und sein Stellvertreter, der Bürgermeister, der Landesverkehrsdirektor, der Polizeidirektor, des weiteren ein Landesrat, ein Sektionschef, ein Bezirkshauptmann, ein US-General und natürlich der Generaldirektor von Esso-Österreich, insgesamt eine Agglomeration von Honoratioren, die heute dem Ruf einer Tankstelleneinweihung wahrscheinlich nicht mehr folgen würden.

Abb. 78: Gendarmerie-Konvoi neuerworbener VW-Käfer auf der Autobahn von Salzburg nach Wien, um 1950.

Hoch-Kultur nach 1945
Landestheater – Festspiele – Bildende Kunst

von Gert Kerschbaumer

„Vorhang auf!" verkündete Egon Hilbert, nach siebenjähriger KZ-Haft der vielversprechende Salzburger Theaterdirektor, der allerdings nicht Herr im eigenen Haus sein konnte. Denn das Salzburger Landestheater, bis zur Schließung im Kriegsjahr 1944 vom Propagandaministerium hoch subventioniert, war einige Monate für die amerikanische GI-Revue „Glory Road" besetzt. Texte, Noten, Kostüme, Requisiten und Dekorationen waren schon gegen Ende der NS-Herrschaft verschleppt oder verbrannt worden. Doch in den Sommerfrischen warteten prominente Künstler/innen wie Maria Cebotari, Albin Skoda, Johannes Heesters, Theo Lingen und Hans Moser auf ein Engagement. Spezifisch Österreichisches sollte gespielt werden, womöglich Dichter, die in den verflossenen Jahren nicht zu Wort kommen durften, sogar Bertolt Brecht. Doch aller Anfang ist von Gestern. Mit Franz Molnar wollte das Theater eröffnen. Sein „Spiel im Schloß" war nach vielen Proben spielreif, mußte jedoch wegen der umstrittenen politischen Vergangenheit der Hauptrollen-Träger abgesetzt werden. Dennoch konnte Salzburg im Festspielsommer 1945 Österreichisches zelebrieren: Schnitzlers „Liebelei" und Hofmannsthals „Der Tor und der Tod" im Mozarteum. Gegen Ende des Befreiungsjahres wurde Hilbert nach Wien berufen, dem seine bevorzugten klingenden Namen folgten.

Nach einem Dezennium Theatergeschichte bemerkte Thomas Bernhard bissig: Salzburg warte noch immer darauf, daß das Landestheater endlich einmal ein Theaterstück herausbringe, das in den Kulturspalten diskutabel sei. Eine Operette jage die andere, eine Geschmacklosigkeit übertreffe die andere. – Auch eine Übertreibung? Salzburg hatte hin und wieder Welttheater gespielt, freilich nur einiges von dem, was in Paris, Zürich oder Hamburg vorgespielt worden war: etwa Thornton Wilders „Wir sind noch einmal davon gekommen", Jean-Paul Sartres „Bei geschlossenen Türen", Tennessee Williams' „Die Glasmenagerie", Zuckmayers „Des Teufels General" und Dürrenmatts „Ehe des Herrn Mississippi".

Neben Dramen, Lustspielen und überaus beliebten Operetten leistete sich das Landestheater noch einige Jahre opulente Opern: vorrangig Wagner, ein kostspieliges, zu einer Schuldenlast mutierendes Erbe der Reichsmark-Inflationszeit, was die vieldiskutierte „Theaterkrise" verstärkte. Für ein niveauvolles Programm fehlten weiters ein festes Ensemble, eine dauerhafte Leitung sowie ein Publikum, das von der einst diktierten Linie – Unterhaltung und Ablenkung

– abgewichen wäre und sich Experimenten geöffnet hätte. In der Österreichischen Kulturwoche, die auf den turbulenten politischen Herbst 1950 folgte, präsentierte das Landestheater Georg Büchners „Dantons Tod" vor gähnender Leere. Ein volles Haus garantierte lediglich eine Operette, etwa Fritz Kreislers „Sissi" mit Marianne Schönauer und Hans Jaray. Die angeblich gute alte Zeit war wieder gefragt: rückwärtsgewandte Sinn- und Identitätssuche, Flucht vor den Trümmern des Kleinstaates in eine mythisierte große Vergangenheit.

Auch die Salzburger Festspiele erinnerten an das unvergleichliche Flair, die Internationalität und Weltoffenheit, den Glanz der 1938 verspielten Weltstadt und knüpften dort an, wo sie unter dem Zauberschirm Max Reinhardts aufgehört hatten. Man spielte wieder das „Spiel vom Sterben des reichen Mannes", eine unterbrochene Tradition, welche dessen Witwe Helene Thimig fortsetzte. Erfolgreich war auch die auf Oscar Fritz Schuh zurückgehende „Salzburger Dramaturgie", die den Mozart-Opern durch die Bindung an die Felsenreitschule und einen neuen szenischen Stil den Charakter des Festlichen, Außergewöhnlichen und Einmaligen gab. Die moderate Erneuerung steuerte der Komponist Gottfried von Einem: wenn möglich jedes Jahr eine Welturaufführung, „Dantons Tod" zum Auftakt, und Konzerte mit ehemals „entarteter" Musik, beispielsweise Schönbergs „Pierrot Lunaire", selbst wenn's den Traditionalisten nicht gefiele. Diese ignorierten die Worte des vertriebenen Theaterkritikers Ludwig Ullmann über die angebliche Glanzzeit: Sie habe mit Fremdenhaß und Geistesverachtung geendet, denn für die grollenden Gamsbartträger seien die Valuten die Hauptsache gewesen.

Abb. 79: Salzburger Festspiele 1945. Probe zu Mozarts Oper „Entführung aus dem Serail". Stehend v. l. n. r.: Herbert Waniek, Felix Prohaska. Sitzend v. l. n. r.: Albin Skoda, Maria Cebotari, Julius Patzak, Rosl Schwaiger und Walter Carnuth.

Abb. 80: Salzburger Festspiele 1945. Chorkonzert der Wiener Sängerknaben im Großen Saal des Mozarteums.

Wer das Salzburger Kulturleben beobachtet, erblickt jenen „Geist", dem es gelang, gute und manchmal (zu) großartige Ideen zu boykottieren oder zu verstümmeln. Der durch Politik und Ökonomie bewegte „Geist" der Kulturrestauration berief sich auf Hugo von Hofmannsthal: Salzburg schließe das Finstere ohne Hoffnung und Aufschwung, das innerlich Gewöhnliche, das völlig Weihelose aus. Der Konflikt gipfelte 1951 in der Aufführung von Alban Bergs „Wozzeck" und in der Verleihung der Staatsbürgerschaft an Bertolt Brecht, der als Dramaturg nach Salzburg geholt werden sollte, jedoch in der Zwischenzeit in Ostberlin sein künstlerisches Domizil gefunden hatte. Die gesetzlich fundierte Organisationsstruktur der Festspiele erlaubte es der restaurativen Kraft, den Erneuerer Einem als Sündenbock des „Kultura-Skandals" aus dem Direktorium zu jagen. Doch Wilhelm Furtwänglers Solidarität und Autorität sicherten die Programmschiene. Als Salzburgs Hofdirigent starb, fiel das letzte Hindernis zur Inthronisierung eines musikalischen Führers von Weltformat, der das Bewährte und Anerkannte mit idealer Besetzung auf die Bühne bringe, wie der Ruf nach Herbert von Karajan in den Jahren der Erneuerung lautete.

Seit 1946 ließen sich die Galerien und das Salzburger Künstlerhaus wieder vom hochsommerlichen Festival besonnen, an dessen Niveau sich Eröffnungsredner und Kritiker orientierten. Rigobert Funke, Präsident des Salzburger Kunstvereins, pries die im 19. Jahrhundert von Ferdinand Olivier künstlerisch entdeckten Reize der Salzburger Landschaft und der in weihevollste Natur eingebetteten Stadt, nun Kultstätte des Genius loci – schöne Naturkulisse und Weltbühne. Über alle politischen Brüche hinweg hatten sich das Anbeten der schönen Stadt und Kulisse sowie das Ausblenden der Wahrnehmungen und Erfahrungen als Praxis des politischen Überwinterns und materiellen Erfolges bewährt – für einen Kunstbetrachter Ausdruck „der tieferen Weisheit".

Als die ehemaligen NS-Künstler wieder voll eingebunden waren, die gemäßigt Modernen nach wie vor an exponierter Stelle plaziert waren, kam es doch zu Reibungen, die in einer kaum registrierten Abspaltung vom Salzburger Kunstverein mündeten. Die 1950 von Salzburg aufbrechende „Vereinigung zur Förderung volksnaher Kunst in Österreich" zeigte auch Werke ehemaliger Parademaler des Hauses der deutschen Kunst. Das Salzburger Künstlerhaus hatte den provokanten „Art-Club Österreich" zu Gast. Die spektakuläre Schau des „Reichsmarmormeisters" Josef Thorak lockte über 22.000 Besucher in den Zwerglgarten. Zur gleichen Zeit stieß der Avantgardist Fritz Wotruba mit seiner Skulpturenschau in der Residenz auf Ignoranz. Wegen dieser Entwicklung blieben die international beachteten Bildhauer der 1951 im Zwerglgarten gezeigten Ausstellung „Österreichische Plastik 1900–1950" fern.

Ende 1951 bildeten Mitglieder des Kunstvereins die „Salzburger Gruppe", die der Graphiker und Maler Slavi Soucek prägte und mit der von Gustav Kurt Beck und Slavi Soucek in der Residenz eingerichteten „Galerie Kunst der Gegenwart" und Graphischen Versuchswerkstätte eng verbunden war. An ihrer 1952 organisierten Festival-Exhibition „Internationale Graphik" beteiligten sich beispielsweise Kokoschka, Wotruba, Chagall, Miró und Picasso. Nach dem internationalen Echo wanderten die Exponate nach Linz, Wien, Graz, München und Berlin.

Im Herbst 1952 meldete sich die „Salzburger Gesellschaft für moderne Kunst" mit dem Manifest zu Wort, alle Freunde moderner Kunst zu mobilisieren, „um – in Abwandlung eines unerfreulichen Schlagwortes unserer Zeit – das Volk kunstnahe, nicht die Kunst volksnahe zu machen". Im Sommer 1953 eröffnete Oskar Kokoschka die „Schule des Sehens", die Salzburgs Renommee weltweit verbreitete, jedoch abstrakte Kunst anfänglich nur in der graphischen Versuchswerkstätte (Klasse für Lithographie mit Slavi Soucek und Werner Otte) tolerierte.

Als die Amerikaner 1955 abzogen, existierte eine blühende Vielfalt traditionalistischer und moderner Bestrebungen, die sich bis in die Gegenwart herein entweder harmonisch ergänzten oder aneinander rieben, sich von der Hoch- und Leitkultur, den Salzburger Festspielen, beschirmen ließen oder 68er-bewegt emanzipierten, die eine Zeitlang prosperieren konnten und nun wieder in einem turbulenten Kulturkampfgewässer driften.

Abb. 81: Oskar Kokoschka bespricht Arbeiten von Studentinnen an der Sommerakademie, 1954.

Literarisches Leben in Salzburg 1945–1955

von Hildemar Holl

Die Zeichen für einen neuen Beginn in der Literatur standen 1945 nicht schlecht. Die Besetzung Ost-Österreichs durch die Rote Armee bewirkte einen „Westzug" vieler Intellektueller und machte Salzburg zu einem zweiten geistigen Zentrum Österreichs.

Auch unterlagen jene Salzburger Autoren, die z. B. im „Bekenntnisbuch Österreichischer Dichter" (1938) den „Anschluß" Österreichs an das Dritte Reich hymnisch begrüßt und später dem NS-Regime willfährig gedient hatten, von 1945 bis 1948 einem Publikationsverbot bzw. -beschränkungen. Erna Blaas und der Organisator der Bücherverbrennung auf dem Residenzplatz, Karl Springenschmid, gehörten zu dieser Gruppe. Aber auch der viel prominentere Karl Heinrich Waggerl hatte wegen seiner Nähe zum NS-Regime nach 1945 Schwierigkeiten beim Publizieren. Die öffentlichen Bibliotheken mußten nationalsozialistische und Kriegs-Literatur aus ihren Beständen ausscheiden.

Verlags-, Zeitschriften- und Zeitungsgründungen waren lizenzpflichtig. Lizenzen vergab in der amerikanischen Besatzungszone der „Information Services Branch" (ISB), der sie u. a. von einer Unbedenklichkeitserklärung der österreichischen Behörden im Hinblick auf die politische Vergangenheit des Antragstellers abhängig machte.

Das antifaschistische „re-education-program" der Amerikaner versuchte von den Nazis verbotene Literatur und amerikanische Werke bekanntzumachen. So druckten die Salzburger Nachrichten Margaret Mitchells Bestseller „Vom Winde verweht" als ihren ersten Fortsetzungsroman (ab 3. Dezember 1945) ab. Mit dem Abdruck von Thomas Manns berühmten Brief über das Dritte Reich und seine Literatur lösten die „Salzburger Nachrichten" noch im Jahr 1945 auch in Salzburg eine allerdings bald wieder verstummende Diskussion über die Literatur der „Inneren Emigration" aus.

In das Vakuum, das durch die nachhaltige Zerstörung der österreichischen Verlagslandschaft durch die Nationalsozialisten entstanden war, stießen zahlreiche Verlags-Neugründungen. Trotz herrschenden Papiermangels fanden sie gute Bedingungen vor. Zeitschriften übernahmen dabei oft Funktionen, die in normalen Zeiten Buch und Broschüre erfüllen.

So begründete der Literaturredakteur und Schriftsteller Ernst Schönwiese (1905–1991), der 1939 nach Ungarn emigrieren mußte und sich 1945 in Salzburg als Leiter der Literaturabteilung des Senders „Rot-Weiß-Rot" niederlassassen hatte, seine bereits 1935/36 erschienene Literaturzeitschrift „das silberboot" in Salzburg neu. Gleich das erste Heft vom März 1946 gibt über das humanistisch-liberale Programm der Zeitschrift Auskunft: Beiträge von und über Robert Musil, Hermann Broch, Klaus Mann, Franz Kafka, Ernst Waldinger und Theodor Kramer sollten die unterdrückte oder ins Exil getriebene Literatur vorstellen. Artikel über und Texte von James Joyce, T. S. Eliot und Aleksander Blok sollten die von den Nazis ausgesperrte Literatur in den deutschen Sprachraum hereinholen. Ziel war es, einen orientierenden Querschnitt durch die Gesamtheit des literarischen Schaffens der Zeit zu geben. Während Österreich nach 1945 nicht an der Rückkehr der Exilierten interessiert war, legte „das silberboot" Wert auf sie.

Um die Zeitschrift (Auflage 1000 bis höchstens 1500 Stück) finanzieren zu können, gründete Schönwiese 1947 den „Silberboot-Verlag". Im selben Jahr erschien dort neben den beiden Salzburgern Georg Rendl („Bienenroman", erstmals 1931) und Georg Eberl („Zeugen allerschönster Zeit") auch Ernst Lothars Erfolgsroman „Der Engel mit der Posaune". Alois Grasmayrs „Faustbüchl", Frucht jahrzehntelanger Forschungsarbeit, nahm der Verlag 1949 in sein Programm.

Um die Zeitschrift „das silberboot" versammelte sich eine markante Schar von Salzburger Mitarbeitern: Paul Becker und Rudolf Bayr (beide später Intendanten des Landesstudios Salzburg), als Buchkritiker Wolfgang Schneditz, der Kunsthistoriker Ludwig Praehauser sowie der Schriftsteller und Journalist Josef Kaut, später Landesrat für Kultur und Präsident der Salzburger Festspiele. Während die typischen Nachkriegsgründungen von literarischen Zeitschriften meist nur bis 1948 bestanden, war dem „silberboot" eine Dauer bis 1952 beschieden.

Die seit 1939 als freie Schriftstellerin in Salzburg lebende Juliane Windhager (1912–1986) schuf in ihrem 1948 erschienen Roman „Der Friedtäter. Roman um Paris Lodron" eine Parallele der Nachkriegssituation nach 1648 und nach 1945. Juliane Windhager ist zur Literatur der „Inneren Emigration" zu rechnen. „Der Friedtäter" erschien im 1945 von Alois Hofmann und Wolfgang Schaffler gegründeten „Festungsverlag", der von 1946 bis 1955 die interessant aufgemachte und gut redigierte Zeitschrift „Alpenjournal" herausgab.

Mit einem ausgeprägten politischen Programm verbunden war der 1946 gegründete „Friedensverlag" von Ferdinand Wessiak. Der bis etwa 1955 aktive Verlag veröffentlichte Werke im Sinne der Völkerverständigung und des Friedens. Mit der schrittweisen Entschärfung der Nationalsozialisten-Gesetze konnten ab etwa 1948 auch NS-belastete Autoren wieder publizieren. Verlage, die sich jener Schriftsteller annahmen, waren der 1948 von Linz nach Salzburg übersiedelte „Pilgram-Verlag", für den der ehemalige Landeskulturleiter der NSDAP, Hermann Stuppäck, verantwortlich zeichnete. Der „Pilgram-Verlag" publizierte u. a. Franz Tumlers Heimkehrerroman „Heimfahrt", eine Josef-Weinheber-Biographie sowie Romane der im Dritten Reich überaus erfolgreichen Autoren Mirko Jelusich und Bruno Brehm.

Dem Salzburger Verleger Otto Müller, der den gleichnamigen Verlag 1937 gegründet hatte, war es als in der NS-Zeit politisch Verfolgtem möglich, neben anderen Werken auch jene belasteter Autoren herauszubringen. So erschien bereits 1948 in Salzburg die „Literaturgeschichte Österreichs" von Josef Nadler, der 1945 von seinem Wiener Lehrstuhl entfernt und pensioniert worden war. 1946 gewann Otto Müller Karl Heinrich Waggerl als Verlagsautor, ab 1948 veröffentlichte er Waggerls „Gesammelte Werke". Von 1953 bis 1956 erschien in seinem Verlag eine fünfbändige Weinheber-Gesamtausgabe. Bereits 1948 publizierte Otto Müller Hans Sedlmayrs berühmte kulturkritische Analyse „Verlust der Mitte". Dieser Titel wurde in der Auseinandersetzung zwischen den kulturkonservativen und den nach Innovation drängenden Kräften zum vielgebrauchten Schlagwort. Die erstaunlich breite und rege Verlagstätigkeit gründete sich u. a. auf den großen Erfolg, den Otto Müller mit „Don Camillo und Peppone" (1950) im deutschen Sprachraum errungen hatte.

Abb. 82: Verleger Otto Müller mit Karl Heinrich Waggerl, 1954.

Zu den kurzzeitig erfolgreichen Unternehmungen zählte der „Rabenstein-Verlag" (gegründet etwa 1949/50, bis etwa 1960), der den erfolgreichen Autor Theodor Kröger für sich gewinnen konnte. Krögers Sibirienbuch „Das vergessene Dorf" (1934, Neuauflage bei Rabenstein 1951) war ein Welterfolg gewesen. Sein Roman über den Bau der Großglockner-Hochalpenstraße „Vom Willen gemeißelt" (1951) untermauerte die Wiederaufbau-Ideologie literarisch. 1957 brachte der Verlag das tagebuchartige Kalendarium eines ehemaligen Nationalsozialisten über seine Internierung im Lager Glasenbach heraus („Camp Marcus W. Orr. Kalendar"), in dem keine Spur von Einsicht in die (Mit)Schuld zu finden ist.

Der Verlag „Das Bergland-Buch", 1929 als Betriebszweig des Druckhauses Kiesel gegründet, war immer, obwohl er vor 1938 auch Werke von Ludwig Anzengruber, Alfons Petzold, Felix Salten und Friderike Maria Winternitz (-Zweig) publizierte, ein führender deutschnationaler Verlag gewesen. Nach 1945 verlegte er Salisburgensien, Jugend-, Abenteuer- und Bergbücher, die Reihe „Bergland-Klassiker", aber auch viele im Dritten Reich geförderte Autoren wie Pert Peternell, Karl Springenschmid, Robert Hohlbaum, Gustav Renker u. a. m.

Dem weiten Bereich jener Literatur, die von der Wiederaufbau-Ideologie, von einem restaurativen (selektiven) Österreich-Bewußtsein und einem Ausklammern der jüngsten Vergangenheit geprägt wurde, stand in Salzburg aber nur wenig Neues und Kritisches gegenüber.

Symptomatisch für die Kraft des Kunstkonservativismus ist der mißglückte Versuch des Festspiel-Direktoriumsmitgliedes Gottfried von Einem, den aus dem amerikanischen Exil zurückgekehrten Dramatiker Bertolt Brecht für die Salzburger Festspiele zu gewinnen. Brecht wollte seinen Wirkungsort Berlin mit Salzburg kombinieren, weshalb er für sich und seine Frau um die österreichische Staatsbürgerschaft ansuchte. Als der „Marxist" Brecht 1950 tatsächlich den österreichischen Paß erhielt, kam es zum Eklat. Gottfried von Einem mußte 1951 auf Druck von Landeshauptmann Josef Klaus aus dem Direktorium ausscheiden. Die geplanten Brecht-Aufführungen fanden ebensowenig statt wie seine für 1949 geplante Inszenierung von Faust I und II. Auch Brechts „Salzburger Totentanz", eine Alternative zum „Jedermann", blieb unaufgeführtes Fragment.

Der 1952 vom Land Salzburg gestiftetete Trakl-Preis für Lyrik erwies sich als eine akzeptierte und lebendige Idee zur Neubelebung der heimischen Literaturszene im Geist der Moderne. Der erste Trakl-Preis ging 1952 an die Lyrikerin Maria Zittrauer. Einen Anerkennungspreis erhielt Gerhard Amanshauser, der sich seitdem zu einem der wichtigsten Autoren Salzburgs entwickelt hat. 1954 erhielten Christine Lavant, Christine Busta, Wilhelm Szabo und Michael Guttenbrunner den Preis. Anerkennungspreise bekamen u. a. Herbert Zand, Andreas Okopenko und Doris Mühringer.

Neben den alteingesessenen kulturellen Vereinigungen wie Museumsverein, Liedertafel oder Gesellschaft für Salzburger Landeskunde u. a. hatten es literarische Vereinigungen nicht leicht. 1950 wurde die Joseph-August-Lux-Gesellschaft gegründet. Sie nahm sich des Werkes des von 1918 bis 1947 in Salzburg lebenden Schriftstellers an. Sein kämpferisches Bekenntnis zu Österreich und sein (politischer) Katholizismus hatten ihm 1938 KZ-Haft in Dachau eingetragen, seine Bücher waren Opfer der Salzburger Bücherverbrennung. Neben der Pflege seines (weitgehend vergessenen) Werkes förderte diese Vereinigung durch regelmäßige Autorenwettbewerbe und Preise junge Schriftsteller.

Abb. 83: Maria Zittrauer erhält den ersten Georg-Trakl-Preis, 1952.

Eine gemeinsame „Gründung" Thomas Bernhards und seines Freundes Erwin Gimmelsberger war das 1955 entstandene „Forum Hohensalzburg", das Autoren und Hörer im Atelier Sepp Hödlmosers auf der Festung zusammenführte. Im Rahmen der ersten „Wochen österreichischer Dichtung" lasen von Juli bis September 1955 u. a. Maria Zittrauer, Erich Landgrebe, Gerhard Amanshauser, Thomas Bernhard und Erwin Gimmelsberger aus ihren Werken.

Der 1953 von Hilga Leitner gegründete Künstlerbund „Die Silberrose" widmet(e) sich vor allem der traditionsgebundenen Lyrik. Inzwischen ist diese literarische Gruppierung unter dem heutigen Namen „Podium 70" die älteste Schriftstellervereinigung in Salzburg. In zahlreichen Veranstaltungen stell(t)en die Mitglieder eigene und fremde Gedichte vor.

An der Salzburger Volkshochschule bildete sich unter der Leitung von Georg Eberl 1953 die Vortragsreihe „Ewige Kultur. Große Männer und Frauen im Lichte ihrer und unserer Zeit", die wegen des großen Interesses im Jahr 1954 wiederholt und ausgeweitet wurde. Das „Auditorium Academicum", von Sepp Domandl 1954 im Rahmen der Volkshochschule gegründet, lud des öfteren Literaturwissenschafter zu Vorträgen nach Salzburg.

Die Salzburger Festspiele zeichneten sich in den Jahren nach 1945 durch ein Schauspielrepertoire ohne erkennbare Linie aus. Der erste Vorstoß nach 1945, das zeitgenössische deutschsprachige Drama zu pflegen, endete als kompletter Mißerfolg. Alexander Lernet-Holenias Komödie „Die Frau des Potiphar", eines seiner schwächsten Stücke, war 1947 auch von so prominenten Darstellern wie Gusti Wolf, Oskar Werner und Curd Jürgens nicht zu retten. 1948 begann Ernst

Lothar, aus dem amerikanischen Exil vom ISB als „Theatre and Music Officer" nach Wien entsandt, um die Entnazifizierung in diesem Bereich zu leiten, seine bis 1959 dauernde Regietätigkeit bei den Salzburger Festspielen, wobei das Schauspiel im wesentlichen in seinen Händen lag. Er inszenierte in diesen Jahren Dramen von Grillparzer, Goethe, Raimund, Hofmannsthal, Schiller, Lessing und Werfel („Juarez und Maximilian", 1958). Das Warten auf ein modernes, spielbares und literarisch anspruchsvolles „Festspiel" war vergeblich. Die moderne deutsche Dramatik war bei den Salzburger Festspielen nicht anzutreffen.

Wie eng das Netz zwischen Literatur, Festspielen und Film in den Nachkriegsjahren sein konnte, zeigt Ernst Lothars österreichische Familien-Saga „Der Engel mit der Posaune", die mit Paula Wessely in der Hauptrolle teilweise in Salzburg gedreht wurde und die während der Festspielsaison 1948 in Salzburg feierliche Kino-Premiere hatte.

Das Nachkriegs-Salzburg gab die Kulisse für den künstlerisch bemerkenswerten und auch kommerziell sehr erfolgreichen Film „Nach dem Sturm" (1949) ab, der nach einer Vorlage des 1938 aus Salzburg emigrierten Schriftstellers Carl Zuckmayer – unter der Regie des in der NS-Zeit prominenten Gustav Ucicky – gedreht wurde. Zuckmayer kam 1946 als „Officer" der „Section Germany" des US-Kriegsministeriums aus den USA nach Europa zurück. 1947 besuchte er erstmals wieder Salzburg und Henndorf, wo ihm von 1926–1938 sein Haus „Wiesmühl" eine „Heimat wie im Paradies" geboten hatte.

Nach Besuchen Salzburgs in den Jahren 1925, 1929 und 1935 kam Thomas Mann nach dem Krieg erstmals im August 1951 wieder nach Salzburg. Am 13. August 1951 las Thomas Mann in der Großen Aula (der Rundfunk schnitt mit) aus „Felix Krull", ein Jahr später, am 10. August 1952, hielt er ebenfalls vor zahlreichem Publikum den Vortrag „Der Künstler und die Gesellschaft".

In seinem Lebenslauf von 1954 notierte Thomas Bernhard: „In der Lungenheilstätte Grafenhof (1950–51) begann ich, immer den Tod vor Augen, zu schreiben. Daran wurde ich vielleicht wieder hergestellt." Thomas Bernhard (1931–1989) hat seine Familiengeschichte(n) und seine Biographie in fünf Bänden ausführlich dargestellt. Seine ersten beiden literarischen Arbeiten erschienen 1950 in Salzburger Zeitungen unter Pseudonymen, ab 1952 veröffentlichte er unter seinem bürgerlichen Namen.

Die Salzburger Literatur des ersten Nachkriegsjahrzehnts war in allen ihren Gattungen und Medien von einer konservativen Neuerungsscheu beherrscht. Die Auseinandersetzung mit der jüngsten Vergangenheit blieb größtenteils ausgeblendet, Anknüpfungen an die literarische Moderne sind kaum zu finden. Der „seelischen Wiederaufbau" begnügte sich mit dem Überkommenen, mit einer fragwürdigen Österreich-Ideologie, mit falschem Abendland-Pathos, mit dem Rückzug auf die Natur und mit Ressentiments gegen die Moderne. Zu denen, die in diesem Jahrzehnt bereits zu schreiben begonnen hatten und die ein bis zwei Jahrzehnte später die reichlich vorhandenen Klischees in Frage stellten und entlarvten, gehören Gerhard Amanshauser und Thomas Bernhard. Mit ihrer Generation beginnt die Gegenwartsliteratur in Salzburg.

Die Gastronomie in der Nachkriegszeit

von Harald Waitzbauer

Bereits ein Jahr nach dem Krieg versuchte Salzburg, sich zwischen Bombenruinen, Bauschutt, Unterernährung und Kohlenmangel auch wieder halbwegs mondän, gar großstädtisch zu geben: Im August 1946 wurde mit der „Barock-Bar" in der Schwarzstraße die erste Nachtbar eröffnet, die es – laut Salzburger Nachrichten – den Besuchern von Veranstaltungen ermöglichte, in einem apart ausgestattetem Raum und bei dezenter Musik noch einige Stunden angenehm zu verbringen. Einige Monate darauf erfolgte gleich nebenan die Eröffnung der „Savoy-Bar" in der Schwarzstraße 10, ein altrenommiertes Salzburger Vergnügungsetablissement und ein Mittelpunkt des Salzburger Nachtlebens. Damit entstand eine Art „Bermuda-Dreieck" der Nachkriegszeit, wenn man als drittes Lokal das Café „Bazar" hinzuzählt, in dem ab Jahresbeginn 1946 der alte Ober Fritz wieder servierte (das Hotel „Österreichischer Hof" nebenan war noch von den Amerikanern besetzt).

Abgesehen davon war es mit gastronomischen Verlockungen jedoch nicht sehr weit her. Die Gaststätten wurden schlecht beheizt, die Speiseauswahl war rar, die Alkoholika waren zu teuer (Wein) oder zu dünnflüssig (Bier). Und insgesamt hatten die Menschen andere Sorgen. Zum Kontrast: Gleichzeitig mit Eröffnung der „Savoy-Bar" wurde im Stadtteil Maxglan die erste öffentliche Wärmestube der Stadt eingerichtet, und das Bundesministerium für Volksernährung teilte mit, daß aus Einsparungsgründen in Gaststätten nur mehr zwei Arten von Fleischspeisen, eine zu 50 und eine zu 100 Gramm, verabreicht werden durften.

Erst Ende der vierziger Jahre wurde – aufgrund der verbesserten Versorgungslage und des zaghaft einsetzenden Tourismus – auch die Gastronomie ein Thema des öffentlichen Interesses. In der Stadt dominierten die alteingesessenen Wirtshäuser, 1950 existierten nicht weniger als 288 Gasthäuser, Restaurationen, Beisl und Tschecherl, dazu kamen noch Barbetriebe, Weinstuben, Mostschänken und Ausspeisungen. In einem „gutbürgerlichen" Lokal kostete eine Nudelsuppe 2,60 Schilling, ein Wiener Schnitzel sechs und eine Sachertorte vier Schilling. Eine Essigwurst war für 2,50 und das Paar Frankfurter für 3,50 Schilling zu haben. Am teuersten kam mit 15 Schilling ein halbes Backhendl mit Kartoffeln und Salat. Auf heftige Proteste seitens der Gastronomie und Hotellerie stießen die ausgerechnet während der Festspielzeit 1951 von Wien verordneten „fleischlosen Tage" (Dienstag und Freitag). In der Praxis hielt sich aber kaum jemand daran.

Das Jahr 1949 war für die Salzburger insofern interessant als einerseits das Salzburgers Nationalgetränk, das Bier, mit 12° Stammwürze wieder in Friedensqualität konsumiert werden konnte, andererseits der traditionelle Biertempel, das Müllner Bräustübl, endlich wieder seine Pforten öffnete.

Wir laden ein, nach langer Pause
Zum Stelldichein, zu einer Jause
Mit Wurst, Kas, Radi, Müllnerbier
Wo jeder trifft an jeden hier
Willkommen sind uns alle Gäste
Auf Wiederseh'n – beim Anstichfeste.

Ein Problem der größeren Hotel- und Gastronomiebetriebe bildete die Beschlagnahme durch die amerikanische Besatzungsmacht. Zahlreiche Hotels der Innenstadt wie „Österreichischer Hof", „Hotel Stein" und „Hotel Bristol" oder Kaffeehäuser wie „Mozart" oder „Tomaselli" wurden von der US-Armee genutzt. Während beispielsweise das „Café Mozart", welches als Offizierskasino diente, bereits Ende 1945 wieder eröffnet werden konnte, zögerte sich die Freigabe von Hotel „Stein" und Café „Tomaselli" bis 1950 hinaus. Große Schwierigkeiten gab es bei der Wiedereröffnung des Hotels „Stein", wo die amerikanische Militärpolizei untergebracht war: Hier fehlten zwei Drittel des Inventars inklusive Luster, Telefone und Mobiliar. Das Hotel konnte erst in der darauffolgenden Saison öffnen, die beliebte Terrasse wurde 1955 zugänglich gemacht.

In der Unterhaltungsgastronomie spielte seit 1947 das Grand-Café „Winkler" auf dem Mönchsberg die erste Geige in Salzburg. Eine Traumlage, bequeme Erreichbarkeit durch den Mönchsbergaufzug, ein Tanzparkett im Freien und ein ständig wechselndes Musikprogramm machten das „Winkler" zum internationalen Treffpunkt und zu einem Ort, wo man gewesen sein mußte. Im „Winkler" war (während der Saison) immer etwas los: Im Konzert-Café und auf den Terrassen spielten Rudi Regen und sein Wiener Künstler-Orchester, in der Tanzbar gab Albert Baldsiefen mit seinen Solisten sein Bestes, oder es spielten das Tanzorchester Charles Steinhardt und „Die drei Melodies". Über die Grenzen Salzburgs hinaus bekannt wurde die Tanzband „Rhythmische 7". Im „Winkler" hatten auch Skandale und Skandälchen ihren festen Platz, etwa wenn ein nacktes Mädchen nach der gesetzlichen Sperrstunde vor animierten Gästen tanzte. Im Frühjahr 1951 eröffnete ein komplett umgebautes „Winkler" mit 1200 Sitzplätzen in den Innenräumen und 1500 auf den Terrassen. Die neue Bar „Tabaris", freute sich die Presse, sei eine Illusion aus Glas, Velour und Wasser (letzteres wegen des Springbrunnens).

Eine Welle von Neueröffnungen brach in den Jahren 1951/52 herein. In Salzburg wurde ein neuer Lokaltyp geboren: das Café-Espresso. Die weite Welt, die US-Soldaten und die Jugend amüsierten sich besser im leichteren, luftigeren Typus Café-Espresso und Buffet-Grill als in traditionellen Gaststätten mit schwerer Biertischatmosphäre. So wurden das „Papageno" in der Kaigasse, eine Existenzialistenbude par excellence, das „Diexi-Espresso" in der Rainerstraße und das „Capriccio" in der Imbergstraße, um nur einige zu nennen, aus der Taufe gehoben. Letzteres war von 8.00 Uhr früh bis 3.00 Uhr früh geöffnet. Außerdem entstand im Keller des Posthofs in der Kaigasse ein Nachtespresso. Wer in Salzburg einmal eine Nacht „durchdrehte", wußte, daß dann, wenn er nirgends mehr Einlaß bekommen konnte, immer noch das Nachtespresso im „Posthof" offen war.

Einen starken Publikumsschwund hatten all die Espressi und Weinstuben zu beklagen, nachdem die letzten Amis das Land verlassen hatten. Sorgen um ihre Zukunft machten sich Ende 1955 22 Espressi, 31 Weinstuben und 14 Bars. Umstellen, hieß nun die Devise, und Anpassung an den Geschmack des heimischen Publikums, das eher jene Gasthäuser und Cafés vorzieht, die zum längeren Verweilen einladen. Der Begriff des Espressos habe sich – laut Salzburger Nachrichten – hier eben noch immer nicht restlos durchgesetzt.

Abb. 84: Die Stieglbrauerei braute für die USFA ein eigenes hochgrädiges Pilsener Bier. Die heimische Bevölkerung erhielt Dünnbier. Im Bild eine Flaschenetikette, Ende der vierziger Jahre.

Abb. 85: Zahlreiche Gaststätten waren jahrelang von den USFA beschlagnahmt. Im Bild das Café Tomaselli als „Forty Second Street Café".

Abb. 86: In den fünfziger Jahren fanden zahlreiche Bälle im Grand Café Winkler statt.

Abb. 87: Werbung für das Grand Café Winkler am Mönchsberg, Anfang der fünfziger Jahre.

Abb. 88: Der „Goldene Hirsch" bot den prächtigen Rahmen für die Nobelhochzeit eines Industriellen, 1953.

Geselligkeit gedeiht in 463 Vereinen

Innviertler und Moslems im Vereinsregister friedlich versammelt

Die gegenwärtig bestehenden Vereine sind unschwer nach Tätigkeitsgebieten zu ordnen. Sie reichen von der sorgsam gehegten Erinnerung an alte Studentenherrlichkeit verschiedener Couleurs bis zur Pflege der ausgefallensten Steckenpferde und der versunkenen Romantik der Ritterzeit. Dazwischen gibt es eine große Zahl an renommierten kulturellen Vereinigungen, Zweckverbänden und sportlichen Gemeinschaften, in denen sich die Salzburger auf verschiedenste Weise gesellschaftlich betätigen.

Die Tierliebe steht bei den Salzburgern obenan. So gibt es neben dem bekannten Tierschutzverein, dem Traberzucht- und Rennverein, dem Kynologischen Verein und dem Österreichischen Gebrauchshundeverein eine Gruppe, die sich auf die Dobermannpintscher konzentriert, während eine andere dem „Dogsport" huldigt und sich dabei auf englische Traditionen beruft. Was den Hunden billig ist, muß auch den Fischen und anderen Lebewesen des Wassers recht sein, indem sie sich der besonderen Zuneigung des Landesvereins für Aquarienkunde erfreuen. Prosaischere Absichten dürfte der Kleintierzuchtverein verfolgen.

Bei aller Tierliebe kommt im Salzburger Vereinsleben auch der Mensch als Gattungsbegriff keinesfalls zu kurz. Dafür sorgen die Anthroposophische Gesellschaft, für eine besondere Spezies der Jungfrauenbund und vielleicht auch die Gemeinschaft für Freikörperkultur, während sich eine Liga um fortschrittliche Lebenskultur bemüht. Hat der menschliche Corpus trotz Kneipp-Kuren sein Erdenwallen beendet, nehmen sich die Freunde der Feuerbestattung seiner an.

Bis dahin glaubt jeder Mensch noch einen weiten Weg zurückzulegen, so daß ihm genügend Zeit bleibt, einen Blick in die Vergangenheit zu werfen. Vätersitte und Väterart hat es den „Teutonen" ebenso wie den „Gralsrittern", dem „Ritterbund der Helffensteiner im Salzachgaue", den alten Sängerschaftern und diversen historischen Trachtenvereinen angetan, während der „Bund der österreichischen Patrioten" die Vergangenheit in die Zukunft projizieren möchte.

Da jeder alte Salzburger seinen Großvater im Innviertel hat, scheint es nicht mehr verwunderlich, daß der „Inn-Forschungsrat" ausgerechnet in der Salzachstadt sein ständiges Domizil aufgeschlagen hat. Allmählich dringen unsere Kenntnisse doch schon über das Innviertel hinaus und Gesellschaften für die Freundschaft mit den Vereinigten Staaten über Skandinavien bis zur Sowjetunion unterstreichen den internationalen Charakter der Festspielstadt. Sogar ein Verein der Moslems wird im Interesse künftiger Fremdenverkehrsbeziehungen zum Orient großzügig geduldet.

Die lange Liste der hervorragenden Eigenschaften Salzburger Bürger, die sich unter dem Begriff Geselligkeit subsummieren, kann aber nicht beschlossen werden, ohne des Sparsinns unserer Bevölkerung zu gedenken. Sie gedeiht von der „Alt-Josefiau" bis „Feuchtenau" und zur Kleßheimer Allee unter der Patronanz von nicht weniger als 18 Sparvereinen, wobei die „Fidelen Lehener" und die „Stillen Zecher" ihre Kreuzer nicht minder brav zusammenlegen wie jene, die sich die „Biene", die „Sparsamkeit" oder gar den Turnvater „Jahn" zum Motiv erkoren haben.

Aus: Demokratisches Volksblatt vom 4. Jänner 1955.

Salzburger Modenparade

Unter Vorantritt des Pelz- und Damenmodenhauses Gollhofer findet am 2. und 3. November, um 20 Uhr, im Großen Saal des Mozarteums eine Modenparade mit Wunschkonzert und Musikrätsel statt, die in ihrer Aufmachung einmalig sein wird. Zwei Conferenciers von Namen, Max Lustig und Gert Türmer, begleiten die Parade mit ihren launigen und modewissenschaftlichen Einfällen, während die Kapelle Josca Ranoff für die musikalische Untermalung sorgt. Das Haus Gollhofer hat sich für diese beiden Tage besonders schöne, noch nicht der Öffentlichkeit gezeigte Modelle, zurechtgelegt, die von reizenden Mannequins der bekannten Wiener Schule Hedy Pfundmayer vorgeführt werden. Die Hüte dazu sind, wie immer bei first class-Veranstaltungen, vom Huthaus Femina, das nur Modelle zeigt und die Schuhe von den Häusern Denkstein und Alpenland ergänzen wie immer in richtiger Weise das modische Gesamtbild. Die Strümpfe von Amazone mit den drei Stadtgeschäften, immer mehr der Qualität wegen gesucht, und die Handschuhe von Sperl am Rathausplatz, dem Eldorado der Handschuhe, vervollständigen schöne Frauen, die uns das Leben mit Wonne würzen. Manche werden zwar dabei lächeln, andere hingegen ihre Frauen zu den beiden Schönheitskünstlern M. Schmid jun. und in den Kosmetiksalon Hobé schicken, wo sie bei ersterem Friseurkunst par excellence kennenlernen werden, während der Kosmetiksalon Hobé die Jugend zurückruft. Nachdem es ohne Beiwerk nun einmal nicht geht, zeigt uns das Haus Ennsmann in der Getreidegasse, wie eine richtige Tasche zum richtigen Kleid aussehen soll und wie auch der unentbehrliche Modeschirm aus dem Schirmhaus Kolb beschaffen sein muß. Nachdem sich alle Völker schmücken, zeigt uns auch Koppenwallner & Sohn wie dieses Kapitel mit viel Geschmack behandelt werden soll, während Optiker Hau eine sensationelle Neuerung für Damen zeigt: die Schmuckbrille in selten schönen Variationen. Die Möbel, die den Hintergrund verschönern und der moderne UKW-Empfänger kommen aus dem Haus Preimesberger und von Radio-Walter, deren Fabrikate erstklassigen Ruf tragen.

Aus: Salzburger Volkszeitung vom 30. Oktober 1953.

Abb. 89: *Neueste Mode der frühen fünfziger Jahre.*

Die katholische Kirche 1945–1955

von Hans Spatzenegger

Die katholische Kirche hat die NS-Herrschaft weitgehend unbeschadet überstanden, gestärkt sogar, was ihr Ansehen betrifft. Materielle Einbußen wog die aus der NS-Ära herübergerettete gesetzliche Pflicht zum Kirchenbeitrag (1939) locker auf. Enteignete Gründe (insbesondere St. Petrische in Nonntal, Parsch, Aiglhof) wurden von der öffentlichen Hand abgegolten. Das in den Jahren der Verfolgung entdeckte Potential der Laienmitarbeiter aktivierte man in der Katholischen Aktion (an ihrer Spitze der vom Erzbischof berufene Diözesanausschuß), aus der auch der spätere Landeshauptmann Josef Klaus hervorging. Als besonders begeisterungsfähig erwies sich die katholische Jugend, zu deren Bekenntnistagen Sonderzüge tausende von Mitgliedern heranführten. Die Kirchentreue der Landbevölkerung war selbst in der NS-Zeit ohnehin kaum erschüttert worden, mit dem liberalen Bürgertum hatte sich die Kirche seit jeher schwergetan, die Arbeiterschaft pochte hingegen nicht mehr so ausdrücklich auf ihr freidenkerisches Erbe; neu hingegen die Erfahrung, wie ansprechbar die Akademiker in diesen Jahren waren.

Unter den Re- und Konversionen gab es naturgemäß auch „Konjunkturchristen". Der Gottesdienstbesuch stieg von 40,6 Prozent (1945) auf 47,6 Prozent (1948) an und erreichte 1952 den absoluten Höhepunkt mit nahezu 50 Prozent. Großgeschrieben wurde der Bildungsauftrag (Im Hintergrund stand natürlich der Wunsch nach der Katholischen Universität). Josef Klaus gründete 1946 das Katholische Bildungswerk. Weiters gab es Jugend- und Exerzitienhäuser in Goldegg, Stuhlfelden, Obertauern; eine Film- und eine Pressestelle; eine hauptamtliche Ärztin für Ehe- und Sexualberatung (1946); das Borromäuswerk und die Pfarr-Büchereien; sowie das Katechetische Amt (1954). Ziel war: die „Erfassung" der Menschen in allen ihren Bezügen: Die berufsständische und altersgemäße Gliederung in der Katholischen Aktion, dazu das Familienwerk, der kirchliche Erholungsdienst u. a. Der „Rupertibote" hatte trotz der Papiernöte innerhalb eines Jahres 48.700 Bezieher.

Fürsterzbischof Andreas Rohracher (den Fürstentitel durfte er bis 1951 tragen) war in den ersten Nachkriegsjahren die unbestrittene Autorität im Lande; Sein Selbstverständnis: „einziger ruhender Pol in dieser Zeit". Kirchenintern saß ihm ein überaltetes Konsistorium gegenüber. VP- und SP-Politiker sprachen sich ebenso mit ihm ab, wie die Gründer der 4. Partei, Viktor Reimann und Herbert A. Kraus, ursprünglich zu seinem Beraterkreis gezählt hatten. Die Gründung des VdU hielt Rohracher jedoch für inopportun. Die amerikanischen Besatzungsbehörden suchten bei ihm verschiedentlichen Rat; deren Übergriffe monierte er sofort. Er intervenierte überhaupt für jeden und für alles (besonders auch für die Wiederherstellung kirchlicher Rechts- und Besitzverhältnisse). Bittbriefe prominenter ehemaliger NS-Parteigenossen bzw. ihrer Familien aus ganz Österreich und erstaunliche Erfolgserlebnisse veranlaßten ihn zu einem „Befriedungswerk" für die ehemaligen Nationalsozialisten: 1947 hielt er in Innsbruck wohl seine umstrittenste Rede u. a. gegen die „Härte" des NS-Gesetzes und 1950 stellte er sich an die Spitze des nicht weniger umstrittenen „Sozialen Friedenswerkes". Die Sympathien der Amis für den beeindruckenden „Primas Germaniae" blieben davon unberührt.

Sehr verdienstvoll agierte in der Nachkriegsnot die Salzburger Kirche auf karitativem Gebiet. Mehr als tausend Menschen wurden täglich in der Bahnhofsmission betreut. 38.000 Entwurzelte erhielten eine vorübergehende Bleibe (in Klöstern und im Priesterhaus), für 25.000 Bedürftige gab es Lebensmittel bzw. Medikamente. Nach 1948 versorgte die Caritas 50.000 Flüchtlinge in 13 Lagern (1945: zeitweise sogar über 100.000 in 24 Lagern). Gerade die Volksdeutschen, die weniger internationale Unterstützung genossen, waren auf die katholische Kirche angewiesen. Rohracher bemühte sich auch um Hilfe durch die amerikanische „National Catholic Welfare Conference".

Im Herbst 1945 öffneten 35 Kindergärten der Caritas. Zwei Jahre später waren es bereits 68. 26 Hektar von Pfarren und Klöstern wurden als Baugründe zur Verfügung gestellt. Die Erzdiözese selbst hat ja keine Latifundien.

Dazu kamen Kindererholungsaktionen, ein Suchdienst und eine Auswanderungsberatung. Die Caritashaussammlung erbrachte 1948 über 416.000 Schilling, dazu kamen nicht unbeträchtliche Sachspenden. In der Stadt ragte das bombengeschädigte Andräviertel unter den Gebern hervor. Nicht selten erbrachten übrigens Caritassammlungen den zehnfachen Betrag der Spenden für den zerstörten Dom. Die Caritasschule (1950) und die Caritasherberge (1952) wurden eröffnet und mußten ebenso wie das Behinderten-Kinderdorf St. Anton (in Bruck an der Glocknerstraße) finanziert werden.

Die Not warf ihren langen Schatten noch in die fünfziger Jahre.

Die Spenden für die Missionsgebiete stiegen in diesem Jahrzehnt auf das Zehnfache (1955 kam noch die Sternsingeraktion dazu).

Den „religiös-kirchlichen Wiederaufbau" sollte die Diözesansynode 1948 bewerkstelligen, die sich aktuellen Seelsorgethemen und der Institutionalisierung der Pfarrausschüsse widmete. In diesem Sinne signifikant war der erstmalige Auftritt eines Laien in dieser Priesterversammlung.

Für eine äußere „Heerschau" nützte man das Domfest mit der Kreuzaufstekkung 1949. Fünf Kirchen (darunter St. Elisabeth) wurden von 1945–1955 neu gebaut, der Dom nahezu wiederhergestellt.

Das kirchliche Leben in diesem Jahrzehnt war also, soweit es sich in Zahlen niederschlägt, im Aufwind, gebremst nur vom Nachholbedarf einer oft beklagten „Vergnügungswut". Die faktische Drittelung in praktizierende, „Saison-" (Mette und Firmung) und „Taufscheinkatholiken" (kirchliches Begräbnis) begann sich einzupendeln.

Abb. 90: Fronleichnamsprozession am Universitätsplatz, 1947.

Abb. 91: Überführung der Reliquien des Heiligen Rupert von St. Peter in den Dom, 1947.

Abb. 92: Erstkommunion, 1948.

Abb. 93: Domfest 1949. Im Bild Helferinnen aus dem Tiroler Teil der Erzdiözese beim Festzug durch die Stadt.

Abb. 94: Domfest 1949. Barmherzige Schwestern.

Abb. 95: Erzbischof Andreas Rohracher bei der Führer- und Helfersendung 1952, assistiert von Eduard Macheiner und Karl Berg.

Die Stadt an der Grenze

von Harald Waitzbauer

Kurz nachdem die amerikanischen Truppen Salzburg besetzt hatten, wurde die alte Grenze zu Deutschland, wie sie von 1816 bis 1938 bestanden hatte, von der amerikanischen Besatzungsmacht für jeden Einzelreiseverkehr geschlossen. Der Weg von und nach Deutschland war damit für Jahre unterbrochen. Die Möglichkeit, ungehindert von hüben nach drüben zu kommen, blieb nur noch Angehörigen der US-Streitkräfte. Für einen Grenzübertritt waren derart hohe bürokratische Hürden zu nehmen, daß kaum einer es schaffte, eine Erlaubnis zu erlangen. Die Einreise aus Deutschland nach Österreich gestaltete sich ähnlich schwierig. Von den im Jahr 1946 gezählten 53.000 Touristen, die in der Stadt abstiegen, waren gerade fünf Prozent aus Deutschland, ein für spätere Jahre unvorstellbares Verhältnis. Die Grenzkontrolle erfolgte zunächst durch amerikanisches Militär, im Oktober 1947 wurde die Kontrolle offiziell der Bundesregierung übertragen.

Da die Menschen keine Genehmigung zur Grenzüberschreitung erhielten, trafen sie einander an der Grenzlinie. Ein solcher Treffpunkt war das auf 1692 Meter gelegene Purtschellerhaus im Gebiet des Hohen Göll. Das Purtschellerhaus steht auf der Grenze, die Gaststube befindet sich in Österreich, die Küche in Deutschland. Dieses Haus in den Bergen sprach sich als idealer Treffpunkt herum, sodaß Menschen, die Verwandte und Freunde sehen wollten, dort hinaufpilgerten. Manchmal waren tausend Personen gleichzeitig anwesend, die oft tagelang warten mußten, bis der Partner von drüben eintraf. Auf diese Weise kamen 1947 über 25.000 Besucher hinauf. Eine sogenannte „Sprecherlaubnis" für Personen diesseits und jenseits des Grenzschrankens bestand lediglich an den Grenzstellen Salzburg–Freilassing, Großgmain–Bayerisch Gmain und Oberndorf–Laufen.

Man sieht [...] nicht ein, warum man im vierten Friedensjahr seine zahlreichen Verwandten, Freunde und Geschäftspartner noch immer nur über Grenzbäume, -flüsse und -berge schreiend und kletternd verständigen oder per Fernglas betrachten darf, warum offiziell kein Stück Vieh, keine Flasche Wein, ja nicht einmal ein Buch hinüber und herüber darf [...].

Erst im Sommer 1948 wurde mit Zustimmung der amerikanischen Dienststellen ein eingeschränkter „kleiner Grenzverkehr" eingerichtet. Personen, die in Österreich und Deutschland innerhalb einer Zehn-Kilometer-Zone wohnten, erhielten zum Grenzübertritt bestimmte Erleichterungen: Wer die berufliche Dringlichkeit einer Grenzüberschreitung nachweisen konnte, hatte nun die Möglichkeit, einen für die Dauer eines Jahres gültigen Grenzübertrittsschein zu beantragen, der ihn zu einem sechstägigen Aufenthalt im Nachbarland berechtigte. Dringende einmalige Grenzübertritte wurden mittels einer Grenzkarte geregelt.

Wer auf der anderen Seite lediglich ein Bier trinken oder einen Berg besteigen oder einen Bekannten besuchen wollte, dem blieb der Zutritt ins Nachbarland weiterhin verwehrt. Eine Ausnahme bildeten die Salzburger Festspiele, die von deutschen Gästen 1949 und 1950 mit einer Sondergenehmigung besucht werden durften. Im Jahr 1949 war es deutschen Festspielbesuchern gestattet, die Stadt Salzburg für 24 Stunden zu betreten, ein Jahr darauf konnten sie bereits zehn Tage bleiben.

Im Jänner 1949 wurde endlich der allgemeine kleine Grenzverkehr zwischen der Stadt Salzburg und Freilassing von den amerikanischen Besatzungsbehörden zugelassen, die Grenzkarte berechtigte ab jetzt auch zu einem ganz normalen Ausflug in die grenznahe Zone. Beim Paßamt gingen nun täglich bis zu 150 Anträge für eine Grenzkarte ein, die innerhalb von 24 Stunden erledigt wurden. 1950 wurden fast 34.000 Grenzkarten ausgestellt gegenüber nur 3900 Grenzübertrittsscheinen.

Der „große Grenzverkehr" für Personen, die außerhalb des grenznahen Bereichs wohnten, scheiterte zu dieser Zeit noch an den restriktiven Vorschriften. Eine allgemeine Erleichterung und Normalisierung des Grenzverkehrs erfolgte erst, als 1953 die Visumpflicht für Österreicher nach Deutschland gestrichen wurde, und ab 1954 Bürger der Bundesrepublik Deutschland allein mit einem gültigen Reisepaß nach Österreich einreisen durften.

Wer in den Jahren 1945 bis 1953 trotzdem „hinüber" wollte, versuchte es zu dunkler Nacht auf einsamen Pfaden. Auf österreichischer Seite wurde die Grenze in den ersten Jahren von der Zollwache überwacht (erst seit 1949 auch von der Gendarmerie), einer 139 Mann starken Truppe (1946), die über 96 Karabiner und 768 Stück Gewehrmunition verfügte. Die Versuche, die Grenze zu überschreiten, gingen in dieser Zeit sicher in die Zigtausende. Es waren Schmuggler, Staatenlose, Heimkehrer, oftmals ganz normale unbescholtene Maier, Huber und Pichler, die aus welchen Gründen auch immer „hinüber" wollten.

Die Grenzgegend war ein Eldorado für Schmuggler. Besonders der Kaffeeschmuggel florierte hier jahrelang. Da in Deutschland der Rohkaffee bis August 1953 stark besteuert wurde, lohnte sich trotz aller „Kosten" die illegale Einfuhr von Kaffee aus Österreich.

Der stärkste „Ein- und Ausreiseverkehr" herrschte im Gebiet von Großgmain, Wals und Grödig. Kein Tag verging, an dem in den Zeitungen nicht über versuchte, durchgeführte oder gescheiterte Grenzübertritte berichtet wurde. Im Jahr 1946 wurden fast 1000 illegale Grenzübertritte registriert, 1947 exakt 2157, über 90 Prozent der Grenzgänger wurden im Gebiet der oben genannten Gemeinden festgenommen, einige im Zuge der „Amtshandlungen" sogar erschossen. Den „betretenen" Grenzgängern drohte dann eine Arreststrafe zwischen zwei und sechs Monaten. Eine allgemeine Beruhigung der Situation setzte erst nach der Aufhebung aller Reisebeschränkungen 1953/54 ein.

„Untertassen"-Invasion auf Salzburg

Gestern Mittag gab es Großalarm – Halb Salzburg bestaunte „Marsgeschwader"

Irgendeiner sah sie zuerst und dann durcheilte die Nachricht wie ein Wirbelwind die ganze Stadt: „Untertassen kommen!" Was Beine hatte, zu laufen, das lief, um die Dinger endlich mit eigenen Augen zu sehen, von denen man bisher schon so viele, wenn auch sehr unterschiedliche Meldungen gelesen und gehört hatte. Und gerade wegen dieser Widersprüche wollte sich keiner die Gelegenheit entgehen lassen, eine Fliegende Untertasse selbst zu sehen. Da stürzten die Männer vom Friseur weg aus den Läden, die Tücher um den Hals gewunden und die Gesichter eingeseift, dort ließen die Frauen die Kochtöpfe im Stich und eilten auf die Straßen, wo sich ganze Scharen von Neugierigen angesammelt hatten. Einer Frau, die gerade mit einem Schaff voll Wäsche aus der Waschküche kam, fiel vor Schreck die soeben geschwemmte Wäsche aus der Hand, als der Ruf „Fliegende Untertassen!" erschallte. Besonders eilig hatten es natürlich die Kinder und unter diesen wiederum die Buben, die sofort den Umstehenden mit technischen Details dienen konnten und sich über die Herkunft der Flugkörper in die Haare gerieten. „De san vom Mars, da könnt i schwörn!" behauptete einer, worauf der Knirps vom Nachbarhaus einen Eid darauf ablegte, daß es sich um Untertassen handle, die in Sibirien aufgestiegen wären. Nun, eines war sicher: Links vom Untersberg – von der Stadtmitte aus gesehen – blitzten etliche silberne Körper in einigen hundert Meter Höhe, die tatsächlich etwa dem Bild entsprachen, das man sich nach den bisherigen Berichten von Fliegenden Untertassen machen kann. Allerdings brausten sie nicht mit ungeheurer Geschwindigkeit durch den Luftraum, auch zogen sie keinen Rauchschweif hinter sich her, sondern standen fast bewegungslos. [...]

Wie die Bundespolizeidirektion mitteilt, wurde sie gestern gegen 11 Uhr von mehreren Leuten telephonisch darauf aufmerksam gemacht, daß in Richtung Hallein am Himmel eine „Unmenge von Fliegenden Untertassen" zu sehen sei. Nachdem sich die Polizei von der teilweisen Richtigkeit dieser Behauptungen überzeugt hatte, stellte sie gemeinsam mit der Flugwetterwarte Salzburg Erhebungen an, als deren Ergebnis die Polizei gestern bekanntgab, daß es sich um 200 Versuchsballons gehandelt habe, die gestern früh auf deutschem Gebiet losgelassen wurden. [...]

Damit fand die große Sensation des gestrigen Tages ihre Aufklärung. Wir sind um eine Erfahrung reicher und vielleicht für die Zukunft insoferne gerüstet, daß wir nun nicht mehr jeden blinkenden Gegenstand in der Luft für ein „UFO" halten. Denn, Hand aufs Herz: Im ersten Augenblick waren wir gestern alle baff.

Aus: Demokratisches Volksblatt vom 3. November 1954.

Das „Wuzeln"

[...] Man wuzelt heute! Wer früher wuzelte, hatte seine Gründe und geschmuggelten Tabak, der besser war als der regieliche. Manche wuzelten auch aus Ersparnis oder demokratisch erlaubtem Zorn wider die staatliche Regie.

Aber jetzt wuzeln wir alle aus keinerlei Regung von Hirn oder Herz heraus, sondern weil uns nichts anderes übrig bleibt. Wir wuzeln sogar das, was übrig bleibt, die Tschicks. Jeder sein eigener Tschickarretierer! Ein Nebengeschäft, dem früher genußsüchtige Arme oblagen, ist allgemeine Beschäftigung der rauchenden Bevölkerung geworden.

Es sind dem Chronisten sogar Eheleute bekannt, die sich gegenseitig die Tschicks noch warm aus der Aschenschale streitig machen. Leute, die sich in Tabakengpässen befinden, machen aus der Not eine Untugend und verwuzeln den Freunden heimlich entwendeten Tschicks zu eigenem Konsum. Ist das Diebstahl? Allerhöchstens Mundraub, zu verstehen und zu verzeihen, wenn auch nicht nach jedermanns Geschmack.

Ja, und wo kommen die Tschicks denn eigentlich her? [...]

Normalerweise stammen Tschicks von Tabak ab, punktmäßig gefaßten, selbst angebautem, auf geheimen Schleichwegen sündhaft teuer ertauscheltem, von früher her angereichertem oder sonstwie in Besitz genommenem. Wie viele Wege nach Rom führen, so führen unaussprechlich viele zu Tabak und Zigaretten.

Das Wuzeln freilich muß gelernt sein. Anfänger erzeugen ausgesprochene Krepierln, die sich trotz ausgiebiger Anfeuchtung vorm Verbrennungstode auseinandersträuben. Magier wuzeln diskret mit einer Hand im Gewand. Wenn man an nichts Böses denkt, ziehen sie aus der Rocktasche eine nur noch anzuleckende Zigarette, lassen sie über die Zunge gleiten und rauchen einem etwas vor.

Meister dieses Handwerks wuzeln öffentlich. Gesellen, wie wir es dank oder undank langjährigen Konsums von Fertigwaren sind, geht das Wuzeln noch immer nicht so leicht von der Hand, man muß sich immer genau noch vorher überlegen, wie es eigentlich gemacht wird.

Wuzler aller Kategorien jedoch tun bei der Kürze des Tschicks gut, sich gegen Feuer versichern zu lassen, weil bei unvorsichtigem Genuß leicht brennende Tabakbröserl aufs Gewand fallen und entsprechende Löcher brennen.

Besonders gesucht sind gegenwärtig Tschicks von durch Amerikaner selbstgerauchten, amerikanischen Zigaretten, die sind einmal länger als die heimischen, zum anderen ist der Tabak besser. So werden diese Tschick obendrein zum Symbol, sie sind gleichsam die Brosamen, die von des Reichen Tische fallen. [...]

Aber wenn wir uns erst durch diese Zeit, in der die Tschicks geehrt werden müssen, weil sie zu viert eine Zigarette wert sind, durchgewuzelt haben werden, dann liegt das Ärgste hinter uns.

Arthur-Heinz Lehmann

Aus: Demokratisches Volksblatt vom 26. Juni 1946.

Der große USFA-Ausverkauf beginnt

Die ersten Verkäufe der US-Armee –
Ende Mai in Wels, Anfang Juni in Salzburg

Der bevorstehende Abzug der Besatzungstruppen in Österreich wirft in Westösterreich seine Schatten voraus, Ende Mai werden die USFA in Wels und Anfang Juni in Salzburg Eigentum der amerikanischen Regierung verkaufen. Der Verkauf erfolgt im Rahmen einer Ausschreibung, die Interessenten haben nach vorangegangener Besichtigung ein Kaufpreisangebot zu machen. In Salzburg werden unter anderem Automobile, Kühlschränke, rund 30.000 Kilo Zeltmaterial, mehrere hunderttausend Kilo Schrott, Kunstdünger verkauft.

Als Interessenten kommen hauptsächlich Händler in Frage, da die Güter nicht stückweise, sondern jeweils nur in ganzen Posten verkauft werden. Die zum Verkauf ausgeschriebenen Waren können beim Bahnhof Kleßheim vom 23. bis 27. Mai, 1. bis 3. Juni und am 6. Juni besichtigt werden.

Die Preisangebote der Interessenten müssen bis zum 7. Juni beim USFA-Hauptquartier einlangen. Zugleich mit dem Angebot sind 20 Prozent der Kaufsumme zu hinterlegen.

Auf der Verkaufsliste stehen u. a. sieben medizinische Kühlschränke, drei Kühlschränke für Lebensmittelgeschäfte, einige Personenwagen und Jeeps, 65 Eisenbetten, 25.000 Kilo Telephondraht, ein Großraumkühlschrank, 2000 Kilo Brunnenbau-Zement, mehrere tausend Kilo Zelte, 15.000 Kilo Baumwollhosen und -jacken, 500 Matratzen, 3000 Windjacken, 3000 Kilo Overalls, etwa 500 Kilo medizinische und zahnärztliche Instrumente, 25.000 Kilo Gummi-Überschuhe, Panzerschränke, 25.000 Kilo Jacken, Hosen, 500 Pelzjacken, 30.000 Kilo Kunstdünger, 4000 Hohlraumziegel, verschiedene Radio- und Nachrichtengeräte.

Aus: Salzburger Volksblatt vom 24. Mai 1955.

Stadt Salzburg rechnet mit 350 Wohnungen

In der Sitzung des Stadtsenats am Montag teilte Bürgermeister Pacher mit, daß alles unternommen werden wird, um einen Großteil der freiwerdenden 350 Wohnungen in den noch beschlagnahmten Wehrmachtsbauten für den Wohnungsmarkt zu sichern. Es handelt sich dabei um die Objekte Aigner-Straße 1, 3, 3a und 5 mit insgesamt 20 Wohnungen, Aigner Straße 8 mit dem Ledigenheim, Anton-Hochmuth-Straße mit vier Wohnungen, General-Keyes-Siedlung mit 140 Wohnungen, Münchner Fahrstraße 18 und 22 mit 12 Wohnungen, Petersbrunnstraße 23, 24, 25, 26, 27 und 29 mit 20 Wohnungen, Peter-Singer-Straße mit zwei Wohnungen, Reichenhaller Straße 17 mit sechs Wohnungen, Zillnerstraße mit 16 Wohnungen, 60 Privathäuser mit 120 Wohnungen, Franz-Berger-Straße 9, 11, 13, 15 und 17 mit 10 Wohnungen. Des weiteren noch um die Riedenburger Kaserne, die Lehener Kaserne, Alpenlager usw.

In diesem Zusammenhang kann mitgeteilt werden, daß zur Zeit Besprechungen zwischen Salzburger Stellen und dem Handelsministerium laufen, deren Gegenstand die Freigabe von Gebäuden nach Abzug der Besatzung ist. Die Verhandlungen gestalten sich besonders hinsichtlich der Salzburger Kasernen sehr zähe, doch dürfte es angesichts der modernen Truppenunterkünfte in Glasenbach und in Wals-Siezenheim für das neue Bundesheer möglich sein, die Lehener Kaserne als Schul-Provisorium zur Gänze zu unterhalten. Noch weniger Besorgnis herrscht wegen der Wohnungen in den ehemaligen Unteroffiziersgebäuden, da genügend amerikanische Wohnungen für Wehrmachtszwecke vorhanden sind.

Aus: Salzburger Volksblatt vom 24. Mai 1955.

Die letzten Amerikaner in Salzburg: Auf Wiedersehen – als Touristen!

General Nutter war „der letzte Ami" – Nun auch Paßzwang für GI in Zivil aufgehoben

Kurz vor Beginn der Unabhängigkeitsfeier der Jugend im Festspielhaus fand sich gestern vormittag General William H. Nutter in Begleitung von Konsul O'Connor bei Landeshauptmann Dr. Klaus zu seinem Abschiedsbesuch ein. Der General drückte seine Hoffnung aus, recht bald wieder als Tourist nach Salzburg kommen zu können. Einen gleichen Abschiedsbesuch stattete „der letzte Ami" Bürgermeister Pacher ab, wobei er sich in das Ehrenbuch der Stadt eintrug und ein Erinnerungsgeschenk erhielt. Wenig später verließ der letzte Besatzungssoldat an der Bayrischen Grenze unser Land. Zur Erleichterung des Touristenverkehrs der ehemaligen USFA-Angehörigen wurde vom Innenministerium verfügt, daß den amerikanischen Soldaten in Zivil die Einreise nun auch dann gestattet ist, wenn sie sich nur mit einem militärischen Ausweis und einem Urlaubsschein legitimieren. Der Visumzwang ist für Staatsbürger der ehemaligen westlichen Besatzungsmächte schon seit Juli aufgehoben. Für die nunmehrige Aufhebung des Paßzwanges für GI haben sich besonders LH. Dr. Klaus und Konsul O'Connor eingesetzt.

Aus: Salzburger Nachrichten vom 26. Oktober 1955.

Abb. 96: US-Soldaten beim Makartsteg, August 1955.

Abb. 97: Amerikanische Militärpolizei am Makartplatz, August 1955.

Chronik der Stadt Salzburg 1945–1955

zusammengestellt von

Margit Roth
Peter F. Kramml
Erich Marx
Thomas Weidenholzer

Die Chronik der Stadt Salzburg vom Mai 1945 bis Jahresende 1955 wurde aus Zeitungen, Fachliteratur, amtlichen Verlautbarungen, städtischen Protokollbüchern, Tagebüchern, privaten Aufzeichnungen u. a. m. zusammengestellt. Die Chronik umfaßt rund 7500 Eintragungen (Datensätze), die in einer EDV-Datenbank des Archivs der Stadt Salzburg (AStS) gespeichert sind. Die nachfolgend gedruckte Chronik stellt aus Platzgründen nur einen Auszug aus dieser Datenbank dar. Selbstverständlich wurde versucht, die wichtigsten Informationen für den Druck auszuwählen, doch muß jede Auswahl subjektiv bleiben. Manche Detailinformation konnte zwangsläufig nicht aufgenommen werden. Für Interessierte besteht die Möglichkeit, die umfassende Datenbank im Archiv der Stadt Salzburg einzusehen.

1945

Abb. 98: Amerikanische Luftaufnahme der Stadt Salzburg bald nach Kriegsende. Im Vordergrund sind die mit Erde überdeckten Bomben-Splittergräben in Lehen erkennbar. Der von Bomben getroffene Mozartsteg ist noch provisorisch instandgesetzt.

Mai 1945

1. 5. Der letzte Bombenangriff. Am späten Vormittag gibt es Fliegeralarm und bald darauf muß die Stadt den 15. und letzten Bombenangriff erdulden. Der Gnigler Bahnhof und benachbarte Wohnhäuser werden getroffen. Zwanzig Menschen kommen ums Leben, viele sind verletzt. Die örtlichen Machthaber des Dritten Reiches bemühen sich, die Bevölkerung mit Lebensmittel-Sonderrationen zu beruhigen. Es gibt russischen Tee und Bohnenkaffee auf Karten. Aus dem bayerischen Raum ist Geschützlärm zu vernehmen. Kolonnen von zurückflutenden Soldaten ziehen durch die Stadt. Das Kino im Festspielhaus spielt „Die Jahre vergehen". Die Münzsammlung des Museums wird in Kisten verpackt und in den Wolf-Dietrich-Stollen des Salzbergwerks Hallein verlagert (nach Kriegsende geraten von den 4086 Münzen 2464 Goldstücke und Raritäten in Verlust).

2. 5. Amerikaner stehen vor Teisendorf. Ohne großen Widerstand stoßen die US-Truppen von München Richtung Salzburg vor.

3. 5. Erste geheime Parteiengespräche. Im Café „Posthof" beraten sozialistische Vertrauensleute über erste mögliche Maßnahmen nach dem Ende der NS-Herrschaft. In der Villa des Primararztes Josef Wegleitner kommen die Christlich-Sozialen Adolf Schemel und Martin Huber sowie der Sozialist Anton Neumayr zu einem ersten Gespräch zusammen.

4. 5. Salzburg wird nicht verteidigt – Einmarsch der ersten amerikanischen Truppen. Kampfkommandant Oberst Hans Lepperdinger verweigert in den frühen Morgenstunden die Annahme des Befehls von General Max von Bork zur Verteidigung der Stadt. Um 6 Uhr gibt er über Rundfunk seine Entscheidung bekannt, die Stadt den US-Truppen kampflos übergeben zu wollen. Um 6.30 Uhr gelingt es Parlamentären, mit den US-Truppen an der Saalachbrücke Kontakt aufzunehmen und die kampflose Übergabe der Stadt anzubieten. Ein amerikanischer Offizier kommt in die Stadt, um die Richtigkeit des Übergabeangebots zu prüfen. Kurz danach fährt Oberst Lepperdinger mit einigen Offizieren Richtung Saalach-Eisenbahnbrücke, wo um 9.30 Uhr die konkreten Übergabeverhandlungen stattfinden. Um 11.30 Uhr überquert der erste amerikanische Panzer die Staatsbrücke. Es folgt der Einzug der amerikanischen Truppen der 3. Infanterie-Division und der 106. Kavallerie-Gruppe mit Panzern und Kraftwagen aller Art in die Stadt. Um 13.30 Uhr spricht Brigadegeneral Robert N. Young mit Oberst Hans Lepperdinger im Hotel „Österreichischer Hof". Ab 13.45 Uhr wird durch Lautsprecher ein Ausgehverbot ab 18 Uhr und für den nächsten Tag eine Ausgeherlaubnis von 11 bis 13 Uhr angeordnet. Alle Geschäfte und Gaststätten bleiben geschlossen. Die Amerikaner beschlagnahmen für ihre Zwecke sofort Häuser und Wohnungen, die von den Bewohner innerhalb weniger Stunden geräumt werden müssen. Es gibt Klagen der Bevölkerung über die gewaltsame Abnahme von Uhren und Wertgegenständen durch amerikanische Soldaten und andere Übergriffe. Alle früheren Kriegsgefangenen werden freigelassen. Unzählige Flüchtlinge befinden sich in Salzburg. Soldaten der Wehrmacht werden in Kasernen und Lagern interniert. Den US-Soldaten sind persönliche Kontakte zur Zivilbevölkerung verboten (Fraternisierungsverbot).

1945

Aufruf

Zur Kenntnisnahme und Weitergabe!

Die Österreichische Widerstandsbewegung O 5 hat sich nach Erfüllung ihrer Kampfaufgaben der friedlichen Aufbauarbeit zusammen mit allen aufrechten Österreichern und im Einvernehmen mit allen zuständigen Behörden zugewendet.

Alle Männer und Frauen, die die Beseitigung des nationalsozialistischen Ungeistes und den Wiederaufbau unserer alten österreichischen Kultur und Heimat mit uns erstreben, haben sich daher in der Geschäftsstelle der Bewegung in Salzburg, Hotel Stein, täglich von 9 bis 12 Uhr und von 14 bis 17 Uhr persönlich zu melden.

<u>Ausweispapiere mitbringen!</u>

Die Landesstelle Salzburg

Abb. 99: Aufruf der Österreichischen Widerstandsbewegung O5, Landesstelle Salzburg, Mai 1945.

Abb. 100: Eine Salzburger Widerstandsgruppe trifft sich am 5. Mai 1945 vor dem Café Tomaselli und posiert für den Fotografen.

1945

5. 5. Erster Tag nach der Übergabe der Stadt. Amerikanische Panzer und Autos stehen in dichten Reihen vor allem auf dem Mirabellplatz, an der Staatsbrücke und vor der Residenz, dem ersten Sitz der Militärregierung. Im Rathaus amtiert ein amerikanischer Kommissar. Um 10.30 Uhr wird Richard Hildmann, Stadtoberhaupt von 1935–1938, von der US-Militärverwaltung als provisorischer Bürgermeister von Salzburg eingesetzt, Josef Daspelgruber zum provisorischen Polizeichef von Salzburg bestellt. In den frühen Vormittagsstunden wird die Bevölkerung durch Lautsprecherwagen erneut zum Verbleiben in den Wohnungen aufgefordert. Es kommt zu größeren Plünderungen durch freigelassene Kriegsgefangene und Einheimische in Militärdepots, Warenlagern, Eisenbahnwaggons, im neuen Schlachthof in Bergheim usw. Die Ausgeherlaubnis für die Bevölkerung endet um 17 Uhr.

6. 5. Erste Verordnungen des „Military Government". Die US-Militärregierung (XV. Corps unter dem Kommando von Generalmajor Wade H. Haislip) wendet sich mit öffentlichen Proklamationen und Verordnungen an die Bevölkerung. In der Proklamation Nr. 1 erklären die alliierten Regierungen Großbritanniens und Nordirlands, der Vereinigten Staaten von Amerika, der Sowjetunion und Frankreichs ihren Sieg über Deutschland und damit auch über Österreich. Sie wollen Österreich als unabhängigen Staat wiedererrichten, es aber auch wegen der Kriegsteilnahme zur Verantwortung ziehen. Die Bevölkerung wird aufgerufen, sich an der Befreiung des Landes zu beteiligen und mit den alliierten Streitkräften zusammenzuarbeiten. Proklamation Nr. 2 verkündet die vollkommene Trennung Österreichs von Deutschland und richtet sich insbesondere gegen die NSDAP und jegliche Zusammenarbeit mit dieser. Durch Kundmachung wird die Bevölkerung über die Schaffung des „Interalliierten Militärschillings" als neuer Währung unterrichtet. Die Reichsmark behält ihre Zahlungskraft und steht zum Militärschilling im Verhältnis 1 : 1. Für die von den US-Streitkräften besetzte Zone wird die englische Sprache zur Amtssprache erklärt. Ferner wird die Einstellung des Post-, Telegramm- und Telefonverkehrs verfügt.

6. 5. Vorschlag für Regierungsbildung. Adolf Schemel, christlich-soziales Mitglied der früheren Landesregierung, und Anton Neumayr ehemaliger sozialdemokratischer Landtagsabgeordneter und Halleiner Bürgermeister, erklären gegenüber der Militärregierung ihre Bereitschaft zur Übernahme der Verwaltung des Landes.

7. 5. Weitere US-Anordnungen. Die Ausgehzeit für die Bevölkerung wird auf den Zeitraum von 7 bis 18 Uhr erweitert. Jegliches Reisen wird untersagt. Das Aushängen rot-weiß-roter Fahnen wird durch Lautsprecherwagen verboten. Ein Flugblatt der Alliierten kündigt das nahe Kriegsende an.

7. 5. Gründung der Christlich-sozialen Volkspartei im Landesgerichtsgebäude. Am Nachmittag wählt die erste Vertrauensmänner-Versammlung der Volkspartei im Großen Saal des Mozarteums Adolf Schemel zum Obmann und Max Wimberger zum Parteisekretär. Dessen Position übernimmt wenige Tage später August Trummer.

8. 5. Kriegsende. Nach der bedingungslosen Kapitulation des Deutschen Reiches werden die Kampfhandlungen auf den europäischen Kriegsschauplätzen eingestellt. Die NSDAP und ihre Gliederungen sind verboten.

1945

Abb. 101: Die US-Army informiert die Bevölkerung über die Befreiung Österreichs und über die NS-Greuel. Menschen vor Auslagen am Alten Markt, 8. Mai 1945.

8. 5. Erste Schritte zur Vorbereitung der zivilen Verwaltung. Während einer Sitzung im Chiemseehof werden die Organisierung der Verwaltung vorbereitet und die wichtigsten Abteilungen des Amtes der Landesregierung besetzt, Karl Stemberger zum Landesamtsdirektor bestellt. Die meisten Geschäfte und Gaststätten in der Stadt bleiben geschlossen. Die städtische Feuerwehr muß ihre Tätigkeit einstellen.

9. 5. Clessin wieder Magistratsdirektor. Bürgermeister Richard Hildmann setzt den 1938 zwangspensionierten früheren Magistratsdirektor Heinrich Clessin wieder in sein Amt ein.

10. 5. Plünderungen bei Bauern. Das Gut Taxham wird von freigelassenen Russen, Polen und Serben geplündert. Auch andere landwirtschaftliche Betriebe klagen über Plünderungen, vor allem im Norden der Stadt und der Umgebung, durch frühere, jetzt schwer bewaffnete Insassen des Lagers Plain. Die Polizei ist ohne eigene Bewaffnung machtlos.

11. 5. Gründung der SPÖ Salzburg. Bei der ersten Konferenz der sozialistischen Vertrauenspersonen im Chiemseehof mit fünfzig Anwesenden konstituiert sich eine provisorische Landesparteivertretung. Zum Vorsitzenden wird Franz Peyerl gewählt, zum Landesparteisekretär Franz Rauscher bestellt.

11. 5. Die US-Justiz nimmt ihre Tätigkeit auf. Als erste Aufgabe soll ein Ausschuß alle während der NS-Zeit eingesperrten, in Untersuchungshaft gehaltenen oder bereits verurteilten Häftlinge überprüfen.

1945

Abb. 102: Die zu Kriegsende zerstörten Geleise auf der Saalach-Eisenbahnbrücke werden von US-Soldaten und deutschen Kriegsgefangenen repariert, Mai 1945.

12. 5. Zivilgewalt an Bürgermeister Hildmann. Die US-Militärregierung überträgt die Zivilgewalt im gesamten Stadtgebiet an Bürgermeister Richard Hildmann, behält aber das volle Kontroll- und Weisungsrecht. Am Abend verkünden Lautsprecher die Ausdehnung der Ausgeherlaubnis auf die Zeit von 6 bis 20 Uhr.

12. 5. Konstituierung der SPÖ-Stadtorganisation im Chiemseehof. Bezirksvorsitzender wird Ludwig Bogner.

12. 5. Arbeitsausschuß der Wirtschaftskammer. Der Druckereibesitzer Emil Funder stellt mit Zustimmung der US-Militärs und des Bürgermeisters einen Arbeitsausschuß für die Neuorganisation der Kammer der gewerblichen Wirtschaft zusammen. Den Sitz hat die Kammer vorerst in der Hofstallgasse 5d.

14. 5. US-Sondierungen über Salzburger Regierungsbildung. Oberst Russel V. D. Janzan und Oberstleutnant Hughes beginnen mit Adolf Schemel Besprechungen über die bevorstehende Regierungsbildung in Salzburg, insbesondere über eine mögliche Beteiligung der Kommunistischen Partei.

14. 5. Bericht des US-Geheimdienstes über Salzburg. Der amerikanische Geheimdienst OSS schreibt in einem Bericht über die Situation in Salzburg u. a.: „Die Salzburger Bürger, welche die Amerikaner als Befreier erwartet hatten, sind dadurch verwirrt, daß sie in gleicher Weise wie die Deutschen behandelt werden. Die Stadt selbst ist ruhig, und alles geht seinen geordneten Weg. Wegen der Ernennung des extrem konservativen Katholiken Hildmann, der von den Sozialdemokraten beschuldigt wird, ein Jasager gegenüber den Amerikanern zu sein, haben die alten politischen Führer, darunter Anton Neumayr und Schemel, ihre der Militärregierung angebotene Zusammenarbeit wieder in Frage gestellt. Die Parteiführer befürworten die Wiedereinrichtung der Landesregierung, wie sie vor 1934 bestanden hat, jetzt aber in der Zusammensetzung von zwei Sozialdemokraten, zwei Christlich-Sozialen und einem Kommunisten. Die alliierte Militärregierung erwägt eine Änderung dieser Zusammensetzung im konservativen Sinn. Die Christlich-Sozialen und die Sozialdemokraten vertrauen jedoch den alten Parteiführern und befürchten keine Dominanz der Kommunisten."

14. 5. Gauleiter stellt sich. Der ehemalige Gauleiter und Reichsstatthalter Gustav Adolf Scheel stellt sich den Amerikanern. Führende Salzburger Funktionäre des NS-Regimes werden verhaftet, nur wenigen gelingt es unterzutauchen.

15. 5. Amerikaner organisieren Informationspolitik. Zur Organisation und Kontrolle der Informations- und Medienpolitik installiert die US-Besatzungsmacht den Information Services Branch (ISB).

15. 5. Fleckfieber im Ausländerlager Plain infolge katastrophaler hygienischer Verhältnisse. Trotzdem verbringen dort – laut Polizeimeldungen – amerikanische Soldaten die Nacht mit weiblichen Lagerinsassen.

16. 5. Vorschlag zur Regierungsbildung. In einer Eingabe an die US-Militärs schlagen die Beauftragten der Volkspartei, der Sozialisten und der Kommunisten die Bildung einer gemeinsamen provisorischen Salzburger Landesregierung vor.

17. 5. Das **Ausgehverbot** wird auf die Zeit von 21 bis 6 Uhr verkürzt.

22. 5. Befehl zur Wiederaufnahme der Arbeit. Alle arbeitsfähigen Arbeiter und Angestellten Salzburgs sind ab sofort zur Wiederaufnahme der Arbeit und zum Schuttwegräumen (unter Strafandrohung bei Nichtbefolgung) aufgefordert. Von Handwerksunternehmen wird ebenfalls die sofortige Wiederaufnahme der Geschäftstätigkeit erwartet. Laut Bekanntgabe des Preiskommissars bleiben alle Preise in der bisherigen Höhe für alle Artikel und Leistungen aufrecht.

23. 5. Bestellung des Landeshauptmannes und dessen Stellvertreters. Im Justizgebäude, dem Amtssitz des US-Gouverneurs Oberst Russel V. D. Janzan, erfolgt die Bestellung von Adolf Schemel (Volkspartei) zum Landeshauptmann und von Anton Neumayr (SPÖ) zum Landeshauptmann-Stellvertreter durch Dekrete in englischer Sprache.

23. 5. Beginn der Rückführungen in die Heimat. Um 8 Uhr früh sammeln sich beim bombenbeschädigten Kurhaus ehemalige französische Kriegsgefangene und Zivilarbeiter für den ersten Transport in Lastkraftwagen und Autobussen Richtung Heimat. Diese Transporte wiederholen sich in der Folgezeit.

23. 5. Liquidierung der Deutschen Arbeitsfront (DAF) in Salzburg. Eine von der Militärregierung eingesetzte Kommission aus Vertretern der ehemaligen österreichischen Gewerkschaften übernimmt die Verwaltung des Vermögens der früheren DAF.

24. 5. Salzburg anerkennt Regierung Renner. Die neue Landesregierung sendet einen Bericht an die Bundesregierung in Wien und stellt fest, daß sie voll und ganz hinter der Regierung Renner stehe.

24. 5. Generalfeldmarschall Ritter von Greim, letzter Oberbefehlshaber der deutschen Luftwaffe, begeht im Reservelazarett im Priesterhaus Selbstmord.

1945

25. 5. Zwei weitere Aufrufe an die Bevölkerung. Die US-Militärverwaltung fordert alle Grund- und Gartenbesitzer auf, zur Sicherung der Ernährung und Abwehr des drohenden Lebensmittelmangels alle Anbauflächen restlos zum Getreide-, Kartoffel- und Gemüseanbau zu verwenden oder anderen Personen hierzu die Gelegenheit zu geben. In einem weiteren Aufruf werden alle über 18 Jahre alten arbeitsfähigen Männer und Frauen unter Strafandrohung verpflichtet, sich für Aufräumungsarbeiten zu melden.

25. 5. Der Lokalbahnverkehr zwischen Salzburg und Lamprechtshausen wird mit Dampflokbetrieb wieder aufgenommen.

27. 5. Sperrstunden-Überschreitung. Am Tor der Polizeidirektion in der Churfürststraße werden erstmals Listen jener Personen veröffentlicht, die vom Kleinen Gericht der Militärregierung wegen Überschreitung der Sperrstunde (21 Uhr) zu Haftstrafen zwischen zwei und vier Wochen verurteilt worden sind. Weitere Verurteilungen folgen.

28. 5. Die Aufräumungsarbeiten in der Stadt unter Verwendung kriegsgefangener deutscher Soldaten sind voll angelaufen.

30. 5. Erste Zeitung. Die erste Ausgabe des „Österreichischen Kurier" erscheint. Die Zeitung wird von der 12. Heeresgruppe der US-Truppen für die Bevölkerung von Salzburg, Oberösterreich und Tirol herausgegeben.

31. 5. Konstituierung der ÖVP Salzburg. Landesparteiobmann wird Hermann Rainer, die Christlich-soziale Volkspartei wurde zuvor aufgelöst.

Juni 1945

1. 6. Die politischen Parteien ÖVP, SPÖ und KPÖ werden von der amerikanischen Militärregierung in Salzburg offiziell zugelassen. Die Parteisekretariate befinden sich im Landtagstrakt des Chiemseehofs.

1. 6. Die Stadtbücherei im Schloß Mirabell ist wieder geöffnet. Von den ursprünglich 14.000 Büchern werden rund 2000 Titel als nationalsozialistische Literatur entfernt.

3. 6. Zuteilungskarten. Die bisherigen reichseinheitlichen Urlauberkarten, Reise- und Gaststättenmarken werden außer Kraft gesetzt. An deren Stelle treten neue, nur im Land Salzburg gültige Reise- und Tagesmarken.

4. 6. Als kommissarischer **Landesfeuerwehr-Inspektor** wird Oberst a.D. Oswald Prack von Landeshauptmann Adolf Schemel (ÖVP) im Einvernehmen mit der Militärregierung eingesetzt. Die städtische Feuerwehr darf ihre Tätigkeit wieder aufnehmen.

5. 6. Eröffnung des Senders Rot-Weiß-Rot. Der Nachfolger von Generalmajor Wade H. Haislip als Kommandant des XV. US-Korps, Generalmajor Walter M. Robertson, gibt die offizielle Eröffnung des Sendernetzes Rot-Weiß-Rot für Salzburg, Oberösterreich und Tirol unter der Leitung der US-Besatzung bekannt. Mit dem Aufbau des Senders ist US-Major Hans R. L. Cohrssen betraut. Das provisorische Studio befindet sich in einer Dachkammer im Landestheater.

5. 6. Vereinbarungen von ÖVP und SPÖ. In einem Gespräch zwischen Hermann Rainer und August Trummer (beide ÖVP) bzw. Franz Rauscher und Ludwig

Bogner (beide SPÖ) wird Einigung über personelle Besetzungen in verschiedenen Institutionen unter Berücksichtigung der KPÖ-Interessen erzielt und ein regelmäßiges Treffen des Sechserausschusses der drei Parteien vereinbart.

- **6. 6. Polizeiwachstuben.** In der Stadt sind folgende Polizeiwachstuben wieder geöffnet: Linzer Gasse 72, Maxglaner Hauptstraße, Sebastian-Stöllner-Gasse, Moosstraße 66, Hauptbahnhof, Kirchenstraße, Glaserstraße (Aigen). Wachstuben mit amerikanischer Militärpolizei (MP): Landesgerichtsgebäude, Neutorstraße 14, Ecke Pillweinstraße/Pirkmayerstraße.
- **6. 6. Die Kammer für Landwirtschaft und Ernährung** nimmt ihre Tätigkeit auf. Der NS-Reichsnährstand und dessen Gliederungen werden aufgelöst.
- **6. 6. Warnung vor Sprengkörpern** und Hantieren mit aufgefundener Munition. Bereits fünfzig verletzte Kinder befinden sich im Kinderspital.
- **7. 6. Neue Tageszeitung.** Die erste Nummer der Salzburger Nachrichten erscheint, herausgegeben von der 12. US-Heeresgruppe für die österreichische Bevölkerung (Preis: 15 Pfennig). Das Wochenblatt „Österreichischer Kurier" wird weiterhin in die westlichen Bundesländer ausgesandt.
- **7. 6. Rundfunkansprache.** Im Sender Rot-Weiß-Rot nimmt Bürgermeister Richard Hildmann (ÖVP) zu den Ernährungs- und Wohnungsproblemen Stellung. Er schließt mit den Worten: „Alle Salzburger bitte ich um ihre willige Mithilfe. Es lebe unser schönes Salzburg in einem freien Österreich."
- **7. 6. Sofortmeldung beim Arbeitsamt.** Gemäß einer Verfügung von Bürgermeister Richard Hildmann (ÖVP) im Einvernehmen mit der US-Militärregierung müssen sich alle männlichen Personen über 18 Jahre ohne Arbeitsverhältnis sofort beim Arbeitsamt Salzburg melden, widrigenfalls droht eine Bestrafung.
- **7. 6.** Die **Ablieferung aller Feuerwaffen** bei der Polizeidirektion wird angeordnet.
- **7. 6. Beschränkung des Kraftwagenverkehrs.** Bei Benutzung von Autos ohne Genehmigung der Militärregierung wird das Fahrzeug beschlagnahmt.
- **7. 6. Aufnahme des Bankverkehrs.** Die Reichsmark-Banknoten bleiben gesetzliches Zahlungsmittel, ebenso der alliierte Militärschilling.
- **7. 6. Warnung vor Typhus.** Wegen Typhusgefahr werden die Einwohner Salzburgs zum Abkochen des Trinkwassers und zur Teilnahme an der Impfaktion gegen Bauch- und Paratyphus aufgefordert.
- **8. 6. Sperre des Ritzerbogens.** Er ist sowohl für Fußgänger als auch für den Radfahr- und Handwagenverkehr gesperrt. Übertretungen dieser Anordnung werden mit Arrest von zwei bis vier Wochen bestraft.
- **8. 6. Wiederaufnahme der Müllabfuhr** in der Stadt.
- **9. 6.** Eine Vorhut der amerikanischen **Civilian Supply Division** trifft aus Verona kommend in Salzburg ein.
- **9. 6. Neue Ausgehzeiten.** Die US-Militärbehörde legt das Ausgehverbot auf die Zeit von 21.30 bis 5.00 Uhr fest. Wer in dieser Zeit ohne Sondererlaubnis außerhalb seiner Wohnung angetroffen wird, wird strengstens bestraft. Die Militärwachen haben Befehl, auf verdächtige Personen zu schießen.
- **10. 6. Gasversorgung.** Mit Ausnahme von Teilen Itzlings erhalten die Haushalte wieder Gas zum Kochen, Heizen und für die Beleuchtung.

1945

- **11. 6. Registrierung der Nationalsozialisten.** Alle Personen, die zwischen dem 1. Juli 1933 und dem 27. April 1945 Mitglied bzw. Parteianwärter der NSDAP gewesen sind oder einem der Wehrverbände (SS, SA, NSKK, NSFK) angehört haben, müssen ein Meldeblatt ausfüllen.
- **11. 6. Aufruf an Landesbedienstete.** Alle Beamten und Angestellten der Behörden des ehemaligen Reichsstatthalters, die sich bisher noch nicht zum Dienst gemeldet haben, werden zur Meldung bei der Landesregierung aufgerufen.
- **11. 6. Tabakanbau** für den Eigenbedarf mit maximal 200 Pflanzen wird erlaubt.
- **11. 6. Zugsverkehr wieder aufgenommen.** Auf der Strecke Salzburg–St. Gilgen und umgekehrt verkehrt täglich ein Zug der Salzkammergut-Lokalbahn. Die Fahrt ist nur mit Passierschein zulässig. Auf den Strecken Salzburg–Straßwalchen und Salzburg–Golling fahren täglich zwei Züge, auf der Strecke Salzburg–Lamprechtshausen verkehrt täglich ein Zug.

Abb. 103: Salzburger warten vor der Polizeidirektion, um sich zur Arbeit registrieren zu lassen. Lebensmittel erhalten nur Inhaber einer Registrierungskarte, Juni 1945.

- **11. 6. Ohne Arbeitsnachweis keine Lebensmittelkarten.** Im Auftrag der US-Militärregierung gibt Bürgermeister Richard Hildmann (ÖVP) bekannt, daß alle Personen (ausgenommen Geistliche, aktive Beamte, verheiratete Frauen, in der Landwirtschaft beschäftigte Personen u. a.) vom 16. bis 60. Lebensjahr die Ausübung eines selbständigen oder unselbständigen Erwerbs bis spätestens 20. Juni nachzuweisen haben.
- **12. 6.** Das **Rote Kreuz** weist darauf hin, daß Nachforschungen über Vermißte und Kriegsgefangene sowie der Briefverkehr mit Wehrmachtsangehörigen, die sich in alliierter Kriegsgefangenschaft befinden, und Erhebungen über Flüchtlinge und Evakuierte erst nach Wiederherstellung normaler Postverhältnisse und dem Eintreffen entsprechender Weisungen des Internationalen Roten Kreuzes in Genf durchgeführt werden können.

1945

13. 6. Ablieferungspflicht für Werkzeuge. Alle früher für Luftschutzzwecke vorgesehenen Werkzeuge wie Schaufeln, Beile, Spaten, Krampen und Besen sind im städtischen Bauhof abzuliefern. Sie werden für die Aufräumungsarbeiten der Bombenschäden benötigt.

13. 6. Fleckfieber im Flüchtlingslager in der Gewerbeschule am Rudolfskai. Das Verlassen des Lagers wird vorübergehend verboten.

14. 6. Abtransport ehemaliger sowjetischer Kriegsgefangener aus dem Sammellager an der Guggenmoosstraße. Sie stecken die Baracken in Brand. Das Feuer kann durch die Feuerwehr nur mühsam gelöscht werden.

14. 6. Zum neuen Landesgendarmeriekommandanten ernennt die US-Militärregierung Gendarmerie-Oberstleutnant Andreas Steiner.

16. 6. Konstituierung des SPÖ-Landesparteivorstandes.

16. 6. Ohne Lebensmittelkarten keine Nahrungsmittel. Gemäß Verlautbarung der US-Militärregierung dürfen ab sofort im Stadtgebiet keine Nahrungsmittel mehr ohne Lebensmittelkarten ausgegeben werden.

16. 6. Meldepflicht für Reichsdeutsche. Die US-Militärregierung ordnet an, daß sich alle in Österreich wohnhaften reichsdeutschen Staatsangehörigen zum Zwecke der Rückführung in ihre Heimatorte zu melden haben.

16. 6. Straßenreinigung durch NS-Angehörige. Mehr als 100 ehemals prominente Nationalsozialisten der Stadt sind derzeit zur Straßenreinigung und Schutträumung zwangsverpflichtet.

16. 6. Haus- und Grundbesitzervereinigung. In der im Hotel „Stein" stattfindenden ersten Vorstandssitzung wird der bisherige kommissarische Leiter der Haus- und Grundbesitzervereinigung, Louis Brandstätter, zum Vorstand gewählt.

16. 6. Infolge Papiermangels können Inserate für die Salzburger Nachrichten nicht mehr angenommen werden.

16. 6. Lokalbahnverkehr. Auf den Linien der Salzburger Eisenbahn- und Tramwaygesellschaft verkehren wieder sämtliche Züge. Die Rote Elektrische fährt vom Lokalbahnhof nach Hellbrunn und St. Leonhard bzw. nach Parsch.

17. 6. Die Drahtseilbahn zur Festung Hohensalzburg und der Elektrische Aufzug auf den Mönchsberg sind wieder in Betrieb. Der Zugang in die Festung ist aber von den Amerikanern vorübergehend gesperrt, weil Diebstähle von Kunstgegenständen vermutet werden.

19. 6. Rückgabe beschlagnahmter Vermögen. Bei der Landesregierung ist eine Rückführungsstelle für nach 1938 von den Nationalsozialisten beschlagnahmtes und eingezogenes Vermögen eingerichtet.

20. 6. Gemälde-Fund. Die US-Militärregierung stellt die im Halleiner Salzbergwerk zu Kriegsende deponierten Kunstschätze, darunter Gemälde von Rembrandt, Rubens, Tizian, Velasquez und Bruegel, sicher. Ebenfalls dort aufgefunden wird eine Radiummenge im Wert von 15 Millionen Dollar. Im Oktober erhält das Wiener Radium-Institut das kriegsbedingt ausgelagerte Radium zurück.

21. 6. Neuaufstellung der Polizei in der Stadt. Die von Polizeidirektor Josef Daspelgruber völlig neuaufgestellte Stadtpolizei erhält neue Uniformen und wird erstmals mit Pistolen bewaffnet.

1945

Abb. 104: *Kinder spielen in Ruinen, Sommer 1945.*

21. 6. Passierscheinpflicht innerhalb des Landes Salzburg aufgehoben.

21. 6. Das Glockenspiel am Residenzplatz mit seinen 37 Glocken erklingt wieder.

22. 6. Wiederaufbau des Domes. Unter Vorsitz von Fürsterzbischof Andreas Rohracher tritt das Dombau-Komitee zu seiner ersten Sitzung zusammen und berät Maßnahmen zum Wiederaufbau der bombenzerstörten Domkuppel.

23. 6. 1. ÖVP-Länderkonferenz. Im Chiemseehof treffen sich ÖVP-Politiker mit Leopold Figl und Julius Raab an der Spitze, um eine einheitliche Bundespartei zu gründen. Die westlichen Bundesländer beharren jedoch auf einem Generalsekretariat West.

23. 6. Obusverkehr. Der städtische Obusverkehr auf der Linie Sigmundsplatz–Gnigl nimmt seinen regelmäßigen Betrieb wieder auf.

23. 6. Schlechte Ernährungslage in Salzburg. Die US-Militärregierung gibt bekannt, daß eine Steigerung der Lebensmittelversorgung erst nach Verbesserung der Transportverhältnisse vorgenommen werden kann.

24. 6. Meldepflicht für NS-Funktionäre. Alle Personen, die in den Jahren 1943 bis 1945 die Funktion eines Block- oder Zellenleiters der ehemaligen NSDAP innegehabt haben, müssen sich auf Weisung der Militärregierung sofort in der Polizeidirektion melden.

25. 6. Aufruf an Schüler der Staatsgewerbeschule. Alle Hochbau- und Elektrotechnikschüler, die älter als 16 Jahre sind und im Großraum Salzburg wohnen, werden zum Wiederaufbau der bombenbeschädigten Schule verpflichtet.

1945

- **25. 6. Obusverkehr.** Auf der eingeschränkten Ringlinie Makartplatz–Lehen–Maxglan–Sigmundsplatz und zurück verkehrt der Obus wieder in Abständen von 12 Minuten, vorerst noch ohne die Schleife zum Hauptbahnhof, weil dort erst die Bombentrümmer beseitigt werden müssen.
- **25. 6. Die Ablieferungspflicht von Bürogeräten aus NS-Eigentum** wird auf Befehl der Militärregierung kundgemacht.
- **25. 6. Weißgebäck.** Nach langer Zeit werden in Salzburger Bäckerläden erstmals wieder Semmeln und Kipferln verkauft, zu 5 Pfennig pro Stück.
- **25. 6. Die österreichischen Pfadfinder**, die erste von der US-Militärregierung genehmigte Jugendorganisation, werden in Salzburg neugegründet.
- **26. 6. Die Suchaktionen des Roten Kreuzes.** Der Sender Rot-Weiß-Rot gibt täglich um 18.30 Uhr Suchmeldungen durch.
- **29. 6. Salzburg Sitz des II. US-Korps.** Das bisher in Salzburg stationierte Kommando des XV. US-Korps (Kommandant Generalmajor Walter M. Robertson) wird von dem aus Italien kommenden Kommando des II. US-Korps (Kommandant Generalleutnant Geoffrey Keyes) abgelöst. Der stellvertretende Kriegsminister der USA, Robert Patterson, bestätigt die Ernennung von General Mark W. Clark zum Oberkommandierenden der US-Besatzungstruppen in Österreich.
- **29. 6.** Der **zivile Telefonverkehr** auf örtlicher Basis wird innerhalb der amerikanischen Besatzungszone wieder zugelassen.
- **30. 6.** Die **Meldepflicht für Eigentum** aus Beständen der ehemaligen Deutschen Wehrmacht und aller NS-Organisationen wird angeordnet. Militärpferde, deren rechtmäßiger Besitz nicht nachgewiesen werden kann, werden beschlagnahmt und Bauern oder Betrieben zugewiesen.

Juli 1945

- **2. 7. Wiedereröffnung der Geschäfte.** Die Militärregierung verfügt die regelmäßige Offenhaltung der Geschäfte nach geltenden Ladenschlußbestimmungen.
- **2. 7. Generalleutnant Geoffrey Keyes kommt nach Salzburg,** um hier das Kommando über die amerikanische Besatzungszone zu übernehmen
- **3. 7. Verkaufsverbot von Waren an US-Truppen.** Wegen Mangels an Lebensmitteln und anderen rationierten Waren verbietet die Militärregierung bei Strafe deren Verkauf an US-Soldaten.
- **3. 7. Die Kontrollvorschriften** der US-Militärregierung über Druckschriften, Rundfunk, Nachrichtendienst, Film, Theater und Musik treten in Kraft.
- **3. 7. Spende des Internationalen Roten Kreuzes.** 120 Tonnen Lebensmittel und Kleidungsstücke werden zur Verteilung in Salzburg zur Verfügung gestellt.
- **4. 7. US-Militärgerichtshöfe in Salzburg.** Einer US-Verlautbarung zufolge bestehen im Land Salzburg 17 Militärgerichtshöfe. 15 Summary-Gerichte entsprechen den österreichischen Bezirksgerichten, das Intermediate-Gericht dem Landesgericht und das General-Gericht dem Obersten Gerichtshof.
- **4. 7. Zugsverkehr Salzburg–Linz.** Auf der Bahnstrecke Salzburg–Linz wird der regelmäßige Passagierverkehr wieder aufgenommen.

1945

Abb. 105: Am 4. Juli 1945 wird der Postbetrieb wieder aufgenommen. Im Bild der Andrang im Hauptpostamt am Eröffnungstag.

- **6. 7. Aufruf zum Klaubholzsammeln.** Außer den 2000 Holzarbeitern soll auch die Schuljugend zum Sammeln von Klaubholz eingesetzt werden.
- **6. 7. Drakonische Strafe wegen falscher NS-Angaben.** Ein ehemaliger Salzburger Staatsanwalt wird wegen falscher Fragebogen-Angaben über seine NS-Vergangenheit von einem US-Militärgericht zu 10 Jahren Gefängnis und einer Geldstrafe von 20.000 Mark verurteilt.
- **7. 7. Luftschutzhelme für die Feuerwehr.** Das Landesfeuerwehrkommando ersucht die Bevölkerung um Abgabe ehemaliger Luftschutzhelme.
- **7. 7. Erstes öffentliches Konzert** für die Salzburger Bevölkerung seit Kriegsende im Großen Saal des Mozarteums. Das Mozarteum-Orchester unter der Leitung von Joseph Messner spielt Werke von Bizet, Bruch und Tschaikowski. Im Landestheater und Marionettentheater finden weiterhin nur Aufführungen für US-Soldaten statt.
- **7. 7. Alle zu Kriegsende gültigen arbeitsrechtlichen und lohnpolitischen Vorschriften bleiben in Kraft**, soweit sie nicht Arbeitnehmer wegen deren Nationalität, Rasse oder Religion benachteiligen. Arbeitsvergabe und Arbeitsplatzwechsel sind an die Zustimmung des Arbeitsamtes gebunden.
- **8. 7. Rainbow-Division nach Salzburg.** In Tirol wird mit der Verlegung der 42. US-Infanterie-Division (auch Rainbow-Division genannt) nach Salzburg begonnen. Die Regenbogen-Division unter ihrem Kommandanten Generalmajor

1945

Harry J. Collins soll hier die bisherigen Kampftruppen ablösen. Das Land Salzburg gehört nun – nach der Einigung der vier Siegermächte in London – definitiv zur amerikanischen Besatzungszone.

9. 7. Einmalige Postsendung nach Wien. Über das Rote Kreuz kann eine Postkarte mit bis zu zehn Worten an Angehörige in Wien und Wiener Neustadt übersandt werden.

10. 7. Der US-Soldatensender „Blue Danube Network" strahlt von einem LKW-Anhänger seine ersten Sendungen aus. Er übersiedelt später in das Hotel „Pitter" und schließlich zum Schloß Kleßheim.

12. 7. Erster Abtransport von Reichsdeutschen. Nach der Sammlung in der Riedenburgkaserne werden 1000 Reichsdeutsche in 28 Güterwaggons nach München gebracht. Bis Jahresende folgen zahlreiche weitere Transporte.

12. 7. Neuordnung im Unterrichtswesen. Die Landesregierung gibt im Auftrag der Militärregierung bekannt, daß ab sofort sämtliche Lehrpersonen aller öffentlichen Schulen außer Dienst gestellt sind. Lehrer ohne NS-Vergangenheit können auf Ansuchen wieder eingestellt werden. Zum neuen Stadtschulinspektor ist Anton Porenta bestellt worden.

13. 7. General Mark W. Clark. Der Oberbefehlshaber der amerikanischen Streitkräfte in Österreich, General Mark Wayne Clark, wird zum amerikanischen Kommissar für Österreich ernannt.

14. 7. Das Komitee der ehemaligen politischen Häftlinge für das Land Salzburg veranstaltet anläßlich der Befreiung Österreichs sowie zu Ehren der ehemaligen politischen Häftlinge im Großen Saal des Mozarteums eine Festakademie.

14. 7. US-Truppenparade. Der Kommandant der US-Besatzungszone in Österreich, Generalleutnant Geoffrey Keyes, nimmt auf dem Residenzplatz – aus Anlaß der vor zwei Jahren erfolgten Reaktivierung der 42. Infanterie-(Rainbow-)Division – gemeinsam mit deren Kommandanten, Generalmajor Harry J. Collins, eine festliche Truppenparade ab.

15. 7. Beginn der Instandsetzungsarbeiten am bombenbeschädigten Dom.

15. 7. Rigobert Funke neuer Museumsdirektor. Er beginnt mit der Rückstellung der verlagerten Museumsgüter in das alte Borromäum und kümmert sich um die provisorische Sicherung des schwer bombenbeschädigten Museums.

16. 7. Lockerung des Verbrüderungsverbots. Der Oberbefehlshaber der US-Streitkräfte in Österreich, General Mark W. Clark, hat das Verbrüderungsverbot teilweise aufgehoben. Gespräche zwischen US-Soldaten und erwachsenen Österreichern auf öffentlichen Straßen sind nunmehr gestattet. Private Kontakte und Besuche bleiben jedoch weiterhin verboten.

16. 7. Die rot-weiß-rote Flagge darf an den nicht von amerikanischen Truppen besetzten Gebäuden wieder gehißt werden.

17. 7. Sauna wieder zugänglich. Das durch Kriegseinwirkung beschädigte Saunabad ist seit einiger Zeit wieder in Betrieb und jetzt zu bestimmten Zeiten auch für die Zivilbevölkerung zugänglich.

17. 7. Amtliche Ferngespräche in US-Zone. Die US-Militärregierung gestattet den amtlichen Telefonverkehr für österreichische Regierungsstellen innerhalb des amerikanisch besetzten Staatsgebietes.

1945

18. 7. SPÖ-Eingabe an US-Militärregierung. Der SPÖ-Parteivorstand gibt seinem Erstaunen Ausdruck, daß in Deutschland Institutionen der Arbeiterschaft früher als in Österreich wieder gegründet werden können.

19. 7. Öffentliches Übersetzungsbüro. Im Haus Alter Markt 11 befindet sich ein öffentliches Dolmetscher- und Übersetzungsbüro. Alle Ansuchen an die Militärregierung müssen in englischer Sprache abgefaßt sein.

19. 7. Kino-Betrieb für Zivilbevölkerung wieder zugelassen. Es dürfen jedoch nur Filme gezeigt werden, die von der Filmabteilung des ISB (Information Services Branch) zensuriert worden sind und einen Filmzulassungsschein besitzen. Im Festspielhaus findet erstmals nach dem Krieg eine öffentliche Kinovorführung für Zivilpersonen statt. Zwei Tage später nimmt das Lifka-Kino den Betrieb auf.

21. 7. Öffnung des Landestheaters verschoben. Die US-Behörden halten ihre Zusage nicht ein, das Landestheater ab heute für Aufführungen für die Zivilbevölkerung zu öffnen.

25. 7. Amerikanische Musik im Sender Rot-Weiß-Rot. Auf Kurzwelle beginnt die tägliche Sendereihe von 20 bis 20.30 Uhr „Musik aus Amerika".

26. 7. 100 Wehrmachtsfahrzeuge gibt die US-Armee für das Ernährungsamt frei.

27. 7. Die feierliche Eröffnung des Salzburger Landes- und Bezirksgerichtes findet im Schwurgerichtssaal des Salzburger Landesgerichtes in Anwesenheit hoher US-Offiziere, von Vertretern der Geistlichkeit, der Landes- und der Stadtregierung statt. Gleichzeitig werden Richter, Staatsanwälte, Rechtsanwälte, Notare und Justizbeamte vereidigt. Die Gerichte sind von der Militärregierung angewiesen, Strafsachen vorrangig zu behandeln.

28. 7. Fahrten in die US-Zone Oberösterreichs dürfen nur mit einem Passierschein der Militärregierung durchgeführt werden.

28. 7. Die **Entfernung aller Luftschutzvorbauten** bis spätestens 15. August wird vom Stadtbauamt im Auftrag der Militärregierung angeordnet.

28. 7. Das **erste Tennisturnier nach dem Krieg** findet auf der Anlage im Volksgarten statt. Es beteiligen sich Spieler aus Salzburg, Polen und amerikanische Armeeangehörige.

29. 7. 2. ÖVP-Länderkonferenz in Salzburg. Es wird ein Programm für den einheitlichen Aufbau der Partei in allen Bundesländern beschlossen.

29. 7. Meldepflicht für Soldaten. Alle ehemaligen Angehörigen der Deutschen Wehrmacht ohne Entlassungsschein haben sich zu melden.

August 1945

1. 8. General Clark in Salzburg. Anläßlich der Feierlichkeiten zum 5. Jahrestag der Reaktivierung des II. Korps nimmt USFA-Oberbefehlshaber General Mark W. Clark eine Parade der 42. Infanterie-(Rainbow-)Division am Residenzplatz ab.

1. 8. Das Lichtspielhaus Maxglan ist wieder für die Zivilbevölkerung geöffnet. Als erstes wird der Charlie-Chaplin-Film „Goldrausch" gezeigt.

1. 8. Salzburger Fußballsport. Der 1. SSK 1919 gewinnt das erste Freundschaftsspiel gegen SV Austria Salzburg.

1945

Abb. 106: Auffahrt zur Militärparade auf dem Residenzplatz am 1. August 1945.

- **3. 8. Arbeitnehmer-Organisationen wieder zugelassen.** Die Militärregierung erlaubt die Gründung von Gewerkschaften und Interessensvertretungen von Arbeitern und Angestellten.
- **4. 8. US-Konferenz in Salzburg.** Vertreter der in Europa stationierten US-Truppen konferieren mit Under-Secretary of War McCloy und Generalmajor Milldring, Chief of the Civil Affairs Division War Department in Washington, über die Versorgungslage in der US-Zone in Österreich. Zur raschen Verbesserung sollen 36.000 Tonnen US-Weizen per Schiff nach Italien und von dort per Bahn nach Österreich geliefert werden.
- **4. 8.** Das **Amerikanische Informationsbüro** des ISB wird im Haus Alter Markt 11 eröffnet.
- **4. 8. Der Müllner Steg** ist nach der provisorischen Instandsetzung wieder begehbar. Er wurde beim Bombenangriff am 25. April 1945 schwer beschädigt.
- **4. 8. Salzburger Versicherungswesen.** Nach Überprüfung des Personals im Hinblick auf politische Aktivitäten während der NS-Zeit nehmen alle Salzburger Versicherungen ihren Geschäftsbetrieb nach den Vorschriften der Militärregierung wieder auf.
- **5. 8. Kirchensammlung für den Dombau.** Auf Anordnung von Fürsterzbischof Andreas Rohracher wird in der gesamten Erzdiözese eine Kirchensammlung zugunsten des Wiederaufbaues des Domes durchgeführt werden.
- **6. 8. Erlaubnis für Telefongespräche ausgedehnt.** Die Militärregierung erlaubt der österreichischen Post innerhalb der US-Besatzungszone den Telefon- und Tele-

grammverkehr für österreichische (von der Militärregierung autorisierte) Amtspersonen und wichtige (von der Militärregierung zugelassene) Industrieunternehmungen. Die Zensurbestimmungen bleiben aufrecht.

7. 8. Wiedereröffnung der Kajetanerkirche. Anläßlich des Patroziniumsfestes des hl. Kajetan wird die im Jahr 1700 eingeweihte Kirche der Barmherzigen Brüder wieder eröffnet.

8. 8. Gründung der Volkssolidarität anläßlich einer Versammlung von ehemaligen politischen Häftlingen, politischen Gemaßregelten und rassisch Verfolgten. Das Büro ist im Haus Haydnstraße 4 untergebracht.

8. 8. Registrierungspflicht für ehemalige Nationalsozialisten. Im Auftrag der Militärregierung und aufgrund eines Erlasses des Landeshauptmannes wird angeordnet, daß sich folgende Personen zur Eintragung in Listen und Ausfüllung von Fragebögen zu melden haben: Angehörige der NSDAP oder eines Wehrverbandes (SS, SA, NSKK, NSFK); Anwärter der NSDAP oder Bewerber um die Aufnahme in die NSDAP oder SS; Mitglieder der HJ vom Schar- oder Jungzugsführer aufwärts oder des BDM von der Scharführerin aufwärts; Mitarbeiter des Sicherheitsdienstes (SD) oder der geheimen Staatspolizei (Gestapo). Nichtmelden sowie unrichtiges oder unvollständiges Ausfüllen der Fragebögen ist strafbar.

9. 8. US-Soldaten nach Wien. 350 Mann der Rainbow-Division werden als Ehrengarde für General Mark W. Clark von Salzburg nach Wien verlegt. Ende August folgen weitere US-Truppenverlegungen nach Wien.

Abb. 107: Angelobung von Heinz Kraupner (SPÖ) zum Vizebürgermeister am 9. August 1945. In der Bildmitte: Bürgermeister Richard Hildmann (ÖVP).

1945

- **9. 8.** Die kostenlose Behandlung von Geschlechtskrankheiten in 17 Ambulanzen im Land Salzburg wird kundgemacht.
- **10. 8.** Das **Marionettentheater** ist für Zivilpersonen wieder zugänglich. Die Vorstellungen in englischer Sprache für US-Soldaten finden weiterhin dreimal wöchentlich statt.
- **10. 8. Rückkehr von Franz Rehrl.** Der ehemalige Landeshauptmann kehrt aus Berlin, wo er von den Nazis interniert gewesen ist, nach Salzburg zurück.
- **10. 8. Der Bund antifaschistischer Künstler** veranstaltet in der Felsenreitschule einen Festabend mit einem bunten Programm.
- **11. 8.** Die **Ausgangssperre** gilt nun von 22.30 (statt 21.30 Uhr) bis 5.00 Uhr.
- **11. 8.** Die **Wiedergründung der Salzburger Arbeiterkammer** findet im Rahmen einer Feier im Großen Saal des Mozarteums statt. Kommissarischer Leiter ist Hans Webersdorfer.

Abb. 108: Die Arbeiterkammer wird wieder gegründet. Dem Präsidenten Hans Webersdorfer werden symbolisch die Schlüssel überreicht, 11. August 1945.

- **11. 8. Meldepflicht für kulturelle Veranstaltungen.** Vorträge, Ausstellungen, Konzerte u. ä. müssen mindestens fünf Tage vor deren Durchführung der Landesregierung gemeldet werden.
- **11. 8. Reisen ohne Passierschein** wird in der US-Besatzungszone in Salzburg und Oberösterreich erlaubt. Das Mitführen einer Identitätskarte ist Pflicht.
- **11. 8. Wieder Straßenbeleuchtung.** In der Altstadt und in einigen Straßen des rechtsseitigen Stadtteils funktioniert die öffentliche Beleuchtung wieder.

1945

Abb. 109: Aufräumarbeiten auf der Staatsbrücke, August 1945.

Abb. 110: Bombenschutt wird vom Mirabellplatz abtransportiert, August 1945.

1945

Abb. 111: Abtransport des Schutts der bombenzerstörten Domkuppel, August 1945.

Abb. 112: Aufräumarbeiten im Salzburger Dom, 1945.

1945

Abb. 113: Aufräumarbeiten im Salzburger Dom, 1945.

12. 8. Salzburger Festspiele 1945. Die Eröffnungsfeier findet im Stadtsaal des Festspielhauses statt. Das Sternenbanner und die Flaggen der US-Bundesstaaten schmücken die Balustrade, eine US-Militärkapelle spielt zu Beginn die amerikanische Nationalhymne. Landeshauptmann Adolf Schemel (ÖVP), der Oberkommandierende der US-Besatzungstruppen in Österreich, General Mark W. Clark, sowie Festspielpräsident Heinrich Puthon halten Ansprachen. Die musikalische Umrahmung besorgt das Mozarteum-Orchester unter der Leitung von Felix Prohaska. Auf dem Programm der Festspiele stehen Mozarts „Entführung aus dem Serail", Hofmannsthals „Der Tor und der Tod", 5 Konzerte, 2 Chorkonzerte und 5 Serenaden sowie einige Liederabende. Ein großes Kartenkontingent ist den US-Militärs vorbehalten.

13. 8. Die **Schubert-Lichtspiele Gnigl** öffnen als drittes Salzburger Kino und bringen den US-Film „Sieben junge Herzen".

15. 8. Feier für Franz Rehrl. Im Festspielhaus findet für den ehemaligen Salzburger Landeshauptmann ein feierlicher Empfang statt.

16. 8. Trinkwasser wieder verwendbar. Abkochen ist nicht mehr notwendig.

17. 8. Friedens-Glockengeläute. Nach der Kapitulation Japans läuten heute und an den beiden folgenden Tagen um 12 Uhr mittags eine Viertelstunde lang sämtliche Kirchenglocken der Stadt.

20. 8. Freies Reisen innerhalb dreier Zonen. Österreicher dürfen ab heute innerhalb der amerikanischen, britischen und französischen Besatzungszone frei reisen.

1945

Abb. 114: Konzert der Wiener Sängerknaben bei den Festspielen 1945. Der Große Saal des Mozarteums ist mit amerikanischen Flaggen geschmückt. In der Ehrenloge verfolgen die Generäle Mark W. Clark (USA), Sir Richard L. McCeery (GB), Alexis Zeltov (UdSSR) und Emile-Marie Bethouart (F) die Aufführungen, 19. August 1945.

20. 8. Empfang bei General Clark. Der Oberkommandierende der amerikanischen Streitkräfte in Österreich, General Mark W. Clark, gibt in Salzburg einen Empfang, bei dem erstmals hohe Vertreter aller vier Besatzungsmächte in Österreich zu einem gesellschaftlichen Ereignis zusammenkommen.

20. 8. 3. ÖVP-Länderkonferenz in Salzburg.

22. 8. Registrierungspflicht für Ärzte und Schwestern. Auf Befehl der Militärregierung müssen sich ab sofort Ärzte, Zahnärzte, gelernte Pflegerinnen und Tierärzte registrieren lassen und Fragebogen ausfüllen. Ohne Genehmigung der Militärregierung dürfen diese Berufe nicht ausgeübt werden.

23. 8. Naturtheater. Die seit einer Woche im Naturtheater im Mirabellgarten laufenden Vorstellungen sind jetzt auch für die Zivilbevölkerung zugänglich.

23. 8. Beschlagnahme von Mangelbaustoffen. Im Auftrag der Militärregierung sind alle bei Händlern oder Handwerkern im Land Salzburg liegenden Vorräte an Teer und Asphalt, Dachpappe, Glas und Nägeln ab sofort beschlagnahmt.

27. 8. Treibstoffverkauf an Zivilpersonen offiziell erlaubt. Benzin ab 78 Oktan kostet 46 Groschen pro Liter, schlechtere Qualität zwischen 40 und 44 Groschen. Diesel wird um 30 Groschen pro Liter verkauft.

29. 8. Wiedereröffnung der Polizei-Wachstube im Rathaus.

30. 8. Abgabe aller Schul- und Lehrbücher. Die Landesregierung fordert auf Anordnung der Militärregierung alle Eltern von Schülern (auch ehemaligen) auf,

sämtliche während der Zeit von 1920 bis 1945 an Volks- und Hauptschulen, mittleren und höheren Lehranstalten sowie Fachschulen verwendeten Lehrbücher, Lesetexte und Atlanten bis 10. September abzuliefern.
- **31. 8. Zuzugssperre.** Gemäß Bürgermeister-Verordnung tritt mit Zustimmung der Militärregierung eine Zuzugssperre für das gesamte Stadtgebiet in Kraft.
- **31. 8. Zeitungskurs für Englisch.** In den Salzburger Nachrichten beginnt ein Kurs „Englisch für jedermann" in zwanzig Lektionen mit je zehn Redewendungen.

September 1945

- **1. 9.** Der **Postverkehr** in den westlichen Besatzungszonen wird aufgenommen.
- **2. 9. Nonstop-Wochenschau.** Die Filmsektion des ISB veranstaltet im Lifka-Kino erstmalig einen Nonstop-Wochenschau-Vormittag.
- **2. 9. Erstes Ländermatch.** Am Sportplatz im Volksgarten findet das erste Nachkriegs-Fußball-Länderspiel, Salzburg gegen Oberösterreich, statt.

Abb. 115: Ein Autobus der neuen Linie B/D Liefering–Josefiau, 3. September 1945.

- **4. 9. Kriegsgefangenenpost.** Der Briefverkehr mit Kriegsgefangenen, die sich auf dem Staatsgebiet der westlichen Alliierten oder in deren besetzten Gebieten befinden, ist wieder erlaubt.
- **4. 9. Aufhebung des Fraternisierungsverbots** für US-Soldaten.
- **5. 9. Erste amerikanisch-salzburgische Hochzeit** im Schloß Mirabell. Der Chef der ISB-Nachrichtenabteilung, Henry Fischbach, heiratet die Mitarbeiterin der Salzburger Nachrichten, Stefanie Brück.

1945

- **5. 9. Arbeitspflicht für Ausländer.** Alle Ausländer, die derzeit nicht in ihre Heimat zurückkehren können, werden aufgefordert, eine zeitweilige Beschäftigung (u. a. Holzschlagen, Erntearbeiten) aufzunehmen, andernfalls würden die Lebensmittelrationen wesentlich herabgesetzt werden.
- **6. 9. Wohnungsnot.** Der Sechserausschuß der drei Parteien weist in einer Eingabe an die Militärregierung darauf hin, daß zahlreiche Familien, die noch in Luftschutzbunkern und Splittergräben wohnen müßten, den kommenden Winter nicht überstehen würden. Die Parteien appellieren, bei der Beschlagnahme von Wohnungen darauf Rücksicht zu nehmen.
- **6. 9. Sender Rot-Weiß-Rot in Wien.** Die Sendegruppe Rot-Weiß-Rot erhält zu ihren bisherigen Sendestationen in Salzburg und Linz nun auch im amerikanischen Sektor in Wien eine weitere Station. Das Salzburger Studio ist vor kurzem ins Franziskanerkloster übersiedelt.
- **7. 9. Verbot des Kaufs von US-Eigentum.** Die Landesregierung verbietet der Bevölkerung den Kauf von Waren von Angehörigen der alliierten Streitkräfte.
- **7. 9. Freigabe von Baumaterial.** Die Beschlagnahme des Baumaterials bombenzerstörter Häuser wird aufgehoben. Hausbesitzer, die mit der Bergung des Materials nicht bis 15. September beginnen, verlieren den Anspruch darauf.
- **10. 9. Einlieferung ins Lager Marcus W. Orr.** 254 politische Häftlinge aus dem Gefangenenhaus werden vom CIC in das Lager Glasenbach an der Alpenstraße verlegt. Damit reduziert sich die Anzahl der Häftlinge im überfüllten Gefangenenhaus auf 353. Im Lager Glasenbach waren bisher ehemalige Wehrmachtsangehörige untergebracht, die auf ihre Entlassungspapiere warten mußten.
- **10. 9. Musik und Gesang von US-Soldaten.** Im Landestheater beginnen US-Soldaten mit der Veranstaltungsreihe „Concert in Swing".
- **10. 9. Alliierte Militärmark verboten.** Deren Umwechslung in Reichsmark ist bis 18. September bei den Geldinstituten möglich.
- **10. 9. Englischkurs im Radio.** Der Sender Rot-Weiß-Rot beginnt mit einem Sprachkurs, der dreimal wöchentlich gesendet wird.
- **11. 9. Die offizielle Zulassung der Parteien** ÖVP, SPÖ und KPÖ beschließt der Alliierte Rat in Wien.
- **12. 9. Vermietungsverbot.** Laut einer Verordnung des Bürgermeisters ist ab sofort das freie Vermieten von Wohnräumen und Schlafstellen verboten. Auch die Dauervermietung von Fremdenzimmern in Gaststätten ist nicht zugelassen.
- **12. 9. Schadenserfassung.** Die Haus- und Grundbesitzervereinigung wird beauftragt, eine Feststellung der Bombenschäden und der zum Wiederaufbau notwendigen Baumaterialien vorzunehmen.
- **13. 9. SPÖ-Länderkonferenz.** In Salzburg treffen sich sozialistische Politiker der westlichen Bundesländer zur Vorbereitung der gesamtösterreichischen Länderkonferenz und fordern u. a. eine Lockerung der Demarkationslinien sowie die Wiedereingliederung von Südtirol.
- **13. 9. Jubiläum bei Suchmeldungen.** Durch die Suchmeldungen im Sender Rot-Weiß-Rot haben sich bisher 1000 Menschen wieder gefunden.
- **14. 9. Rückgabe von Kirchengut.** Im Auftrag der Militärregierung müssen alle Mö-

1945

bel, Kunstschätze oder sonstigen Gegenstände aus dem seinerzeit beschlagnahmten Vermögen kirchlicher Einrichtungen bis 1. Oktober der Landesregierung gemeldet werden.

17. 9. Vorstellung für Zivilbevölkerung im Landestheater. Erstmals seit Kriegsende ist eine Vorstellung im Landestheater wieder für die Zivilbevölkerung zugänglich. Das „Wiener Brettl" bringt als Gastspiel die Revue „Wiener Dessert".

17. 9. Schulbeginn in den Pflichtschulen. In zehn Volks- und Hauptschulen wird nach langer Unterbrechung der Unterricht wieder aufgenommen. Die übrigen fünfzehn Pflichtschulen in der Stadt werden etappenweise bis 17. Dezember 1945 von den USFA bzw. Flüchtlingen geräumt.

18. 9. Kriegsopferverband. Landeshauptmann Adolf Schemel (ÖVP) gibt die Bestellung von Ludwig Wanner zum kommissarischen Leiter des Salzburger Kriegsopferverbandes bekannt.

18. 9. Ausweisung von „Zigeunern". Die Polizei verfügt die Abreise der seit einer Woche in der Lieferinger Au lagernden Gruppe von 60 Personen mit 8 Wagen und 26 Pferden.

20. 9. Betriebsführungsvertrag mit WEAG aufgelöst. Bürgermeister Richard Hildmann (ÖVP) löst den seit 1922 bestehenden Vertrag mit der Württembergischen Elektrizitäts AG Stuttgart (WEAG) zur Betriebsführung der städtischen Elektrizitätswerke rückwirkend mit 5. Mai 1945 einseitig auf.

21. 9. Armbinde „D. P.". Alle Personen, die nicht im Militärdienst stehen und alliierte Militärkleidung tragen, müssen – um als Zivilisten gekennzeichnet zu sein – eine Armbinde mit den Buchstaben „D. P." (Displaced person) tragen.

22. 9. Meldepflicht für beschlagnahmte Betriebe. Alle von den Besatzungstruppen für dauernd oder nur zeitweilig beschlagnahmten Betriebe sind unverzüglich der Handelskammer zu melden.

22. 9. Widerstandsbewegung. In Salzburg findet ein zweitägiges Treffen der Vertretungen der Widerstandsbewegung aus allen Bundesländern statt. Die Widerstandsbewegung will „als maßgeblicher Träger des Wiederaufbau Österreichs" anerkannt werden.

23. 9. Trabrennen. Nach mehrjähriger Pause finden in Salzburg erstmals wieder Rennen auf der Trabrennbahn in Aigen statt.

23. 9. Heimkehr der Pacher-Madonna. Die wegen Bombengefahr in die Dekanatskirche St. Georgen bei Oberndorf ausgelagerte Pacher-Madonna wird im Rahmen einer kirchlichen Feier in die Franziskanerkirche zurückgebracht.

23. 9. Die **Erzabtei St. Peter** feiert ihre Wiedereröffnung.

23. 9. 4. ÖVP-Länderkonferenz in Salzburg. Dabei werden die Forderungen der ÖVP-regierten Bundesländer für die erste offizielle Länderkonferenz in Wien am folgenden Tag festgelegt.

24. 9. Länderkonferenz in Wien. Aus Salzburg nehmen daran Vertreter der drei Parteien mit Landeshauptmann Adolf Schemel (ÖVP) an der Spitze teil. Die Länder einigen sich mit Karl Renner (SPÖ) auf die Zusammensetzung der Bundesregierung und den 25. November 1945 als Termin für die Nationalratswahl.

24. 9. Die Militärregierung genehmigt den **Rupertitag** wieder als Landesfeiertag.

1945

- **25. 9.** Als **erste Eigenproduktion des Landestheaters**, die auch für die Öffentlichkeit zugänglich ist, wird das Lustspiel „Tageszeiten der Liebe" von Dario Nicodemi aufgeführt. Das von den Amerikanern beschlagnahmten Landestheater ist nur an zehn Tagen für öffentliche Aufführungen zugänglich. Bisher diente der Große Saal des Mozarteums dem Landestheater als Ausweichquartier.
- **25. 9. Registrierung des Druckereiwesens.** Alle Druckereien und graphischen Betriebe sind verpflichtet, ein komplettes Inventarverzeichnis an die Druckereiabteilung des ISB im Haus Bergstraße 12 einzusenden.
- **27. 9. Verbot aller NS-Symbole.** Die Polizeidirektion verbietet den Besitz ehemaliger Nazi-Embleme sowie das Tragen von Uniformstücken oder Ausrüstungsgegenständen der ehemaligen NSDAP oder deren Gliederungen. Diese Gegenstände müssen unverzüglich bei der Polizei abgeliefert werden. Ferner sind alle Behörden, öffentlich-rechtlichen Körperschaften und Hausbesitzer verpflichtet, Gegenstände, die an die NS-Zeit erinnern, wie Denkmäler, Inschriften, Straßenbenennungstafeln, unverzüglich zu entfernen.
- **27. 9. Verabschiedung des amerikanischen SN-Chefredakteurs.** Der von den US-Militärbehörden als Chefredakteur der Salzburger Nachrichten eingesetzte Staff Sergeant Ernest W. Ehrman kehrt in die USA zurück.
- **28. 9. Drastische Wohnungsnot.** Nach Aussage von Bürgermeister-Stellvertreter Heinz Kraupner (SPÖ) stehen in der Stadt für rund 110.000 Menschen nur 30.000 winterfeste Wohnräume zur Verfügung. 20.000 bis 30.000 Menschen wohnen in Hotels, Kasernen und Baracken und ca. 13.500 Menschen hausen in Splittergräben, Scheunen, Ställen, auf Dachböden und in Kellern.
- **28. 9. Maßnahmen gegen Verschleppung von Kulturgütern.** Das USFA-Hauptquartier verbietet, Kunstgegenstände, Sammlungen, Archive und andere Kulturgüter aus der US-Zone zu transportieren.
- **29. 9. Razzien gegen Schwarzhändler.** In der abgelaufenen Woche hat die Polizei bei Razzien mehr als vierzig Personen festgenommen, allein im DP-Lager Parsch 22 Personen. Neben Schmuck im Wert von 90.000 Reichsmark sind Lebensmittel und anderes Plündergut sichergestellt worden.

Oktober 1945

- **1. 10. Unterrichtsbeginn in den Mittelschulen.** Die Gymnasien und berufsbildenden Schulen nehmen den Unterrichtsbetrieb auf.
- **1. 10.** Das **Haus der Natur,** unter Leitung von Hans Piperek, öffnet wieder.
- **1. 10.** Der normale **Postverkehr in ganz Österreich** wird aufgenommen.
- **1. 10. Uniformverbot.** Aufgrund einer Anordnung des Alliierten Rates ist das Tragen militärischer Uniformen der ehemaligen Deutschen Wehrmacht untersagt, außer wenn diese zuvor umgefärbt worden sind. Schulterstücke, Uniformknöpfe und alle anderen militärischen Zeichen müssen entfernt sein.
- **2. 10. Rückführung der Reichsdeutschen.** Laut einer Kundmachung des Bürgermeisters müssen alle in der Stadt Salzburg wohnhaften Reichsdeutschen bis 15. Oktober die Stadt verlassen haben. Ausgenommen sind jene Personen, die unter dem NS-Regime aus religiösen, politischen oder rassischen Gründen verfolgt

1945

worden sind und keine Beamtenstellen bei NS-Behörden bekleidet haben sowie jene, die bereits vor dem 13. März 1938 ihren ständigen Wohnsitz in Österreich gehabt hatten. Die Rückkehrenden dürfen nur 52 Mark Bargeld und 20 Kilogramm Gepäck mitnehmen. Über ihr zurückgelassenes Eigentum müssen sie der Gemeinde ein Verzeichnis abliefern.

- **2. 10. Aufhebung aller Ausgehbeschränkungen** durch die US-Militärregierung.
- **2. 10. Gründung des Österreichischen Wirtschaftsbundes (ÖWB),** Landesgruppe Salzburg.
- **4. 10. Gründung des ÖAAB.** Die Landesleitung des Österreichischen Arbeiter- und Angestelltenbundes tritt zur ihrer konstituierenden Sitzung zusammen.
- **5. 10. Wirtschaftsverband.** Der Landesverband des sozialistisch orientierten Freien Wirtschaftsverbandes wird gegründet.
- **6. 10. KPÖ-Landesparteitag.** Im Landtagssitzungssaal beginnt der zweitägige erste Parteitag der Salzburger Kommunisten.
- **8. 10. Unterrichtsbeginn im Mozarteum.**
- **8. 10. Die Handelsakademie** wird mit einem Festakt eröffnet.
- **9. 10. Der Arbeiter-Turn- und Sportverein Salzburg-Stadt (ATSV)** nimmt den Sportbetrieb wieder auf.
- **9. 10. Die 2. Länderkonferenz** in Wien beginnt.
- **10. 10. Wiedereröffnung der Theologischen Fakultät** nach siebenjährigem Verbot.
- **11. 10. Es gibt wieder Fensterglas,** das nach festgelegten Dringlichkeitsstufen zuerst an Spitäler, Schulen, Ämter usw. vergeben wird.
- **12. 10. Die Studienbibliothek** ist werktags von 9 bis 14.30 Uhr wieder geöffnet.
- **12. 10. „Prothesentage"** werden vom Landesinvalidenamt für Kriegsinvalide im Reservelazarett im Studiengebäude wieder eingeführt.
- **12. 10. Die Autobuslinie C Itzling–Realschulplatz wird eröffnet.**
- **13. 10. Die Sozialistischen Partei (SPÖ)** hält ihre erste Landeskonferenz ab. Franz Peyerl wird als Landesparteivorsitzender bestätigt.
- **14. 10. „Ausstellung Salzburger Künstler"** im Künstlerhaus eröffnet.
- **20. 10. Presse-Genehmigungen** erteilen die US-Behörden unter Leitung des ISB-Zivilchefs Albert van Eerden in Salzburg für: Salzburger Nachrichten (Gustav Canaval und Max Dasch); Salzburger Tagblatt (KPÖ, Herausgeber Josef Schneider); Demokratisches Volksblatt (SPÖ, Herausgeber Robert Müllner); Salzburger Volkszeitung (ÖVP, Herausgeber Josef Rehrl).
- **21. 10. Die erste Salzburger Hochschulwoche** nach dem Krieg beginnt in der Aula des Studiengebäudes. Thema der Veranstaltung: „Das christliche Abendland, seine Vergangenheit, Gegenwart und Zukunft".
- **21. 10. SAK gewinnt Lokalderby.** Der SAK 1914 gewinnt das Fußball-Landesmeisterschaftsspiel gegen SV Austria mit 4:2. Die Nonntaler spielen mit Kainberger, Fankhauser II, Erlinger, Buchberger, Lettl, Hausstätter, Schaghi, Sarsoun, Hochleitner, Czech, Langthaler. Die Austria-Mannschaft: Brader, Schwanzer, Weiß, Karlstädter, Bichler, Rosemeyer, Greipner, Blasiczek, Sachs, Frötschl, Spazier.

1945

22. 10. Die „**Landeskorrespondenz**" des Amtes der Landesregierung erscheint erstmals, wird aber am 3. November von der Militärregierung wieder eingestellt.

22. 10. Reisen über die Zonengrenzen. Mit polizeilicher Genehmigung dürfen Österreicher nun in alle Besatzungszonen reisen.

23. 10. Neue Printmedien. Erstmals erscheinen das ÖVP-Organ Salzburger Volkszeitung, die SPÖ-Tageszeitung Demokratisches Volksblatt, das kommunistische Salzburger Tagblatt und das Landesgesetzblatt. Die Salzburger Nachrichten stehen ab heute unter der Verantwortung der Herausgeber Max Dasch und Gustav Canaval.

23. 10. Gründung des Salzburger Bauernbundes im Gasthof „Mödlhammer".

25. 10. Beiräte angelobt. Die von der Militärregierung eingesetzten Beiräte der Stadt, Josef Ausweger und Sigmund Beinsteiner (beide ÖVP), Stanislaus Pacher und Markus Scheiblehner (beide SPÖ), Hans Eichinger und Georg Hofweirer (beide KPÖ), werden angelobt.

25. 10. Flugzeugabsturz. Ein US-Jagdflugzeug stürzt in Leopoldskron, nahe des Sendlweges, ab. Der Pilot kommt dabei ums Leben.

26. 10. Straßenumbenennungen. Die Stadtgemeinde gibt die seit Ende der NS-Zeit erfolgten Umbenennungen von Straßen bekannt: Straße der SA in Auerspergstraße, Langemark-Ufer in Giselakai, Hubert-Klausner-Straße in Kirchengasse, Großadmiral-Tirpitz-Straße in Radetzkystraße, General-Kraus-Straße in Dankl-Straße, General-Litzmann-Straße in Auffenbergstraße, Rupert-Hauser-Straße in Firmianstraße, Bismarckstraße in Schwarzstraße, Georg-von-Schönerer-Platz in Rudolfsplatz und Hanns-Schemm-Platz in Realschulplatz (später Ferdinand-Hanusch-Platz).

27. 10. Die Österreichische Volkspartei hält ihren ersten Landesparteitag ab. Zum ÖVP-Landesparteiobmann wird Bartholomäus Hasenauer gewählt.

28. 10. Erster „Rupertibote", die Zeitung der Erzdiözese Salzburg, erscheint.

29. 10. Erste Schweizer Kinder-Hilfsaktion beginnt. 500 unterernährte und bedürftige Salzburger Kinder werden mit einem Sonderzug in die Schweiz zu Familien gebracht, wo sie einen dreimonatigen Erholungsaufenthalt verbringen. Weitere derartige Hilfsaktionen mit Unterstützung des Schweizer Roten Kreuzes folgen.

November 1945

3. 11. Ein **Transport des Internationalen Roten Kreuzes** mit 100 Tonnen Lebensmitteln und 500 Kisten Vitamin D sowie 100 Säcken mit Post von österreichischen Kriegsgefangenen trifft am Hauptbahnhof ein.

3. 11. Volkstümliches Theater. Das „Salzburger Volkstheater" unter Leitung von Max Werner beginnt mit seinen Vorstellungen in der Turnhalle am Sportplatz Nonntal. Die „Salzburger Volksbühne" spielt unter Leitung von Anton Ott im Saal des Gasthauses „Dietmann" an der Ignaz-Harrer-Straße.

4. 11. Die erste Generalversammlung der Haus- und Grundbesitzervereinigung nach Kriegsende findet im Festspielhaus statt. Bisher sind 1300 bombenbeschädigte Wohnungen bereits wieder hergestellt.

1945

5. 11. Veranstaltungsgenehmigungen. Die Theater- und Musikabteilung des ISB veröffentlicht die in Salzburg zugelassenen Veranstalter: Volkstheater (Max Werner), Landestheater (Egon Hilbert), Aigner Musikkapelle (Josef Hulan), Volksgartenschau (Walter Süka), Mozarteum (Bernhard Paumgartner), Konzertbüro (Julius Gmachl), Puppenspiele (Alfred Burger), Ritterspiele (Grete Höller), Ukrainisches Theater (Iwan Bondarenko), Volksbühne (Anton Ott), Konzert- und Tanzorchester (Karl Bischof), Kabarett (Fred Kraus), Kleinkunstbühne (Fred Kraus), Konzertagentur und Bauernbühne (Fritz Krombholz), „Wiener Brettl" (Walter Pozdena).

8. 11. Neuer Landestheater-Intendant. Johannes van Hamme wird als Nachfolger Egon Hilberts als Intendant des Landestheaters bekanntgegeben.

11. 11. „Heimatklänge" bei Rot-Weiß-Rot. Bei der Sendergruppe Rot-Weiß-Rot findet die erste öffentliche Brauchtumsveranstaltung statt.

11. 11. Staatskanzler Karl Renner (SPÖ) stattet Salzburg seinen ersten Besuch ab. Er spricht u. a. auf Wahlveranstaltungen der SPÖ in Salzburg und Hallein.

11. 11. An der Heimkehrer-Dankwallfahrt nach Maria Plain nehmen über 2000 Heimkehrer teil.

12. 11. Der Verkehr auf der **Obus-Ringlinie,** einschließlich der Strecke zum Bahnhof, kann wieder aufgenommen werden, weil der Bombenschutt beseitigt ist und die US-Militärregierung die Sperre des Ritzerbogens aufhebt.

12. 11. In der **Bildungsanstalt für Kindergärtnerinnen** beginnt der Unterricht.

12. 11. Schleppende Aufräumungsarbeiten. Der Kommandant der US-Besatzungszone, Generalleutnant Geoffrey Keyes, verlangt eine Beschleunigung der Aufräumungsarbeiten in der Stadt und droht Bestrafungen an.

15. 11. US-Uniform für Fremde verboten. Die Militärregierung verlautbart, daß nur Angehörige der US-Truppen amerikanische Uniformen tragen dürfen.

15. 11. Fahnenhissung am Mozartplatz. Die 42. US-Infanterie-(Rainbow-)Division beginnt mit ihrem täglichen Zeremoniell am Mozartplatz, bei dem die Flagge der USA morgens gehißt und um 16.30 Uhr eingeholt wird. Die Salzburger sind verpflichtet, der Flagge die entsprechende Ehrerbietung zu erweisen.

18. 11. Forderung nach Grenzberichtigung. Bei einer Wahlversammlung fordert Josef Rehrl (ÖVP) den Anschluß des Berchtesgadner Landes an Salzburg.

24. 11. Biererzeugung für US-Truppen. Die Stieglbrauerei wird mit der Herstellung des Bieres für die US-Truppen in ganz Österreich beauftragt.

25. 11. Wahlen. In Österreich finden Nationalratswahlen und in Salzburg zusätzlich Landtagswahlen statt. Im Land Salzburg erreicht die ÖVP deutlich die absolute Mehrheit an Stimmen. In der Stadt Salzburg liegt in beiden Wahlen die SPÖ (mit 51,1 Prozent der Stimmen) gegenüber der ÖVP um rund 6 Prozent vorne. Die Verteilung der Landtagsmandate: ÖVP 15, SPÖ 10, KPÖ 1.

27. 11. „Salzburger Landeshilfe". Die Landesregierung bittet die Bevölkerung um Geld- und Sachspenden für die Salzburger Landeshilfe 1945/46 zur Linderung der Not hilfsbedürftiger Menschen.

29. 11. Die Gründung der **„Austro-amerikanischen Gesellschaft der Kulturfreunde"** wird bekanntgegeben.

1945

THANKSGIVING DAY MENU
22 NOVEMBER 1945

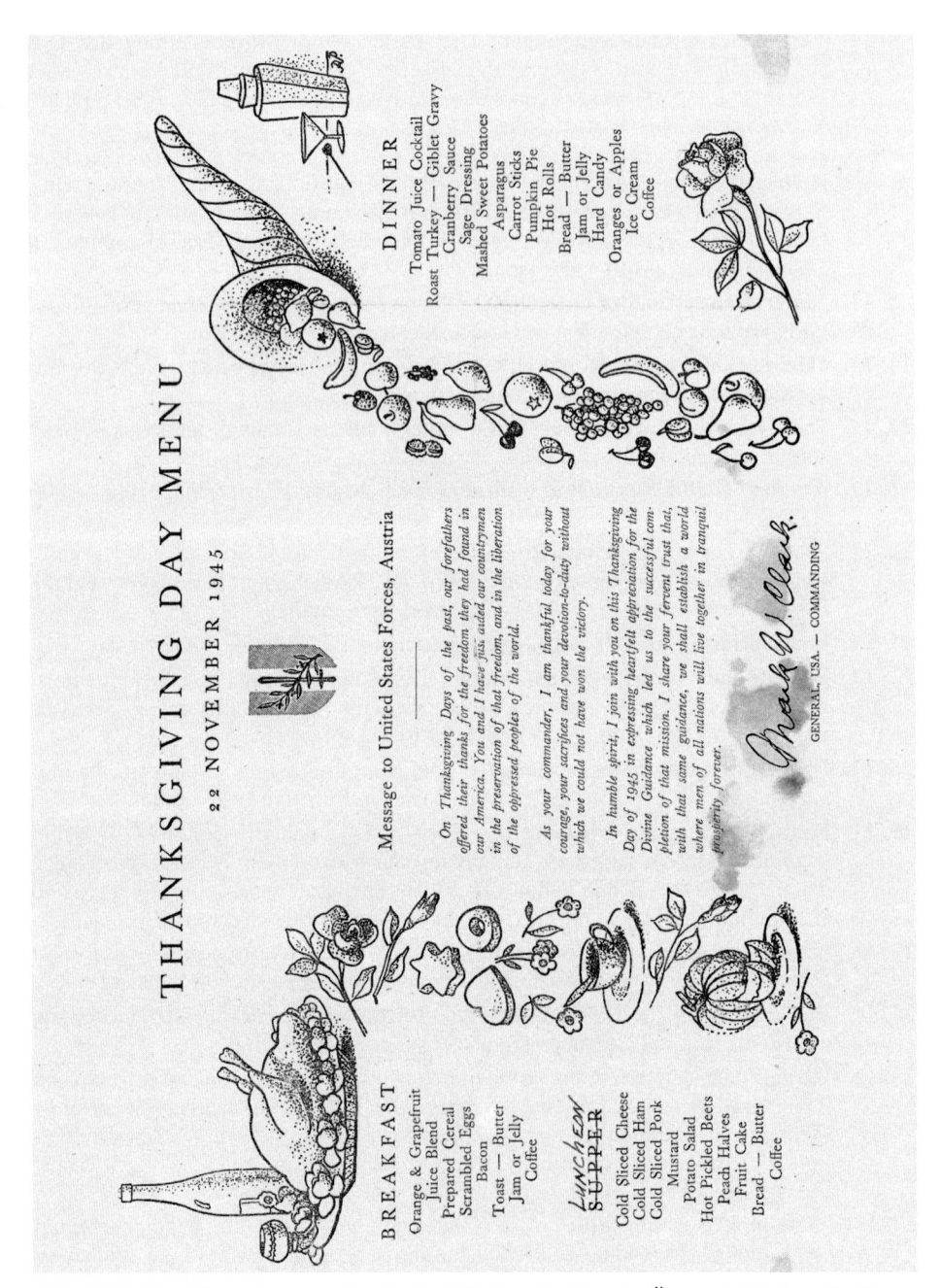

Message to United States Forces, Austria

On Thanksgiving Days of the past, our forefathers offered their thanks for the freedom they had found in our America. You and I have just aided our countrymen in the preservation of that freedom, and in the liberation of the oppressed peoples of the world.

As your commander, I am thankful today for your courage, your sacrifices and your devotion-to-duty without which we could not have won the victory.

In humble spirit, I join with you on this Thanksgiving Day of 1945 in expressing heartfelt appreciation for the Divine Guidance which led us to the successful completion of that mission. I share your fervent trust that, with that same guidance, we shall establish a world where men of all nations will live together in tranquil prosperity forever.

Mark W. Clark
GENERAL, USA. – COMMANDING

DINNER
Tomato Juice Cocktail
Roast Turkey – Giblet Gravy
Cranberry Sauce
Sage Dressing
Mashed Sweet Potatoes
Asparagus
Carrot Sticks
Pumpkin Pie
Hot Rolls
Bread – Butter
Jam or Jelly
Hard Candy
Oranges or Apples
Ice Cream
Coffee

BREAKFAST
Orange & Grapefruit
Juice Blend
Prepared Cereal
Scrambled Eggs
Bacon
Toast – Butter
Jam or Jelly
Coffee

LUNCHEON SUPPER
Cold Sliced Cheese
Cold Sliced Ham
Cold Sliced Pork
Mustard
Potato Salad
Hot Pickled Beets
Peach Halves
Fruit Cake
Bread – Butter
Coffee

Abb. 116: Das Menü für amerikanische Offiziere im Hotel „Österreichischer Hof" anläßlich des Thanksgiving Day am 22. November 1945 weicht von jenem der Salzburger Bevölkerung erheblich ab.

Dezember 1945

1. 12. „Glory Road"-Revue. Die 42. Infanterie-(Rainbow-)Division veranstaltet im Landestheater eine große Revue „Glory Road" für die Zivilbevölkerung. Darin wird der Weg der Regenbogen-Division von den USA über Marseille, Würzburg, Kitzbühel, Salzburg zurück nach New York nachgezeichnet: U. a. singen Carlo Zattoni und Giuseppe Taddei. Marika Rökk tritt abwechselnd in Lederhose und als mondäne Tänzerin auf und singt das Lied „In der Nacht ist der Mensch nicht gern alleine". Die Revue wird bis 20. Dezember allabendlich im Landestheater aufgeführt.

1. 12. Mord an Eisenbahner steigert Emotionen gegen Ausländer. Lokalbahn-Fahrdienstleiter Johann Dornstauder, ein ehemaliger KZ-Häftling, ertappt auf dem Bahngelände zwei Benzindiebe und wird von diesen erschossen. Wenige Tage danach forscht die Polizei zwei Ukrainer und einen Weißrussen als Täter aus. Der Mord führt zu heftigen Emotionen gegen die in Salzburg, zumeist in Lagern lebenden Ausländer. Nach der Mordtat fordert die Gewerkschaft die vollständige Entwaffnung aller Ausländer, deren ausnahmslose Kasernierung und Anhaltung zu produktiver Arbeit sowie vermehrte Anstrengungen, alle Ausländer in deren Heimat abzuschieben.

2. 12. Gaisberg-Skihütte eröffnet. Der im Juni wiedergegründete Salzburger Skiklub hat eine Baracke der Deutschen Luftwaffe zu einer Skihütte umgebaut.

3. 12. Kurzwellensendungen über österreichische Kriegsgefangene in USA. Die Sendegruppe Rot-Weiß-Rot übernimmt eine Woche lang aus New York das tägliche 15-Minuten-Programm.

5. 12. Rückführung der Österreicher. Alle Österreicher, die nach 1937 in das Deutsche Reich ausgewandert sind und sich gegenwärtig in Bayern aufhalten, müssen in ihre Heimat zurückkehren. Ausgenommen sind Personen, die aus politischen, rassischen oder religiösen Gründen verfolgt worden sind. Gepäck und Bargeld können in unbeschränkter Menge mitgenommen werden. Die österreichische Rückführungsstelle im bayerischen Pfarrkirchen errichtet im Chiemseehof eine Zweigstelle. Rund 10.000 Österreicher sind von dieser Anordnung der bayerischen Staatsregierung betroffen.

5. 12. Meldepflicht für ehemals jüdisches Vermögen. Sämtliches bewegliches und unbewegliches, aus früherem jüdischen Besitz übernommenes oder gekauftes Gut ist der Militärregierung zu melden.

5. 12. Auftrittserlaubnis für Herbert von Karajan als Dirigent durch die US-Militärverwaltung.

5. 12. „Kleingeldhamsterer" gefährden Obusverkehr. Bei der unmittelbar bevorstehenden Umstellung der Währung auf Schilling bleiben die Pfennig-Münzen noch in Geltung. Deshalb sind kaum Pfennig-Münzen im Umlauf. Die städtischen Verkehrsbetriebe fordern die Benutzer der Obuslinien und der Lokalbahn auf, Münzen für den Fahrkartenkauf bereitzuhalten. Ohne Münzen würden Passagiere aus dem Fahrzeug gewiesen. Die Verkehrsbetriebe drohen mit einer Einschränkung des Betriebes auf die Stoßzeiten.

6. 12. Meldepflicht an das Arbeitsamt erweitert. Alle bisher nicht meldepflichtigen

1945

Personen wie Unternehmer, Freiberufler, Landwirte, Priester und Ordensangehörige, Frauen bis zum 60. Lebensjahr, Schüler ab 16. Lebensjahr und Arbeitsunfähige müssen dem Arbeitsamt gemeldet werden.

7. 12. Vorsprache bei der US-Militärregierung. Nach dem Begräbnis des von Ausländern ermordeten Eisenbahners Johann Dornstauder begeben sich rund 100 Personen, angeführt vom SPÖ-Nationalratsabgeordneten Josef Voithofer, zum amerikanischen Sicherheitsoffizier, um ihm den dringenden Wunsch der Salzburger Bevölkerung auf verbesserten Schutz vor Übergriffen bewaffneter Ausländer mitzuteilen.

12. 12. Erste Landtagssitzung. Der am 25. November neugewählte Salzburger Landtag tritt zu seiner konstituierenden Sitzung zusammen. Gewählt werden Albert Hochleitner (ÖVP) zum Landeshauptmann, Anton Neumayr (SPÖ) und Adolf Schemel (ÖVP) zu Landeshauptmann-Stellvertretern sowie Bartholomäus Hasenauer (ÖVP) und Franz Peyerl (SPÖ) zu Landesräten.

13. 12. Beginn des Geldumtauschs. Die Reichsmark-Banknoten und die Alliierten-Schilling-Banknoten können bis 20. Dezember in die neue österreichische Schilling-Währung im Verhältnis 1 : 1 umgetauscht werden, jedoch nur bis zu einem Betrag von 150 Schilling. Höhere Beträge können nur auf ein Konto gebucht werden, über das keine unbeschränkte Verfügung gegeben ist.

15. 12. Künstler-Weihnachtsmarkt für Kinder. Salzburger Künstler veranstalten im Künstlerhaus bis 20. Dezember einen Weihnachtsmarkt, dessen Ertrag armen Kindern zugute kommt. Es wird selbstgefertigtes Spielzeug, wie Puppen, Stofftiere, Schaukeln, Wiegen, Steckenpferde, zum Verkauf angeboten.

15. 12. Der **Christbaummarkt** im Zwerglgarten beginnt.

15. 12. „Pinguin-Band". Die aus 16 kriegsinvaliden Musikern aus Wien und Salzburg bestehende Kapelle, die seit drei Monaten täglich im Stieglkeller für die US-Truppen spielt, bringt erstmals für das Zivilpublikum „120 Minuten Melodie und Rhythmus".

15. 12. Café „Mozart" wieder eröffnet. Bisher hat das Lokal als Offiziersklub der Regenbogen-Division gedient.

17. 12. Unterrichtsbeginn in der Hilfsschule im Andräschulgebäude. Damit haben nun alle Pflichtschulen in der Stadt ihren Schulbetrieb wieder aufgenommen. Die Gesamtzahl der Schüler an den Volks- und Hauptschulen, einschließlich der Hilfsschule, beträgt 6630, davon 3237 Knaben und 3393 Mädchen.

18. 12. Schweres Unglück. Ein amerikanischer LKW, der Internierte aus dem Lager Marcus W. Orr nach Gmunden zum CIC-Verhör transportieren sollte, stößt bei Eugendorf mit einem Zug der Ischlerbahn zusammen. 15 Gefangene kommen in dem in Brand geratenen LKW ums Leben.

18. 12. Die Registrierung der Volksdeutschen aus der Tschechoslowakei und aus Ungarn beginnt in der Gewerbeschule am Rudolfskai.

21. 12. Schillingwährung. Die bisher gültigen Reichsmark-Banknoten gelten ab sofort als ausländische Währung und unterliegen den Devisenbeschränkungen.

22. 12. Weihnachtsamnestie. Der kommandierende General der 42. Infanterie-(Rainbow-)Division und Chef der Militärregierung im Land Salzburg, Harry J. Collins, erläßt eine Weihnachtsamnestie für 125 Strafgefangene.

1945

23. 12. US-Weihnachtsfeier für Salzburger Kinder. Soldaten der 42. Infanterie-(Rainbow-)Division und anderer USFA-Einheiten veranstalten Weihnachtsfeiern im weihnachtlich geschmückten Festspielhaus für 10.000 Kinder aus Salzburg und den DP-Lagern. Die amerikanischen Soldaten singen Weihnachtslieder, die Kapelle der Rainbow-Division konzertiert, der Zeichentrickfilm „Der verliebte Kater" wird gezeigt, und die Kinder erhalten Schokolade, Kakao, Kuchen und Weihnachtskrapfen.

31. 12. Irische Butterspende. Das Rote Kreuz Irlands übergibt der Landesregierung eine Spende von mehr als 10.000 Kilogramm Butter zur Verteilung an Kinder-, Schüler- und Altersheime sowie Spitäler.

31. 12. Salzburg feiert Jahreswechsel. Alle Gaststätten haben Hochbetrieb und sind überfüllt. In den Kirchen werden Dankgottesdienste gefeiert.

Abb. 117: Wegen der drastischen Wohnungsnot dient auch die Bombenruine des Kurhauses mehrere Jahre als Unterkunft für Flüchtlinge.

1946

Jänner 1946

1. 1. Geburtenrückgang als Folge des Krieges. In der Stadt Salzburg ist eine starke Abnahme der Geburten zu verzeichnen: 1943 gab es 2200 Geburten, 1944 1553 und 1945 nur mehr 1102.

1. 1. Das Zentralmeldeamt bei der Polizeidirektion wird errichtet.

1. 1. Café „Bazar" eröffnet wieder. Nach Freigabe durch die Besatzungsbehörden wird das bekannte Theater- und Künstlercafé „Bazar" wieder eröffnet.

1. 1. Obus-Sonderausweise für Kriegsinvalide. Schwerkriegsbeschädigte dürfen mit einem entsprechendem Ausweis durch die vordere Obustüre einsteigen.

2. 1. Wieder internationaler Postverkehr. Der allgemeine zwischenstaatliche Postverkehr zwischen Österreich und den übrigen Ländern der Welt, Deutschland und Japan ausgenommen, wird ab heute wieder aufgenommen.

3. 1. Wachmänner gesucht. Die Polizeidirektion sucht Wachmänner für die Bewachung militärischer Objekte. Mitglieder und Anwärter der ehemaligen NSDAP und deren Gliederungen sind von der Bewerbung ausgeschlossen.

3. 1. Der Frachtgut- und Paket-Sammelverkehr Wien–Salzburg–Wien wird wieder aufgenommen.

5. 1. Jiddischer Liederabend. Das Jüdische Zentralkomitee veranstaltet im Mozarteum einen Lieder- und Rezitationsabend jiddischer Musik und Dichtung. Dydio Epstein, Diania Blumenfeld und Gizela Klinghofer ernten viel Beifall. Jonas Turkow trägt eine Persiflage auf Hitlers „Mein Kampf" vor.

5. 1. In Maxglan eröffnet eine Kleinkunstbühne. Wolfgang Müller glänzt mit Nachahmungen von Hans Moser, Theo Lingen, Marika Rökk u. a.

7. 1. Widerruf der Genehmigung für die Leitung des Landestheaters. Die zuständige US-Militärbehörde entzieht Johannes van Hamme wegen angeblich falscher Fragebogen-Angaben die Genehmigung zur Führung des Salzburger Landestheaters. Die Leitung des Landestheaters wird provisorisch einem Regiekollegium übertragen. Van Hamme wird später voll rehabilitiert.

8. 1. Verringerung des Stromverbrauchs angeordnet: in privaten Haushalten um 25 Prozent, in gewerblichen Betrieben um 50 Prozent.

9. 1. Spende der US-Besatzungstruppen. Generalmajor Harry J. Collins übergibt der Landesregierung 24.500 Schilling für hilfsbedürftige Kinder und Kranke.

12. 1. Aufruf an die Bevölkerung. Die Bewohner der Stadt werden gebeten, Heimkehrer, die nicht sofort die Heimreise antreten können, für einige Tage aufzunehmen. Für die Verpflegung sorgt das Rote Kreuz.

13. 1. Wiedergründung des Salzburger Fußballverbandes (SFV). Derzeit gibt es 14 Fußballvereine.

15. 1. Uniformverbot. Das Verbot, ehemalige Wehrmachtsuniformen zu tragen, tritt nach mehrfachen Verschiebungen endgültig in Kraft.

16. 1. Der „Kleine Grenzverkehr" nach Bayern wird von den US-Militärbehörden wieder gestattet. Berechtigungsscheine sind bei der Polizei zu beantragen.

16. 1. In der Galerie Christian Nebehay sind Arbeiten des in Amerika lebenden österreichischen Malers Wilhelm Thöny zu sehen.

1946

- **19. 1. Eröffnung des Kabaretts „Bei Fred Kraus".** Im ehemaligen Café „Krimmel", Ecke Rainerstraße/Hubert-Sattler-Gasse, eröffnet Fred Kraus sein Kabarett. Inge List, Victor Eisenbach, Gerti Scholz, Wolfgang Müller, Trude Reiser, Walter König und Francisco Gerdini treten in der ersten Kabarett-Revue „Das spricht Bände" von Aldo Pinelli auf.
- **19. 1. Wärmestube.** Die Stadtgemeinde Salzburg eröffnet im Gasthaus „Blauer Stern" in Maxglan eine öffentliche Wärmestube für die Bevölkerung.
- **21. 1. Diebstahl amerikanischer Hilfslieferungen.** Am Bahnhof Parsch werden amerikanische Lebensmittelpakete aus einem abgestellten Waggon gestohlen. Die Täter werden wenig später festgenommen.
- **22. 1. Freunde der Salzburger Festspiele.** In New York wird auf Anregung von Basil Harris der Verein „Freunde der Salzburger Festspiele" gegründet.
- **23. 1. Information über Kriegsgefangene.** Der Sender Rot-Weiß-Rot beginnt zwischen 23 und 24 Uhr mit der regelmäßigen Verlesung der Namen jener österreichischen Kriegsgefangenen, die sich noch in französischen Lagern befinden. Die Angehörigen werden zusätzlich direkt vom Roten Kreuz verständigt.
- **23. 1. Einschneidende Stromsparmaßnahmen** treten in Kraft.
- **26. 1. Sicherheitskonferenz.** Die österreichischen Sicherheits- und Polizeidirektoren tagen in Salzburg gemeinsam mit Innenminister Oskar Helmer (SPÖ).
- **26. 1. Neuaufbau Polizei.** Nach Reduktion des Personalstands von fast 2400 Mann bei Kriegsende auf jetzt 306 uniformierte Sicherheitswachebeamte ist laut Polizeidirektor Josef Daspelgruber die Entnazifizierung der Polizei abgeschlossen.
- **26. 1. Maschinen-Meldepflicht.** Alle Maschinen und maschinellen Einrichtungen müssen im Auftrag der Militärregierung der Stadtgemeinde gemeldet werden.
- **29. 1. Entnazifizierungs-Aktion.** In Salzburg beraten Vertreter aller Gebietskörperschaften über Maßnahmen zur Entnazifizierung der österreichischen Behörden.
- **30. 1. Hilfe verboten.** Die Landesregierung weist nach Warnung der US-Militärbehörden darauf hin, daß Zivilpersonen den aus alliierter Kriegsgefangenschaft Geflüchteten keine Hilfeleistungen gewähren dürfen.
- **30. 1.** Die **Postzustellung** in der Stadt erfolgt nun täglich zweimal.

Februar 1946

- **1. 2. Ehrenbürger.** Die Stadt beschließt die Verleihung der Ehrenbürgerwürde an den Oberkommandierenden der USFA, General Mark W. Clark.
- **1. 2. Nutzung der Luftschutzstollen.** Der gemeinderätliche Beirat will den Stollen vom Kajetanerplatz zur Nonntaler Hauptstraße als Fußgängerdurchgang ausgestalten. Bürgermeister Richard Hildmann (ÖVP) kündigt an, daß der Stollen von der Glockengasse zum Äußeren Stein für den Fuhrwerksverkehr hergerichtet werden soll. Wegen der starken Zugluft sei der Stollen für Fußgänger nicht geeignet. Beide Vorhaben werden jedoch nicht realisiert.
- **2. 2. Presseabend.** Die Journalistengewerkschaft veranstaltet im Café „Fünfhaus" erstmals nach Jahren eine gesellige Zusammenkunft mit der „Pinguin-Band", Steffi Melz, Fred Braun, den Geschwistern Heidel und den „Vier Ossys".

1946

- **4. 2. Tabakspende der US-Militärregierung.** Die Spende ist ausschließlich für österreichische Heimkehrer bestimmt.
- **5. 2. Autobusverkehr Salzburg–Hallein.** Ab sofort verkehrt täglich ein Autobus von Salzburg nach Hallein und zurück. Der Fahrpreis beträgt 90 Groschen.
- **5. 2. Arrest wegen Arbeitsverweigerung.** Zwei jugendliche Salzburger werden von einem US-Schnellrichter wegen Zuwiderhandlung gegen die Arbeitspflichtbestimmungen zu 90 Tagen Arrest verurteilt.
- **5. 2. Viersprachige Identitätsausweise** stellt die Polizeidirektion nun aus. Die Ausweise berechtigen nur zu Reisen innerhalb der amerikanischen Zone.
- **7. 2. Erstmals Schöffengerichtsverhandlung.** Erstmals seit 1938 tritt beim Landesgericht Salzburg wieder ein österreichisches Schöffengericht zusammen.
- **7. 2. Der Salzburger Landtag** beschließt, provisorische Gemeindevertretungen entsprechend den Nationalratswahlergebnissen zu ernennen.
- **10. 2. Dankgottesdienst der Franziskaner** anläßlich ihrer Rückkehr in einen Teil ihres Klosters. Das Kloster war 1938 von der Gestapo beschlagnahmt worden und wurde nach Kriegsende von den USFA übernommen.
- **11. 2. US-Kleiderspende.** Bedürftige und bombengeschädigte Personen könne im städtischen Sozialamt um eine Zuteilung ansuchen.
- **12. 2. Neue Verkehrsvorschriften.** Auf Anweisung der Militärregierung treten neue Verkehrsvorschriften in Kraft. Fußgänger müssen entgegengesetzt der Verkehrsrichtung (also links) gehen. Ski- und Schlittschuhlaufen ist auf Straßen verboten. Straßen dürfen nur an dafür vorgesehenen Übergängen überquert werden. Fahrer aller Fahrzeuge müssen Richtungsänderungen, Wenden und Halten mit Handzeichen, Winkern oder Blinkern bekanntgeben.
- **13. 2. Freigabe geräumter Häuser erforderlich.** Die US-Militärregierung warnt die Bevölkerung davor, ohne Freigabeschein des Billeting Office in von amerikanischen Truppen geräumte Häuser einzuziehen.
- **13. 2. Registrierung aller Displaced persons und Flüchtlinge.** Die US-Militärregierung ordnet die Registrierung aller aufgrund der Kriegsereignisse nach Salzburg geflüchteten oder verschleppten Personen an, die nicht in einem Flüchtlingslager untergebracht sind.
- **15. 2.** Jedermann ist verpflichtet, stets eine **Bestätigung des Arbeitsamts** oder eine Arbeitsunfähigkeits-Bescheinigung der Krankenkasse bei sich zu tragen.
- **17. 2. Englisches Theater.** Im Landestheater ist das englische Lustspiel „Private Lives" von Noël Coward zu sehen. Die Hauptrollen spielen Susi Nicoletti, Elfe Gerhart, Alexander Trojan und Oskar Willner.
- **22. 2. Die Gewerkschaften protestieren gegen Schwarzhandel** und Preiswucher. Sie fordern eine stärkere Überwachung der Ablieferung bewirtschafteter Waren sowie Razzien gegen Schwarz- und Schleichhändler.
- **23. 2. Umschulung Kriegsversehrter.** Das Landesinvalidenamt ruft Schwerkriegsbeschädigte auf, sich für eine Umschulung zu melden, falls durch Kriegsverletzung die Ausübung des bisherigen Berufes nicht möglich ist.
- **25. 2. Erfolg der Salzburger Landeshilfe 1945/46.** Die Sammelaktion erbringt mehr als 1,7 Millionen Schilling sowie große Mengen an Bekleidung.

1946

- **25. 2. Amtsantritt des Sicherheitsdirektors.** Der neue Sicherheitsdirektor von Salzburg, Bruno Hantsch, übernimmt die Amtsgeschäfte.
- **25. 2. Nichterfüllung der Ablieferungspflicht.** Die Landesregierung veröffentlicht Namen von Personen, die wegen Nichterfüllung der Butter-Ablieferungspflicht Geldstrafen in Höhe von 35 bis 500 Schilling erhalten haben.
- **26. 2.** Über **Wilhelm Furtwängler** wird ein Auftrittsverbot in Österreich verhängt. Furtwängler hat als Aushängeschild der nationalsozialistischen Kulturpolitik gegolten. Erst im Dezember 1946 werden die gegen ihn erhobenen Beschuldigungen zurückgenommen.
- **27. 2. Die Katholischen Gesellenvereine** werden wieder zugelassen.
- **28. 2. Einwohnerzahl.** Per 28. Februar zählt die Stadt Salzburg 86.284 ständige Einwohner und 18.685 vorübergehend in der Stadt lebende Personen.

Abb. 118: Das Special Service Office (SSO) im Café „Glockenspiel" benützt Salzburger Busse für Transporte, Februar 1946.

März 1946

- **1. 3.** Die Literaturzeitschrift **„das silberboot"** bringt Ernst Schönwiese nach neunjähriger Unterbrechung wieder heraus.
- **1. 3.** **10.000 manuelle Arbeitskräfte fehlen** derzeit in Stadt und Land Salzburg.
- **1. 3.** Die Herausgabe der **„Landeskorrespondenz"**, des Nachrichtendienstes des Amtes der Salzburger Landesregierung, wird von der Militärregierung mit verschiedenen Einschränkungen und Auflagen wieder gestattet.
- **2. 3.** Treffen der Salzburger Kriegsopfer. Im Mozarteum findet die erste große Versammlung des Salzburger Kriegsopferverbandes statt.
- **3. 3.** **Gaisberg-Skispringen.** Der Skiklub Salzburg veranstaltet auf dem Gaisberg das traditionelle Zistel-Springen.
- **5. 3.** Eröffnung der **„Musterschau Salzburger Kunstgewerbe"** im Künstlerhaus.
- **6. 3.** **Große Speckspende aus Irland.** Der Speck soll an Schwerstarbeiter in zehn Industrieorten sowie an Schüler im Alter von 10 bis 18 Jahren verteilt werden.
- **9. 3.** **Sportmöglichkeiten für DPs.** Die US-Militärregierung verfügt, daß DPs und Staatenlosen die gleichen Möglichkeiten zur Sportausübung wie Österreichern gewährt werden müssen.
- **10. 3.** **Geburtstagsfeier für Papst Pius XII.** im Festspielhaus in Anwesenheit vieler Persönlichkeiten von Kirche, Politik und der US-Besatzung.
- **11. 3.** **Gewerkschaftsbund wiedergegründet.** Die Landesexekutive Salzburg des Österreichischen Gewerkschaftsbundes konstituiert sich.
- **13. 3.** Im **Gedenken an den „Anschluß"** 1938 treffen sich die Verbände der politisch und rassisch Verfolgten im Mozarteum. Landtagsvizepräsident Josef Ausweger (ÖVP) erinnert an die Leiden in den Konzentrationslagern. Noch immer hätten die ehemaligen KZ-Insassen nicht die volle Entschädigung für ihr Leiden erhalten, während eine Reihe von Tätern sich der Freiheit erfreute.
- **15. 3.** **Sammlung von Tierhaaren** für die Herstellung von Bürsten angeordnet.
- **16. 3.** Die **Kraftfahrzeug-Registrierungspflicht** betrifft sämtliche Kraftfahrzeuge, gleichgültig ob sie benutzt werden oder nicht.
- **28. 3.** Die Salzburger **Brauereien erhalten die Genehmigung**, bestehende Malzvorräte aufzuarbeiten und somit in geringem Umfang Bier zu brauen.
- **28. 3.** Die Polizei will künftig gegen die zunehmende **Bettelei Salzburger Kinder** vor dem amerikanischen PX-Laden am Alten Markt (Gehmacher-Haus) vorgehen.
- **30. 3.** **Teilablösung der Militärverwaltung.** Nach fast elfmonatiger Dauer übergibt die US-Militärregierung die Verwaltung der Landeshauptstadt an Bürgermeister Richard Hildmann (ÖVP) und den Magistrat, behält aber alle Kontrollrechte und sonstigen Machtbefugnisse einer Besatzungsmacht.

April 1946

- **2. 4.** **Die österreichische Bischofskonferenz** tagt in der Erzabtei St. Peter unter Vorsitz von Kardinal Theodor Innitzer.

1946

Abb. 119: Die USFA nutzen das Landestheater als „II. Corps Play House", 1946.

- **6. 4.** Der **US-Army-Day** wird mit einer Parade begangen. Die Vorführung eines Baseballspiels und ein Pferderennen runden das Programm ab.
- **7. 4. Landeskonferenz des ÖGB.** Der Kampf gegen den Schleichhandel und den Schwarzmarkt und Fragen des Lohn- und Preisstops stehen im Zentrum der Beratungen der ersten Landeskonferenz des Gewerkschaftsbundes.
- **7. 4.** In der Turnhalle der Plainschule nimmt das **Neue Kino** seinen Spielbetrieb auf.
- **9. 4. Franz Rehrl wieder Ehrenbürger der Stadt.** Altlandeshauptmann Franz Rehrl wird das von der nationalsozialistischen Stadtverwaltung aberkannte Ehrenbürgerrecht wieder verliehen.
- **13. 4. Varieté „Oase" eröffnet.** Das Tanzpaar Anette und Tagunoff und der Steptänzer Fredy Ranson sind die Stars des neuen Tanzvariétés „Oase" in der Getreidegasse. Armin Sommer und seine Swingband spielen zum Tanz auf.
- **14. 4.** Zum **Landes-Trachtenverband** schließen sich die Salzburger Trachtenvereine zusammen. Auch Schützenvereine, ländliche Musikkapellen sowie Volksliedgruppen können beitreten.
- **15. 4. Erste Gemeinderatssitzung und Bürgermeisterwahl.** Im Rathaus konstituiert sich der „Provisorische Gemeindeausschuß für die Landeshauptstadt Salzburg". Die Ergebnisse der Nationalratswahl werden auf den Gemeinderat umgerechnet. Demnach erhält die SPÖ 21, die ÖVP 18 und die KPÖ ein Mandat. Der bisherige Landeshauptmann-Stellvertreter Anton Neumayr (SPÖ) wird einstimmig

zum Bürgermeister gewählt, zu seinen Stellvertretern Richard Hildmann (ÖVP) und Erich Grießenböck (SPÖ). Als Stadträte werden Ludwig Bogner (SPÖ) und Leonhard Reitter (ÖVP) bestellt.

15. 4. **Neue Einheits-Zigarettensorten.** Die „Mischung A" zum Preis von 1 Schilling und die „Mischung B" zum Preis von 8 Groschen werden in Verschleiß gesetzt.
17. 4. **Wiederaufnahme der Süßwaren-Fabrikation** bei der Firma Rajsigl.
20. 4. **Neue Zeitschrift in Salzburg.** Der Verlag Hofmann und Schaffler bringt die Monatsschrift „Alpenjournal" heraus.
21. 4. Der **Salzburger Vergnügungspark** eröffnet auf seinem alten Standplatz im Volksgarten wieder seinen Betrieb.
25. 4. **Neue Saalachbrücke dem Verkehr übergeben.** Die Brücke Richtung Freilassing ist im Mai 1945 von SS-Truppen gesprengt worden.
25. 4. **Madame Butterfly.** Die Sopranistin Maria Cebotari gastiert für drei Aufführungen von Puccinis „Madame Butterfly" am Salzburger Landestheater.
26. 4. Der **US-Dokumentarfilm „Die Todesmühlen"** über die Greuel in den Konzentrationslagern läuft in den Salzburger Kinos an.
26. 4. **Regierungsumbildung.** Landesrat Franz Peyerl (SPÖ) wird zum Landeshauptmann-Stellvertreter und Heinz Kraupner (SPÖ) zum Landesrat gewählt, nachdem Anton Neumayr (SPÖ) aus der Landesregierung ausgeschieden ist.
26. 4. **Fritz Wotruba** stellt in der Galerie Nebehay aus.
29. 4. Das **Entgelt für Gemeinderäte** wird mit 100 Schilling pro Monat festgelegt.
30. 4. **Höchstgeschwindigkeit für Kraftfahrzeuge.** Im Ortsgebiet sind 30 km/h erlaubt, außerhalb 60 km/h.

Abb. 120: Erstmals seit zwölf Jahren feiert die SPÖ am 1. Mai 1946 den „Tag der Arbeit".

Mai 1946

- **1. 5. Maifeier.** Nach vierzehnjähriger Unterbrechung feiert die SPÖ wieder den Ersten Mai. Tausende Menschen nehmen an einer Kundgebung auf dem Residenzplatz teil.
- **1. 5. UNRRA-Hilfe für Österreich beginnt.** Die UNRRA (United Nations Relief and Rehabilitation Administration) soll die Lebensmittel-Versorgung und -Verteilung in Österreich verbessern.
- **2. 5. Festspieleinladung an Toscanini.** Der italienische Dirigent Arturo Toscanini wird von Bundeskanzler Leopold Figl (ÖVP) zur Mitwirkung an den Salzburger Festspielen eingeladen.
- **2. 5. Wiedererrichtung des Zollamtes Salzburg.** Am Bahnhof nimmt das österreichische Zollamt Salzburg seine Tätigkeit wieder auf.
- **5. 5. Großkundgebung für Südtirol.** 20.000 Menschen fordern auf einer von allen politischen Parteien unterstützten Großkundgebung auf dem Residenzplatz die Selbstbestimmung Südtirols.

Abb. 121: Kundgebung am 5. Mai 1946 für die Selbstbestimmung Südtirols.

- **5. 5. Boxen.** Mit einem Boxkampf zwischen der Boxerstaffel des ATSV Salzburg-Stadt und des BC Korneuburg findet im Freiluftring im Volksgarten die Wiederbelebung des Salzburger Boxsports statt.
- **7. 5. E-Werk.** Die städtischen Elektrizitätswerke werden als Eigenbetrieb der Stadt Salzburg ins Handelsregister eingetragen.
- **8. 5. Siegesparade in Salzburg.** Anläßlich des ersten Jahrestages zur Beendigung des Krieges in Europa veranstaltet die 42. Infanterie-(Rainbow-)Division auf dem Residenzplatz eine Militärparade.

1946

Abb. 122: Parade am 8. Mai 1946 zum ersten Jahrestag des Kriegsendes in Europa.

1946

11. 5. Feuerwehr-Unterstützung für Milchhof. Die Stadtfeuerwehr pumpt täglich ca. 300.000 Liter Kühlwasser aus der Salzach in den Milchhof.

12. 5. Schloß Hellbrunn. Im Schloß Hellbrunn werden die Führungen durch das Schloß und die Wasserspiele wieder aufgenommen.

12. 5. 2000 Zuschauer verfolgen die **Frühjahrsübung der Stadtfeuerwehr** auf dem Residenzplatz.

13. 5. Arbeiten von Alfred Kubin sind in der Galerie Nebehay zu sehen.

14. 5. US-Ausbildungsangebot. Die Militärbehörde bietet 30 Personen, die sich für eine Anstellung bei den USFA interessieren, einen unentgeltlichen zehnwöchigen Lehrgang für Englisch, deutsche Kurzschrift und Maschinenschreiben an.

14. 5. US-Einquartierungsmaßnahmen. Die Militärregierung verlautbart, weitere Wohnungen für Angehörige von US- Soldaten zu beschlagnahmen.

16. 5. Uraufführung. Am Landestheater wird das Schauspiel über das Leben im KZ Mauthausen, „Der Weg ins Leben" von Arthur A. Becker, uraufgeführt.

16. 5. Kunstausstellung. Generalmajor Harry J. Collins, seit März 1946 Kommandant der gesamten US-Besatzungszone, eröffnet im Künstlerhaus eine Ausstellung von Meisterwerken zeitgenössischer französischer Grafik.

18. 5. Gründung des Kuratoriums der Salzburger Nachrichten unter Vorsitz von Landeshauptmann Albert Hochleitner (ÖVP). 50 Prozent des Reingewinns der SN sind für soziale und kulturelle Zwecke, 25 Prozent für die Arbeiter und Angestellten des Unternehmens vorgesehen.

22. 5. Erster Kriegsverbrecherprozeß in Salzburg. Vor einem US-Sondermilitärgerichtshof unter Vorsitz von Brigadegeneral Loyal M. Haynes beginnt der Prozeß gegen sechs Angehörige der ungarischen SS-Kampfgruppe Ney. Die Angeklagten werden beschuldigt, im Frühjahr 1945 fünf Angehörige der US-Air-Force, die sich alle ergeben hatten, ermordet zu haben. Am 7. Juni werden vier Todesurteile (zwei davon später in lebenslängliche Zwangsarbeit umgewandelt) und zwei Verurteilungen zu lebenslänglicher Zwangsarbeit verkündet. In Salzburg folgen noch weitere Kriegsverbrecherprozesse wegen Ermordung von in Kriegsgefangenschaft geratenen amerikanischen Soldaten.

23. 5. Meldepflicht für ausländische Arbeitskräfte. Alle Arbeitgeber sind verpflichtet, alle unentbehrlichen Arbeitskräfte, soweit diese Reichsdeutsche, Tschechoslowaken, Ungarn oder Volksdeutsche sind, dem Arbeitsamt zu melden.

24. 5. Der bombenzerstörte **Wasserbehälter am Mönchsberg** ist wieder aufgebaut.

26. 5. Die **Landesregierung ernennt Alfred Bernau zum neuen Intendanten** des Landestheaters.

27. 5. Erste öffentliche Gemeinderatssitzung. Der „provisorische Gemeindeausschuß der Landeshauptstadt Salzburg" hält seine erste öffentliche Gemeinderatssitzung ab und beschließt u. a. die Jahresrechnungen für 1943 und 1944.

27. 5. Bausteinaktion für Wiederaufbau. Der Gemeinderat stimmt dem Vorschlag von Bürgermeister Anton Neumayr (SPÖ) zu, eine internationale Bausteinaktion für den Wiederaufbau der Stadt Salzburg ins Leben zu rufen. Ausländer, die mehr als 1000 Dollar spenden, sollen zum „Förderer" ernannt werden, Spender von 10.000 Dollar und mehr zum „Gönner der Stadt Salzburg".

1946

- **27. 5. Polizeidirektor verhaftet.** Polizeidirektor Josef Daspelgruber wird verhaftet. Ihm werden Manipulationen bei der Fragebogenausfüllung vorgeworfen.
- **27. 5. Ernährungslage.** Mit 950 Kalorien für einen Normalverbraucher erreicht die tägliche Lebensmittelversorgung einen absoluten Tiefpunkt.
- **31. 5. Meldepflicht für politische Versammlungen.** Laut US-Anordnung sind alle politischen Versammlungen und Veranstaltungen mindestens acht Tage vorher der Sicherheitsdirektion zu melden.

Juni 1946

- **1. 6. Festsetzung der Sperrstunde** in Gasthäusern, Restaurants und Bierstuben um 23 Uhr, in Kaffeehäusern und Weinstuben sowie Gasthäusern mit Tanzlizenz um 24 Uhr und in Bars und Tanzdielen um 1 Uhr.
- **2. 6. Erstmals wieder Promenadenkonzert im Mirabellgarten.** Es wird von der Bundesbahnkapelle Salzburg zugunsten des Roten Kreuzes veranstaltet.
- **4. 6. Erfassung österreichischer Heimkehrer aus Kriegsgefangenschaft.** Die Landesregierung fordert alle in der Stadt Salzburg wohnhaften österreichischen Heimkehrer auf, sich bei der Polizeidirektion zu melden und die vom Internationalen Roten Kreuz in Genf für die Kriegsgefangenenkartei gewünschten Fragen zu beantworten.
- **8. 6. Adalbert-Stifter-Gemeinde gegründet.** Sie will die Jugend mit dem österreichischen Kulturerbe vertraut machen und die „Liebe zur Heimat" fördern.
- **8. 6. Johannes Heesters** gibt ein vielumjubeltes Konzert in Salzburg.
- **11. 6. Lohnstop verlängert.** Diese Maßnahme dient der Währungsstabilisierung.
- **13. 6. Todesstrafe für Schleichhändler gefordert.** Eine Gewerkschaftsversammlung fordert energische Maßnahmen gegen Schleich- und Schwarzhandel. Die Ernährungssituation sei katastrophal. Mit einer Tagesration von 955 Kalorien könne man nicht mehr arbeiten. Gewerkschaftssekretär Josef Horak fordert die Todesstrafe für Schleichhändler.
- **13. 6. Ehemaliger Polizeidirektor Josef Daspelgruber vor US-Militärgericht.** Ihm werden Manipulationen in NS-Fragebögen vorgeworfen. Am 12. Juli wird er zu 7 Jahren Gefängnis (davon zwei Jahre bedingt) und 5000 Schilling Geldstrafe verurteilt. Daspelgruber wird Ende 1947 vorzeitig aus der Haft entlassen.
- **17. 6. Neues Kurhaus geplant.** Der gemeinderätliche Hauptausschuß beschließt, Franz Rudolfer die Grundstücke gegen einen Pachtzins von 3 Prozent der Jahresbruttoeinnahmen zu überlassen. In 35 Jahren soll das Kurhaus unentgeltlich an die Stadt fallen. Das Vorhaben wird aber nicht realisiert.
- **17. 6. Marko Feingold** wird zum Präsidenten der Israelitischen Kultusgemeinde gewählt.
- **19. 6. Der Verkauf von Alkohol** an US-Soldaten und deren Angehörige ist verboten, außer bei besonderer Ermächtigung durch die zuständigen Dienststellen.
- **22. 6. Österreichisch-Amerikanische Gesellschaft,** Sektion Salzburg, gegründet.
- **22. 6. Wohnungen für Festspielgäste.** Die Landesregierung fordert die Zivilbevölkerung auf, Wohnraum für Festspielgäste zur Verfügung zu stellen.

1946

- **22. 6.** Eine erste **Salzburger Kriegsverbrecherliste** mit 24 Namen wird von der Bundespolizeidirektion veröffentlicht.
- **24. 6. Neuer Polizeidirektor von Salzburg** wird Richard Böhm.
- **25. 6. US-Süßwaren-Spende.** Das amerikanische Rote Kreuz stellt Süßwaren zur Verteilung in Kindergärten und Kinderheimen zur Verfügung.
- **25. 6. Das neue Pressebüro der Salzburger Festspiele** nimmt seine Tätigkeit auf.
- **26. 6. Außerkraftsetzung der Sonntags-Fahrbewilligungen.** Ausnahmen gibt es nur für den öffentlichen Verkehr und Notdienste.
- **27. 6. Bestimmungen für Wohnungsbeschlagnahmen.** Die Militärregierung weist darauf hin, daß für regulär beschlagnahmte Häuser und Wohnungen für die US-Truppen vom Real Estate Office ein Requirierungsschein ausgestellt wird. Mit diesem können Schadensersatz sowie Mietentgang können geltend gemacht werden. Privat einquartierte Militärpersonen müssen umgehend dem Real Estate Office gemeldet werden.
- **27. 6. Der Salzburger Tierschutzverein wird gegründet.**
- **28. 6.** „**Hochkommissar**" lautet ab heute die Bezeichnung für die alliierten Oberbefehlshaber und Mitglieder des Alliierten Rates in Wien.
- **28. 6. Ausstellung.** Im weißrussischen Lager in Parsch ist die Ausstellung „Leben im Lager Parsch" zu sehen.
- **29. 6.** Im Stadtgebiet findet eine **Straßensammlung** für den Wiederaufbau statt.
- **29. 6. Uraufführung.** Im neueröffneten Theater „Die Tribüne" wird das Schauspiel „Tag der Versuchung" von Rudolf Berghöfer uraufgeführt. „Die Tribüne" fördert zeitgenössische Literatur der Avantgarde.
- **30. 6. Rainbow-Division inaktiviert.** Die 42. US-Infanterie-Division wird aus dem Aktivstand genommen und in Salzburg durch das 5. Infanterie-Regiment (und dieses im Oktober 1946 durch das 16. Infanterie-Regiment) ersetzt.

Juli 1946

- **2. 7. Streik.** Die Rechtspraktikanten beim Salzburger Landesgericht streiken. Sie fordern für ihre Tätigkeit eine Entlohnung.
- **12. 7. Erweiterung des Tabak-Bezuges.** Jetzt erhalten alle Frauen über 18 Jahre Raucherkarten. Bisher hatten nur Frauen über 25 Jahre Anspruch darauf.
- **15. 7. Budget 1946.** Der Gemeinderat beschließt den Haushaltsvoranschlag für das Jahr 1946. Im ordentlichen Haushalt sind Einnahmen und Ausgaben von jeweils rund 14,6 Millionen Schilling vorgesehen. Die außerordentliche Gebarung umfaßt 9,6 Millionen Schilling. Mit diesem Budget wird dem Haushaltsplan wieder das Kalenderjahr als Rechnungszeitraum zugrunde gelegt.
- **15. 7. Das „Simpl" gastiert in Salzburg.** Im Kabarett „Bei Fred Kraus" gastiert die Wiener Kabarettbühne „Simplizissimus". Durch das Programm führt Ernst Waldbrunn. Es sind unter anderem Emmerich Arleth, Else Domajnko und Heinz Conrads zu sehen.
- **18. 7. Aufstellung von bewaffneten Hof- und Flurwachen** – im Auftrag der Militärregierung – zum Schutz der kommende Ernte vor Diebstählen.

1946

18. 7. Amerikaner geben den Sicherheitsorganen mehr Rechte. Die Polizei kann nun Zivilisten, die österreichische Gesetze übertreten oder amerikanische Anordnungen nicht befolgen ohne Rücksicht auf deren Nationalität – Angehörige der US-Streitkräfte ausgenommen – festnehmen. Österreichische Gerichte dürfen in Hinkunft diese festgenommenen Personen einvernehmen bzw. aburteilen.

22. 7. Der Salzburger Schriftsteller- und Journalistenverband wird gegründet.

24. 7. Neuer Handelskammerpräsident. Das Bundesministerium für Handel und Wiederaufbau bestellt aufgrund des neuen Kammergesetzes den Elektromeister Josef Ausweger zum neuen Präsidenten der Handelskammer. Er folgt damit dem interimistischen Präsidenten Hannes Gessele.

25. 7. Das Kabarett „Laterndl an der Stiege" in Itzling eröffnet unter der Leitung von Erich Hüffel. Er muß aber bereits im Oktober 1946 Konkurs anmelden.

26. 7. „Friends of Humanity". Die Österreichische Sektion der „International League for Reconciliation and Fraternization ‚Friends of Humanity' in the spirit of the United Nations Organization" wird gegründet.

29. 7. Eröffnung des neuen U. S. Information Centers in den umgebauten Räumen im Haus Alter Markt 12 in Anwesenheit von Generalmajors Harry J. Collins, dem Kommandanten der USFA-Truppen im Land Salzburg und von Landeshauptmann Albert Hochleitner (ÖVP).

30. 7. Festakt für das Kraftwerk Kaprun. Die amerikanische Militärregierung übergibt das Kapruner Kraftwerk im Rahmen einer offiziellen Feier im Rittersaal des Residenzgebäudes den österreichischen Behörden.

Abb. 123: Bürgermeister Anton Neumayr überreicht am 1. August 1946 General Mark W. Clark die Ehrenbürgerurkunde. Rechts daneben General Harry J. Collins.

August 1946

- **1. 8. Ehrung für General Clark.** Politiker von Stadt und Land Salzburg würdigen die Verdienste des Oberkommandierenden der amerikanischen Streitkräfte in Österreich, Hochkommissar General Mark W. Clark, durch Ernennung zum Ehrenbürger aller Gemeinden des Landes Salzburg.
- **1. 8. Eröffnung der Festspiele.** Die Salzburger Festspiele werden feierlich eröffnet. Josef Krips dirigiert Mozarts „Don Giovanni". „Der Rosenkavalier" von Richard Strauss (Inszenierung: Oskar Wälterlin; Dirigent: Hans Swarowsky) und Mozarts „Le Nozze di Figaro" (Inszenierung: Oscar Fritz Schuh; Dirigent: Felix Prohaska) sind weitere Opernaufführungen. In der Felsenreitschule ist Carlo Goldonis „Diener zweier Herren" in einer Inszenierung von Hermann Thimig zu sehen. Für die Orchesterkonzerte sind die Wiener Philharmoniker engagiert. Bei den Solistenkonzerten ragt das Konzert Yehudi Menuhins hervor. Nach jahrelanger Unterbrechung findet auf dem Domplatz wieder das Spiel vom Sterben des reichen Mannes statt. In der Inszenierung von Heinz Hilpert gibt Ewald Balser die Rolle des „Jedermann", Grete Zimmer spielt die „Buhlschaft".
- **3. 8. Rapid zum erstenmal in Salzburg.** Die Wiener Fußballmannschaft mit ihrem Star „Bimbo" Binder besiegt in einem Freundschaftsspiel den SAK mit 3 : 1.
- **4. 8. Eröffnung der Salzburger Hochschulwochen** durch Fürsterzbischof Andreas Rohracher im Rahmen einer kirchlichen Feier in der Stiftskirche St. Peter.

Abb. 124: Das Maxglaner Flughafengebäude mit US-Flagge, Sommer 1946.

- **5. 8. Arbeitseinsatz von Displaced persons.** Alle DPs in der amerikanischen Zone Österreichs unterliegen unabhängig ihrer Nationalität den gleichen Arbeitseinsatzbestimmungen, einschließlich des Arbeitspflichtgesetzes, wie österreichische Staatsbürger. Ausgenommen von dieser Regelung sind rassisch, politisch oder religiös verfolgte Flüchtlinge.
- **12. 8. US-Parade.** Generalmajor J. H. Edwards, der kommandierende General der US-Luftstreitkräfte in Europa, nimmt auf dem Mozartplatz eine Parade ab.
- **15. 8. Die Ausstellung des Heimatwerks auf Hohensalzburg** steht unter dem Motto „Altes Vorbild – Neues Schaffen".
- **16. 8. Drosselung der Treibstoffzuteilungen.** Treibstoff wird derzeit nur für Fahrzeuge der öffentlichen Sicherheit, der Feuerwehren, des Gesundheitswesens und der versorgungswichtigen Betriebe zugeteilt. Die Ausstellung neuer Fahrbewilligungen ist bis auf weiteres eingestellt.
- **21. 8. Volksgartenbad.** Die US-Militärregierung erlaubt der Zivilbevölkerung außer donnerstags nun auch mittwochs die Benutzung des Volksgartenbades.
- **23. 8. „Entschandelungs-Aktion".** Alle nicht mehr aktuellen Reklametafeln, Anschläge und Plakate müssen auf Anordnung der amerikanischen Militärregierung entfernt werden.
- **24. 8. Heimatforscher Alexander Haidenthaller ist gestorben.** Er war Ehrenbürger der ehemaligen Gemeinde Gnigl.
- **28. 8.** Die **Tanzsäle „Kreuzbrückl"** werden eröffnet.
- **31. 8. Sommerfest der Stadt Salzburg** zugunsten des Wiederaufbaus im Festspielhaus. Das musikalische Programm steht unter der Leitung von Karl Dönch. Die Wahl zur „Miss Salzburg 1946" gewinnt Hermine Brindlinger aus Saalfelden.

September 1946

- **1. 9. Reiterfest auf dem Trabrennplatz.**
- **1. 9.** Der **Klub der Literaturfreunde** wird gegründet.
- **3. 9. US-Spende für das Festspielhaus.** Die US-Militärregierung spendet dem Festspielkomitee 50.000 Schilling für die Renovierung des Festspielhauses.
- **4. 9. Unterernährung.** Ein Untersuchung ergibt, daß 80 Prozent der Salzburger Kinder und Jugendlichen unterernährt sind.
- **7. 9. Sportveranstaltung für den Wiederaufbau der Stadt.** Angehörige von Funk, Presse und Bühne nehmen vor rund 3500 Zuschauern an Fuß- und Handballspielen teil, deren Reinertrag dem Wiederaufbau der Stadt zufließt.
- **7. 9. Angespannte Brennstoffversorgung.** Wegen geringer Inlandskohleförderung wird die Abgabe von Kohle und Koks an private Haushalte eingeschränkt. Die Bevölkerung wird aufgerufen, Holz und Tannenzapfen zu sammeln.
- **8. 9. Kein Obus-Sonntagsverkehr.** Wegen fehlender Reifen stellen die Verkehrsbetriebe, den Obusverkehr an Sonn- und Feiertagen vorübergehend ein.
- **8. 9. Sattler-Ausstellung.** Im Künstlerhaus wird bis 6. Oktober eine Ausstellung mit Werken von Hubert Sattler gezeigt. Es ist die erste Ausstellung des Salzburger Museums Carolino Augusteum nach dem Krieg.

1946

Abb. 125 und 126: Brauchtumsveranstaltung im Festungshof im August 1946.

1946

- **12. 9.** **Geringe Lebensmittelzuteilung.** Die Lebensmittelrationen bleiben unverändert niedrig. Normalverbraucher erhalten 1200 Kalorien täglich.
- **14. 9.** In der **Kajetaner-Kirche** wird die durch Kriegseinwirkung beschädigte und jetzt wieder restaurierte Heilige Stiege eingeweiht.
- **15. 9.** **Ausstellung von raumsparenden Möbeln.** Im Ständesaal des Neugebäudes am Mozartplatz findet die Eröffnung der Ausstellung „Wohnwunder" statt.
- **15. 9.** **UNRRA-Spende.** Das amerikanische Hilfswerk stellt größere Mengen getragener Bekleidung sowie 5740 Paar gebrauchte Schuhe zur Verfügung.
- **19. 9.** **Die Union-Sportanlage** in Nonntal wird in Betrieb genommen.
- **19. 9.** **Kartoffelausgabe.** Jeder bezugsberechtigte Verbraucher erhält für die Einwinterung 50 Kilogramm Erdäpfel.
- **26. 9.** **Turnfest.** Auf der Zistelalm findet ein Bergturnfest statt.
- **27. 9.** **Vollversammlung der Arbeiterkammer.** AK-Präsident Hans Webersdorfer, ist gegen Preiserhöhung ohne entsprechende Lohnangleichung. Größtes Problem sei die Versorgung der Bevölkerung mit Nahrungsmitteln und Bekleidung.
- **30. 9.** Die **NS-Registrierungslisten** über ehemalige NSDAP-Angehörige werden zur öffentlichen Einsicht aufgelegt.

Oktober 1946

- **1. 10.** **Kriegsverbrecher-Hinrichtung.** Im Hof des Landesgerichtsgebäudes werden die vom US-Sondermilitärgerichtshof im ersten Kriegsverbrecher-Prozeß am 7. Juni gefällten Todesurteile gegen zwei ehemalige Angehörige einer ungarischen SS-Kampfgruppe vollstreckt.
- **1. 10.** Eine **Baby-Kleiderkarte** für Säuglinge bis zum 1. Lebensjahr wird eingeführt.
- **2. 10.** **Bischofskonferenz.** In der Erzabtei St. Peter findet zum zweiten Mal in diesem Jahr eine Konferenz der österreichischen Bischöfe statt. Gegenstand der Beratungen sind u. a. das Feiertagsgesetz, die Kirchenbeiträge und die Rückgabe des während der Zeit des Nationalsozialismus entzogenen kirchlichen Eigentums.
- **5. 10.** **Bauerntheater.** Im Gasthaus „Rangierbahnhof" eröffnet der Komiker Karl Eßl sein „Bauernbrettl".
- **6. 10.** **Einschränkung des Stromverbrauchs.** Wegen der außerordentlichen Energieknappheit werden die bereits für Industrie und Gewerbe verfügten Stromverbrauchs-Einschränkungsmaßnahmen auch auf Haushalte ausgedehnt.
- **7. 10.** **Aufhebung der Postzensur** für innerösterreichische Postsendungen.
- **7. 10.** **Motorradrennen.** Vor mehr als 7000 Zuschauern findet auf der Nonntaler Rundstrecke das erste Salzburger Motorradrennen nach dem Kriege statt.
- **7. 10.** **Erster Landeskongreß des Salzburger Kriegsopferverbandes.**
- **8. 10.** **Wiedereröffnung der „Savoy-Bar"** im Haus Schwarzstraße 10.
- **8. 10.** **Vorschlag für Elektrifizierung der Ischlerbahn** durch den Aufsichtsrat der Salzkammergut-Lokalbahn. Die Schmalspur soll beibehalten werden.
- **9. 10.** Das Betreten der **Alpenstraße** im Bereich des Lagers Marcus W. Orr ist für alle Fußgänger und Radfahrer verboten. Autos dürfen die Alpenstraße passieren.

1946

Abb. 127: Österreichische Rad-Bergmeisterschaft auf der Gaisbergstraße am 15. September 1946.

Abb. 128: Das „Salzburger Bauernbrettel" des Komikers Karl Eßl (zweiter v. r.), beheimatet im Gnigler Gasthof „Rangierbahnhof", erfreute sich in den Nachkriegsjahren großer Beliebtheit.

1946

10. 10. Im **Borromäum** beginnt für die ersten fünf Gymnasialklassen wieder der Unterricht. Das 1938 beschlagnahmte Gebäude diente während der NS-Zeit als Sitz des Reichsnährstandes.

12. 10. Uraufführung. In der „Tribüne" wird das Schauspiel „Die Rechenmaschine" von Elmar L. Rice uraufgeführt. Das Stück beschäftigt sich satirisch mit der technisierten amerikanischen Welt. Regie führt Harald Benesch.

14. 10. Eine Zuckerspende aus Irland wird an Altersheime und Kinder verteilt. Jede Person erhält ein halbes Kilogramm.

14. 10. Diskussion über Museum. Der Gemeinderat diskutiert den Vorschlag von Bürgermeister Anton Neumayr (SPÖ), das Städtische Museum in der Festung Hohensalzburg auf 5000 Quadratmeter Raumfläche unterzubringen. Bürgermeister-Stellvertreter Richard Hildmann (ÖVP) vertritt hingegen die Meinung, die Festung sei aus baulichen Gründen für ein Museum ungeeignet. Der Gemeinderat beschließt, ein Projekt ausarbeiten zu lassen.

14. 10. Der Architekten-Wettbewerb zum Neubau des Kurhauses wird ausgeschrieben. Der Neubau soll im Kurpark anstelle des schwer bombenbeschädigten Kurhauses errichtet werden.

15. 10. General Dwight D. Eisenhower in Salzburg. Der Chef des US-Generalstabes und Befehlshaber der amerikanischen Streitkräfte in Europa, General Dwight D. Eisenhower, stattet Salzburg einen mehrstündigen Besuch ab.

16. 10. Eine „**Verkehrswoche**" wegen mangelnder Verkehrsdisziplin der Auto- und Radfahrer sowie Fußgänger beginnt auf Wunsch der US-Militärregierung.

17. 10. Strombezugs-Verbot. Wegen der katastrophalen Trockenheit und mangelnder Brennstoffversorgung der Elektrizitätswerke wird die Stromversorgung in allen einschichtig arbeitenden Industriebetrieben (ausgenommen Ernährungsbetriebe und Druckereien) für zwei Tage ab 12 Uhr mittags eingestellt.

19. 10 Das Café „**Elektrischer Aufzug**" verpachtet die Stadtgemeinde an den Hotelier Hermann Winkler, der es großzügig umbauen will.

20. 10. Landesfeier. Aus Anlaß der 950. Wiederkehr der ersten Nennung des Namens „Ostarrichi" findet eine Landesfeier statt.

21. 10. Beginn der Schulausspeisung. Die allgemeine Schulausspeisung, eine Spende der US-Militärregierung, wird in der Volksschule Nonntal symbolisch eröffnet. Künftig erhalten im Land Salzburg täglich rund 20.000 Schüler eine Milchspeise oder einen Gemüseeintopf mit Fleischeinlage und Weißbrot.

25. 10. Collins Ehrenbürger. Der Gemeinderat beschließt die Ernennung von Generalmajor Harry J. Collins zum Ehrenbürger der Stadt.

27. 10. Erste Messe im Dom mit Fürsterzbischof Andreas Rohracher nach der Zerstörung der Domkuppel im Jahr 1944 und der provisorischen Instandsetzung. Gleichzeitig findet der Diözesan-Jugendtag statt. Auf dem Domplatz wird „Das Spiel vom Dom" von Alois Lippl in Szene gesetzt. Jugendseelsorger Franz Wesenauer hält die Festansprache.

27. 10. Elfriede Mayer gestorben. Die Malerin war u. a. Mitglied des „Sonderbundes österreichischer Künstler" und des „Wassermann".

28. 10. Für **Haushalts-Nähmittel** wird ab sofort eine Zuteilungskarte ausgegeben.

1946

Abb. 129: Aus Anlaß der „950-Jahr-Feier" Österreichs ist das US-Revuetheater „Roxy" im Festspielhaus für die Zivilbevölkerung zugänglich, 20. Oktober 1946.

Abb. 130: Radrennen auf der Aschenbahn des Sportplatzes Gnigl am 20. Oktober 1946.

1946

Abb. 131: Das Langhaus des Salzburger Doms wird mit einer provisorischen Zwischenwand von der Vierung abgeteilt, Herbst 1946.

1946

Abb. 132: Erste Nachkriegsmesse im Dom am 27. Oktober 1946. Hinter der provisorischen Zwischenwand beginnt der Wiederaufbau der bombenzerstörten Domkuppel.

1946

29. 10. Ernährungsinspektoren. Das Bundesministerium für Volksernährung bestellt für das Land Salzburg Ernährungsinspektoren, die die Lebensmittelverteilung von Groß- über Kleinverteiler an den Konsumenten beobachten und den Schwarz- und Schleichhandel untersuchen sollen.

31. 10. NS-Registrierung. In der Stadt Salzburg sind 10.803 Personen als Mitglieder der NSDAP registriert, 2065 als Partei-Anwärter, 1111 als kleine Funktionäre, 530 als hohe Funktionäre, 751 als Illegale, 248 als Angehörige der SS und 1773 sind als SA-Mitglieder registriert.

November 1946

1. 11. Großer Schleichhandelsprozeß in Salzburg. 28 Angeklagten wird vom US-Gerichtshof vorgeworfen, entweder Hauptfigur oder Vermittler in einer Gruppe von Schleichhändlern gewesen zu sein und mit einer Reihe von lebenswichtigen Artikeln gehandelt und somit die österreichische Wirtschaft geschädigt zu haben. Nach mehrwöchiger Dauer werden 27 Angeklagte zu Gefängnisstrafen bis zu 2 Jahren verurteilt.

2. 11. Spenden für Kriegsgefangene in Jugoslawien. Vom Hauptbahnhof geht ein aus 16 vollbeladenen Güterwaggons bestehender Transport mit Lebensmittel-, Bücher-, Wäsche- und Kleiderspenden an Kriegsgefangene in Jugoslawien ab. Die Kleider müssen militärischen Charakter haben, da den Kriegsgefangenen das Tragen von Zivilkleidung verboten ist.

Abb. 133: Hilfsaktion für österreichische Kriegsgefangene in Jugoslawien, 1946.

1946

4. 11. Frauenklinik. Die während des Krieges nach Seekirchen übersiedelte Frauenklinik wird nach Salzburg zurückverlegt.

4. 11. Der Turnbetrieb in der Jahn-Turnhalle am Giselakai durch die Österreichische Turn- und Sportunion beginnt.

8. 11. Landesparteitag der ÖVP. Zum Landesparteiobmann wird Nationalratsabgeordneter Martin Gassner gewählt. Er löst in dieser Funktion Bartholomäus Hasenauer ab. Auf einer anschließenden Großkundgebung spricht Bundeskanzler Leopold Figl (ÖVP).

8. 11. „Schleichendes Gift", einen Aufklärungsfilm über Geschlechtskrankheiten, zeigt das Neue Kino an der Plainstraße.

10. 11. Auf **1550 Kalorien pro Tag** wird die Norm für Normalverbraucher erhöht.

11. 11. „Neuer Grünmarkt". Die im November 1944 durch Bomben zerstörte Marktanlage an der Franz-Josef-Straße ist wieder aufgebaut.

11. 11. Sowjetische Filmwoche. Im Mirabell-Kino laufen der Film „Die steinerne Blume" und der Revue-Film „Grüß dich, Moskau", der erste von Willi Forst synchronisierte sowjetische Film, sowie Dokumentar- und Propagandafilme.

13. 11. Unterrichtsbeginn an der Zentralberufsschule. Nach dreijähriger Unterbrechung nimmt die Zentralberufsschule in bis vor kurzem von US-Soldaten belegten Räumen des Neuen Borromäums den Unterricht für 2200 Lehrlinge in 76 Klassen wieder auf.

15. 11. Getreide-Ablieferungspflicht. Die Kammer für Landwirtschaft und Ernährung fordert alle Bauern letztmalig auf, ihre Ablieferungspflicht an Brotgetreide restlos zu erfüllen. Die Kammer weist darauf hin, daß die landeseigene Getreideaufbringung die Grundlage für die bewilligte Erhöhung des Kaloriensatzes bilde, daß die Nichterfüllung der Ablieferungspflicht die Versorgung empfindlich störe und deshalb mit harten Strafen gerechnet werden müsse.

15. 11. Brennholz-Lieferung nach Wien. Die amerikanische Militärregierung beauftragt das Land Salzburg zur ehestmöglichen Lieferung von 20.000 Raummeter Brennholz für die Versorgung der Stadt Wien.

18. 11. Mädchen-Erziehungsheim St. Josef. Nach Freigabe durch die US-Militärregierung wird das Mädchen-Erziehungsheim St. Josef an der Hellbrunner Straße wieder von den Schwestern vom „Guten Hirten" übernommen.

20. 11. Der **NS-Reichsnährstand** wird liquidiert.

23. 11. Einschränkung des Obusverkehrs wegen Energiemangels.

25. 11. Gustav Klimt und Egon Schiele-Ausstellung in der Galerie Nebehay.

26. 11. Mappe „Salzburg 1946". Im Selbstverlag der Stadt erscheint eine Mappe mit zwanzig Fotografien des Salzburger Stadtbilds. Der Reinerlös aus dem Verkauf der Mappe fließt dem Wiederaufbaufonds der Stadt Salzburg zu.

28. 11. Kinder-Einladung zum Thanksgiving Day. Anläßlich dieses amerikanischen Feiertages werden fünfzig bedürftige Salzburger Kinder auf Einladung amerikanischer Soldaten im „Gablerbräu" bewirtet.

30. 11. Mahnung an die Milchverteiler. Der Stadtmagistrat gibt die Bestrafung mehrerer Milchverteiler wegen erheblicher Milchfehlmengen bekannt. Es wird ihnen die Entziehung der Milchverteiler-Berechtigung angedroht.

1946

Abb. 134: Die in Salzburg aufgenommene und im Sender Rot-Weiß-Rot ausgestrahlte Quiz-Sendung „Versuch Dein Glück" mit Maxi Böhm und den „Rhythmischen 7" erfreute sich großer Beliebtheit.

Dezember 1946

- **1. 12. Der Vorstand der Handelskammer konstituiert sich.** In Absprache zwischen ÖVP und SPÖ bleibt Josef Ausweger Kammerpräsident. Seine Stellvertreter sind Johann Brunauer und Gotthard Dick.
- **4. 12. Kurs über „Verkehrssprache".** Die Arbeiterkammer kündigt einen Kurs über „Verkehrssprache" (= deutsche Sprache, Anm. d. Hg.) an, mit dem die Möglichkeit zum Erlernen einer korrekten Ausdrucksweise in der „Umgangs- sowie Schriftsprache" geboten wird.
- **4. 12. CARE-Paket-Spende.** Zahlreiche Angehörige der amerikanischen Streitkräfte sind einem Aufruf von Generalmajor Harry J. Collins gefolgt, durch Ankauf von CARE-Paketen (Preis: 10 Dollar pro Paket) bedürftige Österreicher und DPs zu unterstützen. Von den für 16.420 Dollar gekauften Paketen erhält die Stadt Salzburg 946 Pakete. Der Inhalt eines 15-Kilo-CARE-Paketes reicht aus, einer vierköpfigen Familie vier Wochen hindurch zusätzlich 1300 Kalorien täglich zu sichern.
- **4. 12. Demonstration.** In Salzburg und Hallein demonstrieren Frauen für eine Verbesserung der Ernährungslage.

1946

8. 12. Wiedereröffnung des Sacellums. Die ehemalige Hauskapelle der alten Universität, das 1618 unter Erzbischof Markus Sittikus erbaute Sacellum, steht nach einer umfangreichen Renovierung für Gottesdienste wieder zur Verfügung.

9. 12. Die **Gesellschaft Amitié France-Autriche** wird gegründet.

14. 12. Wegen Brennstoffmangels und Stromknappheit bleiben die städtischen Ämter an Samstagen geschlossen.

15. 12. KZ-Verband. Das Komitee ehemaliger politischer Häftlinge und Gemaßregelter konstituiert sich.

15. 12. Anträge auf Freilassung von Kriegsgefangenen. Das Rote Kreuz gibt bekannt, daß Anträge auf Rückführung österreichischer Kriegsgefangener aus der Sowjetunion eingereicht werden können. Erforderlich sind die Bescheinigung einer Partei über das Verhältnis des Kriegsgefangenen zur NSDAP, eine Bestätigung über die Notwendigkeit der Rückkehr aus beruflichen Gründen und allfällige Beweise über Verfolgungen unter dem Hitlerregime.

15. 12. Die Ausgabe von UNRRA-Tabakwaren beginnt. Erhältlich sind verschiedene Sorten amerikanischer Zigaretten und Pfeifentabake: 60 US-Zigaretten (Stückpreis 50 Groschen) oder 1 Paket US-Pfeifentabak (50 Gramm zu 10 Schilling).

16. 12. Amnestie des US-Militärgerichtshofes. Anläßlich des bevorstehenden Weihnachtsfestes amnestiert die US-Militärregierung 224 von amerikanischen Gerichten verurteilte Personen, darunter 15 Frauen.

17. 12. Kinderweihnacht. US-Soldaten beginnen im Festspielhaus mit einer Einladungsserie für Kinder im Vorschulalter. Insgesamt veranstalten die USFA-Angehörigen 101 Weihnachtsfeiern im Land Salzburg. Die Kinder erhalten jeweils eine warme Mahlzeit mit belegten Brötchen, Schokolade und Kuchen sowie ein Packerl mit Taschentüchern, Spielzeug, Süßigkeiten, Zahnbürste und Zahnpasta. Aus US-Spenden des Zonenkommando-Personals werden außerdem 650 CARE-Pakete an Spitäler verteilt. Zur Ausgabe kommen ferner 2000 Pakete des Amerikanischen Roten Kreuzes und 25 LKW-Ladungen mit Süßigkeiten.

18. 12. Das **Salzburger Heimatwerk** eröffnet im Neugebäude am Residenzplatz eine Verkaufsstelle für handwerklich erzeugte Gebrauchsgegenstände.

20. 12. Straßenumbenennungen. Der Gemeinderat beschließt die sofortige Umbenennung des Karolinenplatzes in Dr.-Franz-Rehrl-Platz, eines Teiles der Hofstallgasse in – wie vor 1938 – Max-Reinhardt-Platz und des Realschulplatzes in Ferdinand-Hanusch-Platz. Die beantragte Umbenennung des Rudolfsplatzes in „Befreiungsplatz" wird zurückgestellt.

21. 12. Bei der ersten Auktion nach Kriegsende werden Einrichtungsgegenstände des bankrotten Kabaretts „Laterndl an der Stiege" versteigert.

21. 12. Sparaufruf wegen Wassermangels. Schwierigkeiten bei der Wasserversorgung aufgrund des trockenen und kalten Wetters veranlassen die Städtischen Gas- und Wasserwerke, die Verbraucher zu äußerster Sparsamkeit beim Wasserverbrauch aufzufordern.

21. 12. US-Weihnachtsspende. Beschlagnahmte Lebensmittel und Zigaretten aus den Schleichhandels-Prozessen werden der Bevölkerung zur Verfügung gestellt. Außerdem überreicht Generalmajor Harry J. Collins an 150 kinderreiche bedürftige Familien je ein CARE-Paket als Weihnachtsgeschenk.

1946

21. 12. Ehrung hoher Funktionäre der US-Militärregierung. Die Landesregierung ehrt den Chef der Militärverwaltung der amerikanischen Zone, Oberst Eduard E. Hume, und den Gouverneur der US-Militärregierung für das Land Salzburg, Oberstleutnant Richard L. Lollar.

26. 12. Verschärfung der Stromabschaltungen. Der starke Kälteeinbruch und der damit verbundene Wasserrückgang sowie mangelnde Brennstofflieferungen zwingen zu weiteren Stromabschaltungen.

28. 12. Lokalbahnbetrieb eingeschränkt. Wegen Kohlemangels kann die dampfbetriebene Strecke Bergheim–Lamprechtshausen bis 30. März 1947 nicht betrieben werden.

31. 12. Kriegsgefangene und Heimkehrer. Bis Jahresende 1946 sind 10.958 Salzburger aus Kriegsgefangenschaft heimgekehrt. 855 Salzburger befinden sich noch in amerikanischer, 1377 in britischer und 1063 in französischer Gefangenschaft. 44 Salzburger Kriegsgefangene sind in Belgien, Dänemark, Holland, Norwegen und Schweden, 21 in der Schweiz interniert. Genaue Lageranschriften liegen dem Roten Kreuz von 557 in Jugoslawien und von 1020 in der Sowjetunion gefangenen Salzburgern vor. 9859 Personen sind als vermißt gemeldet.

31. 12. UNRRA-Hilfe. Die UNRRA hat vom 1. April bis Jahresende 1946 dem Land Salzburg folgende Lebensmittel übergeben: 13.531 Tonnen Weizen, 2142 Tonnen Weizenmehl, 1346 Tonnen Roggen, 429 Tonnen Roggenmehl, 2109 Tonnen Mais, 734 Tonnen Maismehl, 330 Tonnen Hafer, 338 Tonnen Sojamehl, 140 Tonnen Haferflocken und Cercal, 167,4 Tonnen Makkaroni und Spaghetti, 33,8 Tonnen Fleischkonserven, 160,6 Tonnen Fett und Öl, 167 Tonnen Salzspeck, 1025 Tonnen Erbsen und Bohnen, 706,5 Tonnen Zucker, 227,6 Tonnen Bohnenkaffee, 105 Tonnen Trockenei, 145,6 Tonnen Trockenmilch, 628,1 Tonnen Sardinen und Heringe, 487 Tonnen Kartoffeln und 342 Tonnen Gemüse und Obst. Darüber hinaus wurden noch große Mengen Weizenbrotmehl, Maisgrieß, Gerstenmehl, Nährkeks und Kanditen übergeben. Außer Lebensmitteln wurden 2431,5 Tonnen Sämereien, 122 Tonnen Futtermittel, 404,4 Tonnen Kunstdünger und Schädlingsbekämpfungsmittel, 9 Tonnen Gerbstoffe sowie große Mengen Medikamente und medizinische Instrumente geliefert.

31. 12. Versorgung mit Haushaltsartikeln. Die Haushaltsabteilung des Städtischen Wirtschaftsamtes hat im Jahr 1946 folgende Haushaltsgegenstände an Salzburger Haushalte abgegeben: 2900 Kübel, 1390 Bratpfannen, 17.130 Töpfe und Reindeln, 90 Siebe, 140 Schöpfer, 30 Reibeisen, 3000 Messer, Gabeln und Löffel, 135 Badewannen, 9 Trichter, 7000 Bürsten aus Haar und Reisstroh, 4800 Besen und 6350 Schrubber, 8032 Zahnbürsten und 850 Rasierpinsel, 900 Öfen und Herde, 1 kombinierten Gasherd, 310 Petroleumkocher, 320 Petroleumlampen, 135 Doppelbettzimmer- und 12 Einbettzimmer-Einrichtungen, 1660 Betten, 1360 Nachttische, 1290 Kästen und 390 Kommoden, 740 Kredenzen und 500 Anrichten, 480 komplette Fahrräder, 105 unbereifte Fahrräder, 2460 Decken und 2340 Schläuche.

31. 12. Verkehrsunfälle 1946. Die Bundespolizeidirektion Salzburg hat im Jahr 1946 im Gebiet der Landeshauptstadt 431 Verkehrsunfälle, davon 34 mit tödlichem Ausgang, aufgenommen. In die Unfälle waren auch zahlreiche US-Soldaten verwickelt.

1947

Jänner 1947

1. 1. Die Salzburger Eisenbahn- und Tramwaygesellschaft (SETG) geht mit ihrem Vermögen, allen Rechten und Pflichten in das Eigentum der Stadtgemeinde Salzburg über.

2. 1. Verschärfte Strom-Sparmaßnahmen. Wegen des Strommangels aufgrund der trockenen Witterung muß im Stadtgebiet täglich von 7.30 bis 11 Uhr und von 13 bis 16 Uhr der Strom abgeschaltet werden. Der Obusbetrieb wird täglich von 9 bis 11 Uhr und von 14 bis 16 Uhr eingestellt.

4. 1. Neue Bezeichnung „Amt der Landesregierung Salzburg". Entsprechend den Bestimmungen der Bundesverfassung von 1929 wird an Stelle der bisherigen Bezeichnung „Landeshauptmannschaft für Salzburg" wieder die Bezeichnung „Amt der Landesregierung Salzburg" verwendet.

4. 1. Verlängerte Schulferien. Wegen des großen Mangels an Heizmaterial bleiben die Schulen der Stadt bis Anfang März geschlossen.

4. 1. Bevölkerungsstatistik. In der Stadt sind 93.551 ständig hier lebende Lebensmittelkarten-Empfänger gemeldet.

5. 1. Baubeginn für neuen Mönchsberglift im Berginneren. Die Baukosten sind mit 660.000 Schilling veranschlagt.

6. 1. Neuer Bierpreis. Für ein Seidel beträgt der amtlich festgesetzte Preis ab heute 33 Groschen, für den halben Liter 50 Groschen.

11. 1. Vorübergehende Einstellung des Personenverkehrs der ÖBB wegen Kohlemangels.

12. 1. Gaisberg-Skirennen. Im Abfahrtslauf von der Gaisbergspitze gibt es einen Doppelsieg für die beiden Grödiger Max Wörndl und Hans Helminger.

13. 1. Die „Österreichische Liga der Vereinten Nationen" nimmt mit der Gründung der Landessektion Salzburg ihre Tätigkeit im Lande auf.

13. 1. Neuer US-Militärgouverneur. Der bisherige Militärgouverneur der Stadt, Oberstleutnant Richard L. Lollar, verläßt Salzburg und kehrt in die Vereinigten Staaten zurück. Sein Nachfolger ist Oberstleutnant Eugene Keller.

13. 1. Weitere Strom-Sparmaßnahmen. Die nachmittägige Abschaltzeit wird bis 17 Uhr verlängert. Das Landestheater muß wegen der angespannten Kohle- und Stromversorgung vorübergehend den Spielbetrieb einstellen. Die Tageszeitungen erscheinen vorübergehend nur mit zwei Seiten.

15. 1. Ausstellung der Kurhaus-Projekte im Künstlerhaus. Für den geplanten Neubau sind im Rahmen eines Architektenwettbewerbs 49 Projekte eingereicht worden.

17. 1. Museum übersiedelt ins Borromäum. Die immer noch in der Bombenruine am Franz-Josef-Kai untergebrachten Sammlungen des Museums werden in das Alte Borromäum an der Dreifaltigkeitsgasse übersiedelt.

17. 1. Öffentliche Gewichtskontrollen. Auf Anordnung der US-Militärregierung werden in den Städten Salzburg und Hallein zwecks Überprüfung des Gesundheitszustandes der Bevölkerung besondere Wiege-Kommissionen eingesetzt, um Gewichtsmessungen auf Straßen, in Schulen, Fabriken, öffentlichen Bädern

1947

vorzunehmen. Eine öffentlich zugängliche Gewichtsüberprüfung gibt es bereits seit längerer Zeit in den Räumen des früheren Cafés „Tomaselli".

21. 1. Deutsche Liegenschaften. Alle im Besitz von Reichsdeutschen oder Volksdeutschen befindlichen Liegenschaften und Liegenschaftsanteile müssen dem Magistrat gemeldet werden.

23. 1. Alt-Landeshauptmann Franz Rehrl ist in Salzburg verstorben.

Abb. 135: Zahlreiche Salzburger nehmen an der offenen Bahre Abschied von Altlandeshauptmann Franz Rehrl, der am 23. Jänner 1947 gestorben ist.

25. 1. Einführung von Hausaufgaben-Stunden. Schüler und Schülerinnen müssen sich zu festgelegten Zeiten zweimal wöchentlich zum Hausaufgaben-Empfang in ihren Klassenzimmern einfinden. Auf diese Weise sollen die wegen des herrschenden Kohlemangels erzwungenen Ferien im Sinne des notwendigen Unterrichts genutzt werden.

27. 1. Fahrpreiserhöhung. Der Einheitsfahrschein für die städtischen Verkehrslinien steigt von 15 auf 25 Groschen, die Umsteigefahrkarte von 25 auf 35 Groschen und der Gepäckfahrschein von 10 auf 20 Groschen.

30. 1. Herren- und Damenhüte können ohne Bezugschein im Tausch gegen getrocknete Hasenfelle erworben werden. Ende Februar wird auch die Tauschpflicht aufgehoben.

31. 1. Großbrand. Die 120 mal 40 Meter große Baracke des US-Motor-Pools an der Teisenberggasse brennt nieder. Dabei werden zahlreiche Autobusse und Lastkraftwagen sowie Treibstoffvorräte zerstört.

Februar 1947

1. 2. Das **Arbeitsgericht** nimmt seine Tätigkeit wieder auf.

1. 2. **Spitalseinweisung nur in dringlichen Fällen.** Die Landeskrankenanstalten können wegen der angespannten Brennstoffversorgungslage Patienten nur in dringlichen Krankheitsfällen aufnehmen.

2. 2. **Freigabe des Festspielhauses.** Das bisher von den US-Truppen beschlagnahmte Festspielhaus steht der Salzburger Bevölkerung wieder zur Verfügung. Das Gebäude heißt ab sofort nicht mehr „Roxy-Theater", sondern wieder „Festspielhaus". Als Ersatz beanspruchen die Amerikaner das Lifka-Kino, dessen Vorführungen für die Zivilbevölkerung ins Festspielhaus verlegt werden.

2. 2. **Wintersport auf der Trabrennbahn** in Aigen. Vor 4000 Zuschauern finden drei Schlitten- und fünf Motor-Skijöring-Rennen statt.

4. 2. **Erfassung der Kriegsgefangenen in der Sowjetunion.** Die Angehörigen sind aufgefordert, die persönlichen Daten jener ehemaligen Soldaten, die in sowjetischer Kriegsgefangenschaft vermutet werden, dem Suchdienst des Roten Kreuzes in der Haydnstraße bekanntzugeben. Innerhalb der folgenden drei Wochen gehen täglich bis zu 300 derartige Meldungen ein.

5. 2. **Begräbnis von Anna Bahr-Mildenburg.** Die am 27. Jänner in Wien verstorbene Opernsängerin und Witwe nach dem Schriftsteller Hermann Bahr wird an seiner Seite am Salzburger Kommunalfriedhof bestattet.

6. 2. **Nationalsozialisten-Gesetz 1947 beschlossen.** Die ehemaligen Mitglieder der NSDAP werden generell in Belastete und Minderbelastete mit Rechtsfolgen wie Berufsverbot, Vermögensverfall und Sühnepflicht eingeteilt. Vor allem in Salzburg gibt es heftige Opposition – von den Salzburger Nachrichten bis Fürsterzbischof Andreas Rohracher – gegen diese Verschärfung der Gesetze.

6. 2. Wassermangel macht die **Verlängerung der Stromabschaltzeiten** von 7 bis 11 Uhr und von 13 bis 17.30 Uhr notwendig.

7. 2. **Eine Heizmaterialspende der Konzertbesucher** ermöglicht den 5. Kammermusikabend im Mozarteum.

10. 2. **Die Rückführungsstelle für Flüchtlinge übersiedelt** von der Gewerbeschule in das Haus Alter Markt 1.

11. 2. **Kurpark erweitert.** Der Gemeinderat beschließt die Vergrößerung des Kurparkes bis zur Salzach. Der Beschluß bleibt ohne konkrete Auswirkung.

12. 2. **Einstellung des Nutzviehhandels** wegen Gefährdung der Milch- und Fleischversorgung im Land.

15. 2. **Saccharin-Erzeugung.** Die Versuche der Städtischen Gaswerke, Süßstoff aus Abfallprodukten bei der Gasgewinnung künstlich zu erzeugen, sind erfolgreich. Die Saccharin-Erzeugung soll ausgeweitet werden.

17. 2. **Sühneabgabe gemäß Nationalsozialisten-Gesetz in Kraft.** Alle gemäß Nationalsozialisten-Gesetz Sühneabgabepflichtigen werden aufgefordert, bis zum 18. März beim Finanzamt eine „Anzeige zur Entrichtung der laufenden Sühneabgaben" sowie eine „Erklärung zur einmaligen Sühneabgabe" bemessen nach dem Wert ihres Vermögens abzugeben.

1947

Abb. 136 und 137: Die Saccharinerzeugung der Salzburger Stadtwerke sorgt für Entlastung auf dem angespannten Zuckermarkt. Bild oben: Saccharin-Anlage in den Städtischen Gaswerken, Bild unten: die händische Verpackung.

1947

Abb. 138 und 139: Großes Publikumsinteresse herrscht für das Skispringen auf der Zistel am 9. März 1947. „Bubi" Bradl siegt in überlegener Manier und stellt mit 52 Metern seinen eigenen Schanzenrekord ein.

- **19. 2. DP-Überfall auf Obus.** Weil ein jüdischer Insasse des DP-Lagers in der Riedenburg Anordnungen eines Schaffners nicht befolgt hat und deshalb aus dem Obus gewiesen worden ist, blockieren rund 300 jüdische Lagerinsassen den nachfolgenden Obus, zerstören die Scheiben und mißhandeln einen Kontrollor. Die Haupttäter werden später gerichtlich verurteilt.
- **20. 2. Bombenruine beseitigt.** Die Stadtgemeinde beginnt mit der Sprengung der Überreste des Schrannen-Gebäudes neben der Andräkirche.
- **25. 2. Verbot von Nazi-Symbolen.** Die Landesregierung ruft dazu auf, Hakenkreuze und andere Insignien aus der Nazi-Zeit von Grabsteinen zu entfernen.

März 1947

- **1. 3. Neuer Magistratsdirektor.** Der Jurist Richard Seeger, bisher Bezirkshauptmann von Kufstein und zuvor bis 1938 Magistratsdirektor von Villach, folgt Heinrich Clessind als Magistratsdirektor der Stadt Salzburg im Amt.
- **3. 3. Erstes Nachkriegs-Telefonbuch.** Das neue „Amtliche Telefonbuch für den Bezirk des Post- und Telegrafeninspektorats Salzburg" enthält die Nummern der mehr als 5000 Anschlüsse in der Stadt und der über 3000 Telefone im Land Salzburg.
- **10. 3. Abgabe von Zündhölzern.** Ab sofort erhalten Normalverbraucher auf Zuteilungskarten pro Person zwei Schachteln Zündhölzer.
- **10. 3. Der tägliche Omnibusverkehr Salzburg–Wien** wird aufgenommen.
- **11. 3. Landeshauptmann zu Problemen mit Displaced persons.** Landeshauptmann Albert Hochleitner (ÖVP) richtet an die Presse einen Appell, über die Probleme mit den in Salzburg lebenden DPs objektiv zu berichten. Er wendet sich gegen die häufig gehörte Meinung, alle DPs seien arbeitsscheu. Andererseits könnte die Salzburger Bevölkerung verlangen, daß sich die DPs den gesellschaftlichen Sitten des Gastlandes anpaßten.
- **11. 3. Ende der „schullosen Zeit".** In der Stadt wird nach der Sperre wegen der Energiekrise an allen Schulen der volle Unterricht wieder aufgenommen.
- **12. 3. Industriellenvereinigung.** In der Residenz findet die Gründungsversammlung der „Vereinigung österreichischer Industrieller, Landesgruppe Salzburg" statt. Präsident ist Rolf Weinberger.
- **12. 3. Ende der Stromabschaltungen in der Stadt** infolge des verbesserten Wasserstandes beim Wiestal-Kraftwerk der E-Werke.
- **19. 3. Registrierung der Volksdeutschen.** Massenansturm herrscht in der Rückführungsstelle am Alten Markt. Auf Anordnung der Militärregierung müssen sich alle Volksdeutschen binnen drei Tagen neuerlich registrieren lassen.
- **19. 3. Aufstand im Lager Marcus W. Orr.** Insassen des Anhaltelagers Glasenbach protestieren gegen die Haftbedingungen und reißen Zäune nieder. Einigen gelingt die Flucht. In Verhandlungen mit dem amerikanischen Lagerkommandanten erreichen die Häftlinge Verbesserungen.
- **23. 3. Joseph August Lux im 76. Lebensjahr gestorben.** Der Maler und Schriftsteller wird in einem Ehrengrab am Kommunalfriedhof bestattet.

1947

23. 3. Bombenopfer gefunden. Bei Aufräumungsarbeiten einer Bombenruine an der Bayerhamerstraße werden zwei verweste Leichen gefunden.

25. 3. Gründung der „Österreichischen Kulturvereinigung", Landesverband Salzburg, mit Sitz im Künstlerhaus (im Jänner 1948 verselbständigt zur „Salzburger Kulturvereinigung").

27. 3. Ehrung von US-Offizieren. Bürgermeister Anton Neumayr (SPÖ) überreicht Major Elmer H. Braun und Hauptmann V. Bistany Urkunden über die Bürgerrechtsverleihung. Major Braun, vormals Stadtkommandant, stellte in seiner Funktion als Beschaffungsoffizier Bagger und Lastwagen zur Schuttbeseitigung zur Verfügung und beschaffte Kabel und Glas für den Wiederaufbau zerstörter Gebäude. Hauptmann Bistany organisierte den Einsatz von Arbeitskräften.

29. 3. Tagung ehemaliger Partisanen. Im Gasthaus „Schwarzer Bär" in Mülln tagt erstmals der „Salzburger Partisanenring". Engelbert Pilshofer hält ein Referat.

29. 3. Boxpremiere im Festspielhaus. 1800 Zuschauer erleben einen 10:6 Sieg der Innsbrucker Boxerstaffel gegen eine Salzburger Stadtauswahl.

31. 3. Stadtbudget 1947. Der Gemeinderat beschließt den Voranschlag für das Jahr 1947 mit ordentlichen Einnahmen von 19,4 Millionen und Ausgaben von 21,97 Millionen Schilling. Der außerordentliche Haushalt ist mit 13,88 Millionen Schilling ausgeglichen budgetiert.

April 1947

1. 4. Dänische Hilfsaktion. 1200 Schüler erhalten eine tägliche Ausspeisung.

2. 4. Die Ladenschlußzeit für Lebensmittel-Detailgeschäfte, Fleischhauer und Bäcker wird laut Beschluß der Landesregierung mit sofortiger Wirkung samstags auf 13.30 Uhr festgesetzt.

4. 4. UNRRA-Zigaretten. Alle bis zum 31. März dem Gewerkschaftsbund beigetretenen Mitglieder erhalten 15 Zigaretten aus UNRRA-Restbeständen.

5. 4. Konzert der Wiener Sängerknaben. Während der Osterfeiertage gibt der Chor drei Konzerte im Großen Saal des Mozarteums.

5. 4. Pläne über Kur- und Sportanlagen. Die Salzburger Nachrichten berichten über Pläne, in Ergänzung zum abgeschlossenen Architektenwettbewerb, ein neues Kurhaus, eine Schwimmhalle für 2000 Zuschauer sowie eine Kunsteisbahn mit Tribünen für 3000 Zuschauer im Zwerglgarten zu errichten. Keines der Projekte wird jedoch verwirklicht.

8. 4. Internationale Filmwoche. Die vom Österreichischen Kulturbund veranstaltete Internationale Filmwoche wird mit der Aufführung des amerikanischen Farbfilmes „Schneewittchen" von Walt Disney im Festspielhaus eröffnet.

9. 4. Längere „Forum"-Sendung. Die vielgehörte Diskussionssendung in Radio Rot-Weiß-Rot wird von 15 auf 30 Minuten ausgeweitet.

12. 4. Studienbibliothek. Nach Umbauarbeiten wird der neue Lesesaal der Salzburger Studienbibliothek wieder eröffnet.

12. 4. Erfassung aller Südtiroler. Mit Italien wird über die Rückführung der während des Krieges nach Salzburg umgesiedelten Südtiroler verhandelt.

1947

- **21. 4. Ausstellung „Verhütet Verkehrsunfälle"** im Kaisersaal der Residenz.
- **21. 4. Die Bezugsscheinpflicht für Rundfunkgeräte** wird aufgehoben.
- **27. 4. Der traditionelle Festungskirtag auf Hohensalzburg** wird von rund 10.000 Salzburgern besucht.
- **30. 4. Die Elektrifizierung der Lokalbahn Parsch–Anthering** ist fertig.
- **30. 4. Rückgabe von Kunstschätzen an Frankreich.** Es handelt sich um Gemälde und Plastiken alter Meister sowie Gobelins und antike Möbel, die 1940 von den Nationalsozialisten zur Ausschmückung des Schlosses Kleßheim und der Residenz nach Salzburg gebracht worden sind.

Mai 1947

- **1. 5. Maifeiern.** Rund 4000 SPÖ-Sympathisanten marschieren aus allen Stadtteilen zur Kundgebung am Residenzplatz. Am KPÖ-Aufmarsch nehmen 800 Menschen teil. Den Abschluß bildet eine Versammlung im Mozarteum.
- **1. 5. Milchverkauf am Sonntag.** Milchverteiler im Stadtgebiet müssen ab sofort sonntags von 7 bis 9 Uhr morgens ihre Geschäfte zur Milchabgabe öffnen.
- **4. 5.** Mehrere **Motorrad-Sandbahnrennen** veranstaltet der SAMTC auf der Trabrennbahn in Aigen vor mehr als 20.000 Zuschauern.

Abb. 140: Das Motorrad-Rennen auf der Trabrennbahn in Aigen lockt tausende Zuseher an, 4. Mai 1947.

1947

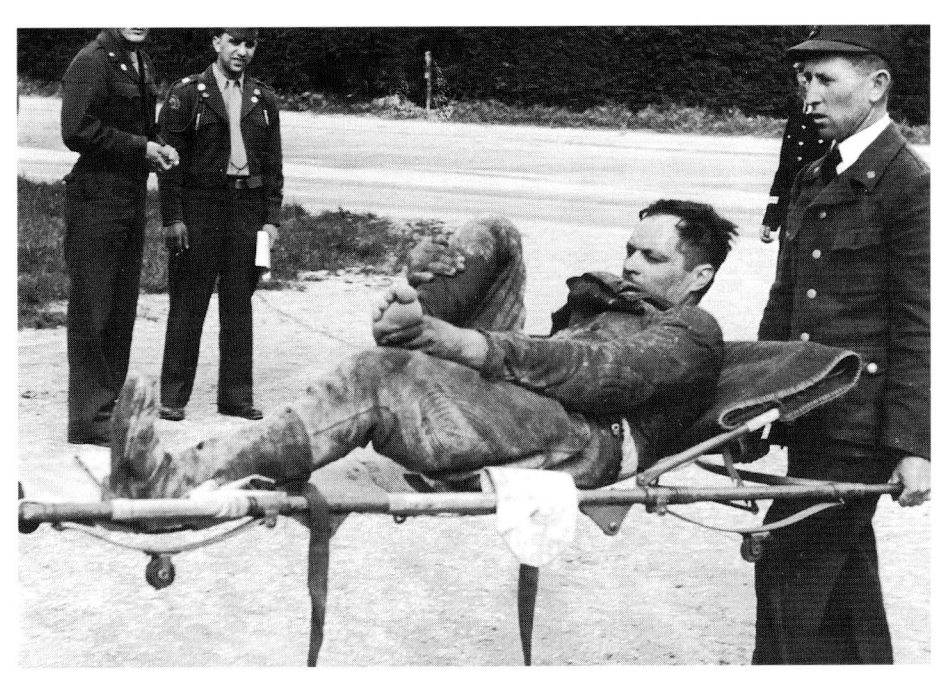

Abb. 141: Die Motorradrennen fordern immer wieder Verletzte, 4. Mai 1947.

Abb. 142: Verabschiedung von Hochkommissar General Mark W. Clark am Mozartplatz am 5. Mai 1947. In der Bildmitte ist dessen Nachfolger Generalleutnant Geoffrey Keyes und rechts Generalmajor Harry J. Collins zu sehen.

1947

Abb. 143: Zum Abschied erhält General Mark W. Clark einen Trachtenjanker samt Hut. General Clark mit Landeshauptmann Albert Hochleiter und dessen Sohn, Bürgermeister Anton Neumayr und Generalleutnant Geoffrey Keyes (im Hintergrund rechts).

1947

- **5. 5.** **US-General Clarks Abschied von Salzburg.** Nach einer Militärparade auf dem Mozartplatz findet im Großen Saal des Mozarteums ein Festakt zur Verabschiedung des Oberkommandierenden der US-Streitkräfte in Österreich, Hochkommissar General Mark W. Clark, statt. Seine Nachfolge tritt Generalleutnant Geoffrey Keyes an, der von März 1946 bis März 1947 als Kommandant der 3. US-Army in Deutschland stationiert gewesen ist.
- **8. 5.** **Gedenktag.** In Erinnerung an die Befreiung des Landes durch US-Truppen bleiben Schulen und öffentliche Ämter geschlossen.
- **13. 5.** **Die österreichisch-sowjetische Gesellschaft,** Landeszweigstelle Salzburg, wird im Bischofssaal der Residenz gegründet.
- **14. 5.** **Turnpremiere im Festspielhaus.** Die Salzburger Turn- und Sportunion veranstaltet im Festspielhaus erstmals einen Turnabend.
- **15. 5.** **Radrennen „Rund um Schallmoos"** vor 2000 Zuschauern.
- **17. 5.** **Die „Erste österreichische Groß-Zauberschau"** findet im Großen Saal des Mozarteums statt.
- **21. 5.** Das **Volksgartenbad** ist für die Zivilbevölkerung jeweils am Dienstag, Mittwoch und Donnerstag zugänglich.
- **22. 5.** **Kindergarten-Eröffnung.** Bürgermeister Anton Neumayr (SPÖ) übergibt in Liefering den ersten städtischen Kindergarten seiner Bestimmung.
- **26. 5.** **„Bauernreiten".** Auf der Trabrennbahn in Aigen wird der alte Brauch des Bauernreitens wieder aufgenommen.
- **28. 5.** **Verkürzung der Gaslieferzeiten.** Wegen Kohleknappheit gibt es nur von 5 bis 7.30 Uhr, von 11 bis 13.30 Uhr und von 18 bis 20 Uhr Gas.
- **31. 5.** **Stollendurchschlag beim Bau des Mönchsberglifts.**

Juni 1947

- **1. 6.** **Jugendherberge.** Der Landesverband Salzburg für Jugendwandern und Herbergswesen richtet in einigen Räumen der Hauptschule Griesgasse für die Zeit vom 1. Juni bis 12. September eine Behelfsjugendherberge ein.
- **12. 6.** Das bombenbeschädigte **Sanatorium Wehrle** wird nach fast zweijähriger Wiederaufbauzeit eröffnet.
- **14. 6.** **Neue Versammlungs-Vorschriften.** Die Sicherheitsdirektion für das Bundesland Salzburg gibt bekannt, daß alle Vereinsversammlungen und alle öffentlich zugänglichen Versammlungen sowie alle Demonstrationen schriftlich anzuzeigen sind.
- **14. 6.** **Kabarett.** Fred Kraus übersiedelt mit seiner Kleinkunstbühne vom ehemaligen Café „Krimmel" am Mirabellplatz in den Gasthof „Mödlhammer", Getreidegasse 26. Das renovierte Lokal bietet Platz für 250 Besucher.
- **16. 6.** **Heimkehrer-Transport.** In Wiener Neustadt trifft ein „inoffizieller" Heimkehrer-Transport aus der Sowjetunion mit 987 Österreichern, darunter 33 Salzburger, ein. Frühere Rücktransporte sind nicht offiziell bekanntgegeben worden.
- **21. 6.** **US-Autoreifen für Salzburg.** Das Land Salzburg erhält aus Überschüssen der US-Armeelager 863 Autoreifen.

1947

Abb. 144: Bau des Mönchsbergliftes, Baugrube mit offenem Liftschacht, 1947.

28. 6. Treffen hochrangiger US-Militärs in Salzburg. Der Oberbefehlshaber der amerikanischen Streitkräfte in Europa, General Lucius D. Clay, dessen politischer Berater, Robert Murphy, der politische Berater des Oberkommandierenden der US-Streitkräfte in Österreich, John G. Ehrhardt, und der Oberbefehlshaber der US-Streitkräfte in Österreich, Generalleutnant Geoffrey Keyes, treffen sich im Hauptquartier des Salzburger US-Zonenkommandos, um Angelegenheiten der Militärregierung gemeinsam mit Vertretern des Zonenkommandos zu erörtern.

28. 6. Ein **Jugendvolksfest in der Stadt** veranstaltet das Landesjugendreferat gemeinsam mit der US-Militärregierung. Es gibt u. a. eine Filmvorführung im Lifka-Kino und eine Jause für 600 Kinder im Stieglkeller.

1947

Abb. 145: Bau des Mönchsbergliftes, im Hintergrund das alte Café „Winkler", 1947.

- **29. 6. Aus Anlaß des Jubiläums „250 Jahre St. Johann-Spital"** findet in der Kirche des Landeskrankenhauses eine Jubiläumsfeier statt.
- **29. 6. Preisschießen amerikanischer Offiziere.** Auf dem Kapuzinerberg findet ein vom Landes-Hauptschießstand veranstaltetes Preisschießen amerikanischer Offiziere statt.

Juli 1947

- **1. 7. Ideen-Entwürfe für das neue Kaiviertel.** Die Ergebnisse des Architektenwettbewerbs für die Neugestaltung der bombenzerstörte Zone im Bereich Kaigasse–Nonnbergstiege sind im Künstlerhaus ausgestellt.

1947

- **1. 7. Das Hotel „Gablerbräu"** ist von den US-Besatzungsbehörden wieder für Zivilgäste freigegeben.
- **4. 7. Skandal im KZ-Verband.** Der „Vertrauensarzt" des Salzburger KZ-Verbandes und zeitweilige „Polizeiarzt" wird als Betrüger entlarvt und verhaftet. Die Ermittlungen ergeben, daß er in Wahrheit Bäcker ist, ab 1928 der NSDAP angehörte und 1942 als „Berufsverbrecher" ins KZ gekommen war. Der Skandal führt zu Aus- und Rücktritten im KZ-Verband.
- **5. 7. Ungewöhnliche Maturafeier.** Die Maturaklasse des Bundesrealgymnasiums veranstaltet im Mozarteum eine „Kleine Akademie". Kurt Vorhofer liest – zwischen gekonnten Klaviervorträgen von Heinz Walter – Beethovens „Heiligenstädter Testament" und aus Briefen Mozarts.
- **6. 7. Motorrad-Straßenrennen.** Der SAMTC veranstaltet vor 25.000 Zuschauern auf der Autobahn Liefering–Kleßheim ein Motorrad-Straßenrennen.
- **8. 7. Österreicher dürfen ab heute in USFA-Kinos** in Begleitung von amerikanischen Militärpersonen oder Zivilangestellten.
- **10. 7. Prozeß gegen Gauleiter Rainer in Jugoslawien.** Dem früheren Gauleiter von Salzburg und Kärnten, Friedrich Rainer, werden zahlreiche Verbrechen an jugoslawischen Staatsbürgern während des Krieges vorgeworfen. Er wird zum Tode verurteilt und nach Ablehnung seines Gnadengesuches hingerichtet.
- **13. 7. Ausstellung Anton Steinhart.** Im Künstlerhaus wird eine Kollektivausstellung mit Bildern des bekannten Salzburger Malers eröffnet.
- **14. 7.** Das bekannte **Café „Lohr"** ist wieder für die Zivilbevölkerung zugänglich und feiert kurz darauf sein 80jähriges Bestandsjubiläum.

Abb. 146: Das erste „Salzburg Seminar in American Studies" auf Schloß Leopoldskron über amerikanische Politik und Kultur im Sommer 1947.

1947

15. 7. Salzburg Seminar. Auf Schloß Leopoldskron beginnt der erste Kurs eines 14tägigen Sommerseminars zum Studium amerikanischer Fragen. An diesem „Salzburg Seminar in American Studies", unter dem Patronat der Havard University, nehmen achtzig Stipendiaten aus zahlreichen europäischen Ländern teil.

15. 7. Umtausch der Autopapiere und KFZ-Kennzeichen. Die Landesregierung verordnet das Umschreiben der reichsdeutschen Kraftfahrzeugscheine auf österreichische Zulassungsscheine und den Ersatz reichsdeutscher Kennzeichentafeln durch neue amtliche österreichische Kennzeichen. An Stelle des seit 1938 gebräuchlichen „Sb" tritt das „S" in weißer Schrift auf schwarzem Grund.

18. 7. „Camp Truscott". Das von den USFA benützte Lager Glasenbach (heute Rainer-Kaserne) erhält den Namen Camp Truscott, nach dem gefallenen Hauptmann der Rainbow-Division Al Truscott. Die Enthüllung der Namenstafel nimmt Generalmajor Harry J. Collins vor.

18. 7. „Überfuhr". Der Hauptausschuß des Gemeinderates beschließt, die Josefiau und Aigen durch eine „Überfuhr" über die Salzach zu verbinden.

21. 7. USFA-Hilfe für die Festspiele. Für die Salzburger Festspiele werden in Wien, Linz und Salzburg eigene USFA-Kartenbüros eröffnet. Die US-Streitkräfte bemühen sich, die Festspiele, vor allem bei der Unterbringung ausländischer Künstler, zu unterstützen. Festspielbesucher der US-Streitkräfte in Deutschland werden in Berchtesgaden und am Chiemsee untergebracht, USFA-Angehörige in den USFA-Erholungsheimen in Fuschl, am Mondsee und St. Gilgen.

25. 7. Direktorenwechsel am Landestheater. Johannes van Hamme wird wieder (wie 1945/46) Intendant des Landestheaters. Der bisherige Theaterleiter Alfred Bernau wird beurlaubt. Sein künstlerisch anspruchsvolles Programm hat offensichtlich zu geringe Einnahmen gebracht.

27. 7. Salzburger Festspiele 1947. Die Eröffnungsreden im Weißen Saal der Residenz halten Landeshauptmann Albert Hochleitner (ÖVP), US-Hochkommissar Generalleutnant Geoffrey Keyes und Bundeskanzler Leopold Figl (ÖVP). Die Titelrolle im von Helene Thimig inszenierten „Jedermann" spielt Attila Hörbiger, die „Buhlschaft" Else Gerhart. In weiteren Rollen sind u. a. Josef Meinrad und Theo Lingen zu sehen. Als Opernpremiere dirigiert Josef Krips „Figaros Hochzeit" mit Maria Cebotari, Elisabeth Schwarzkopf, Hilde Güden, Walter Höfermayer und Erich Kunz. Die Hauptrollen in der von Ferenc Fricsay dirigierten Uraufführung der Oper „Dantons Tod" von Gottfried von Einem sind mit Maria Cebotari und Julius Patzak besetzt. Wilhelm Furtwängler dirigiert wieder bei den Festspielen. Für die Dauer der Festspiele stellt die Post am Alten Markt ein Sonderpostamt und vor dem Festspielhaus als besondere Attraktion ein fahrbares Telegrafen- und Fernsprechamt auf.

30. 7. Erster amerikanisch-österreichischer Mietvertrag. Das Real Estate Office der USFA stellt für bisher beschlagnahmte Gebäude Mietverträge aus und zahlt im Land Salzburg dafür 26.684 Dollar monatlich.

31. 7. Kriegsgefangenensuchdienst. Das Rote Kreuz ruft die Bevölkerung auf, genaue Personaldaten über Frauen und Mädchen mit österreichischer Staatsbürgerschaft, die sich noch in Kriegsgefangenschaft oder Zivilinternierung befinden, bekanntzugeben.

1947

Abb. 147: Aufführung von Hofmannsthals „Jedermann" auf dem Domplatz. In der Inszenierung von Helene Thimig sind Attila Hörbiger als Jedermann und Wolfgang Heinz als Mammon zu sehen.

31. 7. Schlägerung der Kleßheimer Allee. Nach langwierigen Verhandlungen der Landesregierung, des Bundesdenkmalamtes sowie der Naturschutzbehörde wird der Vorschlag der Arbeiterkammer, die Kleßheimer Allee zur Brennholzgewinnung für den kommenden Winter zu schlägern, angenommen. Die Schlägerung auf Stadtgebiet ist bis Ende Oktober abgeschlossen.

August 1947

1. 8. 1. Lohn-Preis-Abkommen. Die von den Sozialpartnern mit der Bundesregierung vereinbarten, zum Teil massiven Preis- und Lohnerhöhungen treten in Kraft. Die niedrigen Wochenlöhne der Arbeiters werden um 50 Prozent, die Gehälter der Angestellten um 36 Prozent erhöht.

1. 8. Festspielkleidung. Nach einer Aufforderung der Festspieldirektion sind Festspielbesucher angehalten, in festlicher Kleidung zu den Aufführungen zu erscheinen, andernfalls würden sie gegen Rückerstattung des Eintrittspreises aus dem Festspielhaus gewiesen.

1. 8. Neue Stadtbeleuchtung. Die Dreifaltigkeitskirche am Makartplatz wird während der Festspielzeit durch Scheinwerfer angestrahlt.

1947

- **2. 8. US-Kriegsminister in Salzburg.** Kenneth C. Royall besucht ein Orchesterkonzert der Salzburger Festspiele.
- **2. 8. Neue Wirtschaftszeitung.** Die Kammer der Gewerblichen Wirtschaft gibt erstmals „Die Salzburger Wirtschaft" heraus.
- **3. 8. Katholische Hochschulwochen.** Mit einem Pontifikalamt und einer Festansprache von Fürsterzbischof Andreas Rohracher werden die Salzburger Hochschulwochen 1947 eröffnet. Bis Ende August gibt es theologische, juridische, pädagogische und medizinische Kurse.
- **4. 8. Passionsspiele.** Die Salzburger Passionsspielgemeinde in der Theologischen Fakultät organisiert im Studiengebäude eine Ausstellung. Sie plant im kommenden Jahr erstmals wieder ein Weihespiel aufzuführen.
- **5. 8. Übergabe des Lagers Marcus W. Orr.** Im Rahmen einer Feier übergibt Zonenkommandant Generalmajor Harry J. Collins das mit 1. August aufgelassene Internierungslager Marcus W. Orr an der Alpenstraße, auch Lager Glasenbach genannt, an die österreichischen Behörden. Nur ein kleiner Teil bleibt noch bis Anfang Jänner 1948 Internierungslager. Bürgermeister Anton Neumayr (SPÖ) kündigt an, das Areal für Werkstätten und Wohnungen verwenden zu wollen.
- **9. 8. Das Grand-Café „Winkler" am Mönchsberg eröffnet** nach viermonatiger Bauzeit. Es beherbergt ein Restaurant, ein Konzert-Café und eine Bar. Am Eröffnungstag transportiert der alte „Elektrische Aufzug" 4000 Personen.

Abb. 148: Die Amerikaner übergeben nach seiner Auflösung das Lager Marcus W. Orr (Lager Glasenbach) den Salzburger Zivilbehörden, 5. August 1947.

1947

- **9. 8.** Der **Zwerglgarten** ist nach dem Wiederaufbau der Verbindungsbrücke für das Publikum wieder zugänglich.
- **11. 8. Festspielgäste aus den USA.** Erstmals nach dem Krieg landet auf dem festlich geschmückten Flughafen Maxglan ein aus New York kommendes Zivilflugzeug mit Festspielgästen aus den USA. Die Amerikaner werden von Landeshauptmann Albert Hochleitner (ÖVP) und Bürgermeister Anton Neumayr (SPÖ) und einer Musikkapelle begrüßt.
- **11. 8. Kapuzinerbergtunnel.** Der gemeinderätliche Hauptausschuß beschließt die Errichtung eines Tunnels in Verlängerung der Nonntaler Brücke bis zur Franz-Josef-Straße. Die Tunnelbreite soll 16 Meter (Fahrbahn 10 Meter plus beidseitige Rad- und Gehwege), die Höhe 9 Meter betragen. Der Baubeginn für den Richtstollen ist noch für 1947 vorgesehen. Das Projekt wird 1949 aus Geldmangel eingestellt.
- **11. 8. Geschäftsbriefe nach Deutschland per Post** sind ab sofort wieder zugelassen, sofern es sich nicht um Vertragsabschlüsse handelt.
- **13. 8. Internationale Sommerakademie am Mozarteum eröffnet.** Die 1916 gegründeten Sommerkurse werden von Bernhard Paumgartner und Eberhard Preußner wiederbelebt. Gesangskurse halten u. a. Maria Cebotari und Erika Rokyta sowie Julius Patzak. Paul Hindemith hält einen dreitägigen Kurs zum Thema „Probleme der Musiktheorie".
- **14. 8 CV-Festkommers.** Anläßlich der Hochschulwochen veranstaltet der Österreichische Cartellverband (ÖCV) gemeinsam mit der Salzburger katholischen Studentenverbindung Rheno-Juvavia im „Gablerbräu" einen Festkommers.
- **16. 8. Export-Musterschau.** In der Staatsgewerbeschule wird die vom Österreichischen Kulturbund gemeinsam mit Firmen veranstaltete Export-Musterschau (Steinmetzarbeiten, Trachtenmodelle, Stil- und historische Möbel u. a.) eröffnet.
- **16. 8. Frauen in sowjetischer Gefangenschaft.** Laut Bericht einer Heimkehrerin befinden sich in einem sowjetischen Gefangenenlager bei Mecklenburg (Sowjetische Besatzungszone Deutschlands) noch 2300 Frauen, darunter 300 Österreicherinnen.
- **19. 8. Postpaketversand nach Deutschland aufgenommen.** Laut dem deutsch-österreichischen Abkommen sind Pakete bis zu 5 Kilogramm Gewicht zugelassen, Lebensmittel und Rauchwaren dürfen nicht enthalten sein.
- **19. 8. Generalregulierungsplan der Stadt ausgestellt.** In der Festung Hohensalzburg sind Pläne, die großzügige Verkehrsregelungen und großflächige neue Bauzonen vorsehen, ausgestellt.
- **21. 8. Im ersten Volksgerichtsprozeß in Salzburg** wird eine Frau wegen Denunziation eines „Radio-Schwarzhörers" während der NS-Zeit zu einem Jahr Gefängnis verurteilt.
- **21. 8. Grüße von Kriegsgefangenen in der Sowjetunion** überträgt der Wiener Ravag-Sender, darunter auch von Rudolf Adelsberger aus Salzburg.
- **22. 8. Hoteleröffnung.** Das durch Bomben beschädigte Hotel „Zum Hirschen" an der Elisabethstraße nimmt nach dem Wiederaufbau den Betrieb auf.
- **22. 8.** Ein **befristetes Stromverbrauchsverbot** aufgrund anhaltender Trockenheit gilt an Werktagen in der Zeit von 14 bis 16 Uhr.

- **25. 8. Erhöhung des Einheitsfahrscheinpreises** beim Obus auf 40 Groschen.
- **30. 8. Gründungsversammlung des Kunstvereins.** Präsident wird Museumsdirektor Rigobert Funke, der schon bisher die provisorische Leitung des Salzburger Kunstvereins innegehabt hat.
- **31. 8. Festspielbilanz.** Zum Abschluß der Salzburger Festspiele 1947 hält Landeshauptmann Albert Hochleitner (ÖVP) eine Rundfunkansprache. Er hebt das zunehmende Interesse des In- und Auslandes an den Festspielen hervor. Im August haben 10.085 Personen in Gasthöfen und Privatquartieren übernachtet. Der Elektrische Aufzug ist im August von mehr als 70.000 Personen benutzt worden, eine Rekordzahl in den 56 Jahren seines Bestehens.

September 1947

- **1. 9. Stromabschaltungen.** Die anhaltende Trockenheit und die Disziplinlosigkeit der Stromabnehmer machen an Werktagen von 7 bis 11 Uhr und von 14 bis 18 Uhr eine Stromabschaltung notwendig. Auch der Obusverkehr muß eingeschränkt werden.
- **3. 9. Entfernung der letzten Gaisberg-Radartürme.** Während des Krieges befand sich auf dem Gaisbergplateau eine Radar-Forschungsstation. Die letzten auf dem Gaisberg verbliebenen Stahlgerüste werden jetzt entfernt.
- **4. 9. Die erste Österreichische Ärztetagung** der Van-Swieten-Gesellschaft beginnt in Salzburg. Die Leitung des viertägigen Kongresses mit 400 Teilnehmern hat der Wiener Chirurg Wolfgang Denk inne.
- **4. 9. Autobusverkehr vorübergehend eingestellt.** Wegen Treibstoffmangels wird der gesamte Autobusverkehr vorübergehend eingestellt.
- **8. 9. Stromsperre verkürzt.** Sie gilt noch für die Zeit von 7 bis 11 Uhr.
- **8. 9. Hochzeit des Militärgouverneurs** des Landes Salzburg, Oberst John F. de Valagin Patrick, mit der aus Ungarn stammenden Dorothy von Tankay-Burget in der Stiftskirche St. Peter.
- **11. 9. Die Dauervermietung** in Beherbergungsbetrieben ist wieder gestattet.
- **13. 9. Jubel um Heimkehrer aus der Sowjetunion.** Eine große Menschenmenge mit Politikern von Stadt und Land an der Spitze begrüßt die 66 Salzburger Heimkehrer, die im ersten offiziellen, vom Innenministerium betreuten Heimkehrerzug aus der Sowjetunion angekommen sind. In den folgenden Tagen und Wochen kommen weitere Heimkehrertransporte aus der Sowjetunion an.
- **13. 9. Tumulte vor dem Landesernährungsamt.** Weil viele Menschen in den Bäckereien kein Brot mehr bekommen, die Lebensmittelkarten der 32. Zuteilungsperiode mit Geschäftsschluß aber ihre Gültigkeit verlieren, kommt es zu spontanen Demonstrationen vor dem Ernährungsamt. Dieses verlängert die Gültigkeit der Lebensmittelkarten bis 16. September.
- **15. 9. Überfallkommando.** Die Salzburger Polizei richtet eine Spezialtruppe für den Einsatz bei Raubüberfällen, Bränden und Katastrophen ein.
- **17. 9. Großbrand im Lagerhaus Maxglan** an der Siezenheimer Straße. Dabei werden u. a. Leder- und Papierwaren, Möbel und CARE-Pakete vernichtet.

1947

Abb. 149: An den Salzburger Schulen werden Reihenuntersuchungen über die Gesundheit der Zähne durchgeführt, 1947.

- **17. 9. Wein-Aufruf.** Das Landesernährungsamt ruft für Personen über 65 Jahre auf Bezugsschein je eine Flasche Wein auf.
- **19. 9. Russischer Film verboten.** Das USFA-Zonenkommando verbietet die Aufführung des sowjetischen Films „Es leuchtet ein weißes Segel".
- **22. 9.** Der **Autobusverkehr** muß bis Ende September wegen Treibstoffmangels wieder eingeschränkt werden.
- **26. 9. Gründung der Volkshochschule.** Unter Vorsitz von Bürgermeister Anton Neumayr (SPÖ) findet im Sitzungssaal des Schlosses Mirabell die Gründungsversammlung der Volkshochschule Salzburg statt. Sie wird von Stadt und Land Salzburg, der Handelskammer, der Arbeiterkammer, dem Gewerkschaftsbund und der österreichischen Kulturvereinigung Salzburg unterstützt.
- **28. 9. Neue Familienunterkünfte.** Seit der Räumung des Internierungslagers Marcus W. Orr an der Alpenstraße haben dort bereits 150 Familien eine neue Heimstatt gefunden. Nach Abschluß der Instandsetzungsarbeit sollen dort insgesamt 1500 Familien untergebracht werden.
- **27. 9. Ringer in der Felsenreitschule.** Bei der österreichischen Staatsmeisterschaft erringen Salzburger Ringer fünf Titel.
- **30. 9. Unterstützung für Heimkehrer aus der Sowjetunion.** Zahlreiche Institutionen und Privatinitiativen helfen den Heimkehrern aus der Sowjetunion. U. a. spendet die Handelskammer 20.000 Schilling, die Schausteller stellen gratis Eintrittskarten für den „Salzburger Volksfestrummel" am ATSV-Sportplatz beim Volksgarten zur Verfügung. Viele weitere Hilfsaktionen folgen.

Oktober 1947

1. 10. Schulausspeisung. Die US-Militärregierung und die Dänische Hilfsaktion „Rettet die Kinder" nehmen mit Beginn dieses Monats die Schulausspeisung wieder auf.

7. 10. Die **Österreichische Kinderdorf-Vereinigung** konstituiert sich in Salzburg.

8. 10. Dichterlesung. Karl Heinrich Waggerl liest im Großen Saal des Mozarteums aus eigenen Werken.

11. 10. Volksbegehren der SN. Die Salzburger Nachrichten starten ein Volksbegehren zur Rettung der Sperrkonten für die kleinen Sparer.

11. 10. Neuerliche Stromsparmaßnahmen wegen anhaltender Trockenheit.

11. 10. Heimkehrer-Hilfssammlung. Der Landesverband Salzburg der Heimkehrer-Hilfs- und Betreuungsstellen veranstaltet eine zweitägige Straßensammlung zugunsten der Heimkehrer-Betreuung.

11. 10. Heesters-Gastspiel im „Bettelstudent". Johannes Heesters übernimmt im Landestheater bis 19. November die Rolle des „Simon".

12. 10. Eröffnung der Salzburger Synagoge. In der Lasserstraße 14 wird die im November 1938 von SA-Männern zerstörte und jetzt instandgesetzte Synagoge eingeweiht.

12. 10. Mädelklub. Anläßlich der Eröffnung des „Salzburger Mädelklubs" findet in den Räumen des amerikanischen „Red Cross Clubs" (im heutigen Marionettentheater) ein festlicher Klubabend statt, an dem sechzig Salzburger Mädchen im Alter von 13 bis 19 Jahren teilnehmen. Der Klub wird von weiblichen Angestellten der USFA betreut und will wöchentliche Veranstaltungen, sowie Kurse im Kochen und Nähen abhalten.

13. 10. Mit einem **Grenzübertrittsschein** werden Fahrten innerhalb einer Zehn-Kilometer-Zone über die österreichisch-deutsche Grenze erlaubt, sofern dafür eine wichtige Begründung vorliegt.

14. 10. Die 100. Sendung der „Rhythmischen 7" im Sender Rot-Weiß-Rot findet im Grand-Café „Winkler" statt.

15. 10. Mit der **Angelobung der Innungsmeister** und Fachgruppenobmänner ist die Neuorganisation der Kammer der gewerblichen Wirtschaft nach dem neuen Kammergesetz 1947 abgeschlossen.

15. 10. Volkshochschule. Im Marmorsaal des Schlosses Mirabell findet als erste öffentliche Veranstaltung der neugegründeten Salzburger Volkshochschule ein Gastvortrag des British Council über britisches Leben, Denken und Kulturschaffen statt.

15. 10. Übergabe der Trapp-Villa. Die USFA räumen die ehemalige Trapp-Villa an der Traunstraße, die während der NS-Herrschaft Heinrich Himmler als Sommersitz gedient hat. Neue Besitzer sind die „Missionare vom kostbaren Blut".

15. 10. Abschiedsabend von Karl Dönch. Der beliebte Opernsänger des Landestheaters gibt im Großen Saal des Mozarteums ein umjubeltes Abschiedskonzert, begleitet von Paul Schilhawsky am Flügel. Karl Dönch übersiedelt an die Staatsoper in Wien.

1947

16. 10. Landestheater-Vorstellung für Heimkehrer. Alle bisher aus der Sowjetunion heimgekehrten Personen erhalten für die Vorstellung von Franz Molnars „Olympia" im Landestheater unentgeltlich zwei Eintrittskarten.

17. 10. „Antigone" im Landestheater. Jean Anouilhs Schicksalstragödie mit Tony van Eyck, Inge Rosenberg, Heinz Wilbert, Kurt Heintel u. a. wird von der Kritik begeistert aufgenommen, lockt aber wenig Zuschauer an.

20. 10. 100 Jahre „Salzburger Liedertafel". Aus Anlaß dieses Jubiläums veranstaltet die „Liedertafel" eine Festwoche, während der sie u. a. Georg Friedrich Händels „Messias" unter der Leitung von Hermann von Schmeidel aufführt und im Turnsaal des Studiengebäudes im Rahmen einer Ausstellung ihre hundertjährige Geschichte präsentiert.

22. 10. Die „**Österreichische Friedensgesellschaft**" nimmt mit Wilhelm Kellers Vortrag „An die Gegner des Pazifismus" ihre Tätigkeit in Salzburg auf.

27. 10. Malerei aus der Kriegsgefangenschaft. Die beiden Künstler Erich Landgrebe und Rudolf Dimai stellen im Künstlerhaus ihre in der Kriegsgefangenschaft in den USA gemalten Bilder aus.

Abb. 150: Erzbischof Andreas Rohracher weiht die neuen Glocken für das Stift Nonnberg, 27. Oktober 1947.

November 1947

1. 11. Kraftfahrzeuge in Salzburg. Im Land Salzburg sind derzeit 4414 Motorräder, 2167 Personenautos, 1701 Lastkraftwagen, 453 Zugmaschinen, 375 Anhänger, 145 Spezialfahrzeuge und 284 nicht fahrbereite Fahrzeuge gemeldet.

1. 11. Neue Glocken am Nonnberg. Nach der Weihe durch Fürsterzbischof Andreas Rohracher läuten die fünf neuen Glocken in der Kirche des Stiftes Nonnberg erstmals. Die alten Glocken mußten im Krieg abgeliefert werden, die neuen wurden in der Glockengießerei Oberascher in Kasern hergestellt.

3. 11. Historische Brückenfundamente. Der außergewöhnlich niedrige Wasserstand der Salzach gibt am linken Flußufer Reste der Pilotenpfähle der mittelalterlichen Holzbrücke frei, die sich auf Höhe der Klampferergasse befunden hat.

4. 11. Mehr Rechte für die Polizei. Die österreichischen Sicherheitsorgane dürfen jetzt auch amerikanische Soldaten nach Straftaten festnehmen.

4. 11. Bei der **Konstituierung des Stadtschulrates** wird beklagt, daß in der Stadt noch immer 58 Pflichtschulklassen ohne eigene Räume seien.

8. 11. Beginn der Aushubarbeiten für den neuen großen Wasserbehälter auf dem Mönchsberg.

8. 11. Heimkehrer-Transport. Auf dem Salzburger Hauptbahnhof treffen der erste Heimkehrer-Transport aus Jugoslawien und der 1000ste Salzburger Heimkehrer aus der Sowjetunion ein.

10. 11. Erhöhung des Kaloriensatzes für Normalverbraucher auf 1700 Kalorien täglich.

10. 11. Weitgehende Aufhebung der Auslandspostzensur. Die US-Behörden heben innerhalb ihrer Besatzungszone die Postzensur auf. Bestehen bleibt die Zensur im Postverkehr mit Deutschland und Japan.

10. 11. Die **Magistratsmusik** gibt im Speisesaal des Großgasthofs „Sternbräu" anläßlich ihrer Wiedergründung (Erstgründung 1928) ein Konzert. Kapellmeister sind Emil Gronemeyer und Adolf Maier.

10. 11. Zeitansage. Unter der Telefonnummer 05 ist ab heute im Telefonortsnetz der Stadt eine Zeitansage von einer Tonfolie zu hören.

11. 11. Ein „**Salzburger Tauschring**" wird in Salzburg und Hallein eröffnet. In den als „Annahmestelle" des Tauschringes gekennzeichneten Fachgeschäften werden die abgegebenen Gegenstände fachmännisch begutachtet und nach einem einheitlichem System bewertet.

15. 11. Fechter-Premiere. Nach einer mehr als zehnjährigen Pause findet im Großen Saal des Mozarteums wieder ein Fechtturnier statt.

17. 11. Kursbeginn an der Volkshochschule. Die Kursgebühren betragen für das Halbjahr 5 Schilling je Wochenstunde. Das Programm sieht 45 Kurse aus verschiedensten Wissensgebieten vor.

19. 11. Römerfunde ins Museum. Die bei den Wiederaufbauarbeiten des bombenzerstörten Central-Kinos während der vergangenen Monaten freigelegten römischen Funde werden dem Salzburger Museum Carolino Augusteum übergeben.

21. 11. Kohlemangel. Auf Anordnung von Bürgermeister Anton Neumayr (SPÖ) bleiben wegen Brennstoffmangels sämtliche Dienststellen des Stadtmagistrats für

1947

die Dauer der Heizperiode samstags geschlossen. Von 9 bis 12 Uhr ist ein Journaldienst eingerichtet.

25. 11. Freiverkauf amerikanischer Zahnbürsten ohne Bezugschein zu 1,30 Schilling je Stück.

30. 11. Rücktritt von Landeshauptmann Hochleitner. Nach heftigen öffentlichen Vorwürfen gegen seine Person über angebliche Unregelmäßigkeiten bei einer Staatsbürgerschaftsverleihung legt Landeshauptmann Albert Hochleitner (ÖVP) sein Amt zurück. Der Landtag leitet in der Folge eine Untersuchung ein, die ergebnislos bleibt und Hochleitner später vollkommen rehabilitiert.

30. 11. Schuh-Zuteilung im November an die Stadt Salzburg: 356 Paar Arbeitsschuhe mit Ledersohlen für Männer, 330 Paar Männer-Straßenschuhe, 720 Paar Straßenschuhe für Frauen, 653 Paar für Kinder, 20 Paar Arbeitsschuhe für Kinder, 70 Paar orthopädische Schuhe, 200 Paar Hausschuhe, 200 Paar Gummischuhe sowie als Sonderaktion 400 Paar Lederschuhe für Schulkinder, 748 Paar Arbeitsschuhe und 238 Paar Gebirgs-Arbeitsschuhe.

Abb. 151: Im November 1947 eröffnet in Salzburg eine Tauschzentrale.

Dezember 1947

- **1. 12. Geschäftszeiten an Samstagen.** Die Landesregierung ordnet für die Städte Salzburg und Hallein neue Ladenöffnungszeiten an Samstagen an. So müssen z.B. Lebensmittelgeschäfte um 13.30 Uhr, Fleischhauer während der Sommermonate um 15.30 Uhr schließen.
- **6. 12. Ginzkey-Lesung.** Franz Karl Ginzkey liest auf Einladung der Adalbert-Stifter-Gemeinde im Großen Saal des Mozarteums aus seinen Werken „Ein Mensch in Spruchgedichten" und „Seitensprung ins Wunderliche".
- **6. 12.** Zum **Krampusumzug in der Innenstadt,** veranstaltet vom „Salzburger Heimatwerk", kommen 18.000 Zuschauer.
- **10. 12. Erzbischöfliches Palais.** Fürsterzbischof Andreas Rohracher kann wieder das Erzbischöfliche Palais am Kapitelplatz beziehen. Als Ausweichquartier hat seit 12. Oktober 1939 die Erzabtei St. Peter gedient.
- **10. 12. Währungsreform.** Durch die Währungsreform wird der Schilling auf ein Drittel seines bisherigen Wertes abgewertet. Lediglich ein Betrag von 150 Schilling pro Person wird im Verhältnis 1:1 umgetauscht. Die kurzfristig angekündigte Währungsreform führt zu einem Ansturm auf die Geschäfte am letzten Tag der Gültigkeit des „alten" Schillings. Viele Läden in der Stadt haben allerdings vorzeitig geschlossen. Bei Banken und Geldschaltern der Post drängen sich Menschen, um noch rasch fällige Zahlungen mit „alten" Schilling zu erledigen.

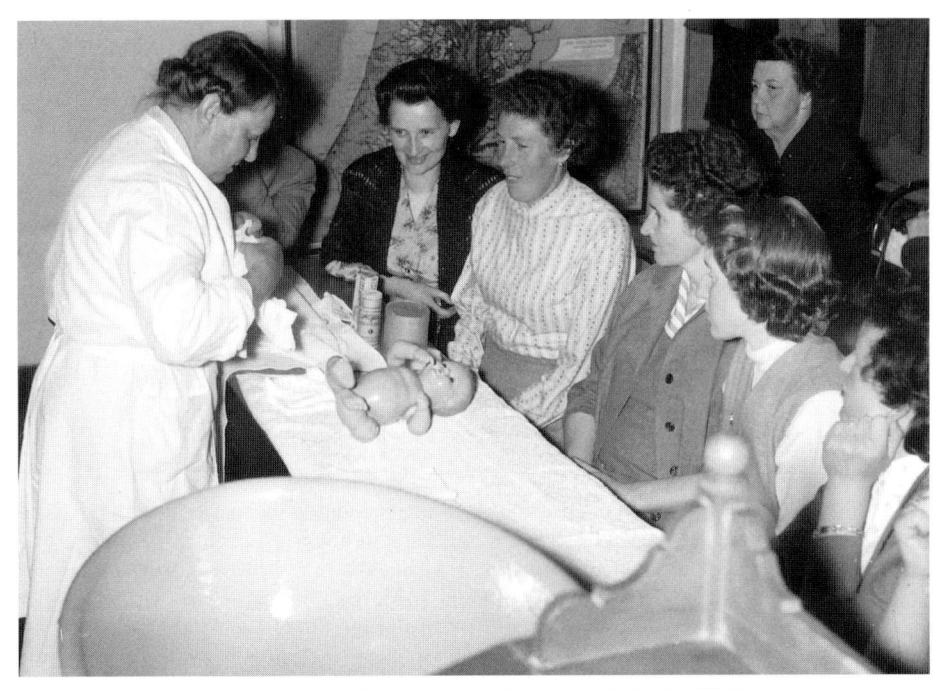

Abb. 152: Säuglingskurs an der Salzburger Volkshochschule, 1947/48.

1947

- **12. 12. Besatzungskinder.** Nach amtlicher Erhebung sind im Land Salzburg bisher 48 Kinder mit einem Elternteil amerikanischer Herkunft zur Welt gekommen.
- **12. 12. Heimkehrer-Betreuungsstelle.** Der im Juli 1947 gegründete „Landesverband der Heimkehrer-Hilfs- und Betreuungsstellen" wird in die „Landesstelle für Heimkehrerbetreuung" umgewandelt.
- **15. 12.** Der „**Tanzsportklub Rot-Weiß**" wird gegründet.
- **16. 12. Exl-Gastspiel.** Die Tiroler Exl-Bühne gibt im Landestheater ein einmaliges Gastspiel mit John Knittels „Via mala".
- **16. 12. Weihnachtsamnestie.** 41 Häftlinge, darunter 30 Österreicher, werden von den US-Militärbehörden vorzeitig aus der Haft entlassen.
- **21. 12. Neuer US-Gebietskommandant** des Landes Salzburg wird Oberst Oliver Haines in Nachfolge von Oberst George Barker.
- **21. 12. Dreifaltigkeitskirche renoviert.** Die Renovierung der in den Jahren 1694 bis 1699 von Johann Bernhard Fischer von Erlach erbauten Kirche des Priesterhauses ist abgeschlossen. Die Einweihung nehmen Seminarregens Karl Berg und Fürsterzbischof Andreas Rohracher vor.
- **22. 12. Josef Rehrl wird Landeshauptmann.** Der Salzburger Landtag wählt Josef Rehrl (ÖVP), Bruder des verstorbenen Alt-Landeshauptmannes Franz Rehrl, mit den 14 Stimmen der ÖVP – bei Stimmenthaltung der 9 SPÖ-Landtagsabgeordneten – zum Landeshauptmann.
- **22. 12. USFA-Weihnachtsfeier.** Im Festspielhaus findet die erste von 164 Weihnachtsfeiern für Kinder statt. Die amerikanischen Soldaten organisieren und finanzieren Feiern für insgesamt 33.000 Kinder im Lande.
- **22. 12. Weihnachtskerzen.** Für Kinder bis zu 6 Jahren können zwei Stück Weihnachtskerzen in Verbindung mit der Lebensmittelkarte bezogen werden.
- **22. 12.** Der italienische **Kulturverein „Dante Alighieri"** nimmt nach mehrjähriger Unterbrechung seine Tätigkeit in Salzburg wieder auf und veranstaltet im Großen Saal des Mozarteums einen italienischen Opernabend.
- **28. 12. „Katholischer Universitätsverein".** Der 1844 gegründete und von den Nationalsozialisten aufgelöste Verein konstituiert sich wieder und hält im Stift St. Peter seine erste Generalversammlung ab.
- **31. 12. Sonntagsbewilligungen für Kraftfahrzeuge ungültig.** Wegen der prekären Treibstoffversorgung verlieren die „bis auf Widerruf" ausgestellten Sonntags-Permits für die in der Stadt Salzburg zugelassenen Kraftfahrzeuge ihre Gültigkeit. Es muß neu angesucht werden.
- **31. 12. Einwohnerzahl.** Nach einer neuesten Zählung hat die Landeshauptstadt derzeit 116.608 Einwohner, mehr als 30.000 davon sind Ausländer.
- **31. 12. Etwas mehr Kalorien.** In der gegenwärtigen Zuteilungsperiode wird für Normalverbraucher kalorienmäßig die seit langem höchste Lebensmittelmenge ausgegeben. Der amtlich festgelegten Tagesmenge von 1700 Kalorien stehen bei Erwachsenen täglich durchschnittlich 1683, bei Jugendlichen 1662 Kalorien gegenüber. Kinder erhalten statt 1660 Kalorien 1704, Kleinstkinder statt 1161 sogar 1280 Kalorien. Zusatzkartenempfänger bekommen allerdings durchschnittlich um 95 bis 100 Kalorien täglich weniger als vorgesehen.

1948

Jänner 1948

1. 1. Freie Arbeitsplatzwahl. Ab sofort kann jeder Arbeitnehmer seinen Arbeitsplatz selbst wählen. Bei Neueinstellungen von Arbeitskräften sind Arbeitgeber nicht mehr verpflichtet, die Zustimmung des Arbeitsamtes einzuholen.

1. 1. Neuregelung für Kraftfahrzeuge. Wegen schlechter Treibstofflage werden Fahrgenehmigungen für Sonn- und Feiertage nur dann erteilt, wenn wirtschaftliche Notwendigkeit nachgewiesen werden kann.

4. 1. Ein **Motorrad-Skijöring** findet im neuen ATSV-Stadion in Itzling statt.

5. 1. Rumänischer Exkönig Michael in Salzburg. Rumäniens ehemaliger König Michael trifft zu einem kurzen Aufenthalt in Salzburg ein. Fünfzig Rumänen wünschen – vergeblich – in Sprechchören den früheren Monarchen zu sehen und singen die rumänische Nationalhymne.

6. 1. Letzte Internierte verlassen das Lager Glasenbach. Eine Gruppe von 21 Kriegsverbrechern aus dem Lager Marcus W. Orr werden von den amerikanischen Behörden an das Landesgericht Salzburg überstellt. Damit wird auch die Abteilung für Kriegsverbrecher, die im Lager Marcus W. Orr noch unter amerikanischer Leitung stand, aufgelöst.

7. 1. Verlängerte Weihnachtsferien für Schüler. Wegen schlechter Kohleversorgung bleiben die Schulen bis 17. Jänner geschlossen.

8. 1. Unfallverhütungswoche. Für alle Verkehrsteilnehmer beginnt eine von den österreichischen und amerikanischen Sicherheitsbehörden veranstaltete „Unfallverhütungswoche".

12. 1. Salzburger Kulturvereinigung. Die Zweigstelle Salzburg der „Österreichischen Kulturvereinigung" verselbständigt sich zur „Salzburger Kulturvereinigung". Zum ersten Präsidenten wird Landesamtsdirektor Rudolf Hanifle, zum Stellvertreter der Maler Josef Schulz gewählt.

16. 1. Schloß Kleßheim – Teile in Landesbesitz. Die US-Militärbehörden übergeben zwei Objekte des Schloßbesitzes Kleßheim, das Sommerschloß, das Hoyos-Schlößl sowie das weiträumige Park- und Waldareal, in den Besitz des Landes Salzburg.

17. 1. „Schwarzes" Lager gehorteter Mangelwaren. Die Salzburger Kriminalpolizei entdeckt ein umfangreiches Schuh- und Spinnstofflager. Die Eigentümerin des Lagers wird verhaftet, ebenso wenige Tage später der Inhaber eines Lebensmittel-Reformhauses, der in einem Magazinraum unangemeldete Lebensmittel gehortet hat. Er wird später zu 3 Jahren Kerker verurteilt.

21. 1. Kompositionsabend. Werke des jungen Salzburger Komponisten Gerhard Wimberger werden uraufgeführt.

29. 1. Mittelschülerball. „Frageonkel" Maxi Böhm ist Stargast des ersten Mittelschülerballes nach dem Krieg.

26. 1. Einen **Karl-Kraus-Abend** gibt die Friedensgesellschaft. „Die letzten Tage der Menschheit" und andere Anti-Kriegs-Stücke werden vorgetragen.

28. 1. Ausländische Hilfe. Seit Oktober 1946 sind von amerikanischer Seite 1,440.902 Pfund Lebensmittel bereitgestellt worden. 21.200 Schulkinder in der

1948

Stadt und in 33 weiteren Orten des Landes kamen in den Genuß der US-Schulausspeisung. Die dänische Hilfsaktion „Rettet die Kinder" betreute in Salzburg fast 5000 Personen und führte in Hallein und Bischofshofen mit rund 2600 Schulkindern Schulausspeisungen durch. Seit Beginn dieses Jahres erhalten 47.200 Klein- und Schulkinder sowie Lehrlinge und Jugendliche zusätzliche Lebensmittel.

- **30. 1. Illegales Warenlager.** Die beiden Inhaber eines Geschäftes am Alten Markt werden wegen illegaler Warenhortung verhaftet und bald darauf zu mehrmonatigen Gefängnisstrafen verurteilt.
- **30. 1. Im Festspielhaus beginnen die Dreharbeiten** für den Film „Maresi" nach einer Novelle von Alexander Lernet-Holenia mit Attila Hörbiger und Maria Schell in den Hauptrollen. Regie führt Hans Thimig. Gleichzeitig wird die Österreichische Filmgesellschaft gegründet.

Abb. 153: Rundfunkinterview mit den Schauspielern des Films „Maresi". V. l. n. r.: Paul Becker, Siegfried Breuer, Maria Schell, Hans Thimig und Attila Hörbiger, Jänner 1948.

Februar 1948

- **1. 2.** Der **Obus-Nachtverkehr** wird auf der Ringlinie eingeführt.
- **1. 2. Wiedereröffnung der Taubstummenanstalt** in Lehen.
- **2. 2. Schwarzhandelsprozeß.** Ein Salzburger Kaufmann wird schuldig gesprochen, in der Zeit zwischen 1945 und 1948 vorsätzlich 9½ Tonnen hochwertige Lebensmittel der Versorgung der Bevölkerung entzogen zu haben. Er wird zu 3 Jahren Kerker verurteilt.

1948

- **2. 2. Wohnungsfragen im Gemeinderat.** Gemeinderat Anton Fellinger (SPÖ) kritisiert die Praxis der Wohnungsvergabe. Wohnraum würde willkürlich in gewerbliche Nutzung überführt. Hausbesitzer würden immer wieder Einweisungen von wohnungslosen Familien verzögern oder verhindern.
- **10. 2. Trauerfeier für Otto Bauer.** 300 Mitglieder der SPÖ unter Führung von Landesparteiobmann Franz Peyerl nehmen an einer Trauerfeier auf dem Hauptbahnhof für den im französischen Exil verstorbenen sozialistischen Politiker Otto Bauer teil. Der Zug mit der Urne fährt nach kurzem Zwischenaufenthalt nach Wien weiter.
- **11. 2. Nazi-Organisation in Salzburg.** Drei Mitglieder des Proponentenkomitees des Salzburger Vereins „Institut für öffentliche Meinungsforschung" werden unter dem Verdacht nationalsozialistischer Wiederbetätigung festgenommen.
- **13. 2. Neuer ÖVP-Landesparteiobmann.** Nach dem Rücktritt von Martin Gassner wird Bürgermeister-Stellvertreter Richard Hildmann am ÖVP-Landesparteitag zum neuen Landesparteiobmann gewählt.
- **14. 2. Fußball.** Der SAK 1914 besiegt in einem Freundschaftsspiel den oberösterreichischen Meister LASK sensationell mit 4 : 1.
- **21. 2. Hungerstreik in DP-Lager.** Weil dreißig DPs vor Betreten eines IRO-Schiffes nach Argentinien von der italienischen Polizei verhaftet und sowjetischen Behörden übergeben worden sind, treten Insassen der Salzburger DP-Lager in einen eintägigen Hungerstreik. Die Lager sind schwarz beflaggt.
- **23. 2. Vereinsleben in Salzburg.** In der Landeshauptstadt sind derzeit 182 Vereine (vor 1934 waren es fast 1000 Vereine) polizeilich gemeldet.
- **24. 2. Verhaftung.** Der Leiter der NS-Registrierungsstelle beim Magistrat wird wegen verheimlichter Mitgliedschaft bei der NSDAP und Zugehörigkeit zur SA verhaftet. Das Verfahren wegen Nichtregistrierung wird eingestellt. Der Beamte wird jedoch wegen Amtsmißbrauchs zu drei Monaten Kerker verurteilt.
- **24. 2. Protestaktionen gegen Lebensmittelaufruf.** Gegen den derzeitigen Lebensmittelaufruf, der anstelle der versprochenen 1800 Kalorien nur 1540 vorsieht, protestieren zahlreiche Abordnungen aus Betrieben. Die Belegschaft des städtischen E-Werkes hält eine Protestversammlung ab.
- **27. 2. Marionettentheater.** Die Festwochen der Salzburger Marionetten werden mit Mozarts „Die Gärtnerin aus Liebe" eröffnet. Weiters sind Goethes „Faust" und Opern von Mozart und Gluck zu sehen. „Don Quijote" von Joseph August Lux erlebt seine szenische Uraufführung.
- **28. 2. Die Heimatbühne Aigen** eröffnet mit dem Stück „Unter schwerer Anklage".

März 1948

- **2. 3. Cesar Bresgens „Totentanz 1947"** wird auf Veranlassung der Adalbert-Stifter-Gemeinde unter der Leitung von Paul Schilhawsky uraufgeführt.
- **6. 3. Der freie Verkauf der Zigarettensorte „Austria I"** ist ab sofort gestattet.
- **9. 3. Der Telefonverkehr mit Deutschland** ist nach Zustimmung des Alliierten Rates wieder zugelassen.

1948

Abb. 154: Maxi Böhm in seiner beliebten Radio-Rätselsendung „Freu Dich nicht zu früh", 1948.

- **12. 3. Salzburger Fremdenführer** müssen in Hinkunft eine Prüfung ablegen und ein Fremdenführer-Abzeichen tragen.
- **13. 3. Gedenkfeier der Exekutive.** Im Dom gedenken Polizei und Gendarmerie der während der NS-Zeit ums Leben gekommenen Exekutivbeamten. Am Gebäude der Polizeidirektion wird eine Gedenktafel enthüllt.
- **18. 3. Beschlagnahme von KPÖ-Plakaten.** Plakate der KPÖ mit dem Text: „Die Volksdemokratien haben Brot, Fleisch und Speck, wir haben den Figl, den Schärf und zum Essen einen Dreck" werden beschlagnahmt.
- **24. 3. Die Stromverbrauchs-Einschränkungen** für Haushalte, Landwirtschaft und Kleingewerbe werden aufgehoben.
- **30. 3. Lustbarkeitsabgabe.** Der Gemeinderat beschließt die Einhebung einer 25prozentigen Abgabe auf Eintrittspreise für Kinos, einer 20prozentigen Abgabe für Sportveranstaltungen und einer Abgabe von 10 Prozent für Theatervorstellungen. Die Sportabgabe wird nach Protesten von Sportvereinen später reduziert.
- **30. 3. Der Kindergartentarif** wird von 6 auf 10 Schilling pro Monat erhöht.

April 1948

- **1. 4. Gedenkfeier für KZ-Opfer.** In Erinnerung an die ersten Transporte von Österreichern in das KZ Dachau kommen 120 Personen zu einer Gedenkfeier nach Salzburg. Im Großen Saal des Mozarteums werden die „Dachauer Gesänge", komponiert vom Salzburger Polizeidirektor Richard Böhm, aufgeführt.

1948

1. 4. Die Schulzahnklinik, Hofstallgasse 8, ist ab sofort wieder geöffnet.

1. 4. Wintersteiger verurteilt. Anton Wintersteiger wird von einem Volksgerichtshof wegen Hochverrats zu 2½ Jahren Kerker verurteilt. Er war von März bis Mai 1938 Landeshauptmann und Gauleiter von Salzburg und hatte als solcher wesentlichen Anteil an der nationalsozialistischen Machtübernahme. Im Prozeß bescheinigen ihm mehrere Zeugen, darunter Landeshauptmann Josef Rehrl (ÖVP), menschlich korrektes Verhalten. Von der Anklage, ein Kriegsverbrecher zu sein, wird Wintersteiger freigesprochen. Die Strafe ist durch die Untersuchungshaft abgebüßt.

3. 4. Jakob Haringer gestorben. Der in Dresden geborene Schriftsteller lebte nach seiner Ausbürgerung aus dem nationalsozialistischen Deutschland in Salzburg und mußte 1938 ins Exil in die Schweiz gehen.

4. 4. Gedenktafel. Im Schatz-Durchhaus wird die von den Nationalsozialisten entfernte Gedenktafel für den Mitbegründer der deutschen Sozialdemokratie, August Bebel, wieder angebracht.

7. 4. Filmaufnahmen. Das Filmstudio des Theaters in der Josefstadt beginnt im Festspielhaus mit den Atelieraufnahmen für den Film „Liebe Freundin" mit Johannes Heesters in der Hauptrolle. Das Drehbuch stammt von Curt J. Braun.

9. 4. NS-Opfer. Die Salzburger Nachrichten berichten, daß 108 Bewohner der Stadt Salzburg in NS-Konzentrationslagern umgekommen sind. Von den durch NS-Volksgerichte zum Tod Verurteilten sind dreißig Personen hingerichtet worden.

10. 4. Entschädigung für beschlagnahmte Hotels. Die Vergütung für beschlagnahmte Beherbergungsbetriebe durch die USFA beträgt pro Bett und Tag durchschnittlich 1,50 bis 2 Schilling. Für die 16 beschlagnahmten Salzburger Betriebe werden im Monat 111.837 Schilling ausbezahlt. Nach Räumung durch die Besatzungsmacht wird jedem Betrieb für Sachschäden, außerordentliche Abnützung und Verlust eine angemessene Entschädigung gezahlt.

13. 4. Fleischkrise. Aus Protest über die mangelnde Aufbringung und Versorgung mit Fleisch verlassen die Konsumentenvertreter den Landesaufbringungsausschuß. Während Bauernvertreter höhere Preise fordern, verlangen die Konsumentenvertreter schärfere Kontrollen. In der Folge werden mehrere Bauern und Metzger wegen Schwarzschlachtung festgenommen.

15. 4. Der Österreichische Alkoholgegnerbund, Gruppe Salzburg, wird gegründet.

15. 4. Jugendschutztage. Die Salzburger Jugendschutztage, eine gemeinsame Aktion von Stadt und Land Salzburg, der Interessensvertretungen, der Presse und der Kirche, beginnen um 7.00 Uhr mit einem „Weckruf ins Gewissen" durch Salzburger Musikkapellen. Eine Reihe von Veranstaltungen soll auf die „zunehmende Verwahrlosung" der Jugend aufmerksam machen.

16. 4. Kinder-Erholungsaktion. Vertreter einer Kommission aus der Schweiz sowie einer Kommission aus Dänemark wählen unterernährte und erholungsbedürftige Kinder für Erholungsurlaube in beiden Ländern aus.

16. 4. Ausstellung. Im Künstlerhaus wird die von der Galerie Gurlitt zusammengestellte Schau „Sechs Meister der Feder" eröffnet. Zu sehen sind Werke von Gustav Klimt, Egon Schiele, Alfred Kubin, Max Liebermann, Lovis Corinth und Max Slevogt. Slavi Soucek hält einen Einführungsvortrag.

1948

- **20. 4. Änderung bei US-Besatzung in Kraft.** Die bisher geltende Bezeichnung „Military Government" wird in „Office for Civil Affairs" umgewandelt.
- **21. 4. NS-Bürgermeister verurteilt.** Der ehemalige Stadtdirektor und kommissarische Bürgermeister der Stadt Salzburg, Harald Lettner, wird von einem Volksgerichtshof wegen Hochverrats zu einem Jahr Kerker und Vermögensverfall verurteilt. Lettner gehörte der NSDAP seit 1932 an.
- **26. 4. Rückstellungsverfahren.** Die Rückstellungskommission beschließt, daß Kurt Thalhammer die 1938 arisierten Liegenschaften der Firma Ornstein zurückgeben muß. Die Frage des Ersatzes für Wertminderung und erlittenen Schaden wird vertagt.
- **29. 4. Salzburger Berufsregister.** In der Stadt gibt es derzeit u. a. 339 Schneider, 334 Lebensmittelhändler, 151 Schuhmacher, 71 Maler und Anstreicher, 14 Müller, 71 Bäcker, 20 Dachdecker, 12 Juweliere, 12 Hafner, 7 Kürschner, 1 Sägefeiler, 21 Drogisten, 30 Spediteure, 2 Zinngießer, 23 Möbelhändler, 18 Briefmarken- und 37 Viehhändler, 152 Trafiken, 29 Trödlereien, 8 Brauereien, 2 Konservenfabriken, 2 Lederfabriken, 4 Steinbrüche, 3 Ziegeleien, 43 Autohandlungen, 50 Tankstellen, 278 Gast- und Kaffeehäuser, 73 Hotels, 50 Architekten, 10 Apotheker, 12 Hebammen, 99 Ärzte, 12 Tierärzte, 102 Kunstmaler, 39 Rechtsanwälte, 76 Dienstmänner, 3 Schätzmeister und 1 Zauberkünstler.
- **30. 4. Keine Ausreisegenehmigung für Mangelberufe.** Personen, die einen wichtigen Mangelberuf ausüben, dürfen nicht ins Ausland reisen.
- **30. 4. Uraufführung.** Am Salzburger Landestheater wird das Lustspiel „Spaß muß sein" von Friedrich Kühnelt uraufgeführt. Die Regie führt Richard Wegeler.

Mai 1948

- **1. 5. Maifeiern.** 4000 Teilnehmer und 3500 Zuschauer kommen zur SPÖ-Kundgebung am Residenzplatz. Die KPÖ feiert wieder im Mozarteum.
- **1. 5. Wiedereröffnung des „Stieglkellers".** Der „Stieglkeller" nimmt nach fünfjähriger Unterbrechung den Betrieb wieder auf. Die Polizei-Musikkapelle gibt ein Wunschkonzert. Bier wird allerdings nur in geringen Mengen ausgeschenkt, da wegen der Bewirtschaftung der notwendigen Rohmaterialien derzeit nur 10 Prozent der Biermenge früherer Jahre hergestellt werden können.
- **2. 5. Salzburger Filmwoche.** Die von der Salzburger Kulturvereinigung veranstaltete Salzburger Filmwoche wird mit der Aufführung des amerikanischen Farbfilms „Blut und Sand" eröffnet. Der österreichische Film „Das andere Leben" nach einer Novelle von Alexander Lernet-Holenia, unter der Regie von Rudolf Steinboek, wird uraufgeführt.
- **2. 5. Motorradrennen in Aigen.** Vor 15.000 Zuschauern findet auf der Trabrennbahn in Aigen ein Motorradrennen statt.
- **4. 5. Staatsbrücke.** In einer Pressekonferenz referieren Bauleiter Josef Ferstl und Architekt Helmut Gasteiner über die architektonische Gestaltung der Brückenköpfe der neuen Staatsbrücke. Die Ufermauern sind im Vergleich zu den Plänen aus der NS-Zeit deutlich reduziert. Im Nahbereich der Brücke sollen drei von Jakob Adlhart geschaffene monumentale Löwenfiguren aufgestellt werden.

5. 5. Befristete Aufhebung des Sonntagsfahrverbots. Um die Teilnahme an der in Wien stattfindenden Internationalen Automobilausstellung zu ermöglichen, wird das Fahrverbot für die in diese Zeit fallenden Sonn- und Feiertage aufgehoben.

5. 5. Bogner neuer Landesrat. Der Landtag wählt den bisherigen Stadtrat Ludwig Bogner (SPÖ) anstelle des aus gesundheitlichen Gründen aus dem Amt scheidenden Heinz Kraupner zum neuen Landesrat.

7. 5. Pacher neuer Stadtrat. Der Gemeinderat wählt den Personalleiter der Unionwerke, Stanislaus Pacher (SPÖ), zum neuen Stadtrat.

15. 5. Rot-Kreuz-Sammlung. Durch eine mehrtägige Straßensammlung, in deren Dienst sich auch Musikkapellen, Gaststätten und Vereine stellen, sollen die erforderlichen Geldmittel für das Rote Kreuz aufgebracht werden.

19. 5. Pakete aus Amerika. Das Rote Kreuz richtet einen Aufruf an ehemalige Kriegsgefangene, die aus den USA oder Kanada Pakete in die Heimat gesandt haben, sich zu melden. 4000 solcher Pakete liegen noch im Rot-Kreuz-Zentrallager, weil sie nicht an die Adressaten übergeben werden konnten.

21. 5. Der Gesangverein „Typographia" gibt nach seiner Wiedergründung das erste öffentliche Konzert im „Stieglkeller".

23. 5. Feuerwehrübung. Die Übungsannahme, ein Dachstuhlbrand am Festspielhaus, lockt rund 2500 Zuschauer an.

24. 5. Pfitzner-Tage. Die Stadt Salzburg organisiert zu Ehren des Komponisten Hans Pfitzner Musiktage. Die Pfitzner-Tage sind erstmals 1940 veranstaltet worden.

25. 5. Schwedische Medikamente für Österreich. Das Schwedische Komitee für Internationale Hilfstätigkeit stellt dem Österreichischen Roten Kreuz eine große Menge hochwertiger Heilmittel zur unentgeltlichen Verteilung an die österreichische Bevölkerung zur Verfügung.

28. 5. Der Gemeinderat beschließt den Haushalt 1948. Die Einnahmen und Ausgaben betragen jeweils 39 Millionen Schilling. Im außerordentlichen Haushalt sind Ausgaben von 28 Millionen Schilling vorgesehen. Im Zentrum des Budgets steht die Wohnungsfrage. Bürgermeister Anton Neumayr (SPÖ) fordert in diesem Zusammenhang von der Bundesregierung ein Wohnbauförderungsgesetz. Die Wohnungsnot könne nur durch den Bau neuer Wohnungen gelöst werden.

Juni 1948

1. 6. Das Volksgartenbad, einziges der Bevölkerung zugängliches Bad der Stadt, wird für die Zivilbevölkerung abermals gesperrt.

6. 6. Amnestiegesetz tritt in Kraft. Damit werden alle Minderbelasteten im Sinne des Nationalsozialisten-Gesetzes von allen Sühnefolgen befreit. Minderbelastete erlangen wieder das Wahlrecht. Gewerbe- und Berufsverbote, Beförderungssperren werden aufgehoben, Pensionen ungekürzt ausbezahlt.

8. 6. „Grauer Markt". Trotz behördlicher Bewirtschaftungsmaßnahmen werden in Einzelhandelsgeschäften Lebensmittel wie Butter, Mehl, Reis, Wurst, Eier, Schokolade u. a. zu überhöhten Preisen frei verkauft.

10. 6. US-Besatzungsmacht hebt Medieneinschränkung auf. Die Herstellung von

1948

Druckschriften, der Betrieb von Nachrichtendiensten, Bildagenturen, Rundfunkanstalten, Theatern usw. sind nur mehr an die österreichischen Bewilligungsvorschriften gebunden.

10. 6. Zweitägiger Streik der Mozarteum-Studenten. Sie protestieren damit gegen die von der Landesregierung verzögerte Entscheidung über die Besetzung von drei Professorenstellen.

12. 6. Das Sonntagsfahrverbot für KFZ wird endgültig aufgehoben.

12. 6. Die Ausstellung „Österreichische Barock-Kunst", aus den Sammlungen des Wiener Belvederes, wird in den Prunkräumen der Residenz eröffnet.

14. 6. Wechsel im US-Zonenkommando. Im Rahmen einer militärischen Feier auf dem Mozartplatz übergibt der bisherige Kommandant Generalmajor Harry J. Collins das Kommando über die amerikanische Zone in Österreich seinem Nachfolger, Generalmajor Paul Wilkins Kendall. General Collins verläßt nach dreijähriger Tätigkeit Salzburg und kehrt in die Vereinigten Staaten zurück.

15. 6. Uraufführung. Ludwig Schmidseders Operette „Glück von Monte Carlo" wird am Landestheater uraufgeführt. Die Regie führt Hubert Marischka.

17. 6. Rumänisches Fluchtflugzeug. Ein rumänisches Verkehrsflugzeug der Sowjet-Rumänischen Luftfahrtgesellschaft mit zwanzig Passagieren und Besatzungspersonal an Bord landet auf dem Maxglaner Flugfeld. Zwei Personen wünschen die Rückkehr nach Rumänien.

18. 6. Massenbetrieb in der Jugendherberge. Da die vom „Landesverband für Jugendwandern und Herbergswesen" auf der Festung Hohensalzburg eingerichtete Behelfsjugendherberge nicht mehr ausreicht, stellen die Amerikaner in der Nähe der Villa Berchtold eine Baracke zur Verfügung.

Abb. 155: Die von der Stadt mit einem Kostenaufwand von 40.000 Schilling errichtete Überfuhr zwischen der Josefiau und Aigen nimmt am 20. Juni 1948 ihren Betrieb auf.

1948

Abb. 156: Wiederaufbau im Kaiviertel 1948. Im Bild das Haus Kaigasse 28–30.

21. 6. Pläne für Schwimmbad am Rainberg. Bürgermeister Anton Neumayr (SPÖ) erteilt dem Stadtbauamt den Auftrag, Pläne für ein Schwimmbad auf dem Plateau des Steinbruchs am Rainberg zu erarbeiten. Die ÖVP gibt einem Schwimmbad in Leopoldskron den Vorzug.

22. 6. Ein US-Militärgericht verurteilt den russischen Redakteur der in Salzburg erscheinenden DP-Zeitung „Potschta Columba", Michael Soloview, wegen Herabwürdigung der Sowjetunion zu drei Monaten Gefängnis.

26. 6. „Ergokraten". Etwa 800 Personen nehmen an einer Kundgebung der neugegründeten Ergokratischen Partei teil. Der Salzburger Landesleiter August Hlawa erläutert das Programm. Ergokratie heiße Herrschaft durch Leistung.

28. 6. Abschiedsständchen für Elektrischen Aufzug. Nach der letzten Fahrt des seit 1890 in Betrieb stehenden Mönchsbergaufzugs spielt eine Musikkapelle ein Ständchen. Unmittelbar darauf wird mit der Abtragung des Aufzugs begonnen.

29. 6. Neuer elektrischer Mönchsberglift in Betrieb. Vorerst wird nur der Probebetrieb aufgenommen.

30. 6. Gründgens sagt ab. Gustav Gründgens nimmt seine Zusage, Mozarts „Entführung aus dem Serail" für die Salzburger Festspiele zu inszenieren, zurück. Die Regie wird nun Herbert Waniek führen.

1948

Juli 1948

2. 7. Abschluß des Marshall-Plan-Abkommens zwischen den USA und Österreich. Auch Salzburg profitiert in der Folge von diesem Hilfsprogramm.

2. 7. Rätselsendung. Im Mozarteum wird die 100. und letzte Folge der beliebten Rätselsendung „Freu Dich nicht zu früh" aufgenommen. Maxi Böhm und Peter Hey führen durch die Sendung.

6. 7. Eröffnung der städtischen Jugendherberge. In der Glockengasse werden zwei Räume der städtischen Jugendherberge mit insgesamt 55 Schlafstellen zur Benutzung freigegeben. Ein weiterer Raum für achtzig Personen wird bald darauf fertiggestellt.

6. 7. Erster österreichischer Obus. Die Städtischen Verkehrsbetriebe setzen den ersten in Österreich hergestellten Oberleitungsomnibus ein.

8. 7. Café „Schwarzbaecker". Nach dem Umbau des 1944 durch Bomben schwer beschädigten Gebäudes des ehemaligen Cafés „Corso" an der Imbergstraße eröffnet das Hotel-Café-Restaurant „Schwarzbaecker" mit eigener Konditorei. Später wird dort ein Tanzcafé eingerichtet.

8. 7. Das stadtbekannte Café „Lohr" an der Linzer Gasse nimmt nach umfangreichen Renovierungsarbeiten den Betrieb wieder auf.

9. 7. Der neue städtische Kindergarten an der Alpenstraße wird eröffnet.

13. 7. Polizeiwachstube in Lehen. Die bisher in einer Baracke an der Roseggerstraße untergebrachte Polizeiwachstube Lehen übersiedelt ins Gasthaus „Dietmann" an der Ignaz-Harrer-Straße.

17. 7. Fotoausstellung in der Gewerbeschule. Es werden 280 Bilder aus 28 Nationen gezeigt.

17. 7. Lautsprecher-Werbung. Ein Lautsprecherwagen des Reklame- und Werbebüros Kurt Zaunschirm gibt jeden Dienstag, Donnerstag und Samstag an zehn verschiedenen Stellen im Stadtgebiet Geschäftsreklamen, behördliche Ankündigungen und private Mitteilungen durch.

18. 7. Faistauer-Ausstellung. Im Künstlerhaus wird eine Ausstellung zum Gedenken an Anton Faistauer eröffnet. Zu sehen sind unter anderem die während der NS-Zeit abgenommenen Fresken aus dem Festspielhaus. Clemens Holzmeister plädiert für ihre Wiederanbringung im Festspielhaus und dankt Alberto Susat für deren Rettung. Mit der Wiederanbringung eines Teiles der Fresken wird kurz darauf begonnen.

20. 7. „Grauer Markt". Landeshauptmann Josef Rehrl (ÖVP) wehrt sich gegen Angriffe aus Wien, Salzburger Behörden würden einen „Grauen Markt" – einen zweiten Markt zu freien neben regulierten Preisen – für bewirtschaftete Waren tolerieren. Man wäre nur bestrebt, den Konsumenten Waren zu erträglichen Preisen zukommen zu lassen. Stadtrat Stanislaus Pacher (SPÖ) spricht sich gegen die Duldung des „Grauen Marktes" aus. Dieser sei nichts anderes als ein legalisierter „Schwarzer Markt". Auch die Gewerkschaften protestieren dagegen.

23. 7. Der Gasthof „Zum schwarzen Rößl", 1944 fast völlig zerstört, nimmt nach Wiederherstellung des Gebäudes den Betrieb wieder auf.

1948

Abb. 157: 1948 setzen die Salzburger Stadtwerke zum erstenmal österreichische Fabrikate als Obusse ein. Hier eine Straßenszene auf dem Alten Markt, 1948.

1948

- **26. 7. Tanz-Meisterschaft.** Im Grand-Café „Winkler" finden die Österreichischen Staatsmeisterschaften im Gesellschaftstanz statt.
- **26. 7. Ferienausspeisung.** Für Schülerinnen und Schüler, die im Besitz einer vom Stadtmagistrat gestempelten Essenskarte sind, beginnt die Ferienausspeisung.
- **26. 7. Hochschulwochen.** Die katholischen Hochschulwochen 1948 stehen unter dem Motto „Weltschöpfung und Weltlenkung in gläubiger Sicht".
- **27. 7. Salzburger Festspiele 1948.** Bundespräsident Karl Renner hält die Eröffnungsrede der diesjährigen Festspiele. Mit „Orpheus und Eurydike" von Christoph Willibald Gluck findet die erste Opernaufführung in der Felsenreitschule nach dem Krieg statt. Das Bühnenbild stammt von Caspar Neher, die Regie führt Oscar Fritz Schuh, es dirigiert Herbert von Karajan. Beethovens „Fidelio" inszeniert Günther Rennert, es dirigiert Wilhelm Furtwängler. Mozarts „Entführung aus dem Serail" ist in einer Inszenierung von Herbert Waniek und unter der Stabführung von Josef Krips zu sehen. Herbert von Karajan dirigiert Mozarts „Le Nozze di Figaro", inszeniert von Caspar Neher. Maria Becker ist die neue „Buhlschaft" im „Jedermann". Im Landestheater ist Grillparzers „Des Meeres und der Liebe Wellen" unter der Regie von Ernst Lothar zu sehen. Frank Martins „Der Zaubertrank" inszeniert Oscar Fritz Schuh. Es dirigiert Ferenc Fricsay. Die Orchesterkonzerte der Wiener Philharmoniker werden von Wilhelm Furtwängler, Alceo Galliera, Herbert von Karajan, Artur Rodzinski und Hans Knappertsbusch dirigiert.
- **27. 7. Der neue Mönchsberglift** zum Grand-Café „Winkler" geht offiziell in Betrieb.
- **27. 7. Wiederaufbau-Ausstellung.** Auf der Festung Hohensalzburg ist eine Ausstellung über den Wiederaufbau Salzburgs zu sehen, in deren Mittelpunkt der von Erwin Ilz geplante Neubau des Kurhauses steht.
- **27. 7. Kolig-Ausstellung.** In der Galerie Welz werden Bilder von Anton Kolig gezeigt. Die Arbeiten Koligs thematisieren die Greuel des Krieges.
- **27. 7. Das Polizeiwachzimmer im Schloß Mirabell** nimmt den Amtsbetrieb auf.
- **30. 7. Tumult im Gemeinderat.** Bürgermeister Anton Neumayr (SPÖ) beschuldigt Gemeinderat Heinrich Falterbauer (KPÖ), dieser habe Bewohner der Siedlung Alpenstraße aufgefordert, keine Mietzinse mehr zu zahlen. Neumayr verbietet Falterbauer das künftige Betreten der Siedlung. Nach lautstarken Auseinandersetzungen weist der Bürgermeister Falterbauer aus dem Saal. In derselben Sitzung wirft Bürgermeister-Stellvertreter Richard Hildmann (ÖVP) Bürgermeister Neumayr vor, Bauaufträge für den Mönchsberglift ohne Zustimmung des Gemeinderats vergeben zu haben.
- **30. 7. Der Landtag genehmigt Kredite** in Höhe von 26 Millionen Schilling für die Landeshauptstadt. Damit sollen Wohnungsbauten, die Kanalisation in Maxglan, der Ausbau des Schlachthofes und ein neues Kühlhaus finanziert werden.
- **31. 7. Franz Lehár in Salzburg.** Nach mehrjähriger Abwesenheit trifft der weltbekannte Operettenkomponist Franz Lèhar in Salzburg ein und fährt anschließend nach Bad Ischl zu seinem Sommersitz weiter.
- **31. 7. Fußball-Skandal.** Nach Insultierungen bricht der Schiedsrichter das Spiel des SAK 1914 gegen die jüdische Fußballmannschaft Hakoah Wien ab. Weil Zuschauer das Feld stürmen, muß die Polizei einschreiten.

Abb. 158: Internationales Springturnier auf der Trabrennbahn 1948. Plakat nach einer aquarellierten Zeichnung von Siegfried Schobersberger.

1948

August 1948

- **1. 8. Heimkehrer-Sommerfest.** Über 15.000 Salzburger besuchen das von der Landesstelle für Heimkehrerbetreuung veranstaltete Sommerfest im Volksgarten. Für den „Glückshafen" haben Salzburger Betriebe 1356 Preise gestiftet.
- **1. 8. Radsport.** Der aus Südtirol stammende Radrennfahrer Richard Menapace entscheidet sowohl das Schallmooser Kriterium als auch den Großen Bergpreis auf den Gaisberg in überlegener Manier für sich.
- **2. 8. Grauer Markt.** Das Innenministerium führt ausgedehnte Untersuchungen gegen den „Grauen Markt" in Salzburg durch. Als Zentrale gilt die „Commerziale", eine Vereinigung Salzburger Großhändler. Die SPÖ kritisiert, den Konsumenten würden so lebenswichtige Güter entzogen und mit Kompensationsgeschäften Millionengewinne gemacht. Die ÖVP weist dies zurück. Bei den beanstandeten Preisen habe es sich ausschließlich um freigegebene Waren gehandelt. Das Verfahren gegen die „Commerziale" wird später eingestellt.
- **5. 8. Kartoffelkäfer-Suchtag.** Die Landwirtschaftskammer ruft zu einem allgemeinen Kartoffelkäfer-Suchtag auf.
- **5. 8. Wohnhaus-Wiederaufbaufonds.** Das Wohnhaus-Wiederaufbau-Gesetz tritt in Kraft. Der für den Wiederaufbau geschaffene Fonds ist für die Jahre 1948/49 mit 500 Millionen Schilling dotiert.
- **5. 8. Die Internationale Sommerakademie am Mozarteum** wird eröffnet. Bei der Eröffnungsveranstaltung diskutiert Oscar Fritz Schuh mit den Komponisten Carl Orff, Gottfried von Einem und Werner Egk über die Zukunft des Musiktheaters.
- **6. 8. Der Eilpostkurs Salzburg–Lungau** wird eingeführt. Eine Fahrt in den Lungau und zurück kann jetzt innerhalb eines Tages bewältigt werden.
- **7. 8. Die Volkstumswoche** wird mit dem Küfertanz eröffnet. Ein Volkstanzwettbewerb auf der Festung, ein Volksliedsingen, eine Dichterlesung Karl Heinrich Waggerls und weitere Volkstanz- und Heimatabende stehen auf dem Programm. Ein großer Trachtenzug am Marienfeiertag beschließt die Veranstaltungsreihe.
- **7. 8. Der Umbau des Hotels „Goldener Hirsch"** ist fertiggestellt. Salzburg erhält damit ein Hotel ersten Ranges.
- **9. 8. „Zipfer Bierhaus".** Das seit mehreren Jahren der Öffentlichkeit nicht mehr zugängliche „Zipfer Bierhaus" in der Altstadt wird wieder eröffnet.
- **11. 8. Der Brauchtumsverein „Alpinia"** beginnt auf der Festung Hohensalzburg nach langer Pause wieder mit seinen Heimatabenden.
- **12. 8. Die Abendkonzerte im Mirabellgarten** werden wieder eingeführt.
- **13. 8. Zeitgemäßes Wohnen.** Das Wirtschaftsförderungsinstitut veranstaltet die Ausstellung: „Zeitgemäße Salzburger Wohnkultur".
- **19. 8. Film-Uraufführung.** Im Rahmen der Salzburger Festspiele wird der Film „Der Engel mit der Posaune" von Karl Hartl nach einer Romanvorlage von Ernst Lothar uraufgeführt. Die amerikanische Kritik bezeichnet den Film als „österreichische Forsyte-Saga". In den Hauptrollen sind Paula Wessely, Attila Hörbiger, Oskar Werner, Helene Thimig und Paul Hörbiger zu sehen.

Abb. 159: Festzug am 15. August 1948 anläßlich der „Volkstumswoche" 1948, im Hintergrund die im Wiederaufbau befindliche Andräkirche.

- **20. 8. US-Soldat zum Tod verurteilt.** Ein US-Kriegsgericht in Salzburg verurteilt einen desertierten Angehörigen der US-Armee wegen Mordes an einem österreichischen Polizeibeamten zum Tode durch den Strang.
- **22. 8. Die Renovierung der Kapitelschwemme** ist abgeschlossen.
- **24. 8. Vergleich mit dem ehemaligen Landestheater-Intendanten Alfred Bernau** und dem Land Salzburg vor dem Arbeitsgericht. Alfred Bernau hat die Landesregierung auf Schadenersatz in Höhe von 135.000 Schilling geklagt. Er hätte nach seiner ungerechtfertigten Beurlaubung keine Engagements mehr erhalten.
- **30. 8. Das neuerrichtete Schiedsgericht der Sozialversicherungen** tritt im Justizgebäude zum ersten Mal zusammen.

September 1948

- **4. 9. Eine Baustein-Aktion für ein Kriegsopferheim** organisiert der Salzburger Kriegsopferverband.
- **4. 9. 2. Salzburger Filmfestwoche** mit Spitzenfilmen aus zwölf Nationen.
- **5. 9. Zigarettensorte „Jonny".** Erstmals nach vielen Jahren werden wieder Zigaretten der Sorte „Jonny" verkauft (Stückpreis: 50 Groschen).
- **12. 9. Motorrad-Straßenrennen** vor 20.000 Zuschauern auf dem Autobahnrundkurs Liefering–Kleßheim im Rahmen Österreichischen Staatsmeisterschaft.

1948

- **13. 9. Erhöhung des Tageskaloriensatzes** für Normalverbraucher von 1700 auf 2100, für Arbeiter auf 2500, für Schwerarbeiter auf 3100 und für Schwerstarbeiter auf 3350 Kalorien.
- **16. 9. 2. Lohn-Preis-Abkommen.** Löhne und Gehälter werden einheitlich um 6 Prozent und einen zusätzlichen Sockelbetrag erhöht. Preisstützungen für Fleisch- und Molkereiprodukte fallen weg.
- **16. 9. Die Zweigstelle Salzburg des Österreichischen Alpenvereins** wird gegründet.
- **16. 9. Künstlerpreise.** Den Kunstförderungspreis des Landes erhält der Maler Lucas Suppin, den Preis der Stadt der Maler Ferdinand Kitt.

Abb. 160: Radrennen „Quer durch Österreich". Landeshauptmann Josef Rehrl überreicht Etappensieger Hans Goldschmidt den Siegerkranz, 16. September 1947.

- **18. 9.** Nach 23 Jahren wird wieder eine **Dult im Volksgarten** abgehalten.
- **19. 9. Neue Jugendheime.** An der Hellbrunner Straße wird ein Mädchenheim und an der Aigner Straße ein Knabenheim eröffnet.
- **23. 9. Die Diözesantagung der katholischen Laienvertreter** wird mit einem Referat des Halleiner Rechtsanwalts Josef Klaus eröffnet. Abgeschlossen wird die Tagung mit einer Glaubenskundgebung im Hof von St. Peter.
- **29. 9. Lebensmittel-Freigabe.** Die Bewirtschaftung folgender Lebens- und Genußmittel wird aufgehoben: Äpfel, Kanditen, Marmelade, Schokolade, Schokolade-Erzeugnisse, Saccharin, Bohnenkaffee, Kakao, Tee, Fleisch- und Schlachtprodukte aller Wildarten inländischer Herkunft.
- **30. 9.** Der **„Bund der politisch Verfolgten"** wird aufgelöst. An dessen Stelle richtet die Landesregierung eine eigene Betreuungsstelle für ehemalige politisch Verfolgte ein.

1948

Abb. 161: Passanten vor den Ankündigungsplakaten für den amerikanischen Film „Vom Winde verweht", Alter Markt, 1948.

Abb. 162: Demonstration von Theaterbediensteten am 20. September 1948 in der Augustinergasse gegen die Delogierung eines Kollegen.

1948

Abb. 163: Vorbereitung zu einem Seifenkisten-Rennen, 1948.

Oktober 1948

4. 10. **Derzeit bewirtschaftete und preisgebundene Lebensmittel:** Bohnen, Brot, Backwaren, Butter und Butterschmalz, Hühnereier, Trockenei, Fette und Öle, Talg, Fleisch, Fleischwaren von Rindern, Kälbern, Schweinen, Schafen, Pferden, Gerste und Gerstenerzeugnisse mit Ausnahme von Bier, Hafer und Hafererzeugnisse, Kaffee-Ersatz und Zusatzmittel aller Art, Kartoffeln und Kartoffelerzeugnisse, Käse aus Kuhmilch, Kindernährmittel, Konditorei-Weichwaren, Kuhmilch, Linsen, Mais- und Maiserzeugnisse, Malz, Mohn, Rahm, Raps, Rüben, Leinsamen, Roggen und Roggenerzeugnisse, Speck, Sojabohnen, Teigwaren, Topfen, Trennemulsion, Trockenerbsen, Weizen und Weizenerzeugnisse, Zucker. Bei ausländischer Herkunft gelten ferner als bewirtschaftet und preisgebunden: Fische und Fischerzeugnisse, Geflügel, Schafkäse, Obst jeder Art, Reis und Reiserzeugnisse, Wild und Schlachtprodukte daraus. Als nicht bewirtschaftet, aber preisgebunden gelten folgende Lebensmittel: Bier, Gemüse, Fruchtmark, Kanditen und kandierte Früchte, Kompotte, Kunsthonig, Mandelöl, Marmelade und Powidl, Obst, Obstkonserven, Obstpulpe, Preßhefe, Puddingpulver, Salz, Schokolade und Schokoladeerzeugnisse, Suppenpulver und -konserven, Traubenzucker, Vanillezucker und alle importierten Lebensmittel.

8. 10. Die **Festwoche des sowjetischen Films in Salzburg** beginnt.

14. 10. **Paul Hindemith in Salzburg.** Am Mozarteum beginnt ein siebentägiger Kurs über Gegenwartsmusik mit Paul Hindemith.

1948

Abb. 164: Hinweisschilder der USFA in der Schwarzstraße, 1948.

1948

- **16. 10. Wieder öffentliche Telefonautomaten.** Im Stadtgebiet werden 11 neue Telefonzellen aufgestellt.
- **17. 10. Sporttoto.** Die Landessportorganisation eröffnet das Salzburger Sporttoto. Der Wettschein kostet 2 Schilling. 8 Spiele sind zu tippen.
- **17. 10. Wiedereröffnung der Kollegienkirche.** Nach zweijähriger Renovierung wird die Kollegienkirche wieder eingeweiht. Fürsterzbischof Andreas Rohracher hält die Festpredigt.
- **21. 10. Lesestudio.** Walter Seidlhofer gründet im Rahmen der Salzburger Volkshochschule ein „Lesestudio", das sich zur Aufgabe stellt, szenische Lesungen von Dramen der Weltliteratur durchzuführen.
- **24. 10. „Soap-Box-Derby".** Vor 20.000 Zuschauern findet auf der Autobahn am Walserberg ein Seifenkisten-Rennen statt.
- **23. 10. Volksdeutsche Ausstellung.** Im Künstlerhaus wird die vom Christlichen Hilfswerk für heimatlose Flüchtlinge organisierte „Volksdeutsche Ausstellung" eröffnet. Im handwerklich-gewerblichen Teil sind Kunsthandwerk und Industrieerzeugnisse zu sehen. Im geschichtlichen Teil werden volkskundliche Arbeiten gezeigt und die wirtschaftlichen und kulturellen Leistungen in den ehemaligen Heimatländern dargestellt.
- **27. 10. Neues Glockengeläute am Kommunalfriedhof.** Die drei neuen Glocken im Aussegnungsgebäude sind von der Firma Oberascher gegossen worden.
- **30. 10. An einem Fackelzug der katholischen Jugend** nehmen über 3000 Personen teil. Die Predigt hält Fürsterzbischof Andreas Rohracher.

November 1948

- **2. 11. Amtsstunden.** Wegen Brennstoffmangels wird bei der Salzburger Landesregierung der Parteienverkehr eingeschränkt.
- **5. 11. Räumungsklage gegen Puthon.** Da sich der Präsident der Salzburger Festspiele, Heinrich Puthon, geweigert hat, die Kündigung seiner Wohnung im Schloß Mirabell und die Bereitstellung einer Ersatzwohnung im Stadtzentrum anzunehmen, prozessiert die Stadtgemeinde gegen Puthon. Puthon fordert die Rücknahme der Kündigung und droht mit einem internationalen Skandal. Die Stadtgemeinde verweist auf die herrschende Wohnungsnot. Der Prozeß wird vertagt.
- **6. 11. Kästner bei Fred Kraus.** „Ein literarisches Ringelspiel" von Erich Kästner hat bei Fred Kraus Premiere. Erich Kästner ist Gast einer der Aufführungen.
- **7. 11. Die Bewirtschaftung von Fahrradreifen wird aufgehoben.**
- **10. 11. Amerikanische Militärparade.** US-Hochkommissar, Generalleutnant Geoffrey Keyes, nimmt in Anwesenheit des britischen Hochkommissars Generalleutnant Alexander Galloway auf dem Maxglaner Flugplatz eine große Militärparade ab.
- **13. 11. Wiedereröffnung des Grand-Cafés „Winkler".** Das teilweise umgebaute und neuausgestattete „Grand Café Winkler" eröffnet wieder seinen Betrieb. Es spielt die Tanzband „Die Rhythmische 7".
- **13. 11. Tröpferlbad.** Im Keller der Andräschule wird ein städtisches Brausebad für Männer eröffnet. Die Frauenabteilung folgt wenig später.

1948

Abb. 165: Kiosk beim Makartsteg, vierziger Jahre.

- **15. 11. Dichterlesung.** In den Räumen der Galerie Welz liest die Schriftstellerin Gertrud Fussenegger aus ihren neuesten Werken.
- **16. 11. Künstlerische Gestaltung des Bahnhofes.** Aus einem Wettbewerb zur künstlerischen Ausgestaltung des Salzburger Hauptbahnhofes gehen die Maler Eduard Bäumer und Wilhelm Kaufmann als Sieger hervor. Ihre Entwürfe werden jedoch nicht verwirklicht.
- **17. 11. Schulausspeisung kostet 3 Schilling pro Kind.** Künftig sollen pro Schulkind und Monat 3 Schilling eingehoben werden. Zwar stellen die Amerikaner weiterhin Lebensmittel aus UNICEF-Mitteln für die Schulausspeisung von 13.145 Schulkindern in der Stadt Salzburg zur Verfügung, doch müssen zusätzliche österreichische Lebensmittel angekauft werden. Außerdem fallen Kosten für Kücheneinrichtung, Personal, Heizmaterial, Transport- und Lagerkosten an.
- **17. 11.** Die **Buchausstellung** in der Salzburger Residenz im Rahmen der Österreichischen Buchwoche wird eröffnet.

1948

18. 11. Die **Turnhalle im Schulgebäude Griesgasse** steht – nach ihrer vorübergehenden Nutzung als Flüchtlingslager und anschließend als Briefzustellpostamt – wieder für den Turnbetrieb zur Verfügung.

23. 11. Beihilfen für Ausgebombte. Die Landesregierung stellt der Stadtgemeinde Finanzmittel für einmalige Beihilfen an minderbemittelte bombengeschädigte Personen zur Verfügung.

30. 11. Todesfall an der bayerisch-österreichischen Grenze. Beim Versuch von 15 Personen, am Saalachspitz illegal die Grenze zu überschreiten, wird ein polnischer Student von einem Zollwachebeamten erschossen.

Dezember 1948

1. 12. Aufruf Rehrls zu wirtschaftlicher Anständigkeit. Landeshauptmann Josef Rehrl (ÖVP) ruft zu einem „Komplott der Anständigkeit" auf. Unternehmer sollten sich mit einer „bescheidenen, reellen Handelsspanne" begnügen.

1. 12. Energiesparmaßnahmen. Wegen der außergewöhnlichen Trockenheit und Kohlemangels treten wieder Energiesparmaßnahmen in Kraft.

2. 12. Der neue Gasometer mit 10.000 Kubikmeter im Gaswerk ist fertiggestellt.

3. 12. Dichter Nebel legt Verkehr völlig lahm. Obusse und Taxis müssen für mehrere Stunden ihre Fahrten gänzlich einstellen.

6. 12. SPÖ ruft zu Anzeigen gegen Preistreiberei auf. Jede Hausfrau müsse ihr eigener Preiskommissär sein. Alle ungerechtfertigt erscheinenden Preise sollten der Arbeiterkammer gemeldet werden.

7. 12. Wiederaufbau und Liegenschaftsrückgabe. Laut einer USFA-Erhebung sind von rund 5200 bombenbeschädigten bzw. zerstörten Wohnungen in Salzburg bisher ca. 3200 wieder aufgebaut. Ferner sind von Jänner 1947 bis Ende November 1948 im Land Salzburg 152 beschlagnahmte Immobilien, darunter ein Spital, 96 Wohnhäuser und 12 Hotels von den USFA freigegeben worden.

8. 12. Kein Marienfeiertag. Da eine staatliche Regelung der Feiertagsfrage noch immer aussteht, gilt der 8. Dezember weiter als Werktag. An den Schulen ist allerdings unterrichtsfrei.

9. 12. Bestrafung wegen Preisüberschreitung. Zahlreiche Geschäftsleute erhalten wegen Preisüberschreitungen empfindliche Geldstrafen.

11. 12. Der erste Christkindlmarkt findet am Mirabellplatz statt.

11. 12. Neuzeitliche Lichtreklame erstmalig in Österreich. An einem Baugerüst vor einem Haus an der Schwarzstraße gegenüber der Spängler-Bank ist eine große Leinwand befestigt, auf die Farbdias mit Werbung projiziert werden.

13. 12. Griesgassen-Durchbruch im Gemeinderat beschlossen. Mit dem Straßendurchbruch vom oberen Ende der Getreidegasse in die Griesgasse soll der wachsenden Verkehrsbelastung in der Altstadt begegnet werden.

13. 12. Prozeß gegen Gustav Adolf Scheel. In Heidelberg beginnt der Prozeß gegen den ehemaligen Gauleiter von Salzburg und Reichsstudentenführer, Gustav Adolf Scheel. Zugunsten Scheels interveniert Fürsterzbischof Andreas Rohracher. Scheel habe auf Bitten Rohrachers zu Kriegsende den Befehl zur Vertei-

1948

digung der Stadt widerrufen und damit die Zerstörung der Stadt verhindert. Scheel wird schließlich zu 5 Jahren Zwangsarbeit und zum Verfall der Hälfte seines Vermögens verurteilt.

13. 12. **Geschäftssperre wegen Preisüberschreitungen.** Wegen Preisüberschreitungen beim Verkauf von Lebensmitteln werden Geschäfte in der Getreidegasse vorübergehend polizeilich geschlossen.

21. 12. **Richtfest beim Dombau.** Der Rohbau der Domkuppel ist abgeschlossen.

23. 12. **Demonstration ungarischer Emigranten.** Vierzig Exil-Ungarn demonstrieren vor dem US-Zonenkommando wegen ungenügender Unterkunft und Verpflegung durch die IRO.

24. 12. **Energiesparmaßnahmen.** Reklame- und Schaufensterbeleuchtungen müssen wegen Strommangels eingestellt werden.

25. 12. **Stadtkino eröffnet.** Im Festspielhaus werden die Filmvorführungen des Stadtkinos mit dem amerikanischen Film „Die schönsten Jahre unseres Lebens" eröffnet. Die Stadtgemeinde plant gemeinsam mit der KIBA, auf dem Gelände des von Bomben zerstörten Museums ein Großkino zu errichten.

29. 12. **Einweihung des Missionskollegs** der Missionare vom kostbaren Blut in der ehemaligen Trapp-Villa an der Traunstraße in Aigen.

29. 12. **„Des Teufels General".** Im Salzburger Landestheater hat Carl Zuckmayers Drama „Des Teufels General" über Gewissensentscheidungen unter nationalsozialistischer Herrschaft Premiere.

30. 12. **Rauschgifthandel.** Die Kriminalpolizei hat neun Personen wegen Rauschgifthandels verhaftet und 2685 Gramm Opium, 475 Gramm Kokain, 197 Gramm Morphium und 1721 Kokain-Ampullen sichergestellt.

31. 12. Der **Fremdenverkehrsstatistik für 1948** zufolge haben im Jahr 1948 insgesamt 10.774 ausländische Gäste die Stadt besucht.

31. 12. **Der Preis der Nylonstrümpfe** beträgt derzeit 73 bis 75 Schilling je Paar.

31. 12. **Ende der Holzbewirtschaftung.**

31. 12. **Heimkehrer und Kriegsgefangene.** Im Jahr 1948 sind insgesamt 333 Salzburger aus jugoslawischer und 597 aus sowjetischer Kriegsgefangenschaft zurückgekehrt. Das Land Salzburg hat für die Betreuung der Heimkehrer im abgelaufenen Jahr rund 440.000 Schilling aufgewendet. 5.200 Heimkehrer erhielten eine Bekleidungshilfe. Zu Jahresende 1948 sind noch folgende Salzburger beim Roten Kreuz als in Kriegsgefangenschaft befindlich oder vermißt gemeldet: in der Sowjetunion 354 Gefangene mit bekannter Lageranschrift und 2334 Vermißte; in Jugoslawien 7 Gefangene und 264 Personen vermißt; in westlichen Ländern 409 Personen vermißt sowie in Kriegsgefangenschaft: in USA 77, England 105, Frankreich 123, Belgien 3 und Dänemark 2.

31. 12. Laut **Fürsorgebericht des Landes** stellte die UNICEF im Jahr 1948 dem Land Salzburg 386.904 Kilogramm verschiedene Lebensmittel zur Verfügung, ferner lieferte die amerikanische Besatzungsmacht 479.885 Kilogramm Lebensmittel unentgeltlich für die Schulausspeisung.

31. 12. **Konkurse.** Die Anzahl der Konkurse ist von je einem in den Jahren 1945 und 1946 bzw. zwei 1947 auf zwölf im abgelaufenen Jahr angestiegen.

1949

Jänner 1949

1. 1. Weißkind wird Landesrat. Die Landesregierung bestellt den Landtagsabgeordneten Josef Weißkind (SPÖ) zum Landesrat. Er vertritt den wegen Krankheit beurlaubten Landesrat Ludwig Bogner (SPÖ).

4. 1. Jüdische Flüchtlinge. Mit dem 11. Lufttransport von Salzburg nach Israel sind bisher 484 jüdische Flüchtlinge auf diesem Wege abgereist. Die Lufttransporte werden seit einigen Wochen durchgeführt.

5. 1. Vortrag Hans Sedlmayrs. Der Kunsthistoriker Hans Sedlmayr referiert über den „Weg in das Abendland".

6. 1. Bericht über US-Kunstdiebstähle in Österreich. Eve Tucker, Fine Arts Officer der USFA in Wien, berichtet an das US-Außenministerium über zahlreiche Kunstdiebstähle von US-Offizieren seit Kriegsende. U. a. habe sich General Mark W. Clark mehrere Lastwagen voller Kunstschätze aus dem Schloß Kleßheim nach Wien bringen lassen. Tucker beklagt ihre Machtlosigkeit gegenüber höheren Offizieren und gibt ihre Resignation bekannt.

8. 1. Räumungsverkauf. Erstmals seit 10 Jahren veranstalten Salzburger Kaufleute wieder einen Saisonschluß-, Inventur- und Sonderverkauf.

10. 1. Neugebäude wiederhergestellt. Mehrere Abteilungen des Amtes der Salzburger Landesregierung beginnen mit der Übersiedlung in den nach Bombenschäden wiederaufgebauten Teil des Neugebäudes.

10. 1. Salzburg Zentrum des Zigaretten-Schleichhandels. Innerhalb weniger Tage werden mehr als eine Million Zigaretten beschlagnahmt, die von Salzburg aus nach Deutschland geschmuggelt werden sollten.

11. 1. Brot- und Mehlrayonierung aufgehoben. Bisher durften diese Produkte jeweils nur innerhalb eines bestimmten Wohngebietes gekauft werden. Die Kartenpflicht bleibt jedoch aufrecht.

13. 1. Nachttresor. Das Bankhaus Spängler und die Salzburger Sparkasse richten für ihre Kunden je einen Nachttresor ein.

14. 1. Die Polizei warnt vor in Umlauf befindlichen falschen 20-Schilling-Noten.

15. 1. Kritik an Zensur. Das sozialistische Demokratische Volksblatt kritisiert, daß trotz offizieller Aufhebung der Briefzensur durch die US-Militärregierung im Jahr 1947 noch immer Briefe geöffnet und Telefone abgehört würden.

16. 1. Ausstellung amerikanischer Maler. Im Künstlerhaus beginnt die Ausstellung „Zwei Jahrhunderte amerikanische Malerei". Es sind 64 Farbdrucke nach Bildern von fünfzig Malern aus den USA ausgestellt. Im Rahmen der Ausstellung hält der Maler Slavi Soucek zwei Vorträge.

18. 1. Wieder Salzburger Landeshymne. Der Salzburger Landesschulrat ordnet die Einübung der aus dem Jahr 1928 stammenden Landeshymne („Land unserer Väter, laß jubelnd dich grüßen") im Gesangs- und Sprachunterricht an allen Volks-, Haupt- und Mittelschulen an.

20. 1. Benzinschiebung beim Amt der Landesregierung. Die ausgeforschten Bediensteten geben die Unterschlagung von Benzinmarken und widerrechtliche Benzinzuweisungen zu. Sie werden verhaftet.

1949

- **22. 1. Erleichterungen bei Stromabschaltungen.** Die stundenweisen Stromabschaltungen sind statt an vier nur mehr an zwei Tagen notwendig.
- **22. 1. Mülltonnen.** In einem Rundschreiben fordert der Magistrat die Hausbesitzer auf, alle behelfsmäßigen Mülltonnen durch genormte Müllbehälter zu ersetzen.
- **23. 1. Feierstunde für Strindberg.** Zum Gedenken an den 100. Geburtstag von August Strindberg führt das Landestheater dessen Passionspiel „Ostern" auf.
- **24. 1. Hilfsstelle für Heimkehrer aufgelöst.** Die Aufgaben des Landesverbandes der Heimkehrer-Hilfs- und Betreuungsstellen übernimmt das Amt der Salzburger Landesregierung.
- **25. 1. Seltenes Naturschauspiel.** Der nördliche Himmel über der Stadt ist während der Nachtstunden in tiefes Rot getaucht, sodaß viele Salzburger ein Großfeuer vermuten. Bei der Feuerwehr gehen zahlreiche Anrufe ein. Tatsächlich handelt es sich um ein seltenes Nordlicht.
- **26. 1. „Kleiner Grenzverkehr".** Die US-Behörden gestatten den „Kleinen Grenzverkehr" zwischen Salzburg und Freilassing.
- **27. 1. Blindgänger gefunden.** Eine bei der Herstellung von Uferschutzbauten am Franz-Josef-Kai gefundene 500-kg-Fliegerbombe wird gesprengt.

Februar 1949

- **1. 2. Großbrand auf der „Zistelalm".** Der Gasthof am Gaisberg wird durch einen Brand vollständig zerstört. Das Wirtschaftsgebäude sowie die Stallungen können von der Feuerwehr gerettet werden.
- **1. 2. 10-Pfennig-Münzen ungültig.** Ab jetzt gelten nur mehr die österreichischen 10-Groschen-Münzen. Die 1-Pfennig-Münzen bleiben als 1 Groschen gültig.
- **4. 2. „Verband der Unabhängigen" gegründet.** Der Publizist Herbert Kraus gibt bei einer Pressekonferenz die Gründung des „Verbandes der Unabhängigen (VdU)" bekannt. Der VdU will alle mit den bisherigen drei Parteien Unzufriedenen für sich gewinnen. Der VdU gibt eine neue Wochenzeitung „Die Neue Front" heraus. Die Redaktion übernimmt Viktor Reimann, bisher Chefredakteur-Stellvertreter der Salzburger Nachrichten.
- **4. 2. Ende der Reoptionsfrist.** Bis heute hatten die während des Krieges ausgesiedelten Südtiroler und Kanaltaler die Möglichkeit zur Rückkehr und zum Wiedererwerb der italienischen Staatsbürgerschaft.
- **5. 2. Aufhebung der Gasverbrauchs-Einschränkung.** Nach der Instandsetzung des Gaswerks sowie aufgrund ausreichender Kohlelieferungen und der Kapazität des neuerrichteten 10.000-Kubikmeter-Behälters kann Gas wieder in unbeschränkter Menge an die Verbraucher abgegeben werden.
- **7. 2. Bekleidung für Heimkehrer.** Im Lager der Heimkehrer-Bekleidungshilfe, Glockengasse 8, wird bis einschließlich 19. Februar an Heimkehrer Bekleidung (Wintermäntel, Lodenmäntel. Straßen- und Sportanzüge, Berufskleidung, Arbeitsschuhe u. a.) zu verbilligten Preisen abgegeben.
- **11. 2. Sowjetische Vorträge in Salzburg.** Auf Einladung der „Gesellschaft zur Pflege der kulturellen und wirtschaftlichen Beziehungen zur Sowjetunion" halten

1949

der Dichter Alexei A. Surkow sowie ein Biologe und ein Musikwissenschafter Vorträge im Großen Saal der Arbeiterkammer.

11. 2. Tiefstpreis für Nylonstrümpfe. Wegen des weiter sinkenden Dollarkurses kostet ein Paar Nylonstrümpfe nur mehr 40 Schilling. Regulär erhalten Frauen und Mädchen über zwölf Jahre pro ausgegebener Kleiderkarte ein Paar „kunstseidene Cottonstrümpfe".

11. 2. Johannes Freumbichler gestorben. Der Schriftsteller ist im 68. Lebensjahr im Landeskrankenhaus einem langen Leiden erlegen.

15. 2. Religionszugehörigkeit. Nach einer amtlich verlautbarten Statistik setzt sich die ständige Bevölkerung der Stadt Salzburg bezüglich des Religionsbekenntnisses wie folgt zusammen: 73.486 Katholiken, 8080 Protestanten, ca. 1400 Altkatholiken und 1800 Angehörige der griechisch-orthodoxen Religion. Die Zahl der Konfessionslosen scheint in der Statistik nicht auf.

17. 2. Beschlagnahmte Hotels und Gasthöfe. Die Inhaber klagen, daß sie von den USFA nur rund 1,50 Schilling pro Bett erhalten, während bei einem regulären Hotelbetrieb der zehn- bis zwanzigfache Betrag zu erzielen sei. Sie verlangen einen Nachlaß aller Steuern und Abgaben. Derzeit sind von der US-Besatzungsmacht noch beschlagnahmt: Hotel „Stein", Hotel „Meran", Hotel „Österreichischer Hof", Hotel „Pitter", Hotel „Bristol", Hotel „Traube", Gasthaus „Hofwirt", Gasthaus „Steinlechner", Gasthaus „Kasererhof", Café „Mirabell-Casino", Café „Tomaselli" und Café „Glockenspiel".

17. 2. Ladenöffnungszeit. Gewerkschaft und Dienstgeber kommen überein, den Geschäftsschluß in der Stadt am Samstag mit 13 Uhr festzulegen.

18. 2. Neues Bahnhofsrestaurant. Das durch Bomben teilweise zerstörte und wieder aufgebaute Bahnhofsrestaurant wird offiziell eröffnet.

18. 2. Gemeinderat: Unfallkrankenhaus, „Stadtkino" und Gaisberglift. Der Gemeinderat beschließt, 14.700 Quadratmeter Baugrund an der Arenbergstraße an die Unfallversicherungsgesellschaft zur Errichtung eines Unfallkrankenhauses zu verkaufen. Weiters genehmigt der Gemeinderat den Bau eines Großkinos an der Stelle des durch Bomben zerstörten Museums. Nach 30 Jahren soll dieser Bau samt Inventar in das Eigentum der Stadt übergehen. Der Gemeinderat stimmt ferner dem Bau einer Gondelbahn auf die Zistelalm am Gaisberg und der Einrichtung des Museums in der Festung Hohensalzburg zu.

19. 2. „Redoute der Stadt Salzburg" im Grand-Café „Winkler".

21. 2. Die vorübergehenden Stromabschaltungen werden wieder aufgehoben.

23. 2. „Puch 250 TF". Das erste Motorrad dieses Typs in Salzburg ist bei der Firma Frey in der Linzer Gasse 12 ausgestellt.

27. 2. Die Elektrifizierung der Lokalbahn Salzburg–Oberndorf ist abgeschlossen.

März 1949

1. 3. Kampfmaßnahmen um die 48-Stunden-Woche im Gastgewerbe kündigt die Gewerkschaft an und ruft auf, nur jene Lokale zu besuchen, deren Inhaber die 48-Stunden-Woche anerkennen.

1949

5. 3. Die Restaurierung des Kuppelgemäldes in der Kajetanerkirche der Barmherzigen Brüder durch den Maler Bruno Malanik ist abgeschlossen. Das Werk Paul Trogers wird jetzt auch elektrisch beleuchtet.

8. 3. Kinderschuhe bis Größe 35 sind ab sofort ohne Bezugschein erhältlich.

11. 3. Abbruch des „Grand Hotel de l'Europe" beginnt. Der durch Bombentreffer schwer beschädigte Westtrakt des Hotels wird gesprengt.

13. 3. Film „Ewiges Salzburg". Der vom Kulturamt in Auftrag gegebene Werbefilm für den Wiederaufbau Salzburgs hat im Kino im Festspielhaus Premiere.

14. 3. Neuer ÖVP-Landesparteiobmann. Der ÖVP-Landesparteirat wählt den Nationalratsabgeordneten und Brucker Bürgermeister Isidor Grießner zum Nachfolger von Richard Hildmann, der diese Position aus gesundheitlichen Gründen zurückgelegt hat.

18. 3. Bäume vor Neutor werden gefällt. Jene Bäume am Fahrbahnrand der Neutorstraße, die den Blick auf das Neutorportal verdecken, werden beseitigt und neue Alleebäume entlang der Gehsteige gepflanzt.

20. 3. „Zistel-Springen". Vor 10.000 Zuschauern erzielt Paul Außerleitner mit 55 Metern einen neuen Schanzenrekord.

22. 3. Wiederaufbau-Förderung. Der Bund bewilligt aufgrund des Wiederaufbaugesetzes die 2. Rate in Höhe von 1,67 Millionen Schilling für den Wiederaufbau von Wohnhäusern.

23. 3. Wiederherstellung der Saalach-Autobahnbrücke. Die in den letzten Kriegstagen gesprengte Brücke wird mit hydraulischen Pressen gehoben.

24. 3. Faistauer-Fresken. Die im Vorjahr durchgeführte probeweise Wiederanbringung eines Teiles der in der NS-Zeit entfernten Faistauer-Fresken im Foyer des Festspielhauses hat sich nicht bewährt. Wegen der Mauerfeuchtigkeit müssen die Freskenteile wieder abgenommen und neue technische Möglichkeiten zur Wiederanbringung des gesamten Kunstwerks gesucht werden.

25. 3. „Camel" und „Lucky Strike" frei erhältlich. In einigen Trafiken in Salzburg kommt eine beschränkte Menge der amerikanischen Zigarettensorten „Camel" und „Lucky Strike" zum freien Verkauf (Stückpreis: 50 Groschen).

25. 3. Das Skelett eines Bombenopfers wird bei Bauarbeiten an der Salzachböschung zwischen Eisenbahn- und Lehener Brücke gefunden.

26. 3. Theaterkrise. Der Theater-Kontrollausschuß beschließt aus Kostengründen und wegen des geringen Publikumsinteresses die Auflassung der Opernsparte im Landestheater sowie die Verringerung des Personalstandes um mindestens vierzig Personen. Der frühere Chefdramaturg am Wiener Deutschen Volkstheater, Otto Emmerich Groh, wird mit der Reorganisation beauftragt. Die Gewerkschaft protestiert gegen den geplanten Personalabbau.

29. 3. Stadtbudget 1949 im Gemeinderat beschlossen. Rund 55,5 Millionen Schilling beträgt der Rahmen des ordentlichen und 44,9 Millionen Schilling des außerordentlichen Haushalts für das Jahr 1949. Schwerpunkte liegen im Wohnungsbau und in der Verbesserung der Straßen.

29. 3. Eine Resolution für die Verlängerung der Lokalbahn nach Berchtesgaden beschließt der Gemeinderat aus fremdenverkehrspolitischen Gründen.

April 1949

1. 4. Im Ortsnetz Salzburg wird der **Telefon-Auftragsdienst** unter der Telefonnummer 04 eingeführt.

1. 4. **Das Postamt Salzburg 5** im Haus Nonntaler Hauptstraße 12 wird eröffnet.

1. 4. **Dank an das Schweizer Rote Kreuz.** Landeshauptmann Josef Rehrl (ÖVP) dankt in einem Schreiben dem Schweizerischen Roten Kreuz für die erwiesene Hilfsbereitschaft. Seit Oktober 1945 sind für fast 1200 unterernährte Kinder aus dem Land Salzburg Erholungsaufenthalte in der Schweiz ermöglicht worden.

2. 4. **Kassenverträge für Ärzte.** Nach den anderen Bundesländern wird nun auch in Salzburg ein Übereinkommen zwischen Ärztekammer und den Krankenkassen abgeschlossen, wonach Kassenarztpraxen nur mehr auf Vorschlag der Ärztekammer vom Arbeitsausschuß der Salzburger Krankenkassen vergeben werden und nicht mehr von der Ärztekammer allein.

2. 4. „**Haus der Natur".** Im Rathaus erfolgt unter Patronanz von Stadt und Land Salzburg die Neugründung der vor 1938 bestandenen „Gesellschaft für darstellende und angewandte Naturkunde (Haus der Natur) in Salzburg". Direktor ist weiterhin Maximilian Piperek.

3. 4. **Papstfeier in Salzburg.** Aus Anlaß des goldenen Priesterjubiläums von Papst Pius XII. findet im Dom eine Papstfeier statt.

6. 4. Anläßlich des „**Tages der Armee**" findet auf dem Flugplatz Maxglan in Anwesenheit zahlreicher Ehrengäste eine große US-Truppenparade statt.

11. 4. **Spende für Berufsschulen.** Offiziere des US-Zonenkommandos übergeben als Spende 3 Nähmaschinen und 3 Drehbänke.

19. 4. **Suchtgift.** Die Polizei gibt die Verhaftung von vier Männern bekannt, die im Schleichhandel 1,5 Kilogramm Morphium verkaufen wollten.

20. 4. **Salzburger Stadtrecht.** Der Landtag beschließt ein neues Stadtrecht für die Landeshauptstadt Salzburg. Ferner faßt der Landtag den Beschluß zur Einhebung einer Vergnügungssteuer für Veranstaltungen im Salzburger Festspielhaus.

22. 4. **Preisauszeichnungspflicht.** Die Polizeidirektion kündigt Strafen an, sollten am Grün- und Schrannenmarkt Preisschilder fehlen.

22. 4. **Taxitarife.** Der von der Preisbehörde genehmigte neue Tarif beträgt 2,50 Schilling pro Kilometer, jedoch 10 Schilling als Mindesttarif pro Fahrt.

23. 4. Bis heute können **Schadenersatzansprüche** für die Beschlagnahme von Wohnungen und Gegenständen seitens der amerikanischen Streitkräfte bei der USFA-Zahlstelle in der Finanzlandesdirektion geltend gemacht werden.

24. 4. **Rassehunde-Schau.** Im Kreuzbrücklbad eröffnet Landeshauptmann Josef Rehrl (ÖVP) eine große Rassehunde-Schau.

29. 4. **Non-Stop-Kino.** Das im Haus Griesgasse 19 neuerrichtete Non-Stop-Kino eröffnet mit einer durchlaufenden Spielzeit von 8 bis 23 Uhr. Das erste Programm besteht aus zwei Wochenschauen, einem Kulturfilm, dem Heimkehrerfilm „Zehn Jahre später" und dem Zeichentrickfilm „Katzenkonzert". Der Eintrittspreis für eine Stunde Aufenthalt im Kino beträgt 1 Schilling.

Abb. 166: Das neue Non-Stop-Kino an der Griesgasse, April 1949.

Mai 1949

- **1. 5. Maifeiern.** SPÖ und KPÖ veranstalten ihre traditionellen Maiaufmärsche und Kundgebungen.
- **1. 5. Stadtbeleuchtung.** Zum Start der Fremdenverkehrssaison beginnt die Stadt mit der Beleuchtung wichtiger Baulichkeiten (Festung Hohensalzburg, Residenzbrunnen, Nonnbergkirche, Dreifaltigkeits- und Kollegienkirche).
- **3. 5. Freigabe des „Bräustübls".** Das bisher beschlagnahmte Augustiner-Bräu, das nach dem Krieg ein jüdisches Flüchtlingslager und eine jüdische Berufsschule beherbergt hat, wird in österreichische Verwaltung übergeben.
- **6. 5. Das Volksgartenbad** steht mit Beginn der Badesaison ohne Einschränkung der Zivilbevölkerung zur Verfügung.
- **8. 5. Motorradrennen** am Trabrennplatz in Aigen vor mehr als 12.000 Zuschauern.
- **9. 5. „Zeiserlwagen".** Die Post nimmt diese für die Personenbeförderung nicht geeigneten offenen Behelfsomnibusse aus dem Verkehr.
- **10. 5. Carl Orff** führt am Mozarteum einen Rhythmik-Kurs durch.
- **15. 5. Der direkte Verkehr nach Berchtesgaden** über den Zollposten Hangenden Stein–Schellenberg wird zugelassen. Ferner fährt erstmals seit Kriegsende ein direkter D-Zug für Zivilreisende mit Grenzübertrittspapieren nach München.
- **16. 5. Spatenstichfeier für Siedlung Herrnau** der „Bausparerheim".

1949

16. 5. **Der Zubau zur Volksschule Liefering I wird eröffnet.**

18. 5. **Protestkundgebung** auf dem Residenzplatz mit ca. 5000 Personen gegen das von der Bundesregierung beschlossene Lohn-Preis-Abkommen.

20. 5. **Auflassung der 2. Wagenklasse** bei den Salzburger Lokalbahnen. Es gibt nur mehr eine Wagenklasse mit einheitlichem Fahrpreis.

22. 5. **Der Komponist Hans Pfitzner ist in Salzburg verstorben.** Vor wenigen Tagen wurde er noch anläßlich seines 80. Geburtstags gefeiert.

22. 5. Für eine **Großübung der Feuerwehr** wird ein Brand in der Festung Hohensalzburg angenommen. Es nehmen 28 Wehren mit 382 Mann und 84 Fahrzeugen teil. Trotz Regens verfolgen zahlreiche Zuschauer die Feuerwehrübung.

23. 5. **Überschwemmung.** Infolge anhaltender starker Regenfälle tritt der Gersbach in Aigen aus seinen Ufern. Die Salzach erreicht bei der Staatsbrücke einen Pegel von 5 Metern.

26. 5. **Salzburger Domfest.** 35.000 Menschen nehmen am Salzburger Domfest teil. Nach einem großen Festzug weiht Fürsterzbischof Andreas Rohracher das 100 Kilogramm schwere vergoldete Kuppelkreuz, das auf die wiederhergestellte Domkuppel aufgezogen wird.

Abb. 167: Die Fertigstellung der Domkuppel wird mit einem großen Domfest gefeiert. Im Bild die Festmesse auf dem Domplatz am 26. Mai 1949.

1949

Abb. 168: Die Stuckarbeiten der Domkuppel werden an einem Modell im Maßstab 1:10 vorbereitet. Bildhauer Julius Tutschka (links) und Maler Werner Otte (rechts im Bild).

1949

- **28. 5.** „**Musik-Olympiade**". Bürgermeister Anton Neumayr (SPÖ) gibt bekannt, daß im Juni 1950 die Durchführung der ersten „Internationalen Musik-Olympiade der Mozartstadt Salzburg" geplant sei. Alle vier Jahre sollten Wettbewerbe in Gesang, Instrumentalmusik und Komposition im Sinne des olympischen Gedankens stattfinden. Das Projekt wird nicht verwirklicht.
- **31. 5. Ehrung für Hildmann.** Der Gemeinderat beschließt, eine der vor Jahresfrist in Betrieb genommenen Pumpstationen in Glanegg nach Bürgermeister-Stellvertreter Richard Hildmann (ÖVP) „Hildmann-Brunnen" zu benennen.

Juni 1949

- **1. 6.** Das **Postamt Parsch** (ursprünglich im Gasthof „Eder", dann im Borromäum untergebracht) wird in der Gaisbergstraße 26 wieder in Betrieb genommen. Damit sind mit Ausnahme des einstigen Interessenten-Postamtes im Hotel „Europe" alle früheren Salzburger Postämter wieder aktiviert.
- **1. 6.** „**Haus der Natur**". Eduard Paul Tratz übernimmt wieder die Leitung des von ihm gegründeten Naturkundemuseums Haus der Natur. Er war im Zuge der Entnazifizierung 1945 dieses Postens enthoben worden.
- **1. 6. Erste Kundgebung des VdU.** Im Großen Saal des Stieglkellers hält der Verband der Unabhängigen (VdU) in Anwesenheit von ca. 3000 Personen seine erste Versammlung in Salzburg ab.
- **4. 6.** Das „**Müllner Bräustübl**", 1944 geschlossen und in der Folge schwer bombenbeschädigt, wird wieder eröffnet.
- **7. 6.** „**Memphis**"**-Zigaretten** sind ab sofort auch in Salzburg zu erhalten.
- **9. 6.** Das „**Studio St. Peter**" der Schauspielschule des Mozarteums wird im Großen Saal des Peterskellers eröffnet.
- **10. 6. Erhöhung des Einheitsfahrscheines** beim Obus auf 60 Groschen.
- **11. 6. Grundsteinlegung für das Arbeiterheim Maxglan** der SPÖ in der Straubingerstraße 6.
- **13. 6.** „**Picturama**". Im „Mirabell Service Club" ist erstmals für mehrere Tage eine besondere Bilderschau („Amerika von heute") zu sehen, bei der Fotos mit einem Blickwinkel von 180° gezeigt werden.
- **14. 6. Erstes Leuchtbrunnenkonzert** der Polizeimusik vor dem erstmals seit Jahren wieder beleuchteten Springbrunnen im Mirabellgarten.
- **16. 6. Abschied des Opernensembles.** Mit der Aufführung der Operette „Der Zigeunerbaron" beendet das Opernensemble des Landestheaters seine Tätigkeit.
- **18. 6. Ingenieur- und Architektenverein.** Im Gewerbeförderungsinstitut findet eine Versammlung des neugegründeten Salzburger Ingenieur- und Architektenvereines statt.
- **18. 6. Ballett „Atalanta" in Salzburg.** Im Landestheater gelangt das symphonische Ballett „Atalanta" von Vittorio Gnecchi zur Welturaufführung.
- **19. 6. Tombola.** Der Salzburger Kriegsopferverband veranstaltet zugunsten der Kriegsopfer im Volksgarten in Anwesenheit von mehr als 10.000 Menschen eine Riesentombola. Hauptpreis ist ein Puch-Motorrad.

1949

20. 6. Bundeseinheitliche Lebensmittelkarten. Einer Verlautbarung des Landesernährungsamtes Salzburg zufolge gelten ab der 55. Zuteilungsperiode im Land Salzburg nur mehr die bundeseinheitlichen Lebensmittelkarten für Normalverbraucher und Zusatzkartenempfänger.

20. 6. Ein sowjetisches Heldendenkmal (ein mit dem Sowjetstern geschmückter Obelisk) wird am Kommunalfriedhof zum Gedenken an die im Land Salzburg verstorbenen Angehörigen der Roten Armee enthüllt.

20. 6. Internationale Germanistenkurse. Die Salzburger Kulturvereinigung beginnt mit der Veranstaltung der „Internationalen Ferienkurse für Germanisten in Salzburg". Teilnehmer sind zwanzig Mittelschullehrer aus Schweden.

24. 6. Zum **Jubiläum 100 Jahre Gendarmerie** wird im Gebäude des Landesgendarmeriekommandos, Kaigasse 18, ein Ehrenmal für die in beiden Weltkriegen gefallenen Gendarmeriebeamten des Landes Salzburg enthüllt.

28. 6. Kino-Streik. Aus Protest gegen die Einführung eines Zuschlages von 10 Groschen pro Karte zugunsten eines Kulturfonds bleiben auch in Salzburg die Kinos für einen Tag geschlossen.

30. 6. Gemeinsame Wahl. Der Landtag beschließt eine neue Landtagswahlordnung und die Durchführung der Wahlen zum Salzburger Landtag gleichzeitig mit der Wahl zum Nationalrat im Jahr 1949.

30. 6. Erstes US-Zivilurteil. Der oberste US-Richter in Österreich, Thomas O'Connor, fällt in Salzburg das erste Urteil des „Gerichtshofes der Vereinigten Staaten für Zivilangelegenheiten". Einem US-Offizier werden 255 Dollar Schadenersatz für die bei einem Verkehrsunfall mit einem LKW der Tauernkraftwerke Kaprun erlittene Körperverletzung zugesprochen.

Abb. 169: Mädchenklasse in der „Griesschule", Ende des Schuljahrs 1948/49.

1949

Juli 1949

1. 7. Neue Staatsbrücke eröffnet. Die fertiggestellte Staatsbrücke wird nach neunjähriger Bauzeit feierlich eröffnet und offiziell der Öffentlichkeit übergeben. Die in der NS-Zeit für die Brückenköpfe von Jakob Adlhart geschaffenen Löwenfiguren kommen nach Linz zum Hauptbahnhof.

9. 7. Neues Telefonwählamt. In der ehemaligen Franz-Josef-Kaserne an der Paris-Lodron-Straße wird das neuerrichtete Fernsprechwählamt Salzburg II (mit 800 Anschlüssen) in Betrieb genommen.

10. 7. Explosion in der Riedenburg. Bei der Explosion eines Heizkessels in der von den US-Truppen genutzten Riedenburgkaserne werden sechs Personen verletzt. Es entsteht erheblicher Sachschaden, auch an den gegenüberliegenden Häusern an der Moosstraße.

10. 7. Modenschau. In der ersten großen Modenschau nach dem Krieg zeigen Salzburger Firmen im Rittersaal der Residenz vor zahlreichem Publikum ihre Kollektionen. Bürgermeister Anton Neumayr (SPÖ) betont die Bedeutung der Mode für den Fremdenverkehr.

13. 7. Keine Minderbelasteten mehr. Der Nationalrat beschließt ein Verfassungsgesetz, wonach die minderbelasteten ehemaligen Nationalsozialisten aus den Registrierungslisten gestrichen werden.

13. 7. Theater im Mirabellgarten. Die Adalbert-Stifter-Gemeinde führt im Heckentheater im Mirabellgarten Molières Lustspiel „Liebeszwist" auf.

14. 7. Josef Weißkind definitiv Landesrat. Der SPÖ-Politiker, der bisher den erkrankten Landesrat Ludwig Bogner vertreten hat, wird definitiv zu dessen Nachfolger als Landesrat bestellt.

14. 7. Das Café-Espresso „Figaro" in der Getreidegasse 27 eröffnet.

14. 7. Filmaufnahmen. Auf den Terrassen des Grand-Cafés „Winkler" am Mönchsberg beginnen die Filmaufnahmen für den Exzelsior-Film „Ein bezaubernder Schwindler" nach der Musik von Robert Stolz. Es spielen u. a. Wolf Albach-Retty und Waltraud Haas.

16. 7. Ehemalige Schleichhändlerin als Filmstar. Eine im großen Schleichhandelsprozeß im Jahr 1946 verurteilte und damals als „Königin der Schleichhändler" bezeichnete Frau macht als Filmstar unter dem neuen Namen Eva Molnar Karriere, enthüllt das Demokratische Volksblatt.

16. 7. Sportwoche 1949. Erstmals wird in der Landeshauptstadt eine „Salzburger Sportwoche" mit zahlreichen Sportwettkämpfen durchgeführt.

17. 7. Sommerseminar auf Schloß Leopoldskron. 100 Studierende aus 18 Ländern nehmen daran teil.

19. 7. Einsturz des Hauses Franz-Josef-Straße 6. Obwohl diese Bombenruine bewohnt ist, wird niemand verletzt.

20. 7. Die Internationale Sommerakademie am Mozarteum beginnt. Die Instrumental-, Gesangs-, Schauspiel-, Tanz- und Kompositionskurse leiten international bekannte Persönlichkeiten wie Julius Patzak, Carl Orff, Meinhard Zallinger, Rolf Liebermann, Harald Kreutzberg u. v. a.

1949

Abb. 170: Einweihung der neuen Staatsbrücke durch Weihbischof Johannes Filzer am 1. Juli 1949.

20. 7. **Der „Cocktail-Club",** angeblich elegantestes Lokal in Österreich, eröffnet im Haus Giselakai 15.

22. 7. **„Donau"-Zigaretten.** Die neuen Zigaretten der Sorte „Donau" (Stückpreis 25 Groschen) sind jetzt auch in Salzburg erhältlich.

23. 7. **Alarm wegen Tbc-Erkrankungen,** die in Salzburg seit 1945 auf das Fünffache angestiegen sind.

24. 7. Ein **Seifenkisten-Rennen** auf der Autobahn bei Maria Plain lockt rund 10.000 Zuschauern an.

26. 7. **Ein Internationales Amateur-Tanzturnier** wird im Grand-Café „Winkler" durchgeführt.

26. 7. **Die Sanierung der Rathaus-Fassade ist abgeschlossen.** Eine Gedenktafel für Franz Valentin Zillner wird wieder angebracht.

27. 7. **Luxushotel für 19 Gäste.** Nach dem Um- und Ausbau öffnet das auf dem Mönchsberg gelegene Luxushotel „Schloß Mönchstein" wieder.

27. 7. **Salzburger Festspiele 1949.** Die Eröffnungsfeier findet im Carabinierisaal der Residenz statt. Auf dem Opernprogramm der Festspiele stehen Beethovens „Fidelio", Glucks „Orpheus und Eurydike", Mozarts „Titus" und „Zauberflöte", die Uraufführung der „Antigone" von Carl Orff und „Der Rosenkavalier" von Richard Strauss. An Schauspielen werden Goethes „Clavigo" und „Iphigenie" sowie Hofmannsthals „Jedermann" – weitgehend unverändert zum Vorjahr –

aufgeführt. Außerdem stehen 9 Orchesterkonzerte, 3 Kammerkonzerte, 2 Mozart-Matineen, 4 Serenaden, 5 Domkonzerte und 1 Konzert des Straßburger Domchores auf dem Programm. Die Eintrittspreise bewegen sich zwischen 20 und 75 Schilling.

27. 7. **Neues von Post und Bahn.** Anläßlich der Festspiele wird beim Festspielhaus ein fahrbares Sonderpostamt sowie ein fahrbares Telefon- und Telegrafenamt aufgestellt. Im Hauptbahnhof ist der Wiederaufbau der Eingangshalle rechtzeitig zu Festspielbeginn abgeschlossen.

29. 7. **Richard Hildmann wird Ehrenbürger.** Der Gemeinderat verleiht dem früheren Bürgermeister und jetzigen ÖVP-Bürgermeister-Stellvertreter für dessen 30jähriges Wirken im Gemeinderat die Ehrenbürgerwürde der Stadt Salzburg.

29. 7. **Jubel um Menapace.** Der in der Österreichrundfahrt überlegen führende Salzburger Radrennfahrer Richard Menapace wird im Zwischenetappenziel auf dem Mirabellplatz von einer riesigen Menschenmenge umjubelt.

30. 7. **Jean Simmons in Salzburg.** Der Jungstar des amerikanischen Films kommt zur Salzburger Premiere des Films „Adam und Evelyne" im Maxglaner Kino.

August 1949

1. 8. **Tödlicher Unfall.** Durch die Explosion eines Sprengkörpers am Rudolfskai, unterhalb des Mozartsteges, werden drei Kinder getötet.

3. 8. **„Memphis"-Sonderpackung.** Die Österreichische Tabakregie bringt anläßlich der Salzburger Festspiele 1949 „Memphis"-Zigaretten in einer Spezialverpackung mit dem Bild Mozarts in Form eines Scherenschnittes mit barocker Umrahmung heraus.

4. 8. **US-Kriegsgerichtsurteil.** Ein US-Kriegsgericht verurteilt zwei junge US-Soldaten wegen Mordes an einem Salzburger zu 25 Jahren Kerker, schimpflicher Entlassung aus der US-Armee und Verfall des gesamten Soldes.

7. 8. **Die ERP-Ausstellung,** die einen Überblick über die in Österreich geleistete und noch geplante Arbeit im Rahmen des Marshall-Planes bietet, wird in einer im Kurpark aufgestellten Baracke gezeigt.

7. 8. **Modernste Auto-Service-Station.** Die Esso-Standard-Company eröffnet am Dr.-Franz-Rehrl-Platz ihre erste Auto-Service-Station nach amerikanischem Muster in Österreich. Hier können Autos nicht nur betankt, sondern auch gewaschen und repariert werden.

8. 8. **Rückgabe beschlagnahmter Möbel.** Die von der US-Besatzungsmacht beschlagnahmten und mittlerweile der Landesregierung übergebenen Möbel können jetzt von den Eigentümern angefordert werden

10. 8. **Spatenstichfeier** für 96 städtische Kleinwohnungen an der Bessarabierstraße.

12. 8. **Landtag beschließt Gemeindewahlordnung.** Der Gemeinderat der Stadt Salzburg besteht aus 40 Mitgliedern. Die Funktionsdauer wird mit 5 Jahren festgesetzt. Die Gemeinderatswahl ist für 30. Oktober 1949 vorgesehen.

13. 8. **Internationaler Segelflugmodell-Wettbewerb** auf dem Flugplatz in Maxglan und auf dem Gaisberg, veranstaltet vom Salzburger Modellbauklub.

1949

Abb. 171: Sonderpostamt am Alten Markt, Sommer 1949.

- **14. 8. Lorettokloster.** Fürsterzbischof Andreas Rohracher weiht die nach Bombenschäden wiedererrichtete Maria-Einsiedeln-Kapelle im Lorettokloster.
- **16. 8. Hochwasseralarm** wird nach heftigen Regenfällen und dem Ansteigen des Wasserstandes der Salzach auf fast 5 Meter gegeben.
- **19. 8. Ergebnis des Schaufenster-Wettbewerbs** der Handelskammer: 1. Preis für das Schaufenster der Firma Thalhammer „Jagd und Hüttenfenster", 2. Preis für die Auslage der Musikinstrumenten-Handlung Pühringer und 3. Preis für das Schaufenster der Bäckerei Haidenthaller, Schallmooser Hauptstraße.
- **21. 8. Fußballiga Salzburg/Kärnten.** Als Vorstufe für eine gesamtösterreichische Fußballmeisterschaft spielen die führenden Vereine Salzburgs und Kärntens in einer gemeinsamen Liga. Auf Salzburger Seite spielen Austria Salzburg, der SAK 1914, der Halleiner Sportklub, der Union FC und ATSV Bürmoos.
- **22. 8. 300.000 Eier** werden aus Bulgarien importiert. Ein Ei kostet 93 Groschen, einheimische Eier dagegen 1,25 Schilling. Arbeiterkammer und das Landesernährungsamt wollen damit Druck auf den Eierpreis in Salzburg machen.
- **23. 8. Neue Bestimmungen für DPs.** In von der IRO verwaltete Lager in der US-Besatzungszone werden nur mehr jene Flüchtlinge (mit Ausnahme jüdischer Flüchtlinge) aufgenommen, die bereits vor dem 21. April 1947 nach Österreich gekommen sind.
- **29. 8. Hundebeförderung im Obus.** Die Städtischen Verkehrsbetriebe erlauben ihren Fahrgästen die Mitnahme von Hunden (mit Maulkorb und Leine) während der verkehrsschwachen Zeiten.

September 1949

- **1. 9. Gründung der VdU-Landesgruppe Salzburg** mit Obmann Viktor Reimann.
- **3. 9. Die Salzburger Dult** findet zum zweiten Mal nach dem Krieg im Volksgarten statt. Sie dauert bis 18. September.
- **3. 9. Spatenstichfeier** für die städtische Wohnanlage mit 64 Wohnungen in vier Wohnblöcken an der Rudolf-Biebl-Straße.
- **8. 9. Richard Strauss gestorben.** Der weltberühmte Komponist und Dirigent war wegen seiner Verdienste um die Salzburger Festspiele auch Ehrenbürger der Stadt Salzburg.
- **10. 9. Die amerikanische Filmfestwoche** im Festspielhaus beginnt mit der Aufführung des Filmes „Johnny Belinda".
- **12. 9. Nur noch Fleischmarken für „Gasthausessen".** Für Speisen in Gaststätten, Werksküchen, Hotels usw. keine Mehl-, Semmel-, Zucker- und Fettmarken mehr verlangt.
- **13. 9. Spatenstichfeier für die Obus-Zentralgarage** an der Alpenstraße.
- **15. 9. Keine Postpaket-Kontrolle mehr.** Ab sofort werden die bisherigen Einschränkungen der in Postpaketen zugelassenen Waren oder Gegenstände, z. B. Lebensmittel, mit Zustimmung des Alliierten Rates aufgehoben.
- **18. 9. Eröffnung des evangelischen Kindergartens** in der Schwarzstraße 45.
- **20. 9. Explosion in Liefering.** Eine schwere Explosion zerstört das Stellwerk Liefering samt Transformator. Ein Eisenbahner kommt ums Leben.
- **21. 9. Wahlkampf.** Während des mit großer Gehässigkeit geführten Wahlkampfes in Salzburg für die Nationalrats- und Landtagswahl werden zwei VdU-Kandidaten festgenommen und erst nach fünf Tagen wieder auf freien Fuß gesetzt.
- **26. 9. Grabungen am Rainberg.** Das städtische Museum führt derzeit am Rainberg Ausgrabungen durch, wobei viele Fundstücke aus der La-Tène-Zeit, Hallstattzeit sowie Urnenfelderperiode ausgegraben werden.
- **27. 9. „Kampf dem Lärm".** Im Rahmen dieser Aktion in der Stadt weist die Direktion der Lokalbahn ihre Straßenbahnfahrer an, die bisher üblichen Pfeifsignale – ausgenommen bei akuter Gefahr – zwischen Schwarzstraße und Äußerem Stein durch ein Glockensignal zu ersetzen.
- **28. 9. Reisebürofachleute in Salzburg.** Vertreter der bekanntesten europäischen Reisebüros aus Belgien, Dänemark, Frankreich, England, Italien, Holland, der Schweiz und Schweden sowie aus Amerika besuchen auf ihrer Studienfahrt durch bedeutende Fremdenverkehrsorte Österreichs auch Salzburg.

Oktober 1949

- **1. 10. Polizei darf in IRO-Lager.** Die US-Behörden ermächtigen die Polizei zum Betreten der von der IRO betreuten DP-Lager, falls dies zur Abwicklung polizeilicher Maßnahmen erforderlich ist. Bisher war dafür eine Sondergenehmigung der zuständigen Besatzungsbehörde vonnöten.

1949

Abb. 172 und 173: Volksschule Morzg, vor und nach dem Erweiterungsbau 1949.

1949

- **1. 10. Kulturgroschen.** Ein ab heute eingehobener Zuschlag von 10 Groschen auf jede Kinokarte dient der Kulturförderung.
- **1. 10. Eröffnung des „Sternbräus".** Nach jahrelanger Unterbrechung wird der vor einem Monat von den US-Behörden freigegebene Großgasthof „Sternbräu" in der Griesgasse wieder eröffnet.
- **1. 10. Amerikanisches Sportfest.** Am Gnigler Sportplatz findet ein Baseball-Spiel von US-Soldaten statt, zu dem rund 3500 Zuschauer, vorwiegend Amerikaner, mit 600 PKWs kommen.
- **2. 10. „Zistelalm" wieder aufgebaut.** Der im Februar durch ein Feuer zerstörte Gasthof eröffnet als neues Hotel mit 33 Zimmern.
- **3. 10. Speisen in Gaststätten markenfrei.** Durch eine Verordnung des Ernährungsministeriums ist die bisher vorgeschriebene Abgabe von Fleischmarken für Speisen in Gaststätten aufgehoben.
- **3. 10. Illegale Autogeschäfte.** Die Kriminalpolizei gibt die Aufdeckung eines großen Autoschmuggels und die Verhaftung der Hauptbeteiligten bekannt. 41 Personenautos der Marken Mercedes, Olympia und Volkswagen sind unter Umgehung des Zolls nach Österreich gebracht worden.
- **9. 10. Wahlen für Nationalrat und Landtag.** Mit großen prozentuellen Verlusten von ÖVP und SPÖ zugunsten des erstmals kandidierenden Verbandes der Unabhängigen (VdU) enden die Wahlen. Im Salzburger Landtag steht es nach Mandaten nun 12 ÖVP : 9 SPÖ : 5 VdU. Die ÖVP verliert 3, die SPÖ 1 und die KPÖ ihr einziges Mandat.
- **9. 10. Modenschau auf Trabrennplatz.** Im Rahmen des Herbstmeetings der Traber zeigen neun Salzburger Firmen ihre modische Herbstkollektion.
- **12. 10. Übersiedlung der Sicherheitsdirektion** für das Bundesland Salzburg vom Haus Kapitelplatz 2 in den ersten Stock des Kollegtraktes der Erzabtei St. Peter, Eingang Hofstallgasse 5d.
- **14. 10. Karl Adrian gestorben.** Der bekannte Heimatforscher und Gründer des Salzburger Volkskundemuseums im Monatsschlößl stand im 89. Lebensjahr.
- **15. 10.** Ein **„Werkjahr für Jugendliche"** initiiert das Landesarbeitsamt, da ein größerer Teil der schulentlassenen Jugendlichen noch keine Lehr- oder Arbeitsstelle erhalten kann. Mit diesem Werkjahr, das auch die Landesregierung, die Stadtgemeinde, die Schulbehörden, die Kammer der gewerblichen Wirtschaft, die Arbeiterkammer und der Gewerkschaftsbund unterstützen, wird das Ziel verfolgt, das in der Schule gewonnene Bildungsgut zu erhalten, Berufsvorbereitung zu vermitteln, den Sinn für den Wert der Arbeit zu wecken und den Gefahren bei Nichtbeschäftigung wie Jugendkriminalität vorzubeugen.
- **15. 10. 25 Jahre Haus der Natur** feiert die „Gesellschaft für darstellende und angewandte Naturkunde" mit einem Festakt im Mozarteum.
- **17. 10. Das bekannte Kaufhaus „Schwarz",** während der NS-Zeit arisiert, öffnet im Haus Kranzlmarkt 4 nach elfjähriger Unterbrechung wieder. Eigentümer Hugo Schwarz hofft, auch das frühere Hauptgeschäft am Alten Markt 12 wieder zu bekommen, das von der US-Besatzung beschlagnahmt ist und in dem derzeit das U. S. Information Center, das Landesreisebüro und Büros des Magistrats untergebracht sind.

1949

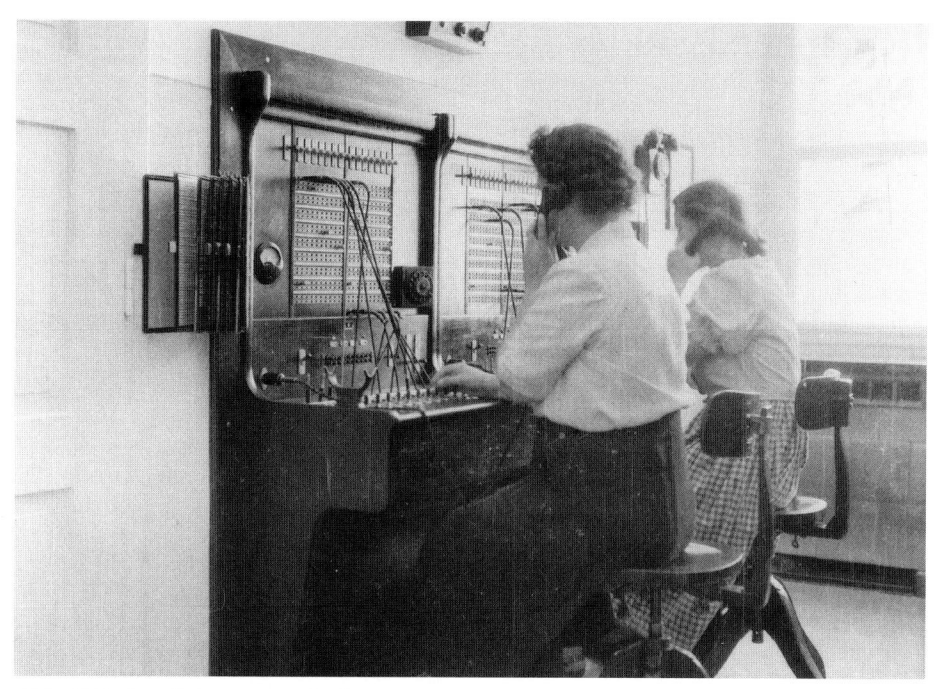

Abb. 174: Die Telefonzentrale des Magistrats, 1949.

20. 10. General Collins heiratet Salzburgerin. In Kalifornien heiratet der frühere Oberbefehlshabers der US-Zone in Österreich, Generalmajor Harry J. Collins, die Salzburgerin Irene Gehmacher.

23. 10. Arbeiterkammerwahlen. Die sozialistischen Gewerkschafter behalten mit 39 Mandaten die absolute Mehrheit. Zweitstärkste Fraktion wird der VdU mit 22 vor der ÖVP mit 9 und der KPÖ mit 2 Mandaten. Bei den Angestellten ist der VdU stärkste Fraktion. In der Sektion Verkehr erhält die SPÖ alle 8 Mandate.

24. 10. Abbruch von Häusern im Stadtzentrum. Das bombenbeschädigte ehemaligen Lodron'sche Haus an der Ecke Dreifaltigkeitsgasse/Bergstraße und das Nachbarhaus in der Bergstraße werden wegen der geplanten Errichtung von Neubauten abgebrochen.

28. 10. Der „provisorische Gemeindeausschuß der Landeshauptstadt Salzburg" tritt zu seiner letzten Sitzung vor der Wahl zusammen. Er beschließt u. a. die Umwandlung der bisherigen „Stadtfeuerwehr" zur „Berufsfeuerwehr".

28. 10. Montags geöffnete Fleischhauereien. Die aus Kriegs- und Nachkriegszeiten stammende Bestimmung über die montägige Schließung aller Fleischhauerei- und Selcherei-Betriebe wird mit sofortiger Wirkung aufgehoben.

30. 10. Ergebnis der Gemeinderatswahl in der Stadt: SPÖ und ÖVP verlieren je 6 Mandate an den erstmals kandidierenden VdU. Die SPÖ erhält 17.760 Stimmen und 15 Mandate, der VdU 14.281 Stimmen und 12 Mandate, die ÖVP 13.623 Stimmen und 12 Mandate, die KPÖ 1666 Stimmen und ein Mandat.

November 1949

- **3. 11. Brand im Kapuzinerkloster.** Den Brand in einem Nebengebäude kann die Feuerwehr rasch löschen.
- **6. 11. Schulhausweihe in Morzg.** In Rahmen einer Feier wird der Erweiterungsbau der Volksschule Morzg seiner Bestimmung übergeben.
- **7. 11. Abgabeverbot markenfreier Milch.** Wegen Knappheit an Milch und Milchprodukten wird deren Abgabe verstärkt kontrolliert. An alle Bauern, Kaufleute und einschlägigen Betriebe ergeht die dringende Aufforderung und Warnung, jeden ungesetzlichen Verkauf von Milch und bewirtschafteten Milchprodukten zu unterlassen.
- **7. 11.** An der **neugeschaffenen Chemieschule** beginnt der Unterricht.
- **8. 11. Hungerstreik.** Mehrere Tbc-kranke Patienten im Sanatorium des DP-Lagers Parsch treten in den Hungerstreik, weil sie mit dem neuen Medikament „Totalin" eines angeblichen Arztes aus Braunau behandelt werden wollen. Der Hungerstreik endet vorerst nach zwei Tagen. Die IRO erlaubt die Anwendung des Medikaments, revidiert diese Entscheidung jedoch wenige Tage später wieder. Daraufhin wird der Hungerstreik fortgesetzt. Das Mittel stellt sich später als völlig wirkungslos heraus.
- **9. 11. Konzert für die Jugend.** Das Mozarteum-Orchester beginnt eine Konzertreihe für Jugendliche mit Friedrich Händels Konzert für Orgel und Orchester in g-moll sowie Anton Bruckners Siebter Symphonie. Einführenden Worte spricht Eberhard Preußner.
- **12. 11. Gasunfall.** Ausströmendes Gas fordert im bombenbeschädigten Haus Josef-Mayburger-Kai 54 drei Todesopfer. Es stellt sich heraus, daß der Unfall durch einen Bruch der Hauptrohrleitung und der anschließenden Gaseinströmung in das bombenbeschädigte Haus verursacht worden ist.
- **13. 11. Buchwoche.** Der „Verein der österreichischen Buch-, Kunst- und Musikalienhändler" veranstaltet im Kaisersaal der Residenz eine große Buchausstellung. Georg Rendl und Pert Peternell lesen aus eigenen Werken.
- **14. 11.** Die **„Austria-Wochenschau"** wird erstmals in den Salzburger Kinos gezeigt.
- **14. 11. Brand im Alpenlager.** In jenem Teil des ehemaligen Lagers Glasenbach an der Alpenstraße, der noch immer abgezäunt ist und von den US-Truppen genutzt wird, bricht ein Feuer aus. Durch die Explosion von Benzin- und Tränengaskanistern entsteht auch Gefahr für die Alpensiedlung. Die Feuerwehren können ein Übergreifen der Flammen verhindern.
- **18. 11. Hoteleröffnung.** Das von den US-Behörden freigegebene und anschließend renovierte Hotel „Traube" nimmt den Hotelbetrieb wieder auf.
- **20. 11. Demonstration.** Im Schubert-Kino in Gnigl kommt es bei der Vorführung des Films „Der Leberfleck" zu Demonstrationen katholischer Jugendlicher. Die Polizei muß eingreifen. Wenige Tage später findet eine Kundgebung gegen Schmutz und Schund in der Aula statt.
- **21. 11.** Im **Erweiterungsbau der Volksschule Maxglan** wird der Unterrichtsbetrieb aufgenommen. Ein Teil steht schon seit Anfang Oktober in Benützung.

1949

- **22. 11. Letzte Hinrichtung in Salzburg.** Im Hof des landesgerichtlichen Gefangenenhauses wird der 28jährige Ukrainer Josef Sopko wegen Mordes an einer Frau durch den Strang hingerichtet.
- **22. 11. Der Dollarkurs steigt von 10 auf 14,40 Schilling.**
- **25. 11. Veit-Stoß-Altar in Salzburg entdeckt.** Der Kunsthistoriker Heinrich Decker erkennt, daß der Altar in der Johanneskapelle im Stift Nonnberg ein Werk des berühmten Nürnberger Bildhauers, Malers und Kupferstechers Veit Stoß ist.
- **25. 11. Goethe-Ausstellung.** „Zum Ausklang des Goethe-Jahres" nennt sich eine Ausstellung in einem Schaufenster der Fa. Mayer & Neumayer. Gezeigt werden zwei Originalbriefe Goethes, Frühdrucke seiner Werke und Bilder.
- **26. 11. Junges Theater.** Das Salzburger Schauspielseminar am Mozarteum führt das Nachkriegsdrama „Draußen vor der Tür" von Wolfgang Borchert auf. Die Hauptrolle spielt in großartiger Weise Kurt Weinzierl.

Dezember 1949

- **1. 12. Konstituierende Landtagssitzung.** Der neugewählte Landtag wählt Franz Hell (ÖVP) wieder zum Landtagspräsidenten. Landtagsvizepräsidenten werden Franz Illig (SPÖ) und Karl Wimmer (ÖVP). Nach ÖVP-internen Auseinandersetzungen wird Josef Klaus (ÖVP) mit 19 von 25 Stimmen zum Landeshauptmann gewählt und löst Josef Rehrl in dieser Funktion ab. Landeshauptmann-Stellvertreter werden Franz Peyerl (SPÖ) und Bartholomäus Hasenauer (ÖVP), Landesräte Florian Groll (VdU) und Josef Weißkind (SPÖ).
- **1. 12.** Eine **Krisensitzung wegen dramatischer Preissteigerungen** beruft die neue Landesregierung auf Drängen des Gewerkschaftsbundes ein. Es werden strenge Maßnahmen gegen Preistreiber gefordert.
- **1. 12. Die Renovierung der Müllner Kirche** ist abgeschlossen.
- **1. 12. Neue VdU-Zeitung.** Unter dem Titel „Österreichische Allgemeine Zeitung" erscheint in Salzburg die vom VdU herausgegebene Tageszeitung. Sie wird im April 1950 aus Kostengründen wieder eingestellt.
- **3. 12. 3. Lohn-Preis-Abkommen.** In allen seinen Auswirkungen bringt dieses Abkommen zwischen Bundesregierung und den Sozialpartnern einen Mehraufwand für Löhne und Gehälter von 2 Milliarden Schilling.
- **5. 12. Bürgermeisterwahl.** In der konstituierenden Sitzung des Gemeinderates wird der bisherige Bürgermeister Anton Neumayr (SPÖ) wiedergewählt. Bürgermeister-Stellvertreter werden Karl Schneider-Manns Au (VdU) und Richard Hildmann (ÖVP), Stadträte Stanislaus Pacher (SPÖ) und Otto Ponholzer (VdU). Da VdU und ÖVP über je 12 Mandate verfügen, entscheidet das Los über die Zuteilung der Position eines Stadtrates. Das Losglück ist auf seiten des VdU.
- **10. 12.** Der **Christkindlmarkt** am Mirabellplatz wird eröffnet.
- **10. 12. Konstituierung der Arbeiterkammer.** Präsident wird wieder der Sozialist Hans Webersdorfer.
- **12. 12. Erfindermesse in der Volksgartenhalle,** veranstaltet vom Verband der österreichischen Patentinhaber und Erfinder.

1949

Abb. 175: Die Obuslinie D Hauptbahnhof–Alpenstraße und die Autobuslinie F Ferdinand-Hanusch-Platz–Gneis nehmen ihren Betrieb auf, 21. Dezember 1949.

12. 12. Bockbier. Nach vielen Jahren ist wieder Starkbier in Form eines sechzehngrädigen „Weihnachtsbocks" (½ Liter 1,90 Schilling) zu erhalten.

14. 12. Der **Christbaummarkt** im Zwerglgarten beginnt.

17. 12. Neubau der Handelskammer. Fürsterzbischof Andreas Rohracher weiht das wiederaufgebaute Gebäude der Handelskammer.

21. 12. Das **fertiggestellte Autobahnteilstück** von Liefering bis zum Anschluß an die Wiener Bundesstraße bei Straß wird für den Verkehr freigegeben.

22. 12. Die Porträts von 16 Bürgermeistern, von Matthias Gschnitzer (1848–1850) bis zum gegenwärtigen Bürgermeister Anton Neumayr, werden im Gemeinderatssitzungssaal des Rathauses angebracht.

31. 12. Keine Neuaufnahmen in Lager. Die IRO nimmt keine Flüchtlinge mehr in die von ihr betreuten Lager auf.

31. 12. Heimkehrer und Kriegsgefangene. Im Jahr 1949 wurden für die Heimkehrer-Betreuung mehr als 277.000 Schilling aufgewendet. 399 Salzburger kehrten aus Kriegsgefangenschaft zurück, 214 in 12 Transporten aus der Sowjetunion, 185 aus Jugoslawien. Von 106 noch in der Sowjetunion festgehaltenen Salzburgern ist die Lageranschrift bekannt. In der Vermißtenkartei sind 4243 Soldaten aus Salzburg verzeichnet, 480 werden im Westen vermißt, 352 in Jugoslawien und 3411 in der Sowjetunion.

31. 12. Verkehrsstatistik. Im Jahr 1949 gab es in der Stadt Salzburg 955 Verkehrsunfälle (1948: 576), davon 29 tödliche (1948: 17). 130 Personen wurden schwer und 374 leicht verletzt (1948: 81 bzw. 257).

Jänner 1950

- **2. 1. Brand im Kapuzinerkloster.** Kirchturm und Dachstuhl werden erheblich beschädigt. Die Polizei kann nach einem weiteren Brand zwei Tage später einen Zögling des Klosters als Brandstifter ausforschen.
- **2. 1. Flaschenmilch.** Der Milchhof liefert ab heute Vollmilch auch in Flaschen.
- **5. 1. Glöcklerlauf** der „d'Gaisberger" auf den großen Plätzen der Altstadt.
- **6. 1. Baubehördliche Sperre des Marionettentheaters** im Alten Borromäum aus sicherheits- und feuerpolizeilichen Gründen. Die Stadt sagt zu, sich gemeinsam mit dem Land an den Sanierungskosten zu beteiligen.
- **7. 1. „Amtsblatt".** Die Pressestelle der Stadt gibt nun wöchentlich das „Amtsblatt der Landeshauptstadt Salzburg" heraus. Es veröffentlicht sämtliche Kundmachungen der Stadt, ferner Ausschreibungen, Vergaben von Arbeiten, Personalnachrichten, Marktberichte, Tagesordnungen und Sitzungsberichte des Gemeinderates sowie Beiträge über Gemeindeangelegenheiten.
- **7. 1. Freistilringer-Turnier.** In der neuen Sporthalle im Franz-Josef-Park tritt Weltmeister Adi Berber gemeinsam mit den weltbesten Freistilringern auf.
- **12. 1. Obus-Nachtverkehr.** Auf der Linie A/D Obergnigl–Stadtmitte–Alpensiedlung wird versuchsweise ein Nachtverkehr eingeführt.
- **14. 1. Die Elektrifizierung der Lokalbahn bis Lamprechtshausen** ist fertig.
- **15. 1. Der Österreichische Flugsportverband** wird im „Sternbräu" gegründet.
- **16. 1. Das Dorotheum**, Zweiganstalt Salzburg, nimmt in der Schrannengasse 7 seinen Betrieb auf.
- **17. 1. Tagung des Weltkirchenrates in Salzburg.** In der Aula Academica beginnt die dreitägige Tagung des ständigen Flüchtlingsausschusses des Weltkirchenrates. Die Tagungsteilnehmer befassen sich u. a. mit dem Volksdeutschen- und DP-Problem in Österreich. Als wichtigstes Ergebnis der Tagung wird einmütig die Schaffung einer Flüchtlings-Charta für Europa gefordert.
- **21. 1. Eisrevue.** Auf großes Publikumsinteresse stößt das zweitägige Gastspiel der „Wiener Eisrevue" auf dem Union-Eisplatz in Nonntal.
- **27. 1. Das „Haus der Jugend"** auf dem Gelände des früheren Landes-Hauptschießstandes zwischen Salzach und Alpenstraße wird eröffnet. Diese mit amerikanischer Hilfe erbaute Begegnungsstätte soll der Förderung der Friedensidee und des demokratischen Staatsideals dienen.
- **31. 1. Im Kampf gegen „Schmutz und Schund"** stellt die Arbeiterkammer dem Salzburger Jugendbeirat 5000 Schilling als Unterstützung zur Verfügung.

Februar 1950

- **1. 2.** Ein **Obus-Nachtwagen** verkehrt ab heute vom Stadtzentrum nach Liefering.
- **3. 2.** Die **Kommunistische Partei Österreichs** (KPÖ) hat die Bombenruine des ehemaligen Hotels „Elisabeth" an der Elisabethstraße erworben und will an dessen Stelle ein Büro- und Verlagshaus errichten.

1950

8. 2. Schlag gegen Schwarzhandel. Bei einer Verkehrskontrolle in der Gaswerkgasse findet die Polizei 422 Kilogramm Bohnenkaffee.

9. 2. Gaststätten in Salzburg. In der Stadt gibt es derzeit 26 Hotels (einige davon noch von den US-Truppen besetzt), 189 Gasthöfe, 26 Pensionen und Fremdenheime, 15 Restaurants, 30 Kaffeehäuser, 8 Café-Konditoreien, 9 Bars, 18 Weinstuben, 9 Branntweinschenken, 4 Gassenweinschenken, 5 Ausspeisereien, 3 Frühstücksstuben, 5 Kino-Büffets, 3 Mostschenken und 5 Milchtrinkstuben.

13. 2. US-Manöver beginnen in der Umgebung Salzburgs. In deren Rahmen werden auch die Nonntaler und die Lehener Brücke „besetzt" und mit schweren Maschinengewehren „gesichert".

Abb. 176: Das bombenbeschädigte Kurhaus, mit dessen Abbruch am 14. Februar 1950 begonnen wird.

19. 2. Aperschnalzen. Tausende Zuschauer verfolgen auf dem Gelände der Autobahneinfahrt in Liefering das Aperschnalzen mit Teilnehmern aus Wals, Viehhausen, Gois, Bergheim, Siezenheim, Maxglan und Liefering.

19. 2. Das Fahnenschwingen der Metzger vor dem Gasthof „Mödlhammer" lockt viele Menschen in die Getreidegasse.

20. 2. Gegen „Schmutz und Schund". Im Rahmen einer Schwerpunktaktion beschlagnahmt die Polizei „zum Schutze der Sittlichkeit und Volksgesundheit" innerhalb von zwei Tagen in Geschäften und an Zeitungsständen 3577 verschiedene Zeitschriften.

20. 2. Motorisierter Briefsammeldienst. Die Post beginnt mit dem Einsatz von zwei umgebauten PKWs zur Entleerung der Briefkästen in der Stadt.

1950

20. 2. Aufhebung der Stromverbrauchsbeschränkung für alle Strombezieher mit einem monatlichen Stromverbrauch bis zu 1000 kWh.

21. 2. Gründung des „Salzburger Luftsportverbandes".

21. 2. Neue Römerfunde. Bei Aushubarbeiten für den Sparkassenneubau an der Ecke Judengasse/Brodgasse kommen u. a. ein 2 Meter breites Gäßchen mit Steinkanälen sowie Reste von zwei alten Häusern mit Luftheizung aus dem römischen Juvavum zutage. Bei Bauarbeiten für den Stuböck'schen Neubau, Ecke Dreifaltigkeitsgasse/Bergstraße, werden Mauerreste aus der Römerzeit sowie ein mittelalterlicher Brunnen aus Konglomeratstein gefunden.

25. 2. Eröffnung des Elmo-Kinos an der St.-Julien-Straße mit einer Sondervorstellung des Films „Begegnung mit Werther". Als erstes Programm läuft der Streifen „Der Dorfmonarch" mit Lucie Englisch, Joe Stöckl und Beppo Brem. Bisher hat sich das Kino im Haus Plainstraße 38 befunden.

25. 2. Einweihung des fürsterzbischöflichen Palais durch Fürsterzbischof Andreas Rohracher. Seit Jahresbeginn sind dort wieder alle kirchlichen Dienststellen, mit Ausnahme des Caritasverbandes, untergebracht.

März 1950

1. 3. Automatisierung im Fernsprechverkehr. Der Telefon-Selbstwählbetrieb ist ab heute vom Stadtgebiet in viele Orte des Flachgaus möglich.

2. 3. Das Café „Großglockner" in der Franz-Josef-Straße ist wieder geöffnet. Die bekannten Salzburger Cafés „Tomaselli", „Glockenspiel" und Café „Pitter" sind noch immer von den USFA beschlagnahmt.

3. 3. Die **sechzig Salzburger Dienstmänner** sind jetzt auch telefonisch an ihren beiden Hauptstandplätzen am Platzl und beim Rathaus erreichbar.

4. 3. Das Hotel „Meran" in der Elisabeth-Vorstadt wird nach der Freigabe durch die USFA und der Renovierung mit achtzig Betten wieder eröffnet.

5. 3. Radrennbahn. Den ersten Spatenstich für den Bau einer Radrennbahn in Lehen nimmt der bekannte Salzburger Radrennfahrer Richard Menapace auf dem Sportplatz der Austria Salzburg vor.

6. 3. Bürgerwehrsöller für „Naturfreunde". Nach Zustimmung des Bundesdenkmalamtes für den Umbau faßt der Gemeinderat einstimmig den Beschluß, die Bürgerwehr auf dem Mönchsberg mit einem Kostenaufwand von 90.000 Schilling auszubauen und an die „Naturfreunde" zu vermieten.

7. 3. Wegen des starken Anstiegs des Alkoholismus ersucht die „Landesstelle gegen die Alkohol- und Tabakgefahren" die Stadt, einen Trinkerfürsorger zu bestellen und das Trinkerfürsorgeheim in Lehen wieder zu errichten.

9. 3. Landwirtschaft. Im Stadtgebiet Salzburg gibt es derzeit 444 bäuerliche Betriebe, 73 in Aigen, 86 in Gnigl-Itzling, 171 in Liefering, 107 in Leopoldskron, 49 in Maxglan, 58 in Morzg. 46 Betriebe verfügen über 20 und mehr Hektar, nur zwei haben mehr als 100 Hektar.

10. 3. Das **öffentliche Brausebad Maxglan** im Erweiterungsbau der Volksschule Maxglan wird in Betrieb genommen.

1950

- **11. 3.** Der **ASKÖ-Modell- und Flugsportverband Salzburg** hält seine Gründungsversammlung ab. Verbandsvorsitzender ist Josef Weißkind.
- **15. 3.** **Das Radioprogramm des Senders Rot-Weiß-Rot** ist ab heute über die neue Wellenlänge 240 Meter (1250 Kiloherz) zu empfangen.
- **20. 3.** **Die Postautobuslinie Salzburg–Bad Reichenhall** wird eröffnet. Die österreichische Post und die Deutsche Bundespost betreiben die Linie gemeinsam.
- **24. 3.** **Die Gründungsversammlung der „American-Austrian-Friendship-Society"** findet im Studio St. Peter statt.
- **27. 3.** **USFA-Autos um Schilling.** Österreicher dürfen ab nun amerikanischen Besatzungsangehörigen PKWs in österreichischer Währung über befugte Autohändler abkaufen. Jeder Kauf muß dem USFA-Provost-Marshall gemeldet werden.
- **31. 3.** **Der 3000ste Elektroherd** wird von den Städtischen Elektrizitätswerken im Rahmen einer kleinen Feier an die neuen Besitzer übergeben.

April 1950

- **1. 4.** **Visumpflicht für Österreicher aufgehoben.** Die 4. Paßnovelle, die u. a. die Aufhebung der Visumpflicht für österreichische Staatsbürger bei Grenzübertritten enthält, tritt in Kraft. Belastete ehemalige Nationalsozialisten müssen weiterhin um die Genehmigung für Auslandsreisen ansuchen.
- **1. 4.** **Österreichisches Strafrecht.** Die amerikanischen Militärgerichtshöfe wenden ab sofort bei Strafdelikten nicht mehr ihre Sonderbestimmungen aus dem Jahr 1945, sondern das österreichische Strafrecht an. Die Sonderbestimmungen gelten nur mehr bei Verbrechen gegen die Sicherheit der USA.
- **4. 4.** **Erdrutsch am Festungsberg.** In der Nähe des zweiten Sperrbogens zur Festung Hohensalzburg rutschen ca. 60 Kubikmeter Erdreich ab. Der Festungsweg ist vorübergehend unpassierbar.
- **5. 4.** **Erste Auktion im Salzburger Dorotheum.** Zur Versteigerung gelangen Kunstgegenstände wie Teppiche, Bilder, antike Möbel und Schmuck. Bei den folgenden wöchentlichen Versteigerungen werden aber auch beschlagnahmte Schwarzmarktartikel wie Kaffee, Schokolade oder Parfums u. a. angeboten.
- **5. 4.** **Gründung der „Internationalen Musikfeste A G."** in Wien. Dieses Unternehmen unter Beteiligung von Bund, Land und Stadt Salzburg sowie Banken und Firmen soll im Jahr 1951 in Salzburg die „Internationale Musik-Olympiade" veranstalten. Der ursprünglich geplante Termin für die erste Olympiade war für Juni 1950 vorgesehen.
- **7. 4.** **„Karl-May-Schau"** heißt eine Ausstellung des Wiener Völkerkundemuseums im Haus der Natur mit Kunst- und Gebrauchsgegenständen aus dem Orient.
- **9. 4.** **Eröffnung der großen Aquarien- und Terrarien-Ausstellung** in der Halle im Volksgarten.
- **11. 4.** **Der Internationale Juristenkongreß in Salzburg** wird vom „Verband der Hörer und der ehemaligen Hörer der Akademie für Internationales Recht" mit Sitz in Den Haag veranstaltet und von der „Salzburger Kulturvereinigung" organisatorisch betreut.

1950

11. 4. Das **Postamt Salzburg 12** im Landeskrankenhaus wird eröffnet.

12. 4. Salzburger Marionetten im Film. In den Filmateliers in Parsch sind mehrere Märchenfilme mit den Salzburger Marionetten gedreht worden. Sie sollen im amerikanischer Fernsehen gezeigt werden.

15. 4. Der **„Internationale sozialistische Frauentag 1950"** steht unter dem Motto „Für Menschlichkeit und Frieden". An der Kundgebung auf dem Mönchsberg nehmen mehr als 13.000 Menschen teil. Am folgenden Tag sammeln sich 12.000 Personen auf dem Mirabellplatz mit 17 Musikkapellen und 312 Fahnen und marschieren zur Abschlußkundgebung auf dem Residenzplatz.

26. 4. SKGLB an ÖBB. Der Landtag stimmt der Übergabe der vor dem Zusammenbruch stehenden Salzkammergut-Lokalbahn an die Österreichischen Bundesbahnen per 1. Mai 1950 zu.

28. 4. Budget 1950. Der Gemeinderat beschließt Einnahmen im ordentlichen Haushalt in Höhe von 72,4 Millionen und Ausgaben von 74,7 Millionen Schilling. Der außerordentliche Haushalt umfaßt 52,4 Millionen Schilling.

29. 4. Neuer Kammerpräsident. In der konstituierenden Sitzung der Kammer für Land- und Forstwirtschaft wird Isidor Grießner zum Präsidenten gewählt.

Mai 1950

1. 5. Maifeiern. Mehr als 5000 Menschen kommen zur Maikundgebung der SPÖ, knapp 400 zu jener der KPÖ.

1. 5. Obus-Ringlinie. Die Ringlinie wird ab jetzt von Lehen zum Bahnhof über die Haunspergstraße und Jahnstraße geführt.

4. 5. Der Müllner Brunnen aus dem Jahr 1727, 1939 abgetragen, steht wieder an seinem alten Platz, vor dem Haus Müllner Hauptstraße 26.

6. 5. Das **„Zauberflöten-Häuschen"** wird nach gründlicher Renovierung an seinem neuen Aufstellungsort im Bastionsgarten des Mozarteums der Öffentlichkeit präsentiert. Das Häuschen war anläßlich des Ersten Salzburger Musikfestes 1877 von Wien nach Salzburg gebracht und auf dem Kapuzinerberg aufgestellt worden, wo es in der Folgezeit dem langsamen Verfall preisgegeben wurde.

6. 5. Gründung der Joseph-August-Lux-Gesellschaft.

7. 5. Handelskammerwahl. Die der ÖVP, SPÖ und dem VdU nahestehenden Kammermitglieder einigen sich über die Aufteilung der Kammerfunktionen, weshalb der Wahlgang entfällt und die Hauptwahlkommission die Mandate zuteilt. Nur in der Sektion Gewerbe gibt es zwei wahlwerbende Gruppen.

7. 5. Die Baptistenkirche in der Roseggerstraße wird eingeweiht.

13. 5. Das Gasthaus **„Zum wilden Mann"** wird wieder eröffnet.

14. 5. Die Großübung der Feuerwehr steht unter der Annahme „Brand in der Domkuppel". Sie lockt zahlreiche Zuschauer an.

15. 5. Erleichterung der US-Kontrollen an der Demarkationslinie. Die US-Behörden stellen die Ausweiskontrollen in den Zügen von Wien nach Salzburg an der Ennsbrücke, der Demarkationslinie zwischen der amerikanischen und der sowjetischen Besatzungszone, ein. Die Kontrollen in den Zügen Richtung Wien

werden während der Fahrt im Zug zwischen Linz und Enns durchgeführt. Die Sowjets kontrollieren weiter an der Demarkationslinie.
16. 5. **Die Schriftstellerin Marcella d'Arle** hält im Studio St. Peter zwei Vorträge.
19. 5. **Spatenstich für AYA-Bad.** Auf dem Gelände des früheren Landes-Hauptschießstandes neben dem „Haus der Jugend" ist ein Schwimmbad für die Jugend geplant, das durch amerikanische Mittel finanziert wird.
19. 5. **Internationaler Hotelierkongreß** in Salzburg.
22. 5. **Ein „blühendes" Stadtwappen** hat das Stadtgartenamt auf dem Rasen vor dem Rosengarten im Mirabellgarten gepflanzt.
26. 5. **Neue Landestheater-Krise.** Der Theater-Kontrollausschuß suspendiert Direktor Otto Emmerich Groh wegen organisatorischer und wirtschaftlicher Mängel in der Führung des Theaters. Mit der provisorischen Leitung des Landestheaters wird Hanns Schulz-Dornburg betraut.
28. 5. **Segelflug-Premiere am Gaisberg.** Der Luftsportverband eröffnet die Segelflugsaison mit einer zweitägigen Veranstaltung. Auf dem Residenz- und Mirabellplatz sind Segelflugzeuge ausgestellt. Höhepunkt ist der erste Start eines Segelfliegers vom Gaisberg in der Nachkriegszeit mit Pilot Hans Wolf.
29. 5. **Das Kino im Festspielhaus schließt.** Als letzter Film wird „Im Zeichen des Kreuzes" mit Claudette Colbert und Charles Laughton aufgeführt.

Juni 1950

1. 6. **Rettungsfahrzeuge mit Alarmzeichen.** Die Autos des Salzburger Rettungsdienstes des Roten Kreuzes sind jetzt mit einem neuen, sirenenartig auf- und absteigenden Alarmsignal, ähnlich dem der Feuerwehr, ausgestattet.
1. 6. **Kartoffelkäfer.** In allen Bezirken des Landes, der Lungau ausgenommen, ist ein Kartoffelkäferbefall in einem nie dagewesenen Ausmaß festzustellen.
2. 6. **Saalach-Kraftwerk.** Das Saalach-Kraftwerk in Liefering-Rott, das erste Unterwasserkraftwerk Österreichs, wird eröffnet.
6. 6. **Brand im DP-Lager Parsch.** Mehrere Baracken am Fuße des Kapuzinerberges brennen nieder. 98 Personen werden obdachlos.
7. 6. **Ein Brand in der Glockengießerei Oberascher** in Kasern vernichtet den Dachstuhl und richtet in der Maschinenhalle großen Schaden an.
9. 6. **Das neuerrichtete Haus des Kriegsopferverbandes** an der Paracelsusstraße wird eingeweiht.
10. 6. **Internationale Jugendtheater-Festspiele** veranstaltet das „Salzburg Seminar in American Studies" vier Wochen lang im Studio St. Peter und im Gartentheater des Schlosses Leopoldskron. Nach einer Idee von Helene Thimig treten dabei Schauspielschüler aus Italien, England, Irland, Deutschland, Frankreich und Österreich auf. Einen der künstlerischen Höhepunkte bildet Marcel Marceaus „Pantomimes de Bip". Das Salzburger Schauspielseminar führt Friedrich Schillers Lustspiel „Der Parasit oder die Kunst sein Glück zu machen" mit Hilde Esterhazy, Therese Stangl, Günther Bauer, Herbert Fux u. a., in der Inszenierung von Rudolf E. Leisner, auf.

1950

Abb. 177: Baustelle des Saalachkraftwerkes, 1949.

Abb. 178: Eröffnung des neues Saalachkraftwerkes am 2. Juni 1950.

1950

- **11. 6. 600 Jahre Bürgerspitalkirche.** Als Höhepunkt der Jubiläumsfeierlichkeiten und anläßlich des Abschlusses der Renovierung der Bürgerspitalkirche St. Blasius zelebriert Weihbischof Johannes Filzer ein Pontifikalamt.
- **13. 6. Der neue Wasserbehälter auf dem Mönchsberg wird gefüllt.**
- **15. 6. Gaisberg-Autobusverkehr.** Die Albus führt ab sofort einen regelmäßigen, nicht von der Zahl der Fahrgäste (bisher mindestens 12) abhängigen Linienverkehr auf den Gaisberg durch.
- **15. 6. Das Salzburger Volksblatt erscheint wieder.** Die national-liberale Tageszeitung war bereits 1870 von Reinhold Kiesel gegründet worden und wurde 1941 von den Nationalsozialisten mit der „Salzburger Landes-Zeitung" zur „Salzburger Zeitung" vereinigt. Nach dem Krieg durfte die Zeitung bisher nicht erscheinen.
- **17. 6. Volksdeutschen-Siedlung.** Auf dem Gneisfeld bei Morzg findet in Anwesenheit zahlreicher Ehrengäste die Spatenstichfeier zu einer neuen Volksdeutschen-Siedlung mit 46 Zweifamilienhäusern statt. Den Baugrund stellt die Stadtgemeinde zur Verfügung.
- **17. 6. Eröffnung der Fluglinie Salzburg–Brüssel** auf dem Flughafen Maxglan durch die belgische Fluggesellschaft „Sabena". Die Linie mit Zwischenlandungen in München und Frankfurt am Main wird vorläufig jeden Samstag geführt, ab Juli zweimal wöchentlich.

Abb. 179: Die erste auf dem Salzburger Flugplatz gelandete Maschine der belgischen Fluggesellschaft „Sabena" auf der neuen Linie Salzburg–Brüssel, 17. Juni 1950.

1950

- **17. 6.** Das Hotel „Traube", Linzer Gasse 4, ist wieder eröffnet.
- **18. 6.** Beim **Motorrad-Bahnrennen** des SAMTC auf der Trabrennbahn in Aigen sind erstmals wieder deutsche Spitzenfahrer am Start. Während des Rennens rast eine Beiwagenmaschine mit 90 km/h in das Publikum. Ein junger Mann wird getötet, sechs Kinder werden schwer verletzt.
- **22. 6. Rückführung der Österreicher.** Am Salzburger Hauptbahnhof trifft der letzte Transport mit österreichischen Rückkehrern aus Deutschland ein. Die Aktion „Rückführung der Österreicher aus Deutschland" wird damit abgeschlossen, die letzte Rückführungsstelle in Hannover ist aufgelassen.
- **22. 6. Unfall der „Überfuhr".** Nach dem Reißen des Zugseils der Salzachfähre treibt das Boot flußabwärts und bleibt erst oberhalb der Nonntaler Brücke auf einer Sandbank liegen. Es sind keine Fahrgäste an Bord.
- **22. 6. Neue Verkehrsregelungen treten in Kraft.** Die Klampferergasse wird für den gesamten Fahrzeugverkehr, die Staatsbrücke für den Lastkraftwagenverkehr in der Zeit von 10.30 bis 13 Uhr und von 17 bis 19 Uhr gesperrt.
- **25. 6. Ausstellung auf der Hohensalzburg.** Zum zweiten Mal nach dem Krieg präsentiert das derzeit heimatlose Museum Carolino Augusteum in der Festung Hohensalzburg einen Teil seiner Sammlungen, diesmal unter dem Motto „Salzburger Kleid und Tracht".
- **27. 6. Übergabe des Spitals der Barmherzigen Brüder.** Vertreter der US-Besatzungsbehörden übergeben dem Orden der Barmherzigen Brüder das seit 1946 als DP-Spital genutzte Gebäude. Während der Kriegszeit befand sich darin das Reservelazarett I.
- **27. 6. Paketaufgabe am Hauptpostamt.** Nach Freigabe des Zuganges in den Hof des Hauptpostamtes durch die US-Behörden wird der gesamte Paketdienst wie früher im Hauptpostamt abgewickelt.

Juli 1950

- **1. 7. „Jung-Salzburg".** Der Brauchtumsverein führt im Festungsrestaurant erstmals seit 11 Jahren einen Volkstanzabend durch und startet damit die Veranstaltungsreihe „Lied, Tanz und Musik der Heimat" als neue Fremdenverkehrsattraktion.
- **2. 7. „Die Dame und ihr Hund"** werden im Rahmen einer Hundeschau auf der Trabrennbahn in Aigen prämiert.
- **3. 7. Gründung der Stadtwerke.** Der Gemeinderat beschließt die Satzungen der Salzburger Stadtwerke, wodurch die bisherigen drei städtischen Betriebe Elektrizitätswerke, Gas- und Wasserwerke sowie Verkehrsbetriebe zu einem einzigen erwerbswirtschaftlichen Unternehmen zusammengefaßt werden. Die Stadt bleibt alleiniger Eigentümer.
- **3. 7. Luxusbus im Nahverkehr.** Die Verkehrsbetriebe präsentieren ihren neuen „Trambus", der auf der Strecke zwischen Flugplatz und Stadtzentrum oder bei repräsentativen Anlässen eingesetzt werden.
- **3. 7. Wassernot.** Wegen der großen Hitzewelle und der damit verbundenen Wassernot erläßt die Stadt eine Verordnung, die das Besprengen von Gartenanlagen,

1950

Blumen, Straßen, Plätzen und Gehsteigen mit Wasser aus der städtischen Wasserleitung bis auf weiteres untersagt.

5. 7. Erster „Alpinia"-Abend. Nach elfjähriger Pause finden wieder die traditionellen Heimatabende der „Alpinia", jeden Mittwoch im „Stieglkeller", statt.

6. 7. **Elternprotest.** 150 Mütter und Väter verlangen im Rahmen einer Vorsprache bei Bürgermeister-Stellvertreter Richard Hildmann (ÖVP) die Beseitigung der unhaltbaren baulichen und sanitären Zustände in der Volksschule Griesgasse.

8. 7. **Der Österreichische Aero-Club, Landesverband Salzburg**, wird gegründet.

9. 7. „**Meisterwerke österreichischer Maler des XX. Jahrhunderts**" lautet der Titel einer großen Ausstellung im Künstlerhaus. Es werden Werke von Oskar Kokoschka, Anton Kolig, Anton Faistauer, Herbert Böckl, Franz Wiegele, Wilhelm Thöny, Alfred Kubin, Josef Dobrowsky, Albert Paris Gütersloh, Anton Mahringer, Max Jungnickel, Anton Steinhardt, Josef Schulz, Arnold Clementschitsch, Max Florian, Richard Gerstl, Gerhard Frankl, Vilma Eckl, Hans Egger und Felix Esterl gezeigt.

10. 7. **Vereinfachung für den Verkehr durch das „Deutsche Eck".** Die erforderlichen Durchfahrtsschein-Formulare sind nicht mehr nur an den Grenzkontrollstellen, sondern ab jetzt auch in Reisebüros und bei allen Zweigstellen des ÖAMTC erhältlich.

10. 7. Das **Glockenspiel in der Getreidegasse,** am Gebäude der Firma Ornstein, erklingt erstmals wieder seit dem Jahr 1938. Zwei drehbare Trachtenfiguren setzen sich dreimal täglich – um 9 Uhr, 11.30 Uhr und 17 Uhr – zu Mozart-Musik in Bewegung. Das Glockenspiel wurde von Clemens Holzmeister und Peter Behrens entworfen, die Tonsetzung besorgte Bernhard Paumgartner.

12. 7. Am heute beginnenden „**Salzburg Seminar in American Studies**" im Schloß Leopoldskron nehmen 85 Studenten aus mehreren europäischen Ländern teil.

12. 7. „**Salzburger Festspielfonds**". Der Nationalrat beschließt das Gesetz über die Bildung eines „Salzburger Festspielfonds". Dieser wird vom Bund zu 40 Prozent, von Land und Stadt Salzburg sowie vom Salzburger Fremdenverkehrsförderungsfonds zu je 20 Prozent getragen. Die Organe des Fonds sind die Delegiertenversammlung, das Kuratorium und das Direktorium. Die Gebarung des Fonds unterliegt der Prüfung durch den Rechnungshof.

14. 7. **Die ersten Verkehrssignalanlagen** an den beiden Staatsbrückenköpfen werden in Betrieb genommen. Es folgen weitere Ampeln an den Kreuzungen Mirabellplatz/Paris-Lodron-Straße, Rudolfskai/Michaelitor, Elisabethstraße/St.-Julien-Straße, Rainerstraße/Nelböckviadukt. Die Ampeln müssen von der Polizei händisch bedient werden.

15. 7. **Thorak-Ausstellung.** Im Zwerglgarten werden Großplastiken des Salzburger Bildhauers Josef Thorak gezeigt, die dieser vornehmlich zwischen 1937 und 1945 geschaffen hat.

15. 7. **Wiedereröffnung des Marionettentheaters.** Nach der baupolizeilich vorgeschriebenen Renovierung beginnt wieder der Spielbetrieb im Alten Borromäum.

15. 7. **Autobahnpläne.** Die Kosten für die Fertigstellung der Autobahn Salzburg–Wien werden mit 2 Milliarden Schilling beziffert. Derzeit sind etwa 20 Kilometer (von Salzburg bis Eugendorf) befahrbar.

1950

16. 7. Spielcasino. Die Casino-AG nimmt in der „Barock-Bar" (Schwarzstraße 6) den Spielbetrieb auf. Das frühere Casino-Gebäude zwischen Landestheater und Mozarteum ist noch immer von den Amerikanern beschlagnahmt.

20. 7. Die Internationale Sommerakademie am Mozarteum beginnt. Die Kurse besuchen mehr als 300 Studenten aus dem In- und Ausland.

22. 7. Bewachte Parkplätze in der Stadt. Der Österreichische Wachdienst beginnt mit der Bewachung von Parkplätzen. Am Franz-Josef-Kai gilt Pflichtbewachung. Am Giselakai, in der Griesgasse, am Sigmundsplatz, Max-Reinhardt-Platz, Residenzplatz, Kapitelplatz und in der Hofstallgasse wird die Bewachung auf Wunsch durchgeführt (Preis pro Stunde: Motorräder 50 Groschen, Beiwagenmaschinen 1 Schilling und Autos 1,50 Schilling).

24. 7. Ein Kongreß über Jugendverwahrlosung, veranstaltet von der Caritas Österreich und dem Institut für vergleichende Erziehungswissenschaft, beginnt.

24. 7. An einem Tag 64.000 Fahrgäste. Die von den Städtischen Verkehrsbetrieben auf sämtlichen Obus- und Kraftwagenlinien, beim Mönchsberglift und der Salzachfähre durchgeführte Zählung der Fahrgäste ergibt für den heutigen Tag: Obuslinien: 42.642, Autobuslinien: 16.272, Salzachfähre: 250, Mönchsberglift: 4876 Fahrgäste.

24. 7. Stadt ehrt Bundespräsident Renner. Aus Anlaß der 30. Wiederkehr der Gründung der Salzburger Festspiele beschließt der Gemeinderat die Verleihung der „Großen goldenen Medaille der Mozartstadt Salzburg" an Bundespräsident Karl Renner. Die Überreichung der „Mozart-Medaille" an das Staatsoberhaupt erfolgt am 19. September 1950 in Wien.

Abb. 180: Die drei Bürgermeister präsentieren die neue Mozart-Medaille. V. l. n. r.: Richard Hildmann, Anton Neumayr und Karl Schneider-Manns Au, 24. Juli 1950.

1950

- **26. 7.** Die **Saalach-Autobahnbrücke,** die zu Kriegsende gesprengt worden ist, wird eingeweiht.
- **27. 7. Salzburger Festspiele 1950.** Die Eröffnungsfeier in der Residenz steht im Zeichen des 30jährigen Bestandsjubiläums der Salzburger Festspiele. Auf dem Opernprogramm steht – neben Reprisen aus dem Vorjahr – die Neuinszenierung von Mozarts „Don Giovanni". Es singen Irmgard Seefried, Elisabeth Schwarzkopf, Ljuba Welitsch, Anton Dermota, Erich Kunz u. a. Es dirigiert Wilhelm Furtwängler, Regie führt Oscar Fritz Schuh, das Bühnenbild stammt von Clemens Holzmeister. Neu auf dem Spielplan stehen die Opern „Capriccio" von Richard Strauss (Regie: Rudolf Hartmann, Dirigent: Karl Böhm) sowie „Der Raub der Lukrezia" von Benjamin Britten und „Romeo und Julia" von Boris Blacher unter der musikalischen Leitung von Josef Krips. Die Schauspielaufführungen „Der Verschwender" von Ferdinand Raimund, „Was ihr wollt" von William Shakespeare und Hofmannsthals „Jedermann" – Judith Holzmeister ist die neue „Buhlschaft" – sowie mehrere Konzerte mit den Wiener Philharmonikern und dem Mozarteum-Orchester vervollständigen das Programm.

Abb. 181: Festspielauffahrt 1950.

- **28. 7. Grenzübertrittsgenehmigungen für Festspielgäste.** Ab heute, 12 Uhr mittag, erhalten Personen aus der Bundesrepublik Deutschland mit gültigen Personalpapieren Grenzübertrittsgenehmigungen zum Besuch der Festspiele.
- **28. 7. Das Café „Tomaselli",** Salzburgs ältestes Kaffeehaus (seit 1764), ist wieder eröffnet. Es war seit Kriegsende von den Amerikanern beschlagnahmt und hieß in dieser Zeit „Forty Second Street Café".

1950

- **28. 7.** Der „Erste Österreichische Luftfahrertag" beginnt in Salzburg.
- **31. 7.** Die **Salzburger Hochschulwochen 1950** widmen sich in diesem Jahr den Themen Philosophie, Psychologie, Gesellschaftslehre, Naturwissenschaft, Pädagogik und Theologie.
- **31. 7.** **Auflassung des Heimkehrerspitals,** das bisher im Rupertinum, Sigmund-Haffner-Gasse 22, untergebracht gewesen ist.
- **31. 7.** **Gefälschte Festspielkarten.** Die Polizei verhaftet zwei junge Männer, die 4000 gefälschte Festspielkarten verkaufen wollten.

August 1950

- **1. 8.** **Das neue Stadtkino** wird mit einer Festvorführung des DEFA-Filmes „Die Hochzeit des Figaro" eröffnet. Salzburgs modernstes Kino mit 903 Sitzplätzen ist mit einem Kostenaufwand von 2,8 Millionen Schilling nach Plänen von Architekt Josef Hawranek von der Wiener Firma KIBA errichtet worden.
- **1. 8.** **Luftsteuer.** Die vom Gemeinderat beschlossene Gebrauchsgebührenordnung tritt in Kraft. Für die Nutzung von Verkehrs- oder Erholungsflächen sowie des darüber befindlichen Luftraumes (z. B. durch Reklameschilder oder Leitungen) ist nun eine Gebühr zu entrichten.
- **1. 8.** **Ein- und Durchreisevisa.** Am Mozartplatz 5 gibt es ab heute eine Zweigstelle des „Allied High Commission Permit-Office for Germany", die Einreise- und Durchreisevisa für die Bundesrepublik Deutschland an Personen ausstellt, die in der US-Besatzungszone bzw. im Bezirk Liezen wohnen.
- **1. 8.** Die **Ausstellung mit Werken des Bildhauers Fritz Wotruba** wird im Carabinierisaal der Residenz eröffnet.
- **2. 8.** **Richard Menapace,** der Sieger der Österreichrundfahrt 1950, wird in seiner Wahlheimat Salzburg von Publikum und Politikern begeistert empfangen.
- **4. 8.** Die „**Landesausstellung 1950**" wird auf den Prossingergründen an der Weiserstraße eröffnet. Es ist dies seit dem Kriegsende die erste große Leistungsschau der Salzburger Wirtschaft. Es beteiligen sich 300 Salzburger Firmen. Die Ausstellung wird von 80.000 Menschen besucht.
- **4. 8.** **Familie Trapp in Salzburg.** Sie wird am Hauptbahnhof von Fürsterzbischof Andreas Rohracher, Landeshauptmann Josef Klaus (ÖVP) und zahlreichen Freunden und Bekannten begeistert empfangen. Die Familie Trapp gibt im Großen Saal des Mozarteums bzw. auf der Jedermann-Bühne am Domplatz im Rahmen der Salzburger Festspiele Konzerte.
- **5. 8.** **Die neue Wohnsiedlung Herrnau** an der Alpenstraße, modernste Stadtrandsiedlung in Salzburg mit 57 Eigenheimen, wird ihrer Bestimmung übergeben.
- **5. 8.** **Vorführungen der Spanischen Hofreitschule** mit den weißen Lipizzanern auf dem SAK-Sportplatz in Nonntal.
- **5. 8.** **Eröffnung der „ERP-Ausstellung 1950"** im Kurpark durch den Beauftragten des Marshall-Planes für Österreich, Clyde King.
- **5. 8.** **Der Heimatverein „Almfrieden"** veranstaltet aus Anlaß seines vierzigjährigen Bestehens einen Trachtenfestzug durch Maxglan.

1950

12. 8. Ein Sommernachtsfest im Schloß Kleßheim veranstaltet die Salzburger Presse. Es wirken das Mozarteum-Orchester, das Staatsopernballett und einige Festspielkünstler mit.

13. 8. Lebensmittelkarten. Für die heute beginnende Kartenperiode werden Lebensmittelkarten nicht mehr für vier Wochen, sondern für drei Monate ausgegeben. Die Lebensmittelkarten enthalten nur mehr Abschnitte für Zucker sowie für Waren, die extra aufgerufen werden.

15. 8. AYA-Schwimmbad. Der Oberkommandierende der US-Streitkräfte in Österreich, Generalleutnant Geoffrey Keyes, eröffnet das ausschließlich mit amerikanischen Mitteln erbaute Bad mit den Worten: „Dieses Schwimmbad ist ein Geschenk an die Jugend von Salzburg als freundschaftliche Geste des Volkes der Vereinigten Staaten."

17. 8. Die Internationale Jugendbuch-Ausstellung in der Residenz, verbunden mit einer Ausstellung von Kinderzeichnungen aus 22 Ländern, wird eröffnet.

18. 8. Das neue Brause- und Wannenbad in Liefering, an der Stauffeneggstraße, geht in Betrieb.

19. 8. Eröffnung des SPÖ-Volkshauses in Maxglan, Straubingerstraße 6.

20. 8. Der erste Kongreß der „Internationalen Musik-Olympiade Salzburg" wird mit einem Festakt im Carabinierisaal der Residenz eröffnet. Es nehmen daran 70 Delegierte aus 29 Staaten teil.

23. 8. Grundsteinlegung für Musikhaus. Am Rosenhügel findet vor zahlreichen Ehrengästen die symbolische Grundsteinlegung für das Haus der Musik-Olympiade nach einer Idee von Heinz Ortner statt. Die Inschrift lautet: „Für das geplante Olympiahaus zu Ehren W. A. Mozarts. Die Stadtgemeinde Salzburg".

Abb. 182: Das Projekt von Clemens Holzmeister für ein Musik-Olympia-Haus auf dem Rosenhügel. Im Bild rechts ist die Ecke des Schlosses Mirabell zu erkennen, davor der Pegasus-Brunnen. Trotz Grundsteinlegung wird das Projekt nicht verwirklicht.

1950

Abb. 183: Olympia-Haus auf dem Mönchsberg, Projekt von Clemens Holzmeister, 1950.

Abb. 184: Olympia-Haus auf dem Mönchsberg, Projekt von Edgar Tritthart, 1950.

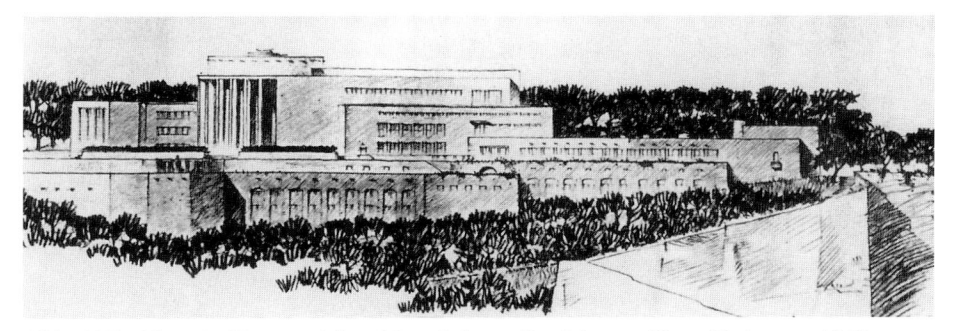

Abb. 185: Olympia-Haus auf dem Mönchsberg, Projekt von Hans Hofmann, 1950.

1950

Abb. 186: Olympia-Haus auf dem Mönchsberg, Projekt von Erwin Ilz und Erich A. Horvath, 1950.

Abb. 187: Olympia-Haus auf dem Mönchsberg, Projekt von Otto Mayr, 1950.

1950

Abb. 188: Städtische Müllabfuhr in der Riedenburg, 1950.

- **25. 8.** „**Andreas Hofer vom Platzl**". An der Fassade des Geschäftshauses Krivanec am Platzl 1 wird eine Andreas-Hofer-Statue aus Bronze angebracht. Schon vor dem Ersten Weltkrieg befand sich an dem ehemaligen Geschäftshaus „Andre Hofer" eine Zinkfigur.
- **26. 8.** „**Stiftung Soziales Friedenswerk" gegründet.** Fürsterzbischof Andreas Rohracher will mit dieser neuen Institution armen Menschen, insbesondere Frauen und Kindern, Flüchtlingen und Heimatvertriebenen, sowie jenen helfen, die durch das Nationalsozialisten-Gesetz 1947 in Not geraten sind. Diese Initiative wird von den Landeshauptleuten von Salzburg, Oberösterreich und Steiermark sowie weiteren Personen des öffentlichen Lebens unterstützt.

September 1950

- **1. 9. Amerikanische Filmtage** werden wieder von der MPEA im Stadtkino veranstaltet. Zu sehen ist u. a. der Film „Wem die Stunde schlägt" nach dem Roman von Ernest Hemingway mit Ingrid Bergmann und Gary Cooper.
- **1. 9. Die neue Verkehrsbetriebe-Zentralgarage** an der Alpenstraße für 5 Einzeltriebwagen und 15 Triebwagenzüge wird in Betrieb genommen.
- **2. 9. Gastspiel der Löwingerbühne.** Dieses Wiener Bauerntheater führt im Landestheater mehrmals die Posse „Zwei im falschen Bett" auf.

1950

3. 9. **Die neue Radrennbahn auf dem Austria-Sportplatz** in Lehen wird mit einem 100-Runden-Rennen eröffnet.

7. 9. **Durchgangsverkehr auch über Berchtesgaden.** Außer der bisherigen Strecke durch das „Deutsche Eck" über Reichenhall ist nunmehr auch auf der Strecke Salzburg–Berchtesgaden–Steinpaß die Durchfahrt für alle Fahrzeuge, LKW ausgenommen, nach Lofer gestattet. Die Durchfahrtszeit über deutsches Gebiet ist für beide Strecken mit zwei Stunden festgesetzt.

9. 9. Ein „**Amtlicher Wohnungstausch-Anzeiger**" des neu errichteten Wohnungstauschreferats des Magistrats erscheint erstmals im Amtsblatt.

11. 9. **Neue Volksschule in Lehen.** In der Scherzhauserfeldsiedlung wird eine Behelfsschule mit sechs Klassenzimmern in Betrieb genommen.

16. 9. **Die Salzburger Dult im Volksgarten** beginnt. Sie dauert bis 8. Oktober.

19. 9. **Ausstellungseröffnung des „Art-Clubs Österreich" im Künstlerhaus.** Es sind Werke von Wander Bertoni, Herbert Breiter, Paul Flora, Hans Fronius, Wolfgang Hutter, Josef Mikl, Kurt Moldovan u. a. zu sehen.

19. 9. Die **Festwoche des sowjetischen Films** im Stadtkino beginnt.

20. 9. **Gemeinderat beschließt Kindergarten Liefering.** Er soll an der Stauffeneggstraße für achtzig Kinder errichtet werden.

20. 9. **Erstes Speedway-Nachtrennen** auf der Aschenbahn im Stadion Itzling. Star des Rennens ist Staatsmeister Fritz Dirtl.

26. 9. **Maßnahmen gegen „Milchverkauf ab Hof".** Der Milchwirtschaftsfonds kündigt scharfe Maßnahmen gegen den verbotenen Milchverkauf direkt vom Bauernhof an. Die Milch ist ausschließlich an die Sammelstellen abzuliefern.

28. 9. **Aufruf gegen Preiserhöhungen.** Landeshauptmann Josef Klaus (ÖVP) appelliert an die Kaufleute, die Preise nicht vor dem Inkrafttreten des neuen Lohn-Preis-Abkommens am 1. Oktober zu erhöhen oder Waren zu horten. Ein derartiges Vergehen sei nicht nur volkswirtschaftlich schädlich und sozial verwerflich, sondern verstoße auch gegen das Preistreibereigesetz. Die Preisüberwachungs- und Sicherheitsbehörden sind angewiesen, alle Zuwiderhandlungen unnachsichtig zur Anzeige zu bringen bzw. strengstens zu bestrafen.

Oktober 1950

1. 10. **4. Lohn-Preis-Abkommen.** Die Preise für Mehl, Brot, Zucker sowie für Strom und Kohle werden deutlich angehoben. Die Löhne, Gehälter, Renten und Pensionen steigen um 13 bis 14 Prozent. Die KPÖ ruft zu Protesten auf.

2. 10. **Abschied von General Keyes.** Der bisherige US-Hochkommissar für Österreich und Oberbefehlshaber der US-Streitkräfte in Österreich kehrt in die USA zurück. Er wird in Salzburg feierlich verabschiedet. Seine Nachfolge tritt Generalmajor Stafford LeRoy Irwin an.

2. 10. **Ausgrabungen am Rainberg.** Unter Leitung des Landesarchäologen Martin Hell und unter Teilnahme der urgeschichtlichen Arbeitsgemeinschaft der Salzburger Volkshochschule beginnt auf dem Rainberg eine mehrwöchige Ausgrabung vorgeschichtlicher Siedlungsstellen.

1950

Abb. 189: Gerinne des Almkanals über die Pfeifergasse, fünfziger Jahre.

4. 10. Kommunisten rufen zum Generalstreik auf. Damit soll gegen das neue Lohn-Preis-Abkommen protestiert werden. Der Streikaufruf wird in der Stadt Salzburg kaum befolgt. Nur 250 Personen demonstrieren am folgenden Tag an der Kreuzung Rainerstraße/Franz-Josef-Straße gegen das Abkommen.

4. 10. Hanns Schulz-Dornburg gestorben. Zu seinem provisorischen Nachfolger als Intendant des Landestheaters wird der Leiter der Schauspielschule am Mozarteum, Rudolf E. Leisner, berufen.

5. 10. Bibliothekars-Tagung. Die Vereinigung österreichischer Bibliothekare hält in der Studienbibliothek ihren ersten Verbandstag ab.

7. 10. Erstes USFA-Haus fertig. Auf dem Baugelände in Liefering (heute General-Keyes-Straße) wird das erste neuerrichtete USFA-Haus mit zwölf Wohnungen von Generalleutnant Geoffrey Keyes seiner Bestimmung übergeben. Insgesamt sind zwanzig Doppelwohnhäuser geplant.

8. 10. Segelflieger-Treffen. Auf dem Gaisberg wird das erste nach Kriegsende in Österreich gebaute Hochleistungs-Segelflugzeug („Olympia-Meise") eingeweiht. Anschließend erfolgt der erste Start.

9. 10. Handelskammerpräsidium. Josef Ausweger, Kandidat der „Bürgerlichen Einheitsliste", wird wieder zum Präsidenten der Handelskammer gewählt. Vizepräsidenten werden Gotthard Dick und Johann Brunauer.

1950

9. 10. Das Schülerheim „Rupertinum" wird wieder eröffnet. Der Pensionspreis beträgt 280 Schilling monatlich. Bis Ende Juli war hier das Heimkehrerspital untergebracht.

10. 10. Wohnungsstatistik. Laut Wohnungszählung des Magistrats haben von 23.632 Wohnungen in der Stadt 589 keine Küche, 89 Wohnungen bestehen aus nur aus einem Küchenzimmer.

12. 10. Abschiedsparade für General Keyes. Der scheidende USFA-Oberbefehlshaber Generalleutnant Geoffrey Keyes und sein Nachfolger Generalmajor Stafford LeRoy Irwin nehmen auf dem Salzburger Flugfeld eine von Generalmajor Paul W. Kendall kommandierte Truppenparade ab.

12. 10. Neuer RWR-Programmdirektor – Krise bei Rot-Weiß-Rot. Gegen den Willen von Stadt und Land Salzburg wird Emmerich Zillner anstelle von Geza Rech zum Programmdirektor des Studios Salzburg der Sendergruppe Rot-Weiß-Rot bestellt. In der Folge wendet sich Landeshauptmann Josef Klaus (ÖVP) an die amerikanische Gesandtschaft in Wien, um ein Mitspracherecht bei der Besetzung des Direktorenpostens zu erlangen. Mitte Dezember wird Paul Becker zum neuen Programmdirektor der Sendergruppe Rot-Weiß-Rot Salzburg ernannt. Emmerich Zillner wechselt zum Studio Wien.

16. 10. Umwandlung der US-Militärverwaltung in Zivilverwaltung. Im offiziellen US-Dekret heißt es: „Alle Vollmachten werden von der Militär- auf die Zivilverwaltung übertragen. Der zivile Hochkommissar wird der Leiter der amerikanischen Mission in Österreich und der Beauftragte für die Durchführung des gesamten amerikanischen Programms sein. Er wird auch mit der amerikanischen Vertretung in der Alliierten Kommission betraut und dem Außenminister direkt verantwortlich sein. Der Oberkommandierende der amerikanischen Streitkräfte in Österreich wird dem Verteidigungsminister in allen die Verteidigung Österreichs betreffenden Fragen verantwortlich sein und auch die erforderlichen Maßnahmen zur Sicherheit des Territoriums, zur Aufrechterhaltung der Ruhe und Ordnung und zum Schutz der Interessen des Landes zu treffen haben. Das Dekret Präsident Trumans tritt Montag, den 16. Oktober, in Kraft."

17. 10. Obusanhänger mit Heizung. Die auf den Linien D und B eingesetzten Obusanhänger verfügen erstmals in Österreich über eine Heizung.

20. 10. Erstmals Kindermodenschau. Die Firma Margaret zeigt im überfüllten Wiener Saal des Mozarteums eine Kindermodenschau.

20. 10. Uraufführung im Mozarteum. Das Mozarteum-Orchester unter der Leitung von Robert Wagner führt die „Musica brevis" des jungen Salzburger Komponisten Gerhard Wimberger erstmals auf.

21. 10. Markenfreier Zucker. Das Bundesministerium für Inneres, Sektion Volksernährung, stellt 120 Tonnen Zucker zum freien Verkauf bereit. Der nach Salzburg gelieferte Zucker wird zum Preis von 8,30 Schilling je Kilogramm an die Verbraucher abgegeben.

23. 10. Der „Salzburger Theaterring" der Salzburger Kulturvereinigung nimmt seine Tätigkeit auf. Jeder Arbeitnehmer kann gegen Entrichtung einer jährlichen Mitgliedsgebühr von 2,50 Schilling Mitglied werden und erhält Theaterkarten zum halben Preis.

Abb. 190: Programmheft für ein Auto- und Motorrad-Straßenrennen, 1950.

1950

25. 10. König Leopold III. von Belgien trifft in Begleitung seiner Gemahlin, Prinzessin Rethy, zu einem kurzen Aufenthalt in Salzburg ein.

27. 10. Mönchsberg-Affäre – „Nackttänzerin" im Grand-Café „Winkler". Eine junge Frau, die im Grand-Café „Winkler" nach der Sperrstunde unbekleidet getanzt hat, wird festgenommen und wegen Verletzung der Sittlichkeit angezeigt. Sie wird bald darauf zu zehn Tagen strengen Arrest verurteilt.

30. 10. Die erste Vollversammlung der Kammer der gewerblichen Wirtschaft für Salzburg findet im Sitzungssaal der Kammer statt.

November 1950

1. 11. Stromsparmaßnahmen. Wegen des jahreszeitlich bedingten Rückgangs der elektrischen Energieerzeugung werden Einschränkungen des Stromverbrauchs angeordnet.

1. 11. Die neue Autobuslinie E fährt vom Realschulplatz (später Ferdinand-Hanusch-Platz) zum „Dokorschlößl" nach Aigen und zurück.

3. 11. Hochkommissar Donnelly in Salzburg. Der neue US-Hochkommissar und Gesandte der Vereinigten Staaten von Amerika in Österreich, Walter J. Donnelly, hält sich heute erstmals in Salzburg auf. Am Mozartplatz findet eine Truppenparade statt. Nach einem Besuch bei Landeshauptmann Josef Klaus (ÖVP) im Chiemseehof gibt USFA-Kommandant Generalmajor Stafford LeRoy Irwin am Abend im Schloß Kleßheim einen Empfang.

7. 11. Das erste von Oskar Kokoschka geschaffene Gemälde von Salzburg wird gegenwärtig in einer Kokoschka-Ausstellung in Hamburg gezeigt. Das während des Sommers 1950 in Salzburg entstandene Werk soll anschließend nach Salzburg zurückkehren und für ein neues Kokoschka-Buch der Galerie Welz reproduziert werden.

8. 11. Die israelitische Kultusgemeinde fordert alle außerhalb von Lagern wohnende auswanderungswillige Juden auf, sich im Büro der Kultusgemeinde, Mertensstraße 7, zu melden.

8. 11. Eröffnung der Autobuslinie H von der Alpenstraße zum Camp Truscott (heute Kaserne Glasenbach).

9. 11. Neuer Boxclub Salzburg. Die im Streit von der Boxsektion der Austria Salzburg geschiedenen Boxer und Funktionäre geben bekannt, einen neuen Verein, den BC Salzburg, gründen zu wollen. Die Austria läßt die Abtrünnigen vom österreichischen Amateur-Boxverband sperren.

11. 11. Schloß Leopoldskron. Für das den Erben Max Reinhardts zurückgestellte Schloß Leopoldskron wird ein Käufer gesucht. Schloß, Gaststätte, Wirtschaftsgebäude, Teich und etwa 30 Hektar Park und landwirtschaftliche Grundstücke sollen rund 6 Millionen Schilling kosten.

12. 11. Die 3. Österreichische Buchwoche wird vom Verband der Buchhändler unter Mitwirkung aller namhaften Verlage und Buchhandlungen Österreichs im Kaisersaal der Residenz veranstaltet. Im Rahmen der Buchwoche liest Josef Brettenthaler aus eigenen Werken. Für die musikalische Umrahmung sorgt der Chor der Lehrerinnenbildungsanstalt unter der Leitung von Anton Dawidowicz.

1950

19. 11. Österreichische Kulturwoche bis 26. November in ganz Österreich. Zur Eröffnung in Salzburg bringt das Landestheater die Operette „Hofball in Schönbrunn" von August Pepöck. Als Freivorstellung wird „Das Konzert" von Hermann Bahr gegeben. Höhepunkt ist ein Festabend im Festspielhaus. Den Prolog spricht Karl Heinrich Waggerl, das Mozarteum-Orchester führt u. a. die „Musica brevis" von Gerhard Wimberger auf.

19. 11. 175 Jahre Landestheater werden mit einem Festakt im Theater gefeiert.

20. 11. Neues Fernheizwerk. Im Landeskrankenhaus wird das Fernheizwerk offiziell in Betrieb genommen.

21. 11. Tariferhöhung beim Obus. Der Gemeinderat beschließt die Erhöhung des Fahrpreises für 3 Teilstrecken auf 70 Groschen ab Jahresbeginn 1951. Diskutiert wird auch die Einstellung der Roten Elektrischen.

24. 11. Die Instandsetzung des Mozartstegs ist abgeschlossen.

30. 11. Kindergarten und Kinderheim in Itzling eröffnet. In nicht einmal einjähriger Bauzeit hat die Stadt an der Kirchenstraße einen Kindergarten mit angeschlossener Krabbelstube errichtet.

Abb. 191: Bürgermeister Anton Neumayr eröffnet den Kindergarten in Itzling, 30. November 1950.

Dezember 1950

- **1. 12.** **Eine Blumenschau** mit 4000 Blumen wird im Carabinierisaal der Residenz eröffnet.
- **2. 12.** **Ein Adventsingen in der Residenz** veranstalten die Salzburger Heimatpflege und das Salzburger Heimatwerk. Die Feiern beginnen mit einem Adventblasen vom Glockenspielturm.
- **4. 12.** **Österreichs modernster Wasserspeicher** mit einem Fassungsvermögen von 25 Millionen Liter wird auf dem Mönchsberg seiner Bestimmung übergeben.
- **5. 12.** **Gemeinderatssitzung.** Im Mittelpunkt der Sitzung steht die Debatte über den Prüfungsbericht des Rechnungshofes über die Gebarung der Stadtgemeinde Salzburg im Jahr 1949. Der Gemeinderat beschließt einen Kassenvorschuß von 220.000 Schilling für die Städtischen Verkehrsbetriebe zur Auszahlung des 13. Monatsgehaltes.
- **5. 12.** **Franz Martin gestorben.** Der bekannte Historiker, Direktor des Landesarchivs und Vorstand der Gesellschaft für Salzburger Landeskunde, stand im 69. Lebensjahr.
- **9. 12.** **Kolpinghaus-Weihe.** Fürsterzbischof Andreas Rohracher weiht das nach Bombenschäden wieder aufgebaute Kolpinghaus an der Franz-Josef-Straße.
- **9. 12.** Der **Christbaummarkt** findet an der oberen Franz-Josef-Straße, am Dom- und Kapitelplatz und an der Aiglhofstraße statt. Der Christkindlmarkt wird auf dem Kapitelplatz abgehalten.
- **12. 12.** **Konferenz des Weltkirchenrates.** Gesucht werden Auswanderungsmöglichkeiten für kriegsversehrte, altersschwache und behinderte DPs und Volksdeutsche, gegen die sich bisher alle Aufnahmeländer verschlossen haben.
- **12. 12.** **Mozarts Geburtshaus nach der Renovierung wieder eröffnet.** Die Räume erstrahlen jetzt in weiß und wirken durch die Neuaufstellung der Ausstellungsstücke nicht mehr so überladen.
- **14. 12.** Im „**Kampf gegen die sittliche Gefährdung der Jugend**" erläßt die Sicherheitsdirektion für Salzburg Vertriebseinschränkungen für die Zeitschriften „Sekt", „Wiener Melange", „Cocktail" und „Casanova".
- **15. 12.** **Neue Materialseilbahn auf den Untersberg.**
- **15. 12.** Das „**Gablerbräu**" in der Neustadt wird nach Renovierung und Umbau wieder eröffnet.
- **16. 12.** **Der Salzburger Eisenbahn-Modellbauklub** stellt im Kaisersaal der Residenz eine 45 Quadratmeter große, elektrisch betriebene Modelleisenbahnanlage aus.
- **23. 12.** **Das neue „Mozart-Kino"** in der Kaigasse wird nach sechsjähriger Pause mit dem Zarah-Leander-Film „Gabriele" wieder eröffnet. Das im Krieg durch Bomben zerstörte und jetzt wiederaufgebaute Kino bietet 540 Besuchern Platz und verfügt über moderne Tontechnik.
- **31. 12.** **Steigende Zahlen im Fremdenverkehr.** Im Jahr 1950 wurden in der Stadt 223.547 Gäste mit 1,228.430 Übernachtungen gezählt. Dazu kamen noch 41.797 Übernachtungen in Jugendherbergen. Das ergibt in Summe die bisher höchsten Fremdenverkehrsziffern.

Jänner 1951

2. 1. Daspelgruber reaktiviert. Der frühere Salzburger Polizeidirektor, der wegen falscher Angaben zu seiner NS-Vergangenheit zu einer mehrjährigen Freiheitsstrafe verurteilt, später jedoch begnadigt worden ist, hat nun seinen Dienst in der Polizeidirektion Linz wieder angetreten.

4. 1. Keine Butterknappheit auf der Schranne. Auf dem ersten Schrannenmarkt im neuen Jahr kostet Butter 18,70 bis 19 Schilling pro Kilogramm. Eier werden zum Preis von 1,20 bis 1,30 Schilling gehandelt. Die weiteren Kilopreise: Kartoffeln 65 und Weißkraut 80 Groschen, Zwiebeln 2, Knoblauch 6, Sauerkraut 2,50 Schilling, Karotten 90 Groschen, Kohl 1,40 bis 1,50 Schilling. Reh- und Hirschfleisch gibt es zu 14 Schilling je Kilogramm, Fasane zu 25 Schilling je Stück. Back- und Suppenhühner werden um 17 bis 19, Gänse und Enten um 18 bis 20 und Äpfel um 1 bis 1,30 Schilling pro Kilogramm angeboten.

6. 1. Die Stadt schreibt einen Foto-Wettbewerb aus. Der erste Preis für neue Bilder der Landeshauptstadt ist mit 1000 Schilling dotiert.

8. 1. „Hofwirt" eröffnet. Nach der Räumung durch die Amerikaner und Renovierung des Hauses wird der Restaurantbetrieb und teilweise auch der Hotelbetrieb für Zivilgäste geöffnet.

9. 1. Monatliche Pressekonferenzen der Stadtverwaltung. Bürgermeister Anton Neumayr (SPÖ) gibt bekannt, daß ab nun an jedem ersten Dienstag im Monat die Spitzen der Stadtverwaltung den Vertretern von Zeitungen und Rundfunk über die aktuellen Probleme der Stadt Rede und Antwort stehen werden. Damit soll eine bessere Information der Bevölkerung erreicht werden.

14. 1. Wohnbau-Ausstellung. Im Carabinierisaal der Residenz zeigt die „Vereinigung der Freunde des Wohnungseigentums" eine Ausstellung über die Möglichkeiten des Wiederaufbaus von Bombenruinen mittels Wohnungseigentum.

15. 1. Großfeuer an der Kleßheimer Allee. Im ehemaligen Heereszeugamt, das von der USFA als Lager verwendet wird, bricht ein Feuer aus. Eine große Lagerhalle wird schwer beschädigt. Die Feuerwehren der Stadt, der USFA und der Umgebungsgemeinden können noch größeren Schaden verhindern.

20. 1. Wetterchaos in Salzburg. Nach heftigen Regen- und Schneefällen fallen in Teilen der Stadt Strom und Telefon aus, der Obusverkehr muß vorübergehend eingestellt werden. – Nach einem Lawinenabgang in Badgastein mit 15 Todesopfern wird vom 24. bis 26. Jänner Landestrauer angeordnet.

25. 1. Polizeikaserne. Die nach Plänen von Architekt Helmut Gasteiner umgebaute und aufgestockte Polizeikaserne wird von der Polizei bezogen. Die Reliefbilder an der Fassade stammen von Jakob Adlhart. Die Umgestaltung dieses Baus von Wunibald Deininger stößt auf öffentliche Kritik.

25. 1. Zugverkehr eingeschränkt. Wegen Kohlemangel gibt es Einschränkungen im Personenverkehr der ÖBB.

29. 1. Einweihung des Krankenhauses der Barmherzigen Brüder. Das im Jahre 1923 aus dem früheren Truppenspital hervorgegangene Krankenhaus des Ordens war während des Zweiten Weltkrieges Reservelazarett, wurde 1945 von UNRRA und IRO beschlagnahmt, am 1. Juli 1950 den Barmherzigen Brüdern

1951

zurückgegeben und wird nun nach gründlicher Renovierung eingeweiht. Es hat derzeit 140 Betten.

31. 1. **„Altstoff ist Rohstoff"**. Unter diesem Titel ist bis 15. Februar eine Ausstellung im Carabinierisaal der Residenz zu sehen. Gezeigt werden Produkte, die aus Altstoffen hergestellt werden. Eine Sammelaktion der Salzburger Schuljugend hat im November 1950 rund 1000 Tonnen Altstoffe erbracht.

Februar 1951

5. 2. **Neuer Theaterdirektor.** Der Theaterausschuß bestellt Peter Stanchina zum Direktor des Landestheaters. Diese Position hatte Stanchina bereits 1943/44 inne. Er gründete auch die Schauspielschule am Mozarteum. Ab 1947 war Stanchina künstlerischer Vorstand des Operettentheaters Hannover und zuletzt Schauspieldirektor in Göttingen.

10. 2. **Pacher-Tafel entdeckt.** Ein Tafelbild des von Michael Pacher 1495–1498 geschaffenen und 1709 abgetragenen gotischen Hochaltars der Stadtpfarr- und späteren Franziskanerkirche wird gefunden.

11. 2. **Gründung der Kameradschaft Maxglan.** Obmann des erstmals bereits 1873 gegründeten Vereins wird Simon Bayrhammer.

16. 2. **Erste Bauetappe für neuen Schlachthof beschlossen.** Da der 1884/85 an der Lehener Brücke errichtete Schlachthof den hygienischen Anforderungen nicht mehr entspricht, beschließt der Gemeinderat den Neubau in Bergheim.

17. 2. **Die US-Sporthalle in der Riedenburg** wird mit einem Box-Vergleichskampf von Staffeln aus US-Besatzungssoldaten von Salzburg und Heidelberg der Öffentlichkeit vorgestellt.

19. 2. Das **„Diexi-Espresso" eröffnet** im Haus Rainerstraße 11.

22. 2. **Probleme bei der Einwanderung in die USA.** Der Leiter der DP-Kommission der Vereinigten Staaten, John W. Gibson, besucht Salzburg und besichtigt hier das IRO-Lager „Hellbrunner Kaserne" und das Volksdeutschen Lager „Hotel Europe". Gibson wird über die Schwierigkeiten bei der Einwanderung von Volksdeutschen in die USA informiert. Obwohl ein US-Gesetz vom 16. Juli 1950 den Zuzug von 54.700 Volksdeutschen vorsieht, konnten bisher erst 150 Volksdeutsche in die USA einwandern.

22. 2. **Budget 1951 beschlossen.** Der Gemeinderat beschließt Ausgaben von 91,5 und Einnahmen von 85,6 Millionen Schilling. Die Ausweitung des Haushaltsrahmens gegenüber 1950 beträgt rund 20 Prozent. In der außerordentlichen Gebarung sind Investitionen in Höhe von 64,9 Millionen Schilling – vor allem für den Wohnbau – vorgesehen.

22. 2. **Gemeinderat stimmt Fuschlsee-Projekt zu.** Die Wasserwerke wollen den Fuschlsee als Trinkwasserreservoir für die Landeshauptstadt nutzen.

23. 2. **Eröffnung der Eichstraßenbrücke.** Die erneuerte Brücke wird für den Verkehr freigegeben. Sie ist nun für eine Tragfähigkeit von 12 Tonnen ausgelegt.

28. 2. **Verschönerung des Mirabellplatzes.** USFA-Chef Generalmajor Stafford L. Irwin läßt den Stacheldraht um den US-Autoparkplatz entfernen.

März 1951

1. 3. Neue Obuslinie B auf der elektrifizierten Strecke vom Sigmundsplatz nach Liefering. Ab Liefering Spitz verkehrt ein Pendelautobus halbstündig bis Rott. Die Linie F vom Kommunalfriedhof endet nun am Ferdinand-Hanusch-Platz. Die Linie E fährt dafür von Aigen bis zum Landeskrankenhaus.

Abb. 192: Ein Obus der neuen Linie B in der Neutorstraße. Links im Bild die Pension „Sigmundstor", im Hintergrund der Schlot der Sternbrauerei, 1951.

2. 3. Salzburger Verkehrskonferenz. Im Ständesaal bemühen sich Politiker, Beamte des Landes und der Stadt, Vertreter der Polizei, der Bundesbahn, der Post, der Kammern und Autofahrerklubs, die aktuellen Verkehrsprobleme der Stadt Salzburg zu lösen. Zur Diskussion stehen die Errichtung neuer Verkehrsampeln, mehr Parkplätze, die Einführung weiterer Einbahnstraßen und anderer Verkehrsbeschränkungen. Unbestritten ist der notwendige Griesgassen-Durchbruch. Geplant ist der Bau einer Südumfahrung vom Maxglaner Kino über die Kaserngasse und Sinnhubstraße zur Fürstenallee.

5. 3. Baubeginn für Unfallkrankenhaus. Nach monatelangen Probebohrungen beginnen die Bauarbeiten für das neue Unfallkrankenhaus auf den Arenberggründen mit dem Schlagen zahlreicher Piloten.

7. 3. Der Bund lehnt die Übernahme des Mozarteums ab, weil dadurch die Vereinbarung aus dem Jahr 1922, wonach Stadt und Land Salzburg je ein Sechstel der Kosten dem Bund refundieren, hinfällig würde.

1951

- **9. 3. Wiedereröffnung des Farbenhauses Stuböck** anstelle der Bombenruine an der Ecke Dreifaltigkeitsgasse/Bergstraße.
- **12. 3. Nürnberg-Ankläger als Verteidiger in Salzburg.** Robert W. Kempner, der Ankläger in den Nürnberger Kriegsverbrecherprozessen, verteidigt in Salzburg einen Amerikaner. Dieser soll in den vergangenen Monaten 558 Tonnen Koks und 13,5 Tonnen Kohle aus dem US-Lager in Kleßheim an Kohlengroßhändler in Salzburg verschoben haben. Er wird vom amerikanischen Militärgerichtshof zu 3 Jahren Gefängnis und einer Geldstrafe von 6500 Dollar verurteilt.
- **14. 3. Debatten um Neubau von Mozarts Wohnhaus.** Kaum sind die Pläne bekanntgeworden, anstelle des bombenzerstörten Wohnhauses der Familie Mozart am Makartplatz einen mehrstöckigen Neubau zu errichten, gibt es darüber erregte öffentliche Debatten. Landesarchäologe Martin Hell tritt für einen originalgetreuen Wiederaufbau ein. Das Bundesdenkmalamt stimmt hingegen einem schlichten Neubau in der Höhe des benachbarten Gebäudes Makartplatz 7 zu.

Abb. 193: Baugelände bei Mozarts Wohnhaus Ecke Theatergasse/Makartplatz, 1951.

- **15. 3. Neuer USFA-Stadtkommandant.** Oberst Robert C. Lutz ist vom USFA-Oberkommandierenden Generalmajor Stafford LeRoy Irwin zum Stadtkommandanten von Salzburg ernannt worden.
- **20. 3. Pläne für ein Hallenbad.** Zwei Standorte stehen zur Diskussion: das Areal zwischen Rosenhügel und Auerspergstraße sowie die freie Fläche neben dem Elmo-Kino bei der Lehener Brücke. Die Badehalle soll auch für andere Veranstaltungen genützt werden können.
- **31. 3. Frühlingssingen in der Residenz.** Veranstalter sind das Salzburger Heimatwerk und die Volkstumsabteilung der Landesregierung.

April 1951

2. 4. Heftige Proteste gegen Harlan-Film. Gegen die Aufführung des Films „Die unsterbliche Geliebte" von Veith Harlan, dem Regisseur des berüchtigten Nazifilms „Jud Süß", protestieren ca. sechzig in Salzburg lebende jüdische DPs, sowie einige Sozialisten und Kommunisten. Die Polizei geht mit Knüppeln vor, um die Filmvorführung zu ermöglichen. Gegen diese Gewaltanwendung protestieren wiederum die jüdische Kultusgemeinde und die KZ-Verbände. US-Hochkommissar Walter J. Donnelly wünscht von der österreichischen Regierung ein Verbot der Filme Harlans. Nach einigen ausverkauften Vorführungen und anhaltenden Protesten setzt Kinobesitzer Alfred Morawetz, der selbst in der NS-Zeit verfolgt worden ist, den Film vom Spielplan ab. Frühere Aufführungen der Harlan-Filme „Immensee" und „Opfergang", die noch dazu während des Zweiten Weltkrieges gedreht worden waren, konnten im Verleih der sozialistischen „KIBA" ohne Proteste abgewickelt werden.

3. 4. Bürgermeister gegen Volksdeutschen-Siedlung. Bürgermeister Anton Neumayr (SPÖ) spricht sich gegen die Errichtung einer Siedlung für Volksdeutsche im Stadtgebiet aus. Er befürchtet, daß die Stadt für diese Menschen im Alter aufkommen müsse. Die geplante Siedlung ist die Voraussetzung für die Räumung der Bombenruine des Hotels „Europe", das Besitzer Georg Jung nach Abschluß des Rückstellungsverfahrens (nach dem seinerzeitigen Zwangsverkauf für das Wehrkreiskommando XVIII) nun wieder aufbauen will. Neumayr spricht sich für eine Volksdeutschen-Siedlung in Grödig aus.

10. 4. „Gespensterhaus" heißt der Neubau vor dem neuen Mönchsberglift im Volksmund, weil darin kein Stiegenhaus errichtet worden ist. Der Aufgang hätte ursprünglich in das Nachbarhaus integriert werden sollen. Dessen Besitzer zog jedoch seine Zusage zurück, sodaß nun ein Stiegenhaus nachträglich eingebaut werden muß. Der Rohbau einer Wendeltreppe ist jetzt fertiggestellt.

11. 4. Kugelschreiber amtlich zugelassen. Das Salzburger Volksblatt meldet, daß nach einer Verfügung des Innenministeriums gegen die Verwendung von Kugelschreibern im amtlichen Schriftverkehr kein Einwand mehr bestehe.

11. 4. US-Militärstadt vor Salzburgs Toren? Die USFA planen im Nahbereich der Stadt Salzburg, Unterkünfte für eine Division zu errichten. Generalmajor Stafford LeRoy Irwin gibt der Landesregierung die Möglichkeit, bis 24. April 1951 eine Stellungnahme abzugeben, ob sie für Anif oder Siezenheim eintrete. Die Landesregierung weicht einer Stellungnahme aus. Die USFA mögen das Einvernehmen mit der Bundesregierung herstellen. Anifer Delegationen bitten Landeshauptmann Josef Klaus und Bundeskanzler Leopold Figl (beide ÖVP) um Hilfe, die Militäranlage in Anif zu verhindern. Vom Land wird als möglicher Standort der Lieferinger Spitz vorgeschlagen.

14. 4. „Entschandelung" der Festspielstadt. Gerd Bacher fordert in den Salzburger Nachrichten die Anwendung gesetzlicher Bestimmungen zur Eindämmung der Flut an häßlichen Reklamen, stillosen Portalen und Auslagen.

15. 4. Höhepunkt der Flüchtlingswelle. Die Zahl der in Salzburg lebenden Flüchtlinge und DPs erreicht mit 36.378 Personen ihren Höhepunkt.

1951

15. 4. Um den Wiederaufbau von St. Andrä. Im Großen Saal des Mozarteums diskutieren Weihbischof Johannes Filzer, Erzabt Jakobus Reimer, sowie Vertreter von Stadt, Land, Klerus und der Pfarre St. Andrä über den Wiederaufbau der durch Bomben zerstörten Pfarrkirche. Durch verstärkte Sammlungen sollen die Bauarbeiten bis zum Frühjahr 1952 abgeschlossen werden können.

Abb. 194: Das Innere der Andräkirche während der Restaurierung, 1951.

1951

16. 4. Neue Verkehrsregelungen. Der Ritzerbogen wird für den Lastkraftwagenverkehr gesperrt. Während des Umbaus der Schwabenwirtsbrücke muß der gesamte Verkehr über die Eichstraße umgeleitet werden. Die Obuslinie nach Gnigl endet während der Bauzeit bei der Firma Preimesberger.

16. 4. Der Umbau der Eisenbahnbrücke über die Salzach beginnt. Während der Bauzeit wird der Eisenbahnverkehr nur eingleisig abgewickelt.

17. 4. Wettbewerb für Grand-Hotel „Winkler". Achtzig Architekten beteiligen sich am Wettbewerb für den Ausbau des Cafés auf dem Mönchsberg zu einem Grand-Hotel. Die Jury vergibt den 1. Preis an den Linzer Architekten Fritz Steinfeder. Das Projekt wird aber nicht verwirklicht.

19. 4. Widerruf von Baubewilligungen. Aufgrund einer Weisung des Bundesministeriums für Handel und Wiederaufbau hebt die Stadt alle bereits erteilten Baubewilligungen für Siedlungshäuser auf dem Areal des ehemaligen Internierungslagers Marcus W. Orr in der Alpensiedlung wieder auf, weil die rechtliche Situation dieses Areals noch nicht eindeutig geklärt ist. Die einstige Pionierkaserne gilt als Deutsches Eigentum.

Abb. 195: Vorortesituation anno 1951. Blick von der in Umbau befindlichen Schwabenwirtsbrücke Richtung Kapuzinerberg. Rechts die noch nicht verbreiterte Linzer Bundesstraße, links die Fürbergstraße.

351

1951

- **24. 4. Neuorganisation der Musikschulen** im Verein „Salzburger Volksmusikschulen", dem ein mit Stadt- und Landespolitikern besetztes Kuratorium vorsteht. In 28 Zweigschulen werden rund 2000 Schüler unterrichtet. Neuer Leiter wird Robert Wolf, sein Stellvertreter Leo Ertl.
- **28. 4. Wahl der Miss Salzburg 1951.** Die 18jährige Schneiderin Ruth Vogl wird im Grand-Café „Winkler" zur schönsten Salzburgerin gekürt.
- **30. 4. Kiosk für Autobusbahnhof.** Der Kiosk aus Leichtmetall und Glas auf dem Südtirolerplatz ist in Zusammenarbeit von Post und Bahn errichtet worden.
- **30. 4. Das neue Postamt Morzg** wird in der umgebauten ehemaligen Feuerwehrzeugstätte eröffnet.

Mai 1951

- **1. 5. Maifeiern.** Rund 4000 Teilnehmer kommen zur SPÖ-Kundgebung am Residenzplatz. 500 Menschen beteiligen sich an der VdU-Kundgebung am Kapitelplatz, ebensoviele am Aufmarsch der KPÖ. Die ÖVP veranstaltet ein Frühlingskonzert im Festspielhaus.
- **1. 5. „Jung-Salzburg" wirbt in Dänemark.** Eine Werbefahrt für Salzburg führt die Heimatgruppe „Jung-Salzburg" der Pfadfinder-Gilde Salzburg unter der Leitung von Erich K. Cevela bis 17. Mai durch Dänemark.
- **6. 5. Erster Wahlgang für Bundespräsidentenwahl.** In der Stadt erhält der vom VdU unterstützte Kandidat Burghart Breitner mit 28.812 die meisten Stimmen. Dahinter folgen Theodor Körner (SPÖ) mit 15.792 und Heinrich Gleißner (ÖVP) mit 13.748 Stimmen. Da österreichweit keiner der Kandidaten die absolute Mehrheit erreicht, ist ein zweiter Wahlgang mit den beiden stimmenstärksten Kandidaten Gleißner und Körner am 27. Mai 1951 angesetzt.
- **7. 5. USFA-Entscheidung für Kaserne in Siezenheim.** Generalmajor Stafford LeRoy Irwin gibt bekannt, daß die amerikanische Militärstadt im Gemeindegebiet von Wals-Siezenheim errichtet wird. Dieses Areal habe den Vorzug gegenüber Anif und dem Salzach-Saalach-Dreieck erhalten. In Siezenheim seien die verkehrsmäßige Anbindung am günstigsten, die Kosten geringer als in Anif und es drohe keine Überschwemmungsgefahr wie in Liefering. Anif sei auch mit Rücksicht auf seine kulturelle Bedeutung ausgeschieden.
- **8. 5. Wiedergründung des STV.** In einer außerordentlichen Generalversammlung wählt der wiedergegründete Salzburger Turnverein Matthias Kirchmeier zum Obmann. Die 1949 erfolgte behördliche Auflösung des Vereins unter dem Namen „Deutscher Turnerbund Salzburg – Gruppe Salzburger Turnverein" war vom Verfassungsgerichtshof am 8. März 1951 aufgehoben und dem Verein Gelegenheit zur Umbildung gegeben worden.
- **9. 5. Hotel „Stein" wiedereröffnet.** Nach der Freigabe durch die USFA im Mai 1950 und der anschließenden Renovierung bietet das Hotel nun zeitgemäßen Komfort in 80 Zimmern mit 130 Betten.
- **10. 5. Richard-Wagner-Gesellschaft in Salzburg gegründet.** Präsident des österreichweit tätigen Vereins wird der Salzburger Buchhändler Adolf Stierle. Seine Stellvertreter sind Peter Uray (Graz) und Frau Tontschi Stuböck (Salzburg).

1951

- **12. 5. 50 Jahre Salzburger Liederkranz.** Am Jubiläumskonzert im Festspielhaus nehmen alle Salzburger und einige auswärtige Chöre teil.
- **13. 5. Konzert Zarah Leanders** im Festspielhaus unter der Begleitung der Kapelle Heinz Sandauer. Das begeisterte Publikum ist nur durch das Abschalten des Lichtes dazu zu bewegen, den Saal zu verlassen.
- **16. 5. Stadtsenat für Funkhaus auf Museumsgrund.** Durch den Neubau könnte der Sender Rot-Weiß-Rot das Franziskanerkloster, in dem auch der amerikanische CIC untergebracht ist, räumen. Der Stadtsenat stimmt einer Baurechtsvergabe des Museumsgrundes auf 90 Jahre zu.
- **16. 5. Vortrag von Viktor Frankl.** Der Sozialpsychologe spricht im Studio St. Peter zum Thema „Das Menschenbild der heutigen Seelenheilkunde (Pathologie des Zeitgeistes)".
- **17. 5. Der 30.000ste Auswanderer in die USA.** US-Hochkommissar Walter E. Donnelly übergibt in Salzburg der Familie Stanislaus Mlynarzek das US-Visum. Zu dieser aus der Bukowina stammenden Familie gehört der 30.000ste Auswanderer in die USA. Donnelly besucht außerdem das Volksdeutschen-Umsiedlungslager im Hotel „Europe" und stellt Erleichterungen bei der Einwanderung in die USA in Aussicht.
- **19. 5. Tag der amerikanischen Streitkräfte.** Die Parade auf dem Salzburger Flugfeld nimmt der USFA-Oberkommandierende Generalmajor Stafford LeRoy Irwin ab. Die Zuschauer sehen die ersten US-Düsenjäger. Anschließend beginnen die jährlichen USFA-Frühjahrsmanöver.
- **19. 5. Bekenntnistag der Katholischen Jugend.** Rund 4000 katholische Jugendliche mit 114 Bannerträgern, begleitet von fünf Musikkapellen ziehen mit Fackeln durch die Straßen der Stadt. Es folgt eine große Friedenskundgebung auf dem Domplatz, bei der Landeshauptmann Josef Klaus (ÖVP) und Fürsterzbischof Andreas Rohracher sprechen.
- **20. 5. Kriegerdenkmal Liefering eingeweiht.** Es ist in Form einer kleinen Kapelle an der Friedhofsmauer durch die Lieferinger Bevölkerung errichtet worden.
- **20. 5. Autobushaltestelle auf dem Südtirolerplatz.** Die Abfahrtsstelle der Autobusse des Kraftwagendienstes der ÖBB und der Post wird vom Residenzplatz auf den Südtirolerplatz verlegt. Dadurch ändert sich auch die Fahrtstrecke der Buslinien durch die Stadt.
- **20. 5. Die neue Autobus-Eillinie Salzburg–Berchtesgaden** wird gemeinsam von der Deutschen Bundesbahn, dem ÖBB-Kraftwagendienst und den Städtischen Verkehrsbetrieben geführt.
- **20. 5. Bahnsteigkarten abgeschafft.** Mit Inkrafttreten des neuen Sommerfahrplans der ÖBB werden die Bahnsteigsperren am Hauptbahnhof aufgehoben. Das Lösen einer Bahnsteigkarte ist damit hinfällig.
- **22. 5. Eltern protestieren** in einer Versammlung gegen die katastrophalen Verhältnisse in der Volksschule Griesgasse. Trotz bisheriger Proteste müßten 700 Kinder noch immer in zwei Stockwerken eines ehemaligen Privathauses zur Schule gehen. Es gebe keinen Turnsaal, keine Nebenräume und keine ausreichenden sanitären Anlagen. Bezirksschulinspektor Anton Porenta bedauert, daß in der Stadt insgesamt 115 Schulzimmer fehlten.

1951

- **23. 5. Erster Lehrgang der Chemieschule Bildermann abgeschlossen.** Die Schule ist provisorisch im Chemiesaal des Mädchen-Realgymnasiums untergebracht.
- **26. 5. Hjalmar Schacht in Salzburg.** Der frühere deutsche Reichsbankpräsident des NS-Regimes spricht zum Abschluß der „Europawoche" im vollbesetzten Festspielhaus über Wirtschafts- und Finanzprobleme Europas. Ein gegen den Auftritt Schachts protestierender Zuhörer wird aus dem Saal gedrängt.
- **26. 5. Eröffnung der Fluglinie nach Zürich.** Die Swissair fliegt fünfmal pro Woche mit einer Zwischenlandung in Innsbruck. Zwei Flüge gehen weiter bis Linz.
- **27. 5. Körner neuer Bundespräsident.** Der von der SPÖ nominierte Wiener Bürgermeister Theodor Körner schlägt im zweiten Wahlgang den oberösterreichischen Landeshauptmann Heinrich Gleißner (ÖVP). In der Stadt Salzburg sind von 61.087 abgegebenen Stimmen 10.458 ungültig. Hier liegt Körner mit 26.755 Stimmen vor Gleißner mit 23.874 Stimmen. Nichtwähler werden mit 10 Schilling je Wahlgang bestraft.
- **28. 5. Neue Rechtsbasis für das Festspielhaus.** Namens des Salzburger Festspielfonds und der Stadtgemeinde Salzburg als Eigentümer unterzeichnen Landeshauptmann Josef Klaus (ÖVP) und Präsident Heinrich Puthon bzw. Bürgermeister Anton Neumayr (SPÖ) einen Vertrag, wonach der Fonds das Festspielhaus in Bestand nimmt und verwaltet. Der Vertrag tritt rückwirkend mit 1. Oktober 1950 in Kraft und läuft bis 30. September 1970.
- **28. 5. Neue Musikbücherei.** Im Rahmen der Stadtbücherei wird eine neue Musikbücherei eröffnet, die aus den Restbeständen der alten Musikalienbibliothek des Salzburger Volksbildungsvereines besteht und 1400 Bände umfaßt. Keine andere österreichische Stadt besitzt bisher eine derartige Musikbücherei.
- **29. 5. Abgabe auf Speiseeis.** Die vom Gemeinderat beschlossene Abgabe wird in der Form abgeführt, daß jene Firmen, die Eis verkaufen, für das Jahr 1951 einen Pauschalbetrag von 35.000 Schilling bezahlen.

Juni 1951

- **1. 6. Autobuslinie R nach Freilassing.** Die bisher an der Staatsgrenze endende Linie fährt nun bis Freilassing-Schmiedhäusl.
- **1. 6. Fahrpreiserhöhung bei den Verkehrsbetrieben.** Die Kurzstreckenkarte kostet nun 70 Groschen, die Karte für drei bis fünf Teilstrecken 1 Schilling, ab sechs Teilstrecken 1,30 Schilling.
- **1. 6. Volkszählung in Österreich.** In der Stadt werden 102.927 Einwohner gezählt gegenüber 77.170 bei der Volkszählung im Jahr 1939 und 40.456 Einwohnern vor der Eingemeindung von 1935. Die Gebäudezählung ergibt 9046 Häuser (1 Prozent davon ist zerstört oder unbenutzbar) mit 31.774 Wohnungen.
- **5. 6. Die Großwäscherei Kaltenegger wird von den USFA beschlagnahmt,** weil sich der Inhaber dieser Firma in Mülln geweigert hat, ausschließlich Aufträge der USFA zu übernehmen.
- **8. 6. Marmorplastik von Jakob Adlhart wieder auf dem Festspielhaus.** Während der NS-Zeit war die Marmorplastik mit den vier Theatersymbolen entfernt und ins Marmorwerk Kiefer gebracht worden.

1951

9. 6. Sowjetische Repatriierungskommission muß „Kasererhof" räumen. Über Aufforderung der USFA räumen die Sowjets das Hotel. In ihrer dreijährigen Tätigkeit in Salzburg ist es ihnen lediglich gelungen, 106 sowjetische DPs zur Rückkehr in die Sowjetunion zu bewegen. Der „Kasererhof" war 1945 von den USFA beschlagnahmt, Anfang 1948 freigegeben, anschließend von den Eigentümern renoviert und im Mai 1948 für die Sowjets wieder requiriert worden.

9. 6. Paracelsus-Gesellschaft. Im Schloß Mirabell konstituiert sich unter dem Vorsitz von Bürgermeister-Stellvertreter Karl Schneider-Manns Au (VdU) die Internationale Paracelsus-Gesellschaft mit Sitz in Salzburg. Präsident wird Univ.-Prof. Franz Strunz (Wien).

11. 6. Baubeginn für das Camp Roeder in Siezenheim. Im Auftrag der USFA beginnen die beiden Baufirmen Heinz und Rosenberger mit den Bauarbeiten nahe der Autobahn. Die Bausumme für die erste Etappe mit 10 Gebäuden auf 100.000 Quadratmetern Grund beträgt 18 Millionen Schilling. Die Bauern erhalten für den von den USFA beschlagnahmten Grund und den Ernteausfall eine Entschädigung von der Republik Österreich.

13. 6. Skandal um illegalen Vermögenstransfer. Ein Salzburger Rechtsanwalt und ein weiterer Jurist sind wegen diverser Vermögensgeschäfte zwischen einer bundesdeutschen Firma und der Salzburger Agentur- und Kommissions-GmbH „AKOG" verhaftet worden. Weil an der AKOG auch ÖVP-Politiker beteiligt sind, erhält dieser Wirtschaftsskandal eine politische Dimension.

14. 6. Tournee der Polizeimusikkapelle durch die Schweiz. Mit Konzerten in Zürich, Bern und Luzern wirbt die Kapelle für Salzburg.

15. 6. Internationale Fotoausstellung in der Residenz. 236 Fotografen aus dreißig Nationen stellen bis 19. Juli ihre Fotos im Carabinierisaal aus.

16. 6. Wiedereröffnung des Hotels „Germania" an der Ecke Faberstraße/Hubert-Sattler-Gasse.

16. 6. Zur CV-Tagung in Salzburg kommen einige hundert Studenten und „Alte Herren" von katholischen Hochschulverbindungen des Cartellverbandes.

20. 6. Panik am Devisenschwarzmarkt. Durch einen vom US-Hauptquartier überraschend angeordneten Zwangsumtausch der Militärdollars in neue „Scripts" wird den illegalen Händlern von Militärdollars ein empfindlicher Schlag versetzt.

20. 6. Römische Mauerreste in Maxglan gefunden. Bei Kanalbauarbeiten sind in der Ganshofstraße und in der Gärtnerstraße Reste eines römischen Hauses und Gebrauchsgegenstände gefunden worden.

20. 6. Wieder Aufregung um miserablen Zustand einer Schule. Im Gebäude Gstättengasse 12 mit einem einzigen Stiegenhaus sind das Bundesrealgymnasium für Mädchen und Frauenoberschule, die Bundeslehrerinnenbildungsanstalt mit vierklassiger Übungsschule, das Privat-Mädchen-Realgymnasium der Ursulinen und die Haushaltungsschule der Ursulinen mit zusammen mehr als 1200 Schülerinnen unter untragbaren Verhältnissen untergebracht. Eigentlich müßte das Gebäude längst baupolizeilich gesperrt werden. Der Elternverein protestiert gegen die Zustände und verlangt, daß der Bund endlich zwei neue Schulgebäude auf den Gründen in Nonntal baut, die von der Stadt dem Bund kostenlos zur Verfügung gestellt worden sind.

1951

Abb. 196: Unterricht mit Lehrer Pabst in der Volksschule Mülln, Schuljahr 1950/51.

Abb. 197: Volksschulklasse in Mülln, 1950.

Abb. 198: Turnunterricht anno 1950 in der Volksschule Mülln.

1951

23. 6. Ihr 100jähriges Bestehen feiert die Realschule im Rahmen eines Festaktes im Großen Saal des Mozarteums.

25. 6. Streik der Fleischer- und Müllergehilfen. Nach einer mehrtägigen Arbeitsniederlegung erhalten sie eine 12prozentige Lohnerhöhung rückwirkend ab 30. April zugesprochen.

25. 6. Prunkräume der Residenz in neuem Glanz. Die Innen- und Außenrenovierung ist abgeschlossen.

27. 6. Wiedergutmachung für Beamte. Der Salzburger Landtag fordert von der Bundesregierung, den in der Zeit von 1934 bis 1945 aus politischen Gründen geschädigten öffentlichen Bediensteten eine angemessene materielle Entschädigung zu gewähren und die dreijährige Hemmungsfrist für NS-minderbelastete Beamte aufzuheben.

28. 6. Untersuchungsausschuß über Personalpolitik bei Verkehrsbetrieben. Der Gemeinderat setzt auf Antrag der SPÖ-Fraktion einen Untersuchungsausschuß mit je zwei Vertretern von SPÖ, ÖVP und VdU ein, der sich mit den von der „Salzburger Volkszeitung" erhobenen Vorwürfen der Mißwirtschaft und „skandalöser Personalverhältnisse" bei den Verkehrsbetrieben befassen soll. Der Ausschuß fordert die Einführung einer Prüfungsordnung und einer Fahrdienstleiterprüfung bei den Verkehrsbetrieben.

29. 6. Stadtverein wiedergegründet. Im Zipfer Bierhaus hält der Stadtverein Salzburg (früher Stadtverschönerungsverein) seine Hauptversammlung ab und nimmt damit seine Tätigkeit wieder auf. Präsident ist Wilhelm Flatz, Stellvertreter Erich Grießenböck. Zum Geschäftsführer wird Sepp Zulehner, zum Kassier Karl Tomaselli gewählt.

30. 6. ARBÖ-Sporttag auf der Trabrennbahn in Aigen. Radrennen, Trabrennen und als Höhepunkt ein Auto-Sandbahnrennen bilden das Programm.

Juli 1951

1. 7. Wiedereröffnung des Rainermuseums. Das nach dem Ersten Weltkrieg eingerichtete Museum bietet in elf Sälen der Festung Hohensalzburg einen Überblick über die Geschichte des ehemaligen k. u. k. Infanterie-Regimentes Nr. 59 Erzherzog Rainer, in dem vor allem Salzburger und Innviertler gedient haben.

1. 7. Weihestunde auf dem alten Militärfriedhof. Das Österreichische Schwarze Kreuz hat den 1809 angelegten Militärfriedhof in Thumegg renoviert und dort ein neues Denkmal errichtet, das von Bildhauer Hans Pacher in Zusammenarbeit mit dem Steinmetz Heinrich Mayer ausgeführt worden ist.

5. 7. Großgarage Fünfhaus eröffnet. Die Privatgarage neben dem Haus Rainerstraße 15 beherbergt auch eine PKW-Servicestation.

6. 7. Neues Kino in der Josefiau. Mit dem Film „Das doppelte Lottchen" nimmt das neue Lichtspielhaus an der Lederwaschgasse seinen Betrieb auf. Es hat einen Fassungsraum von 340 Personen.

8. 7. Blumenkorso am „Tag der Blume". Der vom Stadtverein organisierte Umzug von 14 geschmückten Festwagen führt von der Franz-Josef-Straße über die Altstadt zur Trabrennbahn in Aigen, wo die schönsten Wagen prämiert werden.

1951

Abb. 199: Weihestunde auf dem alten Soldatenfriedhof in Thumegg anläßlich des Abschlusses der Renovierung, 1. Juli 1951.

Abb. 200: Anläßlich des „Tages der Blume" führt ein Blumenkorso von der Altstadt zur Trabrennbahn in Aigen, 8. Juli 1951.

1951

Abb. 201: Mitglieder der amerikanischen Secret Mission verhaften in Salzburg einen sowjetischen Deserteur, 8. Juli 1951.

10. 7. **5. Lohn-Preis-Abkommen.** Die Preise für Grundnahrungsmittel und Energie werden erhöht, die Löhne und Gehälter bis 1400 Schilling um 140 Schilling, alle übrigen Bezüge um 10 Prozent angehoben. Die Kinderbeihilfe steigt von 60 auf 105 Schilling.

10. 7. **USA-Militärkonzert auf dem Domplatz.** Die Musikkapelle der amerikanischen Luftwaffe nützt die Jedermann-Bühne und gibt dort ein Unterhaltungskonzert, das beim zahlreichen Publikum großen Anklang findet. Am nächsten Abend wird das Konzert wiederholt.

15. 7. **Umstellungen im Telefonverkehr** durch das neue Wählamt der Post in der Paris-Lodron-Straße. Ein Großteil der Telefonnummern wird fünfstellig. Die Abrechnung der Telefongebühren erfolgt nach Zeiteinheiten. Bisher kostete jedes Ortsgespräch einheitlich 30 Groschen, jetzt verlangt die Post pro Gesprächsminute 9 Groschen.

15. 7. **Ausstellung bildender Künstler Österreichs.** Die „Vereinigung zur Förderung volksnaher Kunst" stellt in der Realschule am Ferdinand-Hanusch-Platz Bilder von 43 Künstlern des 20. Jahrhunderts aus, darunter Wilhelm Dachauer, Hans Frank, Michael Ruppe, Josef Stoitzner, Franz Jung-Ilsenheim, Albin Müller-Rundegg, Karl Reisenbichler, Karl Truppe u. a. m.

18. 7. **Sperre der Gaisbergstraße.** Zur Behebung schwerer Baugebrechen muß die Straße bis 11. Jänner 1952 gesperrt werden.

1951

Abb. 202: Eine Vorführung der Spanischen Hofreitschule in Nonntal, 1953.

- **21. 7. Grillparzers „Sappho" im Hellbrunner Felsentheater.** Die Salzburger Kulturvereinigung, die Grillparzer-Gesellschaft und die Österreichische Gesellschaft für Theaterforschung haben das Felsentheater in Hellbrunn wieder für Theateraufführungen nutzbar gemacht. Eine Schauspielergruppe um Regisseur Max Meinecke führt Grillparzers „Sappho" auf.
- **25. 7. Milchbar.** Nach umfassender Renovierung öffnet die seit 1927 bestehende Milchtrinkstube im Schloß Mirabell wieder.
- **27. 7. Salzburger Festspiele 1951.** Vor dem Hauptbahnhof schreitet Bundespräsident Theodor Körner eine angetretene Ehrenwache der amerikanischen Militärpolizei und der Salzburger Exekutive ab. Die Eröffnungsaufführung, Mozarts „Idomeneo", dirigiert Georg Solti. Karl Böhm wagt in Zusammenarbeit mit Oscar Fritz Schuh und Caspar Neher die Aufführung von Alban Bergs „Wozzeck". Wilhelm Furtwängler dirigiert Mozarts „Zauberflöte" und Verdis „Othello". Auf dem Schauspielprogramm stehen der unveränderte „Jedermann" sowie im Landestheater William Shakespeares „Wie es euch gefällt" und Heinrich von Kleists „Der zerbrochene Krug". In Chorkonzerten treten der norwegische Kirchenknabenchor „Olavsguttene" und der Straßburger Domchor auf.
- **28. 7.** Die **Lipizzaner** der Spanischen Hofreitschule unter der Leitung von Oberst A. Podhajsky zeigen auf dem SAK-Platz in Nonntal ihre hohe Kunst.
- **28. 7. Taxi nun mit Taxameteruhren.** Damit sollen die zahlreichen Klagen über ungerechtfertigte Taxikosten beseitigt werden. Für die ersten 300 Meter zeigt die

1951

Uhr nun 7 Schilling an, weitere 300 Meter kosten 1 Schilling, ebenso die Wartegebühr für 6 Minuten.

- **28. 7. Österreichische Plastik von 1900 bis 1950.** Bundespräsident Theodor Körner eröffnet die von der Stadt und Salzburger Kulturvereinigung organisierte Ausstellung im Zwerglgarten, bei der u. a. Werke von Wilhelm Frass, Karl Wollek, Ludwig Kaspar, Edmund Moiret und Josef Thorak gezeigt werden. Eine Gruppe von modernen Künstlern um Fritz Wotruba hat eine Teilnahme abgelehnt. Bis 7. Oktober besuchen 5387 Personen die Ausstellung.
- **31. 7. Internationale Pfadfinderkonferenz in Salzburg.** Zur dreitägigen Konferenz im Borromäum kommen Pfadfinder aus 34 Nationen. Die Eröffnung nimmt die Witwe des Begründers der Pfadfinderbewegung, Lady Baden Powell of Gilwell, vor. Die Veranstaltung ist Auftakt für das Weltjamboree bei Bad Ischl mit mehr als 15.000 Pfadfindern.
- **31. 7. Die Internationale Sommerakademie** am Mozarteum wird eröffnet.

August 1951

- **1. 8. Flüchtlings-Altersheim Hellbrunn in österreichischer Verwaltung.** Der Chef der IRO, General Wood, übergibt das Heim und 13 Millionen Schilling für die Flüchtlingsbetreuung an Bundeskanzler Leopold Figl (ÖVP).
- **2. 8. Streikwelle in Salzburg.** Rund 3000 Angestellte des Handels und der Speditionsbetriebe treten für eine 15prozentige Lohnerhöhung in den Ausstand. Im Stieglkeller findet eine große Streikkundgebung statt. Infolge des Streiks können lediglich die kleinen Geschäfte und Familienbetriebe weiter offen halten. Nach zweitägigem Ausstand einigen sich Arbeitgeber und Arbeitnehmer auf eine 13prozentige Lohnerhöhung. Damit ist der Streik beendet.
- **5. 8. Concours d'élégance d'automobile** auf der Trabrennbahn in Aigen. Sieger Schorsch Fallenegger mit seinem Porsche erhält als Preis 200 Rasierklingen der Maka-Werke. Bei den großen Wagen gewinnt Paul Lamberg mit einem Hudson, den Bewerb „Die Dame und ihr Wagen" Frau Olly Fallenegger auf Porsche.
- **6. 8. USFA-Flugzeug rammt ein Haus.** Am Ostrand des Flugplatzes kracht ein notgelandetes einmotoriges Flugzeug in das Haus Eichetstraße 6, das beschädigt wird. Der Pilot und sein Flugschüler erleiden nur leichte Verletzungen.
- **11. 8. ERP-Ausstellung.** In einem Zelt auf dem Areal des abgebrochenen Kurhauses an der Rainerstraße ist die 3. ERP-Ausstellung unter dem Motto „Friede ohne Furcht" zu sehen. Gezeigt werden die bisherigen Leistungen für den wirtschaftlichen Wiederaufbau Österreichs.
- **11. 8. Freilufttheater.** Das Landestheater bringt Molières „Amphitryon" im Heckentheater im Mirabellgarten unter der Leitung von Peter Stanchina mit dem Bühnenbild von Günther Schneider-Siemssen.
- **11. 8. Ehrung für US-Präsident Truman.** US-Hochkommissar Walter J. Donnelly übernimmt im Marmorsaal für US-Präsident Harry S. Truman die Große goldene Medaille der Mozartstadt Salzburg. Die Medaille trägt ein Reliefbildnis von Wolfgang A. Mozart und auf der Rückseite über dem lorbeerbekränzten Stadtwappen die Aufschrift „Amico Salisburgensis Laus et Honor".

1951

Abb. 203: Die Vizebürgermeister Richard Hildmann und Karl Schneider-Manns Au überreichen dem amerikanischen Hochkommissär Walter J. Donnelly die Mozart-Medaille für Präsident Harry S. Truman, 11. August 1951.

12. 8. **Eisenhower in Salzburg.** Während eines Wochenendurlaubes in Garmisch kommt US-Oberbefehlshaber General Dwight D. Eisenhower zu einem Kurzbesuch nach Salzburg.

12. 8. **Speedway-Meeting.** Der ARBÖ veranstaltet im Itzlinger Stadion ein internationales Sandbahnrennen für Motorräder. Sieger vor 4000 begeisterten Zusehern wird Staatsmeister Fritz Dirtl.

13. 8. **Thomas Mann in Salzburg.** Der Dichter liest vor zahlreichem Publikum in der Aula zugunsten der Internationalen Sommerakademie am Mozarteum aus bisher unveröffentlichten Werken, darunter dem Roman „Zauberberg".

13. 8. Die **Ausstellung „Salz als Kulturquell"** im Hohen Stock der Festung Hohensalzburg beginnt. Sie bietet einen Einblick in die Geschichte des Salzbergbaus und Salzhandels. Ausgestellt sind Urkunden, Uniformen, Modelle, technische Zeichnungen und Waldkarten der Salinenforste.

15. 8. **Jubel um Maria Jeritza.** Die Sängerin gibt auf der Jedermann-Bühne am Domplatz ein Konzert mit dem Mozarteum-Orchester unter der Leitung von Meinhard Zallinger. Den Reinertrag des Konzertes stellt sie als ersten Baustein für die Rekonstruktion des Mozart-Wohnhauses am Makartplatz zur Verfügung.

20. 8. **Zwei fleischlose Tage verordnet.** Die Bundesregierung verordnet in Anbetracht der österreichweiten Fleischknappheit zwei fleischlose Tage und will

überdies den Fleischimport verstärken. An allen Dienstagen und Freitagen darf ab sofort Fleisch weder verkauft noch in Gaststätten verabreicht werden. Auch in privaten Haushalten ist der Konsum von Fleisch und Fleischwaren an diesen beiden Tagen verboten. Landeshauptmann Josef Klaus (ÖVP) bemüht sich vergeblich um eine Ausnahme für die Stadt Salzburg während der Festspielzeit. Erst ab Anfang September werden die Bestimmungen dahingehend gelockert, daß die Fremdenverkehrsbetriebe an den beiden fleischlosen Tagen Innereien, Schaffleisch, Geflügel und Wild verwenden dürfen.

21. 8. **Planungen für den Bahnhofsvorplatz vorgestellt.** Die Stadträte Otto Ponholzer (VdU) und Stanislaus Pacher (SPÖ) stellen gemeinsam mit Vertretern der ÖBB und der Post eine generelle Neuplanung des Bereichs zwischen Hauptbahnhof, Elisabethstraße und St.-Julien-Straße vor. Die Bombenruine des Hotels „Europe" soll durch einen mehrgeschoßigen Neubau ersetzt werden. Der Südtirolerplatz wird nach Plänen des Architekten Josef Becvar mit Wohnbauten umrahmt. Auf dem Platz selbst ist der Autobusbahnhof situiert, die beiden Lokalbahnhöfe sollen abgebrochen und verlegt werden.

25. 8. Die **Dult im Volksgarten** wird mit der Darstellung einer historischen Trachtenhochzeit eröffnet. Auf dem Programm stehen weiters ein Boxturnier, Freistilringen und zum Abschluß ein Konzert der Hoch- und Deutschmeister-Kapelle unter Julius Herrmann. Rund 100.000 Personen besuchen die Dult.

September 1951

1. 9. Die **Erhöhung der Postgebühren** um 100 Prozent tritt in Kraft. Auch die Eisenbahntarife werden stark angehoben.

1. 9. Ihr **60jähriges Bestehen feiert die „Alpinia"** mit einer Festwoche. Höhepunkt ist ein Festzug mit 130 Trachtenvereinen und 30 Musikkapellen. Zehntausende Salzburger säumen die Straßen.

6. 9. **Zum 5. Österreichischen Ärztekongreß** im Festspielhaus kommen auf Einladung der Van-Swieten-Gesellschaft sogar Ärzte aus Japan und den USA.

10. 9. **Massive US-Maßnahmen gegen „Fräulein-Invasion".** USFA-Oberbefehlshaber Generalmajor Clifford LeRoy läßt rund hundert zugezogene Mädchen, die Liebesdienste angeboten haben, abschieben. Weitere Razzien gegen diese „camp-followers" und Abschiebungen sollen folgen. Außerdem verfügt der General, daß in den amerikanischen PX-Läden für Frauen bestimmte Waren nur mehr an verheiratete US-Soldaten ausgegeben werden dürfen.

12. 9. **Schwerer Verkehrsunfall beim Bahnübergang „Grüner Wald".** Ein Todesopfer und zwei Schwerverletzte fordert der Zusammenstoß eines Omnibusses der Verkehrsbetriebe mit einer Elektro-Lokomotive auf dem unbeschrankten Bahnübergang in Kasern.

13. 9. Die **Internationale Apothekertagung** findet aus Anlaß des 25jährigen Bestehens der „Gesellschaft für Geschichte der Pharmazie" mit Teilnehmern aus mehreren europäischen Ländern in der Residenz statt.

28. 9. **Verein „Mozarteum-Orchester" gegründet.** Er hat vor allem die finanzielle Förderung des Orchesters zum Ziel. Erster Präsident ist Josef Bösmüller.

1951

Abb. 204: Die „Alpinia" begeht mit einem großen Festzug ihr sechzigjähriges Bestehen, 2. September 1951.

- **29. 9. Der 3. Internationaler Kulturfilm-Kongreß** beginnt mit dem Film von Max Zehenthofer „Auf geheimnisvollen Spuren" und der Österreich-Premiere des Hans-Hass-Filmes „Abenteuer im Roten Meer". Zum Kongreß sind Delegierte aus 19 Staaten aller Kontinente gekommen. Bis 11. Oktober sind zahlreiche Kulturfilme im Stadtkino, im Mozart-Kino und im Non-Stop-Kino zu sehen.

Oktober 1951

- **1. 10. Landesregierung gegen Caféhaus vor dem Neutor.** Die Landesregierung lehnt per Bescheid den geplanten Neubau eines Caféhauses auf der Grünfläche vor der Riedenburger Seite des Neutores ab.
- **1. 10. Konzert von Lale Andersen.** Ihr Lied „Lilli Marlen" bei der „Parade der Schallplattensterne" im Festspielhaus begeistert das Publikum.
- **3. 10. Einführung der Kanalbenützungsgebühr.** Sie löst die bisherige, auf Basis des Friedensmietzinses eingehobene Groschenabgabe ab. Die Höhe der Kanalbenützungsgebühr beträgt pro Jahr zwischen 80 und 160 Schilling für jede an das Kanalnetz angeschlossene Toilette.
- **4. 10. Eröffnung des Kindergartens Liefering.** Er ist der fünfte Kindergartenneubau seit Kriegsende und kann zwei Gruppen zu je vierzig Kindern aufnehmen. Die Errichtungskosten betragen 925.000 Schilling.

1951

Abb. 205: Der Waschraum im neueröffneten Kindergarten Liefering, 1951.

- **8. 10. Krise des Mozarteum-Orchesters überwunden.** Die Landesregierung beschließt eine zusätzliche Subvention in Höhe von 20.000 Schilling für das Mozarteum-Orchester. Dadurch sind die Musikergehälter bis Ende November gesichert. Auch der Fremdenverkehrsförderungsfonds stellt sich mit einer erhöhten Subvention von 30.000 Schilling ein.
- **8. 10. „Hausse" auf dem Schwarzmarkt.** Die Valutenkurse im Schwarzhandel erreichen den Höhepunkt nach Kriegsende. Der Dollar kostet 40 Schilling, für die D-Mark werden 6,70 Schilling gefordert.
- **12. 10. Autobahnteilstück fertiggestellt.** 1,6 Kilometer Autobahn vom Knoten Mitte Richtung Wien werden für den Verkehr freigegeben. Die Bauarbeiten für dieses neue Teilstück haben viereinhalb Monate gedauert. Die durchschnittlichen Kosten für einen Autobahnkilometer betragen 14 Millionen Schilling. Auf den österreichischen Autobahnen fehlt im Vergleich zu deutschen noch immer der weiße Mittelstrich.
- **14. 10. Glockenweihe in Maxglan.** In einem Festzug durch Maxglan werden die vier neuen Glocken zur Stadtpfarrkirche gebracht, geweiht und dann aufgezogen. Ein Weihespiel der Jugend, eine Heldenehrung und eine abendliche Weihestunde beschließen den Festtag.
- **15. 10. Pläne für Hotelneubau auf dem Gaisberg.** Cafetiér und Hotelier Hermann Winkler möchte das Gaisbergplateau erwerben und dort ein neues Hotel errichtet. Er verlangt aber eine ständige Mautfreiheit und Schneeräumung der Straße.

1951

16. 10. Jetzt müssen auch USFA-Angehörige Jagd- bzw. Fischereikarten lösen und die in Salzburg üblichen Pacht- bzw. Abschußbedingungen einhalten. Zuvor war es zu zahlreichen Beschwerden über „wilde" Jagd und Fischerei durch US-Soldaten gekommen.

18. 10. Bürgermeister Neumayr resigniert. Nach seinem mehrmonatigen Krankenstand kündigt Bürgermeister Anton Neumayr (SPÖ) seinen Rücktritt mit Jahresende 1951 an. Als seinen Nachfolger wird die SPÖ den bisherigen Stadtrat Stanislaus Pacher nominieren.

19. 10. Das neue Kino in Itzling an der Kirchenstraße wird mit dem Film „Die Schlüssel zum Himmelreich" eröffnet. Der Verein „Aktionskomitee Kinderheim Itzling" will mit den Kinoeinnahmen die Betriebskosten für sein Heim finanzieren.

20. 10. 75 Jahre Gewerbeschule. In der Ausstellung „Rund um das Baugewerbe" im Carabinierisaal der Residenz sind Bilder und Modelle von Salzburger Großbauten zu sehen. Auf dem Festprogramm stehen die Gründung des Absolventenringes, ein Festabend im Stieglkeller und ein Festakt im Festspielhaus.

20. 10. Zum **1. Paracelsus-Tag** veranstaltet die Internationale Paracelsus-Gesellschaft eine Ausstellung im Schloß Mirabell und mehrere Vorträge. Die zu Kriegsende auf der Festung Hohensalzburg verwahrten Gebeine des Theophrast von Hohenheim, genannt Paracelsus, werden wieder zu St. Sebastian beigesetzt.

23. 10. Wassersparmaßnahmen werden verordnet.

24. 10. Vorwürfe gegen Handelskammerpräsidenten. Ein ehemaliger kommunistischer Journalist beschuldigt Präsident Josef Ausweger, die KPÖ jahrelang mit Geldspenden unterstützt zu haben. Ausweger weist alle Vorwürfe zurück.

30. 10. Berufsschule eröffnet. Der von der Stadt errichtete Neubau nahe der Lehener Brücke hat insgesamt 7 Millionen Schilling gekostet und umfaßt 33 Klassenräume, 4 Werkstätten, 2 Konferenzzimmer und zahlreiche Nebenräume.

31. 10. Von Einem aus dem Festspieldirektorium ausgeschlossen. Wegen seines Eintretens für die Verleihung der österreichischen Staatsbürgerschaft an den marxistisch gesinnten Dramatiker Bert Brecht wird der Komponist Gottfried von Einem nach kurzer heftiger Debatte mit Landeshauptmann Josef Klaus (ÖVP) während der Kuratoriumssitzung der Salzburger Festspiele aus dem Direktorium ausgeschlossen. Von Einem bezeichnet dies als „inquisitorisches Vorgehen".

November 1951

1. 11. Stromsparen verfügt. Die Höchstmengen betragen in gasversorgten Wohnungen bei Haushalten mit einer Person täglich 0,8 kWh, mit zwei Personen 1,2 kWh, für jede weitere Person 0,2 kWh täglich mehr. Wohnungen ohne Gasversorgung erhalten die doppelte, vollelektrifizierte Wohnungen die vierfache Höchstverbrauchsmenge.

5. 11. Preis-Enquete im Landtag. Die Vertreter der Arbeitnehmer erheben schwere Vorwürfe wegen mangelnder Preisdisziplin der Kaufleute. Die Erregung in der Arbeiterschaft über die hohen Preise sei groß und könne bald zu Kampfmaßnahmen führen. Von März bis Oktober 1951 mußte die Preisbehörde von 2724

1951

geprüften Betrieben 704 bestrafen und Geldbußen in Höhe von 89.884 Schilling verhängen. Landeshauptmann Josef Klaus (ÖVP) verspricht, die Regierung in Wien über die ernste Lage in Salzburg zu informieren.

6. 11. Museumsverein gegründet. Bei der Gründungsversammlung im Gasthof „Schwarzes Rößl" werden Eligius Scheibl zum Obmann, der Kaufmann Josef Bösmüller und der Archäologe Martin Hell zu Stellvertretern gewählt.

6. 11. Plan für Messehalle im Volksgarten. Der Stadtsenat erzielt keine Einigung über das Projekt der Wiener Firma Kraus & Zwerenz, den Volksgarten in ein Messegelände umzuwandeln. Kernstück soll eine Messe- und Veranstaltungshalle für 5000 Personen sein. Fest steht, daß die im Volksgarten befindlichen Schausteller in absehbarer Zeit abgesiedelt werden sollen. Die Handelskammer lehnt das Projekt auswärtiger Betreiber ab und will eine „Salzburger Lösung".

9. 11. Protestversammlung der Salzburger Gastwirte. Die staatlich verordnete „Rindvieh-Diät" empört die Gastronomie. Seit Einführung der fleischlosen Tage sind die Fleisch- und die Fischpreise um bis zu 60 Prozent gestiegen. Die Gastwirte verlangen die Aufhebung der Fleischverkaufsbeschränkungen noch vor Weihnachten.

13. 11. Sechs Projekte für ein neues Freibad. Das Stadtbauamt stellt sechs derzeit zur Diskussion stehende Projekte für Freibäder vor: Leopoldskron, St.-Peter-Weiher, Lehen (nahe der Salzach), Rainberg (Steinbruch), Ausbau des Salzachsees, Vergrößerung des Volksgartenbades. Auch ein Hallenbad im Rahmen des Kurhausneubaus ist geplant.

15. 11. Bauverhandlung für Neubau an Stelle Mozarts Wohnhaus. Die Erste Allgemeine Versicherung ist Eigentümer des 348 Quadratmeter großen Grundstücks (Kaufpreis: 620.000 Schilling), auf dem sich der durch Bomben zerstörte Teil von Mozarts Wohnhaus befunden hat. Nun erhält die Versicherung nach monatelangen heftigen Debatten die Baubewilligung für ein mehrgeschoßiges Bürogebäude an der Ecke Makartplatz/Theatergasse. Die Einwände des Denkmalamtes und der Internationalen Stiftung Mozarteum bleiben infolge mangelnder Rechtsgrundlagen wirkungslos, ebenso die Einsprüche von Anrainern. Abgewiesen wird aus Gründen des Denkmalschutzes der Plan, den erhalten gebliebenen Teil von Mozarts Wohnhaus um drei Geschoße aufzustocken.

16. 11. Studio Salzburg soll auf Arenberggründe. Da der Platz auf dem Areal des ehemaligen städtischen Museums keine Erweiterungsmöglichkeiten zuläßt, soll das neue Funkhaus des Senders Rot-Weiß-Rot auf den Arenberggründen errichtet werden, die im Eigentum der Salzburger Sparkasse und der Stadt stehen.

17. 11. US-Heeresminister in Salzburg. Im Rahmen einer Pressekonferenz betont Minister Frank C. Page, die in Österreich stationierten US-Truppen würden nicht zu den NATO-Streitkräften gehören und daher auch nicht General Dwight D. Eisenhower unterstellt sein. Sie garantierten nur die Freiheit Österreichs.

17. 11. Die Wassersparverordnung vom Oktober 1951 wird aufgehoben.

20. 11. US-Soldaten müssen für Obus bezahlen. Laut einer Entscheidung von USFA-Chef Generalmajor Stafford LeRoy Irwin müssen US-Soldaten künftig auf allen städtischen Verkehrslinien den regulären Fahrpreis bezahlen. Bisher waren sie davon befreit, wenn sie in Uniform die Busse benutzten.

1951

27. 11. Bombenalarm in der Altstadt. Bei den Bauarbeiten für die Wiedererrichtung des bombenzerstörten Hauses Getreidegasse 50 wird eine 500 Kilogramm schwere Fliegerbombe gefunden. Daraufhin wird die Altstadt zwischen Ferdinand-Hanusch-Platz und Klausentor von 15.45 bis 16.25 Uhr gesperrt. Sprengmeister Franz Kubicek von der Salzburger Polizei gelingt es, die beiden Zünder zu entfernen und damit den Blindgänger zu entschärfen.

29. 11. Lokalbahnstrecke Süd wird aufgelassen. Stadtrat Stanislaus Pacher (SPÖ) informiert den Gemeinderat über das Ergebnis eines Expertengutachtens, das die Einstellung der Stadtbahnstrecken nach St. Leonhard bzw. nach Parsch empfiehlt. Die Weiterführung der Roten Elektrischen sei weder verkehrstechnisch noch wirtschaftlich sinnvoll. Seit 1910 sind an den Gleisanlagen keine größeren Investitionen mehr erfolgt. In einer Versammlung in Grödig protestiert die dortige Bevölkerung gegen die geplante Einstellung der Lokalbahn.

30. 11. St. Peter fordert Rückgabe von Grundstücken. Die Erzabtei beansprucht von der „Neuen Heimat" die Rückgabe der in der NS-Zeit von der Wohnbaugesellschaft erworbenen Gründe in Aiglhof bzw. eine finanzielle Entschädigung für den bereits bebauten Teil in Höhe von 3,2 Millionen Schilling. Das Stift war während der NS-Herrschaft enteignet worden. Der kommissarische Verwalter hatte die Aiglhofgründe mit einer Fläche von ca. 80.000 Quadratmeter an die „Neue Heimat" um 2,5 Reichsmark pro Quadratmeter verkauft.

Abb. 206: Baustelle für die neue Plainbrücke beim Café „Schweiger", 1951.

Dezember 1951

1. 12. Christkindlmarkt auf dem Mirabellplatz eröffnet. Anstelle der bisherigen Standln sind jetzt 24 neue Verkaufshütten aufgestellt. Christbäume werden auf dem Gelände des ehemaligen Kurhauses verkauft.

4. 12. Grenzbrücken desinfiziert. Um die Einschleppung der in Bayern grassierenden Maul- und Klauenseuche zu verhindern, werden die Grenzbrücken mit Chlorkalk desinfiziert. Der Grenzverkehr ist auf das Mindestmaß reduziert.

9. 12. Kindertransport eingetroffen. Auf dem Hauptbahnhof kommt ein Zug mit 205 Kindern aus Jugoslawien an, deren Eltern als Volksdeutsche umgekommen oder nach Sibirien verschleppt worden sind. Die seit 1945 größtenteils in Lagern internierten Kinder kommen zu Verwandten in Österreich und Deutschland. Beim Empfang der Kinder ereignen sich erschütternde Szenen.

12. 12. Die Salzburger Faschingsgilde wird gegründet.

14. 12. Die neue Polizeigarage und das Polizeiwohnhaus werden eingeweiht.

15. 12. Die neuerbaute Plainbrücke wird dem Verkehr übergeben.

15. 12. Hotel „Kasererhof" eröffnet. Nach knapp sechsmonatiger Umbauzeit nimmt das Hotel an der Alpenstraße seinen Betrieb auf. Der alte Trakt ist nach wie vor von der amerikanischen Militärpolizei beschlagnahmt.

17. 12. Amnestie für Spätheimkehrer. Ein Bundesgesetz befreit Spätheimkehrer von der Registrierungs- und Sühnepflicht für ehemalige Nationalsozialisten.

19. 12. Schwabenwirtsbrücke wieder befahrbar. Mit erheblicher Verspätung wird die Brücke für den Verkehr freigegeben. Damit ist auch der Obusverkehr bis Gnigl wieder durchgehend möglich.

19. 12. Camp Roeder feierlich eröffnet. Die neue Militärstadt vor den Toren Salzburgs ist nach Hauptmann Robert E. Roeder, einem der höchstausgezeichneten in Italien gefallenen amerikanischen Offiziere, benannt. Die Einweihung des fertiggestellten ersten Bauabschnittes nimmt Erzbischof Andreas Rohracher vor.

19. 12. Prominenter Heimkehrer. Der letzte Befehlshaber der Heeresgruppe Süd im Zweiten Weltkrieg, Generaloberst Lothar Rendulic, trifft nach vorzeitiger Entlassung aus der im Nürnberger Prozeß verhängten Haft am Hauptbahnhof ein, wo er von einer Gruppe ehemaliger Wehrmachtssoldaten begrüßt wird.

20. 12. Stadt richtet Schulbaufonds ein. Um die drückende Schulraumnot beseitigen zu können, beschließt der Gemeinderat die Errichtung eines Schulbaufonds. Er wird aus Zuwendungen der Stadt, des Landes, des Bundes, von Körperschaften und Vereinen sowie durch öffentliche Sammlungen finanziert. Der Sender Rot-Weiß-Rot hat bereits mehrere Benefizveranstaltungen zugunsten des Schulbaufonds durchgeführt und mehr als 13.000 Schilling gesammelt.

27. 12. VKDA-Siedlung geweiht. Weihbischof Johannes Filzer weiht die neuen Wohnungen des Verbandes Katholischer Donauschwäbischer Akademiker im Haus Paracelsusstraße 25.

28. 12. Erste Bürgerbriefverleihung seit 1937. 37 Feuerwehrmänner, neun freiwillige Rot-Kreuz-Helfer sowie Oberkanzleirat Karl Mayer und Landeshauptmann-Stellvertreter Franz Peyerl (SPÖ) erhalten den Bürgerbrief.

1951

Abb. 207: Erzbischof Andreas Rohracher und Generalmajor Stafford LeRoy Irwin besichtigen das neu eröffnete Camp Roeder, 19. Dezember 1951.

Abb. 208: Eröffnungsfeierlichkeiten im Camp Roeder, 19. Dezember 1951.

1951

28. 12. Die „**Salzburger Gruppe**" konstituiert sich im Rahmen des Salzburger Kunstvereins. Ihr gehören Slavi Soucek, Josef Kossak, Eduard Bäumer, Herbert Breiter, Wilhelm Kaufmann u. a. an. Die Gruppe tritt für eine anspruchsvolle moderne Kunst ein.

28. 12. Neue Schilifte auf dem Gaisberg. Der Schlepplift auf der Zistelalm mit 300 Meter Länge und einer Stundenkapazität von 200 Personen nimmt seinen Betrieb auf. Außerdem erhält der neue Hintner-Schilift am Mitteregg die Betriebsgenehmigung. Weil drei Tage später eine Stütze knickt, muß der Liftbetrieb vorübergehend eingestellt werden.

31. 12. Sperrstunde der Freiheit. Um Mitternacht läuft der sogenannte „Displaced Persons Act 1948" ab, laut dem 200.000 Flüchtlinge ein Visum für die Vereinigten Staaten erhalten können. In der Lehener Kaserne versammeln sich vor dem Visa-Office viele Menschen, um noch im letzten Moment Berücksichtigung zu finden. Als die Tore schließen, bleiben rund 70 Enttäuschte zurück.

31. 12. Feiern zum Jahreswechsel. Alle Gotteshäuser sind überfüllt, besonders der Dom, in dem der Erzbischof eine aufrüttelnde Predigt hält. Die Großveranstaltungen im Grand-Café „Winkler" und im Festspielhaus müssen wegen des großes Andranges polizeilich gesperrt werden. Gefeiert wird auch in der Ausstellungshalle im Volksgarten.

31. 12. Unfallbilanz 1951. Im Jahr 1951 haben sich im Stadtgebiet 1411 Verkehrsunfälle mit 527 Leichtverletzten, 160 Schwerverletzten und 21 Toten ereignet. An diesen Verkehrsunfällen waren 315 Fahrzeuge der Besatzungsmacht beteiligt.

Abb. 209: Schigebiet auf der Zistel, Winter 1951/52.

Jänner 1952

2. 1. Stanislaus Pacher zum Bürgermeister gewählt. Der bisherige Stadtrat Stanislaus Pacher (SPÖ) wird mit 26 von 39 abgegebenen Stimmen zum Nachfolger des zurückgetretenen Bürgermeisters Anton Neumayr (SPÖ) gewählt. SPÖ-Gemeinderat Alfred Bäck rückt zum Stadtrat auf. Der VdU-Antrag auf Neuwahlen wird von den anderen Fraktionen abgelehnt. Der scheidende Bürgermeister Anton Neumayr erhält für seine Verdienste um den Wiederaufbau Salzburgs eine Ehrenurkunde überreicht.

Abb. 210: Angelobung von Stanislaus Pacher zum neuen Bürgermeister durch Landeshauptmann Josef Klaus. Links neben Pacher Stadtrat Alfred Bäck, im Hintergrund die Vizebürgermeister Richard Hildmann und Karl Schneider-Manns Au, 2. Jänner 1952.

5. 1. Neue Caritas-Herberge eröffnet. Schwester Mercedes Mork betreut in der neuen Baracke an der Plainstraße fünfzig Obdachlose aus Ungarn, der Tschechoslowakei sowie heimatvertriebene Sudetendeutsche.

8. 1. Beginn der Salzburger Eishockey-Saison. Der Union-Schlittschuhklub unterliegt dem EV Berchtesgaden mit 4 : 12. Attraktion des Spieles sind zwei kanadische und ein amerikanischer Spieler in der Salzburger Mannschaft.

9. 1. Festspiel-Direktorium für Rückberufung Gottfried von Einems. Die Mitglieder des Direktoriums der Salzburger Festspiele, Präsident Heinrich Puthon, Bernhard Paumgartner, Egon Hilbert und Josef Kaut, schlagen dem Kuratorium die Rückberufung Gottfried von Einems in das Führungsorgan der Salzburger Festspiele vor.

1952

9. 1. Das neue Motorrad Puch 150 TL im Schaufenster der Steyr-Daimler-Puch-Vertretung am Makartplatz lockt viele Neugierige an.

9. 1. Erster Krönungsball der Faschingsgilde im Stadtsaal des Festspielhauses. Das Faschingsprinzenpaar 1952, „Seine Tollität" Prinz Carlos I. und Prinzessin Annemarie werden feierlich gekrönt. Als Prinzengarde fungiert das gesamte Ballett des Salzburger Landestheaters unter Leitung von Herta Balde.

10. 1. Metalldiebstähle. Wegen der hohen Preise für Altmetalle werden immer wieder Metalldiebstähle angezeigt. Es verschwinden alle Arten von Kabeln, Türklinken, Tafeln und Schilder. Jetzt hat eine Bande sogar das 150 Kilogramm schwere Relief aus dem Grabstein des berühmten Salzburger Afrikaforschers Oskar Baumann gestemmt und einem Altwarenhändler verkauft.

11. 1. Das Kuratorium der Residenzgalerie konstituiert sich unter Vorsitz von Landeshauptmann Josef Klaus (ÖVP) und bemüht sich um die Freigabe der derzeit noch von den USFA beschlagnahmten Ausstellungsräumen in der Residenz.

12. 1. Verkehrsbeschränkungen treten in Kraft: Die Getreidegasse und die Linzer Gasse werden in der Zeit von 10.30 bis 13.00 Uhr und 17.00 bis 19.00 Uhr für sämtliche Fahrzeuge über 1,5 Tonnen gesperrt. Das Radfahren in der Getreidegasse und in der Linzer Gasse ist verboten.

13. 1. Neue Tribüne in der Lehener Sportanlage. Der Fußballklub TSV Austria verliert zum Saisonauftakt vor 1800 Zuschauern gegen den FAC mit 1 : 5.

15. 1. Marionetten kehren heim. Das Salzburger Marionettentheater Hermann Aichers kehrt von einer viermonatigen Amerika-Tournee mit 82 Vorstellungen zurück. Die Fernsehaufführungen in den USA sind von mindestens fünfzig Millionen Menschen gesehen worden.

16. 1. Verkaufsverbot für „Schundromane". Die Salzburger Sicherheitsdirektion hat den Verkauf folgender Zeitschriften an Personen unter 16 Jahren verboten: „Der Hexer", „Fünf Minuten vor zwölf", „Texasrangers – Banditen der Berge", „John-Foster", „Blitz-Story" und „Pikante Witzkiste".

19. 1. Die US-Wintermanöver „Exercise Snowshoe" beginnen im Hügelgelände nördlich und westlich von Salzburg.

22. 1. Der Versehrtensportverein Salzburg konstituiert sich.

22. 1. „Hitler-Bilder" in Salzburg. Nach einer ersten Lieferung in der vorangegangenen Woche trifft ein Transport jener vielumstrittenen 967 Gemälde und Zeichnungen in Salzburg ein, die den Restbestand der Sammlungen des in Linz geplanten „Hitler-Museums" bilden und deren Eigentümer noch nicht bekannt sind. Wiener, Linzer und Salzburger Experten sollen die unter strengster Geheimhaltung verwahrten Kunstwerke identifizieren.

23. 1. Die neue Magistratsmusik. Der Musikverein der Bediensteten der Stadt Salzburg hält im neuen Sitzungszimmer im Schloß Mirabell seine konstituierende Sitzung ab. Kapellmeister der neuen Magistratsmusik ist der ehemalige Militärkapellmeister Leopold Ertl.

25. 1. 17-Punkte-Programm des Verkehrs. Bei einer Verkehrsenquete der Landesregierung über die Verkehrsmisere in der Salzburger Innenstadt wird ein 17-Punkte-Programm behandelt. Dringlichkeitsstufe I wird dem Griesgassen-Durchbruch eingeräumt. Um die Stadt „vor der endgültigen Degradierung zum

Großparkplatz zu bewahren", sollen Alter Markt, Dom- und Residenzplatz mit Parkverbot belegt werden. Vorgesehen ist, die Feuerwache aus der Residenz nach Maxglan zu verlegen.

- **28. 1. Waggerl liest täglich bei RWR.** Karl Heinrich Waggerl beginnt mit einer zweiwöchigen täglichen Lesung seiner autobiographischen Erzählung „Fröhliche Armut" im Sender Rot-Weiß-Rot.
- **29. 1. Georg-Trakl-Preis.** Das Land Salzburg gibt die Stiftung eines mit 3000 Schilling dotierten Georg-Trakl-Lyrikpreises für die beste Leistung des lyrischen Schaffens bekannt.
- **29. 1. Schneechaos.** Nach starken Schneefällen helfen auch USFA-Soldaten beim Schneeräumen. Mittelschüler werden gegen ein Entgelt von 35 Schilling pro Schicht eingesetzt und nach Dienstschluß arbeiten siebzig Beamte des Magistrats freiwillig und unbezahlt bei der Schneeräumung mit. Die Kosten bis Ende Februar: 1 Million Schilling.
- **31. 1. IRO stellt Tätigkeit ein.** Die Internationale Flüchtlingsorganisation IRO stellt ihre Tätigkeit ein. Eine Liquidierungskommission löst in Salzburg Büro, Fuhrpark und Vorratslager auf.

Februar 1952

- **1. 2.** Die **modernste Feuermeldeanlage Europas** wird in der Feuermeldezentrale der Stadtfeuerwehr im Bruderhof eröffnet.
- **4. 2. Sperre der Baron-Schwarz-Brücke** über die Westbahngleise für zwei Monate wegen Instandsetzungsarbeiten der Bombenschäden.
- **6. 2. Zu Richard Hildmanns 70. Geburtstag** benennt der Gemeinderat den Platz vor dem Neutor nach dem ÖVP-Bürgermeister-Stellvertreter.
- **9. 2. Jugendskitag** der Landeshauptstadt am Gaisberg beim Hauser-Skilift.
- **9. 2. „Tore auf!" im Mirabellgarten.** Dem Stadtverein ist es gelungen, von Generalmajor Stafford LeRoy Irwin die Genehmigung zur Wiedereröffnung des Haupteingangs zum Mirabellpark zu erwirken.
- **10. 2. Einweihung des Instituts St. Sebastian in der Linzer Gasse.** Es beherbergt rund 100 Lehrmädchen und Studentinnen. Bis 1948 hatte das bombenbeschädigte Haus als provisorische Caritas-Herberge gedient.
- **12. 2. Verkehrschaos auf Salzburgs Straßen.** Wegen starker Schneefälle werden sämtliche von Salzburg ausgehende Postautobuslinien und der Kraftwagenverkehr der Salzkammergut-Lokalbahn eingestellt.
- **15. 2. Budget 1952.** Der vom Gemeinderat beschlossene Stadthaushalt für 1952 umfaßt Einnahmen von 112,316.660 und Ausgaben von 118,510.320 Schilling. Aufgrund des angespannten Gemeindebudgets wird auf einige Straßen- und Kanalbauten verzichtet. Dem Bund werden 15.000 Quadratmeter der Berchtold-Gründe zur Errichtung einer Knaben- und Mädchenmittelschule überlassen.
- **15. 2. Neue Volksgartenhalle beschlossen.** Der Gemeinderat beschließt den Abschluß eines 30jährigen Pachtvertrages mit dem Wiener Konsortium Zwerenz & Krause, das eine Großveranstaltungshalle für 8000 Zuschauer im Volksgarten

1952

errichten will. Der gesamte Volksgarten soll zu einem Ausstellungs-, Sport- und Vergnügungsgelände umgestaltet werden.

15. 2. Eugen Roth liest im Festsaal der Arbeiterkammer auf Einladung der Salzburger Volkshochschule.

15. 2. Protestversammlung der Salzburger Apotheker. Sie fordern die Abhaltung von Neuwahlen zur Österreichischen Apothekerkammer.

16. 2. Gründung des freiheitlichen Akademikerverbandes Salzburg. Zum ersten Obmann wird im „Sternbräu" Kurt Richter gewählt.

17. 2. Der Neubau der Salzburger Sparkasse am Alten Markt, geschmückt mit dem alten Portal des 1906 abgetragenen Leihhauses, wird nach zweieinhalbjährigen Bauarbeiten eröffnet. Die Sparkasse spendet aus diesem Anlaß dem Schulbaufonds der Stadt 100.000 Schilling.

17. 2. Als **Maßnahme gegen die Geheimprostitution** schlägt Bürgermeister Stanislaus Pacher (SPÖ) vor, wieder das Heimatrecht (wie vor 1939) einzuführen, um damit Abschiebungen zu erleichtern.

18. 2. Intervention des Bürgermeisters bei den USFA. Bürgermeister Stanislaus Pacher (SPÖ) interveniert für die Freigabe von beschlagnahmtem Wohnraum. In der Stadt fehlen derzeit 13.000 Wohnungen, es gibt 2229 Wohnungssuchende der Dringlichkeitsstufe I, darunter 1000 Notstandsfälle. Von den im Stadtgebiet verfügbaren 24.000 Wohnungen werden noch 300 von der Besatzungsmacht in Anspruch genommen.

19. 2. Das Espresso-Café „Wernbacher" im Haus Franz-Josef-Straße 5 eröffnet anstelle des ehemaligen Cafés „Großglockner".

21. 2. SAS landet in Salzburg. Die Skandinavische Luftfahrtgesellschaft „SAS" verlängert jetzt die Fluglinie Hamburg–Bremen–Düsseldorf–Frankfurt–München jeden Freitag bis Salzburg. Damit ist New York via München von Salzburg aus in knapp 22 Stunden erreichbar.

22. 2. Bahnverbindung Salzburg–Lofer. Im Chiemseehof tagt erstmals das Aktionskomitee zur Schaffung einer neuen Bahnlinie St. Johann i. T.–Lofer–Unken–Bad Reichenhall–Salzburg.

23. 2. Die renovierte I. Chirurgische und I. Medizinische Abteilung werden ihrer Bestimmung übergeben. Das Landeskrankenhaus verfügt nunmehr über Österreichs modernste Operationsstation mit 6 Operationstischen.

25. 2. Josef Thorak gestorben. Der aus Salzburg gebürtige Bildhauer Josef Thorak ist im Alter von 63 Jahren auf Schloß Hartmannsberg bei Endorf am Chiemsee gestorben. Er wird am 29. Februar im Beisein führender Politiker von Stadt und Land sowie Vertretern der Künstlerschaft auf dem Friedhof St. Peter beigesetzt.

28. 2. Vorsprache beim Bundeskanzler wegen SKGLB. Eine große Salzburger Delegation unter Führung von Landeshauptmann Josef Klaus (ÖVP) spricht bei Bundeskanzler Leopold Figl (ÖVP) wegen der prekären Lage der Salzkammergut-Lokalbahn vor.

29. 2. MGM dreht mit Alpinia. Ein Filmteam der Metro Goldwyn Mayer dreht in Salzburg Außenaufnahmen zu dem Film „The devil makes three" mit den Hauptdarstellern Pier Angeli und Gene Kelly. In diesem Film tritt auch der Heimatverein „Alpinia" auf.

März 1952

- **1. 3.** Ein **Vortrag über Weltraumfahrt** des Erfinders der V2, Rudolf Nebel, im Rahmen der Salzburger Volkshochschule faßt bei weitem nicht alle Zuhörer und wird am nächsten Tag wiederholt. Nebel glaubt, daß ein deutsches Raumschiff noch vor amerikanischen oder sowjetischen starten werde.
- **2. 3.** **Neue Fenster für Christuskirche.** Anläßlich eines gemeinsamen amerikanisch-österreichischen Gottesdienstes werden die vom amerikanischen Oberst Robert Lutz – im Gedenken an seine in Salzburg verstorbene Gattin – gestifteten und von Professor Albert Birkle geschaffenen neuen Glasfenster enthüllt.
- **5. 3.** **Römerfunde.** Landesarchäologe Martin Hell hat bei Grabungsarbeiten im Bereich Dreifaltigkeitsgasse/Makartplatz römische Mauerreste gefunden.
- **6. 3.** **Ehrung für Kurt Lessen,** den beliebten Volksschauspieler, zu seinem 75. Geburtstag im Rahmen einer Festvorstellung im Landestheater.
- **8. 3.** Der Salzburger Stadtverein gibt **„Die Bastei"**, eine neue Vereinszeitschrift für „Erhaltung und Pflege von Bauten, Kultur und Gesellschaft" erstmals heraus.
- **10. 3.** **Spionageprozeß.** Vor einem amerikanischen Zivilgericht müssen sich zwei in Salzburg lebende DPs wegen Weitergabe von Informationen über die US-Streitkräfte an die Tschechoslowakei verantworten. Sie werden zu mehrjährigen Haftstrafen verurteilt.
- **11. 3.** **Ausstellung der Landesregierung** im Ständesaal über „Sieben Jahre Wirtschaftsaufbau". Damit soll eine Leistungsschau über die Aufbauleistung der Nachkriegszeit geboten werden.
- **14. 3.** **Baubeginn des Generali-Gebäudes** anstelle des zerstörten Teiles von Mozarts Wohnhaus am Makartplatz.
- **20. 3.** **Hans Schmidt wandert in die USA aus.** Der Militärmusiker und Komponist des „Rainermarsches" übersiedelt nach Oklahoma City (USA).
- **21. 3.** **Grünanlage vor Café Corso wird Parkplatz.** Der darunterliegende Luftschutzkeller bleibt bestehen.
- **23. 3.** **Bischofsjubiläum.** Im Dom findet aus Anlaß des 25jährigen Bischofsjubiläums von Weihbischof Johannes Filzer ein Pontifikalamt statt.
- **25. 3.** **Protest gegen „Parking lot".** Landeshauptmann Josef Klaus (ÖVP) protestiert bei den USFA gegen die beabsichtigte Errichtung eines 90 mal 30 Meter großen, abgezäunten Parkplatzes am Kapitelplatz wie er am Residenzplatz besteht.
- **26. 3.** **Beleuchtete Linienbezeichnungen** führen die Städtischen Verkehrsbetriebe an ihren Wagen ein.

April 1952

- **1. 4.** **Ringkampf im Volksgarten.** Der SAK 1914 verliert den Vergleichsringkampf gegen die jugoslawische Nationalstaffel in der Volksgartenhalle mit 3 : 5.
- **2. 4.** **USFA beschlagnahmen 400 Hektar.** Die USFA beschlagnahmen für einen Schießplatz rund 400 Hektar zwischen Untersberg und der Autobahn, wo sich bereits ein Schießplatz der Deutschen Wehrmacht befunden hat.

1952

- **3. 4. Jazz in Salzburg.** Im Stadtkino bieten George Maycock und seine Chic-Combo-Solisten zum ersten Mal in Salzburg authentischen Jazz.
- **3. 4. Für Abzug der Besatzungstruppen.** Wie in allen Landeshauptstädten tritt auch in Salzburg der Landtag zusammen und bekundet den „Willen unserer Heimat zur Freiheit, Unteilbarkeit und Unabhängigkeit Österreichs".
- **4. 4. Polizei darf nun gegen USFA-Soldaten einschreiten,** in gleicher Weise wie gegen österreichischer Zivilisten, die mit den Gesetzen in Konflikt kommen. USFA-Soldaten dürfen in der dienstfreien Zeit ab jetzt Zivilkleidung tragen.
- **6. 4. Boxen im Stadtkinosaal.** Der BC Salzburg feierte seine internationale Premiere im Stadtkinosaal mit einem 13 : 7 Sieg gegen die Faustkampfriege München.
- **6. 4. Neue Segelflughalle.** Am Salzburger Flughafen wird die neue Segelflughalle eingeweiht, die in mühevoller Arbeit auf dem Gaisberg abgebrochen und in Maxglan aufgestellt worden ist.
- **9. 4.** Die **Camerata Academica** des Mozarteums gibt ihr erstes Konzert.
- **10. 4.** Die **Gesellschaft der Freunde Skandinaviens** wird gegründet.
- **12. 4. Mormonentaufe.** Eine Salzburger Familie wird nach dem Ritus der „Heiligen der Letzten Tage" getauft. Zwei junge amerikanische Missionare haben eine Salzburger Mormonengemeinde gegründet, die bereits fünfzig Mitglieder zählt.
- **14. 4. Kinderoper Bresgens.** Österreichische Erstaufführung von Cesar Bresgens Kinderoper „Igel als Bräutigam" im Landestheater.
- **16. 4.** Die **„Unabhängige Jugend Salzburg",** eine Vorfeldorganisation des VdU, wird gegründet. Obmann ist Oskar Tschugmell.
- **19. 4. Bundestag der Kinderfreunde.** Vizekanzler Adolf Schärf (SPÖ) hält ein Referat gegen kirchliche Ansprüche am Erziehungssektor.
- **19. 4. Neuer Oberbefehlshaber.** Der per 1. April ernannte neue Oberbefehlshaber der USFA, Generalmajor George P. Hays, trifft in Salzburg ein und wird am Mozartplatz mit militärischen Ehren empfangen. Sein Vorgänger, Generalmajor Stafford LeRoy Irwin, ist aus Krankheitsgründen abgelöst worden.
- **22. 4. Enquete zum Problem „Besatzungsbräute"** der Salzburger Landesregierung. Geplant sind Maßnahmen gegen die Geheimprostitution und Hilfe für die 500 Besatzungskinder in der Landeshauptstadt.
- **22. 4.** Die **US-Frauenführerin Olive Remington Goldman** hält im U. S. Information Center einen Vortrag.
- **23. 4.** Die **Alkoholgegner** veranstalten eine Kundgebung im Arbeiterkammersaal.
- **24. 4. Salzach-Fähre in Privathand.** Die von den Stadtwerken seit 9. Jänner aus wirtschaftlichen Gründen eingestellte Fähre Aigen–Josefiau wird einem privaten Konzessionär übergeben.
- **24. 4. Butterkrise überwunden.** Am Schrannenmarkt wird ausreichend Butter zu 27 Schilling pro Kilogramm angeboten. Eier kosten 85 bis 90 Groschen.
- **25. 4. Kameradschaftsbund.** Der Landesverband Salzburg hält im „Zipfer Bierhaus" seine Gründungsversammlung ab.
- **25. 4. Weibliche Gefangenenaufseher.** Erstmals in der Geschichte des 1928 erbauten Polizei-Gefangenenhauses beginnen weibliche Aufseherinnen ihren Dienst. Derzeit sind fast zwei Drittel der Polizeihäftlinge Geheimprostituierte.

1952

Abb. 211: Die Salzachfähre in der Josefiau wird per 24. April 1952 privatisiert.

- **26. 4.** „**Pinocchio**", Walt Disneys Zeichentrickfilm, feiert im Salzburger Mirabell-Kino Triumphe.
- **26. 4. 90 Jahre Turnverein.** Höhepunkt der Jubiläumsfeiern des STV ist ein turnerischer Festabend im Festspielhaus.
- **28. 4. Renovierung des Flugplatzes.** Die Instandsetzungsarbeiten der schadhaften Rollbahn beginnen. Ab Mitte Mai kann der Flugbetrieb am Salzburger Flughafen wieder ungehindert aufgenommen werden.
- **29. 4. Presseklub in neuen Räumen.** Der Salzburger Presseklub verlegt seine Klubräume in die Tanzschule Reiter, Sigmund-Haffner-Gasse 16.

Mai 1952

- **1. 5. 1.-Mai-Feiern mit gesunkenen Teilnehmerzahlen.** Nur 150 Marschierer kommen zum Fackelzug der Kommunisten, 400 Besucher zur Kundgebung des VdU am Kapitelplatz. An den Veranstaltungen der SPÖ nehmen 3500 Menschen teil. Die ÖVP veranstaltet ein Frühlingsfest in Hellbrunn.
- **1. 5. Motorrad-Elite in Liefering.** Der ARBÖ veranstaltet auf dem Autobahnrundkurs das einzige Motorradrennen Österreichs mit internationaler Besetzung.
- **2. 5. Die Wohnkultur-Ausstellung „So möchte ich wohnen"** wird im Möbelhaus „Griff - O. Harmath" in der Kaigasse 28 eröffnet. Bereits am 9. Mai kann der 10.000ste Besucher der Ausstellung begrüßt werden.
- **3. 5. 20 Jahre Rheno-Juvavia.** Die einzige CV-Hochschulverbindung Salzburgs, die KÖHV Rheno-Juvavia, feiert ihr 20. Stiftungsfest.

1952

Abb. 212: Die Feuerwehr birgt einen in die Salzach gestürzten Viehtransporter, 1952.

- **4. 5. Nach 15 Jahren wieder Floriani-Feier** der Freiwilligen Feuerwehr Salzburg mit ihren Wachen Bruderhof und Residenz, Gnigl, Itzling und Maxglan.
- **4. 5. Neues Toten-Ehrenmal.** Das von Alois Lidauer geschaffene Kriegerdenkmal der evangelischen Pfarrgemeinde wird geweiht.
- **5. 5. ÖBB sollen SKGLB übernehmen.** Landespolitiker von Salzburg und Oberösterreich einigen sich darauf, die Salzkammergut-Lokalbahn den Österreichischen Bundesbahnen zu übergeben. Die SKGLB könne allerdings erst nach der Schaffung von verkehrstechnischen Alternativen eingestellt werden. Der Bund lehnt die Übernahme jedoch ab.
- **5. 5. Baracken für Baron-Schwarz-Park.** Der Stadtsenat beschließt, drei große Wohnbaracken mit 92 Räumen im Baron-Schwarz-Park an der Vogelweiderstraße aufzustellen. Die Baracken müssen vom Südtirolerplatz entfernt werden, um dort Platz für den geplanten Autobusbahnhof zu schaffen.
- **6. 5. Großrazzia gegen Geheimprostitution.** Wieder einmal werden in der Umgebung der Kleßheimer Allee 22 verdächtige Frauen festgenommen. Ihre Vermieter verlangen für kleinste Kellerräume und sogar Bienenhütten, die als „Unterkunft" dienen, bis zu 350 Schilling Monatsmiete.
- **12. 5. Stadtsenat gegen Hochhaus.** Zwischen Max-Ott-Platz und dem Bahndamm soll statt eines 40 Meter hohen Hauses ein sechsgeschoßiges errichtet werden.
- **14. 5. „Heffterhof" eröffnet.** Das Bildungsheim der Landwirtschaftskammer „Heffterhof" in Parsch wird seiner Bestimmung übergeben.
- **16. 5. Erster Kartoffelkäfer-Suchtag.** Schulkinder werden zum Sammeln dieser Pflanzenschädlinge eingesetzt.

1952

Abb. 213: Die Stadtwerke nehmen am 29. Mai 1952 den vierten Vertikalkammerofen auf dem Betriebsgelände in Lehen in Betrieb und erhöhen damit die Gasproduktion auf täglich mehr als 20.000 Kubikmeter.

1952

Abb. 214: Die Stadtwerke führen eine Werbekampagne für die Elektrifizierung des Haushalts durch. Im Bild eine Werbeaktion für Kühlschränke, Mai 1952.

17. 5. **„Armed forces day".** Die Bevölkerung macht von der Einladung zum Besuch des Camps Roeder am „Tag der Streitkräfte" regen Gebrauch. Auf der Trabrennbahn in Aigen werden militärische Ausrüstungsgegenstände, Fahrzeuge und Waffen gezeigt. Im Mirabellgarten spielt die 49. US-Army-Band.

28. 5. **Die KLM nimmt den Flugbetrieb auf** der Strecke Amsterdam–München–Salzburg auf.

28. 5. **Modernes Festungsrestaurant.** Nach Ende der Umbauten im Festungsrestaurant werden die neuen Räumlichkeiten eingeweiht. Hier steht nunmehr auch die modernste Rundfunk- und Plattenspieler-Übertragungsanlage Salzburgs.

29. 5. **Neumayr Ehrenbürger.** Der Gemeinderat würdigt Altbürgermeister Anton Neumayr (SPÖ) anläßlich der Vollendung seines 65. Lebensjahres am 1. Juni mit der Ernennung zum Ehrenbürger der Landeshauptstadt.

29. 5. **Protestkundgebung.** Der VdU Salzburg mit Nationalrat Herbert Kraus hält im Großgasthof „Sternbräu" eine Kundgebung mit 1500 Personen ab, um gegen die Ablehnung einer generellen NS-Amnestie für Heimkehrer durch US-Hochkommissar Walter J. Donnelly zu protestieren.

31. 5. **Segelflieger-Ausstellung.** Der Salzburger Luftsportverband tauft am Residenzplatz zwei neue Segelflugzeuge.

Juni 1952

4. 6. Volksdeutschen-Transporte abgeschlossen. Mit der Abreise von 637 Volksdeutschen vom Hauptbahnhof ist das Ende 1950 angelaufene Auswanderungsprogramm in die USA abgeschlossen.

5. 6. Die Leuchtbrunnen-Modenschau im Mirabellgarten des Bekleidungshauses Ornstein zieht 8000 Zuseher an. Eine beantragte Wiederholung wird wegen Beschädigung der Parkanlagen untersagt.

7. 6. Akademisches Sängertreffen. Mitglieder der wiedererstandenen farbentragenden Sängerschaften Österreichs gründen in Salzburg einen Dachverband und halten einen Festkommers im „Sternbräu" ab.

8. 6. Sandbahnrennen in Aigen. Zum Sandbahnrennen des SAMTC auf der Aigner Trabrennbahn kommen mehr als 10.000 Zuschauer.

8. 6. Riesentombola des Kriegsopferverbandes. 16.000 Menschen drängen sich im Volksgarten, 518 Preise werden ausgespielt.

13. 6. Der Franziskanerorden erhält endlich Miete für die von der Besatzungsmacht durchgeführte Einquartierung des Senders Rot-Weiß-Rot ins Kloster.

14. 6. Der Neubau der Meinl-Keksfabrik an der Elisabethstraße wird eröffnet.

17. 6. Ende für Salzkammergut-Lokalbahn. Bei der außerordentlichen Hauptversammlung der Salzkammergut-Lokalbahn AG wird der Beschluß gefaßt, an das Verkehrsministerium den Antrag auf Einleitung des Einstellungsverfahrens des Schienenverkehrs zu stellen.

18. 6. SAK 1914 ist Tauernliga-Meister. Er erringt diesen Titel in der Fußballmeisterschaft erstmals für Salzburg.

20. 6. Greta Garbo in Salzburg. Die berühmte Schauspielerin wohnt anläßlich ihres kurzen Salzburgaufenthaltes im Hotel „Fondachhof".

20. 6. 26. Internationales Musikfest, veranstaltet von der Internationalen Gesellschaft für Neue Musik, beginnt. Der 1922 in Salzburg gegründeten IGNM gehören 34 Staaten aus allen Kontinenten an.

21. 6. Autobahnrundkurs als Rennstrecke? Zwei Wiener Industrielle planen, die Autobahn zu einer Rennstrecke für internationale Großveranstaltungen auszubauen. Der Südast der Autobahn könnte zu einem Rundkurs ausgebaut werden.

21. 6. Römerfunde in der Kaigasse. Landesarchäologe Martin Hell gibt beachtliche römerzeitliche Bodenfunde in der Kaigasse bekannt.

22. 6. Kegel-Casino in Salzburg. Im „Casino Fallenegger" wird die modernste Kegelbahn Österreichs mit Klimaanlage, gastronomischen Einrichtungen und einem bewachten Parkplatz, eröffnet.

25. 6. Der neue Museumspavillon im Mirabellgarten wird mit einer Sonderausstellung von rund 50 Spitzenobjekten des Museums Carolino Augusteum eröffnet. Am Nachmittag wird eine Gedenkstunde am Grab von Museumsgründer Vinzenz M. Süß am Friedhof St. Sebastian abgehalten.

26. 6. Gegen Panzerübungsplatz. Der Salzburger Gemeinderat beschließt einstimmig eine Resolution gegen die geplante Errichtung eines amerikanischen Panzerübungsplatzes im Bereich des Salzachsees.

1952

- **27. 6. Eröffnungsfeier für das Pater-Peter-Singer-Museum** im Franziskanerkloster. Die Festrede hält Viktor Keldorfer, der letzte lebende Schüler Singers.
- **28. 6. 100 Jahre Kolpingverein.** Der „Salzburger Katholische Gesellenverein", gegründet von Adolf Kolping, begeht unter starker in- und ausländischer Beteiligung seine Hundertjahrfeier.

Abb. 215: Feier zum 100-Jahr-Jubiläum des Kolpingvereins in der Aula, 22. Juni 1952.

- **28. 6. Tod am Dirigentenpult.** Der 47jährige Wiener Dirigent Herbert Häfner stirbt während eines Orchesterkonzertes der IGNM im Mozarteum am Dirigentenpult.
- **28. 6. USFA-Konzerte auf der Trabrennbahn.** Die USFA beginnen mit ihren regelmäßigen Konzerten samt Flaggenparade für die Bevölkerung.
- **29. 6. SAK 1914 ist Fußball-Westmeister.** Nach dem Sieg in der Tauernliga erringt der SAK auch diesen Titel durch ein 3:1 bzw. 2:3 gegen SW Bregenz und steigt als erster Salzburger Fußballverein in die Staatsliga auf.

Juli 1952

- **1. 7. Jahn-Turnhalle.** Der Salzburger Turnverein übernimmt wieder seine Turnhalle am Giselakai. Die Union übersiedelt in ihre neue Sporthalle in Nonntal.
- **5. 7. Reitturnier am Trabrennplatz.** Nach jahrelanger Pause findet in Salzburg wieder ein zweitägiges internationales Reitturnier statt.

1952

Abb. 216: Der SAK 1914 steigt als erste Salzburger Mannschaft in die oberste Fußball-Liga auf. Im Bild stehend v. l.: Lettl, Teichmann, Weinberger, Pachler, Nagy, Wieser, Hochleitner, Praschak, Schmiedinger, Buismann; sitzend v. l.: Tyray, Kolonerics, Fleck, Gärtner, Hausstätter, Lindner, Brugger.

- **5. 7.** „**Wien-Film**" **pachtet Parscher Atelier** der ÖFA im Apothekerhof in Parsch. Der Marischka-Film „Saison in Salzburg" mit Hannerl Matz, Adrian Hoven, Walter Müller und Hans Richter wird zum Teil in Salzburg gedreht.
- **6. 7. Itzling ehrt seine Toten.** In Itzling wird ein von Bildhauer Hans Pacher geschaffenes Kriegerdenkmal für 180 Gefallene beider Weltkriege und 113 Bombenopfer feierlich enthüllt.
- **6. 7. Einem-Kontroverse beendet.** Durch einen persönlichen Briefwechsel zwischen Gottfried von Einem und Landeshauptmann Josef Klaus (ÖVP) wird die Kontroverse um den Ausschluß Einems aus dem Festspieldirektorium beendet.
- **10. 7. Protestkundgebung der Handelsangestellten** im Großen Saal der Arbeiterkammer. Sie lehnen ein Neuregelung der Ladenschlußzeiten ab.
- **11. 7.** USFA-Kommandant **Generalleutnant George P. Hays** verspricht eine weitere Besserung im Verhalten der US-Soldaten. In Kürze würden Unterhaltungsmöglichkeiten (Kino, Kegelbahn, Biergarten etc.) im Camp Roeder geschaffen werden, um das Garnisonsleben mehr auf das Kasernengebiet zu konzentrieren.
- **13. 7.** Die **Erhebung der Wallfahrtskirche Maria Plain zur Basilika** wird mit einem Pontifikalamt mit Erzbischof Andreas Rohracher gefeiert.

1952

14. 7. Hoher Besuch aus dem Pentagon. Der stellvertretende amerikanische Verteidigungsminister Earl D. Johnson besucht Salzburg.

15. 7. US-Schritte gegen Salzburger Nachrichten. Ein SN-Bericht über einen Überfall farbiger Soldaten auf schwedische Salzburg-Touristen führt zu einer offiziellen Demarche des amerikanischen Hochkommissars Walter J. Donnelly bei Bundeskanzler Leopold Figl und Landeshauptmann Josef Klaus (beide ÖVP) wegen „rassendiskriminierender" Berichterstattung.

16. 7. Residenzplatz autofrei. Als Ersatz für die weggefallenen Parkplätze dienen der Kapitel- und Mozartplatz sowie die Straßen um die Gewerbeschule.

18. 7. Entschädigung für Verfolgte. Der Nationalrat beschließt eine materielle Entschädigung für durch politische Verfolgung während der NS-Zeit erlittene Schäden. Gleichzeit erläßt er ein Gesetz, mit dem die belasteten ehemaligen Nationalsozialisten amnestiert werden.

19. 7. Rund 600 Polizisten kommen nach Salzburg. Die VII. Internationale Sternfahrt der Polizeisportvereinigungen aus Österreich und dem benachbarten Ausland prägt für zwei Tage das Stadtbild. Diese erste Sternfahrt nach dem Krieg führt 589 Teilnehmer mit 337 Fahrzeugen nach Salzburg.

23. 7. Anschuldigungen gegen Landesrat Groll. Die Parteipresse von SPÖ und ÖVP erhebt Vorwürfe gegen Landesrat Florian Groll (VdU) wegen „neonazistischer" Äußerungen. Groll habe sich bei einem literarischen Abend in einem Gespräch mit zwei amerikanischen Angestellten als „Nationalsozialist" bezeichnet. Daraufhin wird – trotz einer Gegendarstellung des Landesrates, der die ihm zugeschriebenen Aussagen in Abrede stellt – bei der Polizeidirektion Salzburg Anzeige wegen des Verstoßes gegen das Verbotsgesetz 1947 erhoben. Der VdU spricht Groll das volle Vertrauen aus. Der Verwaltungs- und Verfassungsausschuß des Landtages beschäftigt sich mehrfach mit dem Fall.

23. 7. Hellbrunner Monatsschlößl wieder Volkskunde-Museum. Das 1924 durch Schulrat Karl Adrian gegründete Museum wird als Teil des Museums C. A. von Friederike Prodinger neu eingerichtet.

25. 7. Abschied von Donnelly. Der scheidende US-Hochkommissar Walter J. Donnelly wird mit einer Parade auf der Trabrennbahn feierlich verabschiedet.

25. 7. Museum auf der Festung Hohensalzburg. Die durch das Museum C. A. neu eingerichteten Fürstenzimmer werden der Öffentlichkeit vorgestellt.

25. 7. Erstmals Fest zur Festspieleröffnung. Einer Anregung von Landesrat Florian Groll (VdU) zufolge organisiert der Salzburger Stadtverein einen glanzvollen Festspielauftakt. Am Vorabend der Festspieleröffnung marschiert ein großer Festzug mit Musikkapellen zum Residenzplatz, wo der historische Fackeltanz mit 48 Trachtenpaaren aufgeführt wird. 20.000 Menschen bilden das Spalier zum Residenzplatz, wo sich 10.000 Zuschauer eingefunden haben. Die Salzburger Geschäftswelt veranstaltet einen Schaufensterwettbewerb.

26. 7. Salzburger Festspiele 1952. Zur Eröffnung wird Mozarts „Figaro" aufgeführt. Auf dem Spielplan der Festspiele 1952 stehen 23 Opern- und 18 Schauspielaufführungen sowie zwanzig Konzerte. Die Gesamtausgaben sind mit 11,35 Millionen, die Einnahmen mit 6,15 Millionen Schilling präliminiert. Die Eintrittspreise für die teuersten Plätze für die Opern wurden von 180 auf 200 Schilling,

1952

für Orchesterkonzerte von 150 auf 170 Schilling erhöht. Die Titelrolle in der Neuinszenierung des „Jedermann" durch Ernst Lothar ist mit Will Quadflieg, jene der „Buhlschaft" mit Lola Müthel neu besetzt. Für die Rolle des Teufels ist kurzfristig Peer Schmidt verpflichtet worden, weil das Unterrichtsministerium gegen das Engagement des prominenten, kommunistisch gesinnten Schauspielers Karl Paryla ein Veto eingelegt hatte. Die Uraufführung der Richard Strauss-Oper „Die Liebe der Danae", dirigiert von Clemens Krauss, bildet den musikalischen Höhepunkt der Festspiele.

26. 7. **Mord an einer Geheimprostituierten** in der Nähe des Camps Roeder. Der des Mordes angeklagte 23jährige farbige US-Soldat wird am 20. Dezember von einem in der Lehener Kaserne tagenden US-Militärgericht zu 50 Jahren Gefängnis, Ausstoßung aus der Armee und Einziehung des Wehrsolds verurteilt.

Abb. 217: Auf dem Residenzplatz wird zur Eröffnung der Festspiele zum ersten Mal der Fackeltanz aufgeführt, 25. Juli 1952.

1952

Abb. 218: Will Quadflieg als „Jedermann" und Lola Müthel als „Buhlschaft", 1952.

1952

Abb. 219: Der berühmte Zeichner Walt Disney besucht Salzburg, 11. August 1952.

1952

- **27. 7. Leistungsschau der Flüchtlinge.** Während der Festspielzeit bietet das Landeskomitee für Flüchtlingshilfe eine „Leistungsschau der Heimatvertriebenen und Flüchtlinge in Österreich" im Kurpark. Am Festzug zum „Tag der Donauschwaben" beteiligen sich 9000 Personen in ihren Trachten, tausende Menschen säumen die Straßen. Viele Teilnehmer sind aus den USA, Kanada, Argentinien, Brasilien, Frankreich und Deutschland angereist.
- **27. 7. Fünf amerikanische Ausstellungen.** Im Zwerglgarten und im Vogelhaus beim Mirabellgarten werden fünf amerikanische Ausstellungen unter dem Titel „Heute und morgen" über moderne amerikanische Architektur, österreichische Bildhauer, internationale Graphik, europäische Integration und eine original amerikanische, vollautomatisierte Küche gezeigt. In einem Freilichtkino werden Kulturfilme vorgeführt.
- **29. 7. „Österreichische Kunst der Gegenwart"** heißt eine Ausstellung im Künstlerhaus, die von der „Salzburger Gruppe" zusammengestellt worden ist und anläßlich der Eröffnung des restaurierten Künstlerhauses präsentiert wird.
- **31. 7. Die Magistratsmusik** unter Leitung von Leo Ertl nimmt in Holland an einem internationalen Musikwettbewerb teil.
- **31. 7. Die Internationale Sommerakademie** am Mozarteum wird eröffnet. Am 10. August hält Thomas Mann im Mozarteum einen Vortrag zum Thema „Der Künstler und die Gesellschaft".

August 1952

- **1. 8. Margret Truman in Salzburg.** Die Tochter des amerikanischen Präsidenten besucht Salzburg.
- **3. 8. Residenzgalerie wiedereröffnet.** Unterrichtsminister Ernst Kolb (ÖVP) eröffnet die wiedererstandene Residenzgalerie.
- **4. 8. Israelitische Kultusgemeinde genehmigt.** Das Unterrichtsministerium erteilt der Errichtung einer israelitischen Kultusgemeinde in Salzburg die staatliche Genehmigung. Sie besteht de facto bereits seit Kriegsende.
- **9. 8. 37 Hektar beschlagnahmen die USFA** überraschend in der Lieferinger Au zur Schaffung eines Panzerübungsplatzes. Stadtpolitiker protestieren dagegen.
- **11. 8. Initiative zur Rettung von Mozarts Wohnhaus.** Bei einer Pressekonferenz der Internationalen Stiftung Mozarteum sprechen sich die Stiftung, der Stadtverein, die Gesellschaft für Salzburger Landeskunde und führende Architekten gegen eine von Architekt Josef Becvar geplante Überbauung des erhalten gebliebenen Teiles von Mozarts Wohnhaus aus.
- **14. 8.** Mit **36,2° Celsius im Schatten** wird die bisher höchste Temperatur in der Stadt Salzburg in diesem Jahrhundert gemessen.
- **15. 8. Carl Zuckmayer liest** auf Einladung der Salzburger Kulturvereinigung aus seiner Novelle „Engele von Löwen".
- **16. 8. Regensturm wütet über Salzburg.** Vor allem Baracken in Hellbrunn und im Lager Alpenstraße werden schwer in Mitleidenschaft gezogen. Im Park von Hellbrunn sind dreißig Bäume entwurzelt.

1952

16. 8. Die Stadt läßt eine **Gedenktafel für Mozarts Witwe** Constanze Nissen und ihre Schwägerin Sophie Haibl am Haus Mozartplatz 8 anbringen.

17. 8. Tageskarten für Obus. Die Verkehrsbetriebe geben Tageskarten zu 10 Schilling für die Benützung aller Obus- und Autobuslinien im Stadtgebiet sowie des Mönchsberglifts, der Drahtseilbahn auf die Festung sowie der Lokalbahn nach Bergheim, Parsch und Hellbrunn heraus.

18. 8. Der neue Sender Moosstraße des RWR-Studios Salzburg nimmt seinen Betrieb auf. Gleichzeitig wird der alte Mönchsbergsender abgeschaltet, wodurch sich die Empfangsverhältnisse in der Innenstadt verschlechtern.

19. 8. Land interveniert wegen Panzerübungsplatz. In einer Sondersitzung der Landesregierung wird der einstimmige Beschluß gefaßt, mit dem Oberkommandierenden der US-Streitkräfte in Österreich zu verhandeln, um den geplanten Panzerübungsplatz im Stadtgebiet zu verhindern.

23. 8. Baudouin, König der Belgier weilt in Salzburg. Er wird von Eduard Paul Tratz durch das „Haus der Natur" geführt. Die Abendstunden verbringt Baudouin in der „Barock-Bar".

24. 8. Die **Salzburger Hochschulwochen 1952** beginnen.

25. 8. Der neue Puch-Roller RL 125 wird in der Steyr-Daimler-Puch-Filiale am Makartplatz ausgestellt und findet großes Interesse. Die Luxusausführung kostet 8000 Schilling. Die Lieferzeit wird mit 18 Monate bis 2 Jahre angegeben.

26. 8. Meister der Fayence-Kunst. Das U. S. Information Center auf dem Alten Markt zeigt Skulpturen und Gefäße des international bekannten Meisterkeramikers Arno Lehmann, dessen Atelier sich seit 1946 auf der Festung befindet.

29. 8. Max Ophüls dreht in Salzburg. Der aus Österreich stammende Regisseur Max Ophüls, der mit seinem „Reigen" einen Welterfolg errungen hat, beginnt mit den Vorarbeiten für seinen neuen Film „Finale", der in Salzburg gedreht wird.

31. 8. Bischofsweihe. Der Salzburger Universitätsprofessor Franz König wird in St. Pölten zum Bischof geweiht.

September 1952

2. 9. Neues Großbauvorhaben. Im Park des Hotels „Europe" werden für die Errichtung des „Fordhofes" nach Plänen von Architekt Josef Becvar Bäume gefällt. An der St.-Julien-Straße soll eine Shell-Service-Station entstehen.

4. 9. Größte Militärkapelle gastiert in Salzburg. Die US-Army Field Band, die größte Militärkapelle der USA, gibt in der Sporthalle Riedenburg ein Konzert.

4. 9. Bauarbeiter-Warnstreik. Zum Demonstrationszug durch die Stadt kommen 2500 Teilnehmer.

7. 9. Bei der **Bergmeisterschaft der Salzburger Radsportler** auf die Gaisbergspitze geht auch der zweifache Österreichrundfahrtsieger Richard Menapace nach zweijähriger Unterbrechung wieder an den Start.

7. 9. Im Finale der **internationalen Tennismeisterschaften von Österreich 1952** im Volksgarten siegt Wimbledon-Finalist Jaroslav Drobny aus Prag.

9. 9. Das **Café „Am Neutor"**, am Hildmannplatz, wird eröffnet.

1952

- **13. 9.** Die **Salzburg Dult** beginnt im Volksgarten. Bis 21. September werden 80.000 Besucher gezählt.
- **14. 9.** **Fahnenweihe** der Krieger- und Heimkehrer-Kameradschaft Liefering.
- **15. 9.** **US-Hochkommissar in Salzburg.** Der neue amerikanische Botschafter und Hochkommissar in Österreich Llewellyn E. Thompson Jr. besucht erstmals Salzburg und stattet Landeshauptmann Josef Klaus (ÖVP) und Bürgermeister Stanislaus Pacher (SPÖ) Höflichkeitsbesuche ab.
- **15. 9.** **Schulraummisere.** 6418 Kinder treten in die Volksschule ein, die Zahl der Hauptschüler steigt um 758 auf 5466 an. In 65 Hauptschulzimmern sollen 140 Schulklassen untergebracht werden. Außer in Morzg müssen alle Stadtschulen zum Halbtagsunterricht mit Wechselbetrieb übergehen.
- **18. 9.** **Marionetten wieder auf großer Fahrt.** Das Salzburger Marionettentheater startet zu seiner zweiten Amerika-Tournee.
- **20. 9.** **Erstes großes Soldatentreffen in Salzburg** von 3500 ehemaligen Gebirgsjäger der Deutschen Wehrmacht. Dem Treffen war ein Verbot durch die Salzburger Polizeidirektion vorausgegangen, nach dessen Aufhebung durch die Bundesregierung vor allem die KP-Presse massiv protestiert. Auf dem Programm stehen eine Gedenkmesse im Dom sowie eine Kranzniederlegung und Heldenehrung vor dem Rainer-Denkmal auf der Festung.
- **21. 9.** **Gründung des Landeslehrervereins** im Großgasthof „Sternbräu". Er tritt die Nachfolge des alten Landeslehrervereines (1869–1938) an.

Abb. 220: Auf dem Residenzplatz führt die Feuerwehr einen neuen Hitzeschutzanzug ohne Asbest vor, 28. September 1952.

1952

24. 9. Lipizzaner sollen ins Salzburger Exil. Landeshauptmann Josef Klaus (ÖVP) schlägt die Verlegung der Spanischen Hofreitschule nach Salzburg vor. Als mögliche Standorte werden das Schloß Leopoldskron oder die alte Brauerei in Guggenthal erwogen. Für Veranstaltungen stünden der Schloßhof Hellbrunn, der Hof der Residenz oder die Felsenreitschule zur Verfügung.

24. 9. UKW-Antenne am Gaisberg in Betrieb. Auf der Spitze des Gaisberges wird eine Richtstrahlantenne probeweise in Betrieb genommen.

25. 9. Magistratsgeschäftsordnung beschlossen. Der Gemeinderat beschließt die vom Juristen Heimgar Quell ausgearbeitete neue Magistratsgeschäftsordnung.

27. 9. Beim **2. Paracelsus-Tag** wird Burghart Breitner zum neuen Präsident der Internationalen Paracelsus-Gesellschaft gewählt.

27. 9. Josef-Mayburger-Ausstellung. Im Pavillon des Mirabellgartens ist eine Gedächtnisausstellung zu Ehren des Gründers des Stadtvereines zu sehen.

29. 9. Maturakurse für Berufstätige bietet jetzt die Volkshochschule an.

30. 9. Schließung der Vermißtensuchstelle des Roten Kreuzes an der Paris-Lodron-Straße 8a wegen Geldmangels.

30. 9. Salzburg im Film. Im Maxglaner Kino wird der Kulturfilm „Ewiger Klang der Mozartstadt" mit Worten von Karl Heinrich Waggerl und Musik von Joseph Messner uraufgeführt.

Oktober 1952

1. 10. Zweitägiger Streik am Mädchen-Gymnasium. Die 780 Schülerinnen des Mädchen-Realgymnasiums und der Frauenoberschule bleiben auf Beschluß ihrer Eltern drei Tage dem Schulbesuch fern. Der Protest richtet sich gegen die Verzögerung des geplanten Neubaus eines Mädchen-Gymnasiums im Nonntal.

1. 10. Postämter geschlossen. Zur Urlaubsabwicklung schließen die Postämter Nonntal und Parsch bis Ende November.

2. 10. Hauptschule Maxglan fertiggestellt. Der großzügige Ausbau hat 1,8 Millionen Schilling gekostet.

2. 10. Ein neuer Fahnenmast wird am Dach des USFA-Hauptquartiers montiert. Die täglichen Flaggenparaden am Mozartplatz werden abgeschafft.

4. 10. Richard Hildmann gestorben. Der ÖVP-Bürgermeister-Stellvertreter, Ehrenbürger der Landeshauptstadt und Präsident des SAMTC, ist unerwartet im 71. Lebensjahr gestorben. Der Gemeinderat, dem Hildmann mehr als 30 Jahre angehört hat, tritt zwei Tage nach dem Tod zu einer Trauersitzung zusammen.

6. 10. Die Bauarbeiter streiken für höhere Löhne. Die Gewerkschaft der Eisenbahner veranstaltet eine Sympathiekundgebung. Durch einem Kompromiß zwischen Innung und Gewerkschaft endet der Streik nach einer Woche.

8. 10. Filmdreharbeiten in Parsch. Die Donau-Filmgesellschaft dreht im Parscher Atelier die Innenaufnahmen zum Film „Die Wirtin vom Wörthersee" mit Maria Andergast und den durch die Verfilmung von Kästners „Doppelten Lottchen" bekannt gewordenen Zwillingen Isa und Jutta Günther.

12. 10. Grundsteinlegung für die neue Pfarrkirche Maxglan.

1952

Abb. 221: Erweiterungsbau für die Maxglaner Hauptschule, 1952.

Abb. 222: Interessierte bestaunen die im Oktober 1952 eröffnete neue Verkaufszentrale der Fa. Porsche an der Franz-Josef-Straße.

1952

Abb. 223: Der Rohbau des Versicherungsgebäudes nach Plänen von Josef Becvar auf dem Gelände von Mozarts Wohnhaus, Oktober 1952.

- **15. 10. Vertrag über das Mozarteum.** Nach mehrjährigen Verhandlungen vereinbaren Stadt, Land und Bund, daß der Bund die Musikschule Mozarteum übernimmt und diese per 1. Juni 1953 zur Akademie erhoben wird. Stadt und Land Salzburg verpflichten sich, weiterhin Kostenbeiträge in der Höhe eines Sechstel des finanziellen Abgangs zu tragen.
- **16. 10. Die USFA räumen Landesgericht, Residenz und Franziskanerkloster,** in denen sie zahlreiche Räume beschlagnahmt hatten.
- **16. 10. Kindertransport eingetroffen.** Am Hauptbahnhof trifft ein weiterer Transport mit volksdeutschen Kindern aus Jugoslawien ein, die dort in Lagern jahrelang von ihren Eltern getrennt leben mußten.
- **17. 10. Salzburger Debüt des neuen „Käfers" von Volkswagen.** Der Verkaufspreis wird in Österreich weiterhin 58.000 Schilling betragen.
- **18. 10. Erster Abend des neugegründeten Konzertringes** der Salzburger Kulturvereinigung in der Großen Aula mit dem Salzburger Mozarteum-Orchester unter der Leitung von Robert Wagner.
- **19. 10. Der Abschluß der Renovierung der Kirche Maria-Hilf** in Leopoldskron-Moos wird mit einem festlichen Gottesdienst gefeiert.
- **20. 10. Nachfolger Hildmanns gewählt.** Als Nachfolger des verstorbenen Richard Hildmann wird Hans Donnenberg zum ÖVP-Bürgermeister-Stellvertreter gewählt. Das freigewordene Gemeinderatsmandat übernimmt Risa Kaut.

20. 10. Griesgassen-Durchbruch. Der Gemeinderat stimmt den Verträgen mit drei Versicherungsgesellschaften und der Aufnahme eines Kredites über 5 Millionen Schilling für den Griesgassen-Durchbruch zu. 3 Millionen zahlen die Versicherungen Assicurazioni Generali, Erste Allgemeine und Allianz.

25. 10. Schüler renovieren Rainer-Denkmal vor dem Kommunalfriedhof. Schüler der Bundesgewerbeschule und der Bundesfachschule Hallein haben auf die am Boden liegende Spitze des Rainer-Obelisken „Gestürzt beim 7. Bombenangriff am 20. Dezember 1944" graviert.

26. 10. Das **Lehrerstudentenheim Vinzentinum** im Bärengäßchen, errichtet an Stelle der alten bombenzerstörten Kinderkrippe, wird feierlich eröffnet.

27. 10. Weltmeister der Seiltänzer in Salzburg. Harry Davis, der Weltmeister aller Seiltänzer, gastiert am Max-Reinhardt-Platz vor 1300 Zuschauern.

30. 10. Weltspartag. Zum ersten Mal nach längerer Unterbrechung veranstalten die Sparkassen wieder einen Weltspartag.

November 1952

1. 11. Telefongebühren umgestellt. Der Fernsprechverkehr wird in der Stadt jetzt einheitlich nach Zeitzählung abgerechnet. Die Gesprächsgebühr für eine Minute beträgt 20 Groschen.

3. 11. Den neugeschaffenen **Georg-Trakl-Preis für Lyrik erhält Maria Zittrauer** aus Badgastein. Der 2. Preis geht an Josef Laßl. Anerkennungsschreiben erhalten Gerhard Amanshauser und Elisabeth Effenberger.

3. 11. Mit dem **Abbruch des Jetzelsberger-Stöckls** wird begonnen.

6. 11. Sprengstoffpaket an Hermann Winkler. Dem Cafetier Hermann Winkler wird ein Sprengstoffpaket ohne Zünder mit einem Erpresserschreiben zugestellt, wenige Tage später ein zweiter Erpresserbrief der „Todes-A.G.". Ende Dezember kann der Täter gefaßt werden.

7. 11. Kundgebung gegen KFZ-Steuer. Mitglieder des ÖAMTC protestieren gegen die „Wucherbesteuerung" der Kraftfahrzeuge.

8. 11. Zur **Miss Salzburg** wird Adelheid Tesch im Festspielhaus gewählt.

10. 11. USFA stellen Hotel „Pitter" zurück. Zwei Stockwerke mit rund 100 Zimmern bleiben an weibliche USFA-Zivilangestellte vermietet.

10. 11. Denkmalschutz für Mozarts Wohnhaus. Der von Bomben verschont gebliebene Teil des Mozart-Wohnhauses auf dem Makartplatz bleibt aufgrund eines Erkenntnisses des Verwaltungsgerichtshofes unter Denkmalschutz.

15. 11. Herkules wieder im Toskanatrakt. Die Plastik des Herkules aus dem Garten Dietrichsruh wird im Hof des Toskanatraktes wieder aufgestellt.

16. 11. Austria Salzburg Herbstmeister. Austria Salzburg wird mit 4 Punkten Vorsprung Herbstmeister der Fußball-Tauernliga.

19. 11. Festspieldirektorium ohne Gottfried von Einem. Das Kuratorium der Salzburger Festspiele genehmigt die Aufnahme von Einems Oper „Der Prozeß" in das Programm der Festspiele 1953. Eine Wiederberufung Einems in das Direktorium wird „aus Gründen der Unvereinbarkeit nicht für tunlich befunden".

1952

Abb. 224: Erzbischof Andreas Rohracher weiht die um 4,2 Millionen Schilling wiederaufgebaute Stadtpfarrkirche St. Andrä, 30. November 1952.

1952

- **19. 11. Mehr Landtagsmandate.** Der Landtag beschließt gegen die Stimmen des VdU die Anhebung der Zahl der Abgeordneten von 26 auf 32. Ein VdU-Antrag auf vorzeitige Neuwahlen gemeinsam mit der Nationalratswahl wird abgelehnt.
- **21. 11. Sanierung der Kuenburgbastei der Festung abgeschlossen.** Die Arbeiten haben zwei Jahre gedauert und 4,3 Millionen Schilling gekostet.
- **22. 11. Der 5000ste Elektroherd** wird von den Salzburger Stadtwerken angeschlossen.
- **29. 11.** Der **Christkindlmarkt** auf dem Mirabellplatz beginnt.
- **30. 11. Großes Adventsingen.** Das traditionelle Salzburger Adventsingen unter Leitung von Tobi Reiser findet wegen des großen Besucherandrangs erstmals in der Großen Aula statt. Eine begeistert aufgenommene Novität bilden die Texte des Dichters Karl Heinrich Waggerl.

Dezember 1952

- **3. 12. Premiere im Landestheater** mit der österreichischen Erstaufführung von Friedrich Dürrenmatts Satire „Die Ehe des Herrn Mississippi".
- **4. 12. Rehrl-Denkmal in Auftrag gegeben.** Der Arbeitsausschuß für die Errichtung eines Rehrl-Denkmals beschließt, die beim Wettbewerb mit dem ersten Preis ausgezeichnete Arbeit von Jakob Adlhart als Grundlage für die bildhauerische Ausgestaltung des Denkmals heranzuziehen. Adlhart wird die beiden Reliefbilder, Hans Pacher das Mittelstück mit dem Porträt von Altlandeshauptmann Franz Rehrl samt Wappen und Inschrift gestalten.
- **12. 12. Jugend der freien Welt in Salzburg.** Delegierte der Jugendvereinigung „Friendship among Children and Youth" aus elf Ländern der freien Welt kommen in Salzburg zusammen.
- **12. 12. 90 Jahre Stadtverein.** Der Salzburger Stadtverein feiert im Wiener Saal des Mozarteums seinen 90. Geburtstag.
- **15. 12.** Der **Wiedererrichtung der Franziskanermauer** vor dem Klostergarten wird bei einer Baukommissionierung zugestimmt.
- **13. 12. GIs laden Kinder ein.** Soldaten der USFA veranstalten 57 Weihnachtsfeiern für mehr als 5000 Kinder und bedürftige Arme.
- **13. 12. 75 Jahre Volksblatt.** Das Salzburger Volksblatt feiert mit einer Festausgabe den 75. Jahrestag seines Erscheinens.
- **17. 12. Thomas Bernhard,** der junge Salzburger Lyriker, liest im Rahmen der Salzburger Volkshochschule aus seinen Werken.
- **19. 12. Budget 1953 beschlossen.** Der Gemeinderat beschließt das Budget für 1953 mit Gesamtausgaben von rund 128 Millionen Schilling. Notwendig sind die Erhöhung der Kanalbenützungsgebühr, des Anrainerbetrages für die Straßenbeleuchtung, der Marktgebühren, der Kanalbeiträge, der Schlachthofgebühren und der Müllabfuhr. Auch Tariferhöhungen der Verkehrsbetriebe werden angekündigt. Zudem beschließt der Gemeinderat, ein Kontrollamt einzurichten und den St.-Sebastians-Friedhof ab 1. Mai 1953 wieder als Begräbnisstätte freizugeben.
- **20. 12. Klaus ÖVP-Obmann.** Landeshauptmann Josef Klaus wird vom außerordentlichen Landesparteitag zum neuen ÖVP-Landesparteiobmann gewählt.

1952

Abb. 225: Belastungsprobe auf der alten Lehener Brücke mit einem amerikanischen Panzer, 12. Dezember 1952.

21. 12. Das Café-Espresso „Lehenerhof" im gleichnamigen Gasthof an der Ignaz-Harrer-Straße eröffnet.

22. 12. Erste Fußgängerampeln. An der Staatsbrücke sind für die Fußgänger jetzt eigene Ampeln installiert.

24. 12. Gnadenappell abgelehnt. Die Bundesregierung lehnt die vorzeitige Freilassung der verurteilten und noch inhaftierten NS-belasteten Personen ab. Den diesbezüglichen Gnadenappell der Stiftung Soziales Friedenswerk haben auch Erzbischof Andreas Rohracher und der Präsident des Österreichischen Roten Kreuzes, Burghart Breitner, unterfertigt.

29. 12. Heimkehr vom Ural. Vier zu 25 Jahren Zwangsarbeit verurteilte Salzburger kehren aus sowjetischer Gefangenschaft zurück. Sie werden von einer großen Zahl von Salzburgern und führenden Politikern am Hauptbahnhof begrüßt.

31. 12. Salzburger Luftverkehr. 1952 ist für den Salzburger Luftverkehr das erfolgreichste Jahr seit 1945. Mit 430 An- und Abflügen sowie 4183 Passagieren wurde das Spitzenjahr der Vorkriegszeit (1935) überboten. 1952 kamen bei 257 Landungen 2806 Gäste in die Stadt. Von Salzburg starteten 3190 Passagiere. Die Gesamtfrachtbewegung betrug im Jahr 1952 rund 17 Tonnen.

1952

Abb. 226: Die neue Fußgängerampel bei der Staatsbrücke zeigt das grüne Signal „gehen". Passanten im Schneeregen, 22. Dezember 1952.

1953

Jänner 1953

2. 1. Ein „**Salzburg Information Office**" richtet das Landesverkehrsamt im Reisebüro „Polytechnic" in der Londoner Regent Street ein.

5. 1. Erster „**Akademikerball**" des freiheitlichen Akademikerverbandes Salzburg.

5. 1. **Stellungnahme des Erzbischofs zu Gnadengesuch.** Andreas Rohracher nimmt zur öffentlichen Kritik an seiner Unterschrift unter das Gnadengesuch für verurteilte NS-Belastete Stellung. Ihm gehe es mit seinem Gnadenappell um eine „Tat besonderer Versöhnlichkeit und Gnadenbereitschaft gegenüber den so hart betroffenen Verurteilten und vor allem deren Familien" und um „Rückkehr unserer Staatspolitik zur Rechtsidee".

7. 1. **US-Hochkommissar in Salzburg.** Der amerikanische Botschafter und Hochkommissar für Österreich, Llewellyn E. Thompson jr., führt Unterredungen mit Vertretern örtlicher Behörden und der Presse.

7. 1. **Gebäudeabbruch für den Griesgassen-Durchbruch beginnt.** Abgerissen werden die Häuser Griesgasse 35 und 37 und Getreidegasse 54. Die Objekte Badergäßchen 4, Gstättengasse 2 und Getreidegasse 56 fallen nur zum Teil der Spitzhacke zum Opfer. Der alte Pfarrhof (Getreidegasse 52) ist durch Bomben bereits zerstört. Die Pfarrkanzlei befindet sich jetzt im Bürgerspital. Für die erforderlichen Ersatzwohnungen ist der Wohnhausneubau Ignaz-Harrer-Straße 19 vorgesehen, in dem auch die Polizeiwachstube untergebracht werden soll.

7. 1. Als **Faschingsprinzenpaar 1953** „regieren" die Schauspielerin Ilse Hanel und ihr Kollege Karl Blühm die Salzburger Ballsaison. Im sechs Wochen dauernden Fasching finden 183 Bälle und rund 200 sonstige Veranstaltungen statt.

8. 1. **Neue Holzhaustypen.** Die Holzwerke Gstür in Leopoldskron stellen ein Holzhaus vom Typ „Taunus" vor, das in Serie produziert wird.

9. 1. „**Die Neue Front" beschlagnahmt.** Die jüngste Ausgabe der VdU-Wochenzeitung „Die Neue Front" wird von der Polizeidirektion nach Beschluß des Landesgerichtes wegen Aufwiegelung beschlagnahmt. In einem Artikel reagiert der VdU-Nationalratsabgeordnete Helfried Pfeiffer scharf auf die ablehnende Stellungnahme der Bundesregierung zum Appell der Stiftung Soziales Friedenswerk für eine Begnadigung von verurteilten NS-Belasteten.

9. 1. **Gaisberg-Sessellift.** Die Landesregierung erteilt dem Besitzer der Judenbergalm, Julius Böhacker, die Genehmigung zum Bau einer Einsessel-Liftanlage von Parsch zur Judenbergalm.

9. 1. **Der Film „Don Camillo und Peppone"** läuft im Mozart-Kino an.

10. 1. **Telefonzensur in Salzburg.** Das Salzburger Telefonnetz steht nach wie vor unter dauernder Kontrolle der US-Besatzungsmacht. Die Abhorchstelle in der Hauptpost am Residenzplatz ist mit einer modernen Tonbandaufnahme-Einrichtung ausgestattet.

12. 1. **Harrer-Vortrag.** Heinrich Harrer hält in der Aula Academica seinen Vortrag „Sieben Jahre in Tibet".

13. 1. „**Rommel, der Wüstenfuchs".** Das Stadtkino bringt Henry Hathaways vieldiskutierte Filmreportage über Feldmarschall Erwin Rommel.

1953

- **15. 1. Franziskanerkirche.** Die Renovierung des gotischen Hochchors der Franziskanerkirche ist abgeschlossen.
- **15. 1. Konzertante Welturaufführung der Oper „Judith"** des Mailänder Komponisten Vittorio Gnecchi im Festspielhaus.
- **15. 1. Die beiden letzten Mietwagen der Städtischen Verkehrsbetriebe** auf den Linien K und H werden durch zwei neue eigene Autobusse ersetzt.
- **15. 1. Freies Visum für Reisen in die Bundesrepublik.** Ab heute erhalten Österreicher an den großen Grenzübergängen gebührenfrei ein für 30 Tage gültiges Touristenvisum. Diese Erleichterung im deutsch-österreichischen Reiseverkehr gilt allerdings nur wenige Wochen. Ab 13. Februar ist für den Grenzübertritt wieder ein kostenpflichtiger Unbedenklichkeitsvermerk des Permit-Office nötig.
- **15. 1. Strafe für Fahrerflucht.** In einem Strafprozeß in Salzburg wird erstmals der neue Fahrerflucht-Paragraph angewendet.
- **16. 1. US-Prozeß wegen Vergewaltigung.** Ein amerikanischer Soldat wird von einem US-Militärgericht in Salzburg wegen Vergewaltigung zu 10 Jahren Zwangsarbeit, Wehrunwürdigkeit und Verfall des Wehrsoldes verurteilt.
- **21. 1. Tod bei Abfahrtslauf.** Beim Abfahrtslauf des Polizei-SV von der Zistel prallt die Vorjahressiegerin, Gertrude Schröder, kurz nach der „Bauernwiese" gegen einen Baum und erliegt kurz darauf ihren Verletzungen.
- **21. 1. Der neugegründete Filmklub** der Salzburger Volkshochschule beginnt seine Tätigkeit mit der Vorführung des Films „Der Schimmelreiter".
- **23. 1. Burgschauspieler Josef Meinrad** spielt im Nestroy-Stück „Der Färber und sein Zwillingsbruder" im Salzburger Landestheater.
- **29. 1. Der Neubau des „Stöckls"** neben dem Jetzelsberger-Haus, zwischen Rainerstraße und Theatergasse, wird begonnen.
- **30. 1. Grippeepidemie.** Wegen der herrschenden Grippewelle in Salzburg (ca. 1500 Grippefälle) entfällt in einigen Schulklassen der Unterricht.
- **30. 1. USFA-Wohnbauprojekt.** Im Lifka-Kino präsentieren Vertreter der USFA das Projekt für eine „US-Zivilstadt" nach dem Muster der Stadt Livorno. Im Rahmen dieses zur Ausschreibung gelangenden Projekts sind insgesamt 800 bis 1200 Wohnungen für USFA-Familien geplant. Die erste Bauphase sieht innerhalb von 14 Monaten 420 Wohnungen vor. Die USFA wollen für dieses Bauvorhaben österreichisches Kapital (100 Millionen Schilling) und bieten eine fünfjährige Mietzinsgarantie. Auch Reichenhall und Berchtesgaden interessieren sich für dieses Projekt und die Realisierung in ihrem Gemeindegebiet.

Februar 1953

- **3. 2. Katholischer Akademikerverband gegründet.** Erster Präsident wird Franz Hörburger. Die Festrede hält der Bischof-Koadjutor von St. Pölten, der frühere Salzburger Professor an der theologischen Fakultät, Franz König.
- **6. 2. Ein Bombenfund im Kaiviertel** löst Alarmstufe I für die gesamte Umgebung aus, das USFA-Hauptquartier am Mozartplatz wird geräumt. Der Entminungsdienst entschärft die amerikanische 250-kg-Fliegerbombe.

1953

Abb. 227: Der Bauplatz der Hauptschule Nonntal, Frühjahr 1953.

- **7. 2. Städtebund.** Die zehn Salzburger Mitgliedsgemeinden des Österreichischen Städtebundes beschließen, eine eigene Landesgruppe Salzburg des Österreichischen Städtebundes zu gründen.
- **7. 2. „Lebendiges Salzburg" – Porträt einer Stadt.** Der Salzburger Magistrat ist Herausgeber dieses neuerschienenen Kunstdruckbandes mit dem Untertitel „Sieben Jahre Aufbau, 1945–1952".
- **8. 2. Der Film „The Devil makes three",** im Vorjahr in Salzburg von der Metro-Goldwyn-Mayer Filmgesellschaft gedreht, wird im Lifka-Kino aufgeführt.
- **9. 2. Neuer Stadtverkehrsdirektor.** Der Stadtsenat bestellt Heinz Helmut Rennau zum Leiter des neuerrichteten Stadtverkehrsbüros.
- **9. 2. „Mercedes" im Stadtzentrum.** Die Daimler-Benz AG für Österreich eröffnet im neuen AVA-Gebäude am Bürgerspitalplatz einen Autosalon.
- **9. 2. Polizeiaktion gegen „Ami-Girls".** Bei einer der üblichen, von Polizei und US-Militärpolizei gemeinsam gegen die Geheimprostitution durchgeführten Razzia, wird diesmal im US-Soldatenklub in der Riedenburg sogar Tränengas eingesetzt. 25 Frauen werden festgenommen.

1953

- **9. 2. Ehrengrab für Fugger.** Der Gemeinderat beschließt die Übernahme der Grabstätte Eberhard Fuggers (1842–1919) als Ehrengrab.
- **10. 2. Neue Verkehrsampeln am Rudolfsplatz** werden in Betrieb genommen.
- **10. 2. Schneechaos in Salzburg.** Die Stadt hat rund 200 Schaufler und 30 Lastwagen im Einsatz gegen die Schneemassen.
- **12. 2. Richard-Wagner-Feier.** Aus Anlaß des 70. Todestages des deutschen Komponisten veranstaltet die Richard-Wagner-Gesellschaft unter Vorsitz von Adolf Stierle im Schloß Mirabell eine Feier. Den Festvortrag hält Eberhard Preußner.
- **13. 2. Stadtdekanat hat nunmehr 14 Pfarreien.** Die vier Stadtpfarren Aigen, Liefering, Leopoldskron und Morzg werden aus dem Dekanat Bergheim herausgelöst und dem Stadtdekanat angegliedert.
- **15. 2. Sonntag des Brauchtums** mit dem Fahnenschwingen der Metzgerzunft in der Getreidegasse und dem Aperschnalzen in Liefering.
- **17. 2. Die Regiebücher Max Reinhardts** sind wieder im Besitz der Familie. Sie wurden von der Hollywood-Schauspielerin Marilyn Monroe, die die Bücher bei einer Versteigerung erworben hatte, zurückgekauft.
- **18. 2. Verbot der Kaffeeausfuhr nach Bayern.** Die österreichischen Zollbehörden schränken die seit Jahren im „Kleinen Grenzverkehr" stillschweigend tolerierte Kaffeeausfuhr von Salzburg nach Bayern ein. Dieses Ausfuhrverbot ruft heftige Proteste des Salzburger Lebensmittelhandels hervor.
- **19. 2. Ärztliche Versorgung.** Im Land Salzburg gibt es für 106.000 Versicherte derzeit 174 praktische Ärzte und 58 Fachärzte mit Kassenpraxen.
- **20. 2. Pläne für die Neugestaltung des Makartplatzes.** Der Stadtverein präsentiert den Entwurf der Architekten Otto Prossinger und Felix Cevela, der eine gänzliche Auflassung der Grünanlage vorsieht. Nach Vorschlägen der Stadtgemeinde soll in der Mitte des Makartplatzes statt der Grünfläche ein Parkplatz entstehen. Verwirklicht wird schließlich der Plan von Stadtgartendirektor Otto Kreiner mit einer Grünfläche in der Platzmitte.
- **22. 2. Nationalratswahlen.** Das Stadtergebnis: SPÖ 22.225 (1949: 20.088), ÖVP 19.545 (18.019), VdU 16.237 (13.739), Volksopposition (VO) 1984 (2012).
- **27. 2. Vortrag über Weltraumfahrt.** Der österreichische Raketenforscher Erich Dolezal spricht auf Einladung der Kulturvereinigung im Festsaal der Arbeiterkammer. Er erwartet die Errichtung einer Weltraumstation bis zum Jahr 1963.
- **28. 2. Der Polizeiwachposten Morzg wird aufgelassen.**

März 1953

- **2. 3.** Bei einer **Razzia anläßlich des „Pay Day"** für amerikanische Soldaten werden 33 Geheimprostituierte festgenommen.
- **3. 3. Ausstellung der USFA-Nachrichtentruppe** am Residenzplatz aus Anlaß ihres 90jährigen Bestehens. Rund um den Residenzbrunnen ist zahlreiches technisches Gerät der US-Streitkräfte zu besichtigen.
- **7. 3. Zweitägige Bundestagung der Pfadfinder** in Salzburg.
- **9. 3. Die Linie S** vom Ferdinand-Hanusch-Platz zum Camp Roeder wird eingeführt.

1953

11. 3. **Gemeinsame österreichisch-amerikanische Volkstanzvorführungen** im „Mirabell Service Club" der USFA.

13. 3. **„Goldseisen-Archiv" entdeckt.** Bei Umbauarbeiten im vierten Stock des Hotels „Elefant" werden Rechnungsbücher und Aktenbündel des Salzburger Bürgers Hans Goldseisen aus den Jahren 1551–1562 entdeckt.

13. 3. **„Touropa"-Kongreß.** Der Chef des größten deutschen Reisebüros, der Präsident der „Touropa", Karl Degener, kommt mit 330 deutschen Reisebürofachleuten in 12 Sonderautobussen zu einem zweitägigen Kongreß nach Salzburg.

14. 3. **„Neue Heimat" rückstellungspflichtig.** Die Rückstellungsoberkommission in Linz entscheidet im Streit um die Rückstellung der Aiglhofgründe zugunsten des Stiftes St. Peter. Soweit die Gründe nicht verbaut sind, müssen sie von der „Neuen Heimat" dem Stift zurückgestellt werden. Für verbaute Gründe ist der Schätzwert nach dem Rückstellungsgesetz zu vergüten.

16. 3. **„Milchkrieg".** Der erstmalige Verkauf von „friedensmäßiger" Milch mit 3,5 Prozent Fettgehalt zu 2,16 Schilling führt auch in Salzburg zu einem „Kalten Milchkrieg". Die Polizei verbietet auf Weisung des Innenministeriums diesen Vollmilchverkauf. Der Milchwirtschaftsfonds erlaubt nur den Verkauf von Milch mit 3 Prozent Fettgehalt zum alten Preis von 2,04 Schilling.

16. 3. **Neuregelung auf der Ringlinie.** Bei der Haltestelle Siezenheimer Straße wird die Ringlinie unterbrochen. Dort kehren die aus Lehen und Maxglan kommenden Wagen um und fahren in die gleiche Richtung zurück. Die bisherigen Linien L und M sind nun einheitlich mit M bezeichnet.

18. 3. **Wasserboiler ferngesteuert.** Bei den Salzburger E-Werken gibt es seit kurzem eine bahnbrechende Neueinrichtung: Eine im Umspannwerk Mitte untergebrachte Zentralsteuerung kann Elektrogeräte bei Verbrauchern, die den billigeren Nachtstrom in Anspruch nehmen wollen, ein- und ausschalten.

18. 3. **Pacher in die USA.** Bürgermeister Stanislaus Pacher (SPÖ) reist zu einem sechswöchigen Aufenthalt in die Vereinigten Staaten.

20. 3. **Die Volkshochschule führt in der Gewerbeschule Fernsehgeräte vor,** um Interessierte mit den Grundzügen des Fernsehens bekannt zu machen.

20. 3. **Gastspiel der Hoch- und Deutschmeister-Kapelle** im Festspielhaus.

25. 3. **Zur Domherrengruft umgestaltet** wird die Grabstätte des Dombaumeisters Santino Solari in den Arkaden des Friedhofs St. Peter.

27. 3. **Arbeitskreis „Frauen in der Volkshochschule" gegründet.** Den Vorsitz führt Anna Zinkanell.

28. 3. **Hotel „Cobenzl" eröffnet.** Auf der Judenbergalm hat Julius Böhacker ein Hotel mit 55 Betten, einer Bar und einem Restaurant errichtet. Der Betrieb ist an das Wiener Fremdenverkehrsunternehmen Hübner verpachtet.

28. 3. **Ein Verbot des Verkaufs von Froschschenkeln** erläßt der Magistrat.

31. 3. **Lebensmittelkarten.** Einer amtlichen Verlautbarung zufolge bleibt die Gültigkeit der Lebensmittelkarten mit der Bezeichnung „Jänner, Februar, März 1953" auch für die Monate April, Mai, Juni 1953 bestehen.

31. 3. **Kassenvertrag gekündigt.** Laut Beschluß der Salzburger Ärztekammer endet heute der Vertrag mit den Krankenkassen.

April 1953

1. 4. SVB-Tariferhöhung. Die Tariferhöhung bei den Verkehrsbetrieben tritt in Kraft. Der einfache Fahrschein kostet jetzt 1 Schilling.

1. 4. Umbenennung der Pfarre Müllegg in „Erzbischöfliches Stadtpfarramt St. Johannes Salzburg – Landeskrankenhaus".

2. 4. Kaufangebot für Mozarts Wohnhaus. Die Internationale Stiftung Mozarteum gibt ihr Interesse am Ankauf von Mozarts Wohnhaus bekannt.

3. 4. Salzburg von „Osterinvasion" überrollt. Die Osterfeiertage bescheren Salzburg einen neuen Fremdenverkehrsrekord.

6. 4. Abbruch in der Kaigasse. Mit der Beseitigung der Bombenruine des ehemaligen Gasthauses „Knauseder" wird begonnen.

7. 4. Laufener Schmugglerprozeß. In Laufen findet ein mehrtägiger Prozeß gegen den „Laufener Schmugglerkonzern" statt, dem es gelungen war, 5 Millionen im DP-Lager Parsch angekaufte Zigaretten und große Mengen Bohnenkaffee nach Deutschland zu schmuggeln.

10. 4. ÖBB-Ausstellung mit Rekord. Die Leistungsschau der Österreichischen Bundesbahnen in den Räumen des Hauptbahnhofes schließt ihre Pforten. Mit 112.650 Besuchern wird ein österreichweiter Rekord erzielt.

11. 4. Neue Fernsprechnummern werden im Stadtgebiet eingeführt. Auch die Telefonnummern der Notrufe sind neu: 12 (Feuerwehr), 13 (Rettung), 01 und 16 (Überfall).

11. 4. Gedenktafel für gefallene Mitschüler. Die ehemaligen Schüler der Realschule und des Realgymnasiums gründen ein Komitee zur Errichtung einer Gedenktafel für ihre im Zweiten Weltkrieg gefallenen Mitschüler.

12. 4. Der „Tag der Luftfahrt" wird mit Segelflug-Rundflügen und Kundgebungen mit der Forderung zur Wiederherstellung der Lufthoheit Österreichs begangen.

12. 4. Vico Torriani tritt im Stadtkino auf, im Rahmen eines Kabarettprogramms gemeinsam mit der Sängerin Undine von Medvey.

12. 4. Salzburger Ärzteverband gegründet. Zum Obmann wird Karl Heyrowsky gewählt. Stellvertreter sind Franz Grießer und Heinz Kund.

14. 4. Erwin H. Rainalter liest auf Einladung der Kulturvereinigung aus seinen Werken. Der Dichter ist durch seinen Roman „Mirabell" bekannt geworden.

14. 4. Rote Elektrische. Vertreter der Gemeinden Anif und Grödig sprechen bei Landeshauptmann Josef Klaus (ÖVP) wegen der geplanten Einstellung des Südastes der Roten Elektrischen vor und vertreten die Auffassung, die Stadtgemeinde habe als Eigentümerin die Linie vorsätzlich vernachlässigt.

18. 4. Tag des Waldes. Stadtpolitiker und leitende Beamte pflanzen am Mönchsberg 25 Pappeln. Schüler setzen in der Aiglhofstraße 35 Akazien und am Josef-Mayburger-Kai 25 Pappeln.

20. 4. Wertvoller Fund am Kajetanerplatz. Beim Wiederaufbau des durch Bomben schwer beschädigten Hauses Kajetanerplatz 5 wurde eine sehr schöne, gut erhaltene Kassettendecke entdeckt. Das Haus gehörte 1549 bis 1613 der Gasteiner Gewerkenfamilie Weitmoser.

22. 4. Chandus, der „Mann mit den sehenden Händen", erregt in Salzburg großes Aufsehen. Mit verbundenen Augen liest er Schriftstücke, erkennt Farben und unternimmt einen Spaziergang vom Mirabellgarten zur Getreidegasse.

22. 4. Warnstreik der Professoren. Die Gewerkschaft der Salzburger Mittelschullehrer beschließt einen dreitägigen Warnstreik im Mai, um eine Gehaltsvalorisierung vor der Steuerreform zu erreichen.

24. 4. 80. Geburtstag von Bundespräsident Körner. Die Stadt wird festlich beleuchtet, alle öffentlichen Objekte und Wohnhäuser sind beflaggt und in sämtlichen Schulen der Stadt werden Schulfeiern abgehalten.

25. 4. Einen **Erlaß gegen Geheimprostitution** veröffentlicht die Sicherheitsdirektion.

25. 4. Änderungen bei Barackenlagern. Das Land übernimmt das Lager Lexenfeld in Liefering, um es für Wohnzwecke auszubauen. Die Stadt wird dort – wie im Lager an der Guggenmoosstraße – ein Obdachlosenheim und einen Kindergarten einrichten. Vier kleinere Lager im Stadtbereich mit jeweils weniger als 100 Bewohnern sollen aufgelassen und die Insassen auf das Rosittenlager, das Lager Laschenskyhof und das Hellbrunner Lager aufgeteilt werden. Das große Lager Glasenbach soll wieder instandgesetzt und gleichfalls aufgefüllt werden. Dort sollen u. a. 300 jüdische DPs aus dem Lager Hallein Aufnahme finden.

25. 4. Der 5000ste Heißwasserspeicher wird installiert. Der erste Elektroboiler ist 1926 in der Wohnung des Kaufmannes Hans Grabner angeschlossen worden.

27. 4. US-Verteidigungsminister Charles E. Wilson trifft in Salzburg ein. Er inspiziert hier gemeinsam mit dem Chef des amerikanischen Generalstabes, General Omar N. Bradley, militärische Einrichtungen.

28. 4. Neue Beschlagnahmen durch die USFA. Das USFA-Hauptquartier kündigt neue Beschlagnahmen von Grundstücken im Gebiet des Camp Roeder an.

30. 4. General Hays tritt in den Ruhestand. Generalleutnant George P. Hays, der Kommandierende General der amerikanischen Streitkräfte in Österreich, der nach 35 Dienstjahren in den Ruhestand tritt, wird vor vielen Zuschauern mit einer großen Parade am Flugplatz und einem Galaempfang in Schloß Kleßheim von Salzburg verabschiedet. An den Festlichkeiten nimmt auch der Oberbefehlshaber der NATO-Streitkräfte, General Mathew Ridgway, teil.

30. 4. Die neue Ortstaxe, gestaffelt von 1 bis 4 Schilling, ersetzt ab heute die bisherige Fremdenzimmerabgabe und die Saisonabgabe.

Mai 1953

1. 5. Maifeiern. Rund 3000 SPÖ-Anhänger kommen zur Kundgebung am Residenzplatz, 300 zum Fackelzug der KPÖ. Die ÖVP veranstaltet ein Frühlingskonzert in Morzg und der VdU ein Maibaumaufstellen im Kurgarten.

1. 5. Die Lebensmittelkarten bleiben weiter in Geltung. Ab 1. Mai werden 25 Dekagramm Margarine oder Kunstspeisefett pro Kopf und Monat ausgegeben.

1. 5. Verkehrsverbot für amerikanische Militärlastfahrzeuge. Der Lastwagenverkehrsplan des US-Hauptquartiers tritt in Kraft. Es herrscht, abgesehen von Zustelldiensten und amerikanischen Autobuslinien, strengstes Verkehrsverbot für alle US-Fahrzeuge über 750 Kilogramm für die Salzburger Innenstadt.

1953

- **1. 5. Haustorsperre und Beleuchtung verpflichtend.** Laut Polizeidirektion müssen alle Häuser in der Zeit von 22 bis 6 Uhr gesperrt und alle allgemein zugänglichen Räume eines Hauses bei Dunkelheit beleuchtet sein.
- **1. 5. Befehlsübergabe im USFA-Hauptquartier.** Generalmajor William H. Arnold, zuletzt Chef der amerikanischen Militärmission in der Türkei, übernimmt das Kommando der USFA-Truppen von Generalleutnant George P. Hays.
- **2. 5. Erstes Volkstanzfest.** Am ersten großen Frühlings-Volkstanzfest des Salzburger Heimatwerkes im Festspielhaus nehmen 500 Paare teil.
- **3. 5. Glockenweihe in Gnigl.** Erzbischof Andreas Rohracher weiht vier neue Glocken für die Gnigler Kirche.
- **3. 5. Neue Trachtenkapelle.** In der Restauration „Ludwigsbad" konstituiert sich die neue Trachtenmusikkapelle Leopoldskron.
- **3. 5. Troppauer-Treffen in Salzburg.** 400 ehemalige Troppauer aus Österreich und der Bundesrepublik Deutschland treffen sich in Salzburg.
- **4. 5. „Bacher-Bande" vor Gericht.** Vor einem Geschworenensenat beginnt der Prozeß gegen die „Bacher-Bande". Die acht Angeklagten zwischen 23 und 28 Jahren werden zu längeren Kerkerstrafen verurteilt.
- **6. 5. Bruce Low singt.** Auf Einladung des Senders Rot-Weiß-Rot und des Bayerischen Rundfunks singt Bruce Low im Festspielhaus.
- **7. 5. Baubeginn beim Griesgassen-Durchbruch.** Nach Abschluß der Abbrucharbeiten wird jetzt mit den Neubauten begonnen.
- **7. 5.** Der Gemeinderat beschließt, das **Tor am Kapuzinerberg** während der Nachtstunden verschlossen zu halten und ein „Sperrgeld" einzuheben.
- **8. 5. Hanna Reitsch,** die bekannte deutsche Fliegerin, spricht auf Einladung der Volkshochschule erstmals in Österreich. Unter dem zahlreichen Publikum im Großen Saal des Mozarteums befinden sich auch Bürgermeister Stanislaus Pacher (SPÖ) und Flugpionier Igo Etrich.
- **8. 5. 25 Jahre „Heimat".** Der Gnigler Männergesangverein feiert sein 25jähriges Gründungsfest.
- **14. 5. Salzburg ehrt Mozarts Mutter in Paris.** Anläßlich des 175. Todestages von Anna Maria Mozart wird in der Pariser Kirche St. Eustache eine von der Stadt Salzburg gestiftete Gedenktafel enthüllt.
- **15. 5. „Heidi" im Kino.** Im Lichtspielhaus Maxglan wird der Film „Heidi" mit Johanna Spyri und Heinrich Gretler aufgeführt.
- **15. 5. Kundgebung für Salzburger Universität.** Der Katholische Universitätsverein veranstaltet gemeinsam mit der Katholischen Aktion eine öffentliche Kundgebung für eine „Albertus-Magnus-Universität Salzburg".
- **16. 5. Mozart-Denkmal ohne Autos.** Seit einigen Tagen versehen zwei Militärpolizisten und ein österreichischer Polizist auf dem Mozartplatz Dienst, um ein Verparken des Mozart-Denkmales zu verhindern.
- **16. 5. „Kraft für den Frieden"** lautet das Motto des diesjährigen „Tages der Streitkräfte". Die USFA zeigen eine große Ausstellung von Waffen und Geräten auf dem Trabrennplatz in Aigen. Besonderen Zuspruch finden jene Zelte, in denen kostenlos Eis, Kaffee und Bäckereien abgegeben werden.

1953

Abb. 228: Vizebürgermeister Hans Donnenberg bei der Floriani-Feier im Hof der Erzabtei St. Peter, 17. Mai 1953.

Abb. 229: Zeltlager der Gewerkschaftsjugend in Schallmoos, Mai 1953.

1953

20. 5. Gesetz für Übernahme des Mozarteums durch den Bund. Der Nationalrat beschließt die Novelle 1953 zum Kunstakademiegesetz, mit der das Mozarteum zur Akademie erhoben und vom Bund übernommen wird.

21. 5. Eine Modenschau vor dem Neptunbrunnen, veranstaltet vom Kaufhaus Ornstein, lockt 2000 Zuschauer an. Auch die Salzburger Firmen Fritsch, Denkstein, Lichtenfels, Sperl und Kirchtag sind durch ihre Produkte vertreten.

22. 5. Das Stadtverkehrsbüro bezieht neue Räume am Makartplatz. In enger Zusammenarbeit mit dem Landesverkehrsamt wird sich das Stadtverkehrsbüro schwerpunktmäßig der Gästewerbung im Ausland widmen. Dazu wird eine neugestaltete Werbebroschüre in mehreren Sprachen herausgegeben.

23. 5. Ein internationales Treffen der Gewerkschaftsjugend aus sieben Staaten findet während der Pfingstfeiertage in Salzburg statt. Für die 13.000 Teilnehmer wurde im Baron-Schwarz-Park eine Zeltstadt mit 800 Zelten errichtet, 2000 Plätze stehen in Salzburger Schulen zur Verfügung und 2000 Lagergäste haben eigene Zelte mitgebracht. Einer der Höhepunkte des Treffens ist ein Fackelzug durch die Stadt am Pfingstsonntag.

23. 5. Eine internationale Briefmarkenausstellung in der Residenz zeigt aus Anlaß seines 40jährigen Jubiläums der Verein der Briefmarkensammler in Salzburg.

Abb. 230: Die Salzburger Segelflieger werben zu Pfingsten mit einer Ausstellung für eine freie Luftfahrt. Am Residenzplatz wird ein Segelflugzeug am 23. Mai 1953 auf den Namen „Hohensalzburg" getauft.

1953

24. 5. 500 Jahre Pfarrkirche Mülln feiert die Pfarre mit einer religiösen Festwoche.

24. 5. Freiluft-Boxpremiere. Der BC Salzburg eröffnet den neu errichteten Freiluftring hinter der Roittner-Turnhalle mit einem internationalen Box-Vergleichskampf gegen eine Berliner Auswahlstaffel.

24. 5. Ballonstart. Der Schweizer Freiballon „Zürich", der größte Europas, startet auf den Prossingergründen zum 10. Ballonpostflug zugunsten der Österreichischen Kinderdorf-Vereinigung „Pro Juventute".

29. 5. Die Renovierung der Rottmayr-Fresken im Carabinierisaal der Residenz ist nach dreimonatiger Arbeit abgeschlossen.

Juni 1953

1. 6. Freigabe der modernsten Wäscherei Österreichs. Die USFA heben die Beschlagnahme der Salzburger Großwäscherei und Reinigungsfirma Kaltenegger auf und geben sie für den zivilen Bedarf frei. Der Betrieb in der Augustinergasse ist unter amerikanischer Verwaltung zur modernsten Anlage seiner Art in ganz Österreich ausgebaut worden.

1. 6. Ausgangsbeschränkungen für GIs aufgehoben. Das europäische Hauptquartier der amerikanischen Armee hebt Ausgangsbeschränkungen für amerikanische Offiziere und Soldaten generell auf. Örtliche Sonderregelungen können aber weiterhin verfügt werden.

6. 6. Minigolf und Tennisplatz beim Kegel-Casino. Georg Fallenegger, der Besitzer des Kegel-Casinos Fallenegger, eröffnet neben seinem Betrieb einen Tennisplatz, eine Minigolf- und eine Tischtennis-Anlage.

9. 6. Die Aufhebung der sowjetischen Personenkontrolle an der innerösterreichischen Demarkationsgrenze zwischen der sowjetischen und der amerikanischen Besatzungszone an der Ennsbrücke und die Aufhebung der Transportscheinpflicht für alle Waren außer Sprengstoff tritt in Kraft. Die Verpflichtung zur Mitführung von Identitätskarten bleibt allerdings aufrecht.

10. 6. Alter Friedhof wiederentdeckt. Bei den Aushubarbeiten für den Griesgassen-Durchbruch werden von Landesarchäologen Martin Hell Reste des alten Friedhofs der Bürgerspitalkirche freigelegt.

10. 6. Protest gegen Erhöhung des Aufzugtarifes. Cafetiér Hermann Winkler droht der Stadt mit gerichtlichen Schritten, falls die Erhöhung des Fahrpreises für den Mönchsberglift nicht rückgängig gemacht werde. Auch der Ausbau des Cafés auf dem Mönchsberg zu einem Hotel sei durch das Scheitern einer Finanzierungsübereinkunft mit der Stadt in Frage gestellt.

11. 6. Dramatische Zunahme an Delogierungen. Die Salzburger Nachrichten berichten über eine dramatische Zunahme der gerichtlichen Delogierungen unter Anmeldung von Eigenbedarfsansprüchen im Stadtgebiet. Derzeit seien rund 900 Delogierungsklagen anhängig. Bürgermeister Stanislaus Pacher (SPÖ) interveniert beim Justizminister gegen die derzeitigen gerichtlichen Regelungen.

12. 6. Die Erhebung des Mozarteums zur Akademie wird mit einem Festakt im Großen Saal des Mozarteums gefeiert. Festreden halten Präsident Bernhard Paumgartner und Unterrichtsminister Ernst Kolb (ÖVP).

1953

13. 6. Große Waldmüller-Ausstellung in der Residenzgalerie bis Mitte September. In 15 Ausstellungssälen sind rund 180 Gemälde zu sehen. 43.000 Menschen besuchen die Ausstellung.

13. 6. Tierschau mitten in der Stadt. Auf dem Platz zwischen Franz-Josef-Straße und Wolf-Dietrich-Straße hat ein Tiergarten seine Zelte aufgeschlagen und stellt 200 lebende Tiere aus allen Kontinenten zur Schau.

14. 6. Zur Kriegsopfer-Tombola im Volksgarten kommen 17.000 Besucher.

17. 6. Entwürfe für Nonntaler Realgymnasium. Im Carabinierisaal der Residenz sind die Projekte von 82 österreichischen Architekten für den geplanten Neubau auf den Berchtold-Gründen ausgestellt. Drei Projekte werden preisgekrönt.

17. 6. Das **Wasserwerk bezieht den Neubau der Werkstätten** an der Strubergasse, der durch den Abbruch der alten „Münze" für den Griesgassen-Durchbruch notwendig geworden ist.

19. 6. Autobahn nur mehr für Kraftfahrzeuge. Die Landesregierung erläßt ein Verkehrsverbot für Fußgänger, Radfahrer und nicht luftbereifte Fahrzeuge sowie für den Viehtrieb auf den fertiggestellten Autobahnstrecken. Kurz darauf wird Radfahrern die Benützung des Randstreifens wieder gestattet.

20. 6. Samstag-Nachmittag geöffnet. Ein Lederwarengeschäft in der Getreidegasse hält entgegen der Ladenschluß-Verordnung auch am Samstag-Nachmittag offen. Auch viele andere Geschäftsinhaber treten für das Offenhalten ein.

20. 6. An der **Sonnwendfeier auf der Zistel,** veranstaltet vom Salzburger Turnverein, dem Akademikerverband, dem Landeslehrerverein und der Singgruppe Dengg, nehmen 1200 Personen teil. Die Turnjugend des Union-Stadtvereines feiert im Nonntal. 4000 Salzburger kommen zur Sonnwendfeier des VdU im Kurgarten.

20. 6. Änderung der Taxitarife. Die Grundgebühr beträgt 7 Schilling. 200 Meter kosten je 1 Schilling.

21. 6. SAK steigt ab – Austria steigt auf. Der SAK 1914 beendet sein erstes Staatsligajahr mit nur 4 Punkten als Tabellenletzter und steigt in die Tauernliga ab. Austria Salzburg wird Meister der Tauernliga und steigt nach dem Gewinn der Qualifikationsrunde gegen SV Kapfenberg in die Staatsliga A auf.

22. 6. Drei Sterne für General Arnold. Generalmajor William H. Arnold, der Oberkommandierende der USFA, wird zum Generalleutnant befördert.

28. 6. Jubiläum der evangelischen Gemeinde Salzburg. Die evangelische Kirchengemeinde A. B. begeht ihr 90jähriges Gründungsjubiläum.

30. 6. Die Roittner-Turnhalle wird von den USFA freigegeben und vom Salzburger Turnverein im Rahmen einer Feier übernommen.

30. 6. Flüchtlingsambulatorium im Lager Lexenfeld. Im Lager Lexenfeld wird ein Ambulatorium für Flüchtlinge und Heimatvertriebene eröffnet, das aus Mitteln der National Catholic Welfare Conference mit Unterstützung der Salzburger Landesregierung eingerichtet wurde.

30. 6. Ende der Lebensmittelmarken. Nach knapp 14 Jahren endet das Bewirtschaftungssystem für Lebensmittel.

30. 6. Heimkehrer. Dreißig Salzburger kehren nach 8jähriger Haft aus sowjetischer Kriegsgefangenschaft heim.

1953

30. 6. 793 Millionen Schilling Jahresausgaben der USFA. Im abgelaufenen Fiskaljahr seit 1. Juli 1952 haben die USFA in Österreich zugunsten der heimischen Wirtschaft 792,8 Millionen Schilling ausgegeben. Nahezu zwei Drittel dieser Summe flossen in den Großraum Salzburg.

Juli 1953

- **1. 7. Marshall-Plan läuft aus.** Österreich erhielt im Rahmen dieser direkten Wirtschaftshilfe der USA 960 Millionen Dollar.
- **1. 7.** Den „**Salzburger Wochenspiegel**" mit Angabe der wichtigsten Veranstaltungen in der Stadt gibt ab jetzt das Stadtverkehrsbüro heraus.
- **1. 7. USFA geben „Kasererhof" frei.** Der Gasthof an der Alpenstraße war von der Besatzungsmacht seit 1945 beschlagnahmt und beherbergte eine Zeitlang auch die sowjetische Repatriierungskommission. Anschließend war dort die amerikanische Militärpolizei untergebracht.
- **1. 7. Freie Fahrt nach Deutschland.** Der Visumzwang für Österreicher bei einer Einreise in die Bundesrepublik Deutschland wird aufgehoben.
- **4. 7.** Bei der **Generalversammlung des Vereines „Mozarteum-Orchester"** wird Altlandeshauptmann Josef Rehrl zum neuen Präsidenten gewählt.
- **5. 7. Der neue Peter-Pfenninger-Brunnen** am Eingang zum Lieferinger Friedhof wird im Rahmen des Fischerjahrtages der Peter-Pfenninger-Schenkung enthüllt.
- **6. 7. Keine Montagszeitungen.** Die Montagsausgaben der Zeitungen können aufgrund eines Streiks der graphischen Arbeiter nicht erscheinen.

Abb. 231: Einweihung des Kriegerdenkmals in Nonntal, 12. Juli 1953.

1953

12. 7. Kriegerdenkmal Nonntal. An der Nonntaler Hauptstraße wird ein Ehrenmal für die Gefallenen und Vermißten beider Weltkriege enthüllt. Wegen der Ehrenwache durch einen Ritterkreuzträger in Luftwaffenuniform und des Tragens von Kriegsauszeichnungen durch ehemalige Soldaten ist die Einweihung des Kriegerdenkmales in der in- und ausländischen Presse Gegenstand lebhafter Erörterungen. Das Innenministerium weist neuerlich darauf hin, daß das Tragen von Uniformen verboten ist.

12. 7. Neubau der Pfarrkirche St. Elisabeth. Für den geplanten Neubau der Pfarrkirche St. Elisabeth nach Plänen des italienischen Architekten und Archäologen Bruno A. Ghetti soll eine Medaillenaktion die erforderlichen 2,5 Millionen Schilling für den Rohbau aufzubringen.

15. 7. Theatergasse verbreitert. Die auf 9 Meter verbreiterte Theatergasse wird für den Obus- und übrigen Verkehr freigegeben.

15. 7. Neue Wohnungen in Lehen. Nach einem Dringlichkeitsantrag von ÖVP und SPÖ beschließt der Gemeinderat die Baurechtsvergabe für den Bau von 545 neuen Wohnungen in Lehen zwischen Siebenstädter- und Schießstattstraße.

15. 7. Stadtrechtsnovelle beantragt. Der Gemeinderat stellt an den Landtag den Antrag, seine Funktionsperiode von vier auf fünf Jahre zu verlängern.

15. 7. Kurhausprojekt beschlossen. Der Gemeinderat beschließt nach langen Debatten die Errichtung eines Kurmittelhauses mit Hallenbad, eines Hotels und eines Stadtsaals (Kongreßhaus). Das Land soll die Einhebung einer Bäderbau-Abgabe von den Stadtbewohnern rechtlich ermöglichen.

15. 7. Die Ausstellung „Moderne Kunst Österreichs" beginnt im Künstlerhaus.

Abb. 232: Am Makartplatz wird die 4000ste Straßenlampe montiert, 17. Juli 1953.

1953

22. 7. Erste Internationale Sommerakademie für Bildende Kunst. Sie wird mit einem Festakt im Goldenen Zimmer der Festung Hohensalzburg eröffnet. Als künstlerischer Leiter fungiert der weltberühmte österreichische Maler Oskar Kokoschka. Die organisatorische Leitung liegt in den Händen des Galeristen Friedrich Welz. In der „Schule des Sehens" in der Festung Hohensalzburg lehren neben Kokoschka der Schweizer Architekt Werner Hofmann und der Bildhauer Uli Nimptsch.

Abb. 233: Drei neue Träger der Mozart-Medaille. Der Gemeinderat verleiht dem Präsidenten der Salzburger Festspiele Heinrich Puthon (im Bild in der Mitte der drei sitzenden Geehrten) die Große goldene Medaille der Mozartstadt Salzburg. Bernhard Paumgartner, der Präsident der Musikhochschule Mozarteum (links neben Puthon) und Domkapellmeister Joseph Messner (rechts sitzend) erhalten die Große silberne Mozart-Medaille. Stehend Bürgermeister Stanislaus Pacher, 23. Juli 1953.

24. 7. Ausstellung Arno Lehmanns. Eröffnung einer Ausstellung des Bildhauers und Keramikers Arno Lehmann auf der Festung Hohensalzburg.

25. 7. Ende der USFA-Manöver. Einen Tag vor der Festspieleröffnung werden die USFA-Manöver in Stadt und Land Salzburg abgebrochen. Erneut gibt es zahlreiche Klagen über diese Störung der Hochsaison. Auch an „strategischen" Punkten der Landeshauptstadt waren bewaffnete GIs postiert und erschreckten dadurch die ausländischen Gäste.

25. 7. Salzburger Festspiele 1953. Mit einer Kranzniederlegung vor dem Mozart-Denkmal und dem Fackeltanz auf dem Residenzplatz werden die Eröffnungsfeiern eingeleitet. Am folgenden Tag eröffnet Bundespräsident Theodor Körner im Carabinierisaal der Residenz die Festspiele. Größtes Interesse herrscht für die von Clemens Holzmeister ausgestattete und von Wilhelm Furtwängler dirigierte

1953

Aufführung des „Don Giovanni" in der Felsenreitschule mit Cesare Siepi und Elisabeth Schwarzkopf. Als zweite Mozart-Oper dirigiert Furtwängler die „Hochzeit des Figaro". Karl Böhm ist der musikalische Leiter von Mozarts „Così fan tutte", die erstmals im Hof der Salzburger Residenz aufgeführt wird. Neu im „Jedermann" ist Heidemarie Hatheyer als „Buhlschaft". Auf dem Programm steht weiters die Uraufführung der Oper „Der Prozeß" von Gottfried von Einem. Zum Abschluß der Festspiele gastiert das Ballett der Pariser Nationaloper in Salzburg. Die Rundfunk-Übertragungen der Festspiele werden von 521 Millionen Menschen gehört, größtes Interesse findet dabei die Oper „Der Rosenkavalier". 555 Zeitungen aus 29 Staaten haben Kritiker entsandt.

25. 7. Die Autofirma DKW hat im Haus Griesgasse 6 ein Verkaufslokal eröffnet.

31. 7. Die neue Shell-Service-Station an der St.-Julien-Straße geht in Betrieb.

August 1953

1. 8. Die Internationale Sommerakademie am Mozarteum beginnt. An den Kursen nehmen 250 Studenten aus 27 Ländern teil. Erstmals bilden die Studenten ein internationales Akademieorchester.

1. 8. Ausstellung im Mirabellgarten. Im Pavillon des Mirabellgartens wird die „Gedächtnis-Ausstellung Wilhelm Thöny" eröffnet.

2. 8. Die Ausstellung Jean Lurcat in der Residenz gibt Einblick in die moderne Bildteppichkunst Frankreichs.

2. 8. Salzburger Hochschulwochen. Die diesjährigen Salzburger Hochschulwochen stehen unter dem Leitthema „Der Gegenwartsauftrag der christlich-abendländischen Kunst". Höhepunkt ist die Festrede des bekannten Kunstphilosophen Hans Sedlmayr. Erzbischof Andreas Rohracher fordert die Errichtung einer katholischen Universität.

6. 8. Der Salzburger Landtag genehmigt Bäderbau-Abgabe. Alle erwerbstätigen Stadtbewohner müssen bis zu 4,50 Schilling pro Monat bezahlen. Die Dauer der Abgabe für den Neubau des Hallenbades ist mit höchstens 10 Jahren begrenzt.

6. 8. Straße des Griesgassen-Durchbruchs fertig. Mit der Durchfahrt des ersten Obusses wird der Griesgassen-Durchbruch der Benützung übergeben. Damit wird der Verkehr auf den Obuslinien A/B und M vom Sigmundsplatz in Richtung Staatsbrücke nicht mehr über die Strecke Universitätsplatz–Alter Markt–Kranzlmarkt geführt, sondern durch die Bürgerspital- und die Griesgasse.

9. 8. 100 Jahre Pfarre Aigen und zugleich die Vollendung der Renovierung der Kirche feiert die Pfarrgemeinde Aigen. Erzbischof Andreas Rohracher weiht die neuen Kirchenglocken.

12. 8. Ausbau des Flughafens geplant. Die Salzburger Flughafengesellschaft plant den Ausbau des Flugplatzes. Ein Funkfeuer soll als Landehilfe dienen, die Betonbahn um 300 Meter verlängert werden, damit auch größere Flugzeuge Salzburg anfliegen können.

12. 8. Versicherungsbau statt Mozarts Wohnhaus. Mit einem Festakt im Marmorsaal feiern die Assicurazioni Generali und die Erste Allgemeine Versicherung die Fertigstellung des Hauses Makartplatz 9.

1953

Abb. 234: Der erste Obus durchquert den Griesgassen-Durchbruch, 6. August 1953.

- **13. 8. Spielcasino sucht neuen Standort.** Da die Räumlichkeiten in der Barockbar zu klein sind, sucht das Spielcasino eine andere Unterkunft. Die Casino AG erwägt eine Unterbringung in den Schlössern Leopoldskron und Hellbrunn oder im Grand-Café „Winkler" auf dem Mönchsberg.
- **14. 8. Welturaufführung des Farbfilmes „Eine Nacht in Venedig"** im Stadtkino.
- **14. 8. Salzburger Dult 1953.** An den zehn Veranstaltungstagen kommen insgesamt rund 75.000 Menschen in den Volksgarten.
- **15. 8. 50.000 Zuschauer beim Landesfest.** 4500 Mitglieder von 230 Heimatgruppen und 70 Musikkapellen nehmen am Festzug durch die Landeshauptstadt teil. Am Nachmittag finden zahlreiche Brauchtumsveranstaltungen statt und in den Abendstunden dient der Mirabellplatz dem allgemeinen Volkstanz. Ein Feuerwerk und lampiongeschmücke Boote auf der Salzach bilden den Abschluß. Die von Kuno Brandauer organisierte „Heerschau der Heimatliebe" ist das größte österreichische Trachten- und Heimatfest der Nachkriegszeit.

1953

Abb. 235: Das „Stöckl" mit der Mayrischen Buchhandlung an der Theatergasse vor dem Abriß, 1952.

Abb. 236: Das nach Plänen von Josef Becvar errichtete neue Gebäude der Mayrischen Buchhandlung, Sommer 1954.

1953

- **15. 8. Ende der Postzensur.** Der Alliierte Rat hebt jegliche Zensur über inländische oder internationale Post-, Telefon- und Fernschreibverbindungen auf.
- **15. 8. Ein Trabermeeting und eine Autoschau** auf der Trabrennbahn in Aigen veranstalten der Salzburger Traberzucht- und Rennverein und der SAMTC.
- **17. 8. Konzert der US-Air-Force-Band im Camp Roeder.** Anlaß sind die dreitägigen Luftmanöver mit Düsenjägern im Raum Salzburg.
- **22. 8. Max-Reinhardt-Gedächtnisfeier.** Zum 10. Todestag und 80. Geburtstag von Max Reinhardt wird im Rittersaal der Residenz eine Gedächtnisfeier veranstaltet. Die Gedenkrede hält Heinz Lothar.
- **23. 8. Uraufführung im Landestheater.** Im Landestheater wird das dramatische Gedicht von Felix Braun „Rudolf der Stifter" uraufgeführt.
- **24. 8. Neues Mozart-Festspielhaus geplant.** Landeshauptmann Josef Klaus (ÖVP) informiert das Festspielkuratorium über die von Clemens Holzmeister ausgearbeiteten Pläne für eine großzügige Neugestaltung des Festspielhauses. Die bisherige Heimstatt des Hauses der Natur an der Hofstallgasse soll zu einer modernen Großbühne für 2300 Zuschauer ausgebaut werden. Man hofft, mit 30 Millionen Schilling für das Festspielhaus und zusätzlichen 6 Millionen Schilling für die Umsiedlung des Hauses der Natur das Auslangen zu finden.
- **29. 8. Dr.-Franz-Rehrl-Denkmal.** Das Denkmal am Max-Reinhardt-Platz für den früheren Landeshauptmann wird feierlich enthüllt und geweiht.

September 1953

- **1. 9. Europäische Frauen-Union in Salzburg.** 250 Delegierte aus neun Ländern nehmen an der „1. Internationalen Tagung christlich-demokratischer Frauen in Österreich" in der Residenz teil.
- **1. 9. Elefanten-Prozession.** Der deutsche Großzirkus Williams führt zu Beginn seines achttägigen Gastspiels in Salzburg seine Elefantenherde vom Hauptbahnhof zum Volksgarten und erregt damit großes Aufsehen.
- **2. 9. Siedlung auf Taxham-Gründen.** Die Landesregierung beschließt, die landeseigenen Grundstücke des Gutes Taxham für Wohnbauzwecke zu verkaufen.
- **3. 9. Der neugegründete Österreichische Akademikerbund,** dem Finanzminister Reinhard Kamitz vorsteht, tritt mit einem öffentlichen Diskussionsabend im Grand-Café „Winkler" erstmals an die Öffentlichkeit.
- **4. 9. Die Internationale Richtervereinigung** wird im Rahmen eines Richterkongresses in der Residenz gegründet.
- **5. 9. Großes Artilleristentreffen.** Die Kameradschaft der Salzburger Artilleristen veranstaltet das erste große Artilleristentreffen mit einem Festzug durch die Altstadt und einem Heldengedenken im Friedhof St. Peter.
- **5. 9. Gedenkstunde für Hans Prodinger.** Anläßlich des 15. Todestages des im KZ Dachau umgekommenen ehemaligen Landtagsabgeordneten und Nationalrates Hans Prodinger findet eine Gedenkstunde statt.
- **7. 9. Abwanderungspläne des Hauses der Natur.** Der Direktor des Salzburger Hauses der Natur, Eduard Paul Tratz, informiert über ein seriöses Kaufangebot

einer von ihm nicht genannten Großstadt, die das Salzburger Naturkundemuseums, das jährlich 50.000 Besucher zählt, übernehmen will.
- **8. 9. Grundsteinlegung zur Hubertuskapelle** der Jäger im Aigner Park.
- **9. 9. USFA räumen endgültig Camp Marcus W. Orr,** in dem sie seit Ende 1947 noch eine umzäunte Fläche für Lagerungszwecke gemietet hatten.
- **9. 9. „Salzburg in alten Ansichten".** Diese Sonderausstellung im Museumspavillon ist von Franz Fuhrmann aus Beständen der Graphiksammlung des Museums Carolino Augusteum zusammengestellt worden.
- **9. 9. Erschütternder Rechenschaftsbericht des Stadtjugendamts.** Das Amt veröffentlicht seinen Tätigkeitsbericht für das erste Halbjahr 1953. Das Jugendamt ist Vormund für 3400 Kinder. Besondere Probleme brächten die unehelichen Kinder der amerikanischen Soldaten, da ein Großteil der Väter jede Verpflichtung ablehne. Erschwert werde die Kinder- und Säuglingsfürsorge durch das Fehlen von Pflegeheimen. Die Tätigkeit der Fürsorgeabteilung konzentriert sich zum Großteil auf die verwahrloste Jugend ab 14. Besonderes Augenmerk wird den Mädchen zugewandt, die in frühem Alter in die Prostitution abgleiten.
- **10. 9. Neuer städtischen Kindergarten im Lager Lexenfeld eröffnet.**
- **11. 9. Die Polizei bezieht das neue Wachzimmer Lehen** (Ignaz-Harrer-Straße 19).
- **14. 9. Gaisberglift beschlossen.** Der Gemeinderat beschließt, daß sich die Stadt mit 20 Prozent an der zu gründenden Gaisberglift-Ges.m.b.H., die einen Sessellift von Parsch zur Judenbergalm errichten wird, beteiligt.
- **14. 9. Hohe Ehrung für Maria Trapp.** Erzbischof Andreas Rohracher investiert Maria Auguste Trapp, die Mutter der „Singenden Familie", als erste Frau zur „Dame des Ordens vom Heiligen Grab".
- **15. 9. Internationaler Naturschutzkongreß.** Bis 19. September hält die „Internationale Union für Naturschutz (UIPN)" ihre diesjährige Hauptversammlung mit 100 Delegierten aus 15 Nationen in Salzburg ab.
- **16. 9. Filmstudio in Parsch steht vor der Schließung.** Das technische Stammpersonal ist bereits entlassen worden.
- **17. 9. Ursulinenkirche erstrahlt in neuem Glanz.** Nach der Fassade soll bis zum Fischer-von-Erlach-Jahr 1956 auch der Innenraum renoviert werden.
- **18. 9. Erste Bauetappe der USFA-Zivilstadt.** Generalleutnant William H. Arnold, der Oberbefehlshaber der amerikanischen Besatzungstruppen, informiert über den Baubeginn für 350 Wohnungen innerhalb des Camps Roeder. Die zweite Etappe sieht Wohnbauten im Bereich der Alpenstraße und des Bahnhofs vor.
- **18. 9. Das neueröffnete Lehrlingsheim der Kammer der gewerblichen Wirtschaft** an der Weiserstraße bietet neunzig Lehrlingen Platz.
- **18. 9. Feuerwache Maxglan eröffnet.** Die Feuerwache Residenz wird aufgelöst und die neue Feuerwache in Maxglan von Bürgermeister Stanislaus Pacher (SPÖ) der Berufsfeuerwehr übergeben.
- **21. 9. Die neue Lehener Löwen-Apotheke eröffnet** an der Ignaz-Harrer-Straße.
- **22. 9. 300 Jahre Collegium Rupertinum,** das von Erzbischof Paris Graf Lodron für 12 Studenten des Gymnasiums errichtet wurde. 1938 wurde es ein Mädchenheim, später Reservelazarett. Seit 1950 ist es wieder Schülerheim.

1953

Abb. 237: Eröffnungsfeier des dritten Paracelsus-Tages. Bürgermeister Stanislaus Pacher im Gespräch mit dem Präsidenten der Internationalen Paracelsus-Gesellschaft Burkhart Breitner, 25. September 1953.

- **24. 9. Diözesantage 1953.** Der Rupertitag ist der Arbeit der Katholischen Aktion gewidmet, es folgt ein Bet- und Opfertag für Bischof und Diözese, der alte Brauch der Ruperti-Wallfahrt wird wieder belebt, und am Abschlußtag finden Großkundgebungen statt.
- **24. 9. Das neues SAFE-Haus** an der Ecke Schwarzstraße/Ernest-Thun-Straße wird nach eineinhalbjähriger Bauzeit seiner Bestimmung übergeben.
- **24. 9. Kinohotel in der Elisabeth-Vorstadt.** Dem Elmo-Kino ist durch Zubauten jetzt ein Hotel mit 25 Zwei- und 10 Einbettzimmern angeschlossen.
- **27. 9. Parteien präsentieren Spitzenkandidaten.** Spitzenkandidaten sind Bürgermeister Stanislaus Pacher für die SPÖ, Bürgermeister-Stellvertreter Hans Donnenberg (ÖVP) und Stadtrat Otto Ponholzer (VdU). Bürgermeister-Stellvertreter Karl Schneider-Manns Au (VdU) kandidiert nicht mehr und zieht sich aus dem politischen Leben zurück.
- **27. 9. Neuer UKW-Sender auf dem Gaisberg in Betrieb.** Der Sender arbeitet auf der Frequenz 94,8 Megahertz vorerst 8 Stunden täglich.
- **28. 9. Baubeginn für Hallenbad und Kurhaus.** Stadtrat Alfred Bäck (SPÖ) erklärt bei der Spatenstichfeier für Kurhaus und Hallenbad, daß nunmehr auch die Finanzierung des Stadtsaales (Kongreßhauses) an der Ecke Rainerstraße/Auerspergstraße gesichert sei.

1953

Abb. 238: Die Spuren des alten bombenbeschädigten Kurhauses sind noch zu sehen. 1953 ist die Fläche Bauplatz für das neue Kongreßhaus.

Abb. 239: Spatenstichfeier für das Kurhaus, 28. September 1953.

Oktober 1953

1. 10. Volkswagen-Prozeß. Der Hauptkläger gegen das Volkswagenwerk, Karl Stolz, gibt in Salzburg Rechenschaft über seine Aktivitäten. Die von Stolz vertretenen Volkswagen-Sparer verlangen die Lieferung der während des Krieges bestellten und ganz oder teilweise bezahlten Volkswagen zum jetzigen Selbstkostenpreis. Dies ist in erster Gerichtsinstanz wegen Nichtzumutbarkeit für das Volkswagenwerk abgelehnt worden.

4. 10. Gaisberg-Wertungsfahrt des SAMTC. Die Münchnerin Lilian Heimann erzielt bei den Sportwagen über 1100 ccm sensationellerweise Bestzeit.

4. 10. Spatenstich für die Großwohnsiedlung Lehen. In den nächsten 2 Jahren sollen hier Wohnungen für 560 Familien geschaffen werden.

7. 10. Das Schuhhaus Tagwerker in der Getreidegasse wird nach Plänen von Architekt Josef Hawranek umgebaut.

7. 10. Geburt im Wachzimmer Rathaus. Eine zur Perlustrierung festgenommene 34jährige Köchin bringt in der Rathauswachstube einen Knaben zur Welt.

8. 10. Festspielhausprojekt. Das von Clemens Holzmeister entworfene Projekt des Neubaues des Festspielhauses erweist sich wesentlich teurer als ursprünglich angenommen. Nun wird eine Summe von 60 Millionen Schilling kolportiert. Kritische Stimmen gibt es gegen den geplanten Standort an der Hofstallgasse. Der Bau in den Mönchsbergfelsen würde das Stadtbild massiv beeinträchtigen. Es sei ein überhöhtes Verkehrsaufkommen in der Altstadt zu befürchten.

10. 10. Unfallkrankenhaus fertiggestellt. Die Inbetriebnahme verzögert sich aber wegen eines Einspruches von Anrainern im Baubewilligungsverfahren.

12. 10. Der evangelische Bischof Otto Dibelius spricht in Salzburg. Hunderte Zuhörer verfolgen seine Ausführung über die Lage der christlichen Kirchen in Ostdeutschland.

14. 10. Im „Musikkreis" diskutieren Musiker über die gegenwärtige Lage der Musik. Teilnehmer sind u. a. Gerhard Wimberger, Anton Dawidowicz, Bernhard Paumgartner und Eberhard Preußner.

15. 10. Straßenumbenennung. Die Hofstallgasse zwischen Domplatz und Sigmund-Haffner-Gasse wird in Franziskanergasse umbenannt.

15. 10. Spätheimkehrer. Viele Salzburger und Spitzenpolitiker begrüßen am Hauptbahnhof 23 Salzburger, die aus sowjetischer Gefangenschaft heimgekehrt sind.

16. 10. Dichterlesung. Auf Einladung der Gesellschaft volksnaher Kunst geben Georg Eberl und Thomas Bernhard eine Lesung aus ihren Werken.

18. 10. Gemeinderatswahlen. Bei den Gemeinderatswahlen erringt die SPÖ 15, die ÖVP 14, der VdU 10 und die Volksopposition (KPÖ) 1 Mandat. Damit gewinnt die ÖVP 2 Mandate vom VdU. Die SPÖ erreicht 20.884 Stimmen, die ÖVP 18.502, der VdU 13.968 und die Volksopposition 1470 Stimmen.

19. 10. Eine private Initiative bewahrt Arno Lehmann vor der Zwangsversteigerung seiner keramischen Werke.

20. 10. Der Stadtverein protestiert gegen das Projekt Oskar Kokoschkas, beiderseits des Reißzuges oberhalb des Klosters Nonnberg ein Atelier zu errichten. Nach einer positiven Stellungnahme der Landesregierung sammelt Kokoschka für sein Projekt Geld in den USA.

21. 10. **Fünf Jahre „Lesestudio" der Salzburger Volkshochschule.** Es veranstaltet Lesungen von Klassikern der Weltliteratur in einer dramatisierten Version.

22. 10. **Fremdenverkehr.** Der diesjährige Sommer hat Rekordzahlen für den Fremdenverkehr gebracht. Insbesondere die Ausländernächtigungen sind gestiegen.

23. 10. **Auditorium Academicum.** Sepp Domandl gründet im Rahmen der Salzburger Volkshochschule diese Vortragsreihe mit akademischen Lehrern.

24. 10. **Nanga-Parbat-Vortrag.** Die Bezwinger des Nanga Parbat, Hermann Buhl und Walter Frauenberger, berichten im ausverkauften Festspielhaus von ihrer Expedition. Der Vortrag muß wegen großer Nachfrage wiederholt werden.

27. 10. **Parteienverhandlungen.** Der Vorschlag der ÖVP, den Bürgermeister noch vor den Parteienverhandlungen in geheimer Abstimmung zu wählen, wird von SPÖ und VdU abgelehnt. Stadtparteiobmann Kurt Preußler (SPÖ) erneuert den Führungsanspruch der SPÖ. Zuletzt hat es Diskussionen um eine Koalition zwischen ÖVP und VdU für die Wahl eines bürgerlichen Bürgermeisters gegeben.

28. 10. **Der Grünmarkt am Kajetanerplatz wird eröffnet.**

29. 10. **Pläne für Verbauung des Ferdinand-Hanusch-Platzes.** Das von Architekt Karl Mayr im Auftrag des Stadtratskollegiums erarbeitete Projekt sieht einen Anbau an der Vorderfront des Realschulgebäudes vor. Architekt Josef Becvar möchte hingegen auf dem Platz ein freistehendes, sechsgeschoßiges Arkadengebäude errichten. Gegen beide Projekte gibt es öffentliche Proteste.

29. 10. **Pläne um Lufttaxi.** Der Salzburger Gastronom Hermann Winkler bemüht sich vergeblich um eine Konzession, seine Gäste vom Grand-Café „Winkler" mit einem Hubschrauber zum geplanten Restaurant auf die Gaisbergspitze zu fliegen.

29. 10. **Günther Schwab liest** auf Einladung der „Silberrose" aus eigenen Werken.

30. 10. **Erfolgsfilm.** „Pünktchen und Anton", der Erfolgsfilm nach Erich Kästners gleichnamigen Bestseller, läuft in den Salzburger Kinos an.

November 1953

1. 11. **Rote Elektrische eingestellt.** Der Südast der Lokalbahn vom Bahnhof nach St. Leonhard bzw. nach Parsch wird eingestellt. Dies bewirkt eine Reihe von Umstellungen im Obus- und Buslinienetz. Die Linie H fährt vom Hauptbahnhof nach Hellbrunn und die Linie P vom Ferdinand-Hanusch-Platz nach Parsch.

5. 11. **Pläne für das Haus der Natur.** Dieses muß aus dem alten Hofstallgebäude ausziehen, weil dort von Architekt Clemens Holzmeister der Neubau des Festspielhauses geplant ist. Die Architektengemeinschaft Johann Wiser, Emil Pfaffenbichler und Edmund Bamer legt Pläne für den Bau einer Passage vom Mirabellplatz durch das alte Borromäum zum Makartplatz vor. Anstelle der Borromäuskirche soll ein Geschäftshaus errichtet werden. Das Haus der Natur würde im Garten des Borromäums einen Neubau erhalten.

5. 11. **Amerikahaus neu gestaltet.** Das nach Plänen von Erwin Suppin umgebaute Amerikahaus am Makartplatz öffnet seine Pforten.

1953

Abb. 240: Eine der letzten Fahrten auf der Südlinie der Lokalbahn am 18. September 1953, im Bild auf der Nonntaler Brücke.

Abb. 241: Der Nonntaler Lokalbahnhof, 1953. Hier befindet sich heute der Parkplatz für die Reiseautobusse.

1953

Abb. 242: Die Gleisanlagen der Lokalbahn – im Bild in der Schwarzstraße – werden nach Einstellung der Lokalbahn am 1. November 1953 demontiert.

Abb. 243: Die Nonntaler Hauptstraße wird um den aufgelassenen Gleiskörper der Lokalbahn verbreitert, Herbst 1953.

1953

Abb. 244: Das Unfallkrankenhaus knapp vor seiner Fertigstellung, Herbst 1953.

Abb. 245: Die Betriebsküche des neuen Unfallkrankenhauses, 1953.

1953

Abb. 246: Die interessante Architektur des neuen Unfallkrankenhauses nach Plänen der Architekten Paul Geppert, Josef Holzinger und Josef Hawranek, 1953.

1953

- **8. 11. Fußball.** Nach einer unglücklichen 3:4 Heimniederlage von Austria Salzburg gegen den Wiener Sportklub kommt es zu Ausschreitungen.
- **8. 11. Der durch Bomben beschädigte Rainer-Obelisk** beim Kommunalfriedhof wird nach der Restaurierung wieder eingeweiht.
- **9. 11. Größte Werbeoffensive der Stadt seit 1945.** Das Stadtverkehrsbüro will mit 150.000 farbigen, dreisprachigen Prospekten sowie 200.000 Stadt- und Hotelplänen und einer Werbetour in einige europäische Großstädte neue Gäste für Salzburg gewinnen.
- **10. 11. Neubau des Festspielhauses.** Die Salzburger Abgeordneten zum Nationalrat Hermann Rainer (ÖVP), Kurt Preußler (SPÖ) und Viktor Reimann (VdU) bringen im Parlament einen Antrag ein, mit dem die Beteiligung des Bundes am Neubau des Salzburger Festspielhauses gefordert wird.
- **11. 11. Uraufführung.** Im „Musikkreis" werden Klavierstücke des jungen Salzburger Komponisten Heinz Walter uraufgeführt.
- **12. 11. Funkhaus.** Im Frühjahr soll auf den Arenberggründen das Salzburger Funkhaus errichtet werden. Auf einer Ausstellung in der Galerie Welz werden Arbeiten des ausgeschriebenen Architektenwettbewerbs präsentiert. Der Wettbewerb war ohne Sieger geblieben. Architekt Josef Hawranek kommt mit seiner Arbeit den städtebaulichen und architektonischen Vorgaben noch am nächsten.
- **16. 11. Felssturz.** Vom Kapuzinerberg lösen sich 20 Kubikmeter Felsmassen und zertrümmern Hintergebäude an der Linzer Gasse.
- **17. 11. In der Polizeidirektion ist die neue Funkstelle fertiggestellt.**
- **17. 11. Ein Franz-Schubert-Gedächtniskonzert** aus Anlaß des 125. Todestages des Komponisten organisiert die Kulturvereinigung. Als Solisten sind unter anderem Gisela Ratauscher und Walter Berry zu hören.
- **18. 11. Friedrich Gulda** gibt im Mozarteum einen Klavierabend mit Werken von Ludwig van Beethoven.
- **23. 11. Pacher zum Bürgermeister gewählt.** Mit sechzehn Stimmen (15 SPÖ, 1 KPÖ) gegen 14 der ÖVP bei Stimmenthaltung des VdU wird Stanislaus Pacher (SPÖ) im 3. Wahlgang wieder zum Bürgermeister gewählt. Seine Stellvertreter sind Hans Donnenberg (ÖVP) und Otto Ponholzer (VdU). Zu Stadträten werden Alfred Bäck (SPÖ) und Josef Prechtl (ÖVP) gewählt. Bei der Ressortverteilung wirken SPÖ und VdU zusammen. Die ÖVP verliert das Gewerbereferat an den VdU. ÖVP-Gemeinderat Hans Probst veranstaltet deshalb im Senatssitzungssaal einen (erfolglosen) Sitzstreik über das Wochenende. ÖVP-Landesparteiobmann Josef Klaus beklagt, daß die ÖVP als einzige Wahlgewinnerin demütigend behandelt worden sei.
- **23. 11. Das neue Unfallkrankenhaus** wird seiner Bestimmung übergeben.
- **24. 11. Dichterlesung.** Anläßlich der Eröffnung der österreichischen Buchwoche lesen Karl Heinrich Waggerl und Eduard P. Tratz. Weitere Lesungen werden mit Josef Brettenthaler und Hans Thür veranstaltet.
- **28. 11. Eröffnung des Ufer-Stüberls** an der Imbergstraße, geplant von den Architekten Paul Geppert und Josef Holzinger.
- **30. 11.** Eine **Großrazzia gegen die Geheimprostitution anläßlich des „Pay Day"** für USFA-Soldaten führen Militärpolizei und Sittenpolizei durch.

1953

Abb. 247: Das neugewählte Stadtratskollegium. V. l. n. r.: Stadtrat Josef Prechtl (ÖVP), Vizebürgermeister Hans Donnenberg (ÖVP), Bürgermeister Stanislaus Pacher (SPÖ), Vizebürgermeister Otto Ponholzer (VdU) und Stadtrat Alfred Bäck (SPÖ). Ganz rechts der Leiter der Gemeinderatskanzlei Karl Papistock, 23. November 1953.

- **30. 11. Jugendverbot.** Im Elmo-Kino läuft bei strengstem Jugendverbot der Film „Erotik, die Geschichte einer flammenden Leidenschaft".
- **30. 11. Der Fordhof an der Rainerstraße ist fertiggestellt.** Im Zuge der städtebaulichen Neuplanung des Bahnhofviertels von Josef Becvar bildet der Fordhof das erste vollendete Detail der Gesamtplanung.
- **30. 11. Dichterinnenlesung.** In der Volkshochschule lesen Karoline Brandauer und die Traklpreisträgerin Elisabeth Effenberger aus ihren Werken.

Dezember 1953

- **1. 12. Ernst Märzendorfer übernimmt die künstlerischer Leitung des Mozarteum-Orchesters.** Das Orchester ist auf 72 Mitglieder vergrößert worden. Zuletzt hat es Kritik an den Leistungen des Orchesters bei seiner Tournee nach London gegeben.
- **3. 12. Das neugewählte Stadtratskollegium nimmt seine Tätigkeit auf.** Bürgermeister Stanislaus Pacher (SPÖ) gibt die neue Geschäftsverteilung bekannt.

1953

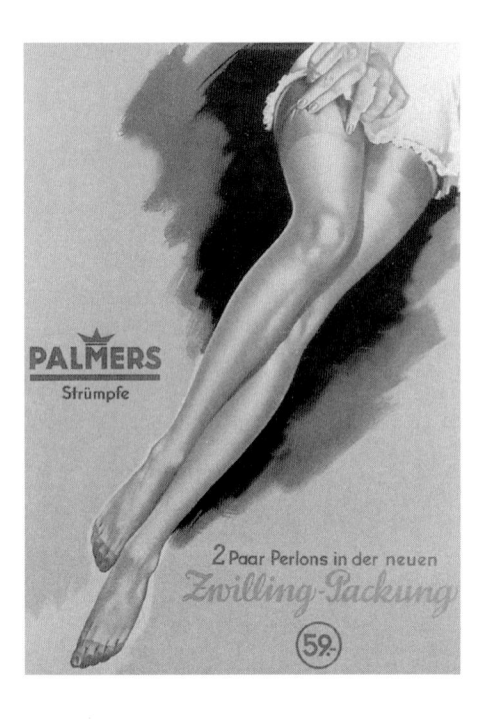

Abb. 248: Das von der Kirche und der ÖVP beanstandete Plakat der Firma Palmers.

- **5. 12. Dichterlesung.** Erik Graf Wickenburg liest auf Einladung der Joseph-August-Lux-Gesellschaft aus seinen Werken.
- **5. 12. Kongreß der Zeugen Jehovas in Salzburg.**
- **6. 12. Uraufführung.** Die deutsche Fassung von „Pygmalion" des ägyptischen Dramatikers Tewfik el Hakim wird in Salzburg uraufgeführt.
- **6. 12. Die erste Salzburger Fernsehausstellung** wird in der Bundesgewerbeschule eröffnet. 15.000 Salzburger besuchen die Schau.
- **8. 12. Marianisches Jahr.** Mit Mitternachtsmessen und einer Wallfahrt nach Maria Plain wird das Marianische Jahr eingeleitet.
- **9. 12. Diskussion um Palmers-Plakat.** Das ÖVP-Parteiorgan Salzburger Volkszeitung übt scharfe Kritik an einem Plakat der Firma Palmers, welches zwei bestrumpfte Damenbeine zeigt. Das Plakat würde einer „unsauberen Phantasie" freien Lauf lassen. Das sozialistische Demokratische Volksblatt lehnt Zensur durch die ÖVP ab. Das Plakat wird nach Anzeige von Unterrichtsminister Ernst Kolb (ÖVP) im gesamten Bundesgebiet untersagt. Es muß überklebt werden.
- **10. 12. Australien-Auswanderer.** 152 Österreicher und Volksdeutsche werden am Hauptbahnhof verabschiedet. Die Auswanderer gehen eine zumindest zweijährige Arbeitsverpflichtung in Australien ein.
- **10. 12. Schulraumnot.** Die Elternvereinigung der Volksschule Franz-Josef-Kai verlangt die rasche Lösung der Schulraumfrage. Derzeit ist die Schule in einem Notquartier an der Griesgasse untergebracht. Architekt Erich Horvath hat Pläne für einen Schulneubau an der Stelle des zerbombten Museums vorgelegt.

1953

Abb. 249: Das nach Protesten durch Überkleben „entschärfte" Plakat.

- **14. 12. Streik im Gastgewerbe angedroht.** Arbeitgeber- und Arbeitnehmervertreter erzielen jedoch nach längeren Verhandlungen einen Kompromiß durch Auszahlung einer 25prozentigen Weihnachtsremuneration.
- **15. 12. Amtsübergabe in der Bundespolizeidirektion.** Polizeidirektor Richard Böhm übergibt sein Amt an Josef Wessely.
- **17. 12. Keine Förderung für Privatschulen.** Der Landtag beschließt mit den Stimmen von SPÖ und VdU, künftig für Privatschulen keine Subventionen zu gewähren. Sie begründeten ihre Ablehnung damit, daß das Schulwesen prinzipiell eine staatliche Angelegenheit sei. Gegen diese Entscheidung protestiert Erzbischof Andreas Rohracher.
- **20. 12. Weihnachtsfeier der USFA.** Mit dem Hubschrauber landet „Santa Claus" im Camp Roeder. 400 eingeladene Kinder werden beschenkt.
- **21. 12. Gemeinderatssitzung.** Der Gemeinderat beschließt eine Tariferhöhung für die Lokalbahn um 18 Prozent. Der Platz am Ende der Gaisbergstraße wird in Ludwig-Schmederer-Platz und die bisherige Ludwig-Schmederer-Straße in Richard-Strauss-Straße umbenannt. Die durch den Griesgassen-Durchbruch neugeschaffene Verkehrsfläche erhält den Namen Münzgasse.
- **21. 12. Vortrag über Österreichs Außenpolitik.** Staatssekretär Bruno Kreisky (SPÖ) referiert über die österreichische Außenpolitik. Kreisky berichtet über die Bemühungen der österreichischen Bundesregierung um das Zustandekommen des Staatsvertrages, der nur bei einer grundsätzlichen Änderung der sowjetischen Politik denkbar sei.

1954

Jänner 1954

2. 1. Jugendverbot für "Wochenschau-Jahresrückblick". Ein Jahresrückblick der "Neuen deutschen Wochenschau" im Non-Stop-Kino wird von der Landesregierung mit einem Jugendverbot belegt. Die Darstellung von Straßenkämpfen und Katastrophen gefährde die "sittliche Haltung" der Jugend. Das Jugendverbot wird nach Protesten später wieder aufgehoben.

2. 1. Lieselotte Eltz-Hoffmann liest auf Einladung der Joseph-August-Lux-Gesellschaft aus ihrem Roman "Ezechiel, der Prophet".

5. 1. Salzburger Krippenverein wieder gegründet. Der Franziskanerpater Ewald Etzelsberger wird zum Obmann des 1938 aufgelösten Vereins gewählt.

8. 1. Wohnungsnot. Bürgermeister Stanislaus Pacher (SPÖ) fordert in einem Schreiben an die Bundesregierung finanzielle Unterstützung für den Wohnungsbau und für die Beseitigung des Barackenelends. Die Wohnungsnot sei unter allen Landeshauptstädten in Salzburg am größten. Derzeit gebe es über 15.000 Wohnungssuchende, die Zahl sei weiter steigend.

9. 1. Papst Pius XII. spendet 20.000 Schilling für den Maxglaner Kirchenbau.

10. 1. Beschwerde-Briefkasten. Im Rathaus und im Schloß Mirabell werden Briefkästen für Anregungen und Beschwerden der Bürger angebracht.

14. 1. Hermann-Bahr-Feier. Anläßlich des 20. Todestages von Hermann Bahr ist am Salzburger Landestheater dessen vieraktige Komödie "Der Querulant" in einer Inszenierung von Geza Rech zu sehen. Die Hauptrolle spielt Leopold Esterle.

14. 1. Raumordnung. Die Salzburger Landesregierung ruft in der Frage der Erlassung eines Raumordnungsgesetzes den Verfassungsgerichtshof an. Dieser soll die Kompetenzen von Bund und Ländern bei der Raumordnung feststellen.

17. 1. Wirren im VdU. Die Delegierten des Landesverbandstages bestätigen einen von der Salzburger VdU-Landesleitung gefaßten Beschluß gegen den Ausschluß Fritz Stübers aus dem VdU. Eine mehrfach kolportierte Abspaltung des Salzburger Landesverbandes vom Bundesverband wird jedoch nicht vollzogen, um die "Einheit der national-freiheitlichen Kräfte" zu wahren.

19. 1. Gastspiel von Caterina Valente mit dem Orchester Kurt Edelhagen.

21. 1. Baubeginn der Bahnpromenade. Mit dem Bau der lang diskutierten Geschäftszeile am Bahndamm entlang der Rainerstraße wird begonnen.

21. 1. Architektenwettbewerb für Großsiedlung Taxham entschieden. Den ersten Preis für die 2500 Wohnungen auf dem Gelände des Landesguts Taxham erhält die Architektengruppe Otto Ponholzer, Erich Horvath und Ekkehard Ullrich. Der zweite Preis geht an S. Karl Huber, der dritte an Helmut Gasteiner.

29. 1. Jugendverbot für "Maske in Blau". Die Operette von Fred Raymond in der Regie von Hans Schröck hat am Salzburger Landestheater Premiere. Das Bühnenbild stammt von Günther Schneider-Siemssen.

31. 1. Kirchenbau in Parsch. Die Pfarre beschließt, das Projekt für den Neubau der Pfarrkirche bei den Behörden einzureichen. Der Plan für den modernen, jedoch umstrittenen Kirchenbau stammt von der "Arbeitsgruppe 4" (Wilhelm Holzbauer, Friedrich Kurrent und Johannes Spalt).

Abb. 250: Die Operette „Die Maske in Blau" von Fred Raymond wird am Salzburger Landestheater ein großer Erfolg, Jänner 1954.

Februar 1954

- **1. 2. Dichterlesung.** Erwin Gimmelsberger, Georg Eberl und Erich Landgrebe lesen auf Einladung der „Silberrose" im Gasthof „Höllbräu" aus ihren Werken.
- **1. 2. Einhebung der Bäderabgabe beginnt.** Jeder Erwerbstätige in der Stadt muß 4,50 Schilling monatlich für die Finanzierung des Hallenbades entrichten.
- **1. 2. Sorge um „Besatzungskinder".** In der Stadt werden derzeit 851 Kinder vom Jugendamt versorgt, deren Väter Angehörige der Besatzungsmacht sind. Während inländische Väter zur Alimentationszahlung herangezogen werden können, entziehen sich die meisten Besatzungssoldaten dieser Verpflichtung.
- **3. 2.** Die Beschwerde mehrerer Unternehmen gegen die **Einstellung der Lokalbahn** Süd wird vom Verwaltungsgerichtshof mangels Parteienstellung abgewiesen.
- **10. 2. Kunstbeirat gefordert.** Der Salzburger Stadtverein fordert die Errichtung eines Kunstbeirates, der die Stadt bei den größeren Bauvorhaben und bei wichtigen Planungsfragen beraten soll.
- **12. 2. Rechenschaftsbericht des Stadtverkehrsbüros.** Die Zahl der Touristen im Jahr 1953 ist gegenüber dem Vorjahr um 5 Prozent gestiegen.
- **13. 2. Schwierigkeiten bei der Wasserversorgung durch strengen Frost.** Die Wasserwerke geben Sparmaßnahmen bei der Wasserversorgung bekannt.
- **15. 2. Gemeinderat beschließt Budget 1954.** Die Einnahmen betragen 137, die Ausgaben 149 Millionen Schilling. Der außerordentliche Haushalt sieht Ausgaben von 45 Millionen Schilling vor. Für den Wohnbau stehen 4,5 Millionen Schilling zur Verfügung. Die Bäderabgabe soll 1,8 Millionen Schilling erbringen.

1954

Abb. 251 und 252: Die Bombenruine des Bürgerspitals wird abgebrochen und der Arkadentrakt neu errichtet. Im Bild die Abbrucharbeiten 1954.

1954

- **18. 2. Mirabellplatz-Verbauung.** Die Architektengruppe Johann Wiser, Emil Pfaffenbichler und Edmund Bamer geht als Sieger aus dem Wettbewerb zur Verbauung des Mirabellplatzes hervor. Der 2. Preis geht an die Architekten Wunibald Deininger und Josef Jenner. Das Siegerprojekt sieht die Errichtung von zwei sechsgeschoßigen Flügeltrakten parallel zur Kirchenachse vor. Ein dreigeschoßiger Verbindungsbau soll eine überdachte Kaffeehausterrasse aufnehmen. Das Siegerprojekt stößt auf massive öffentliche Ablehnung.
- **18. 2. Diskussion über Verkehrslärm.** Das „Volksparlament" der Salzburger Volkshochschule debattiert über den zunehmenden Verkehrslärm, der die Lebensqualität der Großstadtbewohner erheblich mindere.
- **19. 2. „Bacchus-Stuben" eröffnet.** Das nach Plänen von Walter Baumgartner umgestaltete Weinlokal „Bacchus-Stuben" wird eröffnet.
- **23. 2. Salzburger Gewerkschaft fordert Abhilfe gegen Wohnungsnot.** Eine Delegation spricht bei Bundeskanzler Julius Raab (ÖVP) vor.
- **23. 2. Landeshauptmann Josef Klaus (ÖVP) fordert mehr Privatinitiative** auch in der Armenfürsorge. Die Sozialisten kritisieren Klaus heftig und betonen die soziale Verantwortung der Gesellschaft.
- **24. 2. „Mississippi-Dampfer".** Trotz zahlreicher Proteste wird das Projekt von Architekt Josef Becvar am Ferdinand-Hanusch-Platz baubehördlich genehmigt.
- **26. 2. Mit den Bauarbeiten für das neue Hotel „Winkler"** an der Ecke Franz-Josef-Straße/Faberstraße wird begonnen.

März 1954

- **1. 3.** Eine **Amerikareise** tritt Stadtrat Alfred Bäck (SPÖ) an.
- **2. 3. Kriegsgefangenen-Enquete.** Die bisher vom Land allein getragene Betreuung soll künftig auf mehrerer Organisationen aufgeteilt werden.
- **2. 3. Verkehrsenquete.** Die von Landesrat Florian Groll (VdU) geforderte Schaffung eines „heiligen Tempelbezirkes", das heißt die Freihaltung der Altstadt vom Verkehr, stößt auf heftige Ablehnung durch Vertreter der Wirtschaft. Parkverbote für den Alten Markt und den Kapitelplatz seien wirtschaftsschädigend. Die Handelskammer fordert die Schaffung einer kleinen Grünzone um den Residenzbrunnen und die Öffnung des Residenzplatzes für den Verkehr. Der Bau einer Autostraße von der Staatsbrücke entlang des Kais nach Lehen wird von den Vertretern der Stadt abgelehnt. Einig sind sich die Teilnehmer der Enquete über die Notwendigkeit des Baues einer Entlastungsstraße von Maxglan in den Süden der Stadt. Der Vorschlag, den Durchzugsverkehr für Fahrzeuge über 1,5 Tonnen in der Altstadt zu untersagen, wird vertagt.
- **4. 3. Forderungen der Hausbesitzer.** Die Angleichung von Alt- und Neumieten fordert die Salzburger Haus- und Grundbesitzervereinigung. Ihr Obmann, Louis Brandstätter, verlangt die Absiedlung alter Menschen, die in billigen Zinswohnungen lebten, auf das Land, um in den Städten Platz für die arbeitende Jugend zu schaffen.
- **4. 3. Elektroherd-Aktion.** Die Salzburger Stadtwerke führen eine großangelegte Werbekampagne für die Anschaffung von Elektroherden durch. Die Aktion ist

1954

ein voller Erfolg. Zu den derzeit 7477 werden über 1000 neue Elektroherde angeschlossen werden.

- **5. 3. Protestresolution gegen das Ergebnis der Berliner Konferenz.** Der Salzburger Landtag beschließt einstimmig eine Protestresolution gegen die Ergebnisse der Berliner Konferenz der vier Großmächte. Allgemein hatte man den Abschluß eines Staatsvertrages für Österreich erwartet. Der Landtag erklärt, der „Befreiungstag" verdiene nicht mehr als solcher bezeichnet zu werden.
- **9. 3. Streikdrohung.** Die Betriebsrätekonferenz der Salzburger Handelsangestellten droht mit Streik, sollte ihre Forderung nach dem 14. Monatsgehalt nicht rasch erfüllt werden. Die Wirtschaftskammer sieht dadurch Arbeitsplätze gefährdet. Die Zuerkennung eines zusätzlichen halben Monatsgehalts löst den Konflikt.
- **9. 3. Sperrzone für USIA-Waren.** Land und Stadt Salzburg schließen den Bezug von USIA-Waren für öffentliche Aufträge aus.
- **10. 3. Literaturabend im Amerikahaus.** Im von Hans Weigel zusammengestellten Programm junger österreichischer Literatur lesen Edith Friedl und Hubert Kronlachner aus Werken von Raimund Berger, Hertha Kräftner, Hans Weißenborn, Doris Mühringer, Herbert Zand, Herbert Eisenreich und Ingeborg Bachmann.
- **11. 3. Johannes Heesters singt** im Festspielhaus Lieder aus Operetten und Filmen.
- **11. 3. Europa-Tage der SPÖ.** Über Probleme der Einigung Europas spricht der SPD-Abgeordnete Willi Eichler. Ein dauerhafter Friede sei nur durch die Integration Europas zu erreichen.
- **13. 3. Rundfunk-Betriebsrätekonferenz.** In Salzburg findet die erste gesamtösterreichische Betriebsrätekonferenz der Angestellten des Rundfunks statt.
- **15. 3.** Aus der **Sammlung Czernin** werden 85 Gemälde als Leihgabe für einen Zeitraum von 16 Jahren der Residenzgalerie überantwortet.
- **16. 3. Sender Linz und Salzburg sind österreichisch.** Die US-Behörden übergeben die Sender Rot-Weiß-Rot in Linz und Salzburg an die Bundesregierung.
- **16. 3. Mundartdichtung.** Bei der Veranstaltung „Mundartdichtung der Donauländer" erntet der Salzburger Augustin Ableitner großen Erfolg.
- **16. 3. Bund hilft beim Wiederaufbau des Doms.** Die Bundesregierung beschließt, sich finanziell am Wiederaufbau des Salzburger Domes zu beteiligen.
- **18. 3. Oper gefordert.** Das „Volksparlament" der Volkshochschule wünscht wenigstens eine Opernaufführung pro Woche am Landestheater. Die Ignorierung der Oper sei eine „kulturelle Schlappe" für Salzburg.
- **18. 3. Fehlende Ausbildungsplätze für Jungärzte** sind Gegenstand einer von der Landesregierung einberufenen Konferenz. Das Land wird künftig zehn neue Turnusstellen am Landeskrankenhaus finanzieren.
- **20. 3. Die generalsanierte Festungsbahn** nimmt ihren Betrieb wieder auf.
- **20. 3. Schlagerparade 1954.** Im Stadtkino präsentieren Vico Torriani, Evelyn Künnecke und Richard Rose Schlager der Saison 1954. Es spielt das Radio-Tanz-Orchester Johannes Fehring. Conférencier ist Hans Fechter.
- **22. 3. Wohnbau in Lehen.** Die Bauarbeiten für das Volkswohnungsprojekt Siebenstädterstraße mit 200 Wohnungen beginnen.
- **25. 3. Anton Wünsch** wird zum Obmann des Künstlerbundes „Silberrose" gewählt.

1954

- **27. 3. Großkundgebung der volksdeutschen Heimatvertriebenen.**
- **28. 3. Das Hupverbot für die Innenstadt tritt in Kraft.**
- **28. 3. Landesverbandstagung des Kameradschaftsbundes.** Josef Schöpp wird wieder zum Landesobmann gewählt. Der ÖKB verurteilt die kurz zuvor erfolgte Landesverweisung des früheren Feldmarschalls Albert Kesselring.
- **30. 3. Architekten kritisieren Lehener „Wohnkasernen".** Die „Volkswohnungen in Lehen" seien unsozial, kritisiert der Ingenieur- und Architektenverein. Auf jeden Bewohner entfalle ein Lebensraum von lediglich 20 Quadratmetern. Diese Kritik wird von der SPÖ zurückgewiesen. Ziel sei es, ausreichend Wohnungen zu einem billigen Zins in größtmöglicher Zahl herzustellen.
- **31. 3. Modenschau.** Die Österreichisch-Amerikanische Gesellschaft veranstaltet eine Modenschau, um bei den Amerikanern für österreichische Produkte zu werben.

April 1954

- **1. 4. Diskussion über Rundfunk.** Im Landtag treten ÖVP und VdU für einen Salzburger Landessender ein. Die SPÖ spricht sich hingegen für einen zentralisierten Österreichischen Rundfunk mit föderalistischer Ausrichtung aus.
- **2. 4. Mirko Jelusich liest** auf Einladung der Volkshochschule aus seinen Werken.
- **3. 4. Flüchtlingskonferenz in Salzburg.** Diskutiert wird vor allem die Lage der Volksdeutschen in Österreich.
- **3. 4. Tag des Waldes.** Anläßlich des „Tag des Waldes" veranlaßt die Stadtgemeinde eine Aufforstungsaktion.
- **9. 4. Die 10. Sonderausstellung des Museums Carolino Augusteum** über „Die Ehrenbürger der Landeshauptstadt Salzburg" wird eröffnet.
- **9. 4. Architekt Clemens Holzmeister referiert über den „Dreiklang der Künste"** und erläutert seine Pläne zum Neubau des Festspielhauses.
- **9. 4. Marmorsaal im Schloß Mirabell renoviert.** Die Leitung der Renovierungsarbeiten oblag Landeskonservator Theodor Hoppe.
- **10. 4. Trachtenschau.** Unter dem Motto „Die Tracht ins Volk – das Volk in die Tracht" wird in der Residenz eine große Trachtenschau eröffnet. Sepp Denggs Volksliedchor und Tobi Reiser sorgen für die musikalische Umrahmung.
- **10. 4. Spatenstichfeier.** In Gneis wird mit einem großen Wohnbauprojekt für Heimatvertriebene der katholischen Siedlungsgesellschaft „Neue Heimat" und der evangelischen Baugenossenschaft „Neusiedler" begonnen.
- **12. 4. Gemeinderat: Mirabellplatzverbauung, Dombau, Gnigler Kindergarten.** Nach heftigen Protesten beschließt der Gemeinderat, das Projekt einer Verbauung des Mirabellplatzes nicht zu realisieren. Während sich die ÖVP immer gegen dieses Projekt ausgesprochen hat, revidiert der VdU nun seine bisherige positive Haltung. Die Domwiederherstellung unterstützt die Stadt mit einem jährlichen Beitrag von 300.000 Schilling von 1955 und 1958. Das Land hat sich zur doppelten Summe verpflichtet. Der Bund wird 6 Millionen Schilling beitragen. Der Gnigler Kindergarten wird mehrheitlich beschlossen. Die ÖVP befürchtet eine Konkurrenz für den bereits bestehenden Caritas-Kindergarten.

1954

Abb. 253: Die alte Festungsbahn wird noch mit Wasserballast betrieben.

- **12. 4. Salzburger ÖVP für Rückkehr Kurt Schuschniggs** aus den USA nach Österreich. Die Sozialisten lehnen dies ab, da der frühere Bundeskanzler wesentlich Anteil am Austrofaschismus gehabt habe.
- **12. 4. Römische Funde.** Auf dem Residenzplatz stoßen Bauarbeiter auf frühchristliche Gräber und Reste einer römischen Villa.
- **13. 4. Rasche Motorisierung.** Erstmals sind mehr als 10.000 Kraftfahrzeuge in der Landeshauptstadt Salzburg angemeldet.
- **15. 4. Protest gegen Kirchenverfolgung.** Die Katholische Aktion protestiert mit einem Schweigemarsch von St. Andrä zum Dom gegen die Kirchenverfolgung in der Sowjetunion und in China.
- **20. 4. Ein Denkmal für die Gefallenen der beiden Weltkriege am Mirabellplatz** schlägt die Pfarre St. Andrä vor.
- **27. 4. Widerstand gegen Fuschlsee-Projekt.** Die Gemeinden Fuschl, Hof, Thalgau, St. Lorenz und Mondsee überreichen Stadt und Land eine Protestschrift gegen das von den Salzburger Stadtwerken betriebene Projekt der Trinkwasserversorgung aus dem Fuschlsee. Es würde den Fremdenverkehr empfindlich stören.
- **30. 4. Katholischer Familienverband gegründet.** Zum Vorsitzenden wird Jakob Lechner gewählt.
- **30. 4. Kundgebung für Habsburg.** Der „Bund österreichischer Patrioten" fordert die Aufhebung des Einreiseverbotes für Otto Habsburg nach Österreich. Die SPÖ verurteilt die Veranstaltung als „monarchistische Provokation".

Mai 1954

1. 5. Maifeiern. 3500 Menschen nehmen am Festzug der SPÖ teil, der mit einer Kundgebung im Festspielhaus abgeschlossen wird. 2500 Teilnehmer kommen zum Brauchtumsfest des VdU am Mirabellplatz. Die KPÖ veranstaltet eine Kundgebung am Platzl. Die Katholische Arbeiterjugend organisiert eine Wallfahrt nach Mariazell. Domkapitular Johann Innerhofer spricht von einer historischen Wende, die Arbeiter würden nicht mehr auf der Straße marschieren, sondern den Maifeiertag dem Gebet und der Besinnung widmen.

1. 5. Festkommers der wiedergegründeten akademischen Burschenschaften anläßlich ihrer Tagung in Salzburg.

2. 5. Salzburg steigt nicht ab. Mit einem 1:0 gegen Wacker Wien sichert sich Austria Salzburg den Klassenerhalt in der Fußball-Staatsliga A.

6. 5. Die griechische Königin Friederike hält sich in Salzburg auf.

8. 5. Faistauer-Ausstellung. In der Residenzgalerie sind in einer Gedächtnis-Ausstellung 150 Werke von Anton Faistauer zu sehen.

11. 5. Jugendkulturwoche. Eine Jury nominiert als Salzburger Teilnehmer für die Österreichische Jugendkulturwoche in Innsbruck: Karoline Brandauer, Friedrich Boxber (beide Lyrik), Ladislaus Piekarz (Musik), Herbert Breiter, Rudolf Hradil (bildende Kunst) und Gottfried Plohovich (Radiophonie).

12. 5. Rennstrecke für Salzburg. Deutsche Projektanten unter Führung von Hans Stuck wollen die Autobahn Salzburg–Grödig zu einer Rennstrecke ausbauen. Geplant sind vier Rennen pro Jahr. Es wird mit jeweils 100.000 Zuschauern gerechnet. Das Projekt stößt in der Salzburger Öffentlichkeit auf Ablehnung.

14. 5. Cesar Bresgens Oper für Kinder „Brüderlein Hund" hat im Landestheater Premiere. Das Libretto folgt Vorlagen von Christian Andersen.

15. 5. Das „Licht von Lourdes", das im Rahmen einer internationalen Lichtstafette der Katholischen Jugend von Lourdes aus durch Europa getragen wird, trifft in Salzburg ein. Mit dieser Aktion wird des 100. Jahrestages der Verkündigung des Dogmas von der „unbefleckten Empfängnis" gedacht.

15. 5. Zum **Tag der Streitkräfte der USFA** kommen rund 10.000 Salzburger in das Camp Roeder. Abschließend findet eine Parade statt.

16. 5. Bordell in der Mühldorfgasse. Wieder einmal führen die US-Militärpolizei und die österreichischen Sittenpolizei eine Razzia durch. Dabei wird in der Mühldorfgasse in Maxglan ein Geheimbordell ausgehoben. Der Zuhälter und die Prostituierten erhalten im folgenden Prozeß mehrmonatige Haftstrafen.

17. 5. Autobusbahnhof. Die Stadt Salzburg und die Österreichischen Bundesbahnen einigen sich über die Errichtung eines Autobusbahnhofes am Südtiroler Platz. Dieser Standort war lange umstritten.

18. 5. Filmdreharbeiten. Beim derzeit im Salzburger Volksgarten gastierenden Zirkus „Medrano" wird für den Film „König der Manege" gedreht. Die Hauptrollen spielen Kammersänger Rudolf Schock und Germaine Damar. Regie führt Ernst Marischka.

22. 5. Der Gaisberg-Sessellift von Parsch zur Judenbergalm geht in Betrieb.

1954

Abb. 254: Der neue Gaisberg-Sessellift im Bereich Judenberg, Mai 1954.

1954

Abb. 255: Auf dem Ferdinand-Hanusch-Platz wird der „Mississippi-Dampfer" nach Plänen von Josef Becvar errichtet, 1954.

- **24. 5. Nonntaler Bahnhof.** Der Gemeinderat beschließt die Errichtung von Parkplätzen auf der Fläche des ehemaligen Nonntaler Bahnhofes.
- **27. 5. In der Itzlinger Pfarrkirche werden fünf neue Glocken geweiht.**
- **29. 5. Erstmals gibt es eine Mai-Dult** im Volksgarten.

Juni 1954

- **1. 6. Jahresschau im Künstlerhaus eröffnet.** Auf der diesjährigen Jahresschau des Kunstvereins sind Werke von Werner Otte, Annemarie Fiebich-Ripke, Rudolf Hradil, Irma Toledo, Trude Engelsberger-Drioli, Herbert Breitner, Slavi Soucek und Toni Schneider-Manzell zu sehen.
- **2. 6. Warnung vor Preisanstieg im Fremdenverkehr.** Stadtverkehrsdirektor Heinz Rennau warnt die Fremdenverkehrsbetriebe angesichts der zu erwartenden guten Saison vor übertriebenen Preissteigerungen.
- **4. 6.** Eine **Johann Michael Rottmayr-Ausstellung** in den Prunkräumen der Residenz eröffnet Unterrichtsminister Ernst Kolb (ÖVP).
- **10. 6. Tragen von Kriegsorden verboten.** Der Kameradschaftsbund fordert seine Mitglieder auf, bei Heimkehrerfesten oder ähnlichen Anlässen keine Kriegsauszeichnungen oder Orden zu tragen.
- **11. 6. Spätheimkehrer.** Ein Salzburger trifft nach zehnjähriger sowjetischer Kriegsgefangenschaft in Salzburg ein.

1954

Abb. 256: Tag des Schulsparens, Werbetafel der Salzburger Sparkasse, 16. Juni 1954.

Abb. 257: Austria Salzburg schafft nach dem SAK 1914 als zweite Salzburger Mannschaft den Aufstieg in die Staatsliga. Stehend v. l.: Präsident Sachs, Trainer Sesta, Steffek, Hochleitner, Grün, Fleck, Luritzhofer, Minarik, Grassmann, Remely, Gotarelli, König, Lindner, Breitenfelder; kniend v. l.: Feldinger, Seiser, Jelinek, Krammer, Dannerberger II, Stefanits.

1954

12. 6. Heimkehrertreffen in Salzburg. Bürgermeister-Stellvertreter Otto Ponholzer (VdU) stellt das „Blutopfer der Frontkämpfer", die nun ihre ganze Kraft dem Aufbau widmeten, in den Mittelpunkt seiner Festansprache.

15. 6. Fleischer boykottieren Viehmarkt. Massive Aufkäufe durch Tiroler und Vorarlberger Händler lassen den Kalbfleischpreis weit über die amtlichen Höchstpreise klettern. Deshalb boykottieren die Salzburger Fleischhauer den Viehmarkt. Sie wollen Kalbfleisch nur zu den gesetzlich festgelegten Preisen kaufen.

18. 6. Altbürgermeister Anton Neumayr gestorben. Er war von 1919 bis 1934 Bürgermeister von Hallein. Im Februar 1934 wurde er verhaftet und vom Dollfuß-Regime wegen Hochverrats angeklagt, nach Interventionen von Landeshauptmann Franz Rehrl jedoch rehabilitiert. Von 1944 bis Kriegsende war Neumayr im KZ Dachau interniert. 1945 wurde er von der SPÖ als Landeshauptmann-Stellvertreter in die provisorische Landesregierung entsandt und war schließlich von 1946 bis 1951 Bürgermeister der Landeshauptstadt.

Abb. 258: Begräbnis von Bürgermeister Anton Neumayr, 20. Juni 1954.

21. 6. Proteste gegen Preissteigerungen. 15.000 Personen folgen dem Aufruf des ÖGB und demonstrieren gegen Preissteigerungen. Kommunistische Teilnehmer der Kundgebung durchbrechen den Polizeikordon und besetzen den Hof des Regierungsgebäudes. Eine Gewerkschaftsdelegation unter Führung von Arbeiterkammer-Präsident Hans Webersdorfer (SPÖ) wird niedergebrüllt. Landeshauptmann Josef Klaus (ÖVP) spricht zwei Tage später gemeinsam mit einer Gewerkschaftsdelegation bei der Bundesregierung in Wien vor.

1954

- **22. 6. Die Bauarbeiten für das neue Kurhaus werden aufgenommen.**
- **24. 6.** „Die letzte Brücke", der preisgekrönte Film von Helmut Käutner, mit Maria Schell in der Hauptrolle, hat in Salzburg Premiere.
- **28. 6. Der Senat beschließt die Schließung der städtischen Schubstation** in der Linzer Gasse, weil das Schubwesen zum Aufgabenbereich der Bundespolizeidirektion gehört.

Juli 1954

- **2. 7. Hochwasseralarm.** Nach heftigen Regenfällen tritt die Salzach aus ihren Ufern.
- **3. 7. Unterschriftenaktion für 8. Dezember.** Die von der katholischen Kirche initiierte Unterschriftenaktion zur Wiedereinführung des 8. Dezember als gesetzlichen Feiertag erbringt in der Diözese Salzburg über 60.000 Unterschriften.
- **3. 7. Makart-Ausstellung in der Residenzgalerie.** Die Ausstellung „Hans Makart und seine Zeit" war lange umstritten. Die hundert Gemälde und Entwürfe Makarts werden durch sechzig Werke von Zeitgenossen ergänzt.
- **4. 7. Der Trachtenverein „D' Hohensalzburger" feiert 50jähriges Bestehen.**
- **6. 7. SAMTC fordert Parkometer** und Parkgebühren in der Innenstadt.
- **6. 7. Neue Pläne für die Verbauung des Mirabellplatzes** präsentieren die Architekten Paul Geppert d. J. und Josef Holzinger. Sie wollen ein 29 Meter hohes Gebäude gegenüber dem Pfarrhof errichten.
- **8. 7. Der Müllner Steg wird wegen Baufälligkeit gesperrt.**

Abb. 259: Heftige Regen- und Schneefälle führen am 8. Juli 1954 zur zweiten Überschwemmung innerhalb einer Woche. Die Salzach überschwemmt zahlreiche Straßen.

1954

Abb. 260: Weiße Fahne an der Frauenoberschule für den erfolgreichen Maturajahrgang 1954. Das Gebäude (altes Ursulinenkloster), in dem vier Schulen untergebracht sind, trägt noch die aus der NS-Zeit stammende Aufschrift „Oberschule für Mädchen".

- **9. 7. Die Mädchen-Hauptschule Nonntal** mit 13 Klassenzimmern, mehreren Lehrsälen und einer Schulküche wird offiziell eröffnet. Bereits zu Beginn des Schuljahres hat der Unterricht in einem Teil des Neubaus begonnen.
- **14. 7. Das Spielcasino übersiedelt** von der „Barockbar" in das Hotel „Pitter". Das „Mirabell-Casino" bleibt weiter von den Amerikaner beschlagnahmt.
- **15. 7. Neuer Kindergarten Lehen.** Die beiden Gruppen können vom Provisorium in einer Baracke in den Neubau an der Scherzhauserfeldstraße übersiedeln.
- **15. 7. Die Galerie Welz** zeigt in einer Ausstellung Werke von Oskar Kokoschka und Giacomo Manzù.
- **15. 7. Die Internationale Sommerakademie für Bildende Kunst wird eröffnet.** Oskar Kokoschka, Giacomo Manzù, Clemens Holzmeister, Robert Eigenberger Robert und Bruno Grimschitz sind die Lehrenden des diesjährigen Kurses.

1954

Abb. 261: Bau der Autobahnbrücke bei Zilling, 1954.

- **17. 7. Spatenstichfeier für Autobahn.** Bundeskanzler Julius Raab (ÖVP) nimmt den ersten Spatenstich für den Ausbau der Autobahn Salzburg–Mondsee vor. Die erste Etappe wird etwa 130 Millionen Schilling kosten. 7000 Menschen werden an dieser Großbaustelle Arbeit finden.
- **19. 7. Der Gemeinderat beschließt den Neubau des Schlachthofes.** Die Gesamtkosten für das Projekt werden mit 25 Millionen Schilling angegeben.
- **19. 7. Beschwerden gegen Rundfunk.** Nach einer Umstellung der Frequenzen führen schlechte Empfangsverhältnisse zu heftigen Beschwerden gegen den Österreichischen Rundfunk. Viele Salzburger machen dafür die Zentralisierung des Rundfunks verantwortlich.
- **19. 7. Bebauungsplan Taxham.** Ein gegenüber dem ersten Entwurf modifizierter Bebauungsplan für die Siedlung Taxham wird vom Gemeinderat genehmigt. Die neue Großsiedlung soll 2500 Wohnungen umfassen.
- **20. 7. Dichter zu Gast.** Franz Nabl eröffnet mit einer Lesung aus seinen Novellen die Reihe „Dichter zu Gast".
- **25. 7. Salzburger Festspiele eröffnet.** Mit dem Fackeltanz und Hofmannsthals „Jedermann" werden die diesjährigen Festspiele eröffnet. Auf dem Opernprogramm stehen Carl Maria von Webers „Freischütz" in einer Inszenierung von Günther Rennert mit Wilhelm Furtwängler als Dirigenten, Mozarts „Così fan

tutte" in einer Inszenierung von Oscar Fritz Schuh unter der Stabführung von Karl Böhm, Mozarts „Don Giovanni" ebenfalls mit Furtwängler als Dirigenten in einer Inszenierung von Herbert Graf und dem Bühnenbild von Clemens Holzmeister. Karl Böhm dirigiert „Ariadne auf Naxos" von Richard Strauss in der Inszenierung von Josef Gielen. Rolf Liebermanns „Penelope" wird uraufgeführt. Als österreichische Erstaufführung wird das szenischen Oratorium „Dans des morts (Der Totentanz)" von Paul Claudel und der Musik von Arthur Honegger aufgeführt. Insgesamt besuchen 89.000 Personen die siebzig Aufführungen der Festspiele.

25. 7. Ludwig Marcel Baron verhaftet. Die US-Behörden verhaften Ludwig Marcel Baron wegen des illegalen Besitzes größerer Dollarbeträge. Baron entpuppt sich als ein international gesuchter Großbetrüger und Waffenschieber.

28. 7. Vorschlag für Wärmepumpe statt Heizkraftwerk. Alois Wölfler, Gemeinderat der ÖVP, schlägt vor, anstelle des geplanten Heizkraftwerkes eine Wärmepumpe zu errichten. Wärme sollte dem Grundwasser oder der Salzach entzogen werden. Eine solche Anlage würde keine Schadstoffe abgeben.

29. 7. Untersberg-Seilbahn. Die Finanzierung der Untersberg-Seilbahn scheint gesichert. Ein neues Projekt sieht die Talstation an der früheren Endstation der Lokalbahn in St. Leonhard, die Bergstation direkt auf dem Hochthron vor. Später sollen auf dem Gipfelplateau weitere Schlepp- und Sessellifte errichtet werden.

30. 7. Das „Intermezzo" im Haus Griesgasse 27 eröffnet.

August 1954

2. 8. Ernst Sompek gestorben. Sompek war Komponist der Salzburger Landeshymne und langjähriger Chormeister der Liedertafel.

3. 8. Internationale Sommerakademie am Mozarteum eröffnet. Bei der Eröffnungsfeier bezeichnet der Präsident der Akademie für Musik und darstellende Kunst Mozarteum, Bernhard Paumgartner, die Sommerakademie als ein pädagogisches „Seitenstück" der Festspiele.

5. 8. Rechnungshofbericht. Der Landtag beschäftigt sich mit dem Bericht des Rechnungshofes über die Gebarung der Stadtgemeinde der Jahre 1950 und 1951. Der Rechnungshof bemängelt die Kreditoperationen der Stadt. In Zukunft bedürfe es der Anspannung aller Kräfte, um das finanzielle Gleichgewicht wieder herzustellen. Kritik bringt der Rechnungshof auch gegen die Personalpolitik der Gemeinde vor, weil diese den Rahmen der Besoldung der öffentlich Bediensteten sprenge.

7. 8. Die neuen Leseräume des Amerikahauses am Alten Markt werden eröffnet. Das Salzburger Amerikahaus verfügt über 40.000 Bücher.

7. 8. Salzburger Landessportwoche. Kanu, Basket-, Faust- und Fußball, Radfahren und Segelfliegen sowie Ringen stehen auf dem Veranstaltungsprogramm.

8. 8. Hochschulwochen. Über 600 Hörer meist aus Deutschland und Österreich nehmen an den Hochschulwochen teil, in deren Zentrum das Werk des Kirchenlehrers Augustinus steht. Erzbischof Andreas Rohracher fordert die Errichtung einer katholischen Universität in Salzburg.

1954

Abb. 262: Bademode anno 1954, präsentiert vom Kaufhaus Thalhammer.

1954

11. 8. **Oskar Kokoschka kritisiert bürokratische Schikanen** seitens österreichischer Behörden gegenüber der Sommerakademie.

13. 8. **Spende für Hochwasseropfer.** Zugunsten der Hochwasseropfer spielt die 49. US-Army-Band unter der Leitung von Leslie Y. Harkness im Mirabellgarten. Es werden 3000 Schilling für die Opfer des Hochwassers gesammelt.

14. 8. **Der Kölner Erzbischof Josef Kardinal Frings** predigt bei einem Pontifikalamt im Dom über die Bedeutung des Festes Maria Himmelfahrt.

14. 8. **Dult eröffnet.** Über 150 Unternehmen und landwirtschaftliche Betriebe zeigen ihre Produkte. Brauchtumsveranstaltungen, Vergnügungspark, ein Riesenfeuerwerk und Bierzelte locken tausende Besucher in den Volksgarten.

19. 8. Die nach Plänen von Gerhard Garstenauer **umgestaltete Barock-Bar** wird wieder eröffnet.

20. 8. **Stadtkino wird modernisiert.** Das Salzburger Stadtkino schließt für einige Wochen. Dieses Lichtspieltheater soll auf den modernsten technischen Stand gebracht werden.

21. 8. **Das umgebaute Maxglaner Lichtspielhaus eröffnet** mit dem US-Film „Vom Winde verweht".

21. 8. **„Das Feuerwerk",** eine musikalische Komödie von Erik Charell, wird am Salzburger Landestheater erstaufgeführt. Die Musik stammt von Paul Burkhard, das Bühnenbild von Günther Schneider-Siemssen, Regie führt Peter Stanchina.

25. 8. **Affäre um Festspielkarten.** Mandatare aller drei Fraktionen haben kostenlose Ehrenkarten weiterverkauft.

25. 8. **Klaus interveniert bei General Arnold.** Landeshauptmann Josef Klaus (ÖVP) bemüht sich, bei Generalleutnant William H. Arnold die raschere Freigabe von beschlagnahmten Wohnungen und Großobjekten zu erreichen. Arnold sichert Klaus zu, diesem Anliegen nachzukommen.

28. 8. **Griesgassen-Durchbruch fertiggestellt.** Die Straßenverbindung zwischen Bürgerspitalkirche und Griesgasse, der sogenannte Griesgassen-Durchbruch, ist fertiggestellt. Man erhofft sich von dieser Straße eine wesentliche Entlastung des innerstädtischen Verkehrs. Einige Häuser und ein Teil der Stadtmauer sind dem Bauvorhaben nach Plänen von Architekt Josef Becvar zum Opfer gefallen.

28. 8. **Wahlkampfauftakt.** Zum Auftakt des Wahlkampfes für die bevorstehenden Landtagswahlen präsentieren die Parteien ihre Spitzenkandidaten. Für die ÖVP geht Landeshauptmann Josef Klaus, für die SPÖ Landeshauptmann-Stellvertreter Franz Peyerl und für den VdU Nationalrat Gustav Zeillinger ins Rennen um die Gunst der Wähler.

30. 8. **Ausstellung der Sommerakademie.** Clemens Holzmeister eröffnet eine Ausstellung von Schülerarbeiten der Internationalen Sommerakademie. Auffallend sind eine Arbeit, die die Errichtung einer Parkgarage für 400 Fahrzeuge im Mönchsberg vorsieht, das Projekt einer Lesehalle an der Felswand im dritten Hof von St. Peter und der Bau einer Mozart-Kolonnade am Mozartplatz.

31. 8. **Salzburger Schloßkonzerte.** Siegfried Hummer, Leiter eines Reisebüros, startet eine neue Veranstaltungsreihe, die Salzburger Schloßkonzerte. Die Konzerte werden im Marmorsaal, in der Residenz und auf der Festung stattfinden. Sie sollen außerhalb der Festspielzeit ein Angebot für den Fremdenverkehr sein.

September 1954

1. 9. Neuer Museumsdirektor. Der Prähistoriker Universitätsprofessor Kurt Willvonseder übernimmt die Direktion des Museums Carolino Augusteum. Er folgt Rigobert Funke, der wegen seiner Präsidentschaft in der Östereichisch-sowjetischen Gesellschaft als Direktor abgelöst worden ist.

1. 9. 70. Geburtstag von Albrecht Harta. Aus diesem Anlaß wird im Künstlerhaus eine Ausstellung seiner Werke eröffnet.

1. 9. Hochhaus abgelehnt. Das Projekt eines siebenstöckigen Hochhauses am Hildmannplatz wird von der Baubehörde abgelehnt. Im engeren Stadtbereich sollen aus Ortsbildschutzgründen keine Hochhäuser errichtet werden dürfen.

4. 9. Freilassing wird Stadt. Anläßlich der Stadterhebung Freilassings übernimmt Salzburg die Patenschaft. Gemeinderat Heinrich Falterbauer (KPÖ) lehnt dies ab, da er ein Aufleben des Anschlußgedankens befürchtet.

4. 9. Salzburg am teuersten. Salzburg hat unter den österreichischen Städten die höchsten Preise. 1 Kilogramm Reis kostet in Wien 8, in Linz 8,50 und in Salzburg 9,55 Schilling. Ähnlich sind die Preisunterschiede bei anderen Lebensmitteln und bei Bekleidung.

12. 9. Große Polydor-Schlager-Revue im Festspielhaus mit dem Tanzorchester Kurt Edelhagen, Caterina Valente, René Carol und den Four Pops.

12. 9. Verheerender Sturm. Über Salzburg geht ein orkanartiges Unwetter nieder, das zwei Todesopfer und erheblichen Sachschaden zur Folge hat.

13. 9. Stadtplanung und Kanalisation. Der Architekt S. Karl Huber erhält vom Stadtsenat den Auftrag zur Ausarbeitung von Teilbebauungsplänen. Huber soll den vom kürzlich verstorbenen Erwin Ilz begonnenen Generalregulierungsplan weiterführen. Das Wiener Planungsbüro Pönninger wird mit der Kanalisationsplanung in der Stadt betraut.

13. 9. Der erste Fotoautomat Österreichs wird im Kaufhaus Schwarz am Kranzlmarkt aufgestellt.

15. 9. Der elfjährige Pianist Daniel Barenboim gibt im Marmorsaal des Schlosses Mirabell ein Konzert.

19. 9. 50 Jahre „Alpinia". Mit einem großen Heimatabend begeht der Brauchtumsverein sein 50jähriges Bestehen.

20. 9. Erste Filmvorführung in Cinemascope. In dem erst vor kurzem umgebauten Maxglaner Kino wird zum erstenmal ein Film im Breitwandformat vorgeführt.

22. 9. Im Gaswerk wird der neue Kammerofen 1 in Betrieb gesetzt.

24. 9. Am diesjährigen Rupertitag bleiben die Geschäfte geschlossen, nachdem Landeshauptmann Josef Klaus (ÖVP) die Geschäftsleute dazu aufgefordert hat.

25. 9. 30 Jahre Haus der Natur. In einer Festversammlung wird der Gründer des Hauses der Natur, Eduard Paul Tratz, geehrt.

27. 9. Hochhausplanungen. Die Wiener Städtische Versicherung beabsichtigt, auf dem Gelände des ehemaligen Hotels „Europe" ein Hochhaushotel nach Plänen von Architekt Josef Becvar zu errichten. Stadtrat Alfred Bäck (SPÖ) wertet dies als Erfolg seiner Bemühungen zur Ankurbelung der Bauwirtschaft. Im Auftrag der Wohnbaugesellschaft „Neue Heimat" legt Architekt S. Karl Huber einen Plan für ein sternförmiges Hochhaus in Lehen vor. Damit soll die Verbauung in Lehen „aufgelockert" werden.

28. 9. Josef-Preis-Allee. Gegen die Stimmen der SPÖ wird eine Straße in Nonntal nach dem früheren christlich-sozialen Bürgermeister benannt.

29. 9. Spatenstich für die Großsiedlung Taxham, die im Endausbau Wohnraum für bis zu 15.000 Menschen bieten soll. Die Planung stammt von der Architektengruppe Otto Ponholzer, Erich Horvath und Ekkehard Ullrich.

29. 9. Stadthalle und Fernheizkraftwerk beschlossen. Der Gemeinderat faßt den Grundsatzbeschluß für die Errichtung einer Stadthalle bzw. Kongreßhalle auf dem alten Kurhausgelände. Außerdem stimmt er der Errichtung eines Fernheizkraftwerks auf dem Gelände des alten Schlachthofes am Elisabeth-Kai zu.

Oktober 1954

6. 10. Landeshauptmann Josef Klaus (ÖVP) hält an der Volkshochschule einen Vortrag über Kaiserin Maria Theresia als Frau, Mutter und Regentin.

7. 10. Zunehmende Trunksucht. Der Alkoholismus nehme besonders unter Jugendlichen in einem besorgniserregenden Ausmaß zu, gibt die Landesstelle zur Bekämpfung der Alkohol- und Tabakgefahren bekannt. An Schulen soll nun eine großangelegte Informationskampagne durchgeführt werden. In ein „Goldenes Buch" sollten sich jene Jugendliche eintragen können, die freiwillig bis zum 18. Lebensjahr Alkohol und Nikotin meiden wollen.

9. 10. Kunstausstellung im Mirabell Service Club der USFA. Es sind Arbeiten von Anton Steinhart, Agnes Muthspiel und Toni Schneider-Manzell zu sehen.

9. 10. Neues Kulturzentrum. Die Galerie der Gegenwart, die Berufsvereinigung bildender Künstler, die Salzburger Kulturvereinigung, der Alpenverein und der Stadtverein ziehen in die Räume der ehemaligen Feuerwache Residenz ein.

9. 10. Eröffnung der neugestalteten Ausstellungsräume im Künstlerhaus.

10. 10. Franz-Joseph-Gedenkstein. In Maria Plain wird der 1938 entfernte Gedenkstein für Kaiser Franz Joseph neu eingeweiht.

12. 10. Projekt einer Uferstraße. Um den Müllnerhügel und das Eisenbahn-Viadukt Gaswerkgasse zu entlasten wird das Projekt einer Straße zwischen Lehener Brücke und Makartsteg entlang der Salzach ventiliert.

12. 10. Leonard Bernsteins Operette „On the Town" ist im Festspielhaus als europäische Uraufführung zu sehen.

12. 10. Monarchistische Kundgebung im Großgasthof „Sternbräu" mit rund 200 Teilnehmern. Veranstaltungsorganisator Engelbert Pilshofer fordert die Rückkehr Otto Habsburgs nach Österreich. Es spricht auch ÖVP-Nationalrat Hermann Rainer. Als Abschluß der Kundgebung wird die Kaiserhymne gesungen.

14. 10. Fernsehen in Salzburg. Mit der Inbetriebnahme des deutschen Senders Wendelstein kann in Salzburg erstmals Fernsehen empfangen werden. Die ersten Fernsehapparate werden auf der Zistel und im Café „Engeljähringer" in Maxglan aufgestellt. Beliebt sind vor allem die Kindersendungen.

1954

Abb. 263: Der erste Bauabschnitt der neuen Wohnsiedlung für USFA-Angehörige beim Camp Roeder wird von General William H. Arnold, Bürgermeister Stanislaus Pacher und Landeshauptmann Josef Klaus eröffnet, 28. September 1954.

1954

17. 10. Bei der **Landtagswahl 1954** erhält die ÖVP 15, die SPÖ 13, der VdU 4 Mandate. Die kommunistische Volksopposition und die Freiheitliche Sammlung Österreichs (gegründet vom ehemaligen VdU-Abgeordneten Fritz Stüber) gehen leer aus. Während ÖVP und SPÖ Stimmen und Mandate gewinnen, muß der VdU gegenüber 1949 empfindliche Verluste hinnehmen. In der Stadt Salzburg erreichen die ÖVP 33,3, die SPÖ 40,1, die Wahlpartei der Unabhängigen (früher VdU) 17, die VO 3 und die FSÖ 1 Prozent der gültigen Stimmen.

18. 10. **Vortrag über die deutsche Wiedervereinigung.** Der Redakteur des „Münchner Merkur" Alfons Tomicic-Dalma spricht vor dem Salzburger Presseklub zum Thema der deutschen Wiedervereinigung. Dieses Ziel müsse oberste Priorität der deutschen Regierungspolitik haben.

18. 10. **Pater Leppich in Salzburg.** Der bekannte Jesuiten-Prediger, Pater Johannes Leppich, tritt in Salzburg auf. Auf Plakaten ist Pater Leppich als „Narkose Satans" angekündigt. 15.000 Salzburger sind Zuhörer der ersten Predigt Leppichs auf dem Kapitelplatz. An zwei weiteren Predigten nehmen 20.000 beziehungsweise 25.000 Menschen teil. Leppich will die Einrichtungen des Wohlfahrtsstaates durch christliche Caritas ersetzt wissen. Liberalismus und Sozialismus seien unchristlich. Schließlich beschwört Leppich Österreich, sich vom Nimbus des geburtenärmsten und abtreibungsfreudigsten Landes zu befreien.

19. 10. In der **Veranstaltungsreihe „Christentum und Gegenwart"** spricht auf Einladung des evangelischen Pfarrers Gerhard Florey SPÖ-Nationalrat Bruno Pittermann. Jeder einzelne sei aufgefordert, zuerst an die Rechte der Nächsten und dann erst an seine eigenen zu denken, sagt Pittermann.

23. 10. **Krisensitzung des VdU** nach den erheblichen Stimmenverlusten bei der Landtagswahl. Die politische Linie von Landesobmann Nationalrat Gustav Zeillinger wird bestätigt, die Mitarbeit der FSÖ des aus dem VdU ausgeschlossenen Fritz Stüber hingegen abgelehnt.

25. 10. Aus der **Arbeiterkammerwahl** gehen die Sozialisten mit absoluter Mehrheit hervor. In der Stadt Salzburg erhält die SPÖ 10.295 Stimmen, die ÖVP 3792, die Parteifreie Liste 2438, der VdU 1244 und die Kommunisten 608 Stimmen.

27. 10. **Der amerikanische Lagerplatz für Autowracks** an der Schrannengasse wird geräumt und von den USFA freigegeben.

28. 10. **Die Pläne für einen „Münzturm"** anstelle des Hauses Griesgasse 33 als architektonischen Abschluß des Griesgassen-Durchbruchs, präsentieren die Architekten Ekkehard Ullrich und Erich Horvath. Der Stadtverein protestiert dagegen.

28. 10. **Der deutsche Erfolgsfilm „08/15"** nach dem gleichnamigen Roman von Hans Hellmut Kirst wird im Elmo-Kino gezeigt.

29. 10. **Förderung von Bernhard.** Die Adalbert-Stifter-Gemeinde beabsichtigt, einen Lyrikband des Salzburger Dichters Thomas Bernhard mit dem Titel „Salzburger Sonette" herauszubringen. Nachdem das Land eine Subventionierung abgelehnt hat, weil Bernhard völlig unbekannt sei, beschließt die Stadt fünfzig Bände zu je 10 Schilling anzukaufen. Gerade junge, unbekannte Dichter seien zu fördern.

29. 10. Den **Plan für eine Markthalle im Andräviertel** präsentiert Architekt Ekkehard Ullrich. Er will diese mit einem Verwaltungsgebäude für die Stadtwerke sowie einem Parkhaus auf dem Areal der ehemaligen Schranne verbinden.

November 1954

2. 11. Fliegende Untertassen in Salzburg. Der Anblick „fliegender Untertassen" löst in der Stadt eine Hysterie aus. Im Laufe des Vormittags werden über 100 derartiger Flugkörper gesichtet. Die amerikanische Luftwaffe kann die Flugobjekte schließlich als Ballone identifizieren.

3. 11. Zum neuen Präsidenten des Stadtvereines wird Alois Schmiedbauer gewählt. Er folgt Wilhelm Flatz.

5. 11. Werbung für Atomkraft. Mit Plakaten mit dem Text „Atome für die Medizin" wirbt die Österreichische Liga der Vereinten Nationen für die friedliche Nutzung der Kernkraft.

5. 11. „Verdammt in alle Ewigkeit". Der mit 8 Oscars ausgezeichnete Streifen hat im Stadtkino Premiere. In den Hauptrollen sind Burt Lancaster, Montgomery Clift, Deborah Kerr, Frank Sinatra und Donna Reed zu sehen.

6. 11. Stadtmission. Drei Wochen langen bemühen sich Prediger der Jesuiten, Franziskaner, Kapuziner, Redemptoristen, Lazaristen und Pallottiner, den Menschen katholische Grundsätze näher zu bringen. Derzeit besuchen 15 bis 20 Prozent der Einwohner Salzburgs an Sonn- und Feiertagen den Gottesdienst.

7. 11. Im Barackenlager an der Kleßheimer Allee bricht ein Großbrand aus.

9. 11. Dichterlesung. Aus Anlaß des 100. Geburtstages von Arthur Rimbaud liest Thomas Bernhard im Hotel „Pitter" aus dessen Werk.

10. 11. Georg-Trakl-Preis. Den diesjährigen Georg-Trakl-Preis für Lyrik erhalten Christina Busta, Christine Lavant, Wilhelm Szabo und Michael Guttenbrunner.

11. 11. Die Erdäpfelpreise steigen um mehr als über 30 Prozent gegenüber dem Vorjahr, auf bis zu 1,30 Schilling pro Kilogramm, beklagt die SPÖ.

15. 11. Die Errichtung einer unterirdischen Klosettanlage in der Marktgasse (später Wiener-Philharmoniker-Gasse), beschließt der Gemeinderat.

18. 11. Mühlenstreik. Die Arbeiter der Müllereibetriebe treten in den Ausstand. Die Gewerkschaft will damit eine zehnprozentige Lohnerhöhung durchsetzten. Vertreter der Mühlenwirtschaft kritisieren die Bundesregierung, die Getreidepreise seien in ungerechtfertigter Weise gestiegen. Schließlich können sich Gewerkschaft und Arbeitgeber einigen.

19. 11. Parteienverhandlungen im Rathaus. Die drei im Gemeinderat vertretenen Fraktionen nehmen Verhandlungen über die Neuverteilung der Ressorts auf. Die ÖVP fühlte sich bei den Parteienvereinbarungen nach den Gemeinderatswahlen 1953 benachteiligt. Die daraus entstandenen Spannungen sollen mit der Neuverhandlung beseitigt werden.

19. 11. Schulraumnot. Die Elternvereinigung der Realschule fordert in einer Protestresolution einen Neubau der Schule. Die Raumnöte seien erdrückend und würden die schulischen Leistungen vermindern.

20. 11. Einen **Brunnen am Hildmannplatz,** gestaltet von der Bildhauerin Hilde Heger, hat der Stadtverein finanziert und übergibt ihn der Stadt.

21. 11. Kreuzaufsteckung in St. Elisabeth. Die neue Pfarrkirche ist dem Germanicum in Rom nachempfunden und wurde von Architekt Bruno A. Ghetti geplant.

1954

- **22. 11. Raumnot in der Griesschule.** Protestierende Eltern erreichen die Bereitstellung eines Ersatzraumes für Schüler der Griesschule.
- **25. 11. Kunst-Diskussion.** Auf Einladung der Gesellschaft für moderne Kunst diskutieren der Publizist Ernst Köller und der Maler Slavi Soucek über die Frage „Ist das noch Kunst?".
- **27. 11. Der Christkindlmarkt auf dem Mirabellplatz wird eröffnet.**
- **27. 11. Das neue Caritasheim „St. Elisabeth"** an der Plainstraße für Jugendliche und Heimatvertriebene öffnet seine Pforten.

Dezember 1954

- **1. 12.** Seit 1945 verschollene **Manuskripte Mozarts** werden im Museum C. A. in seit Kriegsende ungeöffneten Holzkisten entdeckt. Es handelt sich dabei um vier Musikautographen und zwei Briefe Mozarts.
- **1. 12. Kaiser Haile Selassie von Äthiopien** trifft anläßlich eines Staatsbesuches in Salzburg ein.
- **2. 12. Parteienverhandlungen abgeschlossen.** Nach langen Verhandlungen einigen sich die Landtagsparteien über die zukünftige Zusammensetzung der Landesregierung. Die ÖVP stimmt der Erhöhung der Anzahl der Regierungsmitglieder auf 7 zu, wodurch der VdU doch einen Landesrat erhält. Die ÖVP verliert dadurch die absolute Mehrheit in der Landesregierung, bekommt dafür aber die Position des Landeshauptmanns zugesichert. Die Landesregierung setzt sich nun aus je 3 Mitgliedern der ÖVP und SPÖ sowie 1 VdU-Mitglied zusammen.
- **3. 12. Georg Rendls Drama „Bleiben Sie bei uns, Vianney"** wird am Salzburger Landestheater uraufgeführt. Regie führt Fritz Peter Buch. In der Titelrolle ist Otto Bolesch zu sehen.
- **10. 12. Geschäftszeile Äußerer Stein vollendet.** Das Bauwerk war lange Zeit unvollendet geblieben. Nun ist es nach Plänen von Paul Geppert fertiggestellt.
- **11. 12. Wahl der Landesregierung.** Der Landtag wählt Josef Klaus (ÖVP) zum Landeshauptmann, Bartholomäus Hasenauer (ÖVP) und Franz Peyerl (SPÖ) zu dessen Stellvertretern. Landesräte werden Hermann Rainer (ÖVP), Sepp Weißkind (SPÖ), Josef Horak (SPÖ) und Walter Leitner (VdU).
- **14. 12.** Der **„Salzburg Women's Club"** lädt zum Weihnachtstee ins Kavaliershaus. Der USFA-Chor singt österreichische und amerikanische Weihnachtslieder.
- **17. 12. Römerfund.** In der Marktgasse (heute Wiener-Philharmoniker-Gasse) wird bei Grabungsarbeiten eine römische Weinkanne gefunden.
- **17. 12. Debatte über Hotel „Europe".** Der Gemeinderat diskutiert das Projekt der Errichtung eines repräsentativen Bahnhofshotels durch die Wiener Städtische Versicherungsgesellschaft. ÖVP und VdU wollen aber nur einer zwölfstöckigen Verbauung zustimmen, während sich die SPÖ für 14 Stockwerke ausspricht. Die Versicherungsgesellschaft will allerdings aus Rentabilitätsgründen 16 Stockwerke hoch bauen. Die Entscheidung wird vertagt.
- **17. 12. Budget 1955.** Das Haushalt für das Jahr 1955 sieht Ausgaben in der Höhe von 160 und Einnahmen von 150 Millionen Schilling vor. Im außerordentlichen

1954

Haushalt sind 68 Millionen Schilling vorgesehen, darunter Mittel für den weiteren Ausbau der Kuranlagen, die Frauengewerbeschule, den Neubau des Schlachthofes und für die weitere Kanalisierung. Die Beseitigung der Wohnbaracken ist eines der Hauptziele.

17. 12. **Furtwängler-Garten.** Der Gemeinderat beschließt die Benennung des botanischen Gartens gegenüber dem Festspielhaus nach dem kürzlich verstorbenen Dirigenten Wilhelm Furtwängler.

17. 12. **Stadt beschließt Kauf der Andrä-Hofer-Feigenkaffee-Fabrik.** Die 4408 Quadratmeter große Liegenschaft solle für den Schulbau Verwendung finden.

17. 12. **Thomas Bernhard liest** auf Einladung der Volkshochschule Lyrik und aus einem kurz vor der Vollendung stehenden Roman.

Abb. 264: Ab 20. Dezember 1954 befindet sich das Zeitkartenbüro der Verkehrsbetriebe im neuen „Mississippi-Dampfer" am Ferdinand-Hanusch-Platz.

22. 12. **Kritik an Grundstückskosten in Taxham.** Die gestiegenen Grundkosten beim Großbauvorhaben Taxham kritisiert der Landtagsabgeordnete Anton Kimml (SPÖ). Während die landeseigenen Gründe zwölf Schilling pro Quadratmeter kosten, seien die Grundpreise von Privatbesitzern auf sechzig Schilling gestiegen. Diese Kostensteigerungen würden die künftigen Mieten unsozial machen.

23. 12. **Der verstärkte Ein-Kilo-Watt-Sender** an der Moosstraße geht in Betrieb. Dadurch verbessert sich der Rundfunkempfang in der Stadt.

24. 12. **Ein orkanartiger Sturm** richtet im Stadtgebiet schwere Schäden an.

24. 12. **Der Salzburger Flugpionier Igo Etrich** wird zu seinem 75. Geburtstag öffentlich geehrt.

1954

Abb. 265: 400 Salzburger Schulkinder werden von USFA-Soldaten zu einer Weihnachtsfeier ins Camp Roeder eingeladen, 19. Dezember 1954.

25. 12. **„Der Sohn des Mikado",** eine Operette von Franz Reinl, wird im Festspielhaus in der Inszenierung von Fred Schulz-Holz und unter der musikalischen Leitung von Franz Bauer-Theußl uraufgeführt.

27. 12. Mitglieder des **American Community Theaters** führen gemeinsam mit Schauspielern des Landestheaters Clifford Odets Stück „Das Landmädchen" auf.

27. 12. **Neue Ressortverteilung.** Der Senat beschließt die in Parteiengesprächen ausgehandelte Neuverteilung der Ressorts, die nach den Protesten der ÖVP-Fraktion notwendig geworden ist. Das Gewerbe- und das Marktamt gehen wieder in den Ressortbereich der ÖVP über.

27. 12. **Hotel „Europa".** Der Senat stimmt der Errichtung eines zwölfstöckigen Hotels auf den Gründen des ehemaligen Hotels „Europe" zu. Über eine etwaige höhere Verbauung, wie vom Bauherrn, der Wiener Städtischen Versicherung, gewünscht, soll später verhandelt werden.

28. 12. **Spätheimkehrer.** Spitzenvertreter von Stadt und Land Salzburg empfangen am Salzburger Hauptbahnhof vier nach zehnjähriger sowjetischer Kriegsgefangenenschaft heimgekehrte Salzburger.

29. 12. **Die neue Alterbachbrücke** in der Landstraße wird dem Verkehr übergeben.

31. 12. **Rekordbesuch im Haus der Natur.** 43.701 Besucher zählte das naturkundliche Museum im Jahr 1954.

1955

Jänner 1955

1. 1. Änderungen im Magistrat. Der neue Verwaltungsgliederungs- und Aufgabenverteilungsplan des Magistrats tritt in Kraft. Zwei Abteilungen, Zentralverwaltung und Betriebsverwaltung, sowie ein Rechtsbüro werden neu geschaffen.

1. 1. Wasenmeisterei aufgelassen. Kadaver werden künftig in Blechdosen konserviert und an die Tierkörperverwertungsanstalt Regau abgegeben.

1. 1. Die Stadt führt Altersehrungen ein. Im Jahr 1955 werden 225 Altersehrungen und 16 Ehrungen von Hochzeitsjubilaren durchgeführt.

4. 1. Das erste 100-Schilling-Sparbuch für neue Erdenbürger erhält die Mutter des am 1. Jänner geborenen Erwin Stöbich. Die Stadt und die Salzburger Sparkasse starten diese Aktion aus Anlaß von „Zehn Jahre Wiederaufbau".

4. 1. Atomkraft für den Frieden. Im Amerikahaus spricht der amerikanische Atomphysiker Howard Arnold, Sohn von Generalleutnant William H. Arnold, über die friedliche Nutzung der Atomenergie durch Errichtung von Kraftwerken für die Stromerzeugung.

5. 1. Eishockey-Einstand mit SEV-Sieg. Der neugegründete Salzburger Eislaufverein (SEV) besiegt auf dem Eisplatz in Schallmoos die jugoslawische Spitzenmannschaft HC Laibach mit 5 : 4.

10. 1. Der „1. Schützenverein Maxglan 1901" hält sein erstes Schießen am neu errichteten Schießstand im Gasthaus „Zum Untersberg" ab.

Abb. 266: Kindererholungsaktion in der Schweiz. Abreise vom Salzburger Hauptbahnhof, 13. Jänner 1955.

1955

- **16. 1. St. Sebastian renoviert.** Zum Abschluß der seit 1950 durchgeführten Renovierungsarbeiten von Kirche, Friedhof und Mausoleum von St. Sebastian wird in der renovierten Gabrielskapelle ein Gottesdienst gefeiert. Die Stadt übernimmt das Wolf-Dietrich-Mausoleum in ihre Obhut.
- **16. 1. Gewerkschaftshaus eröffnet.** Die Gewerkschaft der Privatangestellten hat an der Ignaz-Harrer-Straße ein Bürogebäude mit einem großen Festsaal (Harrer-Saal) und einer Gaststätte errichtet.
- **17. 1. Windstärke 11 über Salzburg.** Zahlreiche Bäume werden entwurzelt, Gebäude beschädigt, darunter die Kirche von Leopoldskron-Moos. Am Flughafen wird ein amerikanisches Beobachtungsflugzeug vom Typ L-19 aus seiner Verankerung gerissen. Das Flugzeug segelt zwei Kilometer ohne Pilot und landet dann unversehrt auf einem Feld.
- **21. 1. Kripo verhaftet Salzburger Bankier.** Eine angebliche Wechselaffäre im Bankhauses Berger & Co. sorgt für Unruhe. Zahlreiche Kunden stehen vor dem Bankhaus Schlange und beheben mehr als 3 Millionen Schilling. Der Bankier wird kurz darauf voll rehabilitiert. Dessen Anwälte betonen, daß eine unrichtige Aussendung der Polizeidirektion und die darauf basierenden Pressemeldungen der Bank schweren Schaden zugefügt hätten.
- **24. 1. Beginn der Bauarbeiten für das neue Fernheizkraftwerk** am Elisabeth-Kai.
- **27. 1. Der erste Band der Neuen Mozart-Ausgabe** wird von der Internationalen Stiftung Mozarteum im Geburtshaus Mozarts präsentiert.
- **29. 1. Die 5. Europameisterschaft der Eisschützen** wird auf dem Leopoldskroner Weiher ausgetragen.
- **31. 1. Todesurteil für US-Soldaten.** Vor einem US-Militärgericht beginnt der Prozeß gegen einen 19jährigen farbigen US-Soldaten, dem Vergewaltigung und Mordversuch an einem zwölfjährigen Mädchen vorgeworfen werden. Vor der Lehener Kaserne, in der das Gericht tagt, fordert eine aufgebrachte Menschenmenge die Hinrichtung des Angeklagten. Das Militärgericht verurteilt den Soldaten am 8. Februar zum Tode. Er wird 1961 in den USA hingerichtet.

Februar 1955

- **3. 2. Technischer Dienst des SAMTC.** In den ehemaligen Garagen des früheren Hotels „Europe" an der Kaiserschützenstraße eröffnet der SAMTC ein mit modernsten Geräten ausgestattetes technisches Prüfzentrum für Kraftfahrzeuge.
- **3. 2. Der Film „Das Lied von Kaprun"** hat im Stadtkino seine Salzburg-Premiere.
- **8. 2. ISM erwirbt historisches Tanzmeisterhaus.** Das Kuratorium der Internationalen Stiftung Mozarteum genehmigt den Kaufvertrag über das historische Tanzmeisterhaus, dem von den Bomben verschont gebliebenen Teil des Wohnhauses der Familie Mozart am Makartplatz.
- **10. 2. Bürgerspital für Museum.** Der Gemeinderat beschließt, den wiederaufgebauten Arkadentrakt des Bürgerspitals für das Museum C. A. auszugestalten.
- **10. 2. Einen Fachbeirat für Stadtplanung und Baugestaltung,** der aus drei Vertretern des Stadtvereines und je zwei Vertretern der Ingenieurkammer und des Vereines der Ingenieure und Architekten besteht, setzt der Gemeinderat ein.

1955

- **10. 2. Kampfabstimmung.** Der Gemeinderat stimmt mit 21 gegen 16 Stimmen dem Neubau des Hotels „Europa" mit 14 Geschoßen zu. Die ÖVP-Fraktion stimmt geschlossen dagegen.
- **18. 2. Ergebnisse der Schulenquete des Landes:** Die Frauengewerbeschule wird provisorisch im Annahof untergebracht, der Neubau soll in 2 Jahren fertig sein. Die Bundesgewerbeschule wird um eine Maschinenbauabteilung mit angegliederter Fachschule erweitert, der Unterricht kann nach der Übersiedelung der Frauengewerbeschule beginnen.
- **19. 2. Erster großer Faschingsumzug.** 60.000 Zuschauer säumen die Straßen der Stadt, um den über drei Stunden dauernden närrischen „Vorbeimarsch" des ersten großen Faschingsumzuges durch die Innenstadt zu bewundern.

Abb. 267: Faschingsumzug, Februar 1955.

- **20. 2. Fahnenweihe der Salzburger Metzger.** Die Salzburger Metzger feiern vor dem Hotel „Gablerbräu" das Fest der Fahnenweihe und der Lehrlingsfreisprechung. Die neue Innungsfahne wird im Rahmen eines Gottesdienstes in der Kirche St. Sebastian geweiht.
- **21. 2. Krankenkassenneubau.** Die Gebietskrankenkasse nimmt den Dienstbetrieb in ihrem Neubau an der Faberstraße auf.
- **25. 2. Grippewelle fordert sogar Todesopfer.** In der Stadt sind 3061 Grippefälle gemeldet. Mehrere Schulklassen müssen gesperrt werden.
- **26. 2. Fernsehprogramm in den SN.** Die Salzburger Nachrichten beginnen als erste österreichische Tageszeitung mit dem täglichen Abdruck des Programmes des „Deutschen Fernsehens".

1955

- **26. 2. Gastspiel des Wiener Burgtheaters** im Festspielhaus mit Shakespeares „Richard II.".
- **28. 2. Chemikalien verbrannt.** Am Salzburger Verschubbahnhof verbrennen in einem Güterwaggon Chemikalien im Wert von 750.000 Schilling.

März 1955

- **1. 3. 10.000ster Elektroherd.** Die Stadtwerke feiern des Anschluß des 10.000sten Elektroherdes in der Landeshauptstadt.
- **2. 3. Karl Reisenbichler feiert seinen 70. Geburtstag.** Aus diesem Anlaß findet in der „Silberrose" eine Ehrung des Malers statt.
- **8. 3. Keine Gaisberg-Gondelbahn.** Nach Ablehnung des Ansuchens um ERP-Mittel für den Bau einer Seilbahn von Aigen auf die Gaisbergspitze ist die Realisierung dieses Projektes nicht mehr möglich.
- **10. 3. Der neugeschaffene Fachbeirat für Stadtplanung und Baugestaltung** in der Stadt Salzburg tagt erstmals und berät die Neugestaltung des Mirabellplatzes sowie den Umbau des Cafés „Glockenspiel".
- **13. 3. Pfarrhof St. Blasius geweiht.** Anstelle des alten, durch Bomben zerstörten Pfarrhofes, der für den Griesgassen-Durchbruch geschleift worden war, wurde ein Trakt des Bürgerspitales als Pfarrhof adaptiert. Gleichzeitig wurde auch der „Gotische Saal" renoviert.
- **15. 3. Jubel um Herbert Tichy, den Bezwinger des Cho Oyu.** Sein Vortrag in der Großen Aula stößt auf großes Publikumsinteresse und muß wiederholt werden.
- **17. 3. Keine Hochhäuser in der Altstadt.** Der Landtag beschließt eine Novelle zur Stadtbauordnung, wonach die Errichtung von Großbauten und Hochhäusern in kulturhistorisch wertvollen Stadtteilen nicht zulässig ist.
- **20. 3. Das erste Ehrenzeichen „Für Heimat und Brauchtum"** des Landesverband de Salzburger Heimatvereine erhält Landesobmann Kuno Brandauer.
- **24. 3. Elternproteste.** Eltern von Schülern des Realgymnasiums und der Realschule, der größten Mittelschule Österreichs, drohen mit Protestaufmärschen zur Festspielzeit sowie einem Schulstreik zu Schulbeginn, falls bis dahin keine neuen Schulräume geschaffen werden. Landesschulrat und Unterrichtsministerium bieten die Lehener Kaserne als Provisorium bis zu einem Neubau an.
- **26. 3. Stadt und Land verhandeln über den Ankauf von Schloß Leopoldskron.** Der kolportierte Kaufpreis liegt bei 6 Millionen Schilling.
- **26. 3. Salzburgs erste Hühnerbraterei** eröffnet im Haus Augustinergasse 30.
- **29. 3. Der Erweiterungsbau der Handelsakademie** und Handelsschule an der Paris-Lodron-Straße wird offiziell seiner Bestimmung übergeben. Die Stadt trägt die Baukosten von rund 867.000 Schilling für die fünf neuen Klassenräume.
- **29. 3. „Akademisches Forum Salzburg" gegründet.** Ihm gehören die Internationale Sommerakademie am Mozarteum, die Internationale Sommerakademie für Bildende Kunst auf der Festung Hohensalzburg, die Hochschulwochen der theologisch-philosophischen Fakultät und die Internationalen Ferienkurse für deutsche Sprache und Germanistik an.

1955

30. 3. St. Anna-Spital zurückgestellt. Das ehemalige, in der NS-Zeit beschlagnahmte Bezirksversorgungshaus in Gnigl (St. Anna-Spital) wird durch einen Rückstellungsvergleich an die Vorbesitzer (die Gemeinde Salzburg mit 34 Anteilen und 11 Landgemeinden mit zusammen 66 Anteilen) zurückgestellt. Die Verwaltung der Realität übernimmt die Stadtgemeinde.

April 1955

3. 4. Hotel „Winkler" eröffnet. Das nach Plänen der Architekten Erich Engels und Silvester Keidel von Cafetier Hermann Winkler errichtete Hotel an der Franz-Josef-Straße verfügt als erstes in Österreich in jedem Zimmer über Bad und Toilette, einen Telefonanschluß sowie einen Balkon. Das neungeschoßige Hotel wurde in nur zehneinhalb Monaten mit einem Kostenaufwand von mehr als neun Millionen Schilling hergestellt. Die Zimmerpreise betragen ab 64 Schilling für ein Einbettzimmer und 80 Schilling für das Doppelzimmer.

4. 4. Finanzierung von Großprojekten. Der Gemeinderat beschließt zur Finanzierung von Großprojekten Anleihen aufzulegen. Die Gelder sind u. a. für den Bau des Fernheizkraftwerks, für Kurhaus und Hallenbad, die Aufschließung Taxhams, den Wohnhauswiederaufbau und den Barackenersatz, die Ausgestaltung des Annahofs, die Volksschulen Parsch und Lehen, die Kanalisierung, den Schlachthofneubau und das Kongreßhaus notwendig.

5. 4. „Kirchenbau der Gegenwart" ist der Titel einer Ausstellung im Carabinierisaal der Residenz.

8. 4. „Gabler-Stüberl" frei. Der bisher im Lokal untergebrachte Unteroffiziersklub „Rocket" übersiedelt ins ehemalige „Casanova" an der Plainstraße.

9. 4. Hubschrauberrundflug. Der erste österreichische Zivilhubschrauber startet am Trabrennplatz in Aigen zu einem Stadtrundflug für die Salzburger Presse.

14. 4. Innenstadt bleibt Baustelle. Die Arbeiten für die Fernheizleitungen sind abgeschlossen. Jetzt beginnt der Leitungsbau für das Telefonnetz.

14. 4. Die neue „Casanova" in der Linzer Gasse 23 wird eröffnet. Die Bar war zuvor (seit April 1949) im Haus Plainstraße 3.

15. 4. Jubel um Verhandler des Staatsvertrages. Anläßlich der umjubelten Rückkehr der erfolgreichen österreichischen Regierungsdelegation aus Moskau sind die öffentlichen, aber auch viele private Häuser beflaggt.

18. 4. Einsturzgefahr besteht für das Haus Linzer Gasse 24. Es hat bei den Abbrucharbeiten des Nachbarhauses schwere Schäden erlitten.

19. 4. Gemischte Polizeistreifen abgeschafft. Die gemeinsamen Streifenfahrten der US-Militärpolizei und österreichischer Polizei werden wegen des niedrigen Personalstand bei der Polizeidirektion abgeschafft. Nur in Notfällen soll die österreichische Assistenz angefordert werden. Die Gastwirte befürchten durch die Neuregelung Schwierigkeiten bei der Kommunikation mit den MP-Streifen.

19. 4. Gegen „Glockenspiel"-Plan. Die verkehrstechnische Kommissionierung des geplanten Ausbaus des Cafés „Glockenspiel" Richtung Mozartplatz führt zu einem negativen Ergebnis. Nach denkmalpflegerischen und juristischen Einwendungen lehnen auch die Verkehrsexperten den geplanten Erweiterungsbau ab.

1955

Abb. 268: Bau des neuen Fernheizkraftwerks am Elisabeth-Kai, 1955.

22. 4. Aufnahme des direkten Flugverkehres Salzburg–London durch die British European Airways (BEA). Die Flüge erfolgen einmal, während der Hauptsaison viermal wöchentlich.

23. 4. KPÖ-Aufmarsch. Zum 10. Jahrestag der Wiedererrichtung der Republik Österreich veranstaltet die KPÖ einen Aufmarsch. 300 Personen nehmen daran teil.

24. 4. Handelskammerwahl. Die „Bürgerliche Liste der Salzburger Wirtschaftstreibenden – ÖWB und Unabhängige", eine Wahlgemeinschaft des ÖVP-Wirtschaftsbundes, des VdU und einiger Fachverbände, erreicht 217 von 266 Mandaten.

25. 4. Gemeinderat beschließt „Fuschlsee-Projekt". Die Landeshauptstadt möchte ihr Trinkwasser aus dem Fuschlsee beziehen.

25. 4. Mirabellplatz-Projekt genehmigt. Mit 24 gegen 13 Stimmen stimmt der Gemeinderat dem von Architekt S. Karl Huber entworfenen Projekt einer Mirabellplatz-Verbauung zu. Vorgesehen sind ein Anbau an das alte Borromäum, eine Verbauung zwischen Andräkirche und Schranngasse, zwei Vorbauten vor der Andräkirche mit dazwischen gelagerter Freitreppe. Voraussetzung für eine Verwirklichung ist der Verkauf von öffentlichen Verkehrsflächen, der jedoch nicht zustande kommt.

28. 4. Schulfeiern zum 10. Jahrestag des Wiedererstehens Österreichs.

29. 4. Uraufführung im Studio St. Peter. Das Schauspielseminar der Akademie Mozarteum bringt im Studio St. Peter das letzte Werk des Schweizer Dramatikers Ferdinand Schell, „Ein Salzburger Legendenspiel", zur Uraufführung.

1955

Mai 1955

- **1. 5. Maifeiern.** Am Aufmarsch der SPÖ beteiligen sich 3300 Personen. 500 Menschen kommen auf die Schranne zum Maibaumaufstellen des VdU. Die KPÖ marschiert mit 300 Personen von der Elisabethstraße zum Platzl.
- **1. 5. Volksfest bei Motorradrennen.** 20.000 Menschen kommen zum Ersten Internationalen Rupert-Hollaus-Gedächtnisrennen des ARBÖ auf der Autobahn.
- **2. 5. Kammergutachten über die Wirtschaftslage nach Abzug der Besatzung.** Die Kammern und das Arbeitsamt legen Landeshauptmann Josef Klaus (ÖVP) ein vertrauliches Gutachten über die zu erwartende Wirtschaftsentwicklung nach dem Abzug der amerikanischen Besatzungstruppen vor. Die Experten erwarten einen gesamtwirtschaftlichen Einnahmen- und Umsatzausfall von 680 Millionen Schilling pro Jahr. Als positives Ergebnis ist eine Entlastung auf dem Wohnungsmarkt und des Straßenverkehres zu erwarten. Besondere Einbußen werden den Gaststätten und Beherbergungsbetrieben prophezeit.
- **5. 5. Zehn Jahre Kriegsende.** Die Stadt gibt aus diesem Anlaß einen Empfang im Marmorsaal des Schlosses Mirabell. Ehrengäste sind auch jene drei ehemaligen Offiziere der Deutschen Wehrmacht, die als Parlamentäre die kampflose Übergabe der Stadt an die US-Truppen vorbereitet hatten.
- **5. 5. Junge Salzburger Lyrik.** Der Pfad-Verlag bringt den Lyrik-Band „Die ganze Welt in meines Herzens Enge" heraus. Als jüngster Autor kommt Thomas Bernhard mit „Mein Weltenstück" und „Pfarrgarten in Henndorf" zu Wort.

Abb. 269: 7. Mai 1955: Rund 700 Angehörige von Studentenverbindungen und freiheitlicher Akademikerverbände kommen anläßlich des 150. Todestages Friedrich Schillers zu einer „Schillerfeier" nach Salzburg. Im Bild Obmann Kurt Richter und Chargierte bei der Kranzniederlegung am Denkmal im Botanischen Garten.

8. 5. Grabesritter tagen in Salzburg. Die Mitglieder des Ordens der „Ritter vom Heiligen Grab zu Jerusalem" tagen in Salzburg. Im Dom erhalten 13 neue Ordensmitglieder den Ritterschlag.

9. 5. Jeder 7. Salzburger ist Kraftfahrer. Im Kaisersaal der Residenz wird die Landesstelle Salzburg der „Österreichischen Verkehrswissenschaftlichen Gesellschaft" gegründet. Die Fachleute erwarten eine rasche Steigerung der Motorisierung, sodaß noch heuer auf jeden siebenten Bewohner der Landeshauptstadt ein Motorfahrzeug entfallen wird.

11. 5. Auswanderertransport. Ein Sonderzug bringt 403 volksdeutsche und österreichische Auswanderer vom Hauptbahnhof Salzburg nach Triest, wo sich die Auswanderer nach Australien einschiffen.

12. 5. Wirtschaftsprogramm. Die Handelskammer überreicht Landeshauptmann Josef Klaus (ÖVP) einen Forderungskatalog zur Meisterung der wirtschaftlichen Situation nach dem Abzug der US-Besatzungstruppen: Steigerung des Fremdenverkehrs, Aufbau einer „Katholischen Universität Salzburg", Stationierung von Truppenteilen des Bundesheeres und neue kommunale Großbauten.

12. 5. Konzert sowjetischer Künstler. Stalinpreisträger Professor Emil Gilels und Vera Firsowa konzertieren im Festsaal der Arbeiterkammer.

13. 5. Der bedeutende amerikanische Historiker Hajo Holborn spricht im Amerikahaus über „Österreich und die alliierte Politik 1943–1946".

15. 5. Fahnenschmuck und Glockengeläute zur Befreiung. Die öffentlichen Gebäude in Stadt und Land werden aus Anlaß der Unterzeichnung des Staatsvertrages beflaggt. Alle Kirchenglocken läuten zwischen 12.00 und 12.15 Uhr.

16. 5. Beginn der „Woche der amerikanischen Streitkräfte" mit zahlreichen öffentlichen Veranstaltungen.

17. 5. „Alpinia" in den Niederlanden. Salzburgs populärer Trachtenverein startet zu einer 14tägigen Holland-Tournee.

20. 5. Auf dem Dach des Hotels „Stein" wird ein modernes Terrassen-Café mit prachtvoller Aussicht in Betrieb genommen.

23. 5. Reste des romanischen Doms entdeckt. Bei Grabungen für Fernheizleitungen stößt man auf dem Kapitelplatz in der Nähe des Südturms des Domes auf Reste des alten romanischen Domes. Dem Fund kommt deshalb große Bedeutung zu, weil dadurch erstmals die Achsrichtung des im 11. Jahrhundert erbauten und im Jahre 1598 durch Feuer zerstörten Domes dokumentiert werden kann. Freiwillige werden zur Mitarbeit bei den weiteren Ausgrabungsarbeiten eingeladen.

24. 5. Eile für Heiratslustige. Heiratswillige USFA-Angehörige müssen ihre Heiratspapiere bis 15. Juni im Hauptquartier einreichen. Bei der Bundespolizeidirektion herrscht Hochbetrieb, da sich eine größere Zahl von jungen Frauen das für eine Heirat mit einem GI nötige Leumundszeugnis besorgen will. Insgesamt werden bis zum Schlußtermin 216 Heiratsansuchen, 147 davon mit Österreicherinnen, eingereicht.

25. 5. Österreichische Lufthoheit. Von Zürich kommend fliegt zum ersten Mal seit Kriegsende ein österreichisches Flugzeug mit Zwischenlandung in Salzburg nach Wien-Schwechat. Die Maschine, eine einmotorige Cessna 180, trägt zwar noch Schweizer Kennzeichen, wird aber von ihrem Eigentümer Hubert Pölz,

1955

von der ÖFAG-Salzburg, geflogen. Copilot ist der ehemalige Jagdflieger Hermann Buchner, der erste Inhaber eines Berufspilotenpatents in Österreich.

25. 5. **Das Kuratorium für die Gewerbeschule wird gegründet.**

28. 5. **Die traditionelle Mai-Dult** findet im Volksgarten statt.

30. 5. „**Jazz-Time**" **mit Caterina Valente.** Die Schlagersängerin gastiert gemeinsam mit dem Orchester Kurt Edelhagen im ausverkauften Stadtkino.

Juni 1955

1. 6. **Verkauf von amerikanischen Überschußgütern beginnt.** Auf dem Lagerplatz der Firma Gstür werden Möbel aus US-Beständen versteigert.

1. 6. **Lex Mozart beschlossen.** Der Landtag beschließt ein ausschließlich für das Jahr 1956 gültiges Gesetz, mit dem die Verwendung der Darstellung und die Nutzung des Namens Mozarts geschützt wird.

4. 6. **Zum 40jährigen Priesterjubiläum** steht Erzbischof Andreas Rohracher im Mittelpunkt von Feiern.

4. 6. **Tausende umjubeln die Heimkehrer.** Eine große Menschenmenge drängt sich am Hauptbahnhof, um die mit dem 63. Heimkehrertransport ankommenden zwölf Salzburger zu begrüßen. Diese sind von der Sowjetunion aufgrund des Staatsvertrages freigelassen worden.

6. 6. **Ankauf der Gstür-Liegenschaften.** Der Stadtsenat beschließt den Ankauf des Areals der Zimmerei Gstür an der Siezenheimer Straße zur Errichtung eines städtischen Wirtschaftshofes.

8. 6. **Tiergarten in Hellbrunn geplant.** Stadtgemeinde und Haus der Natur planen die Errichtung eines „Alpen-Tiergartens" im Wildpark Hellbrunn.

8. 6. Der **Kindergarten Gnigl** an der Minnesheimstraße wird als achter Kindergartenneubau seit dem Kriegsende seiner Bestimmung übergeben.

8. 6. **Terrassenlokal am Hanuschplatz.** Im neuerrichteten „Mississippi-Dampfer" am Ferdinand-Hanusch-Platz werden die Centro-Gaststätten eröffnet.

9. 6. **Bürgermeister empfängt Heimkehrer.** Die ersten Heimkehrer nach dem Abschluß des Staatsvertrages, Oberstleutnant a. D. Leopold Nitsche, Major Richard Saller sowie Ferdinand Kammerer und Ingomar Karl tragen sich in das Goldene Buch der Stadt ein und erhalten je 1500 Schilling als Heimkehrerhilfe.

10. 6. **Lehener Kaserne übergeben.** Die USFA übergeben die bisher beschlagnahmte Lehener Kaserne an die Republik Österreich. Das Gebäude wird zur provisorischen Unterbringung von 23 Klassen des Realgymnasiums adaptiert.

10. 6. **Das neue Kinderheim des Landes an der Kleßheimer Allee** erhält finanzielle Unterstützung durch das schwedische Kinderhilfswerk „Rädda Barnen". Es dient 48 Kinder im Alter von 1 bis zu 6 Jahren als Heimstätte, bis geeignete Pflegeeltern gefunden sind.

11. 6. **Ein elektrischer Zimmernachweis** wird am Hauptbahnhof installiert.

15. 6. **Coca-Cola-Abfüllung in Salzburg.** Die „Salzburger-Getränkeindustrie" eröffnet an der Rochusgasse in Maxglan eine neue Abfüllanlage. Das Coca-Cola-Extrakt wird aus Essen geliefert.

1955

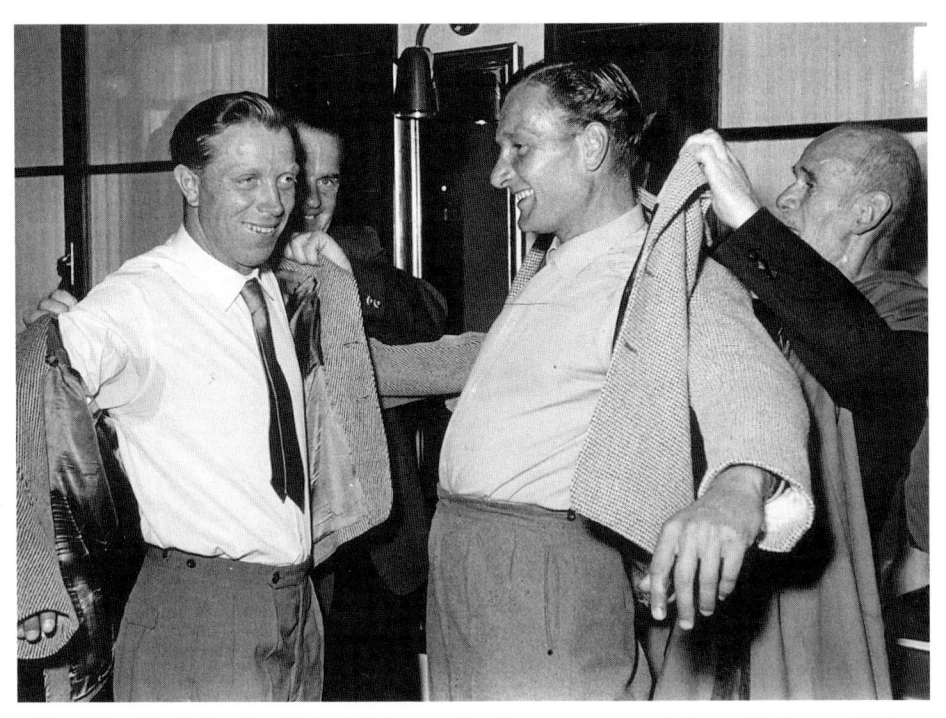

Abb. 270: Als Folge der Unterzeichnung des Staatsvertrages kehren die letzten Kriegsgefangenen aus der Sowjetunion heim. Sie werden neu eingekleidet.

- **15. 6. Ein neues Waschmittel** namens „OMO" ist von der österreichischen Unilever AG auf den Markt gebracht worden.
- **15. 6. Salzburg im Scheinwerferlicht.** Ein zweiter Scheinwerfer zur Anstrahlung der Altstadt ist im ehemaligen Aussichtsturm am Mönchsberg aufgestellt worden.
- **17. 6. Kirche St. Markus renoviert.** Erzbischof Andreas Rohracher weiht die Ursulinenkirche nach Abschluß der Renovierungsarbeiten.
- **17. 6. Neue Funde am Kapitelplatz.** Ausgegraben werden ein romanisches Säulenkapitel, Münzen, eine mittelalterlichen Zisterne sowie gotische Grabsteine.
- **18. 6. Treuebekenntnis zur Heimat.** Im Zeichen des Staatsvertrages steht das Sonnwendfeuer des Salzburger Turnvereines auf der Zistelalm.
- **21. 6. Massenandrang zu USFA-Verkäufen** in den Lagerhallen beim Schloß Kleßheim. Ein Kühlschrank kostet z. B. 800 Schilling. Die zahlreichen Kauflustigen werden in Zehnergruppen eingelassen.
- **21. 6. Hochzeit des Stadtoberhaupts.** Bürgermeister Stanislaus Pacher (SPÖ) heiratet im Marmorsaal des Schlosses Mirabell Frau Justine Pacher, die frühere Gattin seines Sohnes.
- **25. 6. „Toter" Salzburger heimgekehrt.** Unter den Heimkehrern befindet sich auch der Salzburger Roland Gottlieb, der 1945 gefangengenommen und später für tot erklärt worden war.

1955

Abb. 271: Der indische Ministerpräsident Pandit Nehru besucht die Hellbrunner Wasserspiele. Links im Bild seine Tochter, die spätere Ministerpräsidentin Indira Ghandi, 28. Juni 1955.

28. 6. Indischer Ministerpräsident Pandit Jawaharla Nehru in Salzburg. Er wird von seiner Tochter Indira Gandhi begleitet. Auf dem Besuchsprogramm stehen die Schloßanlagen Hellbrunn und die Residenz.

Juli 1955

- **2. 7.** „Casino-Alm" eröffnet. Der Gastwirt Georg Fallenegger erweitert seinen Betrieb um eine „Casino-Alm".
- **8. 7.** Die ersten Taxhamer ziehen ein. Der erste Wohnblock mit 18 Wohnungen für Beamte in der Großsiedlung Taxham wird übergeben. Der Grundmietzins für 64 Quadratmetern beträgt 225 Schilling.
- **10. 7.** 50. Schloßkonzert unter Leitung von Joseph Messner in der Residenz.
- **10. 7.** Kreuzaufsteckung an der neuen Kirche Parsch. Die Kirche ist durch einen Umbau des alten Weichselbaumhofes nach Plänen der Architektengruppe Wilhelm Holzbauer, Friedrich Kurrent und Johannes Spalt entstanden.
- **11. 7.** Zwei neue Festspielhausprojekte präsentiert. Der Salzburger Architekt Bruno Doskar schlägt den Neubau eines Mozart-Festspielhauses am Areal des Ursulinenkloster mit Hauptfassade zur Salzach vor. Ein zweiter Vorschlag stammt von Architekt Bürgermeister-Stellvertreter Otto Ponholzer (VdU), der über dem alten Festspielhaus am Mönchsbergfelsen ein zweites bauen will.
- **12. 7.** Die neue Verkehrsampel an der Theaterkreuzung muß von der Polizei noch per Hand bedient werden. Damit haben nun schon neun Kreuzungen in Salzburg Lichtsignalanlagen erhalten.
- **13. 7.** Grundpreise im Stadtgebiet fallen. Bedingt durch den Abzug der Amerikaner und die damit freiwerdenden Wohnungen und Häuser fallen die Grundstückspreise um 10 bis 20 Prozent. Freie Wohnungen der Besatzungsangehörigen werden zum Teil um die Hälfte der bisherigen Miete angeboten.
- **14. 7.** Der Schrannenmarkt kehrt von der Franz-Josef-Straße und der Haydnstraße zur Andräkirche, wie vor 1938, zurück.
- **15. 7.** Die 15. Sonderausstellung des Museums C. A. „Giacomo Manzù – Bronze, Skulpturen und Handzeichnungen" wird im Museumspavillon eröffnet.
- **15. 7.** Sternenbanner eingerollt. Mit einer Abschiedsparade im Camp Roeder und der Auflösung der Kommandostäbe ist die Besatzungszeit offiziell beendet. Generalleutnant William H. Arnold erklärt, die Mission der USFA, die Unabhängigkeit Österreichs zu sichern, sei erfüllt. Empfänge im Hotel „Österreichischer Hof" und im Offiziersklub im Camp Roeder ergänzen die Feierlichkeiten.
- **18. 7** „Wochen österreichischer Dichtung" finden auf der Festung Hohensalzburg in Zusammenarbeit mit den Internationalen Ferienkursen für deutsche Sprache und Germanistik statt. Maria Zittrauer, Erich Landgrebe, Gerhard Amanshauser, Thomas Bernhard, Erwin Gimmelsberger u. a. lesen aus ihren eigenen Werken.
- **18. 7.** Die Internationale Sommerakademie für Bildende Kunst kann in diesem Jahr in adaptierten Räumlichkeiten der Festung Hohensalzburg stattfinden. Das Arbeitshaus, die Alte Kaserne und ein Trakt im Hohen Stock wurden mit vier Ateliersälen, einer technischen Werkstätte, mit Professorenzimmern, Schlafsälen und einer Mensa ausgestattet. 115 Kursteilnehmer haben sich angemeldet.
- **19. 7.** Salzburger Brunnen für Freilassing. Ein von der Bildhauerin Veva Toncic-Treuberg geschaffener Brunnen wird von Bürgermeister Stanislaus Pacher (SPÖ) der Patenstadt Freilassing als Geschenk übergeben.

1955

- **19. 7. Eine Oskar Kokoschka-Ausstellung** im Markus-Sittikus-Saal der Residenz gibt Einblick in das Werk des Künstlers.
- **20. 7. Salzburger Flughafen von den USFA freigegeben.**
- **20. 7. Moderner Kommandowagen für die Berufsfeuerwehr.** Der mit einer Sprechfunkanlage ausgestattete Wagen ist das modernste Feuerwehrauto Österreichs.
- **22. 7. Großgarage in der Altstadt.** Bürgermeister-Stellvertreter Otto Ponholzer (VdU) präsentiert ein Projekt für einen Hochgaragenbau auf dem Areal des Ursulinenklosters. Hinter einer der Altstadt angeglichenen Fassade sollen in vier bis fünf Geschoßen 600 Autos Platz finden.

Abb. 272: Bundespräsident Theodor Körner und Landeshauptmann Josef Klaus schreiten eine Ehrenformation der Polizei ab. Im Hintergrund ist der halbfertige Bau des Hotels „Europa" zu sehen, 22. Juli 1955.

- **23. 7. Salzburger Festspiele 1955.** Am Vorabend der Eröffnung bietet der Residenzplatz die prächtige Kulisse für den Alt-Salzburger Fackeltanz vor rund 15.000 Zusehern. Erstmals seit Menschengedenken läutet an diesem Abend wieder die Rathausglocke. Die feierliche Eröffnung am Mozartplatz nimmt Bundespräsident Theodor Körner vor. Das Programm beginnt mit der Premiere der „Zauberflöte", deren Bühnenbild Oskar Kokoschka gestaltet hat. Regie führt Herbert Graf, Georg Solti dirigiert die Wiener Philharmoniker. Diese bringen auch Hans Pfitzners „Palestrina" zur Salzburger Erstaufführung. Dem Trio Oscar Fritz Schuh, Caspar Neher und Karl Böhm gelingt eine von Publikum und Kritik gefeierte Neuinszenierung von Mozarts „Entführung aus dem Serail". Weiters steht die Uraufführung der Oper „Irische Legende" mit Text und Musik von Werner Egk auf dem Programm. Als österreichische Erstaufführung tanzt das Wiener Staatsopernballett Igor Strawinskys „Persephone". Erstmals gastiert der Dirigent Charles Munch in einem Orchesterkonzert der Wiener Philharmoniker

1955

Abb. 273: Fest zur Festspieleröffnung, 24. Juli 1955.

Abb. 274: Die Objektive sind auf die Festspielprominenz gerichtet, 24. Juli 1955.

1955

in Salzburg. Im Schillerjahr inszeniert Ernst Lothar am Landestheater „Kabale und Liebe" mit dem Staraufgebot Maria Schell, Will Quadflieg, Adrienne Gessner, Ewald Balser, Heidemarie Hatheyer, Leopold Rudolf u. a. Insgesamt werden bei 79 Festspielaufführungen 92.660 Besucher gezählt. Das zeitweise schlechte Wetter veranlaßt allerdings viele Gäste zur vorzeitigen Abreise. 22 Länder übernehmen die Radioübertragungen.

23. 7. Meisterwerke der Czernin-Sammlung. Im Rittersaal der Residenz eröffnet Bundespräsident Theodor Körner die neuaufgestellte Residenzgalerie, die durch die langfristige Leihgabe von 85 Gemälde der weltbekannten Czernin-Sammlung bereichert wird und nunmehr 150 Bilder des 16. bis 20. Jahrhunderts umfaßt. Künstlerischer Leiter der Galerie ist der Kunsthistoriker Franz Fuhrmann.

23. 7. Das Salzburger Kongreßbüro beginnt seine Tätigkeit.

25. 7. ÖFAG-Neubau. Hubert Pölz, der Inhaber der Österreichischen Fahrzeug-Bau GmbH (ÖFAG) hat an der Innsbrucker Bundesstraße anstelle von sieben Flüchtlingsbaracken das modernste Dieselreparaturwerk Österreichs errichtet.

27. 7. Staatsvertrag in Kraft. Durch Hinterlegung der französischen Ratifizierungsurkunde erlangt der Staatsvertrag um 11 Uhr Rechtskraft. Häuser und Wohnungen in Stadt und Land sind daher beflaggt. Bürgermeister Stanislaus Pacher (SPÖ) gibt zu Beginn der Gemeinderatssitzung eine feierliche Erklärung („Salzburg grüßt das freie Österreich") zum Inkrafttreten des Staatsvertrages ab.

27. 7. Der Sender Rot-Weiß-Rot verabschiedet sich von seinen Hörern mit einem Rückblick auf seine beliebtesten und bekanntesten Sendungen. Um 22.15 Uhr erfolgt der endgültige Sendeschluß.

27. 7. „Münzturm" im Gemeinderat genehmigt. Nach heftiger Debatte genehmigt der Gemeinderat mit den Stimmen von SPÖ und VdU den sechsgeschoßigen Neubau des Hauses Griesgasse 33. Als Dach dient ein zurückversetzter Glasaufbau. Der Fachbeirat für Stadtplanung und Baugestaltung hatte sich gegen das Projekt ausgesprochen.

27. 7. Franz Karl Ginzkey liest auf Einladung der Internationalen Ferienkurse für deutsche Sprache aus seinen Werken.

28. 7. Protest gegen Busregelung. Kaum hat sich die Stadt dazu durchgerungen, während der Festspielzeit Reisebusse nicht mehr in der Altstadt parken zu lassen – sie werden von Pfadfinderlotsen per Fahrrad von der Aussteigestelle Kapitelplatz zum Parkplatz im Nonntal geführt – wird Protest seitens der Busfahrer laut. Diese drohen, Salzburg künftig nicht mehr anfahren zu wollen.

28. 7. Kreuzaufsteckungsfeier anläßlich des Abschlusses der Außenrenovierung der Dreifaltigkeitskirche.

30. 7. Die Haarlem Globetrotters zeigen auf einem Podium in der Austria-Sportanlage in Lehen ihre Basketball-Kunststücke.

30. 7. Jetzt abgeschlossene Glanregulierung dauerte 21 Jahre. Die Arbeiten sind bereits im Jahr 1934 begonnen worden.

31. 7. Sein 65jähriges Bestandsjubiläum feiert der Salzburger Trabrennverein mit einem großen Festmeeting auf der Trabrennbahn in Aigen. Das Programm an vier Sonntagen reicht von einer Motorroller- und Kleinwagenschau über Landungen von Segelfliegern bis zu einer Pelzmodenschau.

1955

Abb. 275: Badeszene am Leopoldskroner Weiher, Sommer 1955.

Abb. 276: Die Belegschaft des beliebten Soldatensenders Blue Danube Network, fünfziger Jahre.

August 1955

- **1. 8. Erste Fernsehsendung.** Mit der Aufführung der Egmont-Ouverture und einer anschließenden Journalistendiskussion beginnt ein dreimal wöchentlich ausgestrahltes kurzes Fernsehversuchsprogramm.
- **1. 8. Die USFA übergeben das Camp Riedenburg** an das Bundesheer.
- **2. 8. Die Internationale Sommerakademie am Mozarteum** beginnt. Sie wird in diesem Jahr von 379 Studierende aus 35 Ländern besucht.
- **6. 8. Drei Spätheimkehrer aus der Sowjetunion** kommen am Hauptbahnhof an.
- **6. 8. Salzburger Hochschulwochen 1955.** 800 Hörer sind als Teilnehmer zu den Veranstaltungen unter dem Leitthema „Die geistigen Mächte der Gegenwart und die Heilsmacht der Kirche" gemeldet.
- **7. 8. Keuchhustenflüge über Salzburg** für erkrankte Kinder beginnt die Salzburger Rettungsflugwacht.
- **7. 8. Gastspiel im Landestheater.** Das „Théatre National Populaire de Paris" gibt mit Molières „Don Juan" ein Gastspiel im Landestheater.
- **8. 8. Festspielhaus-Enquete.** Spitzenpolitiker von Land und Stadt sowie die Führung der Salzburger Festspiele sind sich einig, daß ein neues Festspielhaus unbedingt notwendig sei und daß dieses im Festspielbezirk situiert werden müsse.
- **12. 8. Projekt für Großgarage in der Altstadt.** Architekt Hanns Enhuber legt die Pläne für eine doppelstöckige Großgarage unter dem Residenz- und Mozartplatz mit Einfahrt bei den Dombögen vor, die 364 Fahrzeugen Platz bieten soll.
- **13. 8. Die Dult 1955** beginnt mit einem Trachtenfestzug zum Dultgelände im Volksgarten. Handel, Gewerbe und Industrie bieten in drei Ausstellungshallen eine Leistungsschau. Außerdem gibt es einen Vergnügungspark und ein Bierzelt.
- **13. 8. Die Teilnehmer der Spitzbergenexpedition** des Salzburger Edelweißklubs kommen am Hauptbahnhof an. In sechs Wochen konnten sie sechzig Gipfel, zum Teil erstmals, besteigen.
- **14. 8. Fahnenweihe** der Heimkehrerkameradschaft Itzling.
- **15. 8. Ami-Clubs schließen.** Der „Mirabell Service Club" (bis 1947 „Red Cross Club") im alten Mirabell-Casino schließt mit einer „Farewell At Last"-Party ebenso seine Pforten wie der „Rocket-Club", der zunächst im „Gablerbräu" und danach in der alten „Casanova" an der Plainstraße untergebracht gewesen ist.
- **15. 8. Luftwaffengeneral Orval Cook,** der Oberkommandierende der amerikanischen Streitkräfte in Europa, trifft in Salzburg ein.
- **16. 8. Neues Bundesheer trifft in Salzburg ein.** Die 3. Unterabteilung der Grenzschutz-Abteilung 8 wird als erste Einheit von Kufstein nach Salzburg in die Riedenburgkaserne verlegt.
- **17. 8. Furtwängler-Büste im Festspielhaus aufgestellt.** Mit einer von Toni Schneider-Manzell geschaffenen Büste gedenken die Stadt und die Salzburger Festspiele des im Vorjahr verstorbenen Dirigenten Wilhelm Furtwängler.
- **22. 8. Die „Neutor-Diele" eröffnet** im Keller des „Cafés am Neutor". Später erlangt das Kellerlokal unter der Bezeichnung „Eierschaln" große Beliebtheit unter der Jugend.

Abb. 277: Ein Pfadfinder soll Reisebusse vom Kapitelplatz zum Nonntaler Busparkplatz lotsen, Sommer 1955.

1955

24. 8. Garagen im Mönchsberg. Architekt Alfred Diener legt ein Projekt für die Nutzung der vorhandenen Kavernen und Luftschutzstollen im Mönchsberg vor. Er will dort Parkraum für 30 Omnibusse, 170 Personenkraftwagen und 100 Motorräder schaffen. Die Zu- und Abfahrten sollen vom Hildmannplatz und durch mehrere Öffnungen hinter dem Hofstallgebäude erfolgen.

24. 8. Holzmeister-Projekt fix. Festspielpräsident Heinrich Puthon erklärt, daß für ein neues Festspielhaus nur die Planung von Architekt Clemens Holzmeister mit dem Standort an der Hofstallgasse in Frage komme. Holzmeister erläutert sein Projekt und spricht sich für die Unterbringung von Haus der Natur und Museum C. A. im Komplex des baufälligen Ursulinenklosters aus, wo ein echtes Museumsviertel entstehen könnte. Das Ingenieurbüro Mühlberg legt in Ergänzung des Holzmeister-Projektes für das Festspielhaus eine Studie über den Bau eines 250 Meter langen Tunnels vom neuen Festspielhaus zu einem Parkplatz zwischen Bürgermeisterloch und Brunnhausgasse vor.

25. 8. 500 Ärzte und Dentisten protestieren mit einem Schweigemarsch zum Chiemseehof gegen den Entwurf eines Allgemeinen Sozialversicherungsgesetzes (ASVG). Nach Meinung der Ärztevertreter bedroht der Geist des Gesetzesentwurfs alle freien Berufe.

25. 8. Die USFA-Tankstelle an der Alpenstraße stellt ihren Betrieb ein.

26. 8. Letzte US-Parade in Österreich. Mit flotter Marschmusik und ihren Fahnen und Wimpel zieht das 350. Infanterieregiment am Paradeplatz im Camp Roeder an seinem Kommandanten Oberst Norman Farrell vorbei – es ist dies der letzte militärische Akt auf österreichischem Boden. Die amerikanische Soldatenzeitung „USFA Sentinel" erscheint mit ihrer letzten Nummer.

27. 8. Der SAMTC verlegt sein Sekretariat vom Max-Ott-Platz 6 in die neuen Räume im wiederaufgebauten Haus Schrannengasse 5.

31. 8. Neuer Fremdenverkehrsrekord. In der bisher erfolgreichsten Sommersaison sind in den Monaten Mai bis August rund 450.000 Übernachtungen in der Stadt Salzburg gezählt worden.

September 1955

2. 9. Fassadenschmuck für Kurhaus. Der erste Preis geht an die Halleiner Künstlerin Hedy Baier, der zweite an Rositta Magnus.

3. 9. Flugzeugabsturz am Kapuzinerberg nahe Schloß Fürberg. Der Pilot und die drei Fluggäste kommen bei dem Unglück ums Leben.

5. 9. Protestversammlung gegen das ASVG. Die Landesgruppe Salzburg des ÖAAB hält im überfüllten Saal des Stieglkellers eine Protestversammlung gegen das Allgemeine Sozialversicherungsgesetz (ASVG) ab.

7. 9. „Golf- und Country-Club Kleßheim" gegründet.

7. 9. Inhauser-Ausstellung. Im Mirabell-Pavillon sind Bildteppiche aus dem Familienatelier von Friedrich und Ellen Inhauser zu sehen.

10. 9. Letzter „Mozart-Expreß". Der USFA-Soldatenzug zwischen Salzburg und Wien verkehrt zum letzten Mal.

1955

Abb. 278: Der Müllner Steg vor den Erneuerungsarbeiten, die im Herbst 1955 beginnen. Nach der schweren Beschädigung durch einen Bombentreffer knapp vor Kriegsende blieb das Provisorium mit Holzplanken rund zehn Jahre bestehen.

- **10. 9. Neuer US-Konsul in Salzburg.** Der Ministerrat erteilt seine Zustimmung zur provisorischen Aufnahme der Tätigkeit von Jeremiah J. O'Connor, des Leiters des neuen US-Konsulats in Salzburg.
- **11. 9. 60 Jahre Naturfreunde.** Im überfüllten Harrer-Saal feiert die Ortsgruppe Salzburg der Naturfreunde ihr 60jähriges Bestandsjubiläum.
- **11. 9. Hundeausstellung im Franz-Josef-Park** aus Anlaß des 50jährigen Bestandsjubiläums des Kynologischen Vereins für das Land Salzburg.
- **11. 9. Die Musikkapelle Aigen feiert ihr 110jähriges Bestehen.**
- **12. 9. USFA-Angestellte gekündigt.** In Salzburg sind 4105 nichtamerikanische Personen bei den USFA beschäftigt gewesen.
- **14. 9. Die erste Klasse der neuen Maschinenbauabteilung** an der Staatsgewerbeschule wird mit Beginn des neuen Schuljahres eröffnet.

1955

- **15. 9. Arbeitstagung der „Christlich-demokratischen Internationalen"** in der Residenz mit Politikern aus zehn Staaten.
- **16. 9. Lager Parsch erhält Kindergarten.** Eine adaptierte Baracke bietet vierzig DP-Kindern Platz.
- **16. 9. Schillerfeier im Landestheater** mit einer Festvorstellung von Schillers „Die Braut von Messina" und einer Ansprache von Unterrichtsminister Heinrich Drimmel (ÖVP).
- **17. 9. Amis ziehen aus.** Das große amerikanische PX-Kaufhaus an der General-Keyes-Straße in Lehen wird geschlossen. 336 USFA-Wohnungen an der General-Keyes-Straße werden bis Ende September freigemacht.
- **17. 9. Jubiläum: 100. Schloßkonzert.** Das Serenaden-Ensemble des Mozarteum-Orchesters spielt unter Leitung von Joseph Schröcksnadel das 100. Schloßkonzert. Im Rahmen des 99. Konzertes stellte sich das neue Streichquartett des Mozarteum-Orchesters, bestehend aus Karl Heinz Franke, Franc Müller, Dieter Ostheim und Heinrich Amminger, vor.
- **18. 9. Kriegerdenkmal- und Fahnenweihe in Morzg** durch die Heimkehrerkameradschaft Untersberg.
- **20. 9. „Monarchie – die bessere Demokratie".** Unter diesem Motto steht im Stieglkeller eine Großkundgebung der Österreichischen Heimatunion und des Bundes österreichischer Patrioten.
- **20. 9. Bundesrealgymnasium Lehen eröffnet.** 24 Klassenräume stehen als Provisorium zur Verfügung. Zwei Turnsäle sollen noch gebaut werden.
- **22. 9. „Geisterstadt" und Wohnungsnot.** Die VdU-Fraktion kritisiert im Gemeinderat, daß hunderte von den Amerikanern geräumte Wohnungen leer stehen und von der Polizei bewacht werden, während 17.000 Wohnungssuchende nicht versorgt werden können. Bürgermeister Stanislaus Pacher (SPÖ) informiert darüber, daß diese Wohnungen vom Bund für das neue Bundesheer reserviert seien und überdies die hohen Mieten von den beim Wohnungsamt Vorgemerkten nicht geleistet werden könnten.
- **22. 9. Wohnbau der Stadt.** Der Gemeinderat bewilligt die Errichtung von vier Wohnblöcken an der Strubergasse, wovon zwei Objekte acht Geschoße aufweisen werden. Zudem übernimmt die Stadt gegen Überlassung von fünfzig Wohnungen die Aufschließungskosten für die Gründe des Hotels „Europa".
- **22. 9. Abschied von General Arnold.** Der Gemeinderat beschließt, dem USFA-Oberkommandierenden, Generalleutnant William H. Arnold, und seiner Gattin zum Abschied eine künstlerisch ausgefertigte Dankadresse zu überreichen.
- **22. 9. Das Tanzstudio Pichy** nimmt in der Bergstraße 22 unter der Leitung von Marianne Buchberger und Trude Ostheim den Kursbetrieb auf.
- **24. 9. Festlicher Rupertitag.** Die Katholische Männerschaft Salzburgs begeht das Fest des Landespatrons mit einem Hochamt im Dom und einer Feierstunde in der Große Aula. Am Festzug anläßlich des Diözesan-Jugendtages beteiligen sich 8000 Menschen. Die Veranstaltungen werden mit einem Weihespiel auf der Jedermannbühne abgeschlossen.
- **25. 9. Die USFA verlegen ihr Hauptquartier** vom Mozartplatz in das Camp Roeder. Außerdem geben sie das Lifka-Kino frei.

1955

- **28. 9.** Das Hotel Bristol wird von den USFA geräumt.
- **29. 9. Generalleutnant William H. Arnold dankt** bei einem Presseempfang der Regierung, der Bevölkerung sowie der Presse und hebt das weitere Interesse der USA an Österreich hervor. Zudem betont er, daß für die übergebenen militärischen Objekte keinerlei österreichische Gelder Verwendung fanden und die USA seit 1947 die gesamten Besatzungskosten selbst getragen hätten.
- **30. 9. Bundesheer übernimmt Camp Roeder.** Einheiten der provisorischen Grenzschutz-Abteilung 8 übernehmen von den Amerikanern das Camp Roeder (heute Kaserne Siezenheim).

Abb. 279: Einheimische Jugend und Coca-Cola, 1955.

Oktober 1955

- **1. 10. „Mekka der Vergeßlichen".** Maria Lettner eröffnet in der Elisabethstraße 47 das „1. Salzburger Erinnerungsbüro".
- **1. 10. Soldatentreffen verboten.** Ein geplantes Treffen von Angehörigen der ehemaligen Gebirgsdivisionen in Salzburg wird von der Bundespolizeidirektion Salzburg untersagt.
- **2. 10. 10.000 Zuseher bei 7. Gaisberg-Wertungsfahrt des SAMTC.** Vom Goggomobil bis zum Mercedes 300 SL sind alle Automarken vertreten.

1955

2. 10. Sühnegang nach Mauthausen. Das Pax-Christi-Komitee veranstaltet einen Sühnegang in das KZ Mauthausen, wo Stadtpfarrer Franz Wesenauer vor 600 Teilnehmern einen Gottesdienst zelebriert.

3. 10. Abreise von General Arnold. Der Oberkommandierende der USFA, Generalleutnant William H. Arnold, wird von tausenden Salzburgern am Hauptbahnhof verabschiedet. Auf dem Südtirolerplatz ist eine amerikanische Ehrenkompanie mit einer Fahnengruppe angetreten, die der General ein letztes Mal abschreitet. Sichtlich gerührt nimmt er am Bahnsteig, gemeinsam mit seiner Familie, die Ovationen der Bevölkerung entgegen. Um 14 Uhr 15 fährt der Sonderzug ab. An Abschiedsgeschenken nimmt der General u. a. einen goldenen Wappenring der Stadt sowie ein großes Silbertablett mit der Gravur der Villa Warsberg, dem Wohnsitz des Generals, als Geschenk des Landes Salzburg mit in die Heimat. Frau Arnold hat einen Vierteldukaten Erzbischof Firmians erhalten.

3. 10. „Astoria" wiedereröffnet. Das Tanz- und Weinlokal „Astoria" wird nach seiner Renovierung wiedereröffnet.

4. 10. Hotels freigegeben. Die USFA geben das Hotel „Österreichischer Hof", das letzte beschlagnahmte Hotel zurück. Bereits renoviert wird das schon zuvor von den USFA geräumte Hotel „Bristol".

5. 10. Der Bund gibt Wohnungen frei. Bei einem Besuch von Bundeskanzler Julius Raab (ÖVP) in Salzburg wird festgelegt, daß von den insgesamt 1000 geräumten Wohnungen im Camp Roeder und an der General-Keyes-Straße nur 260 für das Bundesheer reserviert bleiben, der Rest dem Wohnungsmarkt zugeführt wird. Die Sporthalle in der Riedenburgkaserne kann zivil genutzt werden.

5. 10. Künstlerischer Wettbewerb für Kurhaus entschieden. Erste Preise für künstlerische Ausgestaltung des Hallenbades und des Kurmittelhauses erhalten Toni Schneider-Manzell sowie Josef und Rositta Magnus.

6. 10. Soldatensender abgeschaltet. Der beliebte US-Soldatensender „Blue Danube Network" hat seinen Betrieb eingestellt.

7. 10. Villa Warsberg zurückgestellt. Die Villa Warsberg wird nach zehnjähriger Beschlagnahme durch die USFA und Verwendung als Generalswohnsitz an die Besitzer zurückgestellt. Während des Krieges war die Villa vom damaligen Gauleiter Gustav Adolf Scheel benützt worden.

8. 10. Finanzierung des Festspielhausbaues. Von den voraussichtlichen Kosten für den Neubau des Salzburger Festspielhauses in Höhe von 125 Millionen Schilling wird der Bund 10 Millionen allein und von der Restsumme 67 Prozent tragen. Mit dem Baubeginn ist im Herbst 1956 zu rechnen.

8. 10. Europäische Friedenskirche St. Elisabeth. Die neuerbaute Stadtpfarrkirche St. Elisabeth wird von Erzbischof Andreas Rohracher feierlich geweiht. Der Neubau ist durch Spenden aus Österreich, Deutschland und der Schweiz finanziert worden. St. Elisabeth ist die erste Pax-Christi-Kirche in Österreich.

10. 10. Fernheizwerk in Betrieb. Die erste Kesselanlage kann 47 Objekte in der Neustadt mit Fernwärme versorgen.

13. 10. Bundesheer. Der Kommandant der in der Stadt Salzburg stationierten provisorischen Grenzschutzabteilung 8, Major Reinhold Mössler, stattet Bürgermeister Stanislaus Pacher (SPÖ) seinen Antrittsbesuch ab.

1955

13. 10. Beginn der Wohnungsvergabe der ehemaligen USFA-Wohnungen in Lehen und beim Camp Roeder. Insgesamt liegen 2000 Gesuche für diese Wohnungen vor, die allerdings wegen der hohen Monatsmieten nicht für jedermann erschwinglich sind. Die Wohnungskosten betragen 7,50 Schilling pro Quadratmeter inklusive Betriebs- und Heizkosten.

14. 10. Die letzten Amerikaner verlassen Camp Roeder. Zurück bleiben nur Brigadegeneral William Nutter und einige Angehörige seines Stabes.

14. 10. Neue Präsidenten der Handelskammer. In einer Kampfabstimmung wird das neue Kammerpräsidium mit Präsident Josef Ausweger sowie den Vizepräsidenten Alfred Haidenthaler und Moritz Kumpfmiller gewählt.

16. 10. Eine neue Reihe „**Konzerte für die Jugend**" veranstaltet ab jetzt die Salzburger Kulturvereinigung.

19. 10. Flughafengesellschaft gegründet. Zum Geschäftsführer wird Hans Deutsch bestellt. An der Gesellschaft sind der Bund zu 50 Prozent, Stadt und Land zu je 25 Prozent beteiligt.

20. 10. Fulbright-Programm. Im Amerikahaus findet ein Vortragsabend über das amerikanische Austauschprogramm statt.

21. 10. Präsident Funke wiedergewählt. Die Berufsvereinigung bildender Künstler wählt Rigobert Funke wieder zu ihrem Präsidenten. Vizepräsidenten werden Felix Harta, Karlmann Müller, Veva Toncic-Treuberg und Erna Sacher-Erben.

22. 10. Erstes Heim der ÖJB in Salzburg. Die Österreichische Jugendbewegung (ÖJB) eröffnet in der Scherzhauserfeldsiedlung ein Jugendheim.

22. 10. Der „Edelweiß-Klub" feiert sein 75. Gründungsfest.

25. 10. Der letzte „Ami". Kurz vor Beginn der Unabhängigkeitsfeier im Festspielhaus trifft Brigadegeneral William H. Nutter zu Abschiedsbesuchen mit Landeshauptmann Josef Klaus (ÖVP) und Bürgermeister Stanislaus Pacher (SPÖ) zusammen. Dann verläßt er als letzter Besatzungssoldat Österreich.

25. 10. Tag der Befreiung: „Rot-Weiß-Rot über dem freien Land". So lautet der Aufruf der Salzburger Landesregierung zum heutigen Tag der Unabhängigkeit. Im Mittelpunkt des Befreiungstages steht ein Festakt der Jugend im Festspielhaus. Die Landesregierung gibt eine Festschrift über die Aufbauleistungen seit 1945 mit dem Titel „Salzburg – Kleinod von Österreich" heraus.

26. 10. Privater Flugdienst gegründet. Als erste private Flugverkehrsgesellschaft darf der „ÖFAG-Flugdienst" Passagiere und Frachten befördern.

26. 10. Kälteferien. Die Plainschule stellt bei nur 4 Grad in ihren Schulräumen den Unterricht ein. Die Fernwärmeversorgung funktioniert noch nicht.

28. 10. Festnahme eines uniformierten amerikanischen Soldaten. In der Hofstallgasse wird ein amerikanischer Soldat in Uniform festgenommen. Er hatte in seinem Urlaub angeblich nichts vom Truppenabzug erfahren.

30. 10. Erste Jungbürgerfeier der Stadt. Von rund tausend eingeladenen Mädchen und Burschen im Alter von 21 Jahren, finden sich 300 im Großen Saal des Mozarteums zur ersten Jungbürgerfeier der Stadt Salzburg ein, um das Gelöbnis der Bürgertreue zu Heimatland und -stadt und zur Erfüllung ihrer staatsbürgerlichen Pflichten abzulegen.

1955

November 1955

1. 11. Moderne Sauna. Die Besitzerin des Gasthauses „Blauer Stern" in Maxglan hat eine Sauna samt Massage und Kosmetik eingerichtet.

2. 11. 25 Jahre Gaisberg-Segelflug. In Erinnerung an den ersten Segelflug von Hans Wolf von der Gaisbergspitze über die Stadt zum Flugfeld Maxglan findet in der Kleinen Aula ein Festakt statt.

3. 11. Ein „Hochhaus" am Hildmannplatz, Ecke Buckelreuthstraße, entsteht nach Plänen von Architekt Karl Mayr. Die Bauhöhe von 17,55 Metern ist durch einen Fehler im städtischen Genehmigungsbescheid möglich geworden.

4. 11. Erste Zebrastreifen. Die ersten Fußgängerübergänge werden in der Rainerstraße beim Schloß Mirabell, am Max-Ott-Platz und in der Schwarzstraße beim Heim der Schulschwestern aufgemalt.

5. 11. „Fidelio" via Fernsehen. Viele Menschen verfolgen in Gaststätten und in den Auslagen von Radiogeschäften die Übertragung der Eröffnungsvorstellung aus der Staatsoper in Wien.

7. 11. Hans Webersdorfer gestorben. Der Präsident der Salzburger Arbeiterkammer stand im 58. Lebensjahr.

10. 11. Itzlinger Turnverein wiedergegründet. Ernst Frauendorfer wird zum Obmann gewählt. Der Verein will sich um die Rückstellung der Theodor-Körner-Turnhalle bemühen.

12. 11. Erneut uniformierter US-Soldat festgenommen. Ein farbiger US-Soldat wollte ein Mädchen in Maxglan besuchen.

13. 11. Volksdeutsche gedenken ihrer Vertreibung vor 10 Jahren mit Gottesdiensten in der Kollegienkirche und in der Evangelischen Kirche.

15. 11. Generalversammlung der ISM. Die Internationale Stiftung Mozarteum wählt Hugo Hantsch zum neuen Präsidenten.

16. 11. Ende des Lieferinger Tierparkes. Die Stadtgemeinde gewährt dem Lieferinger Tiergarten letztmalig eine Futterbeihilfe und beauftragt gleichzeitig die zuständigen Behörden mit der Auflösung des Tierparkes.

17. 11. Solistenkonzert mit Benjamin Britten auf Einladung der Internationalen Stiftung Mozarteum im Großen Saal des Mozarteums.

17. 11. Wie lange waren wir unfrei? Da im Aufruf der Salzburger Landesregierung zum Befreiungstag von einer 17jährigen Unfreiheit Österreichs gesprochen wurde, nehmen SPÖ und VdU Anstoß an dieser Formulierung, zumal sie den Beginn der Unfreiheit im Jahr 1934 sehen.

20. 11. Eröffnung der 8. Buchwoche im Kaisersaal der Residenz. Von den 1743 ausgestellten Titel stammen 45 Neuerscheinungen aus Salzburger Verlagen.

21. 11. Zehn Jahre tätige Nächstenliebe. Mit einer Feier in der Stiftskirche der Erzabtei St. Peter wird des zehnjährigen Wirkens der amerikanischen „National Catholic Welfare Conference (NCWC)" in Österreich gedacht. Die in 10 Jahren geleistete Hilfe repräsentiert einen Wert von 312 Millionen Schilling.

22. 11. Französische Dichtung der Gegenwart wird über Einladung des „Bergenkreises" im Hotel Pitter vorgetragen.

1955

Abb. 280: Das Salettl in Hellbrunn vor der Abtragung im Jahr 1955.

- **23. 11. Die Wiener Universität ehrt Martin Hell** durch die Verleihung des Ehrendoktorats für dessen Arbeiten auf dem Gebiet der Ur- und Frühgeschichte. Der Festakt findet im Chiemseehof statt.
- **23. 11. Max Greger und sein Orchester** gastieren im Festspielhaus.
- **24. 11. Initiativantrag für Haydn-Hymne.** Die VdU-Fraktion stellt im Landtag den Antrag auf Wiedereinführung der Haydn-Hymne mit dem Text von Ottokar Kernstock als Bundeshymne.
- **24. 11. Flughafenausbau.** Der Aufsichtsrat der neuen Flughafengesellschaft beschließt in seiner konstituierenden Sitzung den Ausbau des Flughafens.
- **24. 11. Der Film „Rififi"** läuft im Elmo-Kino an.
- **26. 11. Stimmungsvoller Auftakt des Advents** mit dem achten Adventsingen von Tobi Reiser in der Aula Academica. Musikanten, Singgruppen und Chöre sowie Karl Heinrich Waggerl als Erzähler verleihen dem Adventsingen eine einzigartige Stimmung. In der Residenz ist nach 31 Jahren erstmals wieder die Landes-Krippenausstellung zu sehen. Der Christkindlmarkt öffnet am Mirabellplatz.
- **30. 11. Motorroller „Mirabell".** Das KTM-Werk Mattighofen stellt in Salzburg sein neuestes Produkt vor, den Motorroller „Mirabell".

1955

Dezember 1955

1. 12. Premiere von „Die Abenteuer des braven Soldaten Schwejk" im Landestheater. Die Rolle des „Schwejk" spielt Franz Muxeneder.

2. 12. Langwied fordert Verkehrsanschluß. Bewohner von Langwied und Esch fordern eine Buslinie bis Mayrwies.

3. 12. Gründung einer Interessensgemeinschaft ehemaliger Kriegsgefangener. Obmann wird Major a. D. Hans Eyfried.

6. 12. Geschäftsöffnungszeiten vor Weihnachten. In der Stadt haben die Geschäfte am Silbernen und am Goldenen Sonntag von 9.30 bis 12 Uhr und von 14 bis 17.30 Uhr geöffnet. Der Überstundenzuschlag beträgt 100 Prozent.

6. 12. „Höllenfahrt". Mehr als 50 geschmückte Fahrzeuge nehmen an dem vom ARBÖ organisierten Krampusfahrt durch die Stadt teil.

6. 12. Das Camp Roeder wird in „Kaserne Siezenheim" umbenannt.

7. 12. Schuleröffnung. Unterrichtsminister Heinrich Drimmel (ÖVP) übergibt das Mädchen-Realgymnasium an der Josef-Preis-Allee seiner Bestimmung. Die moderne Schule erweist sich jedoch schon bei ihrer Eröffnung als zu klein. Für 918 Schülerinnen gibt es nur 27 Klassenräume.

7. 12. Neues Zollamtsgebäude. Das neuerbaute Zollamtsgebäude am Hauptbahnhof wird seiner Bestimmung übergeben.

7. 12. „Gablerbräu-Keller" wieder offen. Er hat zehn Jahre der Besatzungsmacht als „Club" gedient. Jetzt ist er wieder ein gemütliches Bierlokal.

8. 12. Maria Empfängnis erstmals nach dem Krieg Feiertag. Dies hat der Nationalrat aufgrund eines SPÖ-Initiativantrages beschlossen. Die katholische Kirche hat dazu eine Unterschriftenaktion durchgeführt.

10. 12. Erste Kindervorstellung des „Weihnachtsmärchens" von Klaus Gmeiner im Studio St. Peter.

11. 12. Jubiläumswidmung der Sparkasse. Anläßlich des 100jährigen Bestandsjubiläums widmet die Salzburger Sparkasse 3,25 Millionen Schilling dem Ausbau des „Hauses der Jugend" an der Alpenstraße.

13. 12. Das **Hotel „Pitter" öffnet** nach umfassender Renovierung wieder.

14. 12. Gedenkfeier zum 90jährigen Bestand der Freiwilligen Feuerwehr.

15. 12. Kunstpreis. Der Kulturausschuß beschließt die Wiedereinführung des Kunstpreises der Stadt Salzburg in Form einer silbernen Medaille.

15. 12. Ultimatum. Die Elternvereinigung der Knabenvolksschule Griesgasse richtet an die Stadtgemeinde das Ultimatum, binnen Monatsfrist die Forderung nach dem Neubau der Volksschule auf den Gründen des zerbombten städtischen Museums positiv zu beantworten.

15. 12. Lesung eines Spätheimkehrers. Alfred Plaichinger liest auf Einladung der Volkshochschule aus seinen literarischen Arbeiten, die er während der mehr als zehnjährigen sowjetischen Gefangenschaft geschrieben hat.

15. 12. Landesgruppe Salzburg der FPÖ gegründet. Vertreter des in Auflösung begriffenen VdU, der Freiheitspartei, des Akademikerverbandes und des Landeslehrervereins gründen die Landesgruppe Salzburg der FPÖ. Zum Landesparteiobmann wird Nationalratsabgeordneter Gustav Zeillinger gewählt, der bisher Landesobmann des VdU gewesen ist.

16. 12. Auswanderer nach Australien. Vom Salzburger Hauptbahnhof geht der erste große Transport mit 525 Auswanderern nach Australien ab. Unter den Auswanderern, die in Australien ein neues Leben beginnen wollen, befinden sich überwiegend Österreicher unter 35 Jahren.

17. 12. 50 Jahre Volksschule Nonntal. Im Rahmen der Feier wird die 84jährige Lehrerin Maria Bargezzi geehrt, die vor 50 Jahren an der Schule unterrichtet hat.

17. 12. Moderner Autosalon. An der Neutorstraße eröffnet Oskar Schmidt seinen umgebauten und erweiterten Autosalon.

18. 12. Spätheimkehrer aus der Sowjetunion. Unter ihnen befindet sich der 55jährige Walter Schlüter, der im Juli 1940 von den Russen in Czernowitz festgenommen worden war und überhaupt am längsten in Gefangenschaft der Sowjets geblieben ist.

19. 12. Das 500-Millionen-Budget für 1956 wird im Gemeinderat von SPÖ, ÖVP und VdU gegen eine Stimme der KPÖ beschlossen.

19. 12. Auflösung der Armenstiftung. Der Gemeinderat beschließt, die Auflösung der „Allgemeinen Armenstiftung der Stadt Salzburg" und Einverleibung des Stiftungsvermögens in das Gemeindevermögen in die Wege zu leiten. Die Armenstiftung bestritt bis zum Ende des Ersten Weltkrieges fast die gesamten Kosten der Armenpflege. Nach der Geldentwertung hatte die Stiftung beinahe den gesamten Wert verloren, und die Gemeinde mußte diese Aufgaben zu einem Großteil selbst übernehmen.

19. 12. Ehrenpreis für Griesgassen-Durchbruch. Der Gemeinderat beschließt die Verleihung des Ehrenpreises 1954 für die beste Lösung baulicher Aufgaben für die Bauten des Griesgassen-Durchbruchs.

19. 12. Salzburger Heimatatlas fertiggestellt. Er umfaßt 66 Kartenblätter und einen Textband zu den Themen Geologie, Klima, Vegetation, Gewässerkunde, Wirtschaft, historische Entwicklung, Kulturgeschichte, Verwaltung und Wohlfahrt. Verfasser sind Egon Lendl, Kurt Willvonseder und der akademische Maler Walter Pfitzner.

19. 12. „Headquarter" als Amtsgebäude. Dienststellen des Landes, des Landesschulrates und der Finanzlandesdirektion beziehen die Büros im Gebäude Mozartplatz 8–10, dem ehemaligen USFA-Hauptquartier.

20. 12. „Mord im Dom". Das Schauspielseminar des Mozarteums führt T. S. Eliots berühmtes Schauspiel „Mord im Dom" im Studio St. Peter auf.

23. 12. Festspielhaus-Neubau beschlossen. Im Landtag stimmen nach zähem Tauziehen ÖVP und SPÖ dem Landesbudget 1956 und dem Beitrag des Landes zum Neubau des Festspielhauses zu. Die SPÖ fordert erfolgreich Landesmittel in gleicher Höhe für den sozialen Wohnbau. Der VdU stimmt dagegen, da er dem Wohnungsbau Priorität vor dem Neubau des Festspielhauses einräumen will.

24. 12. Brennende Kerzen in den Wohnungsfenstern sind Zeichen der Freude und Dankes für die wiedergewonnene Freiheit und Unabhängigkeit Österreichs sowie Mahnung für die Freilassung der letzten Kriegsgefangenen.

1955

30. 12. Spielcasino im alten Heim. Das Salzburger Spielcasino eröffnet in seinem angestammten Haus, dem „Mirabell-Casino" zwischen dem Mozarteum und dem Landestheater.

30. 12. Café „Glockenspiel" wieder eröffnet. Es war zehn Jahre lang von den Amerikanern besetzt gewesen.

31. 12. Ein Mahnmal für alle. Am Kommunalfriedhof wird das Ehrenmal für die Opfer politischer Verfolgung in der NS-Zeit geweiht. Der einfache Marmorblock trägt die Inschrift: Dem Gedenken der Opfer für Freiheit und Menschenwürde.

31. 12. Turmbläser leiten Mozartjahr ein. Zum Beginn des Mozartjahres 1956 findet um 24 Uhr unter Leitung von Sepp Dorfner vom Rathaus ein Turmblasen der Salzburger Turmbläser statt.

Abb. 281: Die Lehener Brücke, im Hintergrund der alte Schlachthof, Winter 1955.

Die Mitglieder des Gemeinderates
bzw. des Provisorischen Gemeindeausschusses von 1945 bis 1955

zusammengestellt von Harald Starke

Amoser Gunda (VdU)	26. 1. 1951 – 3. 12. 1962
Ausweger Josef (ÖVP)	25. 10. 1945 – 15. 4. 1946
Bauer Ferdinand (SPÖ)	29. 11. 1951 – 31. 10. 1952
	11. 6. 1953 – 23. 11. 1953
Bauer Franz (SPÖ)	15. 4. 1946 – 5. 12. 1949
Bäck Alfred (SPÖ)	15. 4. 1946 – 28. 9. 1970
Beinsteiner Sigmund (ÖVP)	25. 10. 1945 – 15. 4. 1946
Bernhold Fritz, Dr. (VdU)	23. 11. 1953 – 18. 11. 1957
Binder Franz, Dr. (ÖVP)	23. 11. 1953 – 18. 11. 1957
Bogner Ludwig (SPÖ)	15. 4. 1946 – 14. 6. 1948
Brandstätter Josef (SPÖ)	23. 11. 1953 – 17. 11. 1967
Desser Karl (VdU)	5. 12. 1949 – 23. 11. 1953
Dittrich Gisela (SPÖ)	15. 4. 1946 – 31. 3. 1947
Donnenberg Hans (ÖVP)	15. 4. 1946 – 22. 11. 1964
Duffek Hildegard (ÖVP)	23. 11. 1953 – 18. 11. 1957
Eder Johann (ÖVP)	15. 4. 1946 – 23. 11. 1953
Falterbauer Heinrich (KPÖ)	15. 4. 1946 – 15. 11.1946
	3. 7.1947 – 27. 10. 1947
	30. 4.1948 – 8. 10. 1967
Farbmacher Hans, Dr. (ÖVP)	15. 4. 1946 – 20. 1. 1947
Fellinger Anton (SPÖ)	15. 4. 1946 – 1. 10. 1964
Fill August, Dipl.-Ing. (ÖVP)	15. 4. 1946 – 5. 12. 1949
Forsthuber Rudolf (SPÖ)	5. 12. 1949 – 29. 11. 1951
	1. 11. 1952 – 11. 6. 1953
Glaser Herbert, Dr. (ÖVP)	23. 11. 1953 – 6. 12. 1972
Gottschall Richard (VdU)	5. 12. 1949 – 23. 11. 1953
Grießenböck Erich, Dr. (SPÖ)	15. 4. 1946 – 4. 12. 1949
Gurschner Christian (VdU)	5. 12. 1949 – 18. 11. 1957
Hallasch Wolfgang (SPÖ)	15. 4. 1946 – 31. 3. 1947

Hanselitsch Alois, Dr. (SPÖ)	23. 11. 1953	– 11. 2. 1980
Haslauer Josef (ÖVP)	5. 12. 1949	– 3. 12. 1962
Hildmann Richard, Dipl.-Ing. (ÖVP)	13. 7. 1919	– 4. 10. 1952
Hofweirer Georg (SPÖ)	25. 10. 1945	– 15. 4. 1946
Holzer Georg, Dr. (ÖVP)	15. 4. 1946	– 30. 7. 1948
Höllwarth Josef (SPÖ)	15. 4. 1946	– 5. 12. 1949
Kaltenegger Therese (SPÖ)	15. 4. 1946	– 18. 11. 1957
Kaschnitz Elfriede (SPÖ)	3. 10. 1951	– 17. 11. 1967
Kaut Risa (ÖVP)	20. 10. 1952	– 3. 12. 1962
Kemetinger Bartholomäus (ÖVP)	15. 4. 1946	– 5. 12. 1949
Kletzmayer Heinrich (ÖVP)	17. 4. 1951	– 23. 11. 1953
Koppler Josef (ÖVP)	15. 4. 1946	– 5. 12. 1949
Kraupner Heinz (SPÖ)	8. 11. 1945	– 27. 3. 1946
Krüttner Manfred (VdU)	5. 12. 1949	– 23. 11. 1953
Lederer-Emminger Helene (SPÖ)	31. 3. 1947	– 23. 11. 1953
Luger Karl (SPÖ)	23. 8. 1946	– 5. 12. 1949
Matejovic Albert (ÖVP)	15. 4. 1946	– 30. 3. 1948
Merz Adolf (SPÖ)	23. 11. 1953	– 5. 12. 1977
Meyer Josef (VdU)	5. 12. 1949	– 23. 11. 1953
Moser August (VdU)	5. 12. 1949	– 3. 10. 1951
Musil Josef (KPÖ)	2. 12. 1946 27. 10. 1947	– 3. 7. 1947 – 29. 4. 1948
Neumayr Anton (SPÖ)	15. 4. 1946	– 31. 12. 1951
Obermair Lorenz (SPÖ)	15. 4. 1946	– 23. 11. 1953
Ostermaier Karl (VdU)	5. 12. 1949	– 3. 12. 1962
Ott Franz (SPÖ)	23. 11. 1953	– 3. 12. 1962
Paar Friedrich (ÖVP)	15. 4. 1946	– 5. 12. 1949
Pacher Stanislaus (SPÖ)	25. 10. 1945	– 18. 11. 1957
Pichler Gustav, Dr. (SPÖ)	15. 4. 1946	– 5. 12. 1949
Planer Franz (SPÖ)	15. 4. 1946	– 31. 7. 1961
Ponholzer Otto, Dipl.-Ing. Dr. (VdU)	5. 12. 1949	– 2. 7. 1956
Porenta Anton (ÖVP)	15. 4. 1946	– 18. 11. 1957
Prechtl Josef (ÖVP)	15. 4. 1946	– 18. 11. 1957
Preßlmaier Rudolf (VdU)	3. 10. 1951	– 23. 11. 1953
Probst Johann (ÖVP)	5. 12. 1949	– 18. 11. 1957
Prohaska Johann (SPÖ)	15. 4. 1946	–17. 11. 1967?
Rainer Leopold (ÖVP)	15. 4. 1946	– 5. 12. 1949
Rathner Friedrich, Ing. (SPÖ)	29. 9. 1948	– 30. 11. 1949

Rehrl Josef (ÖVP)	30. 3. 1948 – 18. 2. 1949
Reinthaler Alois, Ing. (ÖVP)	23. 11. 1953 – 17. 11. 1967
Reitter Leonhard (ÖVP)	15. 4. 1946 – 5. 12. 1949
Renner Josef (ÖVP)	15. 4. 1946 – 31. 3. 1947
Ressel Therese (ÖVP)	15. 4. 1946 – 5. 12. 1949
Richter Kurt, Dr. (VdU)	23. 11. 1953 – 28. 7. 1959
Rieder Herman (SPÖ)	31. 3. 1947 – 23. 11. 1953
Riedl Jakob (SPÖ)	15. 4. 1946 – 29. 7. 1950
Rothschädl Franz (VdU)	23. 11. 1953 – 31. 12. 1964
Salfenauer Heinrich (SPÖ)	20. 9. 1950 – 12. 9. 1980
Scheiblehner Markus (SPÖ)	25. 10. 1945 – 5. 12. 1949
Schleicher Jakob (VdU)	23. 11. 1953 – 17. 11. 1967
Schleindl Adolf (ÖVP)	15. 4. 1946 – 5. 12. 1949
Schmidjell Anton (SPÖ)	15. 4. 1946 – 23. 11. 1953
Schmidjell Albert (VdU)	5. 12. 1949 – 23. 11. 1953 18. 11. 1957 – 3. 12. 1962
Schmutzhart Friedrich (VdU)	5. 12. 1949 – 26. 1. 1951
Schneider-Manns Au Karl (VdU)	5. 12. 1949 – 23. 11. 1953
Seewald Josef (ÖVP)	31. 3. 1947 – 5. 12. 1949
Seifried Otto (SPÖ)	11. 7. 1949 – 23. 11. 1953
Spetta Richard, Ing. (ÖVP)	20. 1. 1947 – 5. 12. 1949
Stechl Hermann (ÖVP)	5. 12. 1949 – 23. 11. 1953
Steinocher Karl (SPÖ)	23. 11. 1953 – 18. 11. 1957
Stern Alois (SPÖ)	15. 4. 1946 – 5. 12. 1949
Thalhammer Martin (ÖVP)	18. 2. 1949 – 5. 12. 1949
Ungar Hans (ÖVP)	23. 11. 1953 – 3. 12. 1962
Unsinn Franz (ÖVP)	15. 4. 1946 – 24. 4. 1948
Vavrovsky Walter, Dr. (ÖVP)	18. 11. 1957 – 3. 12. 1962
Voithofer Leonhard, Ing. Dipl.-Vw. Dr. (SPÖ)	23. 11. 1953 – 5. 2. 1964
Wagner Franz, Arch. (ÖVP)	5. 12. 1949 – 23. 11. 1953
Wakolbinger Alfred, Dr. (ÖVP)	30. 7. 1948 – 22. 2. 1951
Weilhartner Sepp (VdU)	5. 12. 1949 – 31. 12. 1972
Weinberger Franz, Dr. (SPÖ)	15. 4. 1946 – 23. 11. 1953
Weiser Josef, Ing. (ÖVP)	5. 12. 1949 – 23. 11. 1953
Weißkind Josef (SPÖ)	15. 4. 1946 – 25. 7. 1946
Wölfler Alois (ÖVP)	23. 11. 1953 – 18. 11. 1957
Wünsch Gisela (ÖVP)	28. 5. 1948 – 17. 11. 1967
Zankl Samuel (SPÖ)	23. 11. 1953 – 3. 12. 1962

Abbildungsnachweis

Archiv der Stadt Salzburg
   Archiv nach 1945 12 (Standesamt), 28 (NS-Registrierungsakten)
   Bibliothek 87, 183–187, 190
   Fotosammlung 16, 20, 27, 39, 47, 49–60, 65, 77, 88, 98, 117, 134 (Starke), 143–145, 154 (Geruska), 158, 165, 172–174, 178 (Hagen), 180 (Schleiss), 182, 188, 189, 191 (Pospesch), 193 (Werner), 195–198 (Starke), 203 (Hagen), 205 (Rieder), 206, 210 (Hagen), 211, 212, 218 (Hagen), 221, 225, 227, 228, 231 (Hagen), 232, 233 (Hagen), 234, 237 u. 238 (Hagen), 239, 243, 244 (Stibor), 247 (Hagen), 250, 256, 258 (Giering), 260, 263 u. 265 (US-Army), 269 (Starke), 270 u. 271 (Hagen), 277 (Starke), 278, 280, 281
   Fotosammlung/Joba 18, 19, 36, 255, 264, 267, 273–275
   Privatarchive 13, 31, 46, 99, 116
Archiv Gunter Mackinger 41–45, 75, 76, 155, 192
Bildarchiv der Österreichischen Nationalbibliothek/ISB 24, 26, 64, 66, 67, 73, 79, 80, 101, 105–111, 114, 119, 146, 147, 161, 164, 181, 201, 207, 208, 226, 229
Bundespolizeidirektion Salzburg 272
Firma Porsche 78, 222
Foto Scope/Archiv Madner 9, 17, 25, 32–35, 37, 40, 63, 68, 72, 85, 86, 90–92, 122, 123, 125–127, 129, 130, 133, 135, 138–142, 149–151, 153, 159, 162, 166, 170, 175, 176, 199, 200, 202, 204, 215, 219, 223, 224, 230, 262, 266
Foto Sturm 3, 5, 6, 61, 62, 69, 70, 100, 118, 124
Getränke-Service-Gesellschaft 279
Internationale Sommerakademie für bildende Kunst 81
Konsistorialarchiv 93–95, 112 (Abel), 113, 131 (Jurischek), 132, 167, 194
National Archives Washington 4, 103
Privatbesitz H. E. (abgedruckt in: Joseph Hiess, Glasenbach) 30
Privatsammlungen 65, 143, 260
Rotes Kreuz Salzburg 22, 23
Salzburger Landesarchiv/Nachlaß Kappelman 1, 2, 7, 8, 102
Salzburger Museum CA/Nachlaß Collins 10, 11, 14
Salzburger Stadtwerke/Dokumentation 74, 115, 136 u. 137 (Jurischek), 157, 177 (Hartl), 213, 214, 240 (Mayr), 241, 242 (Hagen), 253, 259
Salzburger Volkshochschule 152
Sammlung Eßl 128
Sammlung Fitz 156
Sammlung Dr. Fuschlberger 96, 97, 235, 236, 254, 259
Sammlung Grambichler 104
Sammlung Haupolter 21, 209, 217, 245, 246, 251, 252
Sammlung Hochleitner 216, 257
Sammlung Kleinholz 169
Sammlung Oberdorfinger 84
Sammlung Orten 71
Sammlung Otte 168, 261
Sammlung Peyerl 83, 120, 121, 148 u. 160 (Hubeni), 179
Sammlung Reynier 276
Sammlung Schattauer 15, 163
Sammlung Schlang 220
Sammlung Springer 89
Sammlung Winkelhofer 29, 38, 171
Verlag Otto Müller 82

Quellen- und Literaturverzeichnis

Ungedruckte Quellen

Archiv der Stadt Salzburg
Amt für Statistik
Baubehördliche Akten
Dienstanordnungen für den Magistrat 1945–1955
Nachlaß Josef Hummel
NS-Registrierungsstelle
Personalakten
Plansammlung
Privatarchive
Protokolle des Gemeinderates und der Ausschüsse 1945–1955
Standesamt (Sterbebuch, Eheschließungen 1945–1955)
Urkundensammlung
Wohnungsamt
Zeitungsausschnittsammlung, zusammengestellt von Friedrich Leitich

Manuskripte
Richard Hildmann, Tätigkeitsbericht, Salzburg 1946
Eberhard Moser, Manuskript, Salzburg [1987]
William L. Orten, Manuskripte zur Geschichte der USFA
Franz Rauscher, [Gründung der SPÖ-Salzburg]
Landeshauptstadt Salzburg, Zehn Jahre Wiederaufbau, 1955

Salzburger Landesarchiv
Chronik von Bürgermeister Stanislaus Pacher

Bundespolizeidirektion Salzburg
Polizeichronik 1945–1955

Heeresgeschichtliches Museum, Wien
Dokumentensammlung Manfried Rauchensteiner aus den National Archives Washington

National Archives Washington
Operations after reaching the river Elbe, 14th April 1945, in: SHAEF SGS, Post-OVERLORD Planning file, 381, Vol. IV
RG 59: Records of the Office of Western European Affairs, 1941–1951, Subject Files on Austria 1945–1950

Privatarchive und Sammlungen
Sammlung Friedrich Leitich
Archiv Gunter Mackinger
Sammlung William L. Orten (Briefe und Dokumente USFA 1945–1995), Kopie im AStS
Nachlaß Alfred Plaichinger
Salzburger Stadtwerke, Dokumentation
Salzburger Stadtwerke, Wasserwerke
Sammlung Bernhard Winkelhofer

Interviews der Autoren mit Zeitzeugen

Gedruckte Quellen

Adreß-Buch der Stadt Salzburg, 1948–1955.
Amtliche Fernsprechverzeichnisse.
Amtsblatt der Landeshauptstadt Salzburg, 1950–1955.
Bastei. Blätter des Stadtvereins Salzburg zur Erhaltung und Pflege von Bauten, Kultur und Gesellschaft, 1952–1955.
Berichte der Landesparteivertretung an den Landesparteitag der SPÖ-Landesorganisation Salzburg, 1946–1955.
Berichte und Informationen des Österreichischen Forschungsinstituts für Wirtschaft und Politik, 1947–1955.
Demokratisches Volksblatt. Organ der Sozialistischen Partei Salzburgs, 1945–1955.
Die Gewerkschaft. Mitteilungsblatt der Kammer für Arbeiter und Angestellte des Österreichischen Gewerkschaftsbundes, Landesleitung Salzburg, 1946–1953.
HANS-HADMAR MEYER, In Deinem Lager ist Österreich. Meyer's Kalendarisches Zeitdokument der Glasenbacher Festspiele 1945, 1946, 1947. Hg. v. der Wohlfahrtsvereinigung der Glasenbacher zehn Jahre nach Auflösung des Camp Marcus W. Orr, Salzburg 1957.
Landesgesetzblatt für das Land Salzburg, 1945–1955.
Österreichischer Kurier, 1945.
Österreichische Allgemeine Zeitung, 1949–1950.
Österreichische Gemeindezeitung, 1946–1955.
Rupertibote. Kirchenblatt der Erzdiözese Salzburg, 1945–1955.
Salzburger Amts-Kalender, 1949–1955.
Der Salzburger Bauer. Fach- und Mitteilungblatt der Kammer für Landwirtschaft und Ernährung für Salzburg, 1946–1955.
Salzburger Landes-Zeitung, 1945–1955.
Salzburger Nachrichten. Unabhängige Demokratische Tageszeitung, 1945–1955.
Salzburger Tagblatt, 1945–1955.
Salzburger Volksblatt, 1950–1955.
Salzburger Volkszeitung, 1945–1955.
Die Salzburger Wirtschaft. Mitteilungsblatt der Kammer der Gewerblichen Wirtschaft, 1947–1955.
FRANZ SCHAUSBERGER und FRIEDRICH STEINKELLNER (Hg.), Protokolle der Landesparteitage der Salzburger Volkspartei 1 (1945–1951) und 2 (1952–1957) (Veröffentlichungen der Dr.-Hans-Lechner-Forschungsgesellschaft 2 und 3), Salzburg 1986/1988.
Statistischer Jahresbericht der Landeshauptstadt Salzburg 1947, Salzburg [1948].
Statistisches Jahrbuch der Landeshauptstadt Salzburg, 1950–1955.
Tätigkeitsbericht der Landeshauptstadt Salzburg, 1951–1955.
Verhandlungen des Salzburger Landtages, 1945/46–1955.

Literatur

FRIEDRICH ACHLEITNER, Österreichische Architektur im 20. Jahrhundert I, Salzburg–Wien 1980.
RUDOLPH ANGERMÜLLER und GEZA RECH (Red.), Hundert Jahre Internationale Stiftung Mozarteum Salzburg 1880–1980, Salzburg 1980.
ALFRED BÄCK, Salzburg zwischen gestern und morgen, in: Zwanzig Jahre nach dem Krieg ziehen Österreichs Bundesländer Bilanz. Sonderdruck der Salzburger Nachrichten, Salzburg 1965.
Arbeiterkammer zwischen Krieg und Frieden. Ein Rückblick auf das Wirken der Salzburger Arbeiterkammer von 1945–1947, Salzburg 1948.
Arbeiterkammer im Dienste des Wiederaufbaues. Eine Übersicht über die Tätigkeit der Salzburger Arbeiterkammer in den Jahren 1948/49, Salzburg 1950.
Arbeiterkammer für Vollbeschäftigung und Kaufkraftsicherung. Ein Rückblick auf das Wirken der Salzburger Arbeiterkammer in den Jahren 1950 und 1951, Salzburg 1952.
INGRID BAUER und ERIKA THURNER, Augenzeugenberichte über die Ereignisse im Mai 1945 in Salzburg, in: Zeitgeschichte 7/1985, S. 234–238.

INGRID BAUER und THOMAS WEIDENHOLZER, Baracken, Flüchtlinge und Wohnungsnot: Salzburger Nachkriegsalltag, in: Wohnen in Salzburg. Geschichte und Perspektiven (Schriftenreihe des Archivs der Stadt Salzburg 1), Salzburg 1989, S. 33–48.

INGRID BAUER und WILHELM WEITGRUBER, 1895–1985 Itzling, Salzburg 1985.

GÜNTER BISCHOF und JOSEF LEIDENFROST (Hg.), Die bevormundete Nation. Österreich und die Alliierten 1945–1949 (Innbrucker Forschungen zur Zeitgeschichte 4), Innsbruck 1988.

CHRISTOPH BRAUMANN, Stadtplanung in Österreich von 1918–1945 unter besonderer Berücksichtigung der Stadt Salzburg (Schriftenreihe des Institutes für Städtebau, Raumplanung und Raumordnung, Technische Universität Wien 21), Wien 1986.

JOSEF BRETTENTHALER, Salzburgs SynChronik, Salzburg 1987.

JOSEF BRETTENTHALER und VOLKMAR FEURSTEIN, Drei Jahrhunderte St.-Johanns-Spital Landeskrankenhaus Salzburg. Das Landeskrankenhaus in der Geschichte der Salzburger Medizin, Salzburg 1986.

HOWARD COWAN, Story of Final German Surrender. Told by AP Writer with Third, in: The Third Division Front Line, München, May 12, 1945.

Das Bundesland Salzburg 1945–1970. 25 Jahre Aufbau und Fortschritt, Salzburg 1970.

Der Aufbau 16/1961, Nr. 11/12 (Sonderheft „Salzburg").

Bundesrealgymnasium für Mädchen und Frauenoberschule, Festschrift zur Feier des fünfzigjährigen Bestandes und der Einweihung des Neubaues, Salzburg 1955.

VIKTOR CZECH und EDUARD MICHLMAYR, Das Wohnungsanforderungsgesetz und das Wohnhaus-Wiederaufbau-Gesetz. Textausgabe mit Besprechungen der Novellierungen des Jahres 1953, Wien 1954.

HERBERT DACHS (Hg.), Das politische, soziale und wirtschaftliche System im Bundesland Salzburg (Salzburg Dokumentationen 87), Salzburg 1985.

Dienst am Nächsten. 75 Jahre Rotes Kreuz Salzburg (Schriftenreihe des Landespressebüros, Sonderpublikationen 58), Salzburg 1985.

JENS DITTMAR (Hg.), Aus dem Gerichtssaal. Thomas Bernhards Salzburg in den 50er Jahren, Wien 1992.

Der Dom zu Salzburg. Symbol und Wirklichkeit. Hg. zur Vollendung des Wiederaufbaus von der Erzbischöflichen Domkustodie, Salzburg 1959.

JOSEF DONNENBERG, Salzburgs Literatur im 19. und 20. Jahrhundert, in: HEINZ DOPSCH und HANS SPATZENEGGER (Hg.), Geschichte Salzburgs II/3, Salzburg 1991, S. 1733–1778.

HEINZ DOPSCH und HANS SPATZENEGGER, Geschichte Salzburgs. Stadt und Land II/2–4, Salzburg 1988–1991.

HELGA EMBACHER, Nach dem Holocaust – Jüdische Mitbürger/innen in Salzburg, in: ADOLF ALTMANN, Geschichte der Juden in Stadt und Land Salzburg, Salzburg 1990, S. 382–393.

ULRIKE ENGELSBERGER, Glenn L. Kappelman, in: Mitteilungen aus dem Salzburger Landesarchiv 11, Salzburg 1995, S. 64.

BURKHARD CARL ENZELSBERGER und GUNTER MACKINGER, Hundert Jahre Salzburger Lokalbahn. Hundert Jahre Salzburger Verkehrsbetriebe, Salzburg 1986.

VICTOR ERGERT, 50 Jahre Rundfunk in Österreich II (1945–1955), Salzburg 1975.

DWIGHT D. EISENHOWER, Von der Invasion zum Sieg, Bern 1947.

MARKO M. FEINGOLD, Ein ewiges Dennoch. Hundertfünfundsiebzig Jahre Juden in Salzburg, Wien–Köln–Weimar 1993.

MICHAEL W. FISCHER, Salzburger Photographien. Stadt und Land nach 1920, Salzburg–Wien 1987.

ROLAND FLOIMAIR (Hg.), Daten und Fakten – Bundesland Salzburg. Wer, was und wo im Land Salzburg (Salzburg Informationen 84), Salzburg 1992.

ROLAND FLOIMAIR (Hg.), Vom Wiederaufbau zum Wirtschaftswunder. Ein Lesebuch zur Geschichte Salzburgs, Salzburg 1994.

ALOIS FUCHS, Salzburgs Nahverkehr – Hundert Jahre Dampftramway, Rote Elektrische, Gelbe und Obus – Eine Geschichte von der Postkutsche zur modernen Stadtbahn, Salzburg 1986.

Fünf Jahre Salzburger Volkshochschule 1947–1952, Salzburg 1952.

Fünfzehn Jahre Salzburger Wohnsiedlungsgesellschaft m. b. H. Tätigkeitsbericht, Salzburg 1955.

RIGOBERT FUNKE-ELBSTADT, Zehn Jahre Wiederaufbau 1945–1954, in: SMCA-Jahresschrift 1955, S. 11–22.

JOSEF GASSNER, Die Ehrenbürger der Landeshauptstadt Salzburg. Katalog zur zehnten Sonderausstellung des SMCA 9. April bis 23. Mai 1954, Salzburg 1954.

ADALBERT KARL GAUSS und BRUNO OBERLÄUTER, Das zweite Dach. Eine Zwischenbilanz über Barackennot und Siedlerwillen 1945–1965 (Donauschwäbische Beiträge 72), Salzburg 1979.

Gedanken zum Generalregulierungsplan der Festspielstadt Salzburg, in: Österreichische Gemeindezeitung 6/1946, Wien 1946.

ANTON GUGG, Die Moderne in Salzburg. Kunst nach 1945, Salzburg 1988.

HANS HAAS, Wiederaufbau und Bautätigkeit im Gebiet der Stadt Salzburg 1945–1960, in: Der Aufbau 16/1961, Nr. 11/12, S. 536–537.

ERNST HANISCH, Der lange Schatten des Staates. 1890–1990. Österreichische Gesellschaftsgeschichte des 20. Jahrhunderts, Wien 1994.

ERNST HANISCH, Nationalsozialistische Herrschaft in der Provinz. Salzburg im Dritten Reich (Salzburg Dokumentationen 71), Salzburg 1983.

ADOLF HASLINGER und PETER MITTERMAYR, Salzburger Kulturlexikon, Salzburg–Wien 1987.

LUDWIG HAU, Trabantenstadt Taxham, in: Der Aufbau 11/1956, Nr. 4, S. 167.

JOSEPH HIESS, Glasenbach. Buch einer Gefangenschaft, 2. Aufl., Wien 1956.

LUTZ HOCHSTRAATE (Hg.), 100 Jahre Haus am Makartplatz. Salzburger Landestheater, Salzburg 1993.

ROBERT HOFFMANN, Die Stadt nach 1945, in: HEINZ DOPSCH und HANS SPATZENEGGER (Hg.), Geschichte Salzburgs II/4, Salzburg 1991, S. 2445–2499.

ANNA HOFSTÄTTER-SCHMIDT, Die Entwicklung des Salzburger Fremdenverkehrs in der Zweiten Republik, in: Weltbühne und Naturkulisse. Zwei Jahrhunderte Salzburg-Tourismus, hg. v. HANNS HAAS, ROBERT HOFFMANN und KURT LUGER, Salzburg 1994, S. 134–144.

[HILDEMAR HOLL], Verlagswesen, in: ADOLF HASLINGER und PETER MITTERMAYR, Salzburger Kulturlexikon, Salzburg–Wien 1987, S. 502–509.

THEODOR HOPPE, Zur Innenrestaurierung des Salzburger Domes, in: Österreichische Zeitschrift für Kunst und Denkmalpflege 14/1960, Nr. 1, S. 36–42.

WOLFGANG HUBER (Hg.), Landeshauptmann Klaus und der Wiederaufbau Salzburgs, Salzburg 1980.

Siegfried Humer (Hg.), Fünfundzwanzig Jahre Salzburger Schloßkonzerte 1954–1979, Salzburg 1979.

Hundertfünfzig Jahre Salzburger Kunstverein. Kunst und Öffentlichkeit 1844–1994, Salzburg 1994.

Illustrated Guide of Salzburg Town and Surroundings, Salzburg [1945].

Internationale Musikolympiade, Olympia. Journal der musikalischen Wettkämpfe, Salzburg 1950.

Internationale Stiftung Mozarteum, Chronik der Internationalen Stiftung Mozarteum in Salzburg. Zugleich einundvierzigster Jahresbericht über die Jahre 1936 bis 1950, Salzburg 1951.

Internationale Stiftung Mozarteum, Proteste von Persönlichkeiten des internationalen Kulturlebens gegen den Plan, Mozarts Wohnhaus in einen Büropalast umzuwandeln, Salzburg [1951].

Internationale Stiftung Mozarteum, Zweite Folge von Protesten von Persönlichkeiten des internationalen Kulturlebens gegen den Plan, Mozarts Wohnhaus in einen Büropalast umzuwandeln, Salzburg [1952].

HANS JAKLITSCH, Die Salzburger Festspiele III. Verzeichnis der Werke und der Künstler 1920–1990, Salzburg–Wien 1991.

WALTRAUD JAKOB, Salzburger Zeitungsgeschichte (Salzburg Dokumentationen 39), Salzburg 1979.

STEFAN KARNER, Im Archipel GUPVI. Kriegsgefangenschaft und Internierung in der Sowjetunion 1941–1956 (Kriegsfolgen-Forschung 1), Wien–München 1995.

JOSEF KAUT, Festspiele in Salzburg. Fünfzig Jahre Salzburger Festspiele, Salzburg 1969.

JOSEF KAUT, Der steinige Weg. Geschichte der sozialistischen Bewegung im Lande Salzburg, 2. Aufl., Salzburg 1982.

JOSEF KAUT, Die Salzburger Festspiele 1920–1981, Salzburg 1982.

JOSEF KAUT (Hg.), Salzburg von A–Z, Salzburg–Wien 1954.

HANS GUSTL KERNMAYR, Brot und Eisen. Salzburg. Mit Festschrift der Handelskammer Salzburg anläßlich ihres hundertjährigen Bestehens, Salzburg 1951.

GERD KERSCHBAUMER, Faszination Drittes Reich. Kunst und Alltag der Kulturmetropole Salzburg, Salzburg 1988.

GERD KERSCHBAUMER, Die Wiederbelebung der Glanzzeiten in den Nachkriegsjahren, in: Weltbühne und Naturkulisse. Zwei Jahrhunderte Salzburg-Tourismus, hg. v. HANNS HAAS, ROBERT HOFFMANN und KURT LUGER, Salzburg 1994, S. 129–133.

GERD KERSCHBAUMER und KARL MÜLLER, Begnadet für das Schöne. Der rot-weiß-rote Kulturkampf gegen die Moderne, Wien 1992.

CARMEN KIEFER, Die Geschichte der Salzburger Volkszeitung 1945 bis 1990 (Veröffentlichungen der Dr.-Hans-Lechner-Forschungsgesellschaft 8), Salzburg 1992.

JOHANN KOLMBAUER, Die Gründung der ÖVP-Salzburg im Mai 1945. Quellenkritik zur Gründungsgeschichte, in: Salzburg. Geschichte & Politik. Mitteilungen der Dr.-Hans-Lechner-Forschungsgesellschaft 2/1991, S. 83–109.

ROBERT KRIECHBAUMER, Der Fall Bert Brecht – Gottfried von Einem. Zu einem Kapitel der Kulturgeschichte des Kalten Krieges, in: Zeitgeschichte 7/1981, S. 292–300.

ROBERT KRIECHBAUMER, Von der Illegalität zur Legalität. Gründungsgeschichte der ÖVP, Wien 1985.

ILSE LACKERBAUER, Das Kriegsende in der Stadt Salzburg im Mai 1945 (Militärhistorische Schriftenreihe 35), Wien 1985.

Land Salzburg, 20 Jahre Arbeitsmarktverwaltung 1945–1964, Salzburg 1965.

Lebendiges Salzburg. Sieben Jahre Aufbau 1945–1952. Hg. v. d. Landeshauptstadt Salzburg, Salzburg 1952.

MICHAEL LEHRER, Wohnbaupolitik im Bundesland Salzburg 1945–1984. Phil.-Diss., Salzburg 1989.

FRIEDRICH LEITICH, Salzburger Stadtwerke. Geschichte der städtischen Versorgungs- und Verkehrsbetriebe, Salzburg 1990.

FRIEDRICH LEITICH, Salzburg Airport. 60 Jahre Städtischer Flugplatz. Geschichte der Luftfahrt im Raume Salzburg, 2. Aufl., Salzburg 1992.

GERHARD LINDINGER, Der Städtische Verkehr im Wandel der Jahrhunderte, in: HEINZ DOPSCH (Hg.), Vom Stadtrecht zur Bürgerbeteiligung. Festschrift 700 Jahre Stadtrecht in Salzburg (SMCA-Jahresschrift 33), Salzburg 1987, S. 302–317.

GUNTER MACKINGER, Die elektrische Lokalbahn in Salzburg (Bahn im Bild 84), Wien 1992.

WOLFGANG MAIER, Die soziale und wirtschaftliche Situation in Salzburg 1945, Hausarb. am Institut für Geschichte der Universität Salzburg, Salzburg 1969.

ERICH MARX (Hg.), Bomben auf Salzburg. Die „Gauhauptstadt" im „totalen Krieg" (Schriftenreihe des Archivs der Stadt Salzburg 6), 3. Aufl., Salzburg 1995.

SEBASTIAN MEISSL, KLAUS-DIETER MULLEY und OLIVER RATHKOLB (Hg.), Verdrängte Schuld, verfehlte Sühne. Entnazifizierung in Österreich 1945–1955, Wien–München 1986.

ELISABETH MORAWEK und JOHANN BURGER (Hg.), 1945–1995. Entwicklungslinien der Zweiten Republik (Informationen zur politischen Bildung), Wien 1995.

KARL MÜLLER, Zäsuren ohne Folgen. Das lange Leben der literarischen Antimoderne Österreichs seit den 30er Jahren, Salzburg 1990.

LUDWIG NETSCH, Stadtchronologie ab 1945 in zwei Bänden, Salzburg 1981.

ANTON NEUMAYR, Das schaffende Salzburg, in: Österreichische Gemeindezeitung 6/1946.

Österreichische Turn- und Sportunion, Landesverband, Festschrift zur Eröffnung der Landes-Turn- und Sporthalle der Österreichischen Turn- und Sport-Union Salzburg, 19. bis 21. September 1952, Salzburg 1952.

FRANZ PAGITZ, 125 Jahre Handelskammer Salzburg 1850–1975, Salzburg 1975.

ROBERT PETERTILL (Red.), Zehn Jahre Österreichisches Rotes Kreuz, Landesverband Salzburg, Salzburg 1955.

FRANZ PEYERL, Aus der Illegalität ins Licht des Tages, in: Arbeiterkalender, Wien 1953.

Das politische, soziale und wirtschaftliche System im Bundesland Salzburg. Festschrift zum Jubiläum Vierzig Jahre Salzburger Landtag in der Zweiten Republik (Salzburg Dokumentationen 87), Salzburg 1985.

Praktischer Salzburger Stadtführer und Geschäftsweiser, [Salzburg 1949].

Julius Pupp, Staatsbrücke Salzburg 1949. Denkschrift anläßlich der Fertigstellung der Staatsbrücke in Salzburg, Salzburg 1949.
Otto H. Rainer, Camp Roeder – Camp Truscott (Salzburger Militärgeschichte 11), Salzburg 1995.
Manfried Rauchensteiner, Der Krieg in Österreich 1945, 3. Aufl., Wien 1985.
Manfried Rauchensteiner, Der Sonderfall. Die Besatzungszeit in Österreich 1945 bis 1955, Graz–Wien–Köln 1979.
Viktor Reimann, Die Dritte Kraft in Österreich, Wien–München–Zürich–New York 1980.
Franz Ruedl, Arbeite – Sammle – Vermehre. Salzburger Sparkasse 1855 bis 1955, Salzburg [1955].
Salzburg 1945–1955. Zerstörung und Wiederaufbau. Begleitbuch zur gleichnamigen Ausstellung des Salzburger Museums Carolino Augusteum in Zusammenarbeit mit dem Verein „Salzburger Wehrgeschichtliches Museum" (SMCA-Jahresschrift 40/41, 1994/95), Salzburg 1995.
Salzburg – Kleinod von Österreich. Die Aufbauleistungen des Landes 1945–1955. Hg. Salzburger Landesregierung, Salzburg 1955.
Salzburg. Kur- und Kongreßstadt Salzburg. Kongreßhaus-Paracelsusbad, 1953–1957. Werden und Gestaltung, Salzburg 1957.
Salzburg. Land und Stadt. Generalinformation, Salzburg [1960].
Salzburg ist eine Reise wert (Alpen-Journal), Salzburg [1953].
Salzburg und das Werden der Zweiten Republik. VI. Landes-Symposion am 4. 5. 1985 (Salzburg Diskussionen 7), Salzburg 1985.
Salzburger Athletik-Sportklub, Festschrift anläßlich des fünfunddreißig und dreißig-jährigen Bestandes der beiden ältesten Sportvereine Salzburgs SAK 14 / 1. SSK 19, Salzburg 1949.
Salzburger Kulturvereinigung, Salzburger Kulturtage, 12. bis 25. Oktober 1972 anläßlich des fünfundzwanzigjährigen Jubiläums der Salzburger Kulturvereinigung und des zwanzigjährigen Bestehens des Konzertrings, Salzburg 1972.
Salzburger Stadtwerke, Fuschlsee-Projekt. Bericht und Antrag an den Gemeinderat der Landeshauptstadt Salzburg, Salzburg 1955.
Salzburgs Aufbautätigkeit. Führer durch die Ausstellung auf der Festung Hohensalzburg, 27. Juli bis 31. August 1949, Salzburg 1948.
Franz Schausberger (Hg.), Im Dienste Salzburgs. Zur Geschichte der Salzburger ÖVP, Salzburg 1985.
Peter Schernthaner, Andreas Rohracher. Erzbischof von Salzburg im Dritten Reich (Schriftenreihe des Erzbischof-Rohracher-Studienfonds 3), Salzburg 1994.
Franz Schirlbauer und Franz Ruedl (Red.), 125 Jahre Stadtverein Salzburg 1862–1987, Salzburg 1987.
Gerhard Schmidt, Patrioten, Pläne und Parteien. Das Werden der Österreichischen Volkspartei und ihrer Bünde im Bundesland Salzburg vom 30. 4. 1945 bis zu den ersten Nationalratswahlen am 25. 11. 1945, Salzburg 1971.
Josef Schramm (Bearb.), Große Ausstellung „Zeitgemäße Salzburger Wohnkultur", 14. bis 29. August 1948, Salzburg [1948].
Christine Schweinöster, Archäologie des Radios im Salzburg. Vom Sprecherkabinett zum Landesstudio Salzburg (1925–1972). Phil.-Dipl. Arb., Salzburg 1989.
Otto Schuppich, Kommentar zum Wohungsanforderungsgesetz in der Fassung der Wohnungsanforderungsgesetznovelle 1949, Wien 1949.
Elisabeth Simm, Literatur in Salzburg seit 1945. Literaturpolitik, literarische Initiaten und ihre Öffentlichkeit. Dipl.-Arb., Salzburg 1994.
Joseph T. Simon, Augenzeuge, Wien 1979.
Hans Spatzenegger und Hans Widrich (Hg.), Hirten im Wiederaufbau, Salzburg 1977.
Hans Spatzenegger (Hg.), In memoriam Andreas Rohracher, Salzburg 1979.
Hans Spatzenegger, Die Katholische Kirche von der Säkularisation (1803) bis zur Gegenwart, in: Heinz Dopsch und Hans Spatzenegger (Hg.), Geschichte Salzburgs II/3, Salzburg 1991, S. 1249–1520.
Stadtgemeinde Salzburg (Hg.), Kinderheim und Kindergarten Itzling der Stadtgemeinde Salzburg, Salzburg 1950.

DIETER STIEFEL, Entnazifizierung in Österreich, Wien–München–Zürich 1981.
ILSE STOHL, Rundfunk in Salzburg von Juni 1945 bis 1954. Der Sender Rot-Weiß-Rot in Salzburg während der amerikanischen Besatzungszeit. Phil.-Diss., Salzburg 1988.
RUDOLF STRANZINGER, Die Stellung der politischen Parteien zum Wohnungsproblem in Österreich (1945–1960) unter besonderer Berücksichtigung der Situation in Salzburg. Hausarb. am Institut für Geschichte der Universität Salzburg, Salzburg 1974.
CHRISTIAN STRASSER, The Sound of Klein-Hollywood. Filmproduktion in Salzburg – Salzburg im Film, St. Johann–Wien 1993.
WILHELM SVOBODA, „… vorbehaltslos meine Pflicht erfüllt". Das Internierungslager Glasenbach (Camp Marcus W. Orr), in: Zeitgeschichte 1–2/1995, S. 3–29.
MARTINA SWOBODA, Salzburger Kinos im Spiegel der Stadtgeschichte. Phil. Dipl.-Arb., Salzburg 1992.
DONALD G. TAGGART (Hg.), History of the Third Infantry Division in World War II, Nashville 1987.
ROLAND TENSCHERT, Salzburg und seine Festspiele, Wien 1947.
ERIKA THURNER, „Nach '45 war man als ‚Rote/Roter' auch ein Mensch". Der Wiederaufbau der Salzburger Sozialdemokratie nach 1945, Wien–Zürich 1990.
ERIKA THURNER, Von der Gauhauptstadt zur „offenen Stadt" – Das Jahr 1945, in: HEINZ DOPSCH (Hg.), Vom Stadtrecht zur Bürgerbeteiligung. Festschrift 700 Jahre Stadtrecht in Salzburg (SMCA-Jahresschrift 33), Salzburg 1987, S. 259–273.
Eduard Paul Tratz, Fünfundzwanzig Jahre Haus der Natur (1924 bis 1949), Salzburg 1949.
KURT TWERASER, US-Militärregierung Oberösterreich 1 (Beiträge zur Zeitgeschichte Oberösterreichs 14), Linz 1995.
ANNELIESE UHLIG, Rosenkavaliers Kind. Eine Frau und drei Karrieren, München 1977.
REINHOLD WAGNLEITNER, Der kulturelle Einfluß der amerikanischen Besatzung in Salzburg, in: EBERHARD ZWINK (Hg.), Salzburg und das Werden der Zweiten Republik, (Salzburg Diskussionen 7), Salzburg 1985, S. 47–58.
REINHOLD WAGNLEITNER, Coca-Colonisation und Kalter Krieg. Die Kulturmission der USA in Österreich nach dem Zweiten Weltkrieg (Österreichische Texte zur Gesellschaftskritik 52), Wien 1991.
HARALD WAITZBAUER, Thomas Bernhard in Salzburg. Alltagsgeschichte einer Provinzhauptstadt 1943–1955 (Schriftenreihe des Forschungsinstituts für Politisch-Historische Studien der Dr.-Wilfried-Haslauer-Bibliothek 3), Wien–Köln–Weimar 1995.
BARBARA WALLY (Hg.), Die Ära Kokoschka. Internationale Sommerakademie für Bildende Kunst Salzburg 1953–1963, Salzburg 1993.
THOMAS WEIDENHOLZER, Die Salzburger SPÖ nach 1945. Ihre Ideologie, organisatorische Entwicklung und Praxis am Beispiel der Ernährungsfrage. Hausarb. am Institut für Geschichte der Universität Salzburg, Salzburg 1982.
ERIKA WEINZIERL, 25 Jahre Geschichte der Stadt Salzburg, in: 25 Jahre Gemeinderat, Salzburg 1971, S. 7–16.
ERIKA WEINZIERL und KURT SKALNIK (Hg.), Österreich. Die Zweite Republik, Graz–Wien–Köln 1972.
WILHELM WEITGRUBER, Salzburg und seine Bahn, Salzburg 1987.
URSULA WEYRER, „Das Silberboot". Eine österreichische Literaturzeitschrift (1935–36, 1946–1952) (Innsbrucker Beiträge zur Kulturwissenschaft, Germanistische Reihe 22), Innsbruck 1984.
DONALD R. und FLORENTINE E. WHITNAH, Salzburg under Siege. U. S. Occupation, 1945–1955 (Contribution in Military Studies 120), New York–London 1991.
Wie Salzburg übergeben wurde, in: Florida Echo, Miami, 8. März 1953.
Widerstand und Verfolgung in Salzburg 1934–1945. Eine Dokumentation, hg. vom Dokumentationsarchiv des österreichischen Widerstandes 1 und 2, Wien–Salzburg 1991.
THOMAS ZAUNSCHIRM, Die Fünfziger Jahre, München 1980.
Zehn Jahre Kammer für Arbeiter und Angestellte Salzburgs 1946–1956, Salzburg 1956.
Zehn Jahre Zentralberatungsstelle der Volksdeutschen in Salzburg, Salzburg 1959.
Zwanzig Jahre ÖGB Salzburg. Freiheit Arbeit Wohlstand 1945–1965, Salzburg 1965.

Autorenverzeichnis

INGRID BAUER, Mag. phil, Dr. phil., Leiterin der Forschungsgemeinschaft Boltzmann-Institut/Steinocher-Fonds; Ass. am Institut für Geschichte der Universität Salzburg.

CHRISTOPH BRAUMANN, Dipl.-Ing., Dr. techn., Raumplaner beim Amt der Salzburger Landesregierung.

CHRISTIAN DIRNINGER, Mag. Dr. phil., Ass.-Prof. am Institut für Geschichte der Universität Salzburg.

MARKO FEINGOLD, ehem. Präsident der Israelitischen Kultusgemeinde Salzburg.

HILDEMAR HOLL, Bibliothekar am Institut für Germanistik der Universität Salzburg.

KARL HANDL, Dr. med., Facharzt für Zahnheilkunde i. R., Salzburg.

GERT KERSCHBAUMER, Dr. phil., Publizist und BHS-Lehrer, Salzburg.

PETER F. KRAMML, Dr. phil., Archivar am Archiv der Stadt Salzburg.

ILSE LACKERBAUER, Dr. phil., Amt der Salzburger Landesregierung.

WALTER LEITNER, Landesrat a. D., Salzburg.

GUNTER MACKINGER, Betriebsleiter der Salzburger Lokalbahn.

ERICH MARX, Dr. phil., Leiter des Archivs der Stadt Salzburg.

GERHARD PLASSER, Dr. phil., Kunsthistoriker, Salzburg.

MARGIT ROTH, Dr. phil., Univ.-Doz. am Senatsinstitut für Politikwissenschaft der Universität Salzburg.

HELMUT SCHLIESSELBERGER, Mag. phil., Redakteur, Salzburger Nachrichten, Redaktion Wien.

HANS SPATZENEGGER, Dr. jur., Leiter der Redaktion Kultur/Wissenschaft im ORF-Landesstudio Salzburg.

HARALD STARKE, Ing., Dr. phil., Archiv der Stadt Salzburg.

REINHOLD WAGNLEITNER, Univ.-Doz., Dr. phil., Ass.-Prof. am Institut für Geschichte der Universität Salzburg.

HARALD WAITZBAUER, Dr. phil., Publizist, Salzburg.

THOMAS WEIDENHOLZER, Mag. phil., Archivar am Archiv der Stadt Salzburg.

Register

—A—

Aachen 96
Ableitner, Augustin 438
Abtreibung 58, 455
Achter Dezember 298, 446, 486
Adalbert-Stifter-Gemeinde 234, 275, 279, 310, 455
Adelsberger, Rudolf 268
Adlhart, Jakob 282, 310, 345, 354, 398
Adrian, Karl 316, 386
Aero-Club 330
Aicher, Hermann 374
Aigen 30, 40, 126, 198, 215, 253, 258, 261, 265, 282, 284, 279, 299, 305, 306, 323, 329, 342, 347, 358, 359, 362, 378, 382, 383, 404, 408, 416, 420, 463, 464, 474, 479
Aiglhof 23, 24, 27, 34, 177, 369
Aiglhofstraße 25, 344, 406
Aigner Park 421
Aigner Straße 126, 186, 292
Akademische Burschenschaft 441
Akademische Sängerschaft 174, 383
AKOG 355
Aktionskomitee Kinderheim Itzling 367
Albach-Retty, Wolf 310
Albanien 47
Albus 114, 328
Alkohol 26, 45, 71, 103, 106, 169, 234, 323, 453
Alkoholgegnerbund 281
Allen, George 11
Allgemeine Unfallversicherungsgesellschaft 302
Alliierter Rat 214, 216, 235, 314, 420
Alpenfestung 17
Alpenjournal 164, 230
Alpensiedlung 89, 90, 318, 351
Alpenstraße *siehe auch* Lager 71, 84, 90, 93, 117, 122, 126, 214, 240, 267, 270, 286, 288, 314, 318, 320, 321, 333, 337, 342, 370, 390, 413, 421, 478, 486
Alpinia 290, 330, 364, 365, 376, 452, 467
Alter Markt 32, 119, 128, 139, 141, 153, 194, 205, 206, 228, 236, 253, 256, 265, 278, 287, 293, 313, 316, 375, 376, 391, 416, 437, 449
Altersehrung 460
Altersheim 79, 223, 242
Altkatholiken 302
Altstadt 119, 121, 122, 128, 132, 154, 156, 208, 290, 298, 321, 358, 359, 369, 420, 424, 437, 463, 469, 472, 474, 476
Amanshauser, Gerhard 166, 167, 168, 396, 471
Ambulatorium 141, 412

American-Austrian-Friendship-Society 324
Amerikahaus 139, 425, 438, 449, 460, 467, 483
Ami-Mädel 34, 58, 106, 141, 196, 364, 378, 403, 484
Amminger, Heinrich 480
Amnestie 82, 99, 100, 249, 283, 370, 382, 386
Amsterdam 382
Andergast, Maria 393
Andersen, Christian 441
Andersen, Lale 365
Andräviertel 178, 455
Andreas-Hofer-Statue 337
Angeli, Pier 376
Anif 31, 80, 349, 352, 406
Anouilh, Jean 272
Anschluß 75, 80, 163
Anthering 116, 258
Anthroposophische Gesellschaft 174
Anton-Hochmuth-Straße 186
Anzengruber, Ludwig 166
Apotheke 27, 376, 421
Apothekerhof 385
Arbeiterheim Maxglan 308, 334
Arbeiterkammer *siehe* Kammern
Arbeitsamt 44, 54, 198, 221, 233, 316, 466
Arbeitsgemeinschaft für die Stadtplanung Salzburg 121
Arbeitsgericht 253, 291
Arbeitsgruppe 4 434
Arbeitspflicht 196–199, 214, 222
Arbeitszeit, 48-Stunden-Woche 302
ARBÖ 358, 363, 379, 466, 486
Architektenwettbewerb 122, 242, 251, 257, 263, 351, 430, 434, 437
Arenberggründe 347, 368, 430
Arenbergstraße 302
Argentinien 279, 390
Arisierung 221
Arleth, Emmerich 235
Armenstiftung der Stadt Salzburg 487
Arnold, Howard 460
Arnold, William H. 408, 412, 421, 451, 454, 460, 471, 480–482
Artilleristentreffen 420
Arzt 31, 42, 50, 80, 96, 98, 404
ASKÖ 324
Assicurazioni Generali 127, 377, 396, 416
Associated Press 10
ASVG 478
Atomenergie 460
ATSV 217, 231, 270, 277
ATSV-Bürmoos 313
Auditorium Academicum 167, 425
Auerspergstraße 218, 348, 422
Auffenbergstraße 218

Augustinergasse 34, 41, 97, 293, 411, 463
Aula Academica 168, 217, 318, 321, 363, 384, 395, 398, 401, 463, 480, 485
Auschwitz 75, 92
Ausländer 31, 57, 68, 71, 74, 77, 104, 214, 222, 233, 276
   Abschiebung 221
   Kasernierung 104, 221
   Probleme 221
   Versorgung 29, 51
Äußerer Stein 225, 314
Außerleitner, Paul 303
Ausspeisung 48, 137, 169, 242, 257, 271, 278, 288, 297, 299
Ausstellung
   Altes Vorbild – Neues Schaffen 238
   Altstoff ist Rohstoff 346
   Amerika – Heute und morgen 390
   Aquarien- und Terrarien-Ausstellung 324
   Art-Club Österreich 161, 338
   Automobile Superhighways in America 139
   Autos 283, 420, 474
   Bildende Künstler Österreichs 360
   Blumenschau 344
   Buchausstellung 297, 318
   Buchwoche 484
   Current News Pictures – U. S. and Austria 139
   Die Ehrenbürger der Landeshauptstadt Salzburg 439
   Die Tracht ins Volk – das Volk in die Tracht 439
   Dult 451, 476
   ERP 312, 333, 362
   Export-Musterschau 268
   Faistauer Anton 286
   Fensehausstellung 432
   Fotoausstellung 286, 355
   Funkhaus Salzburg 430
   Generalregulierungsplan 268
   Hans Makart und seine Zeit 446
   Harta Albrecht Felix 452
   How America Lives 139
   Hundeausstellung 304, 329, 479
   Hundert Jahre Salzburger Liedertafel 272
   Inhauser Friedrich und Ellen 478
   Internationale Briefmarkenausstellung 410
   Internationale Graphik 161
   Jahresschau des Kunstvereins 443
   Jugendbuch 334
   Karl-May-Schau 324
   Kinderzeichnungen 334
   Kirchenbau der Gegenwart 464
   Klimt Gustav 247
   Kokoschka Oskar 342, 447, 472
   Kolig Anton 288
   Kraft für den Frieden 408

Ausstellung *Fortsetzung*
   Krippenausstellung 485
   Kunstschätze (deponiert im Salzbergwerk Hallein) 200
   Kurhaus-Projekte 251
   Landesausstellung 333
   Leben im Lager Parsch 235
   Lehmann Arno 415
   Leistungsschau der Heimatvertriebenen und Flüchtlinge in Österreich 390
   Leistungsschau der ÖBB 406
   Lurcat Jean 416
   Manzù Giacomo 447, 471
   Mayburger Josef 393
   Meisterwerke französischer Grafik 233
   Meisterwerke österreichischer Maler des XX. Jahrhunderts 330
   Moderne Kunst Österreichs 414
   Musterschau Salzburger Kunstgewerbe 228
   Muthspiel Agnes 453
   Nonntaler Realgymnasium 412
   Opera in America 139
   Österreichische Barock-Kunst 284
   Österreichische Kunst der Gegenwart 390
   Österreichische Plastik 1900–1950 161, 362
   Paracelsus 367
   Passionsspielgemeinde 267
   Picturama-Bilder 308
   Rottmayr Johann Michael 443
   Rund um das Baugewerbe 367
   Salz als Kulturquell 363
   Salzburg in alten Ansichten 421
   Salzburger Kleid und Tracht 329
   Salzburger Künstler 217
   Salzburger Passionsspielgemeinde 267
   Sattler Hubert 238
   Schiele Egon 247
   Schneider-Manzell Toni 453
   Schülerarbeiten der Internationalen Sommerakademie 451
   Sechs Meister der Feder 281
   Segelflugzeug 326, 382, 410
   Sieben Jahre Wirtschaftsaufbau 377
   So möchte ich wohnen 379
   Sommerakademie 451
   Spitzenobjekte des Museums C. A. 383
   Steinhart Anton 264, 453
   Thöny Wilhelm 224, 416
   Thorak Josef 161, 330
   US Information Center 139
   USFA-Nachrichtentruppe 404
   Vereinigung zur Förderung volksnaher Kunst 360
   Verhütet Verkehrsunfälle 258
   Volksdeutsche 296
   Waldmüller Ferdinand 412
   Walt Disney Cartoons 139

Ausstellung *Fortsetzung*
   Wiederaufbau 288
   Wohnbau 345
   Wohnwunder 240
   Wotruba Fritz 161, 333
   Zeitgemäße Salzburger Wohnkultur 290
   Zum Ausklang des Goethe-Jahres 319
   Zwei Jahrhunderte amerikanische Malerei 300
Australien 71, 432, 467, 487
Austria Posi House 65
Austria Salzburg 205, 217, 313, 323, 338, 342, 374, 396, 412, 430, 441, 444, 474
Austro-amerikanischen Gesellschaft der Kulturfreunde 219
Austrofaschismus 440
Auswanderer 353, 432, 467, 487
Ausweger, Josef 218, 228, 236, 248, 339, 367, 483
Auto
   Autohändler 282, 316, 324, 403, 487
   Automarke
      DKW 153, 416
      Jeep 11, 53, 59, 152, 186
      Goggomobil 481
      Hudson 362
      Mercedes 127, 316, 373, 403, 481
      Opel 153
      Steyr 153
      Olympia 316
      Porsche 362
      Volkswagen 153, 316, 395, 424
   Sanitätsauto 76
   Straßenkreuzer 154
Autobahn 122, 139, 157, 264, 291, 296, 311, 320, 322, 330, 355, 366, 377, 379, 383, 412, 441, 448, 466
Autobus 226, 347, 353, 405
   Autobushaltestelle 353
   Autobuslinie 217, 320, 342, 353, 354
   Autobusverkehr 226, 269, 270, 328
   Lotsendienst 474
   Parkplatz Nonntal 477
Autobusbahnhof 112, 117, 122, 152, 352, 364, 380, 441
Automatik-Haft 85, 89
Autorennen 424, 481
Autorenwettbewerb 166
Autosalon 403, 487
AVA-Haus 127, 403
Avantgarde 235
AYA-Bad 326, 334

—B—

Bacher, Gerd 349
Bacher-Bande 408
Bachmann, Ingeborg 438

Bäck, Alfred 127, 132, 373, 422, 430, 431, 437, 452
Bad Ischl 288, 362
Bad Reichenhall 324, 338, 376, 402
Baden Powell of Gilwell 362
Bäderbau-Abgabe 414, 416, 435
Badergäßchen 130, 131, 401
Badgastein 345, 396
Bahn *siehe auch* ÖBB
   Bahnbus 353
   Bahnanlagen 108, 120
   Bahnlinie 117, 120, 199, 202
   Bahnlinienprojekt 376
   Bahnsteigkarte 353
   Bahnübergang 364
   Eisenbahnbau 75
   Frachtverkehr 27
   Tariferhöhung 364
Bahnhof
   Gnigl 191
   Hauptbahnhof 59, 91–93, 95, 97, 100, 114, 118, 120–123, 198, 202, 218, 219, 231, 246, 273, 279, 297, 310, 312, 320, 329, 325, 333, 353, 361, 364, 370, 383, 395, 399, 406, 420, 421, 424, 425, 432, 459, 460, 467, 468, 476, 482, 486, 487
   Itzling 104
   Lokalbahnhof 200, 364, 425
   Lokalbahnhof Nonntal 364, 426, 443
   Kleßheim 186
   Linz 310
   Parsch 59, 225
   Verschubbahnhof 463
   Wiener Neustadt 93, 100, 204, 261
Bahnhofsmission 178
Bahnhofsrestauration 302
Bahnhofviertel 431
Bahr, Hermann 253, 343, 434
Bahr-Mildenburg, Anna 253
Baier, Hedy 478
Balde, Herta 374
Ballett 308, 374, 416
Ballonpostflug 411
Balser, Ewald 237, 474
Balthasar, Stephan 44
Bamer, Edmund 425, 437
Bankhaus Berger & Co. 461
Bankhaus Spängler 298, 300
Bankwesen 74, 109, 110, 198, 275, 324, 461
Baptisten 325
Baracken *siehe auch* Behelfsheim, Wohnen 46, 62, 65, 67, 68, 71, 73, 77, 87, 89, 90, 102, 125, 200, 216, 221, 252, 284, 286, 312, 326, 373, 380, 390, 447, 458, 480
Barenboim, Daniel 452
Bärengäßchen 396
Bargezzi, Maria 487
Barker, George 276

Barmherzige Brüder 207, 303, 329, 345
   Krankenhaus 69, 345
Barmherzige Schwestern 181
Baron, Ludwig Marcel 449
Baron-Schwarz-Park 380, 410
Baseball 229, 316
Basketball 449, 474
Die Bastei 377
Baudouin, König der Belgier 391
Bauer, Günther 326
Bauer, Otto 279
Bauern 51, 102, 104, 105, 194, 202, 247, 281, 318, 355
Bauer-Theußl, Franz 459
Baufirma
   Heinz 355
   Rosenberger 355
Baumann, Oskar 374
Bäumer, Eduard 297, 372
Baumfällung 266, 303, 391
Baumgartner, Walter 437
Baumpflanzung 406
Bausparerheim 305
Bayerhamerstraße 257
Bayerisch Gmain 182
Bayern 91, 97, 103, 114, 116, 221, 224, 370, 404
Bayr, Rudolf 164
Bayrhammer, Simon 346
BDM 207
Bebel, August 281
Beck, Gustav Kurt 161
Becker, Arthur A. 233
Becker, Maria 288
Becker, Paul 164, 233, 278, 288, 340
Becvar, Josef 127, 136, 364, 390, 391, 395, 419, 425, 431, 437, 443, 451, 452
Beethoven, Ludwig van 264, 288, 311
Behelfsheim 60, 65
Behrens, Peter 330
Beinsteiner, Sigmund 60, 218
Belgien 77, 92, 96, 250, 299, 314, 342
Benesch, Harald 242
Berber, Adi 321
Berchtesgaden 116, 265, 303, 305, 338, 353, 373, 402
Berchtesgadner Land 219
Berchtold-Gründe 375, 412
Berchtold-Villa 284
Berg, Alban 160, 361
Berg, Karl 181, 276
Bergenkreis 484
Berger, Raimund 438
Bergheim 69, 116, 193, 250, 322, 346, 391
Berghöfer, Rudolf 235
Bergmann, Ingrid 337
Bergstraße 216, 317, 323, 348, 480
Bergturnfest 240

Bergwerk 100
Berlin 17, 44, 98, 161, 166
Berliner Konferenz 438
Bern 355
Bernau, Alfred 233, 265, 291
Bernhard, Thomas 146, 158, 167, 168, 398, 424, 455, 456, 458, 466, 471
Berry, Walter 430
Bertoni, Wander 338
Berufsregister 282
Berufsvereinigung bildender Künstler 453, 483
Besatzungskinder 276, 378, 435
Besatzungskosten 481
Bessarabierstraße 312
Bethouart, Emile-Marie 212
Betreuungsstelle für ehemalige politisch Verfolgte 292
Betriebe *siehe* Firma
Betriebsrätekonferenz 438
Bewirtschaftung 103, 242
   Ablieferungspflicht 104, 106, 200, 202, 227, 247
   Aufhebung 51, 107, 314, 316
   Baumaterial 64, 65, 214
   Bezugsmarken 89, 252, 314, 316
   Fleischlose Tage 169, 364, 368
   Lebensmittelkarte 24, 46, 47, 50, 51, 55, 76, 92, 106, 191, 197, 199, 200, 251, 269, 276, 309, 316, 334
   Preisregelung 105–107, 196, 283, 286, 290
   Raucherkarte 235
   Verstoß 51, 106
Bezirksgericht 205
Bibliothek 68, 139, 163, 177
Bichler (Austria Salzburg) 217
Bildende Kunst *siehe auch* Ausstellungen 158, 161, 307, 358, 360, 376, 385, 390, 415, 453, 463, 471, 483
Bildungshaus Hefferhof 380
Binder, Bimbo 237
Birkle, Albert 377
Bischof, Karl 219
Bischofshofen 278
Bischofsjubiläum 377
Bischofskonferenz 228, 240
Bischofssaal 261
Bischofsweihe 391
Bismarckstraße 218
Bistany, V. 257
Bizet, George 203
Blaas, Erna 163
Blacher, Boris 332
Blasiczek (Austria Salzburg) 217
Blok, Aleksander 164
Blue Danube Network 138, 204, 475, 482
Blue Jeans 141
Blühm, Karl 401

Blumenkorso 358, 359
Böckl, Herbert 330
Bogner, Ludwig 195, 198, 230, 283, 300, 310
Böhacker, Julius 401, 405
Böhm, Karl 235, 248, 277, 280, 286, 332, 361, 416, 433, 449, 472
Böhm, Maxi 248, 277, 280, 286
Böhm, Richard 235, 280, 433
Bolesch, Otto 457
Bomben *siehe auch* Luftschutz
   Evakuierte 67
   Fund 369
   Luftangriff 19, 40, 45, 108, 121, 124, 191, 206, 215, 396
   Opfer 40, 54, 191, 257, 303, 385
   Schaden 46, 60, 64, 65, 86, 92, 108, 114, 120, 121, 123, 124, 127, 130, 132, 135, 169, 178, 196, 201, 202, 204, 206, 210, 214, 218, 223, 226, 233, 240, 242, 245, 247, 251, 256, 257, 261, 263, 268, 273, 286, 298, 299, 302, 303, 308, 310, 313, 317, 318, 321, 322, 344, 348, 349, 350, 364, 368, 369, 375, 377, 396, 401, 406, 423, 430, 432, 436, 463, 479, 486
Bondarenko, Iwan 219
Borchert, Wolfgang 319
Bordell 60, 146, 441
Bork, Max von 18, 20, 191
Borromäum 204, 242, 251, 308, 321, 330, 362, 425, 465
Borromäuswerk 177
Bösmüller, Josef 368
Botanischer Garten 458, 466
Boxber, Friedrich 441
Boxclub Salzburg 342, 411
Boxen 231, 257, 342, 346, 364, 378, 411
Brader (Austria Salzburg) 217
Bradl, Sepp 85, 255
Bradley, Omar N. 407
Brand 200, 222, 252, 283, 301, 306, 316, 318, 321, 325, 326, 345, 456, 463, 467
Brandauer, Karoline 431, 441
Brandauer, Kuno 417, 463
Brandstätter, Louis 200, 437
Brasilien 390
Brauchtum 239, 451, 463
   Adventsingen 344, 398, 485
   Alpinia 290, 330, 364, 365, 376, 452, 467
   Aperschnalzen 322, 404
   Bauernreiten 261
   d'Gaisberger 321
   Fackeltanz 386, 387, 415, 448, 472
   Fahnenschwingen 322, 404
   Fahnenweihe 392, 462, 476, 480
   Festungskirtag 258
   Festzug 180, 291, 306, 364–366, 386, 390, 417, 420, 441, 480

Brauchtum *Fortsetzung*
   Glöcklerlauf 321
   Heimatabend 290, 330, 452
   Heimatverein Almfrieden 333
   Historische Trachtenhochzeit 364
   Jung-Salzburg 329, 352
   Krampusumzug 275
   Küfertanz 290
   Landesfest 417
   Rundfunksendungen 145
   Sonnwendfeier 412, 469
   Trachtenfest 290, 291, 333, 364, 365, 386, 390, 417, 476
   Trachtenschau 439
   Trachtenverein d' Hohensalzburger 446
   Turmblasen 488
   Volkstanzen 290, 329, 405, 408, 417
   Volkstumswoche 290, 291
Brauerei 29, 228, 282
   Guggenthal 393
   Sternbrauerei 347
   Stieglbrauerei 171, 219
Braun, Curt J. 281
Braun, Elmer H. 257
Braun, Felix 420
Brausebad 64, 132, 296, 323, 334
Brecht, Bert 139, 158, 160, 166, 167, 367
Brehm, Bruno 164
Breitenfelder, Max 444
Breiter, Herbert 338, 372, 441
Breitner, Burghart 352, 393, 399
Brem, Beppo 323
Bremen 376
Bremerhaven 151
Bresgen, Cesar 279, 378, 441
Brettenthaler, Josef 342, 430
Breuer, Siegfried 278
Brindlinger, Hermine 238
Britten, Benjamin 332, 484
Broadway 146
Broch, Hermann 164
Brodgasse 323
Bruch, Max 203
Bruck an der Glocknerstraße 178, 303
Brück, Stefanie 213
Brücke
   Alterbachbrücke 459
   Autobahnbrücke 303, 332, 448
   Baron-Schwarz-Brücke 375
   Eichstraßenbrücke 346
   Eisenbahnbrücke 12, 19, 120, 191, 195, 303, 351
   Ennsbrücke 325, 411
   Lehener Brücke 123, 303, 322, 346, 348, 367, 399, 453, 488
   Makartsteg 188, 297, 453
   Mozartsteg 142, 190, 312, 343
   Müllner Steg 206, 446, 479

Brücke *Fortsetzung*
  Nonntaler Brücke 268, 322, 329, 426
  Plainbrücke 369, 370
  Saalachbrücke 12, 19, 191, 230, 370
  Salzachbrücke 120
  Schwabenwirtsbrücke 351, 370
  Staatsbrücke 13, 16, 118, 119, 153, 154, 155, 191, 193, 209, 273, 282, 306, 310, 311, 329, 330, 399, 400, 416, 437
Bruckner, Anton 318
Brugger, Walter 385
Brunauer, Johann 248
Brunnhausgasse 478
Brunnhaushof 132–134
Brüssel 328
Buchberger (SAK 1914) 217
Buchberger, Marianne 480
Buchenwald 75, 76
Bücherverbrennung 163, 166
Büchner, Georg 159
Buchner, Hermann 468
Buchwoche 297, 318, 342, 430, 484
Buckelreuthstraße 484
Budapest 74
Buhl, Hermann 425
Bühnenbild 288, 332, 362, 434, 449, 451, 472
Buismann (SAK 1914) 385
Bukowina 353
Bulgaren 31
Bund der politisch Verfolgten 292
Bund österreichischer Patrioten 174, 480
Bundesdenkmalamt 266, 323, 348, 368
Bundesheer 187, 476, 480–482
Bundeshymne 485
Bundesministerium
  Finanzministerium 157
  Innenministerium 187
  Ministerium für Handel und Wiederaufbau 65, 187
  Ministerium für Unterricht 68
  Ministerium für Volksernährung 47, 51, 169, 246
  Unterrichtsministerium 390, 463
Bundesregierung 61, 182, 196, 215, 266, 283, 306, 319, 349, 358, 363, 392, 399, 401, 433, 434, 438, 445, 456
Burger, Alfred 219
Bürgerbriefverleihung 370
Bürgermeisterwahl 229, 319, 373
Bürgerrechtsverleihung 257
Bürgerspital 401, 416, 461
  Friedhof 132, 411
  Gotischer Saal 463
  Pfarrhof 128, 131, 132, 463
Bürgerspitalplatz 127, 133, 403
Bürgerwehrsöller 323
Bürglsteinstraße 115
Busparkplatz Nonntal 474, 477

Busta, Christine 166, 456
Bürmoos 313

—C—

Café *siehe auch* Lokale
  Am Neutor 365, 391, 476
  Bazar 169, 224
  Corso 286, 377
  Elisabeth 59
  Elektrischer Aufzug 242
  Engeljähringer 453
  Forty Second Street Café 172, 332
  Fünfhaus 358
  Glockenspiel 227, 302, 323, 463, 464, 488
  Großglockner 323, 376
  Krimmel 225, 261
  Lohr 264, 286
  Mirabell-Casino 302
  Mozart 170, 222
  Pitter 323
  Posthof 171
  Schwarzbaecker 286
  Schweiger 369
  Stein 467
  Tomaselli 15, 170, 172, 192, 252, 302, 323, 332
  Wernbacher 376
  Winkler 170, 172, 173, 263, 267, 271, 288, 296, 302, 310, 311, 342, 351, 352, 372, 411, 417, 420, 425
Café-Espresso *siehe auch* Lokale
  Capriccio 171
  Diexi 170
  Figaro 310
  Lehenerhof 399
  Papageno 170
Camp Marcus W. Orr *siehe* Lager
Canaval, Gustav A. 137, 217, 218
CARE-Paket 77, 248, 249, 269
Caritas 50, 178, 323, 331, 373, 375, 439, 457
Carnuth, Walter 159
Carol, René 452
Cartoon 139
Casino 331, 417, 447, 488
Cebotari, Maria 158, 159, 230, 265, 268
Cevela, Erich K. 352, 404
Chagall, Marc 161
Chandus, Zauberer 407
Chaplin, Charlie 205
Charell, Erik 451
Cherbourg 96
Chiemsee 265, 376
Chiemseehof 194, 195, 201, 221, 342, 376, 485
China 47, 440
Cho Oyu 463
Christbaummarkt 222, 320, 344

Christkindlmarkt 298, 319, 344, 370, 398, 457, 485
Christliches Hilfswerk für heimatlose Flüchtlinge 296
Christlich-Soziale Partei 196
Christlich-soziale Volkspartei 193, 197
Churfürststraße 197
CIC 86, 214, 222, 353
Civil Affairs Division War Department 206
Clark, Mark W. 202, 204, 205, 207, 211, 212, 225, 236, 237, 259, 260, 261, 300
Claudel, Paul 449
Clay, Lucius D. 262
Clem, Rhoman 11
Clementschitsch, Arnold 330
Clessin, Heinrich 22, 194, 256
Clift, Montgomery 456
Coca Cola 468, 481
Cohrssen, Hans R. L. 144, 197
Colbert, Claudette 326
Collins, Harry J. 204, 222, 224, 233, 236, 242, 248, 249, 259, 265, 267, 284, 317
Commerziale 290
Concours d'élegance d'automobile 362
Conférencier 438
Conrads, Heinz 235
Cook, Orval 476
Cooper, Gary 337
Corinth, Lovis 281
Corned beef 47, 50
Cottonstrümpfe 302
Cowan, Howard 10
Coward, Noël 226
CV 268, 355, 379
Czech (SAK 1914) 217
Czernin-Sammlung 438, 474

—D—

d'Arle, Marcella 326
Dachau 40, 75, 166, 280, 420, 445
Dachauer, Wilhelm 360
DAF 196
Damar, Germaine 441
Dänemark 47, 92, 250, 281, 299, 314, 352
Dänische Hilfsaktion „Rettet die Kinder" 278
Dankl-Straße 218
Dannerberger II (Austria Salzburg) 444
Dante Alighieri 276
Dasch, Max 137, 217, 218
Daspelgruber, Josef 31, 80, 193, 200, 225, 234, 345
Datenbank 189
Davis, Harry 396
Dawidowicz, Anton 342, 424
Debrezin 74
Decker, Heinrich 319
DEFA-Film 333

Degener, Karl 405
Deininger, Wunibald 345, 437
Dekanat Bergheim 404
Demarkationsgrenze 98, 214, 325, 326, 411
Demokratisches Volksblatt 57, 90, 120, 145, 146, 150, 175, 184, 185, 217, 218, 300, 310, 432
Demonstration 88, 248, 261, 269, 293, 299, 306, 318, 339, 391, 445
Den Haag 324
Dengg, Sepp 412, 439
Denk, Wolfgang 269
Denkmal *siehe auch* Kriegerdenkmal
 Opfer politischer Verfolgung 488
 Rainer-Denkmal 392
 Rehrl-Denkmal 398, 420
 Rainer-Obelisk 396, 430
 Schiller-Denkmal 466
 Sowjetisches Heldendenkmal 309
Denkmalschutz 368, 396, 464
Dermota, Anton 332
Deutsche Bundesbahn 353
Deutsche Sozialdemokratie 281
Deutschland 68, 92, 97, 150, 182, 183, 205, 224, 261, 265, 268, 273, 279, 281, 300, 326, 329, 332, 333, 370, 390, 402, 406, 408, 413, 449, 482
Devers, General 11
d'Gaisberger 321
Dibelius, Jean 424
Dick, Gotthard 248, 339
Diebstahl 59, 104, 105, 225, 235
Dietrichsruh 396
Dimai, Rudolf 272
Diözesanausschuß 177
Diözesan-Jugendtag 242, 480
Diözesansynode 178
Dirtl, Fritz 338, 363
Disney, Walt 139, 257, 379, 389
Displaced Persons Act 372
Dobrowsky, Josef 330
Dolezal, Erich 404
Döllerergäßchen 32
Dollfuß-Regime 445
Dolmetscher 19
Dom 178, 179, 201, 204, 211, 242, 244, 245, 280, 304, 344, 372, 375, 377, 392, 438, 440, 451, 467
 Dombögen 476
 Domchor 312
 Domfest 178, 180, 181, 306
 Domherrengruft 405
 Domkapellmeister 415
 Domkapitular 441
 Domkuppel 201, 210, 242, 245, 299, 306, 307, 325
 Kreuzaufsteckung 178, 306
 Wiederaubau 201, 206, 299

Domajnko, Else 235
Domandl, Sepp 167, 425
Domplatz 237, 242, 266, 306, 333, 344, 353, 360, 363, 375, 424
Donau-Filmgesellschaft 393
Donauschwaben 390
Dönch, Karl 238, 271
Dönitz, Karl 44
Donnelly, Walter J. 342, 349, 362, 363, 382, 386
Donnenberg, Hans 395, 409, 422, 430, 431
Dorfner, Sepp 488
Dornstauder, Johann 104, 221, 222
Dorotheum 321, 324
Doskar, Bruno 471
DP *siehe auch* Flüchtlinge, Juden 67, 71, 215, 216, 223, 226, 238, 248, 256, 279, 285, 313, 318, 321, 326, 329, 344, 346, 349, 355, 372, 377, 406, 407, 480
  Arbeitseinsatz 238
  Auswanderung 71, 78, 178, 344, 346
  CARE-Pakete 248
  DP-Lager *siehe* Lager
  Probleme 69, 71, 104, 222, 256, 321, 377
  Proteste 349
  Rückführung 29, 67, 71
  Rückkehr 355
  Spital 329
  Sportausübung 228
  Status 68, 215, 226, 228, 349
  UNRRA-Hilfe 104
  Versorgung 77, 248
  Zeitung Potschta Columba 285
Dr.-Franz-Rehrl-Platz 157, 249, 312
Dreifaltigkeitsgasse 251, 317, 323, 348, 377
Dresden 281
Drimmel, Heinrich 480, 486
Drittes Reich 67, 124, 163, 164, 166, 191, 193, 221
Drobny, Jaroslav 391
Druckhaus Kiesel 166
Dult 292, 314, 338, 364, 392, 417, 443, 451, 468, 476
Duncan, Jack M. 9
Dürrenmatt, Friedrich 158, 398
Düsenjäger 353, 420
Düsseldorf 376

—E—

Eberl, Georg 164, 167, 424, 435
Ebner, Robert 129
Eckl, Vilma 330
Edelweißklub 476, 483
Edwards, J. H. 238
Eerden, Albert van 217
Effenberger, Elisabeth 396, 431
Egger, Hans 330

Egk, Werner 290, 472
Ehrenbürger 225, 229, 236, 237, 238, 242, 312, 314, 382, 393, 439
Ehrengrab 256, 404
Ehrenmal 309, 414, 488
Ehrhardt, John G. 262
Ehrman, Ernest W. 216
Eichetstraße 362
Eichinger, Hans 218
Eichstraße 351
Eigenberger, Robert 447
Einem, Gottfried von 159, 160, 166, 265, 290, 367, 373, 385, 396, 416
Einsetzstöckl 134
Einwohnerzahl 60, 121, 227, 276, 354
Eisenbach, Victor 225
Eisenhower, Dwight D. 11, 17, 19, 242, 363, 368
Eisenreich, Herbert 438
Eishockey 373, 460
Elektrizitätswerke 51, 231, 256, 324, 329
Elektroherd 324, 398, 437, 463
Eliot, T. S. 164, 487
Elisabeth-Kai 453, 461, 465
Elisabethstraße 268, 321, 330, 364, 383, 466, 481
Elsbethen-Glasenbach 85
Eltz-Hoffmann, Lieselotte 434
Endorf am Chiemsee 376
Energiekrise 256
  Brennholz 266
  Gas 261, 301
  Kohle 54, 65, 169, 238, 242, 249–253, 261, 273, 277, 296, 298, 345
  Strom 116, 224, 225, 240, 242, 249, 250, 251, 253, 256, 268, 269, 271, 280, 299, 301, 302, 323, 342, 367
  Treibstoff 108, 114, 238, 269
  Verkehrsbeschränkung 247, 251, 269
England 71, 299, 314, 326
Englisch, Lucie 323
Enhuber, Hanns 476
Enns 76, 98, 326
Entnazifizierung 79–82, 168, 203, 204, 225, 308, 345
  Volksgericht 268, 281, 282
  Volksgerichtsprozeß 80
Entschandelung 238, 349
Epstein, Dydio 224
Ergokraten 285
Erlinger (SAK 1914) 217
Ernährungsamt 50, 76, 205, 269, 270, 313
Ernährungslage *siehe auch* Ausspeisung 25, 26–30, 46–51, 55, 58, 77, 86, 93, 99, 105, 109, 169, 178, 191, 197, 198, 201, 234, 238, 242, 247, 248, 250, 253, 269, 280, 281, 294, 318, 338, 364, 405
Ernest-Thun-Straße 422

Erntedankfest 220, 247
ERP-Mittel 463
Erstaufführung 378, 398, 449, 451, 472
Erste Allgemeine Unfall- und Schadens-Versicherung 127
Erste Allgemeine Versicherung 368
Erster Mai 230, 231, 258, 282, 305, 325, 352, 407, 441, 466
Erster Schützenverein Maxglan 1901 460
Erster SSK 1919 205
Erster Weltkrieg 337, 358, 385, 414, 440, 487
Erstes Salzburger Musikfest 1877 325
Erstkommunion 180
Ertl, Leo 352, 390
Erzabtei St. Peter 76, 177, 179, 276
Erzbischof
   Andreas Rohracher 82, 88, 177, 178, 181, 201, 237, 242, 253, 267, 272, 273, 275, 276, 296, 298, 306, 313, 320, 323, 333, 337, 344, 353, 370, 371, 372, 385, 397, 399, 401, 408, 416, 421, 433, 449, 468, 469, 482
   Josef Kardinal Frings 451
   Leopold Anton von Firmian 482
   Markus Sittikus 249
   Paris Graf Lodron 421
   Theodor Kardinal Innitzer 228
Esch 486
Essen 468
Eßl, Karl 240, 241
Esso-Tankstelle 157, 312
Esterhazy, Hilde 326
Esterl, Felix 330
Esterle, Leopold 434
Etrich, Igo 408, 458
Etzelsberger, Ewald 434
Eugendorf 222, 330
Europa 11, 26, 67, 77, 91, 108, 136, 139, 144, 151, 168, 206, 231, 232, 238, 242, 262, 321, 354, 375, 411, 438, 441, 459, 462, 472, 476, 480
Europäische Frauen-Union 420
Europameisterschaft 461
Europawoche 354
Exzelsior-Filmverleih 310
Eyck, Tony van 272
Eyfried, Hans 486

—F—

Faberstraße 355, 437, 462
FAC Wien 374
Fachbeirat für Stadtplanung und Baugestaltung 435, 461, 463, 474
Fahnenhissung 11, 19, 23, 25, 193, 204, 219, 393, 407, 467, 474
Fahnenweihe 392, 462, 476, 480
Fahrerflucht 402

Faistauer, Anton 286, 330, 441
Faistauer-Fresken 286, 303
Fallenegger, Georg 362, 411, 471
Fallenegger, Olly 362
Falterbauer, Heinrich 288, 452
Fankhauser II (SAK 1914) 217
Farrell, Norman 478
Fasching 374, 401, 462
Faustball 449
Fechter, Hans 438
Fechtsport 273
Feigenkaffee-Fabrik Andre Hofer 458
Feingold, Marko 78, 234
Feldinger, Franz 444
Fellinger, Anton 279
Ferdinand-Hanusch-Platz 218, 249, 320, 342, 347, 360, 369, 404, 425, 437, 443, 458, 468
Fernheizwerk 123, 343, 453, 461, 464, 465, 482
Fernsehen 325, 374, 405, 432, 453, 462, 476, 484
Fernsehsender Wendelstein 453
Fernwärme 482, 483
Ferstl, Josef 282
Festkommers 268, 383, 441
Festspiele 65, 158, 159, 160, 161, 168, 231, 269, 314, 331, 334, 449
   Auffahrt 332
   Besucher 110, 164, 183, 234, 265, 267, 268, 269, 332, 473
   Direktorium 160, 166, 330, 367, 373, 385, 396
   Eröffnung 211, 237, 265, 288, 311, 312, 332, 361, 386, 387, 415, 448, 472, 473
   Felsenreitschule 159, 208, 237, 270, 288, 393, 416
   Festspielfonds 330, 354
   Festspielhaus 32, 33, 138, 187, 211, 218, 223, 228, 238, 243, 249, 253, 257, 261, 276, 278, 281, 283, 304, 343, 352, 353, 354, 364, 365, 367, 372, 379, 396, 402, 405, 408, 420, 424, 425, 430, 438, 439, 441, 452, 453, 458, 459, 463, 471, 476, 478, 482, 483, 485, 487
   Fresken 286, 303
Festspielzeit 127, 153, 154, 168, 266, 312, 364, 390, 451, 463, 474
   Freunde der Salzburger Festspiele 225
   Jedermann-Bühne 333, 360, 363, 480
   Karten 211, 265, 333, 451
   Kleidung 266
   Kuratorium 330, 367, 373, 396, 420
   Präsident 164, 211, 296, 373, 415, 478
   Pressebüro 235
   Programm 139, 158, 167, 211, 212, 237, 265, 285, 288, 290, 311, 332, 333, 361, 386, 396, 415, 448, 472, 474

Festspiele *Fortsetzung*
  Sonderpostamt 265, 312
  Stadtsaal 211, 374
Festung Hohensalzburg 167, 200, 239, 242, 258, 268, 284, 288, 290, 302, 305, 306, 324, 329, 358, 363, 367, 382, 386, 391, 392, 398, 415, 451, 463, 471
Festungsbahn 200, 391, 438, 440
Festungsweg 324
Feuerwehr 79, 194, 203, 233, 301, 306, 326, 370
  Berufsfeuerwehr 317, 421, 472
  Einsatz 200, 301, 318, 345, 380
  Feuermeldeanlage 375
  Feuerwache
    Bruderhof 58, 375, 380
    Gnigl 380
    Itzling 380
    Maxglan 146, 380, 421
    Morzg 352
    Residenz 380, 421, 453
  Freiwillige 380, 486
  Kommando 197
  Notruf 406
  Übung 233, 283, 306, 325, 392
  USFA 345
Feuerwerk 26, 417, 451
Figl, Leopold 201, 231, 247, 265, 349, 362, 376, 386
Film *siehe auch* Kino
  Aufklärungsfilm 247, 318, 431
  Dreharbeiten 168, 278, 281, 310, 325, 376, 385, 391, 393, 403, 441
  Filmverleih
    DEFA 333
    Donau-Filmgesellschaft 393
    Excelsior-Film 310
    KIBA 299, 333, 349
    Metro Goldwyn Mayer 376, 403
    Wien-Film 385
  KZ-Film 86, 230
  Studio Parsch 325, 385, 393, 421
  Vorführung 28, 139, 205, 211, 223, 247, 257, 262, 282, 290, 299, 303, 304, 312, 314, 323, 326, 333, 337, 344, 349, 358, 365, 367, 379, 390, 393, 401–403, 408, 417, 425, 446, 451, 455, 461, 485
    Cinemascope 452
    Verbot 270
Filzer, Johannes 311, 328, 350, 370, 377
Finanzlandesdirektion 304, 487
Firma *siehe auch* Baufirma
  Alpenland 175
  Andre Hofer 337, 458
  Binder 76
  Druckhaus Kiesel 166
  Ennsmann 175
  Frey 302

Firma *Fortsetzung*
  Friseur Mayr 112
  Fritsch 410
  Gehmacher 141
  Gollhofer 175
  Griff - O. Harmath 379
  Großwäscherei Kaltenegger 41, 354, 411
  Gstür 401, 468
  Heliolux 128
  Hobé 175
  Huthaus Femina 175
  Kolb 175
  Koppenwallner 175
  Kraus & Zwerenz 368, 375
  Krivanec 26, 337
  KTM 485
  Lanz 147
  Leiner 87
  Lichtenfels 410
  Maka-Werke 362
  Marmorwerk Kiefer 354
  Mayer & Neumayer 319
  Mayrische Buchhandlung 418, 419
  Meinl-Keksfabrik 383
  Ornstein 282, 330, 383, 410
  Palmers 432, 433
  Pichler 33
  Preimesberger 175, 351
  Pühringer 313
  Rajsigl 230
  Radio Pixner 58
  Radio Walter 175
  Radio Werner 26
  Rosenberger 355
  Rothmaier 31
  Salzburger Cristallglas 89, 109
  Schuster Seyrl 310
  Schwaighofer 76
  Schwarz 316, 452
  Sperl 175
  Stuböck 323, 348
  Tagwerker 424
  Thalhammer 313
  Wien-Film 385
Firmianstraße 218
Fischer von Erlach, Johann Bernhard 276
Flächenwidmungsplan 122
Flaschenmilch 321
Flatz, Wilhelm 358, 456
Fleck, Bruno) 385, 444
Fleckfieber 196, 200
Fleischmann, Franz 121
Flora, Paul 338
Florey, Gerhard 455
Florian, Max 330
Flüchtlinge *siehe auch* DP, Heimatvertriebene, Juden
  29, 46, 51, 54, 67, 68, 70, 72, 74, 76–78,

Flüchtlinge *Fortsetzung*
  91, 109, 12, 191, 199, 215, 223, 226, 238,
  253, 296, 298, 300, 305, 313, 320, 321,
  337, 349, 372, 375, 390, 412, 439, 474
Flüchtlings-Charta für Europa 321
Fluggesellschaft
  BEA 465
  Sabena 328
  SAS 376
  Sowjet-Rumänische 284
  Swissair 354
Flughafen Wien-Schwechat 467
Flughafengesellschaft Salzburg 416, 483, 485
Flugplatz Maxglan 110, 237, 268, 284, 296,
  304, 312, 328, 329, 340, 353, 354, 362,
  378, 379, 399, 407, 416, 461, 472, 484,
  485
Flugzeugunglück 218, 362, 461, 478
Foertsch, Generalleutnant 10, 11
Fondachhof 383
Fordhof 431
Forst, Willi 247
Forum Hohensalzburg 167
Fotoautomat 452
Fotomappe Salzburg 1946 247
Foto-Wettbewerb 345
Frank, Hans 360
Franke, Karl Heinz 480
Frankfurt am Main 328, 376
Frankl, Gerhard 330
Frankl, Viktor 353
Frankreich 92, 96, 97, 193, 258, 299, 314,
  326, 390
Franz-Berger-Straße 187
Franziskaner 383, 434, 456
Franziskanergasse 424
Franziskanerkloster 214, 226, 353, 384, 395,
  398
Franz-Josef-Kai 251, 301, 331, 432
Franz-Josef-Straße 247, 268, 310, 323, 339,
  344, 358, 376, 394, 412, 437, 464, 471
Franzosen 31, 45, 67, 91, 101, 196
Frass, Wilhelm 362
Frauenberger, Walter 425
Frauenklinik 247
Fräuleins *siehe* Ami-Mädel
Freibäder-Projekte 368
Freier Wirtschaftsverband 217
Freiheitlicher Akademikerverband 376, 401,
  412, 466, 486
  Akademikerball 401
Freiheitspartei 486
Freikörperkultur 174
Freilassing 12, 17, 19, 92, 97, 182, 183, 230,
  301, 354, 452, 471
Freistilringen 321, 364
Fremdenführer 280

Fremdenverkehr 65, 108, 109, 110, 140, 169,
  182, 187, 305, 310, 344, 364, 402, 405,
  425, 440, 443, 451, 468
  Förderung 330, 366
  Fremdenführer 33
  Landesverkehrsamt 401, 410
  Statistik 299, 406, 425, 435, 478
  Werbung 110, 111, 305, 314, 329, 467
Frenzel, Hans 47
Freumbichler, Johannes 302
Fricsay, Ferenc 265, 288
Friedensglocken 211, 467
Friedhof 79
  Bürgerspitalfriedhof 132, 411
  Kommunalfriedhof 27, 41, 253, 256, 309,
    347, 396, 430, 488
  Armenfriedhof 45
  Aussegnungshalle 296
  Heldenfriedhof 44, 45
  Liefering 353, 413
  Militärfriedhof Thumegg 358, 359
  St. Peter 376, 405, 420
  St. Sebastian 383, 398, 461
Friedl, Edith 438
Friends of Humanity 236
Friendship among Children and Youth 398
Friesacher, Michael 31
Fronius, Hans 338
Fronleichnamsprozession 179
Frötschl (Austria Salzburg) 217
FSÖ 455
Fugger, Eberhard 404
Fuhrmann, Franz 421, 474
Fulbright-Austauschprogramm 483
Funder, Emil 195
Funke, Rigobert 161, 204, 269, 452, 483
Fürbergstraße 351
Fürstenallee 347
Fürstenbrunnstraße 23
Furtwängler, Wilhelm 160, 227, 265, 288,
  332, 361, 415, 448, 458, 476
Furtwängler-Garten 458
Fuschl 265, 440
Fußball 205, 213, 217, 237, 238, 279, 288,
  313, 374, 383–385, 396, 412, 430, 441,
  449
Fussenegger, Gertrud 297
Fußgängerdurchgang 225
Fux, Herbert 326

—G—

Gaisberg 251, 269, 425, 463, 484
  Autorennen 424, 481
  Gondelbahn 302, 463
  Hotel 366, 425
  Judenbergalm 401, 405, 421, 441, 442
  Mitteregg 372

Gaisberg *Fortsetzung*
  Modellflieger 312
  Radartürme 269
  Radrennen 290, 391
  Segelflieger 326, 339, 378, 484
  Sender 393, 422
  Sessellift 302, 401, 421, 441, 442
  Skihütte 221
  Skirennen 251, 402
  Skispringen 228, 255, 303
  Straße 241, 290, 328, 360
  Zistel 228, 240, 255, 301–303, 316, 372, 402, 412, 453, 469
    Skilift 372, 375
Gaisbergstraße 308, 433
Galerie
  Galerie Kunst der Gegenwart 453
  Gurlitt 281
  Kunst der Gegenwart 161
  Nebehay 224, 230, 233, 247
  Residenzgalerie 374, 390, 412, 438, 441, 446, 474
  Welz 288, 297, 342, 430, 447
Galliera, Alceo 288
Galizien 98
Galloway, Alexander 296
Gandhi, Indira 470
Ganshofstraße 355
Garage Fünfhaus 358
Garbo, Greta 383
Garmisch 363
Garstenauer, Gerhard 451
Gärtner (SAK 1914) 385
Gärtnerstraße 355
Gassner, Martin 247, 279
Gasteiner, Helmut 65, 282, 345, 434
Gasthaus *siehe auch* Lokale
  Blauer Stern 225
  Dietmann 218, 286
  Knauseder 406
  Schwarzer Bär 257
  Steinlechner 40
  Wilder Mann 28
  Zum Untersberg 460
Gasthof *siehe auch* Lokale
  Blaue Gans 28
  Dietmann 286
  Gablerbräu 264, 268, 344, 462, 476, 486
  Hofwirt 149, 302, 345
  Höllbräu 435
  Kasererhof 71, 302, 355, 370, 413
  König-Ludwigsbad 408
  Mödlhammer 29
  Noppingerbräu 59
  Sternbräu 27, 273, 316, 321, 376, 382, 383, 392, 453
  Zistelalm 301, 316, 453
  Zollhäusl 19

Gastspiel 215, 271, 276, 321, 337, 405, 434, 463, 476
Gasversorgung 79, 108, 109, 121, 198, 261, 301, 318, 367
Gaswerk 121, 249, 253, 254, 298, 301, 329, 381, 452
Gaswerkgasse 322, 453
Gebert, Erich 31
Gebrauchshundeverein 474
Gefangenenhaus 214, 378
Gefangenentransport 26
Gefängnis Krakau 75
Gefängnis Wilna 98
Gefängnisstrafe *siehe* Haft
Gelbe Elektrische 114
Geldsammlung 206, 235, 271, 283, 350, 370
Geldumwechslung 214
Gemeinderat 61, 90, 98, 117, 121, 127, 156, 229, 230, 233, 235, 242, 249, 253, 257, 279, 280, 283, 288, 298, 302, 303, 308, 312, 319, 321, 323, 325, 329, 331, 333, 338, 343, 344, 346, 354, 358, 369, 370, 373, 375, 382, 383, 393, 395, 396, 398, 404, 408, 414, 415, 421, 430, 433, 435, 439, 443, 448, 449, 452, 453, 456–458, 461, 462, 464, 465, 474, 480, 487
  Baustoffverteilungsbeirat 65
  Beirat 218, 225
  Hauptausschuß 234, 265, 268
  Kulturausschuß 486
  Sitzungssaal 320
  Stadtsenat 186, 353, 368, 380, 403, 446, 452, 459, 468
  Wohnungsbeirat 60, 61
Gendarmerie 78, 88, 157, 183, 200, 280, 309
Genehmigungen
  Aufenthaltsbewilligung 50, 56, 74, 97, 98
  Auftrittserlaubnis 221
  Ausreise 282, 324
  Autoverkehr 198
  Bierbrauen 228
  Briefverkehr 213
  Einreise 182
  Gewerkschaftsgründung 206
  Grenzübertritt 271
  Medien 163
  Reisen 208
  Sprecherlaubnis 182
  Tabakanbau 199
  Treibstoffverkauf 212
  Veranstaltungen 219
  Verkehr 238
General-Keyes-Straße 186, 339, 480, 482
General-Kraus-Straße 218
General-Litzmann-Straße 218
Generalregulierungsplan 116, 125, 268, 452
Genfer Konvention 96

Georg-Trakl-Preis 166, 167, 375, 396, 431, 456
Georg-von-Schönerer-Platz 218
Geppert, Paul 125, 126, 429, 430, 446, 457
Gerdini, Francisco 225
Gerhart, Elfe 226, 265
Germanicum Rom 456
Gersbach 306
Gerstl, Richard 330
Gesangsverein Typographia 283
Geschäfte *siehe* Firma
Geschäftszeiten 26, 28, 275, 299, 302, 317, 412, 486
Geschlechtskrankheit 58, 141
Geschwister Heidel 225
Geschworenengericht 408
Gesellschaft Amitié France-Autriche 249
Gesellschaft für Geschichte der Pharmazie 364
Gesellschaft zur Pflege der kulturellen und wirtschaftlichen Beziehungen zur Sowjetunion 301
Gesellschaft für moderne Kunst 161, 457
Gesellschaft für Salzburger Landeskunde 166, 344, 390
Gesellschaft volksnaher Kunst 424
Gessele, Hannes 236
Gestapo 44, 85, 207, 226
Getreidegasse 29, 58, 119, 127, 128, 130–133, 175, 229, 261, 298, 299, 310, 322, 330, 369, 374, 401, 404, 407, 412, 424
Gewerbeförderungsinstitut 308
Gewerkschaftsjugend 409
Ghetti, Bruno A. 414, 456
Gibson, John W. 346
Gielen, Josef 449
Giger, Anton 42, 43, 44
Giger, Marianne 42
Gimmelsberger, Erwin 167, 435, 471
Ginzkey, Franz Karl 275, 474
Giselakai 218, 247, 311, 331, 384
Glanegg 308
Glanregulierung 474
Glasenbach (Lager) *siehe* Lager Marcus W. Orr
Glaserstraße 198
Gleisdorf 92
Gleißner, Heinrich 352, 354
Glockengasse 225, 286, 301
Glockengießerei Oberascher 273, 296, 326
Glockenspiel 111, 201, 330, 344
Glockenweihe
   Aigen 416
   Gnigl 408
   Itzling 443
   Maxglan 366
   Stift Nonnberg 272, 273
Gluck, Christoph Willibald 279, 288

Gmachl, Julius 219
Gmeiner, Klaus 486
Gmunden 222
Gnecchi, Vittorio 308, 402
Gneisfeld 328
Gnigl 114, 201, 238, 241, 243, 316, 321, 323, 351, 370, 464, 468
Goethe, Johann Wolfgang von 143, 168, 279, 311, 319
Gois 322
Goldegg 177
Goldenes Buch der Stadt Salzburg 468
Goldman, Olive Remington 378
Goldmann, Eduard 76
Goldoni, Carlo 237
Goldschmidt, Hans 292
Goldseisen, Hans 405
Golf- und Country-Club Kleßheim 478
Golling 199
Göring, Hermann 44
Gotarelli (Austria Salzburg) 444
Gottesdienst 395, 456, 461, 480, 482
Gottlieb, Roland 469
Grabner, Hans 407
Graf, Herbert 449, 472
Graphische Versuchswerkstätte 161
Grasmayr, Alois 164
Grassmann (Austria Salzburg) 444
Graz 161, 352
Greim, Robert Ritter von 44, 196
Greipner (Austria Salzburg) 217
Grenze
   Abschiebung 75
   Grenzberichtigung 219
   Grenzübertritt 183, 218, 271, 324, 330, 370, 402, 411
   Kleiner Grenzverkehr 183, 404
   Staatsgrenze 354
   Schließung 182
   Übertritt 18, 74, 78, 182, 183
Grenzschutztruppe 476, 481
Gretler, Heinrich 408
Griechenland 47
Griesgasse 127–136, 261, 298, 304, 305, 316, 330, 331, 353, 401, 416, 432, 449, 451, 455, 474, 486
Griesgassen-Durchbruch 6, 119, 123, 127–136, 298, 347, 374, 396, 401, 408, 411, 412, 416, 417, 433, 451, 455, 463, 487
Grießenböck, Erich 230, 358
Grießer, Franz 406
Grießner, Isidor 303, 325
Grillparzer, Franz 168, 288, 361
Grillparzer-Gesellschaft 361
Grimschitz, Bruno 447
Grippeepidemie 402, 462
Grödig 114, 123, 183, 349, 369, 406, 441
Groh, Otto Emmerich 303, 326

Groll, Florian 319, 386, 437
Gronemeyer, Emil 273
Großadmiral-Tirpitz-Straße 218
Großbritannien 92, 193
Großglockner-Hochalpenstraße 165, 178
Großgmain 182, 183
Großwäscherei Kaltenegger 41, 354, 411
Gruber, Gustav 32, 33
Grün, Fredl 444
Gründgens, Gustav 285
Grundsteinlegung 308, 334, 393, 421
Grünmarkt 128, 247, 304, 425
Gschnitzer, Matthias 320
Gstättengasse 135, 355, 401
Gstättentor 132, 133, 134
Güden, Hilde 265
Guggenmoosstraße 200, 407
Guggenthal 393
Gulda, Friedrich 430
Günther, Isa und Jutta 393
Gütersloh, Albert Paris 330
Guttenberg, Willy 48
Guttenbrunner, Michael 166, 456

—H—

Haarlem 146
Haarlem Globetrotters 474
Haas, Waltraud 310
Habsburg, Otto 440, 453
Häfner, Herbert 384
Haft 35, 37, 41, 75, 80, 86, 88, 89, 106, 197, 203, 234, 246, 256, 276–279, 281, 282, 285, 312, 348, 370, 377, 387, 408, 412, 441
Haibl, Sophie 391
Haidenthaler, Alfred 483
Haidenthaller, Alexander 238
Haile Selassie, Kaiser von Äthiopien 457
Haislip, Wade H. 193, 197
Hakim, Tewfik el 432
Hakoah Wien 288
Hallein 9, 10, 122, 184, 191, 193, 200, 219, 226, 248, 251, 273, 275, 278, 292, 313, 396, 407, 445, 478
Halleiner Sportklub 313
Hallenbad 348, 368, 414, 416, 422, 435, 464, 482
Hamburg 75, 376
Hamme, Johannes van 219, 224, 265
Hamsterer 104, 105
Hanau 150
Handball 238
Händel, Georg Friedrich 272, 318
Handelskammer *siehe* Kammern
Hanel, Ilse 401
Hanifle, Rudolf 277
Hanns-Schemm-Platz 218

Hantsch, Bruno 227
Hantsch, Hugo 484
Haringer, Jakob 281
Harkness, Leslie Y. 451
Harlan, Veith 349
Harrer, Heinrich 401
Harrer-Saal 461
Harris, Basil 225
Harta, Albrecht Felix 452, 483
Hartl, Karl 290
Hasenauer, Bartholomäus 218, 222, 247, 319, 457
Hathaway, Henry 401
Hatheyer, Heidemarie 416, 474
Haunspergstraße 325
Haus der deutschen Kunst 161
Haus der Jugend 321, 326, 486
Haus der Natur 216, 304, 308, 316, 324, 391, 420, 425, 452, 459, 468, 478
Haus- und Grundbesitzervereinigung 60, 200, 214, 218, 437
Häusserman, Ernst 143
Hausstätter (SAK 1914) 217, 385
Havard University 265
Hawranek, Josef 333, 424, 429, 430
Haydnstraße 49, 76, 207, 253, 471
Haynes, Loyal M., 233
Hays, George P. 378, 385, 407, 408
HC Laibach 460
Heesters, Johannes 158, 234, 271, 281, 438
Heger, Hilde 456
Hegeyshalom 92
Heidelberg 298, 346
Heilbronn 92
Heimann, Lilian 424
Heimatverein Almfrieden 333
Heimatvertriebene *siehe auch* DP, Flüchtlinge 45, 51, 71, 337, 412, 439, 457
Heimkehrer 52–54, 56, 58, 79, 91–101, 183, 219, 226, 234, 250, 261, 269, 270–273, 276, 290, 299, 301, 320, 370, 382, 412, 424, 443, 459, 468, 476, 486, 487
  Hilfs- und -Betreuungsstelle 92, 97
Heimkehrer-Dankwallfahrt 219
Heintel, Kurt 272
Heintges, Regimentskommandant 17
Heinz, Wolfgang 266
Heizmaterial 251, 297
Heldt, Herbert 10
Hell, Franz 319
Hell, Martin 338, 348, 368, 377, 383, 411, 485
Hellbrunn 233, 361, 362, 379, 391, 393, 417, 425, 468, 485
  Felsentheater 361
  Monatsschlößl 316, 386
  Schloß 116, 123, 200
  Wasserspiele 233, 470

Hellbrunner Straße 59, 247, 292
Helmer, Oskar 225
Helminger, Hans 251
Hemingway, Ernest 337
Henndorf 168, 466
Herrmann, Julius 364
Herrnau 126, 333
Hey, Peter 286
Heyrowsky, Karl 406
Hilbert, Egon 158, 219, 373
Hildmann, Richard 22, 121, 193–195, 198, 199, 207, 215, 225, 228, 230, 242, 279, 288, 303, 308, 312, 319, 330, 331, 363, 373, 375, 393, 395
Hildmann-Brunnen 308
Hildmannplatz 391, 452, 456, 478, 484
Hilpert, Heinz 237
Himmler, Heinrich 271
Hindemith, Paul 268, 294
Hinrichtung 240, 264, 281, 319, 461
Hitler, Adolf 20, 124, 148, 224, 374
HJ 85, 207
Hlawa, August 285
Hochleitner, Albert 81, 222, 233, 236, 256, 265, 268, 269, 274
Hochleitner, Hermann 217, 385, 444
Hochwasser 86, 306, 313, 446, 451
Hochzeit 147–151, 173, 213, 265, 269, 333, 416, 467, 469
Hödlmoser, Sepp 167
Höfermayer, Walter 265
Hofmann, Alois 164
Hofmann, Hans 335
Hofmannsthal, Hugo von 158, 160, 168, 211, 266, 332, 448
Hofstallgasse 195, 249, 281, 316, 331, 420, 424, 478, 483
Hofstallgebäude 425, 478
Hofweirer, Georg 218
Hoher Göll 182
Hohlbaum, Robert 166
Holland 92, 250, 314, 390, 467
Hollaus, Rupert 466
Höller, Grete 219
Hollywood 139, 404
Holocaust 51
Holzbauer, Wilhelm 434, 471
Holzinger, Josef 429, 430, 446
Holzmeister, Clemens 86, 286, 330, 332, 334, 335, 415, 420, 424, 425, 439, 447, 449, 451, 478
Honegger, Arthur 449
Hoppe, Theodor 439
Horak, Josef 234, 457
Hörbiger, Attila 265, 266, 278, 290
Hörbiger, Paul 290
Hörburger, Franz 402
Horvath, Erich 122, 127, 432, 434, 453, 455

Hotel
  Bristol 170, 302, 481, 482
  Cobenzl 405
  Elmo-Kino 422
  Europe 67, 92, 102, 303, 308, 346, 349, 353, 364, 391, 457, 459, 461
  Gablerbräu 264, 268, 344, 462, 476, 486
  Germania 355
  Goldener Hirsch 173, 290
  Hofwirt 149, 302, 345
  Holiday Inn Crowne Plaza 141
  Österreichischer Hof 10, 19, 169, 170, 191, 220, 302, 471, 482
  Schloß Mönchstein 311
  Pitter 141, 302, 323, 396, 447, 456, 486
  Stein 170, 200, 302, 305, 314, 352, 457, 467
  Traube 302, 318, 329
Hoven, Adrian 385
Howard, Thomas 10
Hoyos-Schlößl 277
Hradil, Rudolf 441, 443
Huber, Martin 191
Huber, S. Karl 434, 452, 453, 465
Hubert-Klausner-Straße 218
Hubert-Sattler-Gasse 225, 355
Hübnergasse 23, 24, 25
Hubschrauber 425, 433, 464
Hüffel, Erich 236
Hulan, Josef 219
Hummel, Josef 20, 23, 41
Hummel, Joseph Friedrich 23
Hutmann, Otto 84
Hutter, Wolfgang 338

—I—

Iglau 23
Ignaz-Harrer-Straße 218, 286, 399, 401, 421, 461
IGNM 383, 384
Illig, Franz 319
Ilz, Erwin 122, 127, 288, 336, 452
Imbergstraße 141, 171, 286, 430
Industriellenvereinigung 256
Infanterie-Regiment Nr. 59 Erzherzog Rainer 358
Ingenieur- und Architektenverein 439
Inhauser, Friedrich und Ellen 478
Inn-Forschungsrat 174
Innsbruck 82, 98, 178, 354, 441
Innsbrucker Bundesstraße 474
Innviertel 174, 358
Institut St. Sebastian 375
Insulin 106
Interessensgemeinschaft ehemaliger Kriegsgefangener 486

Internationale Ferienkurse für deutsche
  Sprache und Germanistik 463, 471
Internationale Musikfeste A G. 324
Internationale Musik-Olympiade der
  Mozartstadt Salzburg 308, 324, 334
  Olympia-Haus 334, 335, 336
Internationale Paracelsus-Gesellschaft 355,
  367, 393, 422
Internationale Richtervereinigung 420
Internationale Sommerakademie am
  Mozarteum 268, 290, 310, 331, 362, 363,
  390, 416, 449, 463, 476
  Orchester 416
Internationale Sommerakademie für Bildende
  Kunst 162, 415, 447, 451, 463, 471
Internationale Stiftung Mozarteum 23, 368,
  390, 406, 461, 484
Internationaler sozialistischer Frauentag 325
Irland 47, 228, 242, 326
IRO 68, 71, 72, 74, 279, 299, 313, 314, 318,
  320, 345, 346, 362, 375
Irwin, Stafford LeRoy 338, 340, 342, 346,
  348, 349, 352, 353, 368, 371, 375, 378
ISB 137–139, 163, 168, 196, 205, 206, 213,
  216, 217, 219
Israel 300
Israelitische Kultusgemeinde 234, 342, 349,
  390
Italien 47, 75, 77, 78, 202, 206, 257, 314,
  326, 370
Italiener 31
Itzling 64, 198, 217, 236, 277, 323, 338, 343,
  363, 367, 385, 443, 476, 484
Itzlinger Stadion 338, 363

—J—

Jahn, Friedrich Ludwig 175
Jahnstraße 325
Jahn-Turnhalle 247, 384
Jaich, Franz 128
Janzan, Russel V. D. 196
Japan 211, 224, 273, 364
Jaray, Hans 159
Jazz *siehe* Musik
Jelinek, Richard 444
Jelusich, Mirko 164, 439
Jenner, Josef 437
Jeritza, Maria 363
Jesuiten 456
Jetzelsberger-Haus 396, 402
Jiddischer Liederabend 224
Johann-Wolf-Straße 23, 25
Johnson, Earl D. 386
Josefiau 85, 89, 175, 213, 265, 284, 378, 379
Josef-Mayburger-Kai 76, 318, 406
Josef-Preis-Allee 453, 486

Joseph-August-Lux-Gesellschaft 166, 325,
  432, 434
Joyce, James 164
Juden 45, 51, 68, 71, 75–78, 91, 92, 99, 104,
  256, 288, 300, 305, 313, 342, 349, 407
Judengasse 112, 323
Jüdisches Zentralkomitee 224
Jugend 25, 58, 141, 166, 175, 177, 234, 281,
  296, 318, 321, 326, 334, 344, 353, 366,
  378, 398, 434, 437, 441, 481, 483, 486
  Jugendbeirat 321
  Jugendbuch 177, 366
  Jugendheim 58, 483
  Jugendorganisation 202
  Jugendherberge 261, 284, 286
  Jugendkulturwoche 441
  Jugendschutztag 281
  Jugendstunde 144, 145
  Jugendvolksfest 262
  Kriminalität 316
  Kulturwoche 441
  Skitag 375
  Verwahrlosung 331, 344, 421, 453
  Wandern 284
Jugoslawien 68, 92–94, 246, 250, 264, 273,
  299, 320, 370, 395
Jungbürgerfeier 483
Jungfrauenbund 174
Jung-Ilsenheim, Franz 360
Jungnickel, Max 330
Jung-Salzburg 329, 352
Jürgens, Curd 167
Justizgebäude 196, 291
Juvavum 323

—K—

Kabarett 406
  Fred Kraus 219, 225, 235, 261
  Laterndl an der Stiege 236, 249
  Simpl 235
Kafka, Franz 164
Kaigasse 170, 263, 285, 309, 344, 379, 383,
  406
Kainberger (SAK 1914) 217
Kaiserschützenstraße 461
Kaiviertel 263, 285, 402
Kajetanerplatz 225, 406, 425
Kameradschaft
  Heimkehrerkameradschaft Itzling 476
  Kameradschaft Maxglan 346
  Kameradschaft Untersberg 480
  Krieger- und Heimkehrer-Kameradschaft
    Liefering 392
Kameradschaftsbund 378, 439, 443, 476
Kamitz, Reinhard 420
Kammern
  Ingenieurkammer 461

Kammern *Fortsetzung*
  Kammer der gewerblichen Wirtschaft 195, 215, 236, 248, 267, 270, 271, 313, 316, 320, 325, 342, 368, 421, 437, 467, 483
  Kammer für Arbeiter und Angestellte 208, 240, 248, 266, 270, 298, 302, 313, 316, 321, 376, 385, 404, 445, 467, 484
    Arbeiterkammersaal 302, 376, 378, 385, 404, 467
  Kammer für Land- und Forstwirtschaft 198, 247, 290, 380
Kammerer, Ferdinand 468
Kampfkommandant der Stadt Salzburg 9, 17–20, 191
Kanada 71, 283, 390
Kanalbenützungsgebühr 365, 398
Kanalisation 288, 355, 365, 375, 452, 458, 464
Kanaltaler 301
Kanusport 449
Kapelle *siehe* Kirche
Kapfenberg 412
Kapitelplatz 54, 56, 275, 316, 331, 344, 352, 377, 379, 386, 437, 455, 467, 469, 474, 477
Kapitelschwemme 291
Kapitulation 9–20, 29, 193, 211
Kaprun 236
Kapuziner 456
Kapuzinerberg 124, 263, 325, 326, 408
  Felssturz 430
Kapuzinerbergtunnel 268
Kapuzinerkloster 318, 321
Karajan, Herbert von 221, 288
Karl, Ingomar 468
Karl-Kraus-Abend 277
Karlstädter (Austria Salzburg) 217
Kärnten 264, 313
Karolinenplatz 249
Kartoffelkäfer 290, 326, 380
Kasern 273, 326, 364
Kaserne 68, 69, 77, 187, 216
  Franz-Josef-Kaserne 70, 310
  Hellbrunn 69, 346
  Lehen 69, 71, 74, 187, 372, 387, 461, 463, 468
  Pionierkaserne 85, 351
  Polizeikaserne 345
  Rainer-Kaserne 85, 187, 265, 342
  Riedenburg 146, 187, 204, 310, 476, 482
  Siezenheim 122, 140, 187, 352, 481, 486
Kaserngasse 347
Kaspar, Ludwig 362
Kästner, Erich 296, 393, 425
Katechetisches Amt 177
Katholische Aktion 177, 422, 440
Katholische Arbeiterjugend 441
Katholische Hochschulverbindung 268, 355

Katholische Hochschulwochen 217, 237, 267, 268, 288, 333, 391, 416, 449, 463, 476
Katholische Jugend 296, 353, 441
Katholische Männerschaft 480
Katholische Universität 177, 276, 408, 416, 449, 467
Katholischer Akademikerverband 402
Katholischer Familienverband 440
Katholischer Gesellenverein 227, 384
Katholischer Universitätsverein 276, 408
Katholisches Bildungswerk 177
Kaufmann, Wilhelm 124, 125, 297, 372
Kaugummi 32, 141
Kaut, Josef 164
Kegelbahn 383, 385
Keldorfer, Viktor 384
Keller, Wilhelm 272
Kelly, Gene 376
Kempner, Robert W. 348
Kendall, Paul W. 284, 340
Kerkerstrafe *siehe* Haft
Kerr, Deborah 456
Kesselring, Albert 9, 11, 85, 439
Keuchhusten 476
Keyes, Geoffrey 202, 204, 219, 259, 260–262, 265, 296, 334, 339, 340
KIBA 299, 333, 349
Kimml, Anton 458
Kinderdorf 178, 271, 411
Kindererholungsaktion 47, 178, 218, 281, 304, 460
Kindergarten 261, 286, 338, 343, 366, 407, 421, 447, 468, 480
  Tariferhöhung 280
Kinderheim 45, 52, 235, 274, 367, 468
Kinderspital 198
King, Clyde 333
Kino *siehe auch* Film
  Central 273
  Das Neue Kino 229, 247
  Elmo 323, 348, 349, 422, 431, 455, 485
  Festspielhaus 191, 205, 299, 303, 314, 326
  Itzling 367
  Josefiau 358
  Lifka 139, 205, 213, 253, 262, 402, 403, 480
  Maxglan 205, 312, 347, 393, 408, 451, 452
  Mirabell 247, 379
  Mozart 344, 365, 401
  Non-Stop 139, 213, 304, 305, 365, 434
  Schubert-Lichtspiele Gnigl 139, 211, 318
  Stadtkino 299, 302, 333, 337, 338, 365, 378, 401, 406, 417, 438, 451, 456, 461, 468
  USFA 264, 385, 390
Kinoprogramme
  Amerikanische Filmwoche 314, 337
  Austria-Wochenschau 318

Kinoprogramme *Fortsetzung*
  Filmwoche 282, 291
  Internationale Filmwoche 257
  ISB Film Section 139
  Sowjetische Filmwoche 247, 294, 338
  Wochenschau 139, 213, 434
Kirche
  Aigen 416
  Andräkirche 256, 291, 350, 440, 465, 471
  Asylkirche 25
  Baptistenkirche 325
  Bürgerspitalkirche 128–132, 135, 328, 411, 463
  Christuskirche 151, 377
  Dekanatskirche St. Georgen 215
  Dreifaltigkeitskirche 266, 276, 305, 474
    Kreuzaufsteckung 474
  Elisabethkirche 178, 414, 482
    Kreuzaufsteckung 456
  Franziskanerkirche 215, 346, 402
  Gnigl 408
  Hubertuskapelle 421
  Itzling 443
  Kollegienkirche 296, 305, 484
  Markuskirche 469
  Maxglan 366, 393, 434
  Mülln 319, 411
  Nonnberger Johanneskapelle 319
  Nonnbergkirche 305
  Parsch 471
    Kreuzaufsteckung 471
  Spitalkirche 263
  St. Eustache Paris 408
  Stiftskirche St. Peter 269
  Ursulinenkirche 130, 421, 469
Kirchengasse 218
Kirchenstraße 198, 343, 367
Kirchhoff, Wilhelm 19
Kirchmeier, Matthias 352
Kirst, Hans Hellmut 455
Kitzbühel 221
Klagenfurt 92
Klampferergasse 154, 273, 329
Klaus, Josef 166, 177, 187, 292, 319, 333, 338, 340, 342, 349, 353, 354, 364, 367, 368, 373, 374, 376, 377, 385, 386, 392, 393, 398, 406, 420, 430, 437, 445, 451–454, 457, 466, 467, 472, 483
Klausentor 9, 369
Kleine Aula 484
Kleinkunstbühne 219, 224, 261
Kleintierzuchtverein 174
Kleist, Heinrich von 361
Kleßheim
  Schloß 204, 258, 264, 277, 300, 334, 342, 348, 407, 469
  Kavaliershaus Kleßheim 457
Kleßheimer Allee 175, 266, 345, 380, 468

Klimt, Gustav 247, 281
Klinghofer, Gizela 224
Klub der Literaturfreunde 238
Knabenheim Aigen 292
Knappertsbusch, Hans 288
Kneipp-Kuren 174
Kokain 299
Kokoschka, Oskar 161, 162, 330, 342, 415, 424, 447, 451, 472
Kolb, Ernst 390, 411, 432, 443
Kolig, Anton 288, 330
Köller, Ernst 457
Köln 41
Kolonerics (SAK 1914) 385
Kolping, Adolf 384
Kolpinghaus 344
Kolpingverein 384
Konditorei 286, 294
Kongreß
  Ärztekongreß 364
  Institut für vergleichende Erziehungswissenschaft 331
  Internationale Apothekertagung 364
  Internationaler Hotelierkongreß 326
  Internationaler Juristenkogreß 324
  Internationaler Naturschutzkongreß 421
  Jugendverwahrlosung 331
  Kriegsopferverband 240
  Musik-Olympiade 334
  Österreichischer Ärztekongreß 269
  Richterkongreß 420
  Zeugen Jehovas 432
Kongreßbüro 474
Kongreßhaus 123, 414, 422, 423, 453, 464
König (Austria Salzburg) 444
König, Franz 402
König, Walter 225
Konkurs 236
Konradi, Inge 143
Konsistorium 177
Konzert 28, 32, 139, 208, 211, 257, 273, 332, 333, 378, 384, 391, 449, 452, 483
  Adventsingen 344, 398, 485
  Blasmusik 211, 219, 223, 234, 268, 273, 282, 285, 355, 360, 364, 374, 390, 391, 405, 478, 479
  Chorkonzert 160, 257, 312, 353, 485
  Frühlingskonzert 352, 407
  Jazzkonzert 141, 378
  Jugendkonzert 318, 483
  Konzertagentur 219
  Konzertbesucher 253
  Konzertbüro 219
  Konzertsaal 33
  Leuchtbrunnenkonzert 308
  Liederabend 221, 408, 438
  Militärmusik 360, 420
  Mirabellgartenkonzert 234, 290, 308

Konzert *Fortsetzung*
   Opernabend 276
   Orchesterkonzert 237, 267, 288, 312, 378, 387
   Orgelkonzert 33, 318
   Schloßkonzert 471, 480
   Solistenkonzert 33, 430, 452
   Unterhaltungskonzert 175, 214, 222, 229, 360, 452
   Volksmusik *siehe* Brauchtum, Konzert
Körner, Theodor 352, 354, 361, 362, 407, 415, 472, 474
Korneuburg 231
Kosaken 67
Kossak, Josef 372
KPÖ 61, 93, 101, 195–198, 214, 217, 218, 219, 229, 258, 280, 282, 288, 305, 316, 317, 321, 325, 338, 339, 352, 367, 379, 407, 424, 430, 441, 452, 465, 466, 487
Krabbelstube 343
Kracherl 51
Kräftner, Hertha 438
Kraftwerk Kaprun 236
Krakau 75
Kramer, Theodor 164
Krammer, Rudi 444
Krankenkasse 226, 304, 405, 462
Kranzlmarkt 119, 316, 416, 452
Kraupner, Heinz 207, 216, 230, 283
Kraus, Herbert A. 177
Krauss, Clemens 387
Kreiner, Otto 404
Kreisky, Bruno 433
Kreisky, Prof. 75
Kreisler, Fritz 159
Kreuzbrückl 238
Kreuzbrücklbad 304
Kriegerdenkmal
   Evangelische Pfarrgemeinde 380
   Gendarmerie 309
   Itzling 385
   Liefering 353
   Militärfriedhof Thumegg 358
   Morzg 480
   Nonntal 413, 414
   Realschule 406
   St. Andrä 440
Kriegsdienstverpflichtete 79
Kriegsende 5, 17, 40, 41, 45, 46, 58, 60, 65, 67, 77, 81, 85, 91, 96, 103, 109, 114, 147, 148, 152, 190, 191, 193, 195, 200, 203, 215, 218, 225, 226, 231, 249, 298, 300, 303, 305, 332, 333, 339, 365, 366, 367, 390, 445, 457, 466, 467, 468, 479
Kriegsgefangene 9, 10, 13, 27, 91–101, 191, 193, 195–197, 199, 221, 222, 225, 246, 249, 250, 268, 283, 299, 320, 437, 459, 469, 487

Kriegsgefangene *Fortsetzung*
   Post 85, 92, 94, 97, 99, 100, 213, 218, 246
   Sowjetische 13
   Suchdienst 199, 214, 225, 234, 250, 253, 265, 299, 320
   Versorgung 96
Kriegsgefangenschaft 35, 52, 85, 93, 96, 97, 98, 99, 100, 199, 225, 233, 234, 250, 253, 265, 272, 299, 320, 399, 412, 424, 443, 487
Kriegsopferheim 291
Kriegsopferverband 215, 228, 240, 291, 308, 326, 383, 412
Kriegsverbrecher 86, 240, 277, 281
Kriegsversehrte 54, 79, 85, 88, 217, 222, 224, 226, 344, 374
Kriminalpolizei 277, 299, 316, 461
Krimmler Tauern 78
Krips, Josef 237, 265, 288, 332
Kröger, Theodor 165
Krombholz, Fritz 219
Kronlachner, Hubert 438
Kubicek, Franz 369
Kubin, Alfred 233, 281, 330
Kuenburgbastei 398
Kufstein 256, 476
Kugelschreiber 349
Kühlhaus 288
Kühnelt, Friedrich 282
Kultur 65, 85, 139, 144, 158, 167, 233, 296, 352, 377, 438, 463
   Amerikanische 137, 144
   Britische 271
   Hochkultur 138
   Internierungslager 68
   Kulturarbeit 144
   Kulturelle Vereinigung 166, 174
   Kulturerbe 234
   Kulturfilm 365, 393
   Kulturfonds 309
   Kulturförderung 316
   Kulturgeschichte 487
   Kulturgroschen 316
   Kulturgut 37, 216
   Kulturkonservativismus 160, 165, 166
   Kulturkritik 158, 165
   Kulturleben 160
   Kulturpolitik 137, 140
   Kulturveranstaltungen, Genehmigungspflicht 208
   Kulturverein Dante Alighieri 276
   Kulturvereinigung *siehe* Salzburger Kulturvereinigung
   Kulturzentrum 453
   Lebenskultur 174
   NS-Kulturpolitik 227
   Österreichische Jugendkulturwoche 441
   Österreichische Kulturwoche 159, 343

Kultur *Fortsetzung*
  Österreichischer Kulturbund 268
  Wohnkultur 290
Kumpfmiller, Moritz 483
Kund, Heinz 406
Kundgebung 231, 247, 258, 282, 285, 308, 318, 325, 352, 353, 378, 379, 382, 396, 406–408, 439–441, 445, 453, 480
Kundmachung 20, 26, 28, 34, 36
Künnecke, Evelyn 438
Kunstakademiegesetz 410
Kunsteisbahn 257
Kunstgegenstände 216
Kunsthandwerk 296
Kunsti, Erich von 144
Künstlerhaus 161, 217, 222, 228, 233, 238, 251, 257, 263, 264, 281, 286, 296, 300, 330, 338, 390, 398, 414, 443, 453
Künstler-Wettbewerb 297, 482
Kunstpreis 486
Kurhaus 123, 196, 223, 234, 242, 251, 257, 288, 322, 362, 368, 370, 414, 422, 423, 446, 453, 458, 464, 478, 482
Kurpark 242, 253, 312, 333, 390, 407, 412
Kurrent, Friedrich 434, 471
Kurzschrift 233
Kynologischer Verein 174, 479
KZ 40, 45, 54, 75, 76, 77, 78, 91, 93, 104, 158, 166, 221, 228, 230, 233, 280, 281, 349, 420, 445, 482
KZ-Verband 60, 249, 264

—L—

Lager
  Alpenstraße 73, 109, 187
  Ausländerlager 57, 196, 221
  Bergheim 69
  Borowitschi 99
  Camp Forest 96
  Camp Marcus W. Orr 69, 73, 84–88, 93, 166, 214, 256, 267, 277, 318, 421
    Frauenlager 85
  DP-Lager 45, 68, 223, 256, 279, 313, 314, 318, 326, 406, 480
  DP-Lager Hallein 407
  Elsbethen-Glasenbach 67, 407
  Entlassungslager Frankfurt an der Oder 99
  Flüchtlingslager 60, 63, 67, 72, 178
  Frauenlager Workuta 99
  Gewerbeschule 200
  Glasenbach *siehe* Camp Marcus W. Orr
  Guggenmoosstraße 407
  Hellbrunn 67, 68, 74, 407
  Hotel Europe 67, 69, 346
  IRO 74, 313, 320
  Itzling 69
  Judenlager 91, 342

Lager *Fortsetzung*
  Judenlager Hallein 407
  Judenlager Mülln 91, 92, 305
  Judenlager Neu-Palästina 69
  Kinderlager in Jugoslawien 102, 370, 395
  Lagerlazarett 86, 99
  Laschensky 62, 67, 69, 91, 407
  Lexenfeld , 69, 407, 412, 421
  Maria Sorg 69
  Olp 15 99
  Parsch 45, 59, 67, 104, 216, 235, 326, 406, 480
  Plain 194
  Plainschule 45
  Receptionscenter 69
  Riedenburg 41, 67
  Rosittenlager 69, 73
  Schwaben 69
  Skole 98
  Stanislau 98
  Strij 98
  Vernichtungslager, Sowjetisches 99
  Volksgarten 69
  Workuta 99
Lagerzeitung 68
Laibach 460
Lamberg, Paul 362
Lamprechtshausen 114, 117, 197, 199, 250, 321
Lancaster, Burt 456
Länderkonferenz 201, 205, 212, 214, 215, 217
Landesarchäologe 348, 377, 383
Landesarchiv 344
Landesfeier 242
Landesfeiertag 215
Landesgericht 31, 76, 81, 193, 198, 202, 205, 226, 235, 240, 277, 319, 395, 401
Landesgesetzblatt 218
Landes-Hauptschießstand 321
Landeshilfe 219, 226
Landeshymne 300, 449
Landesinvalidenamt 217, 226
Landesjugendreferat 262
Landeskomitee für Flüchtlingshilfe 390
Landeskonservator 439
Landeskorrespondenz 218, 228
Landeskrankenhaus 59, 69, 123, 253, 302, 325, 343, 347, 376, 406, 438
Landeslehrerverein 392, 412, 487
Landesregierung 74, 77, 78, 89, 92, 193, 194, 196, 199, 200, 204, 208, 212, 214, 215, 218, 219, 223, 224, 225, 227, 228, 230, 233, 234, 250, 251, 256, 257, 265, 266, 275, 276, 284, 291, 292, 296, 298, 300, 301, 310, 312, 316, 319, 348, 349, 365, 366, 374, 377, 378, 391, 401, 412, 420, 425, 434, 438, 445, 457, 483, 484

Landesreisebüro 316
Landessportorganisation 296
Landesstelle zur Bekämpfung der Alkohol- und Tabakgefahren 453
Landestrauer 345
Landesverband der Salzburger Heimatvereine 463
Landesverband für Jugendwandern und Herbergswesen 261, 284
Landesverein für Aquarienkunde 174
Landesverkehrsamt 401, 410
Landgrebe, Erich 167, 272, 435, 471
Landstraße 459
Landtag 116, 222, 226, 274, 276, 283, 288, 304, 309, 312, 316, 319, 325, 358, 367, 378, 386, 398, 414, 416, 433, 438, 439, 449, 457, 458, 463, 468, 485, 487
Landtagsabgeordnete 398, 458
Landwirtschaft 96, 103, 104, 194, 199, 235, 280, 323, 451
Langemark-Ufer 218
Langthaler (SAK 1914) 217
Langwied 486
LASK 279
Lasserstraße 271
Laßl, Josef 396
Laufen 182, 406
Laughton, Charles 326
Lavant, Christine 166, 456
Lazarett 44, 45, 76, 96, 196, 217, 329, 345, 421
Lazaristen 456
Le Havre 150
Leander, Zarah 353
Lechner, Jakob 440
Lederwaschgasse 358
Lehár, Franz 288
Lehen 62, 65, 113, 114, 128, 190, 202, 278, 286, 323, 325, 338, 368, 374, 381, 405, 414, 421, 424, 437, 438, 439, 453, 464, 474, 480, 483
    Hochhaus 453
Lehmann, Arno 391, 415, 424
Lehrlingsheim 421
Leihhaus 376
Leisner, Rudolf E. 326, 339
Leitner, Hilga 167
Leitner, Walter 457
Lemberg 98
Lendl, Egon 487
Leningrad 99
Leoben 92
Leopold III., König der Belgier 342
Leopoldskron 42, 218, 285, 310, 323, 330, 342, 368, 393, 401, 404, 408, 417, 461, 463
    Schloß 42, 139, 264, 265, 310, 330, 342, 393, 417, 463

Leopoldskron *Fortsetzung*
    Weiher 461, 475
Lepperdinger, Hans 9, 17–20, 191
Leppich, Johannes 455
Lernet-Holenia, Alexander 167, 278, 282
Lessen, Kurt 377
Lessing, Gotthold Ephraim 168
Lettl (SAK 1914) 217, 385
Lettner, Harald 282
Lex Mozart 468
Lichtsignalanlage 330, 347, 399, 400, 404, 471
Lidauer, Alois 380
Liebermann, Max 281
Liebermann, Rolf 310, 449
Liefering 19, 24, 26, 29, 66, 122, 213, 215, 261, 264, 291, 306, 314, 320–323, 334, 338, 339, 347, 349, 352, 353, 379, 390, 392, 404, 407, 413, 484
Liefering-Rott 326
Liezen 333
Lilian Heimann 424
Lindner (Austria Salzburg) 444
Lindner (SAK 1914) 385
Lingen, Theo 158, 224, 265
Linz 76, 91, 92, 144, 150, 161, 202, 214, 265, 310, 326, 345, 351, 354, 374, 405, 438, 452
Linzer Bundesstraße 351
Linzer Gasse 16, 198, 286, 302, 329, 374, 375, 430, 446, 464
Lipizzaner 361, 393
Lippl, Alois 242
List, Inge 225
Litauer 98
Literatur 144, 145, 163–168, 228, 235, 438, 471
Livorno 402
Lodron'sches Haus 317
Lofer 338, 376
Lohn- und Preisstop 229
Lohn-Preis-Abkommen 266, 292, 306, 319, 338, 339, 360
Lohn-Preis-Steigerung 110, 266
Lokalbahn 114–117, 123, 155, 197, 200, 221, 250, 258, 302, 303, 306, 314, 321, 391, 427, 449
    Lokalbahnhof 200, 364, 425
    Lokalbahnhof Nonntal 364, 426, 443
    Südstrecke, Einstellung 117, 369, 425, 426, 427, 435
    Tariferhöhung 433
Lokale *siehe auch* Café, Café-Espresso, Gasthaus, Gasthof
    Astoria 482
    Bacchus-Stuben 437
    Barock-Bar 169, 417, 447, 451
    Casanova 464, 476

Lokale *Fortsetzung*
   Casino Fallenegger 383
   Casino-Alm 471
   Centro 468
   Cocktail-Club 311
   Eierschaln 476
   Gablerbräu-Keller 486
   Gabler-Stüberl 464
   Intermezzo 449
   Kegel-Casino 411
   Neutor-Diele 476
   Oase 229
   Rocket-Club 476
   Savoy-Bar 169, 240
   Stieglkeller 222, 262, 282, 283, 308, 330, 362, 367, 478, 480
   Tabaris-Bar 170
Lollar, Richard L. 250, 251
London 204, 401, 431, 465
Lorettokloster 313
Lothar, Ernst 164, 168, 288, 290, 387, 474
Lothar, Heinz 420
Lotsendienst 474
Lourdes 441
Low, Bruce 408
Löwingerbühne 337
Ludwig-Schmederer-Platz 433
Ludwig-Schmederer-Straße 433
Luftaufnahme 190
Luftfahrertag 333
Luftkrieg *siehe* Bomben
Luftschutz
   Fliegeralarm 191, 369
   Luftschutzkeller 377
   Luftschutzstollen 225, 478
   Splittergraben 190
   Vorbauten 205
Luftsteuer 333
Lungau 290, 326
Lungenheilstätte Grafenhof 168
Lurcat, Jean 416
Luritzhofer (Austria Salzburg) 444
Lürzer, Walter von 31
Lustbarkeitsabgabe 280
Lustig, Max 175
Lux, Joseph August 256, 279
Luzern 355
Lyrik 396, 441, 456, 458, 466

—M—

Macheiner, Eduard 181
Mädchenheim St. Josef 247, 292
Mädelklub 271
Magistrat 22, 60, 79, 81, 121, 225, 228, 247, 252, 301, 316, 340, 375, 403, 405, 434,
   Altstadtamt 129
   Amtsblatt 321

Magistrat *Fortsetzung*
   Arbeitseinsatz 375
   Baubehörde 64, 127, 321, 351, 368, 424, 452, 465, 474, 480, 484
   Baudirektor 128
   Betriebsverwaltung 460
   Geschäftsordnung 393
   Gemeinderatskanzlei 431
   Gewerbeamt 430, 459, 476
   Jugendamt 58, 421, 435
   Kontrollamt 398
   Kulturamt 303
   Magistratsdirektor 22, 194, 256
   Magistratsmusik 273, 374, 390
   Marktamt 459
   Müllabfuhr 198, 301, 337, 398
   NS-Registrierungsstelle 279
   Planungsamt 65
   Rechtsbüro 460
   Sozialamt 226
   Schülerausspeisung 288
   Stadtbauamt 205, 285, 368
   Stadtbücherei 197, 354
   Standesamt 44, 147, 148
   Stadtgartenamt 326, 404
   Telefonzentrale 317
   Verwaltungsgliederungs- und Aufgabenverteilungsplan 460
   Wohnungsamt 52, 61, 338, 480
   Zentralverwaltung 460
Magnus, Josef 482
Magnus, Rositta 478, 482
Mahringer, Anton 330
Maibaumaufstellen 407, 466
Maier, Adolf 273
Makart, Hans 446
Makartplatz 26, 31, 114, 188, 202, 266, 348, 363, 368, 374, 377, 391, 396, 404, 410, 414, 416, 425, 461
Malanik, Bruno 303
Mamerow, Erich 144
Mann, Klaus 164
Mann, Thomas 163, 168, 363, 390
Mannequin 175
Männergesangverein Heimat 408
Manzù, Giacomo 447, 471
Marceau, Marcel 326
Maria Jeritza 363
Maria Plain 219, 311, 385, 432, 453
Marianisches Jahr 432
Marienfeiertag 290, 298, 446, 486
Marischka, Ernst 385, 441
Marischka, Hubert 284
Marktgasse *siehe auch* Wiener-Philharmoniker-Gasse 456, 457
Marktgebühren 398
Markthalle 455

Markuslöwe 127
Marmaros Szigeth 101
Marmorwerk Kiefer 354
Marshall-Plan 108, 109, 140, 286, 312, 324, 333, 413
Martin, Frank 288
Martin, Franz 344
Märzendorfer, Ernst 431
Mathew Ridgway 407
Maturafeier 264
Maturakurs 393
Matz, Hannerl 385
Mauthausen 45, 233, 482
Maxglan 114, 146, 169, 202, 224, 225, 269, 284, 288, 296, 304, 312, 318, 322, 323, 328, 333, 346, 347, 355, 366, 375, 378, 393, 394, 405, 408, 434, 437, 441, 451, 452, 453, 468, 484
Maxglaner Hauptstraße 198
Max-Ott-Platz 380, 478, 484
Max-Reinhardt-Platz 249, 331, 396, 420
Mayburger, Josef 393
Maycock, George 378
Mayer, Elfriede 242
Mayer, Heinrich 358
Mayr, Karl 425, 484
Mayrische Buchhandlung 418, 419
Mayr, Otto 336
Mayrwies 486
McCarthy, Josef 19
McCeery, Richard L. 212
McCloy, Under-Secretary of War 206
Medikament 106, 318
Medvey, Undine von 406
Meinecke, Max 361
Meinl-Keksfabrik 383
Meinrad, Josef 265, 402
Meldepflicht 200, 201, 202, 205, 208, 215, 221, 225, 233, 234
Melk 97
Melz, Steffi 225
Menapace, Richard 290, 312, 323, 333, 391
Menuhin, Yehudi 237
Mercer, Joseph A. 11
Mertensstraße 342
Messina 480
Messner, Joseph 33, 203, 393, 415, 471
Metro Goldwyn Mayer 376, 403
Michael, Exkönig von Rumänien 277
Michaelitor 330
Mikl, Josef 338
Milchbar 361
Milchhof 233, 321
Milchkrieg 405
Milchtrinkstube 361
Milchwirtschaftsfonds 338, 405
Milldring, Generalmajor 206
Minarik (Austria Salzburg) 444

Minigolf 411
Minnesheimstraße 468
Mirabell
   Garten 212, 234, 290, 308, 310, 326, 375, 382, 383, 390, 407, 416, 451
   Heckentheater 212, 310, 362
   Pavillon 383, 390, 393, 416, 421, 471
   Pegasus-Brunnen 334
   Schloß 197, 213, 270, 288, 334, 361, 367, 374, 404, 434, 466, 484
     Marmorsaal 147, 213, 271, 362, 416, 439, 451, 452, 466, 469
Mirabell Service Club 308, 405, 453, 476
Mirabellplatz 193, 209, 261, 298, 312, 319, 325, 326, 330, 346, 370, 398, 417, 425, 437, 439, 440, 441, 446, 457, 463, 465, 485
Miró, Joan 161
Miss Salzburg 238, 352, 396
Missionare vom kostbaren Blut 271, 299
Mississippi-Dampfer 437, 443, 458, 468
Mitchell, Margarat 163
Mittelschülerball 277
Mlynarzek, Stanislaus 353
Modellbauklub 312, 344
Modenschau 175, 310, 316, 383, 410, 439, 450
Moiret, Edmund 362
Moldovan, Kurt 338
Molière, Jean-Baptiste 310, 362, 476
Molnar, Eva 310
Molnar, Franz 158, 272
Mönchsberg 32, 131, 170, 173, 233, 251, 267, 273, 285, 288, 310, 311, 323, 325, 328, 331, 335, 336, 344, 351, 391, 411, 424
   Aufzug 269
   Aussichtsturm 469
   Drahtseilbahn 200, 391
   Elektrische Aufzug 200, 267
   Mönchsberg-Festspielhaus 471
   Garage 478
   Lift 251, 261, 262, 263, 285, 288, 331, 349, 391, 411
   Luftschutzstollen 9, 40, 478
   Olympia-Haus 334, 335, 336
   Tunnel 116, 122
   Wasserbehälter 233, 273, 328, 344
Moosstraße 73, 198, 198, 310, 391, 458
Mondsee 265, 440, 448
Monroe, Marilyn 404
Morawetz, Alfred 349
Mord 40, 45, 99, 221, 222, 291, 312, 319, 387, 461,
Mork, Mercedes 373
Mormonen 378
Morphium 299

Morzg 315, 318, 323, 328, 352, 392, 404, 407, 480
Moser, Eberhard 19
Moser, Hans 158, 224
Moskau 99, 464
Motorradrennen 240, 258, 259, 264, 282, 291, 305, 329, 341, 379, 466
Motorroller Puch RL 125 391
Mozart, Anna Maria 408
Mozart, Wolfgang Amadeus 159, 211, 237, 264, 279, 285, 288, 311, 312, 330, 332, 334, 361, 362, 386, 391, 408, 416, 448, 457, 461, 468, 472
Mozart-Autograph 457
Mozart-Denkmal 408, 415
Mozarteum 23, 27, 212, 217, 219, 284, 294, 305, 331, 334, 339, 340, 343, 346, 347, 350, 358, 362, 363, 366, 368, 378, 384, 390, 395, 406, 408, 410, 415, 416, 430, 449, 461, 465, 476, 484, 487, 488
   Bastionsgarten 325
   Saal 28, 32, 33, 158, 160, 175, 193, 203, 204, 208, 212, 216, 224, 228, 253, 257, 258, 261, 264, 271, 273, 275, 276, 280, 282, 286, 316, 333, 398
   Schauspielseminar 308, 319, 339, 346, 465, 487
   Studio St. Peter 308, 324, 326, 353, 465, 486, 487
Mozarteum-Orchester *siehe* Orchester
Mozartjahr 488
Mozartkult 139
Mozart-Medaille 331, 362, 363, 415
Mozartplatz 21, 219, 238, 240, 259, 261, 284, 333, 342, 378, 386, 391, 393, 402, 408, 451, 464, 472, 476, 480, 487
Mozarts Geburtshaus 344, 461
Mozarts Wohnhaus 348, 363, 368, 377, 390, 395, 396, 406, 416
Mühldorfgasse 441
Mühringer, Doris 166, 438
Müllabfuhr 198, 301, 337, 398
Müller, Franc 480
Müller, Karlmann 483
Müller, Otto 165
Müller, Walter 385
Müller, Wolfgang 224, 225
Müller-Rundegg, Albin 360
Mülln 92, 116, 122, 257, 356, 357, 411, 453
Müllner Bräustübl 77, 170, 305, 308
Müllner Hauptstraße 325
Müllner, Robert 217
Müllnerhügel 453
Munch, Charles 472
München 17, 92, 97, 161, 191, 204, 305, 328, 376, 378, 382
Münchner Bundesstraße 186
Münchner Merkur 455

Münster 92
Münze, alte 128, 132–135, 412
Münzgasse 135, 433
Murphy, Robert 262
Museum C. A. 191, 204, 238, 242, 251, 269, 273, 299, 302, 314, 329, 353, 368, 383, 386, 421, 432, 439, 452, 457, 461, 471, 478, 486
Museumspavillon 383, 390, 393, 416, 421, 471
Museumsverein 166, 368
Musik 33, 93, 159, 175, 202, 205, 211, 214, 238, 268, 290, 308, 310, 324, 329, 330, 332, 383, 387, 393, 424, 439, 441, 449, 451, 459
   Amerikanische 205
   Blues 139
   Gesangsverein Typographia 283
   Gospel-Lieder 139
   Jazz 138, 141, 378, 468
   Jiddische Musik 224
   Kammermusik 33, 253
   Kirchenknabenchor 361
   Kirchenmusik 33
   Klaviervortrag 264
   Ländliche Musik 229, 329
   Marschmusik 478
   Männergesangverein Heimat 408
   Musik-Olympia-Haus 334, 335, 336
   Musik-Olympiade 308, 334
   Musikabteilung des ISB 219
   Musikalienhändler 318
   Musikbücherei 354
   Musikkreis 424, 430
   Musikrätsel 175
   Musikwettbewerb 390
   Oper 33, 144, 158, 159, 265, 279, 288, 332, 387, 402, 416, 438, 441
   Operette 33, 158, 159, 284, 308, 343, 435, 453, 459
   Salzburger Liedertafel 23, 166, 272, 449
   Salzburger Volksliedchor 439
   Schlagerparade 365, 438, 452
   Singgruppe Sepp Dengg 412
   Straßburger Domchor 312, 361
   Tanzmusik 138, 141
   USFA-Chor 457
   Wiener Sängerknaben 160, 212, 257
Musikkapelle *siehe* Orchester
Musik-Wettbewerb 308, 390
Musil, Robert 164
Müthel, Lola 388
Muthspiel, Agnes 453
Muxeneder, Franz 486

—N—

Nabl, Franz 448

Nachrichtendienst 202
Nachttresor 300
Nackttanz 170, 342
Nadler, Josef 165
Nagy (SAK 1914) 385
Namur 96
Nashville 11
National Catholic Welfare Conference 178, 412, 484
Nationalhymne, Rumänien 277
Nationalhymne, USA 211
Nationalrat 309, 310, 316, 330, 382, 386, 410, 430, 451, 453, 455, 486
Nationalratsabgeordnete 401, 404, 408, 430, 455
Nationalsozialismus *siehe auch* BDM, DAF, Gestapo, HJ, NSDAP, NSFK, NSKK, SA, SD, SS
   Bauernführer 31
   Beschlagnahme 200
   Gauhauptmann 31
   Gauhauptstellenleiter 44
   Gauleiter 18, 20, 31, 80, 196, 264, 281, 298, 482
   Gauwirtschaftskammer 31
   Gestapo 207, 226
   Greueltaten 194
   Ideologie 22, 80, 82
   Kreisleiter 42
   Kreisorganisationsleiter 42
   Künstler 161
   Landeskulturleiter 164
   Literatur 163, 197
   Opfer 68, 75, 148, 281, 386, 488
   Ortsgruppenleiter 31, 85
   Propaganda 104, 158, 168
   Regierungspräsident 31
   Regime 17, 40, 41, 42, 46, 61, 67, 81, 93, 104, 109, 158, 163, 177, 191, 194, 202, 206, 216, 218, 242, 258, 268, 271, 276, 280, 281, 282, 286, 303, 310, 316, 328, 354, 369, 447, 464
   Gegner 42
   Zusammenbruch 40, 41, 44, 82
   Reichsstudentenführer 298
   Statthalter 76
   Verfolgung 165, 349
   Volksgericht 281
Nationalsozialisten-Gesetz 81, 82, 164, 178, 253, 283, 337
NATO 368, 407
Naturfreunde 323, 479
Naturschutzbehörde 266
Neher, Caspar 288, 361, 472
Nehru, Pandit Jawaharlal 470
Nelböckviadukt 330
Neptunbrunnen 410
Nestroy, Johann Nepomuk 402

Die Neue Front 301, 401
Neue Mozart-Ausgabe 461
Neuengamme 75
Neumayr, Anton 121, 191, 193, 196, 222, 229, 230, 233, 236, 242, 257, 260, 261, 267, 268, 270, 273, 283, 285, 288, 308, 310, 319, 320, 331, 343, 345, 349, 354, 367, 373, 382, 445
Neusohl 75
Neutor 25, 127, 303, 347, 365, 375, 391, 476
Neutorstraße 23, 25, 27, 29, 31, 198, 303, 347, 487
New York 96, 221, 225, 268, 376
Nicodemi, Dario 216
Nicoletti, Susi 226
Niederösterreich 47
Nikotin 453
Nimptsch, Uli 415
Nissen, Constanze 391
Nitsche, Leopold 468
Nonnbergstiege 263
Nonntal 45, 59, 116, 122, 177, 240, 321, 322, 329, 333, 355, 361, 384, 393, 403, 412, 414, 426, 427, 443, 453, 474, 477, 487
Nonntaler Hauptstraße 225, 304, 414, 427
Norwegen 92, 250
NS-Belastete 41, 82, 148, 164, 165, 166, 178, 253, 324, 386, 399, 401
NSDAP 22, 31, 193, 207, 216, 249
   Funktionär 11, 31, 44, 80, 93, 196, 200, 201, 246, 282
   Funktionäre 93
   Mitglied 39, 80, 81, 82, 85, 178, 199, 207, 224, 246, 253, 264, 279
   NSFK 199, 207
   NSKK 199, 207
   NSV 76
NS-Minderbelastete 81, 82, 253, 283, 310, 358
NS-Registrierung 80, 81, 83, 199, 207, 212, 234, 240, 246, 310, 370
NS-Verbotsgesetz 81, 83, 193, 386
NS-Wiederbetätigung 279
Nürnberg 348
Nürnberger Kriegsverbrecherprozeß 348, 370
Nürnberger, Norbert 19
Nutter, William H. 187, 483
Nylon 141, 145, 146

—O—

O'Connor, Jeremiah J. 187, 479
O'Connor, Thomas 309
O'Daniel 17
ÖAAB 217, 478
ÖBB *siehe auch* Bahn 251, 325, 345, 347, 352, 353, 364, 380, 406, 441

Obdachlosenheim 407
Obdachlosigkeit 60, 61
Oberndorf 182, 215, 302
Oberösterreich 47, 197, 205, 208, 213, 337, 380
Obersiegsdorf 11
Obertauern 177
Odet, Clifford 459
ÖFAG 468, 474, 483
Öffentlicher Verkehr 109, 117
    Bahnbus 117
    Einstellung 25
    Linienbetrieb 79, 114, 116, 117, 119
    Postbus 112, 117
ÖGB 51, 104, 106, 196, 221, 228, 229, 257, 270, 302–303, 316, 319, 393, 407, 437, 445, 456, 461
Oklahoma City 377
Okopenko, Andreas 166
Oldenburg 58
Olivier, Ferdinand 161
Oper 33, 144, 158, 159, 265, 279, 288, 332, 387, 402, 416, 438, 441
    Kinderoper 378, 441
    Nationaloper Paris 416
    Staatsoper 271, 334, 472, 484
    Staatsoper Wien 484
    Staatsopernballett 334
Operette 33, 158, 159, 284, 308, 343, 435, 453, 459
Ophüls, Max 391
Opium 299
Orchester
    Albert Baldsiefen 170
    Armin Sommer und seine Swingband 229
    Bundesbahnkapelle 234
    Camerata Academica 378
    Die drei Melodies 170
    Four Pops 452
    Heinz Sandauer 353
    Hoch- und Deutschmeister-Kapelle 364, 405
    Internationales Akademieorchester 416
    Johannes Fehring 438
    Josca Ranoff 175
    Kurt Edelhagen 434, 468
    Magistratsmusik 273, 374, 390
    Max Greger und sein Orchester 485
    Mozarteum-Orchester 28, 33, 203, 211, 318, 332, 334, 340, 343, 363, 366, 395, 413, 431, 480 Verein Mozarteum-Orchester 364
    Pinguin-Band 222
    Polizeimusik 100, 308
    Tanzband Die Rhythmischen 7 170, 248, 271, 296
    Tanzorchester Charles Steinhardt 170
    Tanzorchester Karl Bischof 219

Orchester *Fortsetzung*
    Kurt Edelhagen 434, 452, 468
    Theaterorchester 33
    Trachtenmusik Aigen 219, 479
    Trachtenmusikkapelle Leopoldskron 408
    US-Air-Force-Band 360, 420
    Vier Ossys 225
    Wiener Künstler-Orchester 170
    Wiener Philharmoniker 237, 288, 332, 472
Orff, Carl 290, 305, 310, 311
Orgel 33, 318
Orten, William L. 146
Ortner, Heinz 334
Wälterlin, Oskar 237
OSS 195
Ostarbeiter 67
Ostarrichi, 950 Jahre 242
Östereichisch-sowjetisch Gesellschaft 452
Österreich 9, 17, 26, 33, 39, 47, 57, 68, 71, 75, 78, 89, 97, 101, 103, 106, 107, 138, 139, 144, 148, 161, 166, 178, 182, 183, 186
Österreichisch-Amerikanische Gesellschaft 439
Österreichische Allgemeine Zeitung 319
Österreichische Filmgesellschaft 278
Österreichische Friedensgesellschaft 272, 277
Österreichische Gesellschaft für Theaterforschung 361
Österreichische Heimatunion 480
Österreichische Jugendbewegung 483
Österreichische Kunst der Gegenwart 390
Österreichische Tabakregie 312
Österreichischer Akademikerbund 420
Österreichischer Alpenverein 453
Österreichischer Kurier 34, 197, 198
Ostheim, Dieter 480
Ostheim, Trude 480
Ott, Anton 218, 219
Otte, Werner 161, 307, 443
ÖVP 60, 61, 80, 82, 93, 106, 113, 177, 197–199, 201, 205, 207, 211, 212, 214, 215, 217–219, 222, 225, 228, 229, 231, 233, 236, 242, 247, 248, 256, 265, 268, 269, 274, 276, 279, 281, 285, 286, 288, 290, 298, 303, 304, 308, 312, 316, 317, 319, 325, 330, 333, 338, 340, 342, 349, 352–355, 358, 362, 364, 367, 368, 374–377, 379, 385, 386, 390, 392, 393, 395, 398, 404, 406, 407, 411, 414, 420, 422, 424, 425, 430–432, 437, 439, 440, 443, 445, 448, 449, 451–453, 455–457, 459, 462, 465–467, 480, 482, 483, 486, 487
ÖWB 217, 465

—P—

Pabst, Lehrer 356

Pacher, Hans 358, 385, 398
Pacher, Justine 469
Pacher, Stanislaus 127, 186, 187, 218, 283, 286, 319, 364, 367, 369, 373, 376, 392, 405, 408, 411, 415, 421, 422, 430, 431, 434, 454, 469, 471, 474, 480, 483
Pacher-Madonna 215
Pachler (SAK 1914) 385
Page, Frank C. 368
Palästina 68, 71, 77, 78
Pallottiner 456
Panzerübungsplatz 383, 390, 391
Papistock, Karl 431
Papst Pius XII. 228, 304, 434
Paracelsus 367
Paracelsusstraße 326, 370
Paracelsus-Tag 367, 393, 422
Paratyphus 198
Paris-Lodron-Straße 310, 330, 360, 393, 463
Parkometer 156, 446
Parkplatz 152, 156, 331, 347, 377, 383, 386, 404, 474, 478
Parlamentär 18, 19, 191, 466
Parsch 30, 69, 114, 115, 123, 177, 200, 216, 235, 258, 308, 318, 325, 326, 369, 380, 385, 391, 393, 401, 406, 421, 425, 434, 441, 464, 471, 480
Parteienverhandlungen 425, 456, 457
Paryla, Karl 387
Paßamt 183
Passierscheinpflicht 201
Passionsspiel 301
Patch, Alexander M. 17
Pater-Peter-Singer-Museum 384
Patrick, John F. de Valagin 269
Patterson, Robert 202
Patzak, Julius 159, 265, 268, 310
Paumannplatz 62
Paumgartner, Bernhard 219, 268, 330, 373, 411, 415, 449
Pax-Christi-Kirche 482
Pax-Christi-Komitee 482
Pegasus-Brunnen 334
Penicillin 106, 141
Pepöck, August 343
Perlon 146
Peternell, Pert 166, 318
Peter-Pfenninger-Schenkung 413
Petersbrunnstraße 186
Peterskeller 308
Peter-Singer-Straße 187
Petzold, Alfons 166
Peyerl, Franz 194, 217, 222, 230, 279, 319, 370, 451, 457
Pfadfinder 202, 352, 362, 404, 474, 477
Pfaffenbichler, Emil 437
Pfarrkirchen 221
Pfeifergasse 339

Pfeiffer, Helfried 401
Pferderennen 229
Pfitzner, Hans 283, 306, 472
Pfitzner, Walter 487
Pfundmayer, Hedy 175
Pharmazie 364
Picasso, Pablo 161
Piekarz, Ladislaus 441
Pillweinstraße 198
Pilsener Bier 171
Pilshofer, Engelbert 257, 453
Pinelli, Aldo 225
Pinzgau 51
Piperek, Maximilian Hans 216, 304
Pirkmayerstraße 198
Pittermann, Bruno 455
Plaichinger, Alfred 98, 486
Plainstraße 247, 323, 373, 457, 464, 476
Planungsbüro Pönninger 452
Plastik 145
Plattenspieler 382
Platzl 26, 31, 118, 323, 337, 441, 466
Plohovich, Gottfried 441
Plünderung 27, 29, 30, 40, 46, 57, 103, 105, 193, 194, 216
Podhajsky, A. 361
Podium 70 167
Polen 47, 59, 67, 68, 75, 194, 205, 298
Polizei 19, 20, 23, 40, 41, 57, 58, 59, 75, 76, 103–106, 154, 184, 194, 196, 200, 215, 216, 221, 224, 225, 228, 236, 269, 273, 279, 280, 282, 288, 300, 304, 314, 318, 321, 322, 330, 333, 345, 347, 349, 369, 378, 386, 402, 403, 405, 421, 464, 471, 472, 480
Polizeiarzt 264
Polizeidirektion 20, 31, 39, 59, 80, 91, 157, 184, 193, 197–201, 216, 224–226, 234, 235, 250, 280, 304, 345, 386, 392, 401, 408, 430, 433, 446, 461, 464, 467, 481
Polizei-Gefangenenhaus 378
Polizeiwachstube 198, 212, 286, 288, 401, 404, 424
Zeiserlwagen 305
Pölz, Hubert 467, 474
Ponholzer, Otto 65, 319, 364, 422, 430, 431, 434, 445, 453, 471, 472
Porenta, Anton 204, 353
Posen 42
Post 206, 224, 256, 265, 268, 275, 290, 305, 312, 322, 324, 347, 352, 353, 360, 364, 420
Briefverkehr 27, 268
Paketpost 224, 314
Postbus 324, 353, 375
Tariferhöhung 364

Postamt
  Hauptpostamt 401
  Morzg 352
  Mülln 325
  Nonntal 304, 393
  Parsch 308, 393
Potter, Kenneth B. 9
Pozdena, Walter 219
Prack, Oswald 197
Praehauser, Ludwig 164
Prag 391
Praschak, Günther 385
Prechtl, Josef 430, 431
Preisträger 166, 351
Pressekonferenz 282, 301, 368, 390
Preußler, Kurt 425, 430
Preußner, Eberhard 268, 318, 404, 424
Priesterhaus 44, 178, 196
Primas Germaniae 178
Prisoner of War 96, 97
Pro Juventute 411
Probjet-Sümpfe 98
Probst, Hans 430
Prodinger, Friederike 386
Prodinger, Hans 420
Prohaska, Felix 159, 211, 237
Prossinger, Otto 404
Prossingergründe 333, 411
Prostitution 58, 106, 141, 146, 364, 376, 378, 380, 387, 403, 404, 407, 421, 430, 441
Protected Personnel 97
Protest 51, 78, 117, 156, 169, 226, 256, 279, 280, 281, 284, 303, 306, 309, 330, 338, 339, 349, 353, 354, 355, 368, 369, 376, 377, 382, 385, 390, 392, 393, 396, 404, 411, 425, 433, 434, 437–440, 445, 455–457, 459, 463, 474, 478
Prozeß 93, 107, 233, 240, 264, 281, 296, 298, 370, 396, 402, 406, 408, 416, 424, 441, 461
Puccini, Giacomo 230
Purtschellerhaus 182
Puthon, Heinrich 211, 296, 354, 373, 415, 478
PX-Laden 228, 364, 480

—Q—

Quadflieg, Will 387, 388, 474
Quell, Heimgar 393
Quell, Sepp 31

—R—

Raab, Julius 201, 437, 448, 482
Radetzkystraße 75, 218
Radio *siehe* Rundfunk
Radiophonie 441

Radium 200
Radrennbahn 323, 338
Radrennen 243, 261, 290, 292, 312, 323, 338, 358, 391, 449
Rainalter, Erwin H. 406
Rainberg 23, 285, 314, 338, 368
Rainbergstraße 25
Rainer, Friedrich 264
Rainer, Hermann 197, 430, 457
Rainer-Denkmal 392, 396
Rainermuseum 358
Rainer-Obelisk 396, 430
Rainer-Regiment 358
Rainerstraße 171, 225, 330, 339, 346, 358, 362, 402, 422, 431, 434, 484
Ranson, Fredy 229
Ranzern bei Iglau 23
Rapid Wien 237
Ratauscher, Gisela 430
Rathaus 42, 44, 97, 128, 193, 212, 229, 304, 311, 320, 323, 424, 434, 456, 488
Rathausbogen 119
Rathausplatz 31, 175
Raumordnungsgesetz 434
Rauscher, Franz 194, 197
Rauschgifthandel 299
RAVAG 138, 268
Raymond, Fred 434, 435
Razzia 216, 226, 364, 380, 403, 404, 430, 441
Realschulplatz *siehe auch* Ferdinand-Hanusch-Platz 118, 217, 218, 249, 342
Rech, Geza 143, 340, 434
Rechnungshof 330, 449
Redemptoristen 456
Reed, Donna 456
Regen, Rudi 170
Rehrl, Franz 208, 211, 229, 252, 276, 398, 445
Rehrl, Josef 80, 82, 101, 217, 219, 276, 281, 286, 292, 298, 304, 319, 413
Rehrl-Denkmal 398, 420
Reichenhaller Straße 23, 25, 30, 34, 187
Reichsdeutsche 204, 216, 233, 252
  Rückführung 200, 216
Reichsleistungsgesetz 61
Reichsnährstand 198, 247
Reimann, Viktor 177, 301, 314, 430
Reinhardt, Max 143, 159, 342, 404, 420
Reinl, Franz 459
Reischek, Andreas 145
Reisebüro 401
Reisenbichler, Karl 360, 463
Reiser, Tobi 398, 439, 485
Reiser, Trude 225
Reißzug 424
Reitsch, Hanna 42, 44, 408

Reitter, Leonhard 230
Reitturnier 384
Rembrandt 200
Remely (Austria Salzburg) 444
Rendl, Georg 164, 318, 457
Rendulic, Lothar 85, 370
Renker, Gustav 166
Rennau, Heinz Helmut 403, 443
Renner, Karl 215, 219, 288, 331
Renner-Regierung 196
Rennert, Günther 288, 448
Rennstrecke 383, 441
Reoptionsfrist
    Kanaltaler 301
    Südtiroler 301
Residenz 161, 193, 236, 256, 258, 261, 265, 284, 297, 310, 311, 318, 332, 333, 334, 342, 344, 345, 346, 348, 355, 358, 364, 367, 374, 375, 393, 395, 410, 411, 412, 415, 416, 420, 439, 443, 451, 464, 467, 470, 471, 472, 474, 480, 484, 485
Residenzbrunnen 305, 404, 437
Residenzplatz 117, 152, 154, 163, 201, 204, 205, 206, 231, 233, 249, 258, 282, 306, 325, 326, 331, 352, 353, 375, 377, 382, 386, 387, 392, 401, 404, 407, 410, 415, 437, 440, 472, 476
Rethy, Prinzessin von Belgien Rethy 342
Reuter, Wilhelm 42
Rewda 99
Rheinfelden 96
Rheno-Juvavia 268, 379
Rice, Elmar L. 242
Richard-Strauss-Straße 433
Richard-Wagner-Gesellschaft 352, 404
Richter, Hans 385
Richter, Kurt 376, 466
Ridgway, Mathew 407
Riedenburg 25, 31, 33, 41, 187, 256, 310, 337, 346, 365, 391, 476
Riedl, Jakob 101
Rimbaud, Arthur 456
Rindvieh-Diät 368
Ringel, Julius 18, 20
Ringen 270, 364, 377, 449
Rinner, Felix 88
Ritterbund der Helffensteiner 174
Ritterkreuzträger 26, 414
Ritzerbogen 119, 198, 219, 351
Robertson, Walter M. 143, 197, 202
Rochusgasse 468
Rodzinski, Artur 288
Roittner-Turnhalle 411, 412
Rökk, Marika 221, 224
Rokyta, Erika 268
Römerzeitliche Funde 273, 323, 355, 377, 383, 440, 457
Rommel, Erwin 401

Rooselvelt, Franklin D. 33
Roseggerstraße 286, 325
Rosemeyer (Austria Salzburg) 217
Rosenberg, Inge 272
Rosenhügel 334, 348
Rote Armee 60, 67, 163, 309
Rote Elektrische 115, 117, 155, 200, 343, 369, 406, 425
Rotes Kreuz 47, 70, 91, 92, 93, 97, 199, 202, 204, 218, 223–225, 234, 235, 249, 250, 253, 265, 283, 299, 304, 326, 393, 399
Roth, Eugen 376
Rottmayr, Johann Michael 443
Rottmayr-Fresken 411
Royall, Kenneth C. 267
Rudolf-Biebl-Straße 66, 126, 314
Rudolfer, Franz 234
Rudolfskai 200, 222, 312, 330
Rudolfsplatz 218, 249, 404
Rumänen 31
Rumänien 67, 98, 101, 284
Rundfunk 138, 144, 191, 202, 278, 283, 284, 345, 382, 408, 416, 438, 439, 448, 458
    Ansprache 18, 19, 191, 198, 269
    Blue Danube Network 138, 204, 475, 482
    Friedens-Verkündung 26
    Funkhaus Salzburg 368, 430
    Kurzwelle 205, 221
    Lagerradiostation 68
    Märchentante Faber 145
    Quiz-Sendung 248, 286
    Radioprogramm 214, 324
    RAVAG 138, 268
    Schwarzhörer 268
    Schweizer Telefonrundfunk 145
    Sender Rot-Weiß-Rot 91, 138, 143, 144, 145, 163, 197, 198, 202, 205, 214, 219, 221, 225, 248, 257, 271, 340, 353, 370, 438, 474
    Studio Salzburg 138, 143, 164, 197, 214, 340, 368
    Wunschkonzert 175, 282
Rupertgasse 59
Rupert-Hauser-Straße 218
Rupertibote 177, 218
Rupertinum 333, 340, 421
Rupertitag 215, 422, 452, 480
Ruppe, Michael 360
Russen 18, 40, 45, 67, 71, 76, 81, 91, 99, 194, 487

—S—

SA 29, 85, 92, 199, 207, 246, 279
Saalach 12, 17, 191, 303, 326, 298, 332, 352
Saalach-Kraftwerk 326, 327
Saalfelden 11, 238
Saccharin 51, 55, 253, 254, 292

Sacellum 249
Sacher-Erben, Erna 483
Sachs, Karl 217, 444
Saint-Julien-Straße 323, 330, 364, 391, 416
SAK 1914 217, 237, 279, 288, 313, 377, 383, 384, 385, 412, 444
   Sportplatz 333, 361
Salinenforste 363
Saller, Richard 468
Salten, Felix 166
Salzach 76, 132, 233, 253, 273, 303, 306, 313, 321, 351, 352, 368, 378, 380, 417, 446, 449, 453, 471
Salzachsee 368, 383
Salzach-Überfuhr 265, 329, 331, 378, 379
Salzburg Atlas 487
Salzburg Seminar in American Studies 139, 264, 265, 326, 330
Salzburger Ärzteverband 406
Salzburger Bauernbund 218
Salzburger Eisenbahn- und Tramwaygesellschaft 114, 116, 200, 251
Salzburger Eislaufverein 460
Salzburger Faschingsgilde 370, 374
Salzburger Festspiele *siehe* Festspiele
Salzburger Filmklub 402
Salzburger Flugsportverband 321, 324
Salzburger Fußballverband 224
Salzburger Gesellschaft für moderne Kunst 161
Salzburger Gruppe 161, 372, 390
Salzburger Heimatpflege 344
Salzburger Heimatwerk 238, 249, 275, 344, 348, 408
Salzburger Kulturvereinigung 257, 270, 277, 282, 309, 324, 340, 361, 362, 390, 395, 404, 406, 430, 453, 483
   Theaterring 340
Salzburger Kunstverein 161
Salzburger Landeshilfe 219, 226
Salzburger Landes-Trachtenverband 229
Salzburger Landes-Zeitung 328
Salzburger Liederkranz 353
Salzburger Liedertafel 23, 166, 272, 449
Salzburger Luftsportverband 323, 326, 382
Salzburger Nachrichten 47, 71, 102, 104, 106, 124, 125, 126, 137, 145, 163, 169, 171, 187, 198, 200, 213, 216, 217, 218, 253, 257, 271, 281, 301, 349, 386, 411, 462
   Kuratorium 233
Salzburger Partisanenring 257
Salzburger Presseklub 334, 379, 455
Salzburger Rettungsflugwacht 476
Salzburger Schriftsteller- und Journalistenverband 236
Salzburger Skiklub 221, 228
Salzburger Sparkasse 323
Salzburger Stadtverein 358, 375, 377, 386, 390, 393, 398, 404, 424, 435, 453, 455, 456, 461
Salzburger Stadtwerke 109, 117, 254, 287, 329, 381, 382, 437, 455, 463
Salzburger Tagblatt 217, 218
Salzburger Tierschutzverein 174, 235
Salzburger Traberzucht- und Rennverein 174, 420, 474
Salzburger Turnverein 352, 379, 384, 412, 469
Salzburger Volksbildungsverein 354
Salzburger Volksblatt 186, 187, 328, 349, 398
Salzburger Volkshochschule 167, 273
   Lesestudio 296, 425
   Filmklub 402
Salzburger Volksliedchor 439
Salzburger Volkszeitung 175, 217, 218, 358, 432
Die Salzburger Wirtschaft 267
Salzburger Wochenspiegel 413
Salzburger Zeitung 148, 168, 328
Salzburger-Getränkeindustrie 468
Salzkammergut-Lokalbahn 199, 222, 240, 325, 375, 376, 380, 383
SAMTC 156, 258, 264, 329, 383, 393, 420, 424, 446, 461, 478, 481
Sanatorium Wehrle 261
Sandbahnrennen 258, 358, 363, 383
Sarsoun (SAK 1914) 217
Sattler, Hubert 238
Saturday Evening Post 11
Sauna 204, 484
Sauterbogen 118
Schacht, Hjalmar 354
Schaffler, Wolfgang 164
Schaghi (SAK 1914) 217
Schallmoos 261, 290, 409, 460
Schallmooser Hauptstraße 58, 156, 313
Schärf, Adolf 378
Schatz-Durchhaus 281
Schaufenster-Wettbewerb 313, 386
Schauspiel 233, 235, 242, 332, 346
Scheel, Gustav Adolf 18, 31, 196, 298, 482
Scheibl, Eligius 368
Scheiblehner, Markus 60, 218
Schell, Ferdinand 465
Schell, Maria 278, 446, 474
Schemel, Adolf 191, 193, 195, 196, 197, 211, 215, 222
Scherzhauserfeldsiedlung 338, 483
Scherzhauserfeldstraße 447
Schiedsgericht der Sozialversicherungen 291
Schiele Egon 247
Schießstattstraße 414
Schilhawsky, Paul 271, 279
Schiller, Friedrich 168, 466

Schiller-Denkmal 466
Schillerfeier 466, 480
Schillerjahr 474
Schlachthof 193, 288, 346, 398, 448, 453, 458, 464, 488
Schleichhandel *siehe auch* Hamstern, Schwarzhandel
  5, 51, 103, 104, 105, 107, 226, 229, 234, 246, 249, 300, 304, 310
Schlesier 45
Schlittenrennen 253
Schloß Arenberg 26
Schloß Belvedere 284
Schloß Fürberg 478
Schloß Hartmannsberg 376
Schloß Hellbrunn *siehe* Hellbrunn
Schloß Mirabell *siehe* Mirabell
Schloß Schönbrunn 343
Schlüter, Walter 487
Schmeidel, Hermann von 272
Schmid jun., M. 175
Schmidseder, Ludwig 284
Schmidt, Hans 377
Schmidt, Oskar 487
Schmidt, Peer 387
Schmiedbauer, Alois 456
Schmiedinger (SAK 1914) 385
Schmuggel 183, 300, 316, 406
Schmutz und Schund 318, 321, 322, 344, 374
Schneefälle 375, 404
Schneditz, Wolfgang 164
Schneeweis, Franz 60
Schneider, Josef 217
Schneider-Manns Au, Karl 319, 331, 355, 363, 373, 422
Schneider-Manzell, Toni 443, 453, 476, 482
Schneider-Siemssen, Günther 362, 434, 451
Schnitzler, Artur 158
Schobersberger, Siegfried 289
Schock, Rudolf 441
Schöffengericht 226
Scholz, Gerti 225
Schönauer, Marianne 159
Schönberg, Arnold 159
Schönwiese, Ernst 145, 163, 228
Schöpp, Josef 439
Schranne 87, 256, 455, 466
Schrannengasse 44, 321, 455, 465, 478
Schrannenmarkt 304, 345, 378, 471
Schriftsteller 164, 236, 253, 281, 302
Schröck, Hans 434
Schröcksnadel, Joseph 480
Schröder, Gertrude 402
Schuh, Oscar Fritz 159, 237, 288, 290, 332, 361, 449, 472
Schulbaufonds 370, 376
Schule des Sehens 161, 415
Schulausspeisung *siehe* Ausspeisung

Schulen 75, 215, 216, 222
  Andräschule 76, 222, 296
  Berufsschule 247, 304, 367
  Bildungsanstalt für Kindergärtnerinnen 219
  Bundeslehrerinnenbildungsanstalt 355
  Bundesrealgymnasium 264, 355, 480
  Caritasschule 178
  Chemieschule Bildermann 318, 354
  Frauenoberschule 447
  Gewerbeschule 201, 222, 253, 268, 286, 367, 386, 396, 405, 458, 468
  Griesschule 261, 298, 330, 457, 486
  Handelsakademie 217, 463
  Handelsschule 463
  Jüdische Berufsschule 305
  Lagerschulen 68
  Lehen, Volksschule 338, 464
  Liefering 306
  Maxglan
    Hauptschule 393, 394
    Volksschule 318, 323
  Morzg 315, 318
  Mülln 356, 357
  Musikschule 352
  Nonntal 76
    Hauptschule 403
    Volksschule 242, 487
  Plainschule 45, 229, 483
  Privatschulen 433
  Realgymnasium 355, 412, 486
  Realgymnasium Nonntal 412
  Realschule 23, 134, 360, 406, 425
Schulschwestern 484
Schulwesen
  Elternverein 139, 355, 432, 456, 486
  Landesschulrat 300, 487
  Schulbau 110
  Schulenquete 462
  Schülerzeitung 139
  Schulhausweihe 318
  Schulraumnot 370, 392, 456, 457, 463
  Schulsperre 256, 462
  Stadtschulrat 273
  Streik 407
Schulz, Josef 277, 330
Schulzahnklinik 281
Schulz-Dornburg, Hanns 326, 339
Schulz-Holz, Fred 459
Schuschnigg, Kurt 440
Schwab, Günther 425
Schwaiger, Rosl 159
Schwanzer (Austria Salzburg) 217
Schwarz, Hugo 316
Schwarzes Kreuz 358
Schwarzhandel *siehe auch* Schleichhandel
  51, 71, 77, 104, 106, 216, 226, 234, 322, 366

Schwarzkopf, Elisabeth 265, 332, 416
Schwarzmarkt 51, 103, 104, 105, 106, 107, 109, 116, 229, 366
Schwarzmarktpreis 51, 55, 103, 105
Schwarzschlachtung 281
Schwarzstraße 27, 78, 169, 218, 240, 295, 298, 314, 331, 422, 427, 484
Schweden 47, 92, 250, 309, 314
Schwedisches Kinderhilfswerk Rädda Barnen 468
Schweiz 47, 92, 106, 218, 250, 281, 304, 314, 355, 411, 415, 460, 465, 467, 482
Schwestern vom Guten Hirten 247
Schwimmbad
   Leopoldskron 285
   Projekte 285
Schwimmschulstraße 25
SD 85, 207
Sebastian-Stöllner-Gasse 198
Sechserausschuß 198, 214
Sedlmayr, Hans 165, 300, 416
Seefried, Irmgard 332
Seeger, Richard 256
Segelflieger 326, 339, 378, 382, 406, 410, 449, 474, 484
Segelflugmodell-Wettbewerb 312
Seidler, Alma 143
Seidlhofer, Walter 296
Seifenkisten-Rennen 294, 296, 311
Seiltänzer 396
Seiser, Kurt 444
Selbstmord 40-45, 86, 196
Sender Rot-Weiß-Rot 91, 138, 143, 144, 145, 163, 197, 198, 202, 205, 214, 219, 221, 225, 248, 257, 271, 340, 353, 370, 438, 474
Serben 67, 71, 194
Sesta, Karl 444
Shakespeare, William 332, 361
Shell-Service-Station 391, 416
Sibirien 91, 184, 370
Sicherheitsdirektion 227, 234, 261, 316, 344, 374, 407
Siebenstädterstraße 414, 438
Siepi, Cesare 416
Siezenheimer Straße 146, 269, 405, 468
Sigmund-Haffner-Gasse 333, 379, 424
Sigmundsplatz 25, 201, 202, 331, 347, 416
das silberboot 164, 228
Die Silberrose 167, 463
Simmons, Jean 312
Sinatra, Frank 456
Sinnhubstraße 347
Skandal 170, 264, 288, 296, 355, 342
Skandinavien 174
Skijöring 253, 277
Skoda, Albin 158, 159
Slevogt, Max 281

Snow, Edgar 11
Solari, Santino 405
Soldatentreffen 420, 481
Solti, Georg 361, 472
Sompek, Ernst 449
Sonderbund österreichischer Künstler 242
Sonntagsfahrverbot 235, 276, 283, 284
Sopko, Josef 319
Soucek, Slavi 161, 281, 300, 372, 443, 457
Southhampton 96
Sowjetische Besatzungszone Deutschlands 268
Sowjetische Besatzungszone Österreichs 45, 97, 325
Sowjetische Repatriierungskommission 71, 355, 413
Sowjetisches Heldendenkmal 309
Sowjets 27, 82, 101, 108, 143, 270, 279, 284, 294, 326, 338, 355, 360, 377, 399, 411–412, 424, 433, 443, 459, 467, 486, 487
Sowjetunion 77, 93, 98, 99, 174, 193, 212, 249, 250, 253, 261, 268, 269, 270, 272, 273, 285, 299, 301, 320, 355, 440, 468, 469, 476, 487
Sozialpartnerschaft 110, 266, 319
Spalt, Johannes 434, 471
Spanische Hofreitschule 333, 361, 393
Sparkasse 300, 368, 376, 444, 460, 486
Sparverein 175
Spatenstichfeier 305, 312, 314, 323, 326, 328, 422, 423, 424, 439, 448, 453
Spazier (Austria Salzburg) 217
Speedway-Rennen 338, 363
Speiseeisabgabe 354
Sperrstunde 170, 197, 234, 342, 372
Sperrzone 438
Spitzbergenexpedition 476
SPÖ 57, 60, 61, 82, 93, 104, 106, 113, 121, 177, 191, 194–197, 200, 205, 207, 214–219, 222, 225, 229, 230, 231, 233, 242, 248, 257, 258, 261, 267, 268, 270, 273, 276, 279, 282, 283, 285, 286, 288, 290, 298, 300, 305, 308, 310, 316, 317, 319, 325, 334, 345, 349, 352, 354, 358, 364, 367, 369, 370, 373, 376, 378, 379, 382, 386, 392, 404, 405, 407, 408, 411, 414, 421, 422, 424, 425, 430–434, 437–441, 445, 451–453, 455–458, 466, 469, 471, 474, 480, 482–484, 486, 487
Spreyer, Frederick C. 9, 10, 19
Springenschmid, Karl 163, 166
Spyri, Johanna 408
SS 10, 11, 18, 29, 31, 40, 41, 44, 80, 85, 92, 103, 199, 207, 230, 246
SS-Kampfgruppe Ney 233, 240
St. Anna-Spital 464
St. Blasius *siehe* Bürgerspital
St. Georgen 215

St. Gilgen 18, 199, 265
St. Johann i. T. 376
St. Leonhard 114, 115, 116, 200, 369, 425, 449
St. Lorenz 440
St.-Peter-Weiher 368
Staatsbürgerschaftsverleihung 274
Staatsvertrag 93, 100, 433, 438, 464, 467, 468, 469, 474
Stadtbauordnung 463
Stadtbeleuchtung 266, 305, 469
Stadtbudget 235, 257, 283, 303, 325, 346, 375, 398, 435, 457, 487
Stadtdekanat 404
Stadtmauer 132, 134
Stadtrecht 304
Stadtverkehrsbüro 403, 410, 430, 435, 443
  Wochenspiegel 413
Stadtverschönerungsverein 358
Stalin 93
Stanchina, Peter 346, 362, 451
Ständestaat *siehe* Dollfuß-Regime
Stangl, Therese 326
Stauffeneggstraße 334, 338
Stefanits (Austria Salzburg) 444
Steffek (Austria Salzburg) 444
Steg *siehe* Brücke
Stegerstraße 42
Steiermark 92, 337
Steinböck, Felix 143
Steinboek, Rudolf 282
Steinbrecher, Alexander 144
Steiner, Otto 121, 200
Steinfeder, Fritz 351
Steinhardt, Anton 264, 330, 453
Stemberger, Karl 194
Steptänzer 229
Stern & Hafferl 117
Sternsingeraktion 178
Stierle, Adolf 352, 404
Stift Nonnberg 272, 273, 319, 424
Stiftung Soziales Friedenswerk 178, 337, 399, 401
Stöbich, Erwin 460
Stöckl, Joe 323
Stöcklstraße 126
Stoitzner, Josef 360
Stoß, Veit 319
Straß bei Eugendorf 320
Straßburger Domchor 312, 361
Straße der SA *siehe auch* Auperspergstraße 218
Straßenbau 133
Straßenbeleuchtung 208, 398
Straßenumbenennung 218, 249, 424
Strasser, Franz 60
Straßwalchen 199
Straub, Viktor 61

Straubingerstraße 308, 334
Strauss, Richard 237, 311, 314, 332, 387, 449
Strawinsky, Igor 472
Streik
  Gastgewerbe 302
  Generalstreik 51, 339
  Hungerstreik 279, 318
  Mozarteum-Studenten 284
  Mühlen 456
  Rechtspraktikanten 235
Strindberg, August 301
Stromversorgung 108, 109, 121, 125, 345
Strubergasse 128, 412, 480
Strunz, Franz 355
Stüber, Fritz 434, 455
Stuböck, Tontschi 352
Stuck, Hans 441
Studentenheim 396
Studentenverbindung 174, 355, 379, 383, 441, 466
Studienbibliothek 217, 257, 339
Studiengebäude 217, 267, 272
Stuhlfelden 177
Stuppäck, Hermann 164
Sudetendeutsche 45, 373
Südtirol 68, 214, 231, 290
Südtiroler 67, 71, 301
  Rückführung 257
Südtiroler Platz 352, 353, 364, 380, 441, 482
Sühnemaßnahmen 27, 61, 80, 81, 82, 200, 215, 253, 282, 283, 299, 312, 370
Süka, Walter 219
Suppin, Lucas 292
Surkow, Alexei A. 302
Susat, Alberto 286
Süß, Vinzenz M. 383
Svoboda, Wilhelm 85
Swarowsky, Hans 237
Synagoge 271
Szabo, Wilhelm 166, 456

—T—

Tabak 32, 77, 185, 199, 226, 235, 249, 312, 323, 453
Taddei, Giuseppe 221
Tag der Luftfahrt 406
Tag des Waldes 406, 439
Taggart, Donald G. 11
Tagung
  Akademische Burschenschaften 441
  Akademische Sängerschaften 383
  Apothekertagung 364
  CV 355
  Diözesantagung 292
  Ehemalige Partisanen 257
  Flüchtlingskonferenz 439
  Christlich-demokratische Frauen 420

Tagung *Fortsetzung*
   Kinderfreunde 378
   Kameradschaftsbund 439
   Österreichische Bibliothekare 339
   Pfadfinder 404
   Sicherheits- und Polizeidirektoren 225
   Weltkirchenrat 321
Tankay-Burget, Dorothy von 269
Tankstelle 156, 478
Tanzpaar Anette und Tagunoff 229
Tanzschule Pichy 480
Tanzschule Reiter 379
Tanzsport 276, 311
Tass 99
Taubstummenanstalt 278
Tauernkraftwerke 309
Taxham 65, 122, 194, 420, 434, 448, 458, 464, 471
Taxi 298, 304, 361, 412
Technische Hochschule Wien 122, 127
Telefon 9, 23, 24, 170, 193, 202, 204, 206, 256, 273, 279, 296, 300, 304, 310, 312, 323, 345, 360, 396, 401, 406, 420, 464
Teichmann (SAK 1914) 385
Teisenberggasse 252
Teisendorf 191
Tennessee 96
Tennis 205, 391, 411
Tesch, Adelheid 396
Tewfik el Hakim 432
Thalgau 440
Thalhammer, Kurt 282
Theater *siehe auch* Schauspiel
   32, 33, 138, 139, 158, 202, 218, 219, 224, 226, 235, 253, 284, 303, 310, 319, 343
   Ausschuß 326
   Burgtheater 463
   Exl-Bühne 276
   Felsentheater 361
   Heckentheater 212, 310, 362
   Landestheater 28, 32, 33, 138, 139, 145, 154, 158, 159, 197, 202, 203, 205, 214, 215, 216, 219, 221, 224, 226, 229, 230, 233, 251, 265, 271, 272, 276, 282, 284, 288, 291, 299, 301, 303, 308, 326, 331, 337, 339, 343, 346, 361, 362, 374, 377, 378, 398, 402, 420, 434, 435, 438, 441, 451, 457, 459, 474, 476, 480, 486, 488
   Intendant 158, 219, 233, 265, 339, 346
   Marionettentheater 32, 33, 141, 203, 208, 271, 279, 321, 374, 392
   Operettentheater Hannover 346
   Roxy-Theater 138
   Theaterausschuß 346
   Theater in der Josefstadt 281
   Theaterkrise 303
   Theaterorchester 33
   Theaterring 340

Theater *Fortsetzung*
   Théatre National Populaire de Paris 476
   Die Tribüne 235
   Ukrainisches Theater 219
   Volksbühnen
      Bauernbrettl 240, 241
      Bauernbühne Fritz Krombholz 219
      Heimatbühne Aigen 279
      Löwingerbühne 337
      Salzburger Volksbühne 218, 219
      Salzburger Volkstheater 218, 219
      Wiener Brettl 215
Theatergasse 348, 368, 402, 414, 418
Theodor-Körner-Turnhalle 484
Theologische Fakultät 217, 267, 463
Thimig, Hans 278
Thimig, Helene 159, 265, 266, 326
Thimig, Hermann 237
Thomas, Waldo B. 148
Thompson Jr., Llewellyn E. 392, 401
Thöny, Wilhelm 224, 330, 416
Thorak, Josef 161, 330, 362, 376
Thumegg 358, 359
Thür, Hans 430
Tichy, Herbert 463
Tiergarten Hellbrunn 468
Tiergarten Liefering 484
Tierkörperverwertungsanstalt Regau 460
Tierschau 412
Tirol 197, 203
Tischtennis 411
Tizian 200
Todesstrafe 36, 51, 234
Todesurteil 35, 80, 264, 281, 461
Toledo, Irma 443
Tombola des Kriegsopferverbandes 308, 412
Tomicic-Dalma, Alfons 455
Toncic-Treuberg, Veva 471, 483
Torriani, Vico 406, 438
Toscanini, Arturo 231
Toskanatrakt 396
Totalin 318
Trabrennbahn 215, 238, 253, 258, 261, 282, 289, 305, 316, 329, 358, 359, 362, 382, 383, 384, 386, 408, 420, 464, 474
Trabrennen 215, 238, 316, 358, 420
Trachten *siehe* Brauchtum
Tränengas 403
Trapp-Familie 271, 299, 333, 421
Tratz, Eduard Paul 31, 308, 391, 420, 452
Traunstraße 271, 299
Triest 467
Trimmelkam 117
Trinkerfürsorgeheim 323
Tritthart, Edgar 335
Troger, Paul 303
Trojan, Alexander 226
Truman, Harry S. 340, 362, 363

Truman, Margret 390
Trummer, August 193, 197
Truppe, Karl 360
Truscott, Al 265
Tschaikowski, Pjotr Iljitsch 203
Tschechoslowakei 47, 75, 222, 373, 377
Tschechoslowaken 233
Tschugmell, Oskar 378
Tucker, Douglas Byron 147
Tucker, Eve 300
Tumler, Franz 164
Türkei 408
Turkow, Jonas 224
Türmer, Gert 175
Turnverein Itzling 484
Tutschka, Julius 307
Typhus 198
Tyray (SAK 1914) 385

—U—

Überfall 31, 36, 57–59, 71, 104, 256, 386, 406
Ucicky, Gustav 168
UFO 184, 456
Uhlig, Anneliese 147, 151
Ukrainer 45, 67, 68, 71, 91, 104, 221, 319
Ullmann, Ludwig 159
Ullrich, Sepp 122, 127, 434, 453, 455
Umerziehung 86, 163
Umsiedler 41
Umspannwerk 405
Unabhängige Jugend 378
Unfall 45, 59, 99, 153, 312, 314, 318, 329, 362, 364, 402
Unfallkrankenhaus 302, 347, 424, 428, 429, 430
Unfallverhütung 277, 285
Ungarn 67, 68, 71, 92, 104, 163, 222, 233, 269, 299, 373
UNICEF 297, 299
Union-Stadtverein 247, 313
   Schlittschuhklub 373
   Sporthalle 218, 384
   Sportplatz 218, 240, 321, 412
Universität Innsbruck 82, 98
Universität Salzburg 249, 391
   Albertus-Magnus-Universität 408
   Katholische 177, 276, 408, 416, 449, 467
Universität Wien 485
Universitätsplatz 119, 416
Unken 376
UNRRA 47, 68, 104, 231, 240, 249, 250, 257, 345
Unterernährung 238
Untersberg 23, 184, 344, 377, 449
Untersbergstraße 24
Unterschriftenaktion 446, 486

Untersuchungsausschuß 358
Unwetter 306, 313, 345, 390, 452, 458
Ural 99, 399
Uraufführung 233, 235, 242, 265, 279, 282, 284, 290, 308, 311, 340, 387, 402, 416, 417, 420, 430, 432, 453, 465, 472
Uray, Peter 352
Ursulinenkloster 53, 447, 471
US Army 10, 12, 13, 18, 20, 67, 76, 96, 116, 182, 191, 194, 212, 229, 237, 242, 248, 261, 304, 340, 353, 382, 391, 404, 407, 411, 451, 467, 476
   250. Artillerie-Bataillon 146
   12. Heeresgruppe 34, 197, 198
   3. Infanterie-Division 9–17, 19, 191
   7. Infanterie-Regiment 9, 17
   15. Infanterie-Regiment 9
   42. Infanterie-Division (Rainbow-Division) 204, 205, 207, 219, 221–223, 235, 265
   106. Kavallerie-Gruppe 9, 10, 17, 19, 191
   II. Korps 202, 205
   XV. Korps 11, 19
   Assistant Division 9
   Civilian Supply Division 198
   Generalstab 17
   Kriegsgericht 291, 312
   Second Corps 205, 229
US Information Center 139, 140, 141, 236, 316, 378, 391
   Bookmobile 138
US-Air-Force 233, 360, 456, 476
US-Air-Force-Band 420
US-Besatzung (USFA)
   Abzug 111, 148, 161, 171, 186, 187, 378, 466
   Allied High Commission Permit-Office for Germany 333
   Army day 304, 353, 382, 441
   Beschlagnahme 23, 28, 31, 34, 60, 137, 170, 172, 191, 214, 222, 265, 304, 390
   Aufhebung 89, 110, 170, 187, 264, 374, 376, 451, 482, 488
   Billeting Office 60, 226
   Blue Danube Network 138, 204, 475, 482
   Camp Roeder 109, 122, 140, 349, 352, 355, 370, 371, 382, 385, 404, 407, 420, 421, 433, 441, 454, 459, 471, 478, 480–483, 486
   Camp Truscott 85, 265, 342
   Cocktail-Club 141
   Erholungsheim 265
   Forty Second Street Café 172, 332
   Hauptquartier 21, 123, 148, 186, 216, 262, 355, 393, 402, 407, 408, 467, 480, 487
   Hilfe 47, 77, 109, 206, 265
   Hochkommissar 235, 237, 259, 261, 265, 296, 338, 340, 342, 349, 353, 362, 382, 386, 392, 401

US-Besatzung (USFA) *Fortsetzung*
　　Kinderweihnacht 223, 276, 398, 433, 459
　　Kino 264, 385, 390
　　Militärgericht 80, 107, 194, 202, 203, 233, 234, 240, 249, 285, 324, 348, 387, 402, 461
　　Militärparade 21, 204, 205, 206, 229, 231, 261, 296, 340, 342, 353, 386, 407, 441, 482
　　Militärpolizei 25, 27, 28, 29, 33, 34, 59, 104, 170, 188, 198, 361, 370, 403, 413, 430, 441, 464
　　Militärregierung 20, 22, 26, 27, 28, 33, 34, 35, 36, 37, 38, 39, 51, 57, 61, 79, 80, 81, 98, 120, 177, 183, 193, 195, 196, 197, 198, 199, 200, 201, 202, 204, 205, 206, 207, 212, 213, 214, 215, 217, 218, 219, 221, 222, 225, 226, 228, 233, 235, 236, 238, 242, 247, 249, 250, 251, 256, 262, 264, 271, 282, 300
　　Mirabell Service Club 308, 453, 476
　　Mozart-Expreß 478
　　Off Limits 37, 146
　　Office for Civil Affairs 282
　　Panzerübungsplatz 383, 390, 391
　　Pay Day 404, 430
　　Permit-Office 402
　　Personal 122, 187, 249, 264, 265, 367, 454, 467
　　Postzensur 240, 273, 300, 420
　　Radiopolitik 138, 144
　　Rainbow Reveille 148
　　Real Estate Office 235, 265
　　Red Cross Club 141, 146, 271, 476
　　Revue Glory Road 158
　　Second Corps Play House 229
　　Sky Haven Garden 141
　　Soldaten 19, 23, 33, 42, 45, 58–60, 96, 106, 141, 142, 146, 148–151, 170, 182, 187, 188, 191, 195, 196, 202–205, 207, 208, 213, 214, 223, 233, 234, 236, 247, 249, 250, 273, 276, 312, 316, 318, 364, 367, 368, 375, 378, 385, 398, 404, 408, 411, 415, 421, 430, 459, 461, 467, 483
　　SSO 227
　　Tankstelle 478
　　Telefonzensur 207, 300, 401, 420
　　Versorgung 25, 31, 32, 171
　　Visa-Office 372
　　Wohnungen 122, 140, 402, 421, 471
　　Zahlstelle 304
　　Zeitung Sentinel 478
　　Zivilgericht 309, 377
US-Geheimdienst 195
US-Konsulat Salzburg 479
Ustascha 31

—V—

Valente, Caterina 434, 452, 468
Van-Swieten-Gesellschaft 269, 364
VdU 61, 65, 82, 93, 177, 301, 308, 314, 316, 317, 319, 325, 352, 355, 358, 364, 373, 378, 379, 382, 386, 398, 401, 404, 407, 412, 422, 424, 425, 430, 431, 433, 434, 437, 439, 441, 445, 451, 455, 457, 465, 466, 471, 472, 474, 480, 484–487
Venedig 127
Verbote
　　Auftrittsverbot 227
　　Ausgehverbot 19, 23, 25, 27, 28, 36, 60, 191, 193, 195–197, 200, 208, 217
　　Beflaggung 64, 193
　　Filmaufführung 270, 349
　　Fluchthilfe 225
　　Fraternisierung 191, 204
　　Jugendverbot 431, 434
　　Kaffeeausfuhr 404
　　NS-Auszeichnungen 443
　　NS-Symbole 216, 256, 443
　　NSDAP 193
　　Soldatentreffen 392, 481
　　Uniformtragen 216, 219, 224, 414
　　Verkaufsverbot 202, 318, 338, 374, 405
　　Vermietung 61, 214
　　Zivilkleidung 246
Verbrechen 35, 51, 81, 99, 101, 106, 264, 324
Verein der Ingenieure und Architekten 461
Verein der österreichischen Buch-, Kunst- und Musikalienhändler 318
Verein Teutonen 174
Vereinigte Staaten 71, 78, 80, 92, 96, 97, 110, 137–139, 147–151, 168, 174, 202, 212, 216, 219, 221, 251, 268, 272, 283, 284, 286, 299, 300, 324, 334, 338, 342, 346, 353, 360, 364, 372, 374, 377, 383, 390, 391, 405, 413, 425, 440, 461, 481
Vereinigung zur Förderung volksnaher Kunst in Österreich 161
Verfassungsgerichtshof 352, 434
Vergewaltigung 402, 461
Verkehr 116, 117, 152, 386
　　Autogerechte Stadt 116
　　Durchzugsverkehr 122
　　Freigabe 320, 346, 366, 370, 414
　　Individualverkehr 116, 117
　　Regelungen 25, 154, 156, 198, 200, 219, 226, 282, 284, 321, 329, 351, 360, 369, 374, 375, 412, 437, 439, 446
　　Hupverbot 439
　　Südumfahrung 347
Verkehrsbetriebe *siehe auch* Gelbe Elektrische, Lokalbahn, Rote Elektrische 114, 116, 117, 221, 238, 286, 313, 329,

Verkehrsbetriebe *Fortsetzung*
  331, 344, 353, 358, 364, 377, 391, 402, 458
  Linien 201, 202, 213, 217, 219, 278, 320, 321, 325, 340, 342, 347, 354, 377, 402, 404, 405, 416, 425
  Tageskarten 391
  Tariferhöhung 252, 269, 308, 343, 354, 398, 406
  Wagenhalle Zaunergasse 117
  Zentralgarage 117, 314, 337
Verkehrssignalanlage *siehe* Lichtsignalanlage
Verkehrssprache 248
Verlag
  Das Bergland-Buch 166
  Festungsverlag 164
  Friedensverlag 164
  Hofmann und Schaffler 230
  Otto Müller 165
  Pfad-Verlag 466
  Pilgram 164
  Rabenstein-Verlag 165
  Silberboot 164
Verona 198
Verordnung 35, 36, 38, 39, 412
Versehrtensportverein 374
Verwaltungsgerichtshof 396, 435
Viehhausen 322
Viehmarkt 445
Villa Warsberg 482
Villach 256
Vinzentinum 396
Visum 183, 187, 324, 353, 372, 402, 413
VKDA 370
Vogelweiderstraße 380
Vogl, Ruth 352
Voithofer, Josef 222
Völkerkundemuseum 324
Volksbegehren 271
Volksdeutsche 67, 68, 71, 178, 233, 296, 321, 344, 346, 349, 370, 432, 439, 484
  Auswanderung 346, 383
  Flüchtlingslager 68
  Integration 71
  Kindertransport 395
  Kundgebung 439
  Registrierung 222, 252, 256
  Siedlung 73, 328, 349
Volksgarten 205, 219, 230, 231, 270, 290, 292, 308, 314, 319, 321, 324, 338, 364, 368, 372, 375, 377, 383, 391, 392, 412, 417, 420, 441, 443, 451, 468, 476, 479
  Veranstaltungshalle 368, 375, 377
Volksgartenbad 238, 261, 283, 305
Volksgericht 268, 281, 282
Volkshochschule 270, 271, 273, 275, 296, 338, 376, 377, 393, 398, 402, 405, 408, 425, 431, 437, 438, 439, 453, 458, 486

Volksküche 79
Volkskundemuseum 316, 386
Volksopposition 404, 455
Volkssturm 31
Volkszählung 354
Vorarlberg 106
Vorhofer, Kurt 264
Vorratslager 375
Vortrag 144
  An die Gegner des Pazifismus 272
  British Council 271
  Das Menschenbild der heutigen Seelenheilkunde 353
  Der Künstler und die Gesellschaft 168, 390
  Deutsche Wiedervereinigung 455
  Französische Dichtung der Gegenwart 484
  Fulbright-Programm 483
  Kaiserin Maria Theresia 453
  Nanga-Parbat-Besteigung 425
  Österreichs Außenpolitik 433
  Cho Oyu 463
  Richard-Wagner-Feier 404
  Sieben Jahre in Tibet 401
  Slavi Soucek 281
  U. S. Information Center 378
  Vortragsreihe Ewige Kultur 167
  Weg in das Abendland 300
Weltraumfahrt 377, 404

—W—

Waffenstillstand 9, 10
Waggerl, Karl Heinrich 163, 165, 271, 290, 343, 375, 393, 398, 430, 485
Wagner, Franz 24
Wagner, Richard 158
Wagner, Robert 33, 340, 395
Wahlen
  Arbeiterkammer 317, 455
  Bundespräsident 352, 354
  Gemeinderat 82, 317, 424, 456
  Handelskammer 325, 465
  Landtag 82, 219, 314, 316, 398, 451, 455
  Nationalrat 93, 215, 219, 229, 309, 316, 398, 404
  Wahlkampf 82, 219, 314
Wahlrecht 283
Währungspolitik 109
Währungsreform 65, 275
Währungsstabilisierung 234
Währungsumstellung 193, 221, 222, 275
Waldbrunn, Ernst 235
Waldinger, Ernst 164
Walserberg 296
Wals-Siezenheim 109, 183, 322, 352
Walter, Heinz 264, 430
Waniek, Herbert 159, 285, 288
Wanner, Ludwig 215

War Bride's Act 148, 151
Wärmepumpe 449
Wärmestube 169, 225
Warschau 75
Wasenmeisterei 460
Washington 206
Wassermann 242
Wasserversorgung 65, 79, 108, 109, 121, 125, 198, 211, 233, 249, 273, 328, 329, 344, 367, 368, 435
    Fuschlsee 346, 440, 465
Wasserwerk 132, 249, 329, 346, 412, 435
Watzinger, Ludwig 42
Wayne, John 204
WEAG 215
Weber, Carl Maria von 448
Webersdorfer, Hans 208, 240, 319, 445, 484
Wegeler, Richard 282
Wegleitner, Josef 191
Wehrmacht 9, 10, 11, 20, 29, 40, 67, 85, 91, 109, 124, 186, 202, 205, 377
    2. Fallschirmjäger-Regiment 96
    6. Armee 10
    Divisionskommandostelle 11
    Hauptquartier 9, 11
    Heeresgruppe Süd 370
    Luftwaffe 196, 221, 414
    Oberbefehlshaber der Luftwaffe 44
    Soldaten 191, 199, 205, 214, 370, 392, 466
    Uniform 216, 224
    Wehrkreiskommando 18, 349
Weichselbaumsiedlung 27, 42, 115, 126
Weigel, Hans 438
Weihespiel 267, 366, 480
Weihnachtsamnestie 222, 276
Weihnachtsmarkt 222
Weimar 76
Weinberger (SAK 1914) 385
Weinberger, Rolf 256
Weinheber, Josef 164, 165
Weinzierl, Kurt 319
Weiserstraße 333, 421
Weiß (Austria Salzburg) 217
Weißenborn, Hans 438
Weißkind, Josef 300, 310, 319, 324
Weißrussen 71, 221, 235
Weitmoser, Gewerkenfamilie 406
Wels 76, 186
Weltjamboree 362
Weltraumfahrt 377, 404
Weltspartag 396
Welz, Friedrich 415
Werfel, Franz 168
Werner, Max 218, 219
Werner, Oskar 167
Wesenauer, Franz 242, 482
Wesermünde 97

Wessely Josef 433
Wessely, Paula 168, 290
Wessiak, Ferdinand 164
Westfalen 67
Wickenburg, Erik 432
Widerstandsbewegung 14, 78, 192, 215
Wiederaufbau 57, 64, 65, 82, 89, 108, 110, 114, 116, 120, 121, 123, 124, 165, 166, 168, 200, 201, 210, 214, 215, 219, 233, 235, 236, 238, 242, 245, 247, 256, 257, 261, 263, 268, 285, 286, 288, 290, 291, 298, 299, 300, 302, 303, 308, 312, 313, 317, 318, 322, 344, 345, 348, 349, 350, 351, 362, 364, 368, 373, 375, 396, 406, 423, 430, 436, 438, 460, 463
Wiederaufbaufonds 247, 290
Wiedervereinigung Deutschlands 455
Wiegele, Franz 330
Wien 45, 47, 67, 75, 76, 78, 82, 106, 120, 122, 127, 138, 144, 150, 157, 158, 161, 168, 169, 196, 200, 204, 207, 214, 215, 217, 222, 224, 235, 237, 247, 253, 256, 265, 271, 279, 283, 284, 286, 288, 300, 324, 325, 330, 331, 340, 355, 366, 368, 441, 445, 452, 463, 467, 478, 484
Wiener Allianz Versicherung 127
Wiener Bundesstraße 320
Wiener Eisrevue 321
Wiener Neustadt 93, 100, 204, 261
Wiener Sängerknaben 160, 212, 257
Wiener Städtische Versicherung 452, 457, 459
Wiener-Philharmoniker-Gasse
    siehe auch Marktgasse
    456, 457
Wieser (SAK 1914) 385
Wiestal-Kraftwerk 256
Wilbert, Heinz 272
Wilder, Thornton 158
Wilhelm Frass 362
Wilk, Gerard 144
Williams, Tennessee 139, 158
Willingham, Harold 11
Willner, Oskar 226
Willomitzer, Wilhelm 31
Willvonseder, Kurt 452, 487
Wilna 98
Wilson, Bernard 10, 17
Wilson, Charles E. 407
Wimberger, Gerhard 277, 340, 343, 424
Wimberger, Max 193
Wimbledon 391
Wimmer, Karl 319
Windhager, Juliane 164
Winkler, Hermann 242, 366, 396, 411, 425, 464
Winternitz-Zweig, Friderike Maria 166
Wintersteiger, Anton 80, 281

Wirtschaftsamt 52, 53, 56, 57, 103
Wirtschaftsförderungsinstitut 290
Wiser, Johann 437
Wissenschaft 85, 139
Wohnen *siehe auch* Baracken, Behelfsheim
   60–74, 89, 93, 97, 109, 124, 125–127, 186,
   187, 214, 279, 290, 298, 348, 368, 376,
   377, 390, 395, 396, 406, 407, 453
   Delogierung 90
   Deutsches Wohnungshilfswerk 60
   Einweisung 26, 61, 64
   Freunde des Wohnungseigentums 113
   Siedlung
      Alpenlager 288
      Alpenstraße 421
      Gneis 439
      Herrnau 122, 126, 333
      Herrnau 333
      Lehen 66, 122, 126, 414, 424, 439
      Strubergasse 480
      Südtirolerplatz 364, 421
      Taxham 122, 420, 434, 448, 453, 471
   Statistik 340, 354, 376, 402, 480
   USFA-Wohnungen 122, 140, 402, 421,
      471
   Wohnbau 61, 64, 65, 66, 109, 110, 113,
      121, 122, 125, 126, 421, 283, 314, 333,
      345, 346, 364, 401, 402, 414, 421, 434,
      439, 454, 480
      Finanzierung 65, 178, 283, 464, 487
      Wohnbauförderung 283
   Genossenschaft Neusiedler 439
   Gesellschaft Neue Heimat 405, 453
   Wohnbaufonds 65
   Wohnpolitik 278, 283
   Wohnungsanforderungsgesetz 61
   Wohnungseigentum 345
   Wohnungsmarkt 74, 186, 466
   Wohnungsnot 60, 61, 64, 65, 74, 89, 93,
      109, 121, 124, 214, 216, 283, 296, 434,
      437, 480
   Wohnungstausch 338
   Wohnungsvergabe 279, 483
Wolf, Gusti 167
Wolf, Hans 326, 484
Wolf, Robert 352
Wolf-Dietrich-Stollen 191
Wolf-Dietrich-Straße 78, 412
Wölfler, Alois 449
Wolga 98
Wolgadeutsche 99
Wollek, Karl 362
Wooten, Oberst 88
Wörndl, Max 251
Wörthersee 393
Wotruba, Fritz 161, 230, 333, 362
Wünsch, Anton 438

—Y—

Young, Robert N. 9, 19, 191

—Z—

Zallinger, Meinhard 310, 363
Zand, Herbert 166, 438
Zattoni, Carlo 221
Zauberer 261
Zauberflöten-Häuschen 325
Zaunergasse 117
Zaunschirm, Kurt 286
Zebrastreifen 484
Zehenthofer, Max 365
Zeillinger, Gustav 451, 455, 487
Zeitansage Telefon 273
Zell am See 11, 77
Zelling, Oberst 11
Zelt 27, 186, 362, 410, 412
Zeltlager 409
Zeltov, Alexis 212
Zensur 205, 207, 240, 273, 300, 401, 420,
   432
Zeugen Jehovas 432
Zigaretten 88, 185
   Chesterfield 105
   Camel 303
   Jonny 291
   Lucky Strike 303
   Memphis 308, 312
   „Tschick" 185
Zigeuner 215
Zilling 448
Zillner, Emmerich 144, 340
Zillnerstraße 187
Zimmer, Grete 237
Zimmermann, Generalleutnant 9
Zinkanell, Anna 405
Zirkus Medrano 441
Zirkus Williams 420
Zittrauer, Maria 166, 167, 396, 471
Zivilbevölkerung 67, 191, 204, 205, 212, 215,
   221, 234, 236, 238, 243, 253, 261, 264,
   283, 305, 378
Zollamt 231, 486
Zollwache 183
Zuckmayer, Carl 158, 168, 299, 390
Zulehner, Sepp 358
Zürich 354, 355, 411, 467
Zuzugsperre 61, 74, 97
Zwangsarbeit 13, 233, 299, 399, 402
Zweiter Weltkrieg *siehe auch* Luftschutz,
   Bomben, Kriegsende,
   17, 40, 45, 121, 124, 132, 147, 152, 309,
   345, 349, 370, 385, 406, 414, 440
Zwerglgarten 161, 222, 257, 268, 320, 330,
   362, 390

Abkürzungsverzeichnis

a. D.	außer Dienst
AEF	American Expeditionary Force
AF	Air Force
AG	Aktiengesellschaft
AKOG	Salzburger Agentur- und Kommissions-GmbH
Anm. d. A.	Anmerkung des Autors
Anm. d. Hg.	Anmerkung des Herausgebers
Anm. d. V.	Anmerkung des Verfassers
ARBÖ	Auto-, Motor- und Radfahrerbund Österreichs
ASKÖ	Arbeitsgemeinschaft für Sport und Körperkultur
AStS	Archiv der Stadt Salzburg
ASVG	Allgemeines Sozialversicherunsgesetz
ATSV	Arbeiter-Turn- und Sportverein
AVA	Automobil- und Warenkredit-Verkehrsanstalt Wien
AYA	Austrian Youth Activities
BC	Boxclub
BDM	Bund Deutscher Mädel
BEA	British European Airways
C	Celsius
CARE	Cooperative for American Remittances to Europe
CIA	Central Intelligence Agency
CIC	Counter Intelligence Corps
CV	Cartellverband
DAF	Deutsche Arbeitsfront
DEF	Disarmed Enemy Forces
DEFA	Deutsche Film AG
d. h.	das heißt
dkg	Dekagramm
DKW	Dampfkraftwagen (urspr., Automarke)
DP	Displaced person
E-	Elektrizität(s)-
ed.	ediert
e. h.	eigenhändig
ERP	European Recovery Program
F	Frankreich
Fa.	Firma
FA Btn.	Field Artiellery Battalion
FAC	Floridsdorfer Athletiksport-Club
FC	Fußball Club
FSÖ	Freiheitliche Sammlung Österreichs
GB	Großbritannien
Gestapo	Geheime Staatspolizei
GI	Government Issue (Soldat)
GKK	Gebietskrankenkasse
HC	Hockey Club
HJ	Hitlerjugend
HQ	Headquarters
IGNM	Internationale Gesellschaft für Neue Musik
i. R.	in Ruhe
IRO	International Refugee Organization
ISB	Information Services Branch

KAS	Konsistorialarchiv Salzburg
KFZ	Kraftfahrzeug
K. G.	Kriegsgefangener
kg	Kilogramm
KIBA	Kino-Betriebs-, Filmverleih- und Filmproduktionsgesellschaft
km/h	Kilometer pro Stunde
KÖHV	Katholisch-Österreichische Hochschulverbindung
KP(Ö)	Kommunistische Partei (Österreichs)
KTM	Kronreif & Trunkenpolz Mattighofen, Motorfahrzeugbaugesellschaft
KZ	Konzentrationslager
LKW	Lastkraftwagen
MGM	Metro Goldwyn Mayer
MP	Military Police (Militärpolizei)
NA	National Archives
NATO	North Atlantic Treaty Organization
NCWC	National Catholic Welfare Conference
Nr.	Nummer
NS	Nationalsozialismus/nationalsozialistisch
NSDAP	Nationalsozialistische Deutsche Arbeiterpartei
NSFK	Nationalsozialistisches Fliegerkorps
NSKK	Nationalsozialistisches Kraftfahrer-Korps
NSV	Nationalsozialistische Volkswohlfahrt
ÖBB	Österreichische Bundesbahnen
ÖCV	Österreichischer Cartellverband
ÖFA	Österreichische Filmgesellschaft
ÖFAG	Österreichische Fahrzeug-Bau GmbH
ÖGB	Österreichischer Gewerkschaftsbund
ÖAMTC	Österreichischer Automobil-, Motorrad- und Touring-Club
ÖKB	Österreichischer Kammeradschaftsbund
ÖVP	Österreichische Volkspartei
ÖWB	Österreichischer Wirtschaftsbund
OSS	Office for Special Services
phil. Dipl.-Arb.	philosophische Diplomarbeit
phil. Diss.	philosophische Dissertation
PKW	Personenkraftwagen
POW	Prisoner of War
PP	Protected Personnel
PX-Laden	Post exchange (Verkaufsladen für Angehörige der US-Streitkräfte)
RAWAG	Radio-Verkehrs-Aktiengesellschaft
RG	Record Group
RLG	Reichsleistungsgesetz
RM	Reichsmark
RWR	Sender Rot-Weiß-Rot
SA	Sturmabteilung
SAFE	Salzburger Aktiengesellschaft für Elektrizitätswirtschaft
SAK	Salzburger Athletik Sportklub
SAMTC	Salzburger Automobil-, Motorrad- und Touring-Club
SAS	Scandinavian Airlines System
SD	Sicherheitsdienst
SETG	Salzburger Eisenbahn- und Tramwaygesellschaft
SFV	Salzburger Fußballverband
SHAEF	Supreme Headquarters Allied Expeditionary Forces
SKGLB	Salzkammergut-Lokalbahn
SLA	Salzburger Landesarchiv
SMCA	Salzburger Museum Carolino Augusteum

SN	Salzburger Nachrichten
SPÖ	Sozialistische Partei Österreichs
SS	Schutzstaffel
SSO	Special Service Office
SSK	Salzburger Sportklub
St. D.	Stadtdirektion
STV	Salzburger Turnverein
SU	Sowjetunion
SV	Sportverein
SVB	Salzburger Verkehrsbetriebe
Tbc	Tuberkulose
TSV	Turn- und Sportverein
U-Boot	Unterseeboot
UdSSR	Union der Sozialistischen Sowjet-Republiken
UFO	Unbekanntes Flugobjekt
UINP	Internationale Union für Naturschutz
UKW	Ultrakurzwelle
UNICEF	United Nations International Children's Emergency Fund
UNRRA	United Nations Relief and Rehabilitation Administration
US, U. S.	United States
USA	United States of Amerika
USFA	US Forces Austria
V-Waffen	Vergeltungswaffen
VdU	Verband der Unabhängigen
VO	Volksopposition
Vol.	Volumina
VW	Volkswagen
WAG	Wohnungsanforderungsgesetz
WDU	Wahlpartei der Unabhängigen
WEAG	Württembergische Elektrizitäts AG Stuttgart

Schriftenreihe des Archivs der Stadt Salzburg

Nr. 1: **Wohnen in Salzburg. Geschichte und Perspektiven.** Mit Beiträgen von Ingrid Bauer, Robert Hoffmann, Erich Marx, Heinrich Medicus, Bruno Oberläuter, Josef Reschen, Wilfried Schaber, Rudolf Strasser, Peter Weichhart, Thomas Weidenholzer, Barbara Wicha. Salzburg 1989, 172 Seiten. Preis: öS 108.

Nr. 2: Erich Marx und Thomas Weidenholzer, **Chronik der Stadt Salzburg 1980–1989.** Salzburg 1990, 252 Seiten. Preis: öS 108.

Nr. 3: **Stadt im Umbruch. Salzburg 1980 bis 1990.** Mit Beiträgen von Ingrid Bauer, Herbert Dachs, Gerald Gröchenig, Winfried Herbst, Adrienne Kloss-Elthes, Walter Penker, Gerhard Pichler, Josef Riedl, Karl Heinz Ritschel, Fritz Rücker, Rudolf Strasser, Siegbert Stronegger, Ernst Wachalovsky. Salzburg 1991, 288 Seiten. Preis: öS 108.

Nr. 4: **Das „Höllbräu" zu Salzburg. Geschichte eines Braugasthofes.** Mit Beiträgen von Robert Ebner, Erio K. Hofmann, Wilfried K. Kovacsovics, Erich Marx, Thomas Weidenholzer. Salzburg 1992, 198 Seiten. Preis: öS 132.

Nr. 5: Erich Marx und Thomas Weidenholzer, **Chronik der Stadt Salzburg 1970–1979.** Salzburg 1993, 288 Seiten. Preis: öS 132.

Nr. 6: **Bomben auf Salzburg. Die „Gauhauptstadt" im „Totalen Krieg".** Mit Beiträgen von Reinhard Rudolf Heinisch, Erich Marx, Harald Waitzbauer. Dritte Auflage. Verlag Anton Pustet, Salzburg 1995, 384 Seiten. Preis: öS 248.

Nr. 7: **Befreit und besetzt. Stadt Salzburg 1945–1955.** Mit Beiträgen von Ingrid Bauer, Christoph Braumann, Christian Dirninger, Marko Feingold, Karl Handl, Hildemar Holl, Gert Kerschbaumer, Peter F. Kramml, Ilse Lackerbauer, Walter Leitner, Gunter Mackinger, Erich Marx, Gerhard Plasser, Margit Roth, Helmut Schliesselberger, Hans Spatzenegger, Harald Starke, Reinhold Wagnleitner, Harald Waitzbauer, Thomas Weidenholzer. Chronik der Stadt Salzburg von Mai 1945 bis Ende 1955. Verlag Anton Pustet, Salzburg 1996, 544 Seiten. Preis: öS 398.

ZEITGESCHICHTE
im
VERLAG ANTON PUSTET

Erich Marx (Hg.)
BOMBEN AUF SALZBURG
Die „Gauhauptstadt" im „Totalen Krieg"

Neuausgabe mit Bildteilerweiterung
384 Seiten, 220 SW-Abb., 24 × 17 cm, Edelpappband, ISBN 3-7025-0339-0
öS 248,–/DM 34,–/sfr 34,–

Die Luftangriffe auf Salzburg und der Kriegsalltag in der Stadt zwischen 1944 und 1945, aufgearbeitet auf der Grundlage von zahlreichen Zeitzeugenberichten und von erstmals freigegebenen Akten aus amerikanischen Archiven.

LESEBÜCHER ZUR ZEITGESCHICHTE

Eine Sammlung von Texten und Fachdokumenten zur Geschichte Salzburgs, die geschichtliche Entwicklungen anschaulich macht und sie in ihren Auswirkungen auf die konkrete Lebenswelt der Menschen zeigt.

280 Seiten, zahlreiche SW-Abb., 24,5 × 16,5 cm, Ln. m. U.
öS 398,–/DM 51,–/sfr 51,–
ISBN 3-7025-0302-1

Wohnungsnot und Arbeitslosigkeit, Kulturkampf, Krautacker im Mirabellgarten und die Sehnsucht nach dem Anschluß an „Großdeutschland" nach dem Zusammenbruch von 1918.

304 Seiten, zahlreiche SW-Abb., 24,5 × 16,5 cm, Ln. m. U.
öS 398,–/DM 51,–/sfr 51,–
ISBN 3-7025-309-9

Nicht nur auf dem Wiener Heldenplatz, auch auf den Plätzen der Salzburger Altstadt jubelten Zehntausende Menschen über die „Machtergreifung".

384 Seiten, zahlreiche SW-Abb., 24,5 × 16,5 cm, Ln. m. U.
öS 398,–/DM 51,–/sfr 51,–
ISBN 3-7025-0310-2

Der Wiederaufbau einer demokratischen Kultur nach 1945, der „Kulturkampf gegen die Moderne" und die langen Schatten des Nationalsozialismus.

AP A-5020 Salzburg, Bergstraße 12